Heidelberger Taschenbücher Band 158

Alfred Stobbe

Gesamtwirtschaftliche Theorie

Springer-Verlag Berlin Heidelberg New York 1975

Professor Dr. Alfred Stobbe
Universität Mannheim, Lehrstuhl für Volkswirtschaftslehre
und Ökonometrie, 6800 Mannheim 1, Schloß

ISBN 3–540–06971–2 Springer-Verlag Berlin Heidelberg New York
ISBN 0–387–06971–2 Springer-Verlag New York Heidelberg Berlin

Satz und Bindearbeiten: Appl, Wemding. Druck: aprinta, Wemding.
Library of Congress Cataloging in Publication Data. Stobbe, Alfred. Gesamtwirtschaftliche Theorie
(Heidelberger Taschenbücher, Bd. 158). Includes bibliographies. 1. Economics. I. Title. HB175.
S9158. 330. 74–17312.

Vorwort

Das vorliegende Lehrbuch bietet im ersten bis vierten Kapitel im Anschluß an die Ex-post-Analyse, deren Kenntnis vorausgesetzt wird, einen Überblick über elementare Methoden, Denkinstrumente und Modelle zur Erklärung und Prognose des Wirtschaftsablaufs und damit eine Einführung in diejenigen Gebiete der gesamtwirtschaftlichen Theorie, die heute wohl überall im wirtschaftswissenschaftlichen Grundstudium gelehrt werden. Besonders im vierten Kapitel wird auch auf wirtschaftspolitische Instrumente zur Steuerung des Wirtschaftsablaufs eingegangen. Institutioneller Hintergrund ist eine hochindustrialisierte Marktwirtschaft mit überwiegendem Privateigentum an Produktionsmitteln, wobei häufig auf Verhältnisse in der Bundesrepublik Deutschland eingegangen wird. Neben dem KEYNESschen werden auch das klassische und das MARXsche Modell kurz erörtert. Im fünften Kapitel werden Fragen des Vergleichs und der Kritik von Wirtschaftssystemen behandelt, das sechste Kapitel enthält eine kritische Analyse gesamtwirtschaftlicher Ziele sowie einiger Probleme der Wirtschaftspolitik in der Bundesrepublik. Hier ließ allerdings die Fülle der angeschnittenen Themen ihre ausführliche Diskussion vielfach nicht zu, so daß häufig nur auf Probleme aufmerksam gemacht werden konnte. Der Notwendigkeit, Umfang und Preis des Buches in Grenzen zu halten, fielen vorerst auch geplante weitere Abschnitte zum Opfer.

Bei der Anordnung des Stoffes wurde versucht, pädagogische Gesichtspunkte zu berücksichtigen, den Gegenstand also Schritt für Schritt zu entwickeln und dabei immer genau das zu bringen, was gerade zum Verständnis notwendig ist. Während die Erläuterung der Aufgaben der Wirtschaftswissenschaft nach diesen Gesichtspunkten sicher an den Anfang gehört, ist dies in bezug auf die Darstellung von Methoden strittig. Dieser Teil ist jedoch das Kernstück eines Lehrbuchs: Da die Zahl der ökonomischen Probleme unbegrenzt ist, kann letztes Ziel des wirtschaftswissenschaftlichen Unterrichts nur sein, Methoden zur generellen Lösung solcher Probleme zu lehren. Obwohl möglicherweise Methoden am besten anhand der Beschäftigung mit Sachproblemen erlernt und Methodenprobleme daher besser im Anschluß daran besprochen werden, wird hier also gemäß dem Prinzip vorgegangen: Beschreibe erstens Methoden, mit deren Hilfe versucht werden kann, ökonomische Probleme zu lösen; und zeige zweitens an Beispielen, wie dabei vorzugehen ist, was die Methoden leisten, was sie nicht leisten und wie sie vielleicht verbessert werden können.

In einer Einführung wie dieser muß auf Feinheiten verzichtet werden. Funktionale Zusammenhänge werden so einfach wie möglich angenommen, die numerische Größe von Parametern spielt fast keine Rolle, ökonometrische Probleme werden nicht behandelt. Es kann damit zwar nur eine grobe, aber in bezug auf die entscheidenden Zusammenhänge den herrschenden Ansichten doch im wesentlichen entsprechende Vorstellung über den Wirtschaftsablauf und einige Möglichkeiten zu seiner Beeinflussung gegeben werden. Die Einübung in die spezielle Denkweise der Wirtschaftswissenschaft soll an einigen Stellen dadurch erleichtert werden, daß jeweils dasselbe Problem sowohl verbal als auch algebraisch und graphisch behandelt wird. Der empirische Bezug wird durchgehend betont, so durch statistische Angaben, Schätzungen einiger Verhaltensfunktionen und andere Beispiele.

Die „Service"-Teile des Buches, die den Zugang zu seinem Inhalt und die weitere Beschäftigung mit seinen Themen erleichtern sollen, umfassen neben den Hinweisen zur Benutzung S. XI und den Verzeichnissen am Schluß die Vorbemerkungen zu jedem Kapitel, die Zusammenstellungen von Fragen, Diskussionsthemen und Übungsaufgaben sowie die umfangreichen kommentierten Literaturangaben einschließlich des Anhangs I. Zusammenfassungen am Schluß der Kapitel, mit denen Wichtiges von weniger Wichtigem leichter unterschieden werden kann, mußten jedoch weggelassen werden.

Die Texte des ersten bis vierten Kapitels sind in unterschiedlichen Fassungen mehrere Semester hindurch an Teilnehmer des wirtschaftswissenschaftlichen Grundstudiums in Mannheim verteilt worden. Ich habe aus den daraus herrührenden Kommentaren viele Anregungen erhalten. In Mannheim haben vor allem Michael Küttner, Klaus Schüler und Claus-Dieter Stahn das Manuskript mit mir diskutiert, wobei sie so gut wie keine Seite unbeanstandet ließen. Auch Bernd Engel, Ralph Ganter, Wolfgang Ross und Ernst Thien, außerhalb Mannheims Knut Borchardt (München), Hans-Dieter Deppe (Göttingen), Jürgen Kromphardt (Gießen), Ingeburg Segall (Niedernhausen), Manfred Timmermann (Konstanz) und Vincenz Timmermann (Hamburg) haben das Manuskript oder Teile davon gelesen, mit mir diskutiert, Fehler nachgewiesen und Verbesserungsvorschläge gemacht. Ralf Gronych hat die Zeichnungen hergestellt; Wolfgang Knobloch und Michael Knödler haben Literatur beschafft, Berechnungen vorgenommen und die Korrektur überwacht; und Sabine Wolter hat sorgfältig und zuverlässig die vielen Fassungen geschrieben. Ich danke ihnen allen und entlaste sie von jeder Verantwortung für das Endprodukt.

Mannheim, im Juli 1974   Alfred Stobbe

Inhaltsverzeichnis

Erstes Kapitel

Aufgaben und Methoden der Wirtschaftswissenschaft

Zweites Kapitel

Funktionale Zusammenhänge, Gleichgewicht und Beschäftigung in einer
Volkswirtschaft

Drittes Kapitel

Gesamtwirtschaftliche Expansions- und Kontraktionsprozesse

Sechstes Kapitel

Ziele und Probleme der Wirtschaftspolitik

Hinweise zur Benutzung dieses Buches

Vorkenntnisse: Die Lektüre dieses Buches erfordert Vorkenntnisse auf dem Gebiet der Ex-post-Analyse des Wirtschaftsprozesses. Dem Leser sollten also wenigstens in groben Zügen Begriffe und Verfahren bekannt sein, die bei Vermögensrechungen, der Kreislaufanalyse und der Volkswirtschaftlichen Gesamtrechnung, der Geldmengenanalyse, der Aufstellung der Zahlungsbilanz, der Analyse der Wirtschaftsstruktur und der Messung von Preisniveauänderungen verwendet werden. Es wird im Text vielfach auf diese Sachverhalte verwiesen, wobei Alfred Stobbe, Volkswirtschaftliches Rechnungswesen, 3. Aufl. 1972, hier mit VRW³ abgekürzt, zugrundegelegt wird. Für die Lektüre des fünften Kapitels sind elementare Kenntnisse der Mikroökonomik nützlich. Die erforderlichen mathematischen Kenntnisse gehen über elementare Algebra und analytische Geometrie sowie Anfänge der Differentialrechnung nicht hinaus. An einer Stelle werden Matrizenmultiplikation und Inversion einer Matrix benötigt.

Adressatenkreis und Stoffauswahl: Das Buch soll Studienanfängern der Wirtschafts- und Sozialwissenschaften im Anschluß an ihre Beschäftigung mit der Ex-post-Analyse den Zugang zu wichtigen Methoden, Hypothesen und Ergebnissen der gesamtwirtschaftlichen Theorie eröffnen. Im fünften und sechsten Kapitel wendet es sich mit der Erörterung wirtschaftspolitischer Grundfragen an höhere Semester. Teilt man das Grundstudium der Volkswirtschaftslehre wie vielfach üblich in die vier Gebiete *Volkswirtschaftliches Rechnungswesen, Mikrotheorie, Makrotheorie, Geld und Kredit* ein, dann bietet das Buch Einführungen in die beiden letztgenannten Gebiete. Zur *Makrotheorie* wären durchzuarbeiten:

Erstes Kapitel: Teile I und II. Auf die Methodenerläuterungen dieses Kapitels sollte bei der weiteren Arbeit häufig zurückgegriffen werden;
Zweites Kapitel: Teile I bis IV sowie Teil V, Abschnitte 1 und 5.
Drittes Kapitel: Teile I bis IV.
Zu *Geld und Kredit:* Viertes Kapitel, Teile I bis VI. Das Thema ohne Einbeziehung der Geld- und Kreditpolitik zu behandeln, erscheint wenig sinnvoll. Das Kapitel informiert außerdem über viele institutionelle Einzelheiten in der Bundesrepublik.

Der Rest des Buches behandelt *Wirtschaftssysteme* (am besten in der Reihenfolge: Zweites Kapitel, Teil V, Abschnitte 2–4, dann fünftes Kapitel); *ausgewählte Probleme der Wirtschaftspolitik* (sechstes Kapitel).

Fachausdrücke: Wichtigere Fachausdrücke sind da, wo sie erstmals gebraucht, definiert oder sonst erläutert sind, *kursiv* gedruckt. Die Kenntnis der in VRW³ eingeführten Fachausdrücke wird hier vorausgesetzt. Wer sich über Bedeutung und Anwendung eines Fachausdrucks unterrichten will, kann zunächst, soweit vorhanden, die im Sach- und gegebenenfalls Definitionenverzeichnis (S. 312–331) von VRW³ und anschließend die im Sachverzeichnis dieses Buches genannten Belegstellen nachlesen. Einer der Zwecke jedes Lehrbuchs ist auch die Einübung in die Fachsprache.

Symbole: Da kompliziertere ökonomische Zusammenhänge nur mit Hilfe von Gleichungssystemen durchschaubar gemacht werden können, müssen ökonomische Größen mit Symbolen bezeichnet werden. Soweit sich dabei ein international einheitlicher Gebrauch durchgesetzt hat, wird er in diesem Buch übernommen (zum Beispiel Y = Sozialprodukt, I = Investition, C = Konsum, S = Ersparnis). Im übrigen stimmen die hier verwendeten Symbole mit denen in VRW³ überein. Bei der Vielzahl ökonomischer Größen und der Knappheit von Buchstaben läßt es sich jedoch nicht vermeiden, daß in manchen Fällen der gleiche Buchstabe Verschiedenes bedeutet. So steht etwa M sowohl für „Güterimport" (S. 40) als auch für „Geldangebot" (S. 75). Es ist jedoch aus dem Begleittext der Gleichungen und Bilder jeweils zweifelsfrei ersichtlich, was die Symbole bedeuten sollen.

Numerierungen: Alle Tabellen, Bilder, Gleichungen und Konten sind mit zweigliedrigen Zahlen numeriert, deren erstes Glied das Kapitel, das zweite die fortlaufende Nummer angibt. Tabelle 4.3 ist demnach die 3. Tabelle im vierten Kapitel. Modelle, die aus mehreren Gleichungen bestehen, tragen jeweils eine Nummer; die einzelnen Gleichungen werden durch zusätzliche römische Zahlen unterschieden (Beispiel S. 67).

Tabellen: Vgl. hierzu die entsprechenden Bemerkungen in VRW³, S. XIII.

Literaturangaben: Am Schluß jedes Kapitels und in Anhang I befinden sich Angaben über ergänzende und weiterführende Literatur. Neuere Titel und Übersichtsartikel sind bevorzugt genannt, da man von ihnen aus am besten den Zugang zu früheren Publikationen findet. Auf die Angaben wird im Text mit zweigliedrigen Zahlen in eckigen Klammern verwiesen. Beispielsweise bedeutet Verweis [5.08] den 8. Titel im Literaturanhang zum fünften Kapitel. Erscheinungsjahre von Neuauflagen werden nur genannt, wenn diese geändert sind. Seitenverweise beziehen sich auf die jeweils genannte neueste Auflage und, falls dies in Frage kommt, auf die deutschsprachige Ausgabe. Verlage gehen zunehmend dazu über, mehrere Verlagsorte anzugeben; der Kürze halber wird hier jeweils nur ein Ort genannt. Hinweise auf die Zugehörigkeit von Büchern zu Reihen wurden unterlassen. Die Titel sind innerhalb der Sachgruppen nach dem Jahr des ersten Erscheinens geordnet. An einigen Stellen wird auf Titel hingewiesen, die sich zum unmittelbaren Weiterstudium besonders eignen.

Arbeitsbücher: Das Manuskript des Buches wurde bei der Abfassung zweier Arbeitsbücher mit herangezogen: W. ROSS, B. A. SCHMID, E. J. THIEN: Arbeitsbuch „Makroökonomische Theorie". (= Heidelberger Arbeitsbücher, Bd 8) Berlin u. a. 1973. XIV, 169 S. – B. ENGEL, F. HEUSER, B. A. SCHMID: Arbeitsbuch „Geld und Kredit". (= Heidelberger Arbeitsbücher, Bd 9.) Berlin u. a. 1973. 162 S.

Zeitlicher Bezug: Der im Text mehrfach genannte „heutige Stand" beispielsweise gesetzlicher Regelungen ist Mitte 1974. Statistische Angaben enden überwiegend 1972, in einigen Fällen 1973.

XII

Allgemeine Abkürzungen

a. a. O.	am angegebenen Ort	£	englisches Pfund Sterling
AG	Aktiengesellschaft	LM-	Geldnachfrage-Geldan-
AMR	Anweisung der Deut-		gebots-
	schen Bundesbank über	ME	Mengeneinheit(en)
	Mindestreserven	Mill.	Million(en)
Anm.	Anmerkung	Mrd.	Milliarde(n)
Art.	Artikel		(= 1000 Millionen)
Aufl.	Auflage	N. F.	Neue Folge
BBankG	Gesetz über die Deutsche	Nr.	Nummer
	Bundesbank	OECD	Organisation for Econo-
Bd(e)	Band (Bände)		mic Co-operation and
Bill.	Billion(en) (= 10^{12})		Development, Paris
DDR	Deutsche Demokratische	o. J.	ohne (Angabe des Er-
	Republik		scheinungs-) Jahr(es)
Def.	Definition	§(§)	Paragraph(en)
DM	Deutsche Mark	p. a.	per annum (= je Jahr)
f.	(bei Literaturangaben)	RE	Recheneinheit
	und folgende Seite	RGW	Rat für gegenseitige Wirt-
ff.	(bei Literaturangaben)		schaftshilfe, Warschau
	und mehrere folgende	S.	Seite(n)
	(Seiten oder Jahre)	$	US-Dollar
GE	Geldeinheit(en)	StabG	Gesetz zur Förderung der
geb.	geboren		Stabilität und des Wachs-
GmbH	Gesellschaft mit		tums der Wirtschaft
	beschränkter Haftung	u. a.	und andere(s)
Hg., hg.	Herausgeber,	US(A)	United States (of Ame-
	herausgegeben		rica)
IS-	Investitions-Ersparnis-	vgl.	vergleiche
Jg.	Jahrgang	v. H.	vom Hundert
kg	Kilogramm	Vol.	Volume (= Band)
KWG	Gesetz über das Kredit-	VU	Versicherungsunternehmen
	wesen	ZPB	Zentrales Planbüro

Abkürzungen für periodische und andere Veröffentlichungen

AER	The American Economic Review, Menasha, 1911 ff.
BBk-Geschäftsbericht	Geschäftsbericht der Deutschen Bundesbank für das Jahr (. . .). Frankfurt, 1948/49 ff.
BBk-Monatsbericht	Monatsberichte der Deutschen Bundesbank . . . (folgt der Monat). Frankfurt 1949 ff.
BGBl. I, III	Bundesgesetzblatt, Teil I, III. Bonn, 1949 ff.
EJ	The Economic Journal, London, 1891 ff.
HdSW	Handwörterbuch der Sozialwissenschaften [I.41].
JELit	The Journal of Economic Literature. Menasha, 1963 ff. (1963–1968 unter dem Titel: The Journal of Economic Abstracts.)
JPE	The Journal of Political Economy. Chicago, 1892 ff.
MEW	Institut für Marxismus-Leninismus beim ZK der SED (Hg.): Karl Marx, Friedrich Engels: Werke. Berlin 1956 ff.
QJE	Quarterly Journal of Economics. Cambridge, Mass., 1886 ff.
REStat	The Review of Economics and Statistics. Cambridge, Mass., 1919 ff. (bis 1947: The Review of Economic Statistics.)
RGBl. I	Reichsgesetzblatt, Teil I. Berlin, 1871 ff.
SR-Gutachten	Sachverständigenrat zur Begutachtung der gesamtwirtschaftlichen Entwicklung: Jahresgutachten (. . .). Stuttgart u. a., 1964/65 ff.
Stat. Jb. BRD	Statistisches Bundesamt (Hg.): Statistisches Jahrbuch für die Bundesrepublik Deutschland. Stuttgart u. a. 1952 ff.
VRW³	A. Stobbe: Volkswirtschaftliches Rechnungswesen. 3. Aufl. Berlin u. a. 1972.
WA	Weltwirtschaftliches Archiv. Tübingen (früher Jena, Hamburg), 1913 ff.
WiSta	Statistisches Bundesamt (Hg.): Wirtschaft und Statistik. Stuttgart u. a., 1949 ff.

Erstes Kapitel

Aufgaben und Methoden der Wirtschaftswissenschaft

Lernziel dieses Kapitels ist es, die Aufgaben der Wirtschaftswissenschaft kennenzulernen und einen ersten Einblick in die bei der Lösung dieser Aufgaben verwendeten Methoden zu gewinnen. Zunächst werden die primären Aufgaben, die sich auf den Wirtschaftsprozeß beziehen, genannt und an Beispielen erläutert. Es folgen Bemerkungen über einige Aufgaben, die sich auf die Wirtschaftswissenschaft beziehen und daher hier sekundär genannt werden. Zu ihnen gehört die Entwicklung einer Fachsprache, deren Probleme vor allem in der Mehrdeutigkeit und Werthaltigkeit vieler Bezeichnungen gesehen werden. Schließlich enthalten beide Teile des Kapitels Erläuterungen einiger wichtiger heute vorwiegend benutzter wirtschaftswissenschaftlicher Methoden. Diese Stellen sollten zunächst nur als Einführung in den Sprachgebrauch gelesen, später jedoch wiederholt anhand der Rückverweise in den folgenden Kapiteln zu Rate gezogen werden. Methoden werden ständig angewandt, und man lernt sie am besten bei ihrer praktischen Handhabung kennen und kritisch zu beurteilen.

I. Aufgaben der Wirtschaftswissenschaft

1. Gegenstand, Einordnung und Aufgaben der Wirtschaftswissenschaft.
Gegenstand der Wirtschaftswissenschaft ist der *Wirtschaftsprozeß* als Gesamtheit der Handlungen und Transaktionen, die von *Wirtschaftssubjekten* vorgenommen werden. Produktionsunternehmen, Banken, öffentliche Haushalte und private Haushalte produzieren, kaufen und verkaufen Sachgüter und Dienstleistungen, sparen und investieren, gewähren, nehmen und tilgen Kredite, leisten oder empfangen Steuern und andere Transferzahlungen. Als Resultat dieser und anderer Vorgänge bilden und ändern sich Waren- und Dienstleistungspreise, Effekten- und Devisenkurse, Lohn- und Zinssätze; der volkswirtschaftliche Produktionsapparat ändert sich nach Größe und Zusammensetzung; es ändern sich Geldmenge, Preisniveau, Einkommensverteilung, Geld- und Realvermögen von Wirtschaftssubjekten; und es entstehen Volkseinkommen und Sozialprodukt. Der Prozeß spielt sich in einem Rahmen ab, der durch die natürliche Umwelt, Größe und Struktur der Bevölkerung, technische Kenntnisse, rechtliche Vorschriften und institutionelle Gegebenheiten gebildet wird. Von Änderungen dieses Rahmens gehen ebenso Einflüsse auf den Wirtschaftsprozeß aus wie von Maßnahmen wirtschaftspolitischer Instanzen und von Naturereignissen. Alle diese Vorgänge können beobachtet werden, und da sich wirtschaftswissenschaftliche Aussagen

mindestens zum Teil auf die Realität beziehen, ist die Wirtschaftswissenschaft wie die Biologie oder die Meteorologie eine *Erfahrungswissenschaft* (auch *empirische* oder *Realwissenschaft* genannt[1]). Ihre Aussagen müssen daher in bezug auf ihren Wahrheitsgehalt im Prinzip an der Realität überprüfbar sein.

Die wissenschaftliche Beschäftigung mit dem Wirtschaftsprozeß wie auch das wirtschaftliche Handeln lassen ständig neue Fragen und Probleme entstehen. Daraus resultieren Aufgaben für Wirtschaftswissenschaftler, die sich in vier Bereiche einteilen lassen. Es sind dies
1. die *Beschreibung*;
2. die *Erklärung*;
3. die *Prognose*;
4. die *Beratung bei der Beeinflussung*
des Wirtschaftsprozesses. Bei der Erfüllung dieser primären Aufgaben entsteht eine Reihe von Problemen, deren Lösung man als sekundäre Aufgaben der Wirtschaftswissenschaft ansehen kann. Es sind dies die Erarbeitung von *Methoden* (oder Verfahren) zur Bewältigung besonders der unter 1. bis 3. genannten Aufgaben und im Zusammenhang damit die Entwicklung einer *Fachsprache*. Angesichts mehrerer Aufgabenbereiche und unterschiedlicher Fragestellungen kann versucht werden, eine *Systematik* (oder Gliederung) der Wirtschaftswissenschaft zu entwickeln, die auch für den akademischen Unterricht Bedeutung hat. Ferner können es sich Wirtschaftswissenschaftler zur Aufgabe machen, die *Geschichte* ihrer Wissenschaft zu schreiben. Weitgehend vernachlässigt wurde bisher zu untersuchen, wie man am besten Wirtschaftswissenschaft lehrt und lernt, die *Didaktik* der Wirtschaftswissenschaft.

Die primären Aufgaben werden in den folgenden Abschnitten 2 bis 5, Fachsprache und Systematik in den Abschnitten 6 und 7 kurz erläutert. Teil II dieses Kapitels führt einige wichtige wirtschaftswissenschaftliche Methoden vor, soweit sie in diesem Buch benutzt werden. Angaben über die Geschichte wirtschaftswissenschaftlicher Probleme und ihrer Lösungen werden in diesem Buch nur gelegentlich gemacht, wenn sie zum Verständnis heutiger Fragen beitragen.

2. Die Beschreibung des Wirtschaftsprozesses. Der erste Aufgabenbereich bezieht sich auf den abgelaufenen Prozeß. Die hierbei entstehenden Fragen lauten etwa für ein Land: Wie groß waren im letzten Jahr Volkseinkommen und Sozialprodukt? Wie hoch waren Beschäftigung und Arbeitslosigkeit? Wie entwickelten sich die Preise, die Geldmenge, der Gold- und Devisenbestand der Zentralbank, der Export und der Import? Wie groß war die Vermögensbildung, und wie gestaltete sich die Einkommens- und Vermögensverteilung? Wie änderte sich der für den Wirtschaftsablauf relevante rechtliche und institutionelle Rahmen? Entsprechende Fragen können für die Absatz- und Preisentwicklung auf einzelnen Märkten; für Beschäftigung, Investitionen, Arbeitnehmereinkommen und Gewinne in Wirtschaftszweigen sowie in bezug auf die ökonomische Tätigkeit einzelner

---

[1] Den Gegensatz zu den Realwissenschaften bilden die *Formalwissenschaften*, die sich wie die Reine Mathematik oder die Logik mit Symbolen und den Beziehungen zwischen ihnen ohne Rücksicht darauf beschäftigen, ob den Symbolen Erscheinungen der Realität zugeordnet werden. Die Einteilung in Formal- und Realwissenschaften hat nichts mit der in Natur- und Geisteswissenschaften zu tun.

Unternehmen, öffentlicher und privater Haushalte gestellt werden. Die Antworten auf solche Fragen beschreiben den abgelaufenen Prozeß. Im *Volkswirtschaftlichen* (oder *gesamtwirtschaftlichen*) *Rechnungswesen* wird gezeigt, mit welchen Begriffen, Klassifikationen und Methoden solche quantitativen Aspekte des Wirtschaftsprozesses beschrieben werden können. Hinzu kommt die Beschreibung des oben genannten Rahmens und seiner Änderungen. Die Beschreibung des Prozesses und seines Rahmens für längere und weiter zurückliegende Zeiträume fällt in das Gebiet der *Wirtschaftsgeschichte*.

Der Wirtschaftsprozeß einer modernen Volkswirtschaft ist so vielseitig und kompliziert und kann unter so vielen Aspekten betrachtet werden, daß es praktisch unbegrenzt viele Möglichkeiten gibt, ihn zu beobachten und die Ergebnisse zu registrieren. Das Sammeln, Aufbereiten und Auswerten von Beobachtungen verursacht jedoch Aufwendungen, so daß jeweils im einzelnen entschieden werden muß, wie die für diesen Zweck zur Verfügung stehenden knappen Mittel eingesetzt werden sollen. Entscheidungen darüber ergeben sich jedoch nicht aus dem Wirtschaftsablauf selbst. Sie können nur im Hinblick auf die soeben genannten weiteren Aufgaben der Wirtschaftswissenschaft getroffen werden. Erst wenn Erscheinungen wie Arbeitslosigkeit, ständige Preissteigerungen, eine bestimmte Einkommensverteilung, die Entwicklung der Vermögensverteilung oder das Wachstum des Sozialprodukts als theoretische oder soziale Probleme empfunden werden, und wenn damit Fragen nach ihren Ursachen und nach Möglichkeiten zu ihrer Beeinflussung entstehen, wird man darangehen, solche Erscheinungen zu beschreiben. Was dabei im einzelnen registriert werden soll und was nicht, welche Wirtschaftssubjekte man zu Sektoren zusammenfaßt und welche Güterkategorien man bildet, kann wiederum nicht ohne Vorstellungen über die mögliche Bedeutung der einzelnen Phänomene für die zu untersuchenden Zusammenhänge entschieden werden: „Beobachtung ist stets Beobachtung im Licht von Theorien".[2] Da somit ein enger wechselseitiger Zusammenhang zwischen den Aufgabenbereichen der Wirtschaftswissenschaft besteht, bedeutet die hier genannte Reihenfolge nicht, daß die Aufgabe der Beschreibung ohne Rücksicht auf die weiteren Aufgaben zu lösen wäre.

Entscheidungen darüber, welche Probleme im Rahmen der weiteren Aufgabenbereiche untersucht werden sollen, basieren — bewußt oder unbewußt — auf *Werturteilen*. Häufig werden sie auch direkt von der Interessenlage von Forschern oder ihrer Auftraggeber bestimmt. Beides gilt daher angesichts des eben geschilderten Zusammenhangs auch für die Beschreibung des Wirtschaftsprozesses. Sowohl in der Auswahl dessen, was von wem beschrieben und nicht beschrieben wird, als auch in der Art und Weise, in der Definitionen und Klassifikationen gebildet werden, äußern sich demnach Werturteile.[3] Nicht uninteressant wäre es, unter diesem Gesichtspunkt zu untersuchen, was beispielsweise von der amtlichen Statistik in der Bundesrepublik beobachtet und registriert wird und was nicht. Eine extreme Gegenüberstellung hierzu ist, daß es für die Bundesrepublik zwar amtliche Angaben über die Zahl der Walnußgehölze in Baumschulen (1972:

---

[2] POPPER [1.28], S. 31; im Original kursiv. Entsprechend äußert sich EUCKEN [1.29], S. 35—37.
[3] Vgl. als Beispiel für die politische Bedeutung einer Definition VRW³, S. 78 f.

41 000, vgl. Stat. Jb. BRD 1973, S. 176) und einen Index der Erzeugerpreise für eingetopfte Hortensien (ebenda, S. 445) gibt, jedoch bis jetzt keine solchen Angaben über die Verteilung des jährlichen Vermögenszuwachses auf sozioökonomische Bevölkerungsgruppen. Die dahinter stehenden Anschauungen sind in der Bundesrepublik die des Gesetzgebers oder der Regierung, da das Statistische Bundesamt nur auf Grund von Gesetzen oder Rechtsverordnungen tätig werden kann.

Hiermit ist das politische Problem angesprochen, daß wissenswerte Angaben nicht erhoben, andere nicht veröffentlicht werden. Das Statistische Jahrbuch der Deutschen Demokratischen Republik enthält keine Zahlen über die Kriminalität; die Sowjetunion publiziert keine Angaben über ihre Bestände an Devisen und monetärem Gold; und in der Bundesrepublik lehnte der Bundesrat 1967 den Entwurf eines Gesetzes über eine Statistik der Einkommen- und Körperschaftsteuererklärungen unter anderem mit der Begründung ab, die mit einer solchen Statistik verbundenen geschätzten Kosten von jährlich 1,168 Mill. DM stünden „in einem nicht vertretbaren Mißverhältnis zu dem Wert dieser Erhebung".[4]

3. Die Erklärung des Wirtschaftsprozesses. Eine weitere Aufgabe der Wirtschaftswissenschaft ist die *Erklärung* des Wirtschaftsablaufs. Hierbei wird versucht, Fragen der Art zu beantworten, warum er in einem Land während eines bestimmten Zeitraums gerade so und nicht anders abgelaufen ist. Warum gab es beispielsweise im Deutschen Reich Anfang 1933 neben 11,5 Mill. Beschäftigten über 6 Mill. Arbeitslose (vgl. S. 388), aber in der Bundesrepublik im Jahresdurchschnitt 1972 bei 22,3 Mill. abhängig Beschäftigten nur rund 246 000 Arbeitslose neben 546 000 offenen Stellen und 2,3 Mill. ausländischen Arbeitnehmern?[5] Warum wuchs das reale Bruttosozialprodukt von 1956 bis 1966 in der Bundesrepublik im Durchschnitt jährlich um 5,8 v. H., in den Vereinigten Staaten um 3,9 v. H. und im Vereinigten Königreich nur um 3,1 v. H.?[6] Was führte zu der Verringerung der Währungsreserven der Deutschen Bundesbank um 14,4 Mrd. DM im Jahre 1969 und zu dem Zustrom von 2,7 Mrd. US-$ im Wert von 7,5 Mrd. DM am 1. März 1973?[7] Warum ging die Beschäftigung im Kohlenbergbau der Bundesrepublik von 486 700 Personen im Jahresdurchschnitt 1962 auf 242 300 Ende Dezember 1972 zurück?[8] Welches waren die Ursachen für den Produk-

---

[4] Deutscher Bundestag: Drucksache V/2360 vom 6. Dezember 1967, Anlage 2. Der Sachverständigenrat hatte eine solche Statistik mehrfach gefordert, um seinem gesetzlichen Auftrag, auch die Bildung und Verteilung von Einkommen und Vermögen zu untersuchen, besser nachkommen zu können. In ihrer Stellungnahme zur Ablehnung des Bundesrats (ebenda, Anlage 3) wies die Bundesregierung darauf hin, daß „die Gewinne ... innerhalb der volkswirtschaftlichen Gesamtrechnungen im Wege einer sehr komplizierten Schätzung als Restposten ermittelt (werden). In diesen Restposten schlagen sich alle Fehler nieder, die in den volkswirtschaftlichen Gesamtrechnungen trotz sorgfältigster Berechnungsweise noch enthalten sind." Vgl. für eine kurze Schilderung des Vorgangs: SR-Gutachten 1968/69, Vorwort Ziffer 11.

[5] Stat. Jb. BRD 1973, S. 137, 142, 144.

[6] Berechnet nach: Stat. Jb. BRD 1967, S. 154* und 1968, S. 146*.

[7] BBk-Monatsbericht März 1973, S. 70* und S. 5.

[8] WiSta Februar 1968, S. 87* und Mai 1973, S. 256*.

4

tionsrückgang an Personenkraftwagen in der Bundesrepublik um 25,7 v. H. im ersten Halbjahr 1967 gegenüber dem ersten Halbjahr 1966?[9] Fragen dieser Art gelten als vorläufig beantwortet, wenn das zu erklärende Ereignis, das in der beobachtbaren Änderung einer zu erklärenden ökonomischen Variablen y besteht, auf beobachtbare Änderungen von *erklärenden Variablen* (oder *Erklärungsvariablen*) $z_1, z_2, \ldots$ zurückgeführt ist. Bei diesen kann es sich um andere ökonomische Variable, um wirtschaftspolitische Instrumentvariable[10] oder um außerökonomische Variable (wie die Lufttemperatur oder die Bevölkerungszahl) handeln. Die Rückführung basiert auf einer *Hypothese* darüber, daß zwischen y und den $z_1, z_2, \ldots$ bestimmte Beziehungen bestehen, die sich in Form einer Funktion schreiben lassen

$$y = f(z_1, z_2, \ldots) \tag{1.1}$$

und angesichts derer die Aussage gemacht werden kann, daß als Folge der Änderungen der $z_1, z_2, \ldots$ die beobachtete Änderung von y eintreten mußte. Die Art der Beziehungen, die aus der allgemeinen Schreibweise der Gleichung (1.1) nicht ersichtlich ist, muß im konkreten Fall genauer angegeben (oder *spezifiziert*) werden.

Die wissenschaftliche Erklärung eines Ereignisses auf Grund dieses methodischen Ansatzes (nur in diesem Sinn wird das Wort „Erklärung" in diesem Buch gebraucht) läßt sich anhand eines Beispiels vereinfacht wie folgt zeigen.[11] Sie erfolgt in vier Schritten.

1. Schritt: Das zu erklärende Ereignis wird beschrieben. (Beispiel: „Der private Konsum in der Bundesrepublik hat 1972 gegenüber 1971 zugenommen.") Das Ereignis heißt auch *Explanandum* (oder Wirkung). Seine Beschreibung ist eine *Singularaussage*: Sie bezieht sich auf ein einmaliges, in Raum und Zeit lokalisiertes Ereignis.

2. Schritt: Es wird (mindestens) eine bekannte oder neu aufgestellte (Verhaltens-) Hypothese herangezogen. (Beispiel: „Wenn das verfügbare Einkommen der privaten Haushalte steigt, dann nimmt der private Konsum zu.") Dies ist eine — wenigstens im Prinzip — immer geltende, *generelle Aussage* (oder „Gesetzesaussage"). Sie ist ein „Wenn-dann"-Satz, oder sie kann in einen solchen Satz umgeformt werden. „Gesetze" in diesem Sinne sind Aussagen über Regelmäßigkeiten im menschlichen Verhalten, die im Prinzip an der Realität überprüfbar sind. Sie sind also etwas anderes als Gesetze im juristischen Sinne, bei denen es sich um Normen (oder Vorschriften) handelt, und sie sind auch keine logischen Gesetze im Sinne von Regeln für die Behandlung von Symbolen. Am ehesten sind sie mit naturwissenschaftlichen Gesetzen zu vergleichen, ohne daß man für sie völlige Unabhängigkeit von Zeit und Ort beanspruchen könnte. Statt von einer (Verhaltens-) Hypothese spricht man auch von einer *Theorie*, oder man nennt einen Satz von Hypothesen im Rahmen eines Erklärungszusammenhangs eine Theorie.

---

[9] Berechnet nach: WiSta September 1966, S. 588* und September 1967, S. 619*.

[10] Vgl. VRW³, S. 29.

[11] Die Anregung zu diesem Beispiel entstammt R. POHL: Illiquidität und Notenbankpolitik. Abschließende Stellungnahme. Konjunkturpolitik, 13. Jg. 1967, S. 186.

3. Schritt: Die Bewegungen der erklärenden Variablen z_1, z_2, ... werden beschrieben. (Beispiel: „Das verfügbare Einkommen der privaten Haushalte der Bundesrepublik ist 1972 gegenüber 1971 gestiegen.") Auch diese Beschreibung besteht aus einer oder mehreren Singularaussagen. Jede Änderung eines der z_1, z_2, ... heißt *Bestimmungsfaktor*, Ursache oder *Anwendungsbedingung*. Diese Bezeichnung verweist auf die Hypothese: Nur wenn das im „Wenn"-Teil der Hypothese genannte Ereignis vorliegt, ist sie anwendbar. Hypothesen und Bestimmungsfaktoren heißen zusammen *Explanans*.

4. Schritt: Das zu erklärende Ereignis wird aus den Bestimmungsfaktoren und den Hypothesen abgeleitet (oder deduziert). (Beispiel: „Da das verfügbare Einkommen der privaten Haushalte in der Bundesrepublik 1972 gegenüber 1971 gestiegen ist, und da die Haushalte auf eine Erhöhung ihres verfügbaren Einkommens mit einer Erhöhung ihrer Konsumausgaben reagieren, hat der private Konsum in der Bundesrepublik 1972 gegenüber 1971 zugenommen.")

Schematisch läßt sich eine wissenschaftliche Erklärung in der hier verwendeten Wortbedeutung demnach wie folgt darstellen:

Bild 1.1 — *Allgemeines Schema der wissenschaftlichen Erklärung eines Ereignisses*

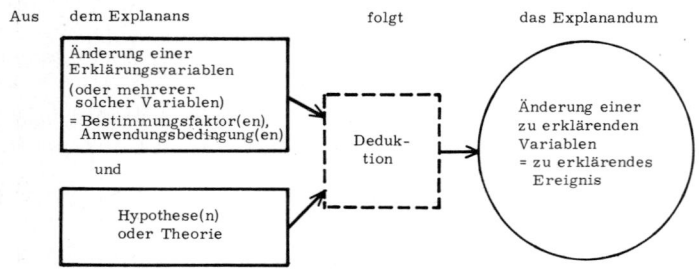

Bei dem Versuch, wirtschaftliche Vorgänge mit diesem Ansatz zu erklären, taucht eine Fülle von Problemen auf. So zeigt sich bei der Untersuchung wirtschaftlicher Zusammenhänge oft, daß die unmittelbaren Bestimmungsfaktoren eines Ereignisses ihrerseits von anderen Bestimmungsfaktoren abhängen. Im Beispiel der zurückgegangenen Beschäftigung im Kohlenbergbau könnten der Absatzrückgang für Kohle und die steigende Schichtleistung je Untertagearbeiter als unmittelbare Ursachen des Beschäftigungsrückgangs angesehen werden. Der Absatzrückgang könnte seinerseits auf Preissenkungen anderer Energieträger wie Erdöl und Erdgas, die steigende Schichtleistung auf die Mechanisierung des Abbaus[12] und die Stillegung wenig ergiebiger Schächte und Stollen zurückgeführt werden. Auch damit braucht die Erklärung noch nicht beendet zu werden, da nunmehr gefragt werden kann, welches die Bestimmungsfaktoren für die Preissenkungen der anderen Energieträger sind, und warum solche Preissenkungen dazu führen, daß die Kohle aus ihren bisherigen Absatzmärkten verdrängt wird.

---

[12] Vgl. die Zahlenangaben in VRW[3], S. 277f. über die Folgen der Mechanisierung für den Arbeitseinsatz je Einheit der Produktion von 1959−1970 in verschiedenen Industriezweigen der Bundesrepublik, darunter auch des Bergbaus.

Schließlich braucht man auch hierbei nicht stehenzubleiben, sondern kann weiter nach den Bestimmungsfaktoren dieser Bestimmungsfaktoren fragen, und so fort. Hinzu kommt, daß sich mehrere der herangezogenen Bestimmungsfaktoren auch gegenseitig beeinflussen können. Angesichts der allgemeinen ökonomischen Interdependenz[13] gerät man damit bei jedem Versuch, auch nur ein Ereignis zu erklären, in einen *infiniten Regreß*. Da die Möglichkeiten zur Erforschung der Realität prinzipiell beschränkt sind, ist dieser nicht zu bewältigen. Jede Erklärung eines Ereignisses ist daher in dem Sinne eine Teilerklärung, daß gewisse Bestimmungsfaktoren als im Augenblick nicht weiter zu erklären (oder als gegeben) hingenommen werden müssen. Man nennt die betreffenden Variablen *exogene* (oder *unabhängige*) Variable. Diejenigen Variablen, deren Änderungen man erklären will, heißen *endogene* (oder *abhängige*) Variable.

Es kommt vor, daß im Rahmen einer Untersuchung dieselbe Variable sowohl gemäß einer Hypothese eine erklärende als auch gemäß einer weiteren Hypothese eine zu erklärende Variable ist. Setzt man in dem eben erwähnten Beispiel die Beschäftigung im Kohlenbergbau $= y_1$, den Kohleabsatz $= y_2$, die Schichtleistung je Untertagearbeiter $= y_3$, die Preise anderer Energieträger $= z_1$, den Mechanisierungsgrad des Abbaus $= z_2$ und die Zahl der Schächte $= z_3$, so läßt sich ein Erklärungszusammenhang in einem Gleichungssystem wie folgt darstellen:

$$y_1 = f(y_2, y_3) \qquad (1.2\text{-I})$$
$$\text{Beschäftigung} = f(\text{Absatz, Schichtleistung})$$

$$y_2 = g(z_1) \qquad (1.2\text{-II})$$
$$\text{Absatz} = g(\text{Preise anderer Energieträger})$$

$$y_3 = h(z_2, z_3) \qquad (1.2\text{-III})$$
$$\text{Schichtleistung} = h(\text{Mechanisierungsgrad, Schachtzahl}).$$

In diesem aus drei Gleichungen bestehenden *Modell* zur Erklärung des Beschäftigungsrückgangs sind die Variablen y_2 und y_3 in Gleichung (1.2-I) erklärende, in den beiden anderen Gleichungen zu erklärende Variable. Als Vereinbarung über den Sprachgebrauch in diesem Buch möge gelten, daß als exogen nur solche Variable bezeichnet werden, die in keiner Gleichung eines jeweils betrachteten Modells als zu erklärende Variable auftreten. Als erklärende Variable, die bei der üblichen Schreibweise also rechts vom Gleichheitszeichen stehen, können neben exogenen auch endogene Variable auftreten, die ihrerseits in weiteren Gleichungen erklärt werden.

Sofern wie in den Gleichungen (1.2-I) und (1.2-III) mehr als ein Bestimmungsfaktor für ein Ereignis berücksichtigt wird, entsteht das schwierige Problem zu bestimmen, mit welchen Anteilen die einzelnen Faktoren das Ereignis bewirkt haben.

Der S. 6 verbal und soeben in einem Gleichungssystem dargestellte Zusammenhang läßt sich graphisch wie folgt zeigen, wobei exogene Variable durch Kästchen, endogene Variable durch Kreise symbolisiert sind (S. 8).

Welche Variablen bei einer Untersuchung als endogen und welche als exogen betrachtet werden, hängt im Prinzip ausschließlich von der Fragestellung, also

---

[13] Vgl. VRW³, S. 8f.

7

vom Ziel der Untersuchung ab. Allerdings kann es vorkommen, daß die Art des vorhandenen oder beschaffbaren statistischen Materials die Wahl von Variablen beeinflußt. Grundsätzlich entscheidet jedoch der Wirtschaftswissenschaftler, welche Variablen er als abhängig und welche er als unabhängig ansehen will. So könnte beispielsweise in dem Gleichungssystem (1.2) die Schichtleistung

Bild 1.2 — *Graphische Darstellung des Modells (1.2) zur Erklärung des Beschäftigungsrückgangs im Kohlenbergbau*

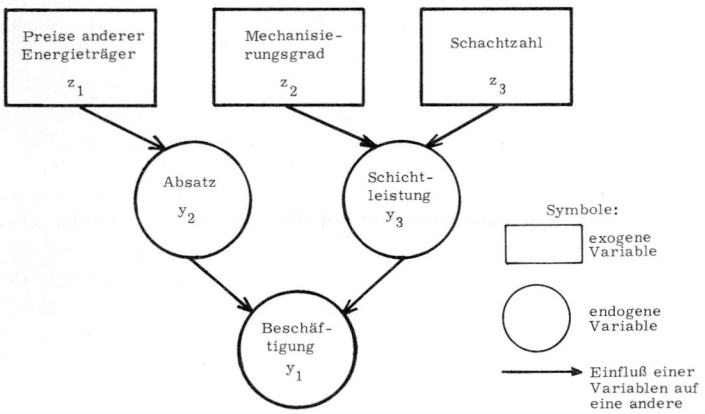

y_3 auch als exogen betrachtet werden. Die Fragestellung des geänderten Modells würde dann lauten: „Welchen Einfluß haben Preissenkungen anderer Energieträger und steigende Schichtleistung auf die Beschäftigung im Kohlenbergbau?"

Die Erklärung wirtschaftlicher Abläufe läßt sich allgemein wie folgt veranschaulichen:

Bild 1.3 — *Allgemeines Schema zur Erklärung wirtschaftlicher Ereignisse: Das Modell als Ausschnitt aus der Realität*

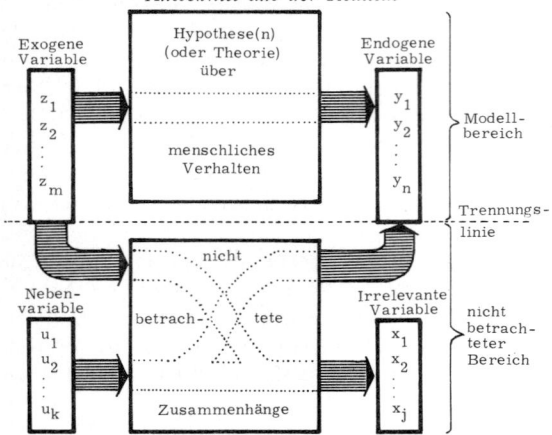

Bild 1.3 besagt: Der Wirtschaftswissenschaftler will im Rahmen eines Erklärungszusammenhangs die Änderungen einer Anzahl beobachteter ökonomischer Variabler erklären, das heißt auf Bestimmungsfaktoren zurückführen. Er betrachtet also bestimmte Variable $y_1 \ldots y_n$ als endogen. Im einfachsten Fall, der beim erstmaligen Durchdenken dieses Schemas vielleicht angenommen werden sollte, ist nur eine endogene Variable y_1 vorhanden. In dem S. 5f. geschilderten Beispiel wäre dies der private Konsum. Der Wirtschaftswissenschaftler stellt Hypothesen über das Verhalten der beteiligten Wirtschaftssubjekte auf, in denen jeweils eine endogene Variable als Funktion von exogenen Variablen $z_1 \ldots z_m$, im allgemeinen Fall auch von anderen endogenen Variablen, erscheint. Im obigen Fall lautet die Hypothese: „Wenn das verfügbare Einkommen der privaten Haushalte steigt, dann nimmt der private Konsum zu". Der Sachverhalt ist in Bild 1.3 oberhalb der Trennungslinie dargestellt: Änderungen der $z_1 \ldots z_m$ bewirken Änderungen der $y_1 \ldots y_n$. Mit diesem wie mit jedem anderen Modell wird jedoch nur ein Ausschnitt aus der Realität erfaßt. Neben den betrachteten exogenen Variablen gibt es weitere, die ebenfalls Einflüsse auf die endogenen Variablen ausüben. Dies sind die *Nebenvariablen* $u_1 \ldots u_k$, die zum Teil unbekannt sind. Außerdem haben sowohl die $z_1 \ldots z_m$ als auch die $u_1 \ldots u_k$ noch Wirkungen auf Variable, die bei der Problemstellung des Modells nicht betrachtet werden. Man kann sie als (für das betreffende Problem) *irrelevante Variable* bezeichnen. Im Beispiel könnte dies die Mehrnachfrage nach festverzinslichen Wertpapieren sein, die aus der mit steigendem verfügbarem Einkommen ebenfalls steigenden Ersparnis resultiert. Schließlich gibt es wegen der allgemeinen Interdependenz auch noch Rückwirkungen der $y_1 \ldots y_n$ und der $x_1 \ldots x_j$ auf die $z_1 \ldots z_m$ und die $u_1 \ldots u_k$. Sie sind hier zwecks Vereinfachung nicht dargestellt.

Das Modell erlaubt erklärende Aussagen wie: „Die Variable y_i hat sich in bestimmter Weise geändert, weil sich die Variablen $z_1 \ldots z_m$ in der und der Weise geändert haben", oder: „Wenn sich die Variable z_i bei Konstanz der anderen exogenen Variablen in bestimmter Weise ändert, dann werden sich daraufhin die Variablen $y_1 \ldots y_n$ in der und der Weise ändern". Solche Aussagen lassen sich auf die Realität übertragen und erklären dann beobachtbare Vorgänge, wenn eine grundlegende Voraussetzung erfüllt ist: Die Nebenvariablen müssen auch in Wirklichkeit konstant geblieben sein, oder ihre Einflüsse auf die endogenen Variablen müssen sich neutralisiert haben. Ist diese Voraussetzung nicht erfüllt, dann üben Änderungen von Nebenvariablen unbekannte Einflüsse auf die zu erklärenden Variablen aus, und die Modellaussage kann nicht auf die Realität übertragen werden. Dies ist das *Anwendungsproblem* bei der Erklärung des Wirtschaftsprozesses.

Ob Erklärungen zutreffen, hängt, abgesehen vom Anwendungsproblem, in erster Linie von den zugrundegelegten Hypothesen oder Theorien ab. Diese können sich als falsch erweisen, weil das ökonomische Verhalten von Menschen teilweise unbekannt ist oder falsch eingeschätzt wird.[14] Es ist daher im Rahmen des Aufgabenbereichs „Erklärung des Wirtschaftsprozesses" eine zentrale Aufgabe für Wirtschaftswissenschaftler, sowohl die vorhandenen als auch neue Hypothesen und Theorien immer wieder anhand der Realität zu überprüfen.

---

[14] Vgl. auch die Abschnitte II.8 und II.9 im ersten Kapitel von VRW³.

Erweisen sich behauptete Zusammenhänge dabei als nicht zutreffend, so ist die betreffende Hypothese oder Theorie *falsifiziert*. Sie muß verworfen und durch eine andere ersetzt werden. Solange sie nicht in dieser Weise widerlegt ist, kann sie vorläufig akzeptiert werden. Es ist jedoch nicht möglich, Hypothesen endgültig zu bestätigen (zu *verifizieren*), weil Menschen ihr Verhalten immer so ändern können, daß eine gegebene Hypothese widerlegt wird. Dies kann schon deshalb eintreten, weil Menschen Erfahrungen sammeln und aus ihnen lernen oder durch neue Werturteile und Ideen beeinflußt werden.

4. Die Prognose des Wirtschaftsprozesses. Ein dritter Aufgabenbereich der Wirtschaftswissenschaft ist die *Prognose* (oder *Vorhersage*) des Wirtschaftsablaufs. Jede wirtschaftliche Handlung beeinflußt zukünftige Ereignisse. Sie wird häufig auf Grund von expliziten Wirtschaftsplänen vorgenommen, in denen auch Annahmen über das zukünftige ökonomische Verhalten anderer Wirtschaftssubjekte gemacht werden müssen. Das wirtschaftliche Handeln erfordert daher ständig Prognosen. Ein Unternehmer, der seine Produktionskapazität vergrößert, muß eine Vorstellung davon haben, wie sich die Nachfrage nach seinen Erzeugnissen in Zukunft entwickeln wird. Ein privater Haushalt wird bei der Entscheidung, ob er einen Teil seines Vermögens in Gestalt von Geld oder in Wertpapieren halten soll, unter anderem die erwartete Zinsentwicklung berücksichtigen. Die für den Haushalt einer Gebietskörperschaft Verantwortlichen müssen die Steuereingänge für das Haushaltsjahr im voraus schätzen, wenn sie den Haushaltsplan aufstellen. Eine wirtschaftspolitische Instanz muß vor jeder wirtschaftspolitischen Maßnahme Vorstellungen darüber haben, wie die von der Maßnahme betroffenen Wirtschaftssubjekte reagieren werden und welche Wirkungen sich damit auf die Zielvariablen ergeben.

Daß Prognosen möglich sind, beruht auf der Erfahrungstatsache, daß es im ökonomischen Verhalten der Menschen Regelmäßigkeiten gibt, die in die Zukunft extrapoliert werden können. Prognosen basieren daher auf demselben Prinzip wie Erklärungen des Wirtschaftsablaufs: Es muß in bezug auf die zur Erklärung herangezogenen Hypothesen unterstellt werden, daß sie als generelle Aussagen auch in Zukunft gelten. Jede Erklärung kann damit auch als Prognose ex post aufgefaßt werden, die den Schluß erlaubt, daß das zu erklärende Ereignis auch in Zukunft wieder eintreten wird, wenn die Konstellation der Bestimmungsfaktoren wiederkehrt. Dieses Prinzip schließt allerdings nicht aus, daß neue Hypothesen und Theorien aufgestellt werden, die nur in Zukunft bei der Erklärung und Vorhersage des Wirtschaftsprozesses gelten sollen. Es wird also nicht behauptet, daß jede wirtschaftswissenschaftliche Hypothese für alle Zeiten gelten soll.

Wie genau man menschliches Verhalten vorhersagen kann, hängt zum Teil davon ab, ob es sich um das Verhalten eines einzelnen Wirtschaftssubjekts, einer kleinen oder einer großen Gruppe handelt. Wie ein einzelnes Wirtschaftssubjekt auf eine Datenänderung reagieren wird, kann in vielen Fällen nur mit einer geringen Wahrscheinlichkeit vorhergesagt werden. Ein Haushalt, dessen Einkommen sich erhöht, kann den Mehrbetrag entweder sparen oder ganz oder teilweise zum Kauf von Konsumgütern ausgeben. Was er tun wird, kann weder aus seinem bisherigen Verhalten noch aus sonstigen Beobachtungen mit genügender Sicherheit vorausgesagt werden. Beobachtet man jedoch eine Gruppe von Haushalten, so zeigen sich zwar die verschiedensten Verhaltensweisen, aber die meisten Haushalte werden ein Verhalten zeigen, das annähernd dem Durchschnitt entspricht. Die Zahl der Haushalte, deren Verhalten hiervon abweicht, wird um so kleiner sein, je weiter ihr Verhalten abweicht, und die Abweichungen werden sich bei der Zusammenfassung mindestens teilweise kompensieren. Die Aufgabe des Prognostikers wird also erleichtert, wenn er das Verhalten von Gruppen vorhersagen soll. Zwar muß in Wirtschaftswissenschaft und -praxis auch das Verhalten einzelner Wirtschaftssubjekte prognostiziert werden, aber der professionelle Prognostiker hat es überwiegend mit dem Verhalten von Gruppen zu tun.

Für eine Prognose braucht man Angaben über Bestimmungsfaktoren und eine Theorie. Bild 1.3 gibt auch das allgemeine Prognosemodell wieder, wenn man annimmt, daß sich mindestens eine der endogenen Variablen auf einen zukünftigen Zeitraum oder Zeitpunkt bezieht. Die allgemeine Form einer prognostischen Aussage lautet dann: „Wenn die exogenen Variablen die und die Werte annehmen und wenn sich die Nebenvariablen nicht ändern, dann werden die endogenen Variablen in diesem zukünftigen Zeitraum (oder zu diesem Zeitpunkt) die und die Werte annehmen."

Zweierlei ist hierbei wichtig. Erstens wird eine Prognose nur unter Bedingungen abgegeben, insbesondere unter der Bedingung, daß sich die Nebenvariablen ($u_1 \ldots u_k$ in Bild 1.3) nicht ändern. Dies nennt man auch die *Ceteris-paribus-Bedingung*.[15] Hier liegt ein schwerwiegendes Problem, da die Nebenvariablen nicht alle bekannt sein können. Es kommt daher häufig vor, daß Prognosen aus unbekannten Gründen scheitern. Vorhersagen ohne Bedingungen, mit denen also das Eintreten von Ereignissen unabhängig von allem behauptet wird, was sonst noch geschehen mag, gelten als unwissenschaftlich. Man nennt sie auch Prophezeiungen. Zweitens wird das Eintreten des vorausgesagten Ereignisses davon abhängig gemacht, daß die exogenen Variablen, zum Teil ebenfalls in der Zukunft, bestimmte Werte annehmen. Damit wird das Problem der Prognose also von den endogenen auf die exogenen Variablen verschoben, da nun ermittelt werden muß, welche Werte diese in Zukunft annehmen werden. Das Problem liegt jedoch anders, wenn entweder

- die exogenen Variablen mit einer Verzögerung auf die endogenen wirken. Es kann dann von einer heute beobachtbaren Änderung einer exogenen Variablen auf die zukünftige Änderung der endogenen Variablen geschlossen werden;
- wenn die exogenen Variablen wirtschaftspolitische Instrumentvariable sind.

Im Unterschied zu der Erklärung eines abgelaufenen Wirtschaftsprozesses, die sich nur dann als falsch erweisen kann, wenn sich bei genau gleicher Konstellation der Bestimmungsfaktoren und der Nebenvariablen das zu erklärende Ereignis nicht einstellt, was wegen der historischen Einmaligkeit vieler Vorgänge selten nachweisbar ist, bildet die Beobachtung der Realität unmittelbar einen Prüfstein für die der Prognose zugrundegelegte Theorie. Die bisherigen Erfahrungen mit wirtschaftswissenschaftlichen Prognosen sind nicht ermutigend, wenn man sie an den Erfolgen einiger Naturwissenschaften in dieser Hinsicht mißt. Jedoch muß auch hierzu gesagt werden, daß jede Beschreibung, Erklärung und Prognose

---

[15] ceteris paribus (lateinisch) = unter sonst gleichen Umständen.

ökonomischer Erscheinungen bedeutet, Aspekte menschlichen Verhaltens zu beschreiben, zu erklären und zu prognostizieren. Menschen aber können ihr Verhalten in einer nach dem jeweiligen Stand der wissenschaftlichen Erkenntnis unvorhersehbaren Weise ändern und dadurch Theorien unbrauchbar machen, die auf der Annahme konstanten Verhaltens aufgebaut waren. Diese prinzipielle Schwierigkeit der Wirtschaftswissenschaft muß bei allen Versuchen der Erklärung und Prognose beachtet werden.

5. Beratung bei der Beeinflussung des Wirtschaftsprozesses. Der vierte Aufgabenbereich der Wirtschaftswissenschaft ergibt sich aus der Tatsache, daß jede wirtschaftliche Handlung den Wirtschaftsablauf beeinflußt. Für jedes Wirtschaftssubjekt gilt, daß es bestimmte Ziele erreichen will und sein ökonomisches Handeln entsprechend einrichtet.[16] Es liegt nahe, sich dabei der Hilfe von Beratern zu bedienen, sofern die dadurch erzielbare, in Geld bewertete Verbesserung der Zielerreichung die Beratungsaufwendungen übersteigt. Die genannten Ziele können etwa bei einem privaten Haushalt die bestmögliche Bedürfnisbefriedigung, in bezug auf den Haushalt einer Gemeinde ein vertretbarer Ausgleich zwischen den Anforderungen der einzelnen Ressorts einerseits und den Möglichkeiten der Mittelbeschaffung anderseits sein. Bei einem privaten Unternehmen mag es die Erzielung eines bestimmten Gewinns je Planperiode, bei einem öffentlichen Unternehmen oder einer privaten Organisation ohne Erwerbscharakter die Kostendeckung sein. Neben solchen einzelwirtschaftlichen Zielsetzungen gibt es gesamtwirtschaftliche Ziele, die von wirtschaftspolitischen Instanzen angestrebt werden. Dabei resultiert die Möglichkeit, den Wirtschaftsablauf in einer jeweils gewünschten Weise zu beeinflussen, aus der Tatsache, daß ökonomische Größen gleichzeitig für ein Wirtschaftssubjekt oder eine Gruppe von ihnen Daten, für andere aber Instrumentvariable sein können. Beispielsweise sind Steuersätze Instrumentvariable des Gesetzgebers und Daten für Unternehmen und private Haushalte; Preise sind Instrumentvariable vieler Anbieter und Daten für die Nachfrager; die Mindestreservesätze sind Instrumentvariable der Zentralbank und Daten für die Geschäftsbanken. Aus dieser Doppelnatur ergibt sich die Möglichkeit, den Wirtschaftsprozeß auf allen Ebenen zu beeinflussen.

Diese Möglichkeit führt für alle Wirtschaftssubjekte einschließlich der wirtschaftspolitischen Instanzen und damit auch für beratende Wirtschaftswissenschaftler zu zwei Arten von Fragestellungen. Die erste lautet:
– Welche Wirkung wird eine bestimmte Änderung einer oder mehrerer meiner Instrumentvariablen oder Daten voraussichtlich auf meine Zielvariablen haben?
Solche Fragen rechnet man zur *positiven Ökonomik* (wobei es als Gegensatz dazu nicht etwa eine „negative Ökonomik" gibt). Sie sind für einen Anbieter, der nach der Wirkung einer Währungskursänderung auf seinen Auslandsabsatz fragt, ebenso wichtig wie für eine Regierung, die ein Gutachtergremium die Wirkungen einer Steuerreform auf das Steueraufkommen untersuchen läßt. Auch die Fragestellung des Wirtschaftswissenschaftlers, der den Wirtschaftsprozeß von Berufs wegen untersucht und Theorien über die Wirkungen von angenommenen

---

[16] Vgl. VRW³, S. 17–19 und S. 25f.

oder beobachteten Änderungen bestimmter Variabler auf andere aufstellt, gehört in diese Kategorie. Unter Verwendung der oben in Abschnitt 3 eingeführten Begriffe läßt sich sagen: In der positiven Ökonomik sind die Instrumentvariablen oder Daten eines Wirtschaftssubjekts die exogenen Variablen, während die Zielvariablen endogen sind.

Die zweite Fragestellung lautet:

— Wie muß ich — unter Berücksichtigung meiner Daten — meine Instrumentvariablen einsetzen, damit meine Zielvariablen die gewünschten Werte annehmen?

Hierbei werden exogene und endogene Variable gegenüber vorher vertauscht. Vorgegeben und damit exogen sind jetzt bestimmte Werte oder Bereiche der Zielvariablen. Das kann etwa eine bestimmte jährliche Wachstumsrate des realen Bruttosozialprodukts als Ziel der Wirtschaftspolitik, ein bestimmter Marktanteil als Ziel eines Anbieters oder ein bestimmtes Steueraufkommen als Ziel einer Gemeinde sein. Endogen sind die Werte der Instrumentvariablen. Da die Antwort auf diese Fragestellung die Form: „Wenn das und das erreicht werden soll, muß das und das getan werden" hat, also eine Vorschrift, eine Norm angibt, bezeichnet man die Untersuchung solcher Fragen als *normative Ökonomik*. Sie spielt eine wichtige Rolle in der Wirtschaftspolitik. Hier sind Ziele vorgegeben, und es wird beispielsweise nach dem mit der jeweiligen Konjunktursituation variierenden Komplex von Maßnahmen zur Erreichung dieser Ziele gefragt. Ferner ist ein großer Teil der in der Preis- und Produktionstheorie behandelten Fragen normativ: Es wird für den Produzenten und Anbieter ein Ziel, meist kurzfristige Gewinnmaximierung und/oder Kostenminimierung, unterstellt und die Frage gestellt und beantwortet, wie er seine Instrumentvariablen einsetzen muß, um dieses Ziel zu erreichen.

Auch diese beiden Fragestellungen lassen sich mit Hilfe des Bildes 1.3 veranschaulichen. Gemäß der bisherigen Interpretation gibt es den Standpunkt des Wirtschaftswissenschaftlers wieder, der Ereignisse erklären oder prognostizieren will. Er teilt dazu die gemäß seinen Hypothesen betrachteten Variablen in exogene, endogene und Nebenvariable ein. Vom Standpunkt des Wirtschaftssubjekts, der wirtschaftspolitischen Instanz oder des wirtschaftswissenschaftlichen Beraters gilt: Gefragt wird nach den Wirkungen von Änderungen der $z_1 \ldots z_m$, die Instrumentvariable und/oder Daten sind, auf die Zielvariablen $y_1 \ldots y_n$ (positive Ökonomik); oder nach den für die Erzielung bestimmter Werte oder Bereiche von Zielvariablen erforderlichen Werten der Instrumentvariablen (normative Ökonomik).[17] Die irrelevanten Variablen spielen hierbei ebenfalls eine Rolle. Wegen der allgemeinen Interdependenz gilt prinzipiell für jeden wirtschaftspolitischen Eingriff, daß nicht nur die Zielvariablen, sondern auch weitere Variable beeinflußt werden. Die Bezeichnung „irrelevant" bezieht sich dabei auf die Situation bei der Formulierung des Problems. Es kommt jedoch immer wieder vor, daß von wirtschaftspolitischen Maßnahmen solche Einflüsse auf zunächst nicht beachtete und damit für irrelevant gehaltene Variable ausgehen, daß dadurch neue Probleme aufgeworfen und weitere Maßnahmen erzwungen werden.

---

[17] Als wirtschaftspolitisches Modell zuerst von TINBERGEN [6.04] entwickelt. Die Anregung zu der graphischen Darstellung 1.3 entstammt FOX, SENGUPTA, THORBECKE [6.05], S. 21.

Wirtschaftswissenschaftler können bei beiden Fragestellungen als Berater fungieren. Sie müssen dazu die Ausgangssituation kennen, über Theorien verfügen und wissen, welche Ziele angestrebt werden und welche Instrumentvariablen zur Verfügung stehen. Adressaten wirtschaftswissenschaftlicher Beratung sind in der Praxis weniger private Haushalte als vielmehr Unternehmen, wirtschaftspolitische Instanzen und in gewissem Sinne die Öffentlichkeit, der gegenüber die Wirkungen potentieller, vorgesehener oder vorgenommener wirtschaftspolitischer Maßnahmen diskutiert werden. Auch Grundlagenkritik in bezug auf Wirtschaftssysteme kann als Teil der Beraterfunktion von Wirtschaftswissenschaftlern aufgefaßt werden. Wer die Vermögenskonzentration oder die Existenz von Privateigentum an Produktionsmitteln in einem kapitalistischen System oder die Machtkonzentration oder die zentrale Wirtschaftsplanung in einem sozialistischen System kritisiert, tut dies angesichts von Zielen, die er nicht oder unzureichend verwirklicht sieht. Seine Kritik kann dann als Ausgangspunkt für Maßnahmen dienen, mit denen die als Mißstände angesehenen Sachverhalte geändert werden sollen.

6. Die Fachsprache der Wirtschaftswissenschaft. Wie in jeder anderen hat sich auch in der Wirtschaftswissenschaft eine *Fachsprache* entwickelt, die aus einem System spezieller Begriffe, Definitionen und Klassifikationsschemata zusammen mit dem umgangssprachlichen Füllmaterial besteht. Wirtschaftswissenschaftliche Fachausdrücke entstammen der Umgangssprache („Geld", „Preis"), anderen Wissenschaften („Kreislauf", „Gleichgewicht", „Elastizität") oder wurden eigens geprägt („Kapitalkoeffizient", „Ausgleichstransaktion"). Beim Gebrauch dieser Fachsprache entstehen Probleme, von denen hier die der Mehrdeutigkeit[18] und der Werthaltigkeit von Begriffen kurz behandelt werden sollen.

Viele wirtschaftswissenschaftliche Fachausdrücke sind im Laufe der Zeit von verschiedenen Autoren mit unterschiedlicher Bedeutung benutzt worden. Markantes Beispiel ist der Begriff „Kapital", über den eine eigene Literatur existiert.[19] Andere sind „Inflation", „internationale Liquidität" und „Kosten". Der laxe Umgang mit Begriffen wurde früher besonders dadurch begünstigt, daß man auf die Messung der betreffenden Variablen keinen oder nur geringen Wert legte. Unzählige Kontroversen kamen allein dadurch zustande, daß Uneinigkeit über Bedeutungsinhalte von Wörtern herrschte und zudem noch gemäß einer begriffsorientierten Wissenschaftsauffassung nach Bezeichnungen gesucht wurde, die das „Wesen" des betreffenden Sachverhalts wiedergeben sollten. Die Beschäftigung mit verbalen Problemen solcher Art nimmt in der heutigen Wirtschaftswissenschaft in dem Maße ab, in dem der Anspruch ernstgenommen wird, daß sie eine empirische Wissenschaft sei. Unfruchtbarer Streit über Begriffe kann dann in fruchtbare Diskussion von Sachproblemen übergehen, wenn bei allen Variablen Meßverfahren angegeben werden. Damit geht in der Regel auch eine erhöhte Präzision in der Begriffsbildung einher. So kann man statt vom „Produktionsfak-

---

[18] Vgl. die Beispiele für mißverständliche Bezeichnungen in VRW³, S. 33.
[19] Vgl. etwa W. JACOBY: Der Streit um den Kapitalsbegriff. Seine geschichtliche Entwicklung und Versuche zu seiner Lösung. Jena 1908; und W. BRYLEWSKI: Die verschiedenen Vorstellungsinhalte des Begriffes Kapital. Suhl o. J. (1933), 197 S., der rund zweihundert Definitionen zusammengetragen hat (S. 2).

tor Arbeit" je nach dem gemeinten Sachverhalt von „Erwerbspersonen", „Erwerbstätigen", „unselbständig Beschäftigten" zu einem Zeitpunkt oder von „Mann-Jahren" in einem Zeitraum sprechen. „Kapital" könnte zum Beispiel „Gesamtbetrag der langfristigen Forderungen privater Haushalte gegenüber Unternehmen zu einem Zeitpunkt" oder „Bestand an dauerhaften Produktionsmitteln in einer Volkswirtschaft zu einem Zeitpunkt, bewertet zu Preisen des Jahres t" sein. In der zweiten Bedeutung könnte „Kapital" durch das Wort „Produktal" ersetzt werden.[20] Die Einführung neuer Wörter birgt freilich die Gefahr, daß sie sich nicht durchsetzen, sich ihr Gebrauch also auf den Autor beschränkt.

So wie es Wörter mit mehreren Bedeutungen gibt, so gibt es anderseits für viele Sachverhalte jeweils mehrere Bezeichnungen. Das kann auf der unterschiedlichen Sicht der Beteiligten beruhen und ist dann unproblematisch: Was für einen privaten Haushalt ein Kauf und ein Sichtguthaben ist, ist für den Einzelhändler ein Verkauf und für die Bank eine Sichteinlage. Für viele Bezeichnungen existieren jedoch Synonyme, was die Verständigung erschwert. Statt „Marktwert" sagt man auch „Verkehrswert", „Veräußerungswert", „gemeiner Wert" und „Tageswert"; und Synonyme für „Forderung" sind an anderer Stelle aufgezählt.[21] In diesem Buch werden Synonyme jeweils bei der Einführung von Fachwörtern mitgenannt.

Das zweite und wichtigere Problem ist das der Werthaltigkeit von Begriffen. Die neuere Sprachanalyse hat gezeigt, daß die Alltagssprache nicht einfach ein neutrales Kommunikationsinstrument, sondern auch ein Orientierungsmittel mit normativem Gehalt ist. In ihr sind Handlungsanweisungen eingebaut, und zwar in verdeckter Weise dadurch, daß viele Begriffe werthaltig sind. Mit solchen Begriffen werden Dinge oder Sachverhalte nicht bloß benannt, sondern zugleich positiv oder negativ bewertet. Diese Tatsache ist für die Wirtschaftswissenschaft besonders problematisch, da sie es mit Sachverhalten zu tun hat, die von den am Wirtschaftsprozeß Beteiligten ihrerseits in verschiedenster Weise bewertet werden. Übernimmt der Wirtschaftswissenschaftler kritiklos die Sprache der Wirtschaftssubjekte, so besteht die Gefahr, daß er damit auch die impliziten Wertungen übernimmt, die in den benutzten Begriffen stecken. Daß dies als Gefahr betrachtet wird, folgt aus der hier vertretenden Wissenschaftsauffassung (die ihrerseits auf Werturteilen beruht). Nach ihr ist der Wirtschaftswissenschaftler selbstverständlich wie jeder andere Bürger berechtigt, Sachverhalte zu bewerten und zu versuchen, andere Menschen von seinen Werturteilen zu überzeugen. Es ist jedoch wissenschaftlich illegitim, Werturteile unter der Hand dadurch an den Mann zu bringen, daß man bei wissenschaftlichen Analysen werthaltige Begriffe benutzt. Anders ausgedrückt: Es bedeutet einen Mißbrauch der wissenschaftlichen Kompetenz, dem Adressaten der Analyse schon durch die Wortwahl nahezulegen, welche Schlüsse er ziehen oder wie er sich verhalten soll. Stattdessen muß es eine Aufgabe der wissenschaftlichen Analyse sein, die hinter den möglichen Handlungsweisen stehenden Werturteile offenzulegen und damit eine Wahl zu ermöglichen.[22]

---

[20] So H. ARNDT: Markt und Macht. Tübingen 1973, S. 12 und an anderen Stellen.
[21] VRW³, S. 318.
[22] Vgl. für eine überzeugende Darstellung dieser Auffassung R. ECKERT: Wissenschaft

Die in der wirtschaftswissenschaftlichen Fachsprache implizit enthaltenen Werturteile sind Legion. „Vollkommener Wettbewerb" erscheint schon auf den ersten Blick besser als „unvollkommener Wettbewerb". Die wirtschaftspolitische Behandlung eines „Monopolisten" (in der Sprache des Wettbewerbsrechts: eines „marktbeherrschenden Unternehmens") wird mit seiner Bezeichnung schon mitgeliefert. Ein „Defizit" etwa in der Devisenbilanz eines Landes bedeutet gegenüber einem Überschuß in der Vorperiode, daß sich die „Zahlungsbilanz verschlechtert" hat. „Sparen" ist seit altersher eine Tugend und ein „Sparer" daher immer eine schutzwürdige Person. Wer bei der Analyse eines Wirtschaftssystems von „Ausbeutung" spricht, hat die klare Handlungsanweisung eingebaut, das System zu ändern oder abzuschaffen: Es wäre höchst überraschend, wenn sich am Schluß einer solchen Analyse jemand für die Beibehaltung oder Erhöhung der „Ausbeutung" aussprächе. „Profit" ist, obwohl mit der englischen Bezeichnung gleichlautend, nicht einfach ein Synonym zu „Gewinn". Während das Wort „Gewinn" noch als relativ neutral gelten kann, was mit seiner Verwendung im betrieblichen Rechnungswesen und in der Gesetzessprache zusammenhängen mag, ist „Profit" eindeutig abwertend, besonders in Zusammensetzungen wie „Profitsucht" und „Profitmaximierung". Solange „Leistung" positiv bewertet wird, steckt eine Apologie für ein ganzes Wirtschaftssystem dahinter, wenn Gewinne gleich welcher Entstehungsart und Höhe als „Leistungseinkommen" bezeichnet werden. Die Bezeichnung „Zentralverwaltungswirtschaft" ist subtil abwertend, da „verwalten" eine gegenüber etwa „produzieren" sicher geringerwertige Tätigkeit ist. Das Urteil über die „Zentralverwaltungswirtschaft" steht vollends fest, wenn ihr Gegenstück „Freie Verkehrswirtschaft" benannt wird. „Kapitalismus" und „Sozialismus" können von den jeweiligen Anhängern und Gegnern dieser Wirtschaftssysteme einfach nicht wertfrei zur Kenntnis genommen werden.[23] Stark positiv werthaltig ist die Bezeichnung „Gleichgewicht", besonders seit der Gesetzgeber in der Bundesrepublik Bund und Länder verpflichtet hat, „bei ihren wirtschafts- und finanzpolitischen Maßnahmen die Erfordernisse des gesamtwirtschaftlichen Gleichgewichts zu beachten."[24]

Die Verwendung werthaltiger Begriffe ist nicht nur wegen der bewußten oder unbewußten Beeinflussung der Adressaten abzulehnen. Häufig werden mit ihnen auch falsche Handlungsanweisungen mitgeliefert. Tatsächlich kann es kein ernsthaftes wirtschaftspolitisches Ziel sein, „vollkommenen" Wettbewerb auf allen Märkten herzustellen. „Defizite" in der Devisenbilanz können ebenso wie eine Verringerung des „Sparens" in einigen Situationen gesamtwirtschaftlich höchst erwünscht sein, und ob nicht manchmal eine mit einer Steigerung des Anteils der Einkommen aus Unternehmertätigkeit und Vermögen einhergehende Änderung der Verteilungssituation im Interesse vieler Arbeitnehmer liegt, sollte nicht

---

und Demokratie. Plädoyer für eine verantwortliche Wissenschaft. Tübingen 1971, besonders S. 26 ff.

[23] Die Bezeichnung „Kapitalismus" ist von ihrer ersten Verwendung im 19. Jahrhundert an überwiegend negativ werthaltig gebraucht worden. Vgl. R. PASSOW: „Kapitalismus". Eine begrifflich-terminologische Studie. 1918, 2. Aufl. Jena 1927, besonders S. 1 – 15.

[24] Gesetz zur Förderung der Stabilität und des Wachstums der Wirtschaft vom 8. Juni 1967 (im folgenden mit „Stabilitätsgesetz" oder „StabG" abgekürzt), § 1. BGBl. I, S. 582.

schon durch die Wortwahl bei der Formulierung des Problems entschieden werden. Die Werthaltigkeit von Begriffen ist nicht immer sofort zu erkennen. Gelegentlich genügt es allerdings schon, das Gegenteil von Adjektiven zu bilden. Eine „unsoziale Marktwirtschaft" zeigt ebenso wie ein „unkritischer Ansatz" und eine „unwissenschaftliche Aussage", wie positiv „sozial", „kritisch" und „wissenschaftlich" bewertet werden.[25] Da es nicht möglich erscheint, in der Wirtschaftswissenschaft eine wertfreie Fachsprache zu etablieren — erfahrungsgemäß erwerben neue, zunächst wertfreie Bezeichnungen im Laufe der Zeit ihrerseits Wertgehalt — kann hier nur die allgemeine Warnung ausgesprochen werden, sich des Problems ständig bewußt zu sein und sich Werturteile nicht schon durch die Wortwahl suggerieren zu lassen, sondern ihre Offenlegung zu verlangen. Auch unter dem Gesichtspunkt des Sprachgebrauchs darf demnach nicht die illusorische Wertfreiheit wirtschaftswissenschaftlicher Aussagen, sondern es muß ihre *Werttransparenz* gefordert werden.

7. **Systematik der Wirtschaftswissenschaft.** In Abschnitt I.1 dieses Kapitels wurde die Gliederung nach Aufgabenbereichen als eine von mehreren Möglichkeiten genannt, wirtschaftswissenschaftliche Fragestellungen einzuteilen. Die Gliederung nach primären Aufgaben überschneidet sich mit einer Einteilung danach, ob das Verhalten eines einzelnen Wirtschaftssubjekts, ein Ausschnitt aus dem Wirtschaftsgeschehen oder der Wirtschaftsprozeß einer Volkswirtschaft untersucht wird. Die hieraus resultierende Systematik wirtschaftswissenschaftlicher Fragestellungen wurde bereits vorgeführt.[26] Ebenso wurden die Einteilung in Mikro- und Makroökonomik und eine Gliederung nach Sachbereichen schon genannt[27] und werden daher hier nicht weiter behandelt. Diesem Buch liegt im wesentlichen eine Einteilung nach Sachbereichen zugrunde, wobei unter den Aufgaben die der Erklärung und Prognose mitsamt ihren wirtschaftspolitischen Anwendungen im Mittelpunkt stehen. Im allgemeinen werden gesamtwirtschaftliche Fragestellungen untersucht, jedoch wird gelegentlich auch das Verhalten einzelner Wirtschaftssubjekte analysiert.

II. Methoden der Wirtschaftswissenschaft

1. **Ein allgemeiner wirtschaftswissenschaftlicher Denkansatz.** In den bisherigen Erörterungen wurde schon mehrfach auf Methoden der Wirtschaftswissenschaft hingewiesen. Die wichtigsten werden in den folgenden Abschnitten kurz beschrieben und an Beispielen erläutert. Im zweiten bis sechsten Kapitel wird dann vielfach auf diese methodischen Grundlagen zurückverwiesen, um so ihre Anwendung zu zeigen und zu einer kritischen Beurteilung der Möglichkeiten und Grenzen der Wirtschaftswissenschaft anzuregen.

---

[25] Ein Extrem bildet in dieser Hinsicht sicher die Wissenschaftslehre, die von ihren Vertretern als „Kritischer Rationalismus" bezeichnet wird. Womöglich müssen damit Gegner oder auch nur Nichtanhänger dieser Lehre als „unkritische Irrationalisten" gelten.

[26] VRW³, S. 31.

[27] VRW³, S. 32.

Grundlegend für die folgende Analyse und die dabei verwendeten Methoden ist eine bestimmte Sicht des Wirtschaftsprozesses. Sie wird hier als allgemeiner wirtschaftswissenschaftlicher Denkansatz bezeichnet und in den nachstehenden Sätzen zusammengefaßt, zu denen anschließend einige Erläuterungen gegeben werden. Unter „Wirtschaftssubjekt" sind im folgenden auch die wirtschaftspolitischen Instanzen zu verstehen.

1. Der Wirtschaftsprozeß ist das Ergebnis beobachtbarer *wirtschaftlicher Handlungen* von Wirtschaftssubjekten.

2. Bei der Mehrzahl der wirtschaftlichen Handlungen werden Vereinbarungen darüber ausgeführt, daß ein Gut oder eine Forderung mit oder ohne Gegenleistung von einem Wirtschaftssubjekt auf ein anderes übergehen soll. Ein solcher Übergang ist eine *wirtschaftliche Transaktion*.

3. Kennzeichnend und mitbestimmend für die Bedingungen, unter denen sehr viele Transaktionen stattfinden, ist die ökonomisch relevante *Ungleichheit* der Transaktionspartner.

4. Wirtschaftliche Handlungen basieren auf nicht beobachtbaren *Entscheidungen* der Wirtschaftssubjekte.

5. Ökonomische Entscheidungen beruhen auf *Wirtschaftsplänen*, in denen die Wirtschaftssubjekte ihre Entscheidungen für zukünftige Zeiträume zusammenfassen.

6. Jedes Wirtschaftssubjekt strebt danach, durch sein wirtschaftliches Handeln *Ziele* zu erreichen.

7. Ein Ziel ist erreicht, wenn eine oder mehrere ökonomische Variable, die *Zielvariablen*, angestrebte Werte annehmen oder sich innerhalb vorgegebener Bereiche bewegen.

8. Wirtschaftliches Handeln besteht darin, die von dem Wirtschaftssubjekt direkt beeinflußbaren Variablen, die *Instrumentvariablen*, so einzusetzen, daß die Zielvariablen die gewünschten Werte annehmen. Die Bewegungen der Zielvariablen werden von den Handlungen anderer Wirtschaftssubjekte, in manchen Fällen auch von Bewegungen außerökonomischer Variabler, mitbestimmt. Zielvariable sind mithin nur indirekt beeinflußbar.

9. Jedes Wirtschaftssubjekt muß berücksichtigen, daß es viele Variable, Erscheinungen und Vorgänge weder direkt noch indirekt beeinflussen kann. Dies sind seine *Daten*. Variable, die für ein Wirtschaftssubjekt Daten sind, können für andere Wirtschaftssubjekte Instrumentvariable sein.

10. Jedes wirtschaftliche Handeln ist in die Zukunft gerichtet, da die angestrebte Bewegung der Zielvariablen nur über den Einsatz der eigenen Instrumentvariablen und die darauf folgenden Reaktionen anderer Wirtschaftssubjekte zustande kommen kann. Es basiert daher auf *Erwartungen* sowohl über diese Reaktionen als auch über die Entwicklung der Daten.

11. Daten ändern sich ständig, und zwar in mehr oder weniger unvorhersehbarer Weise. Da auch die Reaktionen anderer Wirtschaftssubjekte nie vollkommen vorhersehbar sind, findet jedes wirtschaftliche Handeln unter *Unsicherheit* statt.

12. Da jedes Wirtschaftssubjekt sein Handeln ständig an nicht voll vorhergesehene Situationen anpassen muß, kann der Wirtschaftsprozeß als eine Folge von Aktionen und *Reaktionen* gesehen werden, die ihrerseits weitere Reaktionen hervorrufen, und so fort.

13. Reaktionen erfordern Zeit. Zunächst müssen die Abweichungen der Zielvariablen oder Daten ein gewisses Ausmaß erreichen, bevor sie bemerkt werden oder bevor eine Reaktion der Mühe wert erscheint. Sind diese Schwellen überschritten, so müssen Entscheidungen getroffen werden, was je nach Art des betroffenen Wirtschaftssubjektes oder der Abweichung mehr oder weniger lange dauert. Auch die Umsetzung von Entscheidungen in Handlungen kann wiederum Zeit in Anspruch nehmen. Der Ablauf des Wirtschaftsprozesses ist daher durch *Reaktionsverzögerungen* gekennzeichnet.

14. Bei teil- und gesamtwirtschaftlichen Untersuchungen muß die Zahl der Variablen bei vielen Fragestellungen durch *Aggregation* verringert werden. Dabei werden Wirtschaftssubjekte, Strom- und Bestandsgrößen zu jeweils größeren Einheiten zusammengefaßt.

Dieser Denkansatz läßt sich im einzelnen wie folgt erläutern. Der grundlegende Begriff der ökonomischen Transaktion ist bereits eingeführt worden.[28] Es ist aus zwei Gründen zweckmäßig, daneben von wirtschaftlichen Handlungen zu sprechen. Erstens werden bei jeder Transaktion zwei Wirtschaftssubjekte tätig, so daß erst zwei zusammengehörige Handlungen eine Transaktion ergeben, die dem Beobachter als ein Vorgang erscheint. In den Wirtschaftsplänen der Beteiligten haben die beiden Handlungen zudem unterschiedliche Bedeutung: Der Übergang einer Ware gegen Barzahlung erscheint dem einen als Verkauf und Zunahme des Kassenbestandes, dem anderen als Kauf und Verringerung des Kassenbestandes. Zweitens fallen unter den Begriff der wirtschaftlichen Handlung auch solche für den Ablauf des Wirtschaftsprozesses wichtigen Vorgänge, die wie manche wirtschaftspolitischen Maßnahmen nicht Transaktionen sind. Beispiele sind Änderungen des Diskontsatzes durch die Zentralbank, Änderungen des Währungskurses durch die Regierung und Änderungen von Steuersätzen durch den Gesetzgeber.

Entscheidungen sind die Grundlage für jedes wirtschaftliche Handeln. Ihre Analyse ist daher eine wichtige Aufgabe der Wirtschaftstheorie, die oben in Abschnitt I.5 dem Aufgabenbereich „Beratung" unter „Normative Ökonomik" zuzuordnen wäre. Ein neuerer Zweig der Wirtschaftstheorie, die *Entscheidungstheorie*, beschäftigt sich mit der Analyse von Entscheidungsproblemen. Typisch für diese ist, daß ein Ziel vorgegeben wird (etwa: Ein Anbieter will seinen Marktanteil vergrößern), und daß untersucht wird, mittels welcher Entscheidungen und der darauf basierenden Handlungen dieses Ziel erreicht werden kann (etwa: Durch Änderung der Preise oder der sonstigen Absatzbedingungen, Erhöhung des Werbeeinsatzes, Fusion mit anderen Anbietern, oder durch eine Kombination des Einsatzes dieser und anderer Maßnahmen). Im Bereich der positiven Ökonomik wäre die Frage zu stellen, wie aus (beobachtbaren) Handlungen auf (nicht beobachtbare) Entscheidungen geschlossen werden kann.

Über Wirtschaftspläne, Ziele, Ziel- und Instrumentvariable sowie Daten ist das Nötige bereits gesagt worden.[29] Besonders hinzuweisen ist darauf, daß die Frage nach den tatsächlich angestrebten Zielen nur durch empirische Forschung

---

[28] VRW³, S. 12.
[29] Vgl. VRW³, erstes Kapitel, Abschnitt I.12 über Wirtschaftspläne, I.14 und II.6 über Ziele, I.13 und I.14 über Daten, Instrumentvariable und Zielvariable.

zu beantworten ist. Im Rahmen einer positiven Fragestellung kann nicht einfach angenommen werden, Konsumenten versuchten ihren Nutzen, Unternehmer den Gewinn und öffentliche Haushalte oder wirtschaftspolitische Instanzen das Gemeinwohl zu maximieren, zumal diese Annahmen interpretationsbedürftig sind.[30] Es kann als sicher gelten, daß das einzelne Wirtschaftssubjekt seine Ziele nicht isoliert festlegt, sondern sich dabei auch von den vorherrschenden Zielen der für ihn relevanten Gruppe oder Gruppen beeinflussen läßt. Die in Punkt 8 getroffene Unterscheidung zwischen direkt und indirekt beeinflußbaren Variablen ist eine andere Ausdrucksweise für die Unterscheidung zwischen Instrument- und Zielvariablen. Ein Anbieter, der seinen Preis erhöht, setzt die (direkt beeinflußbare) Instrumentvariable „Preis" ein, um auf diese Weise (indirekt) Umsatz und Kosten und damit den Gewinn als Zielvariable zu beeinflussen. Ob es zweckmäßig ist, allgemein und in diesem Fall die Beeinflussung von Kosten und Umsatz als *Zwischenziele* von der Beeinflussung des Gewinns als *Endziel* zu unterscheiden, wird hier noch nicht untersucht. Diese Problematik wird im sechsten Kapitel behandelt. Ebenso wird dort am Beispiel der Wirtschaftspolitik über *Zielkonflikte* gesprochen.

Alle wirtschaftlichen Entscheidungen beruhen auf Informationen über Sachverhalte, die immer, wenn auch in unterschiedlichem Grade, unvollständig sind. Ein privater Haushalt mag beschließen, im Rahmen des Ziels „Maximierung des Realeinkommens" die gewünschten Konsumgüter möglichst billig einzukaufen. Er wird feststellen, daß es in der Regel auch für physisch gleiche Güter im Kreis der ihm gewohnheitsmäßig zugänglichen Anbieter nicht einen einheitlichen Preis, sondern einen *Preisfächer* gibt. Wahrscheinlich wird sich dieser Preisfächer für ihn erweitern, wenn weitere Anbieter berücksichtigt werden. Hinzu kommt, daß es Preisfächer zweiter Art in bezug auf viele Konsumgüter gibt, die sich in Qualität, Aussehen, technischer Lebensdauer und Sozialnutzen jeweils geringfügig voneinander unterscheiden. Dies gilt besonders für die meisten dauerhaften Konsumgüter. Der Haushalt kann bei dieser Sachlage versuchen, seinen Informationsstand zu erhöhen. Dafür muß er jedoch Aufwendungen erbringen, die sein Realeinkommen wiederum verringern. Allgemein kann gesagt werden: Jedes Wirtschaftssubjekt hat ein Informationsproblem. Es kann versuchen, den Grad der Unvollkommenheit seiner Kenntnisse über die für sein wirtschaftliches Handeln relevante Umwelt zu verringern. Dabei entsteht jedoch ein Abwägungsproblem: Die durch zusätzliche Informationen möglicherweise verbesserte Zielerreichung muß mit den zusätzlichen Aufwendungen für die Informationsbeschaffung und -verarbeitung verglichen werden.

Wirtschaftliche Entscheidungen können ferner nicht ohne Erwartungen über zukünftige Sachverhalte getroffen werden. Hierzu gehören beispielsweise Erwartungen über die Reaktionen der von Änderungen der eigenen Instrumentvariablen betroffenen Wirtschaftssubjekte und über die zeitliche Entwicklung der eigenen Daten. Diese und alle anderen Erwartungen sind unsicher. Auch der Grad der Unsicherheit kann häufig durch Beschaffung zusätzlicher Informationen verringert werden, wobei jedoch das gleiche Abwägungsproblem wie eben auftritt.

Wegen der Unvollständigkeit seiner Informationen und der Unsicherheit über

---

[30] Zur Nutzenmaximierung vgl. VRW[3], S. 17.

die Zukunft erleben Wirtschaftssubjekte ständig Abweichungen der tatsächlichen Entwicklung von ihren Erwartungen. Dies führt nach Überschreitung der in Punkt 13 genannten Schwellen zu Revisionen von Wirtschaftsplänen, eventuell auch von Zielen, und damit zu Reaktionen, die weitere Reaktionen hervorrufen und so den Wirtschaftsprozeß weitertreiben. Da Erwartungen nicht beobachtbar und in Einzelfällen durch Befragung nur in groben Zügen feststellbar sind, entsteht hieraus das Problem für den Prognostiker zu erforschen, in welcher Weise Erwartungen durch beobachtbare Erscheinungen beeinflußt werden. Hat er hierüber Hypothesen, kann er von diesen auf die Reaktionen der Beteiligten und damit auf den zukünftigen Wirtschaftsablauf schließen.

Das Problem der Reaktionsverzögerungen berührt in besonderem Maße auch den Wirtschaftspolitiker. Heute getroffene Maßnahmen wirken sich erst nach Wochen oder Monaten aus, wobei in der Zwischenzeit eintretende unvorhergesehene Ereignisse die zunächst angestrebte Wirkung als unerwünscht erscheinen lassen können. Dieses und andere Probleme der Wirkungsverzögerung wirtschaftspolitischer Maßnahmen werden ebenfalls im sechsten Kapitel behandelt.

2. Funktionale Zusammenhänge. Ändert sich eine Variable, die für Wirtschaftssubjekte ein Datum darstellt, so werden diese darauf in irgendeiner Weise reagieren, also ihren Instrumentvariablen andere Werte geben. Erhöht sich etwa das verfügbare Einkommen der privaten Haushalte, so werden sie unter sonst gleichen Umständen wahrscheinlich ihre Konsumausgaben erhöhen. Der Beobachter stellt hieraus eine Verhaltenshypothese auf. Diese hat die Form eines *funktionalen Zusammenhangs* zwischen dem verfügbaren Einkommen und den Konsumausgaben der Haushalte in der Weise, daß einem höheren verfügbaren Einkommen höhere Konsumausgaben zugeordnet werden. Symbolisiert man das verfügbare Einkommen mit Y^v und die Konsumausgaben mit C, so läßt sich dieser Zusammenhang in Form einer Gleichung schreiben, in der Y^v die unabhängige und C die abhängige Variable ist:

$$C = f(Y^v) \text{ oder } C = C(Y^v), \text{ worin } \frac{\Delta C}{\Delta Y^v} > 0. \qquad (1.3)$$

(Das Zeichen Δ – sprich: delta – vor einer Variablen bedeutet, daß eine endlich große Änderung dieser Variablen betrachtet werden soll.) Eine solche Gleichung heißt eine *Konsumfunktion*. Die genaue Form des Zusammenhangs wird in diesem Fall offengelassen, und es wird mit der Aussage über den Differenzenquotienten nur behauptet, der Konsum wachse mit dem verfügbaren Einkommen. Mögliche weitere Erklärungsvariable für die Konsumausgaben werden nicht betrachtet. Dem Unkundigen scheint es, als werde mit einer solchen Gleichung behauptet, das (personifizierte) Einkommen beeinflusse die Konsumausgaben, es handle sozusagen selbständig, und damit sei „der Mensch" aus der Wirtschaftswissenschaft verbannt. Eine solche Interpretation ist falsch. Die Gleichung sagt etwas über das Verhalten von Menschen, in diesem Fall privater Haushalte, aus. Mit ihr werden Reaktionen von Menschen erklärt, das heißt auf einen oder mehrere Bestimmungsfaktoren, in diesem Fall auf Änderungen des verfügbaren Einkommens, zurückgeführt. Dies kann für einzelne Wirtschaftssubjekte wie auch für Gruppen von Wirtschaftssubjekten geschehen. Ändern etwa die Mitglieder einer Gruppe A ihr Verhalten, so können sich damit Daten und/oder Zielvariable für Mitglieder anderer Gruppen B, C, ... ändern, was wiederum diese Gruppen zu Reaktionen veranlassen wird. Erhöhen etwa die Nachfrager nach einem Gut bei gegebenem Preis ihre Käufe, so wird dies die Produzenten des Gutes veranlassen, die Erzeugung zu steigern und damit ihre Nachfrage nach Produktivleistungen zu erhöhen. Es bestehen somit funktionale Zusammenhänge zwischen der Nachfrage nach einem Gut einerseits und der Produktmenge und der Nachfrage nach Produktivleistungen zur Herstellung des Gutes anderseits. Sind die Produktionskapazitäten der Hersteller ausgelastet und hält die Nachfragesteigerung an, so besteht ein Anreiz für die Hersteller, ihren Produktionsapparat zu vergrößern. Unter diesen Bedingungen kann sich also ein funktionaler Zusammenhang zwischen der Nachfragesteigerung und der Nachfrage nach dauerhaften Produktionsmitteln ergeben.

Solche Beispiele lassen sich beliebig vermehren. So bestehen Hypothesen über funktionale Zusammenhänge zwischen dem Einkommen aus unselbständiger Arbeit und dem Aufkommen an Lohnsteuer, zwischen dem Preis eines Gutes und der abgesetzten Menge, zwischen dem Währungskurs und dem Export und Import eines Landes, zwischen dem Zinssatz und der Nachfrage nach Krediten. Im Falle einer linearen Beziehung zwischen einer zu erklärenden Variablen y und m erklärenden Variablen $z_1 \ldots z_m$ kann der funktionale Zusammenhang durch die Gleichung

$$y = y^a + a_1 z_1 + a_2 z_2 + \ldots + a_m z_m \tag{1.4}$$

wiedergegeben werden und stellt damit eine spezielle Form von Gleichung (1.1) dar. Hierin sind y^a und $a_1 \ldots a_m$ konstante Größen, die *Parameter* der Funktion. Ökonomisch interpretiert sind sie *Verhaltensparameter*. Die Größen $a_1 \ldots a_m$ geben einzeln an, wie sich die zu erklärende Variable y ändert, wenn sich jeweils die zugehörige erklärende Variable z_i bei Konstanz aller anderen erklärenden Variablen $z_1 \ldots z_{i-1}$ und $z_{i+1} \ldots z_m$ ändert. Mathematisch entspricht dieser Interpretation die partielle Differentiation oder Differenzenbildung der Gleichung (1.4): Es ist

$$\frac{\partial y}{\partial z_i} = a_i \text{ oder } \partial y = a_i \cdot \partial z_i. \tag{1.5}$$

In dem Parameter y^a wird der Einfluß aller nicht explizit betrachteten Variablen zusammengefaßt. Gewöhnlich wird unterstellt, daß sich diese Variablen nicht ändern oder daß sich Änderungen ihrer Einflüsse kompensieren. Man bezeichnet y^a häufig als den *autonomen* Teil der Variablen y. Dieser Teil ist also nicht durch die $z_1 \ldots z_m$ erklärt, und man läßt offen, ob es andere, bei der betreffenden Untersuchung nicht betrachtete erklärende Variable für diesen Teil gibt oder ob es generell unbekannt ist, warum er gerade die Höhe y^a annimmt. Setzt man beispielsweise eine Konsumfunktion nach Gleichung (1.3) linear an:

$$C = C^a + cY^v, \text{ worin } C^a = \text{konstant und } 0 < c < 1, \tag{1.6}$$

so gibt der bei dem verfügbaren Einkommen Y^v stehende Verhaltensparameter c an, welcher Teil des zusätzlichen verfügbaren Einkommens ΔY^v zu zusätzlichen

Konsumausgaben ΔC verwendet wird. Da sowohl das verfügbare Einkommen als auch die Konsumausgaben in DM je Zeiteinheit gemessen werden, ist der Verhaltensparameter, die *marginale Konsumquote*, in diesem Fall eine unbenannte Zahl. Steigt etwa das verfügbare Einkommen der betrachteten Gruppe von Haushalten in einem Monat um 5 Mill. DM und ist $c = \Delta C / \Delta Y^v = 0,8$, so werden in diesem Monat zusätzlich 4 Mill. DM für den Konsum ausgegeben, während der Rest gespart wird. C^a gibt den autonomen Konsum an. Allgemein gilt, daß Verhaltensfunktionen nach der zu erklärenden Variablen benannt werden.

Das Konzept der Verhaltensfunktion und damit des Verhaltensparameters ist für die moderne Wirtschaftswissenschaft grundlegend. Im zweiten und dritten Kapitel werden die wichtigsten gesamtwirtschaftlichen Verhaltensfunktionen im einzelnen diskutiert. Wie sie in einer Volkswirtschaft zu einer bestimmten Zeit konkret aussehen, kann nur empirisch ermittelt werden. Es gehört zu den Hauptaufgaben der *Ökonometrie*, die relevanten Variablen solcher Funktionen aufzufinden und die Verhaltensparameter numerisch zu bestimmen.

Bei der Verwendung des mathematischen Funktionsbegriffs in der Wirtschaftswissenschaft muß darauf geachtet werden, daß die Ergebnisse der mathematischen Operationen ökonomisch interpretierbar bleiben. Während Mathematiker gewöhnlich Aussagen über einen möglichst großen Wertebereich für die unabhängigen und abhängigen Variablen ihrer Funktionen anstreben, dürfen sich ökonomische Variable häufig nur in engen Bereichen bewegen, wenn sie sinnvoll bleiben sollen. Manche ökonomischen Größen können negativ, gleich null oder positiv sein, wie etwa das Geldvermögen eines Sektors oder der Saldo der Leistungsbilanz eines Landes. Der letztgenannte steht aber seiner Größenordnung nach in Beziehung zum Sozialprodukt und ist daher in der Praxis auch nicht halb so groß wie dieses. Preise, Gütermengen, Abschreibungen, die Bruttoanlageinvestition und die Zahl der Arbeitslosen können null, aber nicht negativ sein. Das Volkseinkommen und die Geldmenge gleich welcherDefinition können ebenfalls nicht negativ sein, aber auch positive Werte für Volkseinkommen und Geldmenge, die nahe bei null liegen, sind bei Verwendung der üblichen Maßeinheiten ökonomisch bedeutungslos. Manche Beziehungen, wie etwa der erwähnte Zusammenhang zwischen dem Einkommen und den Konsumausgaben eines privaten Haushalts, gelten möglicherweise nur in einer Richtung: Wenn das Einkommen steigt, läßt sich der Zusammenhang mit einer Funktion beschreiben, die nicht mehr gilt, wenn das Einkommen von seinem höheren Stand aus wieder sinkt. Der Grund kann sein, daß sich der Haushalt an die höheren Konsumausgaben gewöhnt hat und diese bei dem nun wieder niedrigeren Einkommen beibehält. Nichtbeachtung dieser Beschränkungen kann zu ökonomisch sinnlosen, uninteressanten oder falschen Ergebnissen führen.

3. Ökonomische Modelle und ihr Bezug zur Realität. Hat der Wirtschaftswissenschaftler ein Problem formuliert, so muß er zu seiner Lösung versuchen, die Wirkungsweise des betrachteten Systems von Zusammenhängen in einem Modell nachzubilden. Ein ökonomisches Modell enthält mindestens
— eine Hypothese über funktionale Zusammenhänge zwischen Variablen;
— eine Aussage darüber, welche Variable(n) als endogen und welche als exogen betrachtet werden.

Mit dieser Aussage wird die Fragestellung festgelegt, da es immer darum geht, Änderungen endogener auf Änderungen exogener Variabler zurückzuführen. Beispiele für Modelle dieser einfachsten Art sind Gleichung (1.3), mit der eine Hypothese über den Zusammenhang zwischen einer endogenen und einer exogenen Variablen ausgesprochen wird, und das Gleichungssystem (1.2-I) bis (1.2-III) mit je drei Hypothesen, endogenen und exogenen Variablen (S. 7f.).

Modelle können in Worten (verbal), graphisch oder in Gleichungen dargestellt werden. Das allgemeine Schema eines Modells ist in Bild 1.3 (S. 8) wiedergegeben. Vom Einfluß möglicher Nebenvariabler wird ebenso abgesehen wie von Wirkungen auf weitere endogene (irrelevante) Variable. Sind einige weitere Bedingungen erfüllt, die später im einzelnen erörtert werden, so lassen sich die Folgen der Änderung einer Variablen für die Werte einer oder mehrerer anderer Variablen ermitteln. Will man etwa feststellen, wie eine Erhöhung der Investition auf das Sozialprodukt wirkt, so geht man zunächst von der Verwendungsgleichung für das Sozialprodukt aus und setzt darin einen höheren Wert für die Investition ein. Dies bedeutet eine Zunahme des Sozialprodukts und damit des Volkseinkommens und des verfügbaren Einkommens. Nun wird jedoch ein funktionaler Zusammenhang zwischen dem verfügbaren Einkommen und der Nachfrage nach Konsumgütern seitens der privaten Haushalte angenommen, der in seiner allgemeinen Form in Gleichung (1.3) wiedergegeben ist. Damit ergibt sich eine weitere Steigerung des Sozialprodukts auf Grund der zunehmenden Konsumgüternachfrage, da diese ebenfalls Bestandteil des Sozialprodukts ist. Unterstellt man ferner einen Einfluß der steigenden Konsumgüternachfrage auf die Investitionstätigkeit, so ergeben sich weitere direkte und indirekte Wirkungen auf das Sozialprodukt, und so fort. Schon bei diesem einfachen Modell zeigt sich, daß es wegen der allgemeinen Interdependenz aller wirtschaftlichen Vorgänge schwierig sein kann, die aus dem Modell zu ziehenden Folgerungen verbal abzuleiten. In komplizierteren Fällen ist dies unmöglich. Es ist daher heute allgemein üblich, Modelle in Form von Gleichungssystemen aufzustellen, die betrachteten Größen durch Buchstaben oder Buchstabengruppen zu symbolisieren und sich zur Deduktion der Schlußfolgerungen aus den Voraussetzungen mathematischer Verfahren zu bedienen.

Unabhängig von der Darstellungsart gilt jedoch, daß man nur in Modellen über die Realität sprechen oder nachdenken kann.[31] Dies gilt auch für den, der sich dessen nicht bewußt ist oder dies ablehnt. Die Realität ist so komplex, daß es niemals gelingen kann, alle für ein Problem relevanten Zusammenhänge zu erfassen. Es müssen immer Entscheidungen darüber getroffen werden, was als wichtig gelten und daher in dem jeweiligen Modell berücksichtigt und was weggelassen (oder: Wovon *abstrahiert*) werden soll. Solche Entscheidungen können falsch sein. Sie führen dann zu Irrtümern, und es muß versucht werden, sie durch Revision des Modells zu korrigieren. Kennzeichen eines Modells und damit der wirtschaftswissenschaftlichen Arbeitsweise ist also das Herausgreifen einiger Variabler und Zusammenhänge zwischen ihnen, die als wesentlich für das betrachtete Problem angesehen werden, und die Vernachlässigung aller weiteren Variablen und Zusammenhänge (vgl. Bild 1.3, S. 8).

---

[31] Vgl. TINBERGEN [6.04], S. 75.

Liegt ein Modell als Gleichungssystem vor, so können die Gleichungen wie folgt gegliedert werden, ohne daß jedes Modell alle genannten Arten enthalten muß:

1. Gleichungen, die Hypothesen über funktionale Zusammenhänge und damit Aussagen über die Realität enthalten:
   1.1 Verhaltensgleichungen
   1.2 Technische Gleichungen
   1.3 Institutionelle Gleichungen
2. Gleichungen, die Aussagen über das Modell enthalten:
   2.1 Definitionsgleichungen
   2.2 Gleichgewichtsbedingungen.

Verhaltensgleichungen (auch *Gleichungen der Verhaltensweise* oder *Reaktionsfunktionen* genannt) enthalten Hypothesen über die Reaktionen einzelner oder mehrerer Wirtschaftssubjekte auf Änderungen ihrer Daten oder Zielvariablen. Technische Gleichungen sind vor allem *Produktionsfunktionen*, die den Zusammenhang zwischen dem Einsatz von Produktivleistungen und der Ausbringung fertiger Erzeugnisse im Rahmen von Produktionsprozessen zeigen.[32] Beispiele für institutionelle Gleichungen sind *Steueraufkommensfunktionen*, die das Aufkommen der verschiedenen Steuern als Funktion der jeweiligen *Steuerbemessungsgrundlage* darstellen. In einem weiteren Sinne enthalten jedoch auch die unter 1.2 und 1.3 genannten Gleichungen Verhaltenshypothesen, da sowohl die Kombination von Produktivleistungen als auch die Zahlung von Steuern auf Grund von Entscheidungen erfolgen, die auf Wirtschaftsplänen beruhen und mit denen Ziele angestrebt werden. Gleichungen der zweiten Art enthalten keine Aussagen über die Realität, die an dieser überprüft werden könnten, sondern legen den Sprachgebrauch oder, zusammen mit der Einteilung in exogene und endogene Variable, die Fragestellung fest. Definitionsgleichungen geben beispielsweise an, wie Summen, Differenzen oder Quotienten von Variablen heißen sollen; von ihnen wird auch bei der Beschreibung des Wirtschaftsprozesses Gebrauch gemacht.[33] Gleichgewichtsbedingungen werden unten erörtert (S. 31–33).

Das so gebildete Gleichungssystem unterliegt den üblichen Forderungen nach Widerspruchsfreiheit und Unabhängigkeit der Gleichungen. Bei der Entscheidung darüber, welche Variablen als exogen und welche als endogen betrachtet werden sollen, ist darauf zu achten, daß die Zahl der endogenen Variablen ebenso groß sein muß wie die Zahl der voneinander unabhängigen Gleichungen des Systems. Ist die Zahl der endogenen Variablen größer, so hat das System beliebig viele Lösungen, und der Einfluß der Änderung einer exogenen Variablen auf eine endogene kann nicht bestimmt werden. Ist die Zahl der endogenen Variablen kleiner, so ist das System überbestimmt, es produziert Lösungen, die einander widersprechen. Bei der Lösung von Gleichungssystemen sind ferner die Bemerkungen S. 23 über die ökonomische Relevanz mathematischer Lösungen zu beachten.

Mit Hilfe von Modellen sollen beobachtbare ökonomische Vorgänge erklärt

---

[32] Vgl. VRW³, S. 4.
[33] Vgl. VRW³, S. 140−143.

oder vorhergesagt werden. Dieser Anspruch bedeutet, daß Modelle *empirischen Gehalt* haben müssen. Hierfür gilt

Def. 1.1: *Eine Aussage hat empirischen Gehalt, wenn sie das Eintreten mindestens eines Ereignisses ausschließt.*

Eine solche Aussage ist *falsifizierbar*: Es kann mindestens ein Ereignis eintreten, durch das sie widerlegt wird. Das Wort „empirisch" bezieht sich also nicht auf die Herkunft der Aussage, etwa aus der Heranziehung statistischer Beobachtungen, sondern nur auf die Möglichkeit, sie durch Beobachtungen zu widerlegen. Beispiele für empirische Aussagen wurden bei der Erläuterung dessen gegeben, was in diesem Buch unter einer wissenschaftlichen Erklärung verstanden wird (S. 5 f.). Sowohl die Singularaussagen über die Zunahme des privaten Konsums und des verfügbaren Einkommens in der Bundesrepublik 1972 gegenüber 1971 (1. und 3. Schritt) als auch die Verhaltenshypothese (2. Schritt) haben empirischen Gehalt und sind damit falsifizierbar: Konsum und Einkommen hätten auch abnehmen oder gleichbleiben können; und die Haushalte könnten ihre Konsumausgaben als Folge einer Einkommenserhöhung immer senken oder ungeändert lassen. Demgegenüber gibt es Aussagen ohne empirischen Gehalt oder *Leeraussagen*. Sie sagen nichts über die Realität aus und sind nicht falsifizierbar, da sie mit dem Eintreten jedes beliebigen Ereignisses vereinbar sind.[34] Ein Beispiel dafür bietet Gleichung (1.6), wenn den Parametern C^a und c keine Beschränkungen auferlegt werden. Können diese jeden beliebigen Wert annehmen, darunter auch negative Werte oder null, dann läßt eine gegebene Änderung des verfügbaren Einkommens jede beliebige Änderung der Konsumausgaben wie auch deren Konstanz zu. Damit gewinnt man den

Satz 1.1: *Ökonomische Modelle haben empirischen Gehalt, wenn den Parametern von Verhaltensfunktionen Beschränkungen auferlegt sind.*

Als Verhaltensfunktionen gelten hierbei auch die oben genannten technischen und institutionellen Gleichungen.

Der empirische Gehalt ökonomischer Modelle ist eine Sache des Grades. Je nachdem, ob den Parametern keine Beschränkungen auferlegt, Bereiche oder numerische Werte für sie angegeben werden, kann ihr empirischer Gehalt von null bis zu einem Maximum reichen. Entsprechend kann man von *nichtempirischen*, *beschränkt empirischen* und *voll empirischen Modellen* sprechen.

Ein häufig verwendeter Ansatz besteht darin, ein Problem zunächst so allgemein wie möglich zu formulieren und den Parametern daher keine Beschränkungen aufzuerlegen. Zweck des entsprechenden Modells ist es, die Variablen sowie die zwischen ihnen vermuteten Beziehungen zu nennen und damit ein Denkschema vorzulegen, mit dessen Hilfe die unerkannt in den Voraussetzungen steckenden Folgerungen deduziert und damit sichtbar gemacht werden können. Diese Folgerungen sind ebenfalls empirisch gehaltlos, lassen also alle denkbaren Möglichkeiten zu. Sie können aber zu Aussagen über die Realität verwendet werden, sobald beispielsweise numerische Werte für die Parameter bereitgestellt werden. Die Aufstellung nichtempirischer Modelle bildet also eine Vorstufe für die beiden anderen Arten. Statt von nichtempirischen Modellen spricht man häufig von

---

[34] Vgl. auch VRW³, S. 17.

„Modelltheorie". Da man jedoch nur in Modellen über die Realität sprechen oder Theorien aufstellen kann, ist diese Bezeichnung mißverständlich und wird daher hier vermieden.

In eine zweite Gruppe lassen sich alle Modelle einordnen, deren Verhaltensparametern man bestimmte Bereiche zugewiesen und damit andere für sie ausgeschlossen hat. Ein Beispiel ist Gleichung (1.6), bei der die zugehörige Ungleichung besagt, daß die marginale Konsumquote weder negativ oder gleich null noch gleich oder größer als eins sein darf. Damit werden die Fälle ausgeschlossen, daß eine Erhöhung des verfügbaren Einkommens die Konsumausgaben senkt, keinen Einfluß auf sie ausübt oder sie proportional oder überproportional steigen läßt. Häufig sind die den Parametern auferlegten Beschränkungen noch schwächer, etwa dann, wenn lediglich ihr Vorzeichen angegeben wird. In solchen Fällen wird also nur eine Aussage über die Richtung gemacht, in der sich eine zu erklärende Variable als Folge der Änderung einer erklärenden Variablen bewegen wird. Offen bleibt, um welchen Betrag sich die endogene Variable ändert. Dieser geringe empirische Gehalt kann auf null sinken, wenn mehrere solche Hypothesen in einem Modell verarbeitet werden. Dies läßt sich wie folgt zeigen.[35] Führt eine bestimmte wirtschaftspolitische Maßnahme gemäß einer Hypothese A zur Erhöhung einer Komponente des Sozialprodukts und gemäß einer weiteren Hypothese B zur Senkung einer anderen Komponente, so kann über den Nettoeffekt der Maßnahme auf das Sozialprodukt nichts ausgesagt werden, wenn beide Hypothesen in dieser beschränkt empirischen Form vorliegen. Das Modell ist nichtempirisch, da die Summe zweier Größen, von denen nur bekannt ist, daß die eine positiv, die andere negativ ist, größer oder kleiner als null oder gleich null sein kann. Daraus folgt, daß Satz 1.1 lediglich eine notwendige, aber nicht in allen Fällen hinreichende Bedingung für den empirischen Gehalt ökonomischer Modelle angibt.

Die Mehrzahl der heute verfügbaren Modelle der Wirtschaftswissenschaft gehört in die zweite Gruppe, hat also einen vergleichsweise geringen empirischen Gehalt. Dies gilt auch für die in der Wirtschaftspolitik verwendeten Modelle: Wer eine Währung aufwertet, hat in der Regel weiter nichts als die Hypothese, daß der Export abnehmen und der Import zunehmen wird, ohne auch nur vermuten zu können, innerhalb welcher Zeit diese Wirkungen in welchem Ausmaß eintreten werden. Es ist jedoch sowohl für die Erklärung des Wirtschaftsablaufs wie erst recht für seine Beeinflussung entscheidend wichtig zu wissen, ob beispielsweise die privaten Haushalte eine Erhöhung ihres verfügbaren Einkommens zu 70 v.H. oder zu 90 v.H. zu Mehrausgaben für den Konsum verwenden; ob nach einer Senkung des Kapitalmarktzinses von 8 v.H. auf 7 v.H. die privaten Investitionen gar nicht, um 10 v.H. oder um 30 v.H. zunehmen; oder ob eine Aufwertung um 5 v.H. den Saldo der Leistungsbilanz nicht ändert, halbiert oder verschwinden läßt. Eine dritte Stufe der Arbeit mit Modellen besteht daher darin, die in die Modelle einzubringenden Hypothesen über menschliches Verhalten numerisch zu formulieren, die Konsequenzen von Änderungen der exogenen Variablen aus den Modellen zu deduzieren und die Ergebnisse mit Beobachtungen des tatsächlichen Wirtschaftsablaufs zu vergleichen. Widersprechen die Beob-

---

[35] Vgl. H. Schneeweiss: Ökonometrie. Würzburg u.a. 1971, S. 18.

achtungen den aus dem Modell gezogenen Schlüssen, so müssen die zugrundeliegenden Hypothesen verworfen und durch andere ersetzt werden. Widersprechen sie ihnen nicht, so können die Hypothesen vorläufig akzeptiert werden. Die Angabe eines numerischen Wertes für einen Parameter ist die weitestgehende Beschränkung, die ihm auferlegt werden kann. Sie bedeutet daher den maximalen empirischen Gehalt für die betreffende Aussage; das Modell ist voll empirisch. Das entsprechende Vorgehen besteht im einzelnen darin, aus Beobachtungen numerische Hypothesen über menschliches Verhalten zu gewinnen, sie zu überprüfen und Modelle so zu konstruieren, daß man mit ihrer Hilfe tatsächliche einzel-, teil- oder gesamtwirtschaftliche Prozesse in einem Land oder zwischen mehreren Ländern erklären, prognostizieren und in der gewünschten Richtung und dem gewünschten Ausmaß beeinflussen kann.

Die dabei auftretenden Schwierigkeiten sind enorm und beim gegenwärtigen Stand der Wirtschaftswissenschaft nur sehr unvollkommen zu überwinden. Eine der Hauptursachen dafür ist eine Besonderheit des Wirtschaftsprozesses als Studienobjekt der Wirtschaftswissenschaft gegenüber den Objekten anderer Erfahrungswissenschaften: Die Unmöglichkeit zu experimentieren. Experimentieren heißt hierbei, Prozesse unter kontrollierten Bedingungen stattfinden zu lassen mit dem Ziel, den Einfluß einer bestimmten Variablen isoliert zu erfassen, den Einfluß anderer Variabler also auszuschalten. Solche Verfahren sind bei der Erforschung des Wirtschaftsprozesses zumindest auf gesamtwirtschaftlicher Ebene nicht anwendbar. Es ist beispielsweise weder möglich, die Lohnsteuer mit dem Ziel zu erhöhen, die Reaktionen der betroffenen Haushalte in bezug auf ihre Konsumausgaben zu studieren, noch lassen sich gleichzeitig alle Faktoren konstant halten, die die Konsumausgaben sonst noch beeinflussen. Diesem Sachverhalt ist in Bild 1.3 (S. 8) durch die Einfügung der Nebenvariablen $u_1 \ldots u_k$ Rechnung getragen. Sie können auch als unkontrollierbare Variable angesehen werden. Wer also mit voll empirischen Modellen arbeiten will, muß den von ihm unbeeinflußt ablaufenden Wirtschaftsprozeß beobachten und sich dabei auch noch überwiegend auf höchst unvollkommenes statistisches Material stützen. Aus diesem und anderen Gründen ist die Wirtschaftswissenschaft als empirische Wissenschaft heute in einem unbefriedigenden Zustand. Dies zeigt sich immer wieder besonders bei gesamtwirtschaftlichen Prognosen und bei der wirtschaftspolitischen Beratung.

4. Die Ceteris-paribus-Klausel. Das Arbeiten mit Modellen macht es möglich, aus der unübersehbaren Vielfalt der ökonomischen Zusammenhänge jeweils einen oder einige wenige herauszugreifen und unter der stillschweigenden oder expliziten Voraussetzung zu untersuchen, daß alle sonstigen, im Modell nicht betrachteten Zusammenhänge für das jeweilige Problem keine Rolle spielen. Das ist der Inhalt der Ceteris-paribus-Klausel. Sie wird auch benutzt, wenn man innerhalb eines Modells nur einen Zusammenhang betrachten will, ohne die anderen zu berücksichtigen. Da wirtschaftswissenschaftliche Analysen nur an Modellen vorgenommen werden können, wobei es niemals möglich ist, alle ökonomischen Zusammenhänge in einer Volkswirtschaft zu berücksichtigen, gilt die Ceteris-paribus-Klausel bei jedem Modell und jeder Hypothese als vereinbart. Sie ist einerseits nötig, da nur sie es gestattet, den Einfluß einer oder einer begrenzten Zahl von Variablen auf eine oder mehrere andere Variable isoliert von allen sonstigen Einflüssen zu betrachten. Sie wirft anderseits Probleme auf, wenn es darum geht, die aus Modellen gezogenen Schlußfolgerungen zur Erklärung und Prognose von Vorgängen der Realität zu verwenden. Dies war oben (S. 9) als das Anwendungsproblem bezeichnet worden. Es läßt sich an einem einfachen Beispiel wie folgt zeigen. Wenn in einer Volkswirtschaft Arbeitslosigkeit herrscht, so können die öffentlichen Haushalte versuchen, durch Erhöhung ihrer Güternachfrage die Produktionstätigkeit anzuregen und dadurch die Arbeitslosigkeit zu vermindern. Es wird im dritten Kapitel gezeigt werden, daß die Produktionssteigerung sogar ein Mehrfaches der zusätzlichen öffentlichen Nachfrage betragen kann. Dieser Schluß ist aber nur zulässig, wenn die übrigen Komponenten der gesamtwirtschaftlichen Endnachfrage[36] ungeändert bleiben, wenn also die Ceteris-paribus-Annahme gilt. Gehen etwa die Investition, der private Konsum oder der Export in gleichem Maße zurück wie der staatliche Konsum steigt, so kann die angestrebte Wirkung auf die Arbeitslosenzahl durch diese Gegenbewegung kompensiert werden. Der unter der Ceteris-paribus-Annahme aus dem Modell gezogene Schluß „Vermehrte öffentliche Güternachfrage verringert die Arbeitslosigkeit" bleibt sowohl logisch als auch in bezug auf die dabei verwendeten Hypothesen richtig, reicht aber als Grundlage einer wirtschaftspolitischen Entscheidung in diesem Fall nicht aus. Die Klausel ist also einerseits methodisch notwendig, anderseits bildet der hinter ihr stehende Sachverhalt ein Hindernis für die praktische Anwendung wirtschaftswissenschaftlicher Erkenntnisse, da in der Realität eben sehr viele andere Variable nicht wie im Modell angenommen konstant bleiben. Dies erschwert auch die Falsifizierung von Hypothesen, da nie sicher ist, ob etwa eine Fehlprognose auf eine falsche Hypothese oder auf die Nichterfüllung der Ceteris-paribus-Bedingung zurückzuführen ist. In neuerer Zeit versucht man, das Problem dadurch weniger schwerwiegend zu machen, daß man in gesamtwirtschaftlichen Modellen die Zahl der berücksichtigten Variablen und Beziehungen zwischen ihnen vergrößert, also mit umfangreicheren Modellen arbeitet.

5. Aggregation. Mit Modellen muß auf allen Ebenen der wirtschaftswissenschaftlichen Analyse gearbeitet werden, also sowohl bei einzelwirtschaftlichen als auch bei partial- und gesamtwirtschaftlichen Analysen. Modelle für eine Volkswirtschaft lassen sich in empirisch relevanter Weise jedoch derzeit nicht auf mikroökonomischer Basis errichten. Dies würde bedeuten, die Preise und Mengen aller einzelnen Konsum- und Investitionsgüter, alle einzelnen Forderungen, Einkommen, Produktivleistungen, Lohn- und Zinssätze sowie alle außerökonomischen Variablen explizit zu berücksichtigen. Die Anzahl der Gleichungen und Variablen eines solchen Modells einer Volkswirtschaft würde in die Milliarden oder noch höhere Größenordnungen gehen, und es erscheint vorläufig ausgeschlossen, die dazu nötigen Informationen zu beschaffen und zu verarbeiten. Eine systematische Erforschung der Art und Weise, in der ökonomische Variable aufeinander wirken oder von außerökonomischen Variablen beeinflußt werden, ist unter gleichzeitiger Berücksichtigung der gesamten Interdependenz daher nur im Rahmen mehr oder weniger stark vereinfachter Modelle möglich. Das Verfah-

---

[36] Vgl. VRW³, S. 316.

ren der Vereinfachung ist die Zusammenfassung oder *Aggregation*. Entsprechend der Konsolidierung von Konten im Volkswirtschaftlichen Rechnungswesen werden bei der Modellkonstruktion gleichartige Wirtschaftssubjekte, Güter, Transaktionen, Verhaltensweisen, Kreditbeziehungen und anderes zu *Aggregaten* zusammengefaßt. Eines der Hauptprobleme ist dabei, diese Aggregate möglichst homogen zu halten. Am Beispiel der Zusammenfassung von Wirtschaftssubjekten gezeigt bedeutet dies, Sektoren so zu bilden, daß in bezug auf das zu behandelnde Problem bei allen Mitgliedern des Sektors
– gleiche oder ähnliche Zielsetzungen vorliegen,
– gleiche oder ähnliche Instrumentvariable zur Verfügung stehen,
– gleiche oder ähnliche Daten für das ökonomische Handeln maßgebend sind,
– gleiche oder ähnliche Reaktionen auf jeweils bestimmte Änderungen der Daten und Zielvariablen erfolgen.
Was dabei jeweils noch als „ähnlich" zu betrachten ist, hängt von der Fragestellung ab und muß daher von Fall zu Fall entschieden werden. So kann es in einem Fall sinnvoll sein, alle privaten Haushalte zu einem Sektor zusammenzufassen, während es bei anderen Fragestellungen notwendig ist, solche Sektoren zu bilden, deren Mitglieder nur über eine bestimmte Art von Einkommen verfügen (etwa aus unselbständiger Arbeit) oder Einkommen in bestimmter Höhe beziehen (etwa monatliche Nettoeinkommen von 1500 bis unter 1800 DM).

Erst mit Hilfe von Aggregationen gelingt es, die Millionenzahl der Wirtschaftssubjekte einer Volkswirtschaft und entsprechend aller anderen ökonomischen Dinge und Vorgänge auf eine überschaubare Anzahl von Sektoren und anderen Aggregaten zu reduzieren. Nur so kann man ein übersichtliches Bild des Wirtschaftsprozesses gewinnen und zu praktisch verwertbaren Aussagen über ökonomische Erscheinungen im gesamtwirtschaftlichen Maßstab gelangen. Jedoch muß hier wiederholt werden,[37] daß Aggregation eine Operation des Wirtschaftswissenschaftlers ist, die an der Realität nichts ändert. Hinter Redeweisen wie: „Das verfügbare Einkommen beeinflußt den privaten Konsum", die man auf Grund von Darstellungen wie S. 5 gebrauchen könnte, steckt eine prinzipiell unzulässige, weil unzutreffende, Personifizierung statistischer Aggregate. Niemals steht hinter diesen ein einheitlicher Wille irgendwelcher Gruppen von Wirtschaftssubjekten.

6. Marginalanalyse. Die Wirtschaftswissenschaft muß ihre Methodik dem Umstand anpassen, daß ihr Untersuchungsobjekt, der Wirtschaftsprozeß, zusammen mit den für seinen Ablauf maßgebenden Verhaltensweisen und Zielen der Wirtschaftssubjekte, den Institutionen, dem technischen Wissen und den sonstigen Rahmenbedingungen zu jedem Zeitpunkt bereits vorhanden ist und nicht experimentell geschaffen werden kann. Unabhängig von der jeweiligen Fragestellung, ob es sich also um die Erklärung, die Prognose oder die Beeinflussung des Wirtschaftsprozesses handelt, und auch unabhängig davon, ob ein Wirtschaftssubjekt, ein Ausschnitt des Wirtschaftsprozesses oder eine Volkswirtschaft betrachtet wird, muß praktisch immer entweder von einem vorgegebenen Zustand

---

[37] Vgl. VRW³, S. 55.

in einem Zeitpunkt oder von einem vorgegebenen Wirtschaftsablauf während eines Zeitraums ausgegangen werden. Dieser vorgegebene Zustand oder Ablauf ist die *Ausgangssituation*. Den Wirtschaftsablauf erklären bedeutet dann gemäß den Erläuterungen S. 5–10, die in der Ausgangssituation aufgetretenen Änderungen erklärender Variabler als gegeben anzusehen und mit Hilfe von Hypothesen zu zeigen, wie sich daraufhin ein bestimmter Ablauf einstellte oder ein anderer Zustand ergab. Hieraus ergibt sich der methodische Ansatz, sich nur für Änderungen einer Situation zu interessieren, diese selbst aber als gegeben zu akzeptieren. In der Regel ist dabei die betrachtete Änderung einer Variablen klein gegenüber ihrem Wert in der Ausgangssituation. Man nennt dieses Verfahren *Marginalanalyse* (auch *Grenzbetrachtung* oder *Denken in Änderungen*). Beispielsweise ist die S. 24 angeschnittene Frage nach der Wirkung einer Erhöhung der Investition auf das Sozialprodukt eine Marginalanalyse. Soweit Modelle in Form von Gleichungssystemen vorliegen, liegt es nahe, sich bei der Marginalanalyse der für diese Art der Fragestellung vorhandenen mathematischen Kalküle, der Differenzenrechnung und der Differentialrechnung, zu bedienen. Die Marginalanalyse ist jedoch nicht an solche Modelle gebunden. Auch wer verbal die Konsequenzen wirtschaftspolitischer Maßnahmen erörtert, kann nicht anders, als über Änderungen von Variablen zu sprechen.

7. Marktgleichgewicht. Gemäß dem S. 18 f. entwickelten Denkansatz enthält der Wirtschaftsplan eines Wirtschaftssubjekts, ausgehend von seinen Präferenzen, Zielen und Daten, Angaben über die Werte der eigenen Instrumentvariablen sowie Erwartungen über das Verhalten anderer Wirtschaftssubjekte und daraus folgend Erwartungen über die Entwicklung der Zielvariablen. In der Regel müssen in einem Wirtschaftsplan auch Annahmen über Änderungen von Daten während der Planperiode gemacht werden, da viele Daten erfahrungsgemäß im Zeitablauf nicht konstant bleiben. Der Wirtschaftsplan wird während der Planperiode ausgeführt. Auf seiner Grundlage werden Handlungen vorgenommen, mit denen das Wirtschaftssubjekt beispielsweise auf den Märkten für Konsumgüter und Arbeitsleistungen Transaktionen mit anderen Wirtschaftssubjekten unternimmt, die ihrerseits auf Grund von Wirtschaftsplänen handeln. Auf Märkten werden also Wirtschaftspläne miteinander konfrontiert. Da jeder Wirtschaftsplan Erwartungen über das Verhalten von Transaktionspartnern enthält, die nicht alle zutreffen können, weil niemand über perfekte Voraussicht verfügt, existieren für jede Planperiode Wirtschaftspläne, die nicht miteinander vereinbar sind.

Das Problem läßt sich am Beispiel des Marktes für ein Gut verdeutlichen, auf dem jeweils mehrere Anbieter und Nachfrager unter Konkurrenzbedingungen zueinander in Beziehung treten. In Bild 1.4 ist AA' die aggregierte *Angebotskurve*, NN' eine aggregierte *Nachfragekurve*. Beide Kurven stellen Hypothesen über Pläne der Anbieter und Nachfrager dar. Danach planen die Anbieter insgesamt eine um so größere Menge x des Gutes zu verkaufen, je höher der Preis p ist. Die Nachfrager planen insgesamt eine um so größere Menge zu kaufen, je niedriger der Preis ist.

Bei der in Bild 1.4 angenommenen Lage der Kurven gibt es jedoch nur einen Preis p_0, bei dem die Planungen der Anbieter und Nachfrager in dem Sinne miteinander vereinbar sind, daß die bei diesem Preis nachgefragte Menge x_0 gleich der bei diesem Preis angebotenen ist. Man sagt, bei diesem Preis herrsche *Gleichgewicht* auf diesem Markt und nennt p_0 den *Gleichgewichtspreis*, x_0 die *Gleichgewichtsmenge*. Allgemein gilt

Def. 1.2: *Auf einem Markt herrscht Gleichgewicht, wenn die bei einem Preis gemäß den Wirtschaftsplänen der Anbieter angebotene Menge gleich der bei diesem Preis gemäß den Wirtschaftsplänen der Nachfrager nachgefragten Menge ist.*

Die Multiplikation einer Gütermenge mit dem Preis des Gutes ergibt den Wert dieser Menge. Den Wert der bei einem bestimmten Preis nachgefragten

Bild 1.4 — *Gleichgewicht auf einem Konkurrenzmarkt*

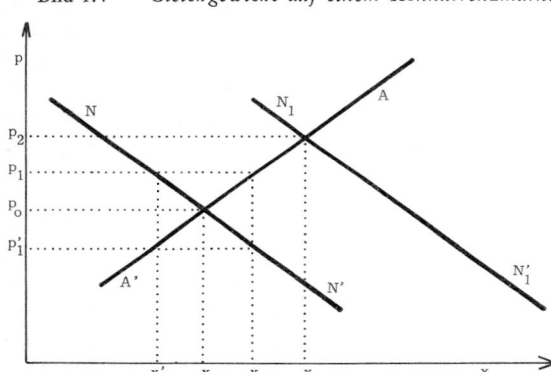

Gütermenge nennt man auch die *monetäre Nachfrage* nach diesem Gut, den Wert der bei einem bestimmten Preis angebotenen Menge das *monetäre Angebot*. Graphisch erhält man beide Größen in Bild 1.4 als Inhalt von Rechtecken $p \cdot x$, die aus dem jeweiligen Preis und der dazugehörigen Menge gebildet werden. Gleichgewicht kann demnach auch durch die Aussage definiert werden, daß bei einem bestimmten Preis die geplante monetäre Nachfrage gleich dem geplanten monetären Angebot ist. In Bild 1.4 sind beide nur beim Preis p_0 gleich dem Rechteck $p_0 x_0$.

Demgegenüber ist beispielsweise der Preis p_1 bei der Lage NN' der Nachfragekurve kein Gleichgewichtspreis. (Die Lage $N_1 N'_1$ spielt bei dieser Argumentation keine Rolle.) Haben sich die Anbieter mit ihrer Produktionsplanung auf diesen Preis eingestellt, so stimmen ihre Wirtschaftspläne mit denen der Nachfrager insofern nicht überein, als die Anbieter bei diesem Preis die Menge x_1 zu verkaufen, die Nachfrager aber nur die kleinere Menge x'_1 zu kaufen planen. Das monetäre Angebot ist $p_1 x_1$, die monetäre Nachfrage ist $p_1 x'_1$. Man sagt, bei dieser Situation herrsche *Ungleichgewicht* auf diesem Markt. Es ist dadurch gekennzeichnet, daß Wirtschaftspläne nicht realisiert werden können. Die Situation zwingt Anbieter und/oder Nachfrager zur Revision von Wirtschaftsplänen, führt damit zu Reaktionen und treibt so den Wirtschaftsprozeß weiter. Es wurde schon mehrfach betont, daß dieser als Prozeß fortwährender Änderungen von Variablen gesehen werden kann. In dem eben gegebenen Beispiel könnten die Anbieter ihre Pläne auf zwei Arten revidieren. Bleibt etwa in der Ungleichgewichtssituation der Preis p_1 bestehen, so können die Anbieter die Menge $x_1 - x'_1$ nicht wie geplant absetzen. Dies bedeutet eine unfreiwillige Erhöhung ihrer Lagerbestände und kann zu Einschränkungen der Produktion führen. Versuchen die Anbieter dagegen, die Menge x_1 mit Hilfe von Preiszugeständnissen abzusetzen, so sinkt der Preis von p_1 auf p_1'. Bei diesem Preis erfüllen sich jedoch wahrscheinlich die Gewinnerwartungen der Anbieter nicht, da sie bei p'_1 nur die Menge x'_1 zu verkaufen planten. Vermutlich werden sie auch in diesem Fall in der nächsten Periode eine kleinere Menge als x_1 anbieten. Was in Ungleichgewichtssituationen geschieht, kann jedoch aus Darstellungen wie der von Bild 1.4 nicht abgelesen, sondern nur auf Grund weiterer Verhaltenshypothesen ermittelt werden.

Liegt eine Gleichgewichtssituation vor, so werden die betreffenden Wirtschaftssubjekte ihre Pläne in bezug auf diese Situation nicht ändern. Bleiben Präferenzen, Ziele, Daten und die Werte der Zielvariablen konstant, so werden die Wirtschaftssubjekte auch in Zukunft ihr Verhalten beibehalten. Eine Gleichgewichtssituation ist also für einen Beobachter dadurch gekennzeichnet, daß sich die endogenen und exogenen Variablen im Zeitablauf nicht ändern. In Bild 1.4 wurde diese Situation in bezug auf einen einzelnen Markt, also einen Ausschnitt des Wirtschaftsprozesses angenommen. Man spricht daher hier von einem *teilwirtschaftlichen* (oder *partiellen*) *Gleichgewicht*. Ein weiteres Beispiel hierzu ist das Gleichgewicht der Devisenbilanz.[38] In bezug auf eine Volkswirtschaft spricht man von einem *gesamtwirtschaftlichen* (oder *totalen*) *Gleichgewicht*, und zwar in zweierlei Bedeutung. Erstens kann darunter der Fall verstanden werden, daß in einer Planungsperiode sämtliche Wirtschaftspläne aller einzelnen Wirtschaftssubjekte der Volkswirtschaft in der eben geschilderten Weise miteinander vereinbar sind. Es liegt dann *gesamtwirtschaftliches Mikrogleichgewicht* vor. Dieser Fall wird hier, auch wegen der S. 28 angedeuteten Schwierigkeiten, nicht weiter betrachtet. Zweitens spricht man von *gesamtwirtschaftlichem Makrogleichgewicht*, wenn die in dem betrachteten Modell gebildeten Aggregate bei den herrschenden Preisen übereinstimmen. Dies können beispielsweise das geplante monetäre Angebot an und die geplante monetäre Nachfrage nach Konsumgütern, Investitionsgütern und Arbeitsleistungen sein. In solchen Situationen ergeben sich auch gesamtwirtschaftlich keine Änderungen im Wirtschaftsablauf, sofern sich die außerökonomischen Variablen wie Wetter, Bevölkerung, technische Kenntnisse sowie rechtliche und soziale Organisation nicht ändern.

8. Statische, dynamische und komparativ-statische Analyse. An jedes ökonomische Modell können drei Fragen gestellt werden. Sie lauten:
- Unter welchen Bedingungen sind die Wirtschaftspläne der betrachteten Wirtschaftssubjekte miteinander vereinbar, herrscht also Gleichgewicht in dem Modell?
- Wie sieht der Prozeß aus, der durch eine Änderung der das Gleichgewicht bestimmenden Variablen in Gang gesetzt wird?
- Wodurch unterscheiden sich Gleichgewichtssituationen, die durch unterschiedliche Werte der gleichgewichtsbestimmenden Variablen determiniert werden?

---

[38] Vgl. VRW³, S. 255−259.

Eine Untersuchung der Frage, unter welchen Bedingungen teil- oder gesamtwirtschaftliches Gleichgewicht herrscht, nennt man *statische Analyse*, die entsprechenden Modelle *statische Modelle*. Unter Heranziehung der S. 7 erläuterten Begriffe „endogene Variable" und „exogene Variable" läßt sich die Fragestellung einer statischen Analyse auch so formulieren: Welche Werte müssen die endogenen Variablen annehmen, damit bei gegebenen Werten der exogenen Variablen und angesichts der in das Modell eingeführten Hypothesen über das Verhalten der Wirtschaftssubjekte Gleichgewicht herrscht? Liegt das Modell in Form eines Gleichungssystems vor, so ist die Frage beantwortet, wenn das System mathematisch gelöst ist. Die Ausgangsgleichungen sind dann so umgeformt worden, daß jede endogene Variable einzeln als Funktion aller exogenen Variablen erscheint.

Es kann bei statischen Analysen vorkommen, daß keine mathematische Lösung existiert, etwa weil das Gleichungssystem nicht widerspruchsfrei ist. Manchmal gibt es Lösungen, die ökonomisch nicht sinnvoll sind, etwa weil endogene Variable mit einem nicht zulässigen Vorzeichen auftreten. Beispiele hierfür wurden S. 23 genannt. In beiden Fällen muß das Modell revidiert werden.

Die praktische Bedeutung statischer Analysen liegt in der Untersuchung der Frage, ob Gleichgewichtswerte endogener Variabler wirtschaftspolitisch annehmbar sind. So ist es denkbar, daß bei bestimmten Verhaltensweisen und Konstellationen exogener Variabler ein Gleichgewicht auf dem Gütermarkt nur bei Arbeitslosigkeit oder einem unerwünschten Defizit in der Devisenbilanz existiert. Da jeder gesamtwirtschaftliche Zustand immer entscheidend von den Werten der wirtschaftspolitischen Instrumentvariablen mitbestimmt wird, taucht in diesem Fall die Frage auf, welche anderen Werte diese Variablen annehmen müssen, damit die Gleichgewichtswerte der endogenen Variablen wirtschaftspolitisch akzeptabel werden. Die Frage kann mit Hilfe des in Bild 1.3 (S. 8) dargestellten wirtschaftspolitischen Ansatzes gelöst werden, der zunächst auch auf eine statische Analyse führt.

Die statische Analyse ist der Ausgangspunkt für die zweite Frage: Welcher Prozeß wird in Gang gesetzt, wenn aus einer Gleichgewichtssituation heraus eine exogene Variable geändert wird? Eine solche Änderung bedeutet für eines oder mehrere der betrachteten Wirtschaftssubjekte oder Gruppen eine Änderung der Werte von Daten oder Zielvariablen. Sie reagieren darauf mit Änderungen der Werte ihrer Instrumentvariablen, die ihrerseits Reaktionen an anderen Stellen bewirken, und so fort. Die Untersuchung solcher Prozesse nennt man *dynamische Analyse* (auch *Prozeß*- oder *Verlaufsanalyse*). Sie zielt darauf ab, den Wirtschaftsablauf Periode für Periode zu verfolgen, ihn also als Folge zeitlich aufeinanderfolgender Anpassungsreaktionen an Änderungen zu erklären, die sich wegen der allgemeinen Interdependenz gegenseitig bedingen und somit als Komplex einander beeinflussender Prozesse aufgefaßt werden können. Die entsprechenden *dynamischen Modelle* sind daran zu erkennen, daß ihre Variablen mit Zeitindizes versehen sind, die sich nicht alle auf denselben Zeitpunkt oder Zeitraum beziehen.

Die im Rahmen einer Prozeßanalyse anzustellenden Gedankenexperimente sind etwa folgende.

(a) Man gibt einer exogenen Variablen aus einer Gleichgewichtssituation heraus für eine Planperiode einen anderen Wert und läßt sie in den folgenden Perioden wieder den ursprünglichen Wert annehmen.

Die von der Änderung betroffenen Wirtschaftssubjekte reagieren hierauf gemäß den Verhaltenshypothesen des Modells. Je nach deren Zusammenspiel gibt es zwei Möglichkeiten für die zeitliche Entwicklung der endogenen Variablen. Diese müssen sich zunächst als Folge der Änderung der exogenen Variablen ändern. Ist diese jedoch wieder weggefallen, können die endogenen Variablen entweder

(a.1) sich nach und nach wieder ihren Ausgangswerten nähern, oder
(a.2) sich immer weiter von ihren Ausgangswerten entfernen.

Im Fall (a.1) sagt man, in der Ausgangssituation habe *stabiles Gleichgewicht* geherrscht, im Fall (a.2) war das Gleichgewicht *instabil* (oder *labil*).

Ein weiteres Gedankenexperiment sieht so aus:

(b) Man gibt einer exogenen Variablen aus einer Gleichgewichtssituation heraus einen anderen Wert und läßt sie den neuen Wert auch in den folgenden Perioden beibehalten.

Wiederum gibt es zwei Möglichkeiten:

(b. 1) Die Reaktionen der beteiligten Wirtschaftssubjekte führen zu einem neuen Gleichgewicht; oder
(b. 2) der einsetzende Prozeß führt nicht zu einem neuen Gleichgewicht.

Prozeßanalysen sind insofern besonders wichtig, als sie nachzuzeichnen gestatten, wie im Zeitablauf eine Situation aus der vorhergehenden entsteht. Der gesamte Komplex der Reaktionen auf Abweichungen realisierter von erwarteten Größen muß hierbei durchleuchtet werden, wobei eine Vielzahl unterschiedlich langer Reaktionsverzögerungen zu beachten ist.

Der unter (b. 1) genannte Fall führt zu der dritten Fragestellung. Bei ihr werden die beiden Gleichgewichtssituationen, die durch unterschiedliche Werte einer oder mehrerer exogener Variabler bestimmt sind, hinsichtlich der Werte der endogenen Variablen miteinander verglichen. Im Beispiel des in Bild 1.4 (S. 32) wiedergegebenen Gleichgewichts auf einem Konkurrenzmarkt wird etwa die Ausgangssituation mit einer anderen Gleichgewichtssituation verglichen, die durch eine bei jedem Preis höhere Nachfrage gekennzeichnet ist. Dies ist graphisch als Rechtsverschiebung der Nachfragekurve in die Lage $N_1N'_1$ dargestellt. Die Angebotskurve möge ungeändert bleiben, die Ceteris-paribus-Klausel also gelten. Dann ist die Wirkung der Änderung der Lage der Nachfragekurve auf die beiden endogenen Variablen des Modells sofort abzulesen: Der neue Gleichgewichtspreis ist p_2, die neue Gleichgewichtsmenge ist x_2. Eine solche Analyse heißt *komparativ-statische Analyse* (oder *Vergleichsanalyse*). Sie sagt nichts über die Art und Dauer des Prozesses aus, der von der einen zur anderen Gleichgewichtssituation führt. Dies ist in bezug auf die empirische Relevanz ein Nachteil, da praktisch alle zu beobachtenden wirtschaftlichen Abläufe als Anpassungen an Ungleichgewichtszustände aufzufassen sind. Diese Analyse gibt jedoch Richtung und Ausmaß der Änderungen der endogenen Variablen an.

Im folgenden werden alle drei Arten der Modellanalyse vorgeführt. Besonderes Gewicht wird jedoch auf die Prozeßanalyse gelegt, da sie sowohl im Mittelpunkt der neueren Entwicklung voll empirischer Modelle steht als auch für die Wirtschaftspolitik und damit für die oben genannte vierte Aufgabe der wirtschaftswissenschaftlichen Beratung unentbehrlich ist.

Fragen, Diskussionsthemen und Übungsaufgaben zum ersten Kapitel

(01) Der vorliegende Text enthält keine Definition der Wirtschaftswissenschaft oder der Volkswirtschaftslehre. ROBBINS [1.30] widmet diesem Problem das erste Kapitel seines Buches und definiert: „Economics is the science which studies human behaviour as a relationship between ends and scarce means which have alternatives uses" (Ebenda, S. 16). Diskutieren Sie diese Definition.

(02) Was meinen Sie zu dem Satz: „Aufgabe der Wirtschaftswissenschaft ist es, den Ablauf des Wirtschaftsprozesses zu beschreiben und zu erklären und nicht, zu erforschen, wie ein Unternehmen am besten betrieben werden kann."

(03) In: Ökonomisches Lexikon [5.66], Bd A−K, S. 154 heißt es unter dem Stichwort „Arbeitslosenversicherung": „In der DDR gibt es keine Arbeitslosigkeit."
(a) Gibt es in der Deutschen Demokratischen Republik Arbeitslose?
(b) Gibt es dort eine Arbeitslosenstatistik?

(04) Wer könnte welches Interesse daran haben, daß eine Statistik wie die S. 4, Anm. 4 genannte nicht erstellt und veröffentlicht wird?

(05) Diskutieren Sie die Behauptung: „Alles, was wir in der Welt sehen, ist eine Aufeinanderfolge von Ereignissen. Jede Aussage darüber, wie diese Ereignisse aufeinander wirken, ist eine Theorie." (Sinngemäß nach LIPSEY [I.10], S. 12.)

(06) Erläutern Sie, inwiefern die Suche nach den Bestimmungsfaktoren für ein Ereignis in einen infiniten Regreß führt, und wie man diesen Regreß vermeidet.

(07) Nennen Sie Aussagen, in denen das Wort „Erklärung" nicht in der hier allein verwendeten Bedeutung gebraucht wird.

(08) Stellen Sie Hypothesen zur Erklärung von Änderungen folgender Variabler auf: Import eines Landes; Aufkommen an Tabaksteuer; Absatz eines Anbieters an Farbfernsehgeräten; Anteil der Landwirtschaft am Bruttoinlandsprodukt eines Industrielandes; Devisenkurs einer frei schwankenden Währung. Versuchen Sie auch, nach dem Beispiel von Bild 1.2 (S. 8) Erklärungszusammenhänge zu finden.

(09) Stellen Sie anhand des SR-Gutachtens 1967/68, Ziffer 123 fest, welche Hypothese der Sachverständigenrat zur Erklärung des S. 4f. genannten Produktionsrückgangs an Personenkraftwagen in der Bundesrepublik im ersten Halbjahr 1967 aufgestellt hat. Im ersten Quartal 1974 lag die Produktion um 17,9 v.H. niedriger als im Vorjahr. Gilt hierfür dieselbe Hypothese?

(10) Vor einer Schule hält sich im Sommer ein Speiseeisverkäufer auf. Stellen Sie eine Hypothese über die Abhängigkeit der Zahl der täglich verkauften Portionen von mindestens drei erklärenden Variablen auf und geben Sie dabei die vermutlichen Richtungen der jeweiligen Einflüsse an.

(11) Diskutieren Sie anhand von Beispielen die Ansicht: „Die Distanzierung von der Umgangssprache durch Einführung von Fachwörtern, insbesondere auch von fremdsprachlichen und Kunstwörtern, trägt dazu bei, unerwünschte Assoziationen und damit Mißverständnisse zu vermeiden."

(12) Das Adjektiv „wissenschaftlich" ist stark positiv werthaltig.
(a) Nennen Sie Belege.
(b) Wodurch unterscheidet sich eine wissenschaftliche Aussage von einer nichtwissenschaftlichen?
(c) Ist eine „wissenschaftliche" dasselbe wie eine „objektive" Aussage?

(13) Woraus besteht im allgemeinen ein ökonomisches Modell und welchen Forderungen muß es genügen?

(14) Ein ökonomisches Modell enthält endogene Variable, exogene Variable und Parameter. Wie sind diese Begriffe ökonomisch zu interpretieren, und wo bleibt „der Mensch"?

(15) Ist nach dem Sprachgebrauch dieses Buches eine Hypothese (oder Theorie) eine Aussage über Vorgänge oder sonstige Tatsachen der Erfahrungswelt, die durch Beobachtung grundsätzlich widerlegt werden kann?

(16) Nehmen Sie Stellung zu den folgenden Sätzen:
(a) „Ein ökonomisches Modell enthält immer nur einige Variable und Beziehungen zwischen ihnen und ist daher kein adäquates Abbild der Realität."
(b) „Ein ökonomisches Modell muß in Form eines Gleichungssystems oder einer graphischen Darstellung ausgedrückt werden."

(c) „Ein ökonomisches Modell ist nur sinnvoll, wenn die Annahmen, auf denen es beruht, wenigstens annähernd der Wirklichkeit entsprechen."
(d) „Auch durch noch so viele Beobachtungen kann nicht bewiesen werden, daß eine Theorie richtig ist."
(e) „Aus einem nichtempirischen Modell gefolgerte Aussagen sind immer wahr."
(f) „Wenn man den Einfluß der Änderung einer exogenen Variablen auf eine endogene Variable messen will, müssen alle anderen exogenen und endogenen Variablen konstant gehalten werden."
(17) Diskutieren Sie, daß
    (a) der handelnde Wirtschaftspraktiker Theorien haben muß und in Modellen denkt, auch wenn er es nicht zugibt;
    (b) der Wirtschaftstheoretiker Methoden verwendet, auch wenn er das Nachdenken darüber für Zeitverschwendung hält;
    (c) beide in ihr Handeln beziehungsweise in die Ergebnisse ihrer Forschung Werturteile einfließen lassen, auch wenn sie es nicht wissen oder nicht wahrhaben wollen.
(18) Woran kann man erkennen, ob eine Aussage empirischen Gehalt hat?
(19) Haben Definitionen und Gleichgewichtsbedingungen empirischen Gehalt?
(20) Warum sind Differential- und Differenzenrechnung adäquate Instrumente zur Behandlung vieler ökonomischer Probleme?
(21) Erläutern Sie Fragestellungen und Charakteristika von statischen, dynamischen und komparativ-statischen Analysen.
(22) Was antworten Sie, wenn Ihnen auf Ihre Stellungnahme zu einem ökonomischen Problem geantwortet wird: „Das mag zwar in der Theorie richtig sein, aber in der Praxis sieht das ganz anders aus"? (Vgl. LIPSEY [I.10], S. 12.)
(23) Worin besteht das Anwendungsproblem bei der Erklärung des Wirtschaftsprozesses?

Literatur zum ersten Kapitel

Zu Teil I:

Aufzählungen der Aufgaben der Wirtschaftswissenschaft oder speziell der Volkswirtschaftslehre finden sich in vielen Lehrbüchern, jedoch werden sie selten so ausführlich wie hier erläutert. Häufig werden die Aufgaben bei dem Versuch genannt, den Begriff der Wirtschaftswissenschaft oder ihren Gegenstand zu definieren. Einige Aufsätze hierzu enthält der Sammelband

[1.01] R. JOCHIMSEN, H. KNOBEL (Hg.): Gegenstand und Methoden der Nationalökonomie. Köln 1971. 421 S.

Gut lesbare Versuche, die Wirtschaftswissenschaft von ihren Nachbarwissenschaften her zu beleuchten, sind

[1.02] H.G. JOHNSON: The Economic Approach to Social Questions. Economica, Vol. 35, 1968, S. 1 – 21.
[1.03] K.E. BOULDING: Economics as a Science. New York u.a. 1970. VII, 157 S.

Literatur zur Frage der Beschreibung des Wirtschaftsprozesses ist detailliert in VRW³ enthalten. Zu Problemen der Erklärung und zur Gliederung in positive und normative Ökonomik finden sich mehrere Aufsätze in den unten zu Teil II genannten Sammelbänden.

Prognosen werden zusammenfassend behandelt in

[1.04] Methoden zur Vorausschätzung der Wirtschaftsentwicklung auf lange Sicht. Statistisches Amt der Europäischen Gemeinschaften: Statistische Informationen, 1960, Nr. 6, S. 570 – 763.
[1.05] G. BOMBACH: Über die Möglichkeit wirtschaftlicher Voraussagen. Kyklos, Vol. 15, 1962, S. 29 – 67.

[1.06] H. Giersch, K. Borchardt (Hg.): Diagnose und Prognose als wirtschaftswissenschaftliche Methodenprobleme. Berlin 1962. XV, 592 S.
[1.07] H. Gerfin: Langfristige Wirtschaftsprognose. Tübingen 1964. IX, 204 S.
[1.08] H. Theil: Applied Economic Forecasting. Amsterdam 1966. XXV, 474 S.
[1.09] W. F. Butler, R. A. Kavesh (Hg.): How Business Economists Forecast. Englewood Cliffs 1966. XVI, 540 S.
[1.10] K.-H. Raabe: Vorausschätzungen der allgemeinen Wirtschaftsentwicklung (ohne ökonometrische Modelle) am Beispiel der Bundesrepublik Deutschland. Allgemeines Statistisches Archiv, 51. Bd 1967, S. 10−44.
[1.11] K. W. Rothschild: Wirtschaftsprognose. Methoden und Probleme. Berlin u. a. 1969. VII, 205 S.

Dieser Titel eignet sich zur Einführung.

Fragen der Rolle von Wirtschaftswissenschaftlern bei der Beratung zur Beeinflussung des Wirtschaftsprozesses sind vor allem in bezug auf Regierungsberatung behandelt worden:

[1.12] W. A. Jöhr, H. W. Singer: The Rôle of the Economist as Official Adviser. London 1955. XII, 150 S.
        Deutsch: Die Nationalökonomie im Dienste der Wirtschaftspolitik. 1957. 3. Aufl. Göttingen 1969. 184 S.
[1.13] E. v. Beckerath, H. Giersch, H. Lampert (Hg.): Probleme der normativen Ökonomik und der wirtschaftspolitischen Beratung. Berlin u. a. 1963. XV, 614 S.
[1.14] H. K. Schneider (Hg.): Grundsatzprobleme wirtschaftspolitischer Beratung. Das Beispiel der Stabilisierungspolitik. Berlin 1968. VIII, 471 S.

Bekannte Institutionen der Regierungsberatung im westlichen Ausland sind der *Council of Economic Advisers* in den Vereinigten Staaten und das *Centraal Planbureau* in den Niederlanden. Vgl. dazu

[1.15] E. S. Flash: Economic Advice and Presidential Leadership: The Council of Economic Advisers. New York u. a. 1965. X, 382 S.
[1.16] W. W. Heller: New Dimensions of Political Economy. Cambridge, Mass. 1966. VIII, 203 S.
        Deutsch: Das Zeitalter des Ökonomen. Neue Dimensionen der Wirtschaftspolitik. Tübingen 1968. XIX, 169 S.
[1.17] J. G. Abert: Economic Policy and Planning in the Netherlands, 1950−1965. New Haven u. a. 1969. XV, 282 S.

In der Bundesrepublik wird Regierungsberatung auf ökonomischem Gebiet vor allem durch den 1963 durch Gesetz gebildeten *Sachverständigenrat zur Begutachtung der gesamtwirtschaftlichen Entwicklung*, durch Gutachten eigens gebildeter Kommissionen sowie durch ständige wissenschaftliche Beiräte einzelner Bundesministerien geleistet. Sammlungen der Gutachten und Stellungnahmen der beiden bekanntesten dieser Beiräte sind

[1.18] Bundesministerium für Wirtschaft (Hg.): Der Wissenschaftliche Beirat beim Bundesministerium für Wirtschaft. Sammelband der Gutachten von 1948 bis 1972. Göttingen 1973. XXIII, 645 S.
[1.19] Bundesministerium der Finanzen (Hg.): Der Wissenschaftliche Beirat beim Bundesministerium der Finanzen. Entschließungen, Stellungnahmen und Gutachten 1949−1973. Tübingen 1974. XV, 581 S.

Vgl. über die Tätigkeit des erstgenannten Beirats auch den Bericht von W. Koch in [1.13]. Die Gutachten des Sachverständigenrates werden als Bundestags- und als Bundesratsdrucksachen sowie als selbständige Bücher veröffentlicht. Das erste erschien 1964, das zehnte und zur Zeit neueste ist

[1.20] Sachverständigenrat zur Begutachtung der gesamtwirtschaftlichen Entwicklung: Mut zur Stabilisierung. Jahresgutachten 1973/74. Stuttgart u.a. 1973. XVI, 276 S.

Kommentare zur Arbeit dieses Gremiums sind

[1.21] H.C. WALLICH: The American Council of Economic Advisers and the German Sachverstaendigenrat. A Study in the Economics of Advice. QJE, Vol. 82, 1968, S. 349−379.

[1.22] R. MOLITOR (Hg.): Zehn Jahre Sachverständigenrat zur Begutachtung der gesamtwirtschaftlichen Entwicklung. Eine kritische Bestandsaufnahme. Frankfurt 1973. 246 S.

Zu einigen Problemen der wirtschaftswissenschaftlichen Fachsprache, insbesondere zur Mehrdeutigkeit von Begriffen, vgl.

[1.23] F. MACHLUP: Essays on Economic Semantics. Hg. von M.H. MILLER. Englewood Cliffs 1963. XXXII, 304 S.

Zu Teil II:

Einführende Darstellungen in Methodenprobleme der Wirtschaftswissenschaft geben LIPSEY [I.10], S. 1−68 und

[1.24] H.K. SCHNEIDER: Methoden und Methodenfragen der Volkswirtschaftstheorie. In: Kompendium [I.20], Bd 1, S. 1−15.

[1.25] E.v. BECKERATH, N. KLOTEN, H. KUHN: Artikel „Wirtschaftswissenschaft: Methodenlehre." HdSW, 12. Bd, Stuttgart u.a. 1965, S. 288−328.

[1.26] S.R. KRUPP (Hg.): The Structure of Economic Science. Essays on Methodology. Englewood Cliffs 1966. VI, 282 S.

[1.27] R. PRIM, H. TILMANN: Grundlagen einer kritisch-rationalen Sozialwissenschaft. Studienbuch zur Wissenschaftstheorie. Heidelberg 1973. XVI, 179 S.

Dieser Titel eignet sich als erste Einführung. Maßgebend für eine heute weit verbreitete Auffassung der Volkswirtschaftslehre als Erfahrungswissenschaft ist das Buch von

[1.28] K.R. POPPER: Logik der Forschung. 1934, 5. Aufl. Tübingen 1973. XXVI, 441 S.

Für Wirtschaftswissenschaftler sind hierin die Kapitel 1−6 und 10 relevant.

Nach wie vor einflußreich ist auch

[1.29] W. EUCKEN: Die Grundlagen der Nationalökonomie. 1939, 8. Aufl. Berlin u.a. 1965. XVII, 279 S.

Wichtige Vertreter jeweils eigener methodologischer Positionen sind

[1.30] L. ROBBINS: An Essay on the Nature and Significance of Economic Science. 1932, 2. Aufl. London 1935. XVIII, 160 S. (Mehrfach nachgedruckt.)

[1.31] T.W. HUTCHISON: The Significance and Basic Postulates of Economic Theory. 1938, (mit neuem Vorwort) New York 1960. XVI, 191 S.

[1.32] M. FRIEDMAN: The Methodology of Positive Economics. In: M. FRIEDMAN: Essays in Positive Economics. Chicago 1953, S. 3−43.

Zur Methodenkritik vgl. die Sammelbände

[1.33] H. ALBERT (Hg.): Theorie und Realität. Ausgewählte Aufsätze zur Wissenschaftslehre der Sozialwissenschaften. 1964, 2. Aufl. (mit teilweise anderer Auswahl) Tübingen 1972. XII, 431 S.

[1.34] E. TOPITSCH (Hg.): Logik der Sozialwissenschaften. Köln u.a. 1965. 586 S.

[1.35] H. ALBERT: Marktsoziologie und Entscheidungslogik. Ökonomische Probleme in soziologischer Perspektive. Neuwied u.a. 1967. 531 S.

Zweites Kapitel

Funktionale Zusammenhänge, Gleichgewicht und Beschäftigung in einer Volkswirtschaft

Den Kern der heutigen gesamtwirtschaftlichen Theorie bilden Hypothesen über funktionale Zusammenhänge zwischen gesamtwirtschaftlichen Variablen. In diesem Kapitel wird zunächst am Beispiel des Zusammenhangs zwischen Konsumausgaben und verfügbarem Einkommen gezeigt, wie man solche Hypothesen aufstellt und mit welchen Fachausdrücken über sie gesprochen wird. Anschließend werden die wichtigsten der heute verwendeten Hypothesen über die Nachfrage nach Investitionsgütern und nach Geld vorgeführt. In Teil IV werden jeweils mehrere funktionale Zusammenhänge zu Modellen für eine Volkswirtschaft zusammengestellt, wobei zur Vereinfachung weder die wirtschaftliche Betätigung der öffentlichen Haushalte noch außenwirtschaftliche Transaktionen berücksichtigt werden. Es wird dann gezeigt, wie mit Hilfe solcher Modelle statische und komparativ-statische Analysen vorzunehmen sind. Teil V soll am Beispiel des Beschäftigungsproblems zeigen, daß unterschiedliche Verhaltenshypothesen zu unterschiedlichen Abläufen in gesamtwirtschaftlichen Modellen führen, woraus dann auch unterschiedliche Prognosen und wirtschaftspolitische Empfehlungen folgen. Behandelt werden das Modell der nationalökonomischen Klassiker und die Modelle von MARX und KEYNES. Die Kenntnis ihrer Grundzüge soll das Verständnis für eine Reihe heutiger sozialer und wirtschaftspolitischer Probleme und die Versuche zu ihrer Lösung erleichtern.

I. Konsum- und Sparfunktion

1. **Das Bruttosozialprodukt zu Marktpreisen ex post und ex ante.** Das in einer Volkswirtschaft während eines Jahres entstandene Bruttosozialprodukt zu Marktpreisen Y_m^b ist definiert als

$$Y_m^b = C_H + I^b + A_{St} + X - M, \tag{2.1}$$

also als Summe aus privatem Konsum C_H, privater Bruttoinvestition I^b, staatlichen Ausgaben für Konsum und Bruttoinvestition A_{St} und dem Außenbeitrag als Differenz zwischen Export X und Import M. Produktionstätigkeit und wirtschaftliche Handlungen von Millionen einzelner Wirtschaftssubjekte bewirken, daß diese fünf Komponenten in einem Land in einem gegebenen Jahr jeweils eine bestimmte Größe erreichen, so daß sich ein bestimmtes *Bruttosozialprodukt zu Marktpreisen ex post* ergibt (das etwa in der Bundesrepublik 1973 rund 926 Mrd. DM betrug). Eine zentrale Frage der Volkswirtschaftslehre lautet nun:

— Welche Verhaltensweisen welcher Wirtschaftssubjekte führen dazu, daß die Komponenten des Sozialprodukts und damit dieses selbst jeweils eine bestimmte Höhe erreichen?

Gemäß den Erörterungen S. 4–10 müssen dazu Hypothesen über funktionale Zusammenhänge aufgestellt und geprüft werden, in denen jeweils eine Komponente des Sozialprodukts als zu erklärende und andere Größen als erklärende Variable auftreten. Ist diese Aufgabe gelöst, dann kann man die so gewonnenen Verhaltensgleichungen zusammen mit Definitions- und gegebenenfalls weiteren Gleichungen (vgl. S. 23–28) zu Modellen zusammenfassen. Diese werden dann zur Beantwortung der Frage herangezogen:

— Welche Werte müssen die endogenen Variablen annehmen, damit bei gegebenen Verhaltenshypothesen und Werten der exogenen Variablen auf allen betrachteten Märkten Gleichgewicht herrscht?

Dabei geht man von der Fiktion aus, daß alle Wirtschaftssubjekte ihr ökonomisches Handeln auf Grund von Wirtschaftsplänen vollziehen, die zu einem Zeitpunkt, dem Planungszeitpunkt, aufgestellt werden und sich auf einen einheitlichen zukünftigen Zeitraum beziehen (vgl. Punkt 5 des Denkansatzes, S. 18). Einerseits planen also die privaten Haushalte ihre Konsumgüternachfrage, die privaten Investoren die Nachfrage nach Investitionsgütern, die öffentlichen Haushalte diejenige Nachfrage, die insgesamt den Staatsverbrauch und die öffentliche Investition ergeben, und die ausländischen Importeure ihre Nachfrage nach inländischen Exportgütern. Anderseits planen die inländischen Produzenten insgesamt ihr Angebot. Hinzu tritt das Angebot der ausländischen Exporteure auf den Inlandsmärkten. Gesamtwirtschaftliches Makrogleichgewicht herrscht (vgl. S. 33), wenn das für die gesamtwirtschaftliche Endnachfrage vorgesehene Güterangebot aus heimischer Produktion $^*Y_m^b$ zuzüglich des Importangebots $^*M$ nach Wert und Aufteilung auf einzelne Güterarten gleich der Summe der eben genannten Nachfragekomponenten ist:

$$^*Y_m^b + {}^*M = {}^*C_H + {}^*I^b + {}^*A_{St} + {}^*X. \qquad (2.2)$$

Alle Variablen dieser Gleichung sind mit einem Stern versehen, um sie von Ex-post-Größen graphisch zu unterscheiden. Da man es in der gesamtwirtschaftlichen Theorie überwiegend mit Ex-ante-Größen zu tun hat, wird jedoch im folgenden mit wenigen Ausnahmen auf diese Kennzeichnung verzichtet. Sie wird nur dann vorgenommen, wenn sich ohne sie Mißverständnisse ergeben könnten. Gleichung (2.2) gibt an, wie hoch das Bruttosozialprodukt zu Marktpreisen und der Import in einem zukünftigen Zeitraum sein müssen, wenn das geplante monetäre Angebot und die geplante monetäre Nachfrage auf den betrachteten Märkten bei den herrschenden Preisen übereinstimmen sollen. Sie ist also eine makroökonomische Gleichgewichtsbedingung und definiert damit auch das *Bruttosozialprodukt zu Marktpreisen ex ante* im Gleichgewichtszustand. Es wird hierbei angenommen, daß die zur Herstellung des Bruttosozialprodukts erforderlichen Faktorleistungen auch angeboten werden, und daß auf den Märkten für diese ebenfalls Makrogleichgewicht herrscht.

Ex-ante-Größen und damit auch das Bruttosozialprodukt ex ante können im Gegensatz zu Ex-post-Größen im allgemeinen nicht statistisch gemessen werden. Sie sind somit fast immer unbekannt und stellen lediglich ein Denkinstrument des Theoretikers dar. Es gibt jedoch Versuche, auch Plangrößen durch Befragungen zu erfassen und die Ergebnisse dieser Befragungen bei Prognosen des Wirtschaftsablaufs zu verwerten.

Die eben genannte zweite Frage läßt sich beantworten, wenn man Hypothesen über funktionale Zusammenhänge hat und die Modelle den S. 25 genannten Ansprüchen genügen. In diesem Kapitel werden zunächst in den Teilen I bis III einige wichtige Verhaltenshypothesen in groben Zügen behandelt, wobei jeweils vom typischen Verhalten eines einzelnen Wirtschaftssubjekts ausgegangen wird. Anschließend wird in Teil IV die Frage untersucht, welche Werte das Sozialprodukt und andere endogene Variable bei gesamtwirtschaftlichem Gleichgewicht annehmen.

2. Die einzelwirtschaftliche Konsum- und Sparfunktion. Gemäß einer gebräuchlichen Hypothese sind die geplanten Konsumausgaben C eines privaten Haushalts um so größer, je höher sein erwartetes verfügbares, das heißt nach Abzug der direkten Steuern und sonstigen Zwangsabgaben verbleibendes, Einkommen Y^v ist. Eine solche Beziehung läßt sich beispielsweise durch die Funktion

$$C = C^a + cY^v \tag{2.3}$$

wiedergeben, in der die Verhaltensparameter C^a und c positive Größen sind.[1] Das hochgesetzte kleine a in C^a bedeutet hier wie im folgenden, daß die so gekennzeichnete Größe von den anderen betrachteten Variablen unabhängig, also autonom ist (zur Interpretation vgl. S. 22). Die Funktion ist linear und nichthomogen[2] und damit weniger allgemein als die in Gleichung (1.3) S. 21 angenommene Funktion. Wie erwähnt, nennt man sie die Konsumfunktion des Haushalts. Da sie sich auf nur ein Wirtschaftssubjekt bezieht, heißt sie auch *einzelwirtschaftliche Konsumfunktion*. Bild 2.1 (S. 43) zeigt ihr graphisches Bild, die Konsumkurve[3]. Diese Darstellung besagt: Der Haushalt i ordnet in seinem Wirtschaftsplan unterschiedlichen Beträgen seines für die Planperiode erwarteten verfügbaren Einkommens Y^v bestimmte Beträge für seine Konsumausgaben C zu. Beide Variablen beziehen sich auf die Planperiode, sind also *Ex-ante-Stromgrößen*. Die Preise der einzelnen Konsumgüter werden hierbei ebenso wie alle weiteren Erklärungsvariablen für die Konsumausgaben als konstant angesehen und üben daher keinen

---

[1] Um die Symbolik nicht zu überladen, wird darauf verzichtet, die Größen etwa durch ein tiefgesetztes i als zu einem Haushalt i gehörig zu kennzeichnen. Es ist jeweils aus dem Begleittext der Gleichungen und Bilder zweifelsfrei ersichtlich, worauf sich die Symbole beziehen.

[2] Eine Funktion mit n unabhängigen Variablen $y = f(z_1, z_2, \ldots, z_n)$ ist homogen vom Grad k, wenn für ein beliebiges λ gilt: $f(\lambda z_1, \lambda z_2, \ldots, \lambda z_n) = \lambda^k y$. Zum Nachweis setzt man für jedes z_i die Größe λz_i und zieht dann λ vor eine Klammer. Beispielsweise ist die Funktion $y = az_1^2 + bz_1 z_2 + cz_2^2$ homogen vom 2. Grad, da $a(\lambda z_1)^2 + b\lambda z_1 \lambda z_2 + c(\lambda z_2)^2 = \lambda^2(az_1^2 + bz_1 z_2 + cz_2^2) = \lambda^2 y$ ist. Eine lineare und nichthomogene Funktion hat wie (2.3) ein absolutes Glied. Eine linear-homogene Funktion hat ein solches Glied nicht und wird graphisch daher durch eine durch den Ursprung des Koordinatensystems gehende Gerade wiedergegeben.

[3] Unter einer „Kurve" (oder einem *Graph*) wird in diesem Buch die graphische Darstellung einer algebraischen Funktion verstanden. Eine solche Kurve kann wie in Bild 2.1 auch eine Gerade sein.

Bild 2.1 — *Die Konsumkurve eines privaten Haushalts i*

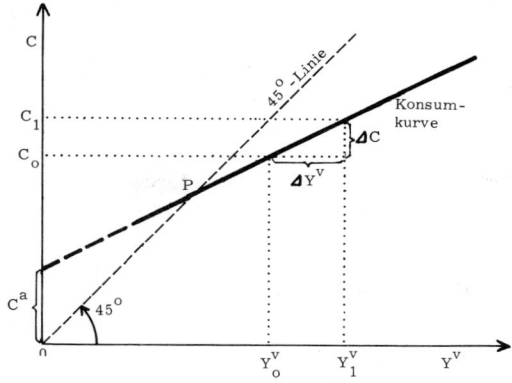

Einfluß auf diese aus: Die Ceteris-paribus-Klausel gilt als vereinbart (vgl. S. 28 f.). Ändern sich andere Erklärungsvariable, so werden sich in der Regel auch die Zusammensetzung der Konsumausgaben und ihre Höhe ändern. Zu jeder Konstellation der weiteren Erklärungsvariablen einschließlich der Preise gehört also eine bestimmte Konsumfunktion des Haushalts. Die Größe C^a in Gleichung (2.3) bestimmt zusammen mit der Größe c die Lage der Konsumkurve. Ökonomisch könnte C^a als der Betrag interpretiert werden, den der Haushalt für Konsumausgaben aufwenden würde, wenn er kein Einkommen hätte. Diese Ausgaben müßten voll durch Vermögensabbau und/oder Kreditaufnahme finanziert werden. In der Regel ist jedoch nicht anzunehmen, daß Haushalte auch diese Situation in ihre Planung einbeziehen. In Bild 2.1 wird daher nur der nicht gestrichelte Bereich der Konsumkurve als ökonomisch relevant angesehen (vgl. S. 23).

Bei dem hier angenommenen Verlauf steigen mit dem Einkommen auch die Konsumausgaben, jedoch nicht so stark wie das Einkommen. Das bedeutet, daß der Anteil der Konsumausgaben am verfügbaren Einkommen, die *durchschnittliche Konsumquote* $\frac{C}{Y^v}$, mit der Zunahme des Einkommens abnimmt. Betrachtet man die durch das Einkommen Y_0^v und die dazugehörigen Konsumausgaben C_0 beschriebene Situation als Ausgangssituation, so würde in der Planung des Haushalts eine Einkommenserhöhung um ΔY^v bei Y_1^v zu einer Steigerung der Konsumausgaben um ΔC auf C_1 führen. Die *marginale Konsumquote* (oder *Grenzneigung zum Konsum*) $\frac{\Delta C}{\Delta Y^v}$ ist demnach ein Maß dafür, wie der Haushalt auf eine Erhöhung seines verfügbaren Einkommens gegenüber der Ausgangssituation mit vermehrten Konsumausgaben reagieren wird.[4] Bei einem linearen Verlauf der Konsumkurve wie in Bild 2.1 ist die marginale Konsumquote von der Ausgangssituation unabhängig und gleich dem Parameter c in der Konsumfunktion (2.3), also überall gleich groß. Das muß nicht so sein. Ein anderer plausibler

---

[4] Es wird hier vorerst überwiegend mit endlichen Änderungen der Variablen wie ΔC und ΔY^v und nicht mit infinitesimalen Änderungen wie dC und dY argumentiert, später umgekehrt. Der Unterschied ist nicht prinzipieller Natur.

Verlauf läge vor, wenn die Kurve von der Y^v-Achse her gesehen konkav erscheint, die marginale Konsumquote also mit steigendem Einkommen fällt. Ein privater Haushalt kann sein verfügbares Einkommen entweder zum Kauf von Konsumgütern verwenden oder sparen, wobei es für die hier zu behandelnden Probleme vorerst gleichgültig ist, in welcher Form er seine Ersparnis anlegt.[5] Die jeweilige Ersparnis läßt sich in Bild 2.1 am senkrechten Abstand zwischen der Konsumkurve und der zusätzlich eingezeichneten 45°-Linie ablesen. Diese Hilfslinie zeichnet sich dadurch aus, daß der senkrechte Abstand jedes auf ihr gelegenen Punktes von der Abszisse ebenso groß ist wie das dort ablesbare verfügbare Einkommen. Dieses kann daher jeweils auch senkrecht abgelesen werden. Entsprechend könnte die 45°-Linie auch als graphische Darstellung einer speziellen Konsumfunktion gedeutet werden, gemäß der jeweils das gesamte Einkommen für Konsumzwecke ausgegeben wird. Rechts vom Schnittpunkt P der Konsumkurve mit der 45°-Linie gibt der Abstand zwischen beiden Geraden den Betrag an, der jeweils gespart wird. Hat das erwartete verfügbare Einkommen die dem Punkt P entsprechende Höhe, so wird es restlos zum Konsum verwendet, die Ersparnis ist null. Ist es kleiner, so will der Haushalt mehr ausgeben, als er für die Planperiode an verfügbarem Einkommen zu erhalten erwartet. Er muß dann sein Bruttovermögen verringern oder sich verschulden, um die Differenz zwischen Konsumausgaben und Einkommen − seinen Ausgabenüberschuß − zu finanzieren. Die Ersparnis ist in diesem Fall negativ, es wird *entspart*. Jeder Konsumfunktion entspricht somit eine *Sparfunktion* und umgekehrt. Ist eine der beiden Funktionen bekannt, so kann die andere aus ihr abgeleitet werden. Aus Gleichung (2.3) und einer Definitionsgleichung für die Aufteilung des Einkommens Y^v auf Konsum C und Ersparnis S

$$Y^v = C + S \tag{2.4}$$

ergibt sich die der Konsumfunktion (2.3) entsprechende Sparfunktion:

$$S = - C^a + sY^v. \tag{2.5}$$

Hierin ist der Parameter s die *marginale Sparquote* $\frac{\Delta S}{\Delta Y^v}$, die angibt, um welchen Betrag die Ersparnis des Haushalts zu- oder abnimmt, wenn sein Einkommen um eine Geldeinheit steigt oder fällt. Die Summe aus marginaler Konsumquote und marginaler Sparquote muß gleich eins sein, da es für jede zusätzliche Einkommenseinheit nur die beiden Verwendungsmöglichkeiten Konsum und Ersparnis gibt. Man erhält dieses Ergebnis auch durch Einsetzen der Gleichungen (2.3) und (2.5) in (2.4):

$$c + s = 1. \tag{2.6}$$

Der Anteil $\frac{S}{Y^v}$ der Ersparnis am Einkommen heißt *durchschnittliche Sparquote*. Addiert man zu ihr die durchschnittliche Konsumquote, so muß sich ebenfalls eins ergeben. Das Bild der Sparfunktion ist auf S. 45 wiedergegeben.

---

[5] Zur Vermeidung wiederkehrender Mißverständnisse sei nochmals betont: „Sparen" heißt in der Fachsprache der Wirtschaftswissenschaft nicht, daß jemand Geld zur Bank oder gar zur „Sparkasse" trägt und es dort auf ein Sparkonto einzahlt. Sparen ist lediglich Nichtverwendung von Einkommensteilen zu Konsumausgaben unabhängig von der Anlageform der Ersparnis.

Der Schnittpunkt Q der Sparkurve mit der Einkommensachse, bei dem die Ersparnis gleich null ist, entspricht dem Schnittpunkt P der Konsumkurve mit der 45°-Linie in Bild 2.1. Rechts von diesem Punkt ist die Ersparnis positiv, links davon ist sie negativ. Die marginale Sparquote s ist hier gleich der konstanten Steigung der Kurve.

Bild 2.2 — *Die Sparkurve eines privaten Haushalts i*

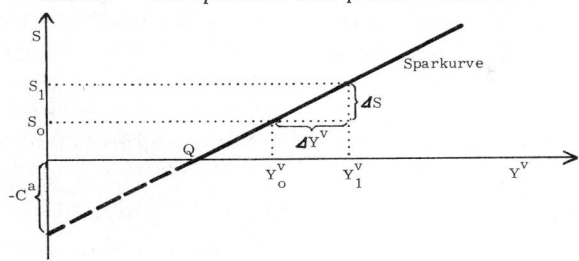

3. Durchschnittsquoten, Marginalquoten und Elastizitäten.

S. 31 war gesagt worden, daß man sich häufig nur für kleine Änderungen von Variablen interessiert, also Marginalanalyse treibt. Ein Beispiel dafür ist die in den Bildern 2.1 und 2.2 dargestellte Situation, bei der man von dem gegebenen Einkommen Y_0^v ausgeht und nach den Änderungen fragt, die durch seine Erhöhung bewirkt werden. An diesem Haushalt läßt sich das Verhalten eines Wirtschaftssubjekts in einer Ausgangssituation einerseits und bei Änderungen eines seiner Daten anderseits generell wie folgt beschreiben:

1. Sein Konsumverhalten in der Ausgangssituation kann durch die Angabe seiner durchschnittlichen Konsumquote gekennzeichnet werden.

Seine Reaktion auf eine erwartete Änderung seines Einkommens kann dadurch gekennzeichnet werden, daß man entweder

2.1 die absolute Änderung seiner Konsumausgaben ΔC auf die sie bewirkende absolute Änderung seines Einkommens ΔY^v bezieht, also die marginale Konsumquote $\dfrac{\Delta C}{\Delta Y^v}$ bildet; oder daß man

2.2 die relative Änderung seiner Konsumausgaben $\dfrac{\Delta C}{C}$ auf die sie bewirkende relative Änderung seines Einkommens $\dfrac{\Delta Y^v}{Y^v}$ bezieht, also den Quotient η_{C,Y^v} (sprich: eta — C — Y^v) bildet:

$$\eta_{C,\,Y^v} = \frac{\Delta C}{C} : \frac{\Delta Y^v}{Y^v} = \frac{\Delta C}{\Delta Y^v} \cdot \frac{Y^v}{C}. \tag{2.7}$$

Dieser Quotient heißt *Elastizität der Konsumausgaben in bezug auf das (verfügbare) Einkommen* oder kurz *Konsumausgaben-Einkommenselastizität*. Falls eine Unterscheidung von anderen Elastizitäten nötig ist, kann η wie hier mit den Symbolen beider Variabler indiziert werden.
Dieser Sprachgebrauch läßt sich für jeden funktionalen Zusammenhang $y = f(z_1 \ldots z_n)$ in bezug auf die zu erklärende Variable y und eine Erklärungsva-

riable z_i (vgl. S. 22) unter der Ceteris-paribus-Bedingung wie folgt verallgemeinern:

Def. 2.1: *Eine Durchschnittsquote wird als Quotient aus einer zu erklärenden Variablen und einer erklärenden Variablen gebildet.*

Def. 2.2: *Eine Marginalquote wird als Quotient aus der absoluten Änderung einer zu erklärenden Variablen und der absoluten Änderung einer erklärenden Variablen gebildet.*

Def. 2.3: *Eine Elastizität wird als Quotient aus der relativen Änderung einer zu erklärenden Variablen und der relativen Änderung einer erklärenden Variablen gebildet.*

Die Bildung von Durchschnittsquoten $\frac{y}{z_i}$ erscheint nicht immer sinnvoll, beispielsweise dann nicht, wenn die Investition die zu erklärende und ein Zinssatz die erklärende Variable ist. Bei Marginalquoten kann wie oben von endlichen oder von infinitesimalen Änderungen ausgegangen werden; sie sind dann $\frac{\Delta y}{\Delta z_i}$ oder $\frac{\partial y}{\partial z_i}$ zu schreiben (vgl. Anmerkung 4, S. 43). Allerdings ergeben sich bei nichtlinearen Funktionen beliebig viele Werte für die mit endlichen Änderungen berechnete Marginalquote je nachdem, wie groß man die Änderung Δz_i der erklärenden Variablen wählt. In solchen Fällen zieht man daher häufig die Definition unter Verwendung des (partiellen) Differentialquotienten wie in Gleichung (1.5) S. 22 vor. Dies gilt entsprechend auch für Elastizitäten, die demnach

$$\eta_{y,z_i} = \frac{\Delta y}{y} : \frac{\Delta z_i}{z_i} \text{ oder nach Umformung } \eta_{y,z_i} = \frac{\partial y}{\partial z_i} \cdot \frac{z_i}{y}$$

geschrieben werden können. Elastizitäten sind unbenannte Zahlen, da mögliche Dimensionsbezeichnungen der Variablen, wie Geld- oder Mengeneinheiten, jeweils in Zähler und Nenner auftreten und sich daher kürzen lassen. Bei Marginalquoten ist das nicht immer der Fall, da beispielsweise im Fall einer Nachfragekurve die Dimensionsbezeichnungen erhalten bleiben, wenn man die Quote $\frac{\Delta x}{\Delta p}$ bildet (vgl. Bild 1.4, S. 32). Die Elastizität ist positiv, wenn eine Änderung der erklärenden Variablen zu einer gleichgerichteten Änderung der zu erklärenden Variablen führt. Sie ist negativ, wenn die Änderungsrichtungen entgegengesetzt verlaufen. Durch weitere Umformung erhält man den folgenden Zusammenhang zwischen den drei betrachteten Quotienten:

$$\eta_{y,z_i} = \frac{\Delta y}{\Delta z_i} : \frac{y}{z_i} \text{ oder Elastizität} = \frac{\text{Marginalquote}}{\text{Durchschnittsquote}}. \tag{2.8}$$

Das Verfahren, ökonomisches Verhalten mit Hilfe von Marginalquoten und Elastizitäten zu kennzeichnen, wird in allen Bereichen der Wirtschaftswissenschaft verwendet. Solche Größen treten auch häufig als Verhaltensparameter in Verhaltensfunktionen auf.

4. Die gesamtwirtschaftliche Konsumfunktion. Auch für eine Volkswirtschaft läßt sich ein funktionaler Zusammenhang zwischen den Konsumausgaben

46

aller privaten Haushalte und ihrem verfügbaren Einkommen annehmen. In ihrer allgemeinsten Form sieht eine *gesamtwirtschaftliche* (oder *makroökonomische*) *Konsumfunktion* mit nur einer Erklärungsvariablen so aus:

$$C = C (Y^v), \text{ wobei } 0 < \frac{dC}{dY^v} < 1. \qquad (2.9)$$

Sie besagt: Die Konsumausgaben der privaten Haushalte einer Volkswirtschaft hängen von ihrem verfügbaren Einkommen ab, und zwar so, daß die Konsumausgaben mit steigendem Einkommen zunehmen, aber um einen kleineren Betrag als das Einkommen. Steigt das verfügbare Einkommen der Haushalte etwa um eine Milliarde DM, so wird nur ein Teil — in der Regel der größere Teil — für Konsumzwecke ausgegeben, der Rest wird gespart.

Eine speziellere Form der Funktion (2.9) wäre etwa die lineare Gleichung

$$C = C^a + cY^v, \text{ worin } C^a > 0 \text{ und } 0 < c < 1. \qquad (2.10)$$

Diese Gleichung sieht wie Gleichung (2.3) aus, unterscheidet sich von ihr jedoch durch die Bedeutung der Symbole. Diese stehen jetzt für gesamtwirtschaftliche Größen; und c bedeutet in Gleichung (2.10) die *gesamtwirtschaftliche marginale Konsumquote*. Schließlich könnte eine konkrete Konsumfunktion für eine Volkswirtschaft so aussehen:

$$C = 30 + 0{,}8Y^v. \qquad (2.11)$$

Danach setzt sich der Konsum aus einem autonomen, also vom Einkommen unabhängigen Teil in Höhe von 30 (etwa Mrd. Geldeinheiten) je Zeitraum und einem vom Einkommen abhängigen Teil zusammen, der jeweils 80 v.H. des Einkommens beträgt.

Entsprechend sehen die zu diesen Konsumfunktionen gehörenden gesamtwirtschaftlichen Sparfunktionen aus. Zu (2.9) gehört eine Sparfunktion

$$S = S (Y^v), \text{ wobei } 0 < \frac{dS}{dY^v} < 1, \qquad (2.12)$$

aus (2.10) erhält man analog zu der oben gegebenen Ableitung der einzelwirtschaftlichen Sparfunktion

$$S = - C^a + sY^v, \text{ worin } 0 < s < 1, \qquad (2.13)$$

wobei wieder $1 - c = s$ gesetzt ist, und zu (2.11) gehört die Sparfunktion

$$S = - 30 + 0{,}2 \, Y^v. \qquad (2.14)$$

Hat eine gesamtwirtschaftliche Konsumfunktion wie in Gleichung (2.10) ein absolutes Glied, so sollte der entsprechende Betrag nicht in Analogie zu einer einzelwirtschaftlichen Konsumfunktion (vgl. S. 43) als Konsum bei einem verfügbaren Einkommen von null interpretiert werden. Eine solche gesamtwirtschaftliche Situation ist nicht vorstellbar, und entsprechende Annahmen haben keine praktische Bedeutung. Auch hier ist die S. 23 gegebene Warnung zu beachten: Nur ein Ausschnitt der Funktion (2.10) hat ökonomische Bedeutung. Das Absolutglied ist zur Beschreibung des Verhaltens notwendig, jedoch nicht selbständig ökonomisch interpretierbar, da es den Einfluß aller unbekannten und nicht betrachteten Variablen angibt (vgl. S. 22).

5. Die Gewinnung empirischer Konsumfunktionen. Entscheidend für den Anspruch der Volkswirtschaftslehre, eine empirische Wissenschaft zu sein, ist die Frage nach den Verfahren zur Bestimmung von Verhaltensfunktionen. Dies gilt auch für gesamtwirtschaftliche Konsumfunktionen. Erst wenn die Parameter einer solchen Funktion für ein Land wie etwa die Bundesrepublik numerisch vorliegen, kann vorhergesagt werden, um welchen Betrag sich die Konsumausgaben in einem zukünftigen Zeitraum ändern werden, wenn sich das verfügbare Einkommen und mögliche weitere erklärende Variable um vorgegebene oder erwartete Beträge ändern. Erst dann wäre die beobachtbare Erscheinung „Änderung der Konsumausgaben" erklärt (vgl. das Beispiel S. 5f.), und man könnte mit Hilfe der Konsumfunktion Prognosen erstellen.

Da die zeitliche Bewegung jeder Globalgröße auf dem Verhalten aller einzelnen Wirtschaftssubjekte beruht, scheint es nahezuliegen, die gesamtwirtschaftliche Konsumfunktion durch Zusammenfassung (Aggregation) aller einzelwirtschaftlichen Konsumfunktionen zu ermitteln. Dieses Verfahren scheitert jedoch an mehreren bisher ungelösten Problemen. So ist es nicht möglich, alle privaten Haushalte einer Volkswirtschaft zu einem Zeitpunkt nach ihren Konsumplänen für einen zukünftigen Zeitraum zu befragen. Man könnte sich auf eine Stichprobenerhebung beschränken, aber es ist nicht zu erwarten, daß die befragten Haushalte in ihrer Mehrheit willens oder imstande wären, Angaben über ihre geplanten Konsumausgaben bei unterschiedlichen Werten des verfügbaren Einkommens und anderer Erklärungsvariablen zu machen. Selbst wenn solche Angaben gemacht würden, wäre nicht sichergestellt, daß sich die Haushalte später tatsächlich wie angegeben verhalten. Schließlich bestünde auch bei Vorliegen verläßlicher Angaben das Problem, sehr viele unterschiedliche Konsumfunktionen, die auch nichtlinear sein können, zu einer gesamtwirtschaftlichen Funktion zusammenzufassen.

Die hier am Beispiel der Konsumfunktion genannten Probleme bestehen ähnlich bei anderen gesamtwirtschaftlichen Verhaltensfunktionen. Das bis heute bei weitem wichtigste Verfahren, sie zu umgehen, beruht beispielsweise in bezug auf die Konsumfunktion auf dem folgenden Ansatz: Man sammelt Beobachtungen über Konsumausgaben und verfügbares Einkommen in mehreren vergangenen Zeiträumen, stellt daraus eine Hypothese über den in der Vergangenheit geltenden funktionalen Zusammenhang auf und nimmt an, daß dieser auch in der (näheren) Zukunft gültig sein wird. Beispielsweise lassen sich erste Anhaltspunkte für die Bestimmung einer gesamtwirtschaftlichen Konsumfunktion etwa für die Bundesrepublik Deutschland dadurch gewinnen, daß man das verfügbare Einkommen der privaten Haushalte für mehrere Jahre zu den jeweiligen Konsumausgaben in Beziehung setzt. Dies ist in Bild 2.3 für die Zeit von 1960 bis 1972 geschehen (S. 49). Da sowohl das verfügbare Einkommen als auch die Konsumausgaben von 1960 bis 1972 ununterbrochen gestiegen sind, bilden die für die einzelnen Jahre eingetragenen Punkte eine aufsteigende Folge. Die Gleichung der in Bild 2.3 eingezeichneten Geraden ist so bestimmt worden, daß die Summe der quadrierten senkrechten Abstände der dreizehn Beobachtungspunkte von dieser Geraden ein Minimum bildet. Diese Regressionsgleichung lautet

$$C_H = 18,7 + 0,82 \ Y_H^v. \tag{2.15}$$

Wollte man diese Gleichung als gesamtwirtschaftliche Konsumfunktion für die Bundesrepublik Deutschland interpretieren, so müßte gelten: In der Zeit von 1960 bis 1972 bestanden in den Wirtschaftsplänen der privaten Haushalte der Bundesrepublik bestimmte Zusammenhänge zwischen ihren verfügbaren Einkommen und ihren Konsumausgaben, die angesichts der tatsächlichen Einkommensentwicklung zu den beobachteten Konsumausgaben führten. Andere Variable hatten keinen nennenswerten Einfluß auf die Konsumausgaben, oder ihre Einflüsse kompensierten sich. Die gesamtwirtschaftliche marginale Konsumquote betrug 0,82. Da die Konsumfunktion ein positives Absolutglied hat – es ist $C^a = 18,7$ –, ging die durchschnittliche Konsumquote im Untersuchungszeitraum zurück: Sie sank von 0,915 im Jahre 1960 auf 0,855 im Jahre 1972.[6] Unter der Annahme, daß sich die privaten Haushalte weiterhin gemäß dieser Funktion verhalten, lassen sich Prognosen über den privaten Konsum in der Bundesrepublik für zukünftige Jahre aufstellen, sobald man Annahmen oder Kenntnisse über das verfügbare Einkommen in diesen Jahren hat. Die Prognosen gelten unter der Bedingung (vgl. S. 11), daß sich Einflüsse weiterer Erklärungsvariabler nicht bemerkbar machen.

Bild 2.3 – *Verfügbares Einkommen der privaten Haushalte[a] und privater Konsum in der Bundesrepublik Deutschland, 1960–1972*

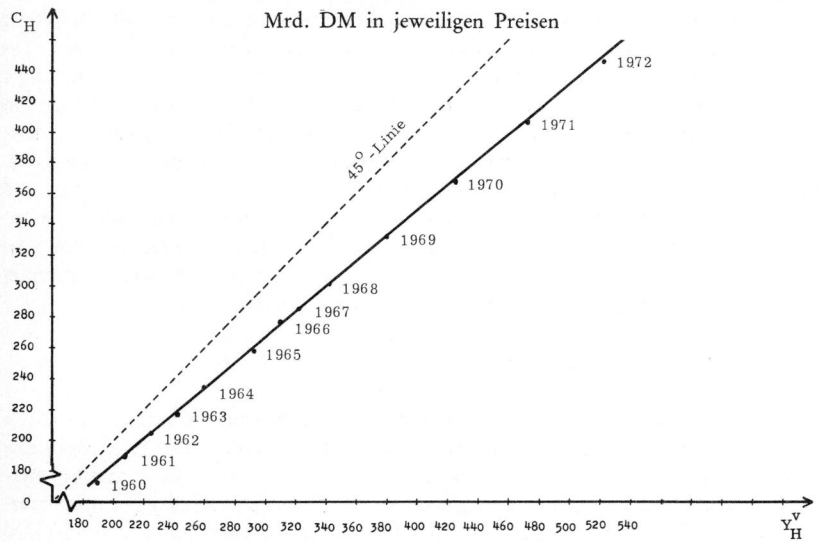

[a]Einschließlich privater Organisationen ohne Erwerbscharakter, jedoch ohne nichtentnommene Gewinne der Einzelunternehmen.
Quelle: Statistisches Bundesamt: Lange Reihen zur Wirtschaftsentwicklung 1973. Stuttgart u. a. 1973, S. 157, 165. 1970–1972 vorläufige Ergebnisse.

---

[6] Zur Berechnung setzt man das – aus Bild 2.3 allerdings nur ungenau ablesbare – verfügbare Einkommen der beiden Jahre in Gleichung (2.15) ein, errechnet C_H für beide Jahre und bildet die Quote.

49

Aus mehreren Gründen läßt sich die gesamtwirtschaftliche Konsumfunktion eines Landes jedoch nicht auf diese einfache Weise gewinnen. Einer davon lautet: Während der Beobachtungszeit hat es außer dem verfügbaren Einkommen mit Sicherheit noch andere Erklärungsvariable für die Konsumausgaben gegeben, die sich unabhängig vom verfügbaren Einkommen entwickelt und deren Einflüsse sich nicht kompensiert haben. Die Ceteris-paribus-Klausel war nicht erfüllt. Jeder Beobachtungspunkt ist also das Ergebnis einer bestimmten historischen Konstellation der Werte der Erklärungsvariablen und kann daher nicht durch Bewegungen des verfügbaren Einkommens allein erklärt werden. Tut man dies wie bei der eben genannten Interpretation des Bildes 2.3 dennoch, so sind die Werte für die Parameter C^a und c der Konsumfunktion allein schon wegen des verfehlten theoretischen Ansatzes ungenau.

Das Problem läßt sich anhand eines Beispiels verdeutlichen. Die Konsum- und damit die Sparfunktion eines Haushalts i wird sich in der Regel von den entsprechenden Funktionen anderer Haushalte unterscheiden. Einer der wichtigsten Gründe dafür ist die unterschiedliche Einkommenshöhe. Rechnet ein Haushalt i mit einem verfügbaren Monatseinkommen von 1000 DM, so wird er auf eine Einkommenserhöhung um 10 v. H. wahrscheinlich anders reagieren als ein Haushalt k mit einem verfügbaren Einkommen von 4000 DM: Die marginale Konsumquote des Haushalts i dürfte höher sein als die des Haushalts k. Es sei angenommen, Haushalt i mit dem monatlichen Einkommen von 1000 DM habe eine konstante marginale Konsumquote von $c_i = 0,9$, Haushalt k mit dem Einkommen von 4000 DM eine solche von $c_k = 0,7$. In einer Volkswirtschaft gebe es nur diese beiden Haushalte. Das gesamte verfügbare Einkommen beträgt dann in der Ausgangssituation 5000 DM. In der nächsten Periode möge es bei ungeänderter Verteilung auf die beiden Haushalte um 10 v. H. auf 5500 DM steigen. Haushalt i erhält dann ein Mehreinkommen von 100 DM, aus dem er gemäß seiner marginalen Konsumquote für 90 DM mehr konsumiert, Haushalt k konsumiert aus seinem Mehreinkommen von 400 DM für 280 DM mehr. Bezieht man den gesamten Mehrkonsum auf das gesamte zusätzliche Einkommen, errechnet sich die gesamtwirtschaftliche marginale Konsumquote zu

$$\frac{\Delta C}{\Delta Y^v} = \frac{0,9 \cdot 100 + 0,7 \cdot 400}{500} = 0,74.$$

Sie ist das mit der Verteilung des Mehreinkommens gewogene arithmetische Mittel der beiden einzelwirtschaftlichen marginalen Konsumquoten. Wird das Mehreinkommen jedoch anders verteilt, so ändert sich auch – bei Konstanz der einzelwirtschaftlichen marginalen Konsumquoten – die gesamtwirtschaftliche Konsumquote. Sie steigt beispielsweise auf 0,80, wenn das Mehreinkommen von 500 DM den beiden Haushalten zu gleichen Teilen zufließt.

Diese Überlegung läßt sich wie folgt verallgemeinern:

Satz 2.1: *Ökonomische Gesamtgrößen, die gewogene Durchschnitte von Einzelgrößen sind, können sich auch bei Konstanz der Einzelgrößen dadurch ändern, daß sich das Wägungsschema ändert, mit dem sie zu der Gesamtgröße zusammengefügt werden.*

Ein häufig vorkommendes Wägungsschema dieser Art ist wie in dem eben gezeigten Beispiel die Einkommensverteilung. Weitere sind die Verteilung von Brutto-

oder Nettoproduktionswerten auf Industrie- oder Wirtschaftszweige[7] und die Verteilung von Ausgaben auf Güterarten.[8] Die Einkommensverteilung ist also eine wichtige erklärende Variable für die gesamtwirtschaftliche marginale Konsumquote und damit für die Gestalt der gesamtwirtschaftlichen Konsumfunktion. Da die Verteilung des verfügbaren Einkommens in der Bundesrepublik in der Zeit von 1960 bis 1972 nicht konstant geblieben ist, folgt daraus, daß die gesamtwirtschaftliche Konsumfunktion der Bundesrepublik nicht durch Regression der Konsumausgaben auf das verfügbare Einkommen allein vor Ausschaltung der Einflüsse von Änderungen der Einkommensverteilung und möglicher weiterer Erklärungsvariabler ermittelt werden kann.

6. Neuere Hypothesen über das Konsumverhalten. Der private Konsum bildet in den heutigen industrialisierten Volkswirtschaften die größte Komponente der gesamtwirtschaftlichen Endnachfrage. Sein Anteil am Bruttosozialprodukt der Bundesrepublik zu jeweiligen Marktpreisen lag von 1960 bis 1972 zwischen 53,8 v.H. und 57,6 v.H. Gelänge es, eine stabile funktionale Beziehung zwischen den Konsumausgaben der privaten Haushalte einerseits und erklärenden Variablen anderseits zu finden, so stünde damit ein wichtiges Instrument zur Erklärung und Prognose des Wirtschaftsprozesses zur Verfügung.

Wie eben angedeutet, ist es eine erhebliche Vereinfachung anzunehmen, die Konsumausgaben während eines Zeitraums seien allein vom gleichzeitigen verfügbaren Einkommen abhängig. In neuerer Zeit wurde daher eine Reihe von Hypothesen über das Konsumverhalten aufgestellt und geprüft, in denen man sowohl weitere Einkommensgrößen als auch andere Variable heranzog. So wurde beispielsweise untersucht, ob sich Haushalte an einmal erreichte Verbrauchsniveaus gewöhnen und versuchen, diese bei Einkommensrückgängen aufrechtzuerhalten. Da die früheren Verbrauchsniveaus vom damaligen Einkommen abhängen, bildet dann früher erzieltes Einkommen eine Erklärungsvariable für heutige Konsumausgaben. Es kann auch sein, daß sich Haushalte bei ihrem Konsumverhalten nicht nur nach ihrem eigenen Einkommen, sondern auch nach dem Konsumverhalten anderer Angehöriger ihrer sozialen Schicht und damit indirekt nach deren Einkommen richten. Rückt ein Haushalt in eine höhere soziale Schicht auf, so übernimmt er das dort übliche Konsumverhalten. Da bei solchen Hypothesen das eigene jeweilige Einkommen zu anderen Einkommensgrößen in Beziehung gesetzt wird, also relativiert wird, nennt man sie *Relativeinkommens-Hypothesen*. Vielleicht legen die Haushalte ihren Konsumentscheidungen nicht das möglicherweise schwankende jeweilige, sondern das über einen längeren Zeitraum erwartete durchschnittliche Einkommen zugrunde: Das wäre eine *Dauereinkommens-Hypothese*. Schließlich ist versucht worden, das Konsumverhalten als Ergebnis

---

[7] In VRW[3], S. 278−280 wird gezeigt, daß sich die gesamtwirtschaftliche Arbeitsproduktivität trotz Konstanz der Arbeitsproduktivitäten in allen einzelnen Wirtschaftszweigen dadurch erhöhen kann, daß der Anteil von Wirtschaftszweigen mit überdurchschnittlicher Arbeitsproduktivität am Bruttoinlandsprodukt zunimmt.

[8] Bekanntestes Beispiel hierzu sind die Wägungsschemata bei der Berechnung von Preis- und Mengenindizes. Vgl. VRW[3], S. 285–294.

einer sich über das ganze Leben erstreckenden Planung zu sehen: Das ist eine *Lebenszyklus-Hypothese*. Daneben sind weitere Variable zur Erklärung des Konsumverhaltens herangezogen worden. Auch Haushalte mit gleich hohem Einkommen haben beispielsweise unterschiedliche marginale Konsumquoten, weil sie sich in bezug auf Personenzahl, Alterszusammensetzung und Präferenzen voneinander unterscheiden. Der Einfluß der Einkommensverteilung und der Konsumgüterpreise wurde schon erwähnt. Möglicherweise beeinflussen auch die Vermögensverteilung und der jeweilige Liquiditätsgrad[9] der einzelnen Vermögensteile die Konsumausgaben. Ein Teil dieser Ausgaben richtet sich auf dauerhafte Konsumgüter, und die Käufe solcher Güter werden zum Teil durch Kreditaufnahme finanziert. Damit können die Bedingungen für Konsumentenkredite sowohl zu einer erklärenden Variablen für die Konsumausgaben als auch zu einer wirtschaftspolitischen Instrumentvariablen werden. Vielleicht spielen auch Erwartungen über die Bewegung von Konsumgüterpreisen eine Rolle: Wer Preissteigerungen erwartet, wird möglicherweise Käufe zeitlich vorziehen. Schließlich müssen nicht alle Haushalte ihr Einkommen und seine Änderungen als Daten betrachten. Der Wunsch nach einem höheren Konsumniveau kann bisher nichterwerbstätige Haushaltsmitglieder zur Aufnahme einer Erwerbstätigkeit veranlassen. In solchen Fällen wäre das Einkommen als abhängige, der Konsum als unabhängige Variable zu betrachten.

Diese und andere Hypothesen werden seit dem Ende des zweiten Weltkriegs intensiv erforscht. Im folgenden wird jedoch aus didaktischen Gründen mit der Konsumfunktion in ihrer einfachsten Form gearbeitet, wie sie in den Gleichungen (2.9) bis (2.11) dargestellt ist. Lediglich im dritten Kapitel wird auch mit der Hypothese gearbeitet, daß die Haushalte auf eine Änderung ihres verfügbaren Einkommens zeitlich verzögert mit einer Änderung ihrer Konsumausgaben reagieren.

II. Investitionsfunktion

1. Arten der Investition. Nach der üblichen Definition ist die Bruttoinvestition der Teil des Bruttosozialprodukts, der zum Ersatz ausgeschiedener dauerhafter Produktionsmittel, zur Erweiterung und/oder Verbesserung des Produktionsapparates oder zur Vergrößerung von Lagerbeständen verwendet wird. Sie ist bei dieser Betrachtung eine Ex-post-Stromgröße. Allgemeiner kann darüber hinaus jede Festlegung von Mitteln zwecks Erzielung zukünftiger Erträge als Investition betrachtet werden. Einzelwirtschaftlich lassen sich je nach der Anlageform der Mittel unterscheiden
- *Sachinvestition* als Kauf von Sachgütern, in der Hauptsache in Gestalt dauerhafter Produktionsmittel, aber auch durch Lagerbildung;
- *Finanzinvestition* als Kauf ertragbringender Forderungen wie etwa festverzinslicher Wertpapiere, Aktien und Investmentanteile sowie Kreditgewährung etwa in Form von Spar- und Termineinlagen, Hypothekendarlehen oder Wechselkrediten;

---

[9] Vgl. VRW[3], S. 38f.

– *Ausbildungsinvestition* als Aufwendungen zum Erwerb von Kenntnissen und Fähigkeiten, die im Produktionsprozeß verwertbar sind, meist bei gleichzeitigem Verzicht auf Einkommen.

Die Einteilung in Sach- und Finanzinvestition entspricht der Einteilung der Vermögensobjekte in Sachvermögen und Forderungen.[10] Bei der Sachinvestition unterscheidet man einzel- wie gesamtwirtschaftlich *Anlageinvestition*, die in Bau- und Ausrüstungsinvestition eingeteilt wird, und *Lagerinvestition*. In den industrialisierten Ländern sind in der Zeit seit dem Ende des zweiten Weltkrieges jährlich meist zwischen 15 v. H. und 25 v. H. des jeweiligen Bruttosozialprodukts investiert worden. In der Bundesrepublik betrug die Bruttoinvestition 1972 rund 220 Mrd. DM und machte damit 26,5 v. H. des Bruttosozialprodukts zu Marktpreisen von 830 Mrd. DM aus. 216 Mrd. DM gleich 98,2 v. H. der Bruttoinvestition waren Anlageinvestition.[11] Investoren sind in erster Linie Unternehmen, die ihren Produktionsapparat erweitern und/oder verbessern wollen. Ein Teil der Bauinvestition wird jedoch auch von privaten Haushalten unternommen, soweit sie für den eigenen Bedarf Wohnhäuser und Eigentumswohnungen bauen lassen. Die öffentlichen Haushalte beteiligten sich 1972 mit einem Anteil von 14,2 v. H. an der gesamten Bruttoanlageinvestition.

Ausbildungsinvestition bedeutet Bildung von Arbeitsvermögen.[12] Im weiteren Sinne können hierzu auch Aufwendungen von Unternehmen oder öffentlichen Haushalten für Forschung und Entwicklung neuer Produktionsverfahren gerechnet werden.

Als Erträge aus Investitionen mögen alle Einnahmen betrachtet werden, die der Investor aus ihr erhält. Für den Kreditgeber gehören zu den Erträgen auch Tilgungsbeträge von Krediten. Zieht man von den in einzelnen Zeitabschnitten anfallenden Erträgen die jeweiligen gleichzeitigen Aufwendungen ab, erhält man die *Nettoerträge* der Investition. Nettoerträge können auch gleich null oder negativ sein.

Erträge aus Investitionen können in unterschiedlicher Weise anfallen, und zwar

– in regelmäßigen Abständen und in gleichbleibender Höhe wie bei festverzinslichen Wertpapieren, oder in wechselnder Höhe wie bei Aktien;
– in unregelmäßigen Abständen und/oder in wechselnder Höhe. Dieser Fall liegt in der Regel vor, wenn dauerhafte Produktionsmittel gekauft und zur Produktion von Gütern eingesetzt werden, die bei wechselnden Marktbedingungen verkauft werden, so daß die Nettoerträge im Zeitablauf schwanken;
– in einem Betrag am Ende der Festlegungszeit. Dies ist beim Kauf von Vermögensobjekten mit Wertsteigerungstendenz (Wald, Grundstücke, Edelsteine, Kunstwerke), aber auch bei Thesaurierungsfonds und Lebensversicherungen der Fall.

Die Beispiele zeigen, daß der Begriff der Investition weit gefaßt ist. Trotzdem lassen sich alle Arten von Investitionen mit einem einheitlichen Begriffsapparat analysieren, der im folgenden in seinen Grundzügen vorgeführt wird. Als maß-

---

[10] VRW³, S. 52f.
[11] Angaben in diesem Abschnitt nach: WiSta Februar 1974, S. 64, 71.
[12] VRW³, S. 79.

geblicher Zeitabschnitt für die verschiedenen Berechnungen wird im folgenden das Kalenderjahr betrachtet.

2. Der einzelwirtschaftliche Investitionskalkül. Eine Investition wird in der Regel nur vorgenommen, wenn sie im Urteil des Investors auf Grund bestimmter Kriterien *rentabel* erscheint. Bei der Prüfung der Frage, ob und wann dies der Fall ist, steht jeder Investor vor einem Wahlproblem: Er hat immer mehrere Möglichkeiten, die verfügbaren Mittel so anzulegen, daß sie in zukünftigen Perioden Erträge bringen. Eine dieser Möglichkeiten besteht darin, die Mittel festverzinslich auf dem Kapitalmarkt anzulegen, also Schuldverschreibungen oder vergleichbare Kapitalmarktforderungen zu kaufen. Diese Anlageformen sind überwiegend risikoarm, und ihre Erträge sind leicht vorauszuberechnen. Will der Investor möglichst hohe jährliche Nettoerträge aus der Anlage seiner Mittel erzielen, so wird er prüfen, ob eine anderweitige Anlage vorzuziehen ist.

Diese Prüfung läßt sich wie folgt vornehmen. Handelt es sich im einfachsten Fall um einen *Anlagebetrag* (oder *Anschaffungsbetrag*) A_0, der innerhalb eines Jahres auf den Betrag A_1 wächst, so muß zwischen A_0, A_1 und dem Zinssatz r, mit dem sich der Betrag A_0 verzinst, die Beziehung

$$A_0 + rA_0 = A_1$$

bestehen. Hieraus läßt sich r durch Umformung errechnen. Wenn etwa 100 DM auf einem Sparkonto in einem Jahr auf 105 DM wachsen, ist $r = 0{,}05$ oder 5 v. H. Der Zinssatz r heißt die *Rendite* (oder der *interne Zinssatz*) der Investition. Gleichung (2.15) kann jedoch auch in der Form

$$A_0 = \frac{1}{1+r} A_1 \qquad (2.16)$$

geschrieben und dann wie folgt interpretiert werden: Die Rendite r einer Investition kann aus einer Gleichung errechnet werden, in der der Nettoertrag der Investition, hier A_1, mit dem Faktor $\frac{1}{1+r}$ multipliziert und dem Anlagebetrag, hier A_0, gleichgesetzt wird. Der Faktor $\frac{1}{1+r}$ heißt *Diskontierungsfaktor* (oder *Abzinsungsfaktor*). Multiplikation mit diesem Faktor bedeutet Berechnung des *Barwertes*[13] (oder *Gegenwartswertes*) des Betrages A_1. Dieses Verfahren läßt sich entsprechend auch bei der Berechnung der Rendite von Investitionen anwenden, bei denen mehrmals jährlich, in größeren Abständen oder einmalig am Ende einer mehrjährigen Festlegungszeit Nettoerträge anfallen. Ist das Investitionsobjekt beispielsweise ein Mietshaus, so wird der Investor monatliche Mieterträge erzielen, denen Aufwendungen für Betrieb, Reparaturen und Erhaltung sowie Steuern gegenüberstehen. Auch bei einer Maschine, einem Maschinenaggregat, einem Betrieb und prinzipiell bei jedem Investitionsobjekt läßt sich eine solche Gegenüberstellung vornehmen. Beträgt die erwartete Lebensdauer des Investitionsobjekts n Jahre, so rechnet der Investor mit sukzessiven Nettoerträgen $e_1, e_2, \ldots, e_n$,

---

[13] Vgl. VRW[3], S. 41.

die zu dem für die Investition aufgewendeten Anschaffungsbetrag A_0 in Beziehung gesetzt werden müssen. Die Rendite einer solchen Investition ergibt sich dann analog zu Gleichung (2.16) aus der Gleichsetzung von A_0 mit den Barwerten aller zukünftigen Nettoerträge:

$$A_0 = \frac{e_1}{1 + r} + \frac{e_2}{(1 + r)^2} + \ldots + \frac{e_n}{(1 + r)^n}. \qquad (2.17)$$

Die Rendite r läßt sich aus einer solchen Gleichung nur nicht so einfach wie aus Gleichung (2.16) und in der Regel nur näherungsweise ermitteln. Ist nach Ablauf der Nutzungsdauer noch ein *Restwert* vorhanden (Verkaufswert eines Mietshauses, Schrottwert einer Maschine, Tilgungsbetrag einer Anleihe), so muß auch der Barwert dieses Betrages auf der rechten Seite von Gleichung (2.17) berücksichtigt werden. Hat der Investor die internen Zinssätze r_1, r_2, ..., r_m der etwa vorhandenen m Investitionsmöglichkeiten berechnet, so kann er sich anschließend für ein Objekt, etwa das mit der höchsten Rendite, entscheiden.

Das Verfahren, Investitionsentscheidungen mit Hilfe eines Vergleichs der Renditen verschiedener Investitionsobjekte zu treffen, hat unter gewissen Bedingungen Nachteile. Treten bei einer Investition, etwa infolge von Großreparaturen, in einzelnen Jahren negative Nettoerträge auf, so können sich bei der Berechnung der Rendite mehrere positive Zinssätze ergeben. Diesen Nachteil vermeidet ein anderes Verfahren, bei dem der Investor in seiner Planung von vornherein vorsieht, daß sich der Anschaffungsbetrag A_0 einer potentiellen Investition mit einem bestimmten Satz k verzinsen soll. Dieser Zinssatz, der *Kalkulationszinssatz*, wird mindestens so hoch sein wie der Zinssatz r, der bei der leicht zugänglichen und risikoarmen Anlage von Mitteln auf dem Kapitalmarkt zu erzielen ist. In der Regel wird der Kalkulationszinssatz umso höher angesetzt, je höher das Risiko einer Investition eingeschätzt wird. Der Investor berechnet nun mit Hilfe des Kalkulationszinssatzes k den *Ertragswert* E der Investition[14] als Summe der Barwerte aller zukünftigen Nettoerträge:

$$E = \frac{e_1}{1 + k} + \frac{e_2}{(1 + k)^2} + \ldots + \frac{e_n}{(1 + k)^n} \qquad (2.18)$$

und vergleicht den Ertragswert mit dem Anschaffungsbetrag A_0:

$$K = E - A_0. \qquad (2.19)$$

Die Differenz K zwischen E und A_0 heißt der *Kapitalwert* der Investition. Ist er gleich null, so bedeutet dies: Die erwarteten Nettoerträge sind gerade so groß, daß der Investor den Anschaffungsbetrag A_0 zuzüglich einer Verzinsung in Höhe des Kalkulationszinssatzes wieder zurückerhält. Ist der Kapitalwert positiv, so erhält der Investor mehr als den mit dem Kalkulationszinssatz verzinsten Anschaffungsbetrag zurück, oder anders ausgedrückt: Die Rendite der Investition ist höher als der Kalkulationszinssatz. Bei negativem Kapitalwert gilt das Umgekehrte. Bei diesem Verfahren wird sich der Investor unter mehreren Investitionsalternativen für diejenige mit dem höchsten Kapitalwert entscheiden, wenn er

---

[14] Vgl. VRW[3], S. 41 f. Dort wurde der Ertragswert als eine von mehreren Möglichkeiten genannt, ein Vermögensobjekt für die Zwecke einer Vermögensrechnung zu bewerten.

nach dem höchstmöglichen Gewinn strebt und keine weiteren Erwägungen zu berücksichtigen sind.

Solche Erwägungen sind beispielsweise anzustellen, wenn die Anschaffungsbeträge der zur Wahl stehenden Investitionsobjekte unterschiedlich hoch sind. Es können dann unterschiedliche Finanzierungsprobleme auftreten. Die Objekte können unterschiedliche Laufzeiten haben, wovon die Risikoeinschätzungen berührt werden. Vor allem aber ist zu berücksichtigen, daß die Nettoerträge geschätzte Größen sind, die auf grundsätzlich unsicheren Erwartungen über zukünftige Ereignisse beruhen (vgl. S. 18, Punkt 11). Eine objektive Berechnung der Kapitalwerte oder Renditen von Investitionen, bei der mehrere Kalkulatoren unabhängig voneinander zu gleichen Ergebnissen kommen müßten, ist daher im allgemeinen nicht möglich. Quasi-objektiv werden lediglich die Renditen festverzinslicher Kapitalmarktforderungen berechnet. Bei diesen sind die nominellen Zinserträge und die Tilgungsbeträge samt den Zahlungsterminen schon bei der Emission festgelegt, und vom Ausfallrisiko kann bei vielen Emittenten abgesehen werden. Die Rendite solcher Forderungen, der *Kapitalmarktzins*, ist daher auch eine besonders wichtige Vergleichsgröße für jeden Investor.

Aus den Gleichungen (2.18) und (2.19) ist zu erkennen, in welcher Weise die Entscheidung eines Investors vom Kalkulationszinssatz als seiner Zielvariablen und von seinen Erwartungen über die Nettoerträge abhängt. Der Ertragswert und damit bei gegebenem Anschaffungsbetrag A_0 gemäß Gleichung (2.19) auch der Kapitalwert K einer Investition ist

— um so höher, je höher unter sonst gleichen Umständen die erwarteten jährlichen Nettoerträge sind;

— um so niedriger, je höher unter sonst gleichen Umständen der Kalkulationszinssatz k ist.

Damit ergeben sich zwei mögliche Erklärungsvariable für eine einzelwirtschaftliche Investitionsfunktion. Sie können auch zur Erstellung von Hypothesen über gesamtwirtschaftliche Investitionsfunktionen herangezogen werden. Die folgenden Erörterungen beziehen sich nur noch auf Sachinvestitionen gemäß der S. 52 f. gegebenen Definition. Nicht zu dieser gehören bei gesamtwirtschaftlichen Betrachtungen jedoch der Kauf von Grundstücken im Inland und von gebrauchten Anlagen. Solchen einzelwirtschaftlichen Investitionen stehen *Desinvestitionen* in gleicher Höhe an anderen Stellen der Volkswirtschaft gegenüber, die sich, gesamtwirtschaftlich gesehen, ausgleichen.

3. Die gesamtwirtschaftliche Investitionsfunktion. Die Höhe der erwarteten jährlichen Nettoerträge hängt eng mit der zukünftigen Nachfrageentwicklung auf den Märkten zusammen, auf denen die mit Hilfe des jeweiligen Investitionsobjekts erzeugten Güter angeboten werden sollen. Zunehmende Nachfrage bedeutet erstens in der Regel steigende Preise und eine verbesserte Auslastung der dauerhaften Produktionsmittel und damit auch steigende Nettoerträge. Zweitens macht sie je nach dem Auslastungsgrad des vorhandenen Produktionsapparates früher oder später Kapazitätserweiterungen notwendig, auf Grund derer das Angebot ausgedehnt werden kann. Beobachtungen zeigen, daß sich die Absatzerwartungen bei vielen Investoren zu einem wesentlichen Teil auf Erfahrungen der jüngsten Vergangenheit gründen. Hat die Nachfrage nach den Erzeugnissen des jeweiligen Investors in der letzten Zeit ständig zugenommen, war diese Entwicklung von einer allgemeinen Zunahme des Sozialprodukts, also einem „freundlichen Konjunkturklima" begleitet, und bestehen keine erklärten Absichten wirtschaftspolitischer Instanzen, diese Entwicklung wegen der Gefährdung gesamtwirtschaftlicher Ziele zu bremsen, dann bestehen allgemein günstige Gewinnerwartungen und damit starke Anreize zu investieren. Was hier für einen Investor beschrieben wurde, gilt in einer solchen Situation auch für viele andere Investoren in einer Volkswirtschaft. Für die gesamtwirtschaftliche Sachinvestition kann somit die Hypothese

$$I = I(Y), \text{ worin } \frac{dI}{dY} > 0 \qquad (2.20)$$

aufgestellt werden. Gleichung (2.20) ist eine *gesamtwirtschaftliche Investitionsfunktion*. Sie besagt, daß die Investition vom Sozialprodukt abhängt, und zwar so, daß mit steigendem Sozialprodukt auch die Investition zunimmt. Gehen anderseits die volkswirtschaftliche Endnachfrage und damit das Sozialprodukt zurück, so verringert sich auch die Investition. In einer solchen Situation sinken die Gewinnaussichten und der Auslastungsgrad des Produktionsapparates wird kleiner, so daß Anreize zum Investieren bei der Mehrzahl der potentiellen Investoren fehlen.

Wie Gleichung (2.18) zeigt, sind die Gewinnerwartungen, die sich in der Reihe der $e_1 \dots e_n$ zeigen, nicht die einzige erklärende Variable für eine Investition. Die andere ist der Kalkulationszinssatz k. Je höher k ist, um so kleiner ist unter sonst gleichen Umständen der Ertragswert E. Da zur Entscheidung über eine Investition gemäß Gleichung (2.19) der Ertragswert mit dem Anschaffungsbetrag A_0 verglichen werden muß, ergibt sich für immer mehr Investitionen ein negativer Kapitalwert, je höher der Kalkulationszinssatz angesetzt wird. Umgekehrt erhalten immer mehr Investitionsobjekte einen Kapitalwert von null oder größer als null, je niedriger der Kalkulationszinssatz ist, werden also rentabel.

Der Kalkulationszinssatz ist eine Zielvorstellung des Investors. Angesichts seiner wichtigen Rolle bei der Investitionsentscheidung erhebt sich die Frage, ob er seinerseits von Daten oder anderen Zielvariablen des Investors beeinflußt wird, und wenn ja, von welchen. Man kann sich ihn in zwei additive Komponenten zerlegt denken: Den herrschenden Zinssatz des Kapitalmarktes r und einen Zuschlagssatz k_z, der das Entgelt für die mit der Investition verbundene, nicht objektiv als Aufwand erfaßbare Tätigkeit, einen Betrag für das zusätzliche Risiko gegenüber einer risikoarmen Anlage der Mittel auf dem Kapitalmarkt und für sonstige subjektive Faktoren enthält:

$$k = r + k_z.$$

Alternativ kann man sich k auch als Summe aus dem für die Finanzierung der Investition relevanten Zinssatz und einem Zuschlagssatz vorstellen. Ändert sich nun der Kapitalmarktzinssatz r und bleiben die den Zuschlagssatz k_z bestimmenden Faktoren konstant, so führt eine Änderung von r zu einer gleichgerichteten Änderung von k. Gemäß den Gleichungen (2.18) und (2.19) ändern sich dann die Ertrags- und Kapitalwerte aller Investitionen in entgegengesetztem Sinne. Für eine Volkswirtschaft läßt sich hieraus folgende Hypothese über den Zusammenhang zwischen geplanter Investition und Kapitalmarktzinssatz aufstellen:

$$I = I(r), \text{ worin } \frac{dI}{dr} < 0. \tag{2.21}$$

Auch dies ist eine Investitionsfunktion. Man kann sich den Zusammenhang linear fallend wie eine der Nachfragekurven in Bild 1.4 (erstes Kapitel, S. 32), als Hyperbelast oder in anderer Weise als monoton fallend vorstellen. Der Hinweis auf die Ähnlichkeit mit einer Nachfragekurve ist dabei nicht zufällig: Tatsächlich gibt Funktion (2.21) nichts anderes als die Nachfrage nach Investitionsgütern in einer Volkswirtschaft in Abhängigkeit vom Zinssatz des Kapitalmarktes an. Dieser kann darin als Preis für die Aufnahme eines Kredits zur Finanzierung der Investition angesehen werden. Diese Betrachtungsweise gilt auch, wenn der Anschaffungsbetrag vorhanden ist, etwa bei *Selbstfinanzierung*: Der Zinssatz r gibt dann die entgehenden Erträge an, die der Investor bei anderweitiger Anlage erzielen würde. Sie müssen der Investition kalkulatorisch als Zinsaufwand zugerechnet werden.

Nichts spricht dagegen, die Investition gleichzeitig als von den beiden bisher behandelten erklärenden Variablen abhängig anzusehen. Die Gleichungen (2.20) und (2.21) können dann so zusammengefaßt werden:

$$I = I(Y, r), \text{ worin } \frac{\partial I}{\partial Y} > 0 \text{ und } \frac{\partial I}{\partial r} < 0. \tag{2.22}$$

Gleichung (2.22) ist zusammen mit den beiden partiellen Differentialquotienten eine mögliche Schreibweise für die Hypothese: Die Investition in einer Volkswirtschaft während eines Zeitraums hängt vom Sozialprodukt und vom Kapitalmarktzins ab, und zwar so, daß sie jeweils ceteris paribus mit steigendem Sozialprodukt steigt und mit steigendem Kapitalmarktzins fällt, und umgekehrt. Die Richtung der jeweiligen Reaktionen auf Änderungen der erklärenden Variablen liegt also als Hypothese fest. Über ihr numerisches Ausmaß wird nichts gesagt, es müßte mit einer ökonometrischen Schätzung der Funktion empirisch bestimmt werden.

In den bisherigen Erörterungen sind nur zwei mögliche erklärende Variable der Investitionstätigkeit genannt worden. Bei einer differenzierten Betrachtungsweise wären sowohl der Einfluß der Finanzierungsmöglichkeiten als auch die Möglichkeit zu berücksichtigen, daß die Zinselastizität einer gegebenen Investition von ihrer Lebensdauer abhängen kann. Diese Gesichtspunkte können jedoch hier noch nicht berücksichtigt werden. Vorerst wird mit Hypothesen über das Investitionsverhalten gearbeitet, wie sie in den Gleichungen (2.21) und (2.22) ausgedrückt sind.

III. Geldnachfragefunktion

1. Geldhaltung zu Transaktionszwecken. Geld hat zwei Funktionen: Es dient als allgemeines Tausch- (oder Transaktions-) Mittel und als Wertaufbewahrungsmittel.[15] Aufgabe der theoretischen Analyse ist es, Hypothesen darüber

---

[15] Vgl. VRW[3], S. 10.

58

aufzustellen und zu prüfen, welches die erklärenden Variablen für die Nachfrage nach (oder den Bedarf an) Geld zu diesen Zwecken sind. Im folgenden werden Banknoten und Münzen in den Händen inländischer Nichtbanken sowie deren Sichtguthaben bei Banken als Geld betrachtet.[16] Nicht berücksichtigt wird vorerst, daß Nichtbanken Kreditzusagen von Banken haben können, von denen beim Eintritt von Zahlungsverpflichtungen Gebrauch gemacht werden kann.

Jedes Wirtschaftssubjekt des Nichtbankensektors muß Geld halten, um Zahlungsverpflichtungen während der Planperiode erfüllen zu können. Ist es dazu in der Lage, sagt man, es sei während dieses Zeitraums *liquide*. Das Ausmaß der Geldhaltung bestimmt sich nach der Höhe und der zeitlichen Verteilung der erwarteten Zahlungseingänge und -ausgänge während der Planperiode. Im allgemeinen wird man annehmen können, daß der Bedarf an Geld bei Produktionsunternehmen mit steigenden Umsätzen und daher mit steigenden Einkäufen von Produktionsgütern, bei öffentlichen Haushalten mit steigenden Ausgaben für Sachgüter und Dienste sowie Transferzahlungen und bei privaten Haushalten mit steigenden Einkommen und daher mit steigenden Steuerzahlungen und Konsumausgaben zunimmt. In einer geschlossenen Volkswirtschaft bedeutet jeder Zahlungsausgang bei einem Wirtschaftssubjekt einen Zahlungseingang bei einem anderen Wirtschaftssubjekt. Der gesamtwirtschaftliche Geldbedarf für Transaktionszwecke, oder die Nachfrage nach *Transaktionsgeld*[17], läßt sich unter Benutzung eines einfachen Kreislaufmodells ohne Berücksichtigung des Staates und des Auslandes wie folgt zeigen. Gegeben seien ein Sektor Unternehmen und ein Sektor private Haushalte. Die Haushalte liefern Arbeitsleistungen an die Unternehmen und erhalten dafür Einkommen, die in regelmäßigen Abständen ausgezahlt werden. Anschließend kaufen die Haushalte Konsumgüter von den Unternehmen, so daß der gesamte Geldbestand nach und nach wieder zu den Unternehmen fließt. Wie hoch ist bei diesem Verhalten und bei gegebenem Sozialprodukt die benötigte Geldmenge? Die Frage läßt sich graphisch und mit einem Zahlenbeispiel wie folgt beantworten. In Bild 2.4 wird in der linken Hälfte gezeigt, wie sich der konstante Geldbestand zu jedem Zeitpunkt eines Monats A auf die beiden Sektoren verteilt, wenn die Einkommen am Monatsanfang gezahlt und täglich in gleichen Teilbeträgen zu Konsumgüterkäufen verwendet werden. Am Monatsende befindet sich die gesamte Geldmenge wieder bei den Unternehmen; der Kreislauf beginnt von neuem. Beläuft sich die Summe der monatlichen Einkommen auf 60 Mrd. GE (= Geldeinheiten), so halten beide Sektoren im Durchschnitt je 30 Mrd. GE. Da das jährliche Sozialprodukt Y in dieser Volkswirtschaft, das nur aus dem privaten Konsum besteht und gleich dem Volkseinkommen ist, 720 Mrd. GE beträgt, genügt also eine Geldmenge L^T in Höhe eines Zwölftels von Y, um die für den Einkommenskreislauf erforderlichen Zahlungen abzuwickeln. Der Zusammenhang zwischen dem

---

[16] So die Grunddefinition der Geldmenge in VRW³, S. 213. Vgl. ebenda, S. 217 für Angaben über die Entwicklung der Geldmenge nach unterschiedlichen Definitionen und ihrer Komponenten in der Bundesrepublik Deutschland seit 1950.

[17] Der hierfür häufig benutzte Ausdruck „Transaktionskasse" ist irreführend und wird daher hier vermieden. „Kasse" ist ein Synonym für „Bargeld" (= Banknoten und Münzen), Geld für Transaktionszwecke kann aber auch als Sichtguthaben gehalten werden. Vgl. VRW³, S. 204–209, über Geldarten.

Sozialprodukt und dem Geldbedarf wird durch die Gleichung

$$L^T \cdot V^e = Y \qquad (2.23)$$

$$60 \text{ Mrd. GE} \cdot \frac{12}{\text{Jahr}} = 720 \text{ Mrd. GE/Jahr}$$

hergestellt, in der $V^e = 12$ (mal) je Jahr angibt, wie oft die benötigte Geldmenge (oder auch im Durchschnitt jede einzelne Geldeinheit) für Konsumgüterkäufe

Bild 2.4 — *Geldhaltung der privaten Haushalte und Unternehmen für Transaktionszwecke bei unterschiedlichen Einkommenszahlungsperioden*

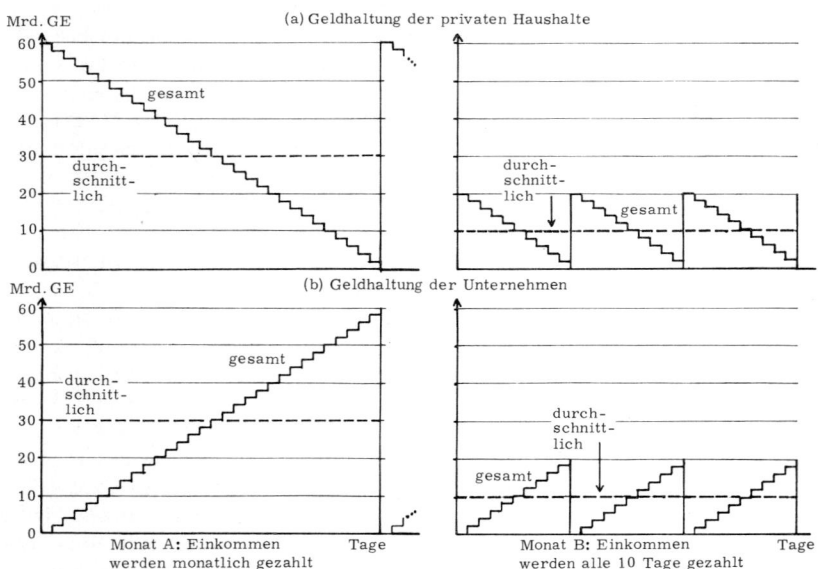

oder Einkommenszahlungen benutzt wird. V^e ist demnach die *Transaktionshäufigkeit des Geldes im Einkommenskreislauf* mit der Dimension „Zahl der Einsätze für Transaktionen je Zeiteinheit".[18] Diese Dimensionsbezeichnung ergibt sich hier daraus, daß die Bestandsgröße L^T zu der Stromgröße Y in Beziehung gesetzt wird. Setzt man den reziproken Wert $1/V^e = k$, erhält man aus Gleichung (2.23)

$$L^T = k \cdot Y \qquad (2.24)$$

$$60 \text{ Mrd. GE} = \frac{\text{Jahr}}{12} \cdot 720 \text{ Mrd. GE/Jahr.}$$

---

[18] Traditionell nennt man diese Größe die *Umlaufgeschwindigkeit des Geldes im Einkommenskreislauf* oder seine *Einkommenskreislaufgeschwindigkeit*. Geschwindigkeit hat jedoch die Dimension „zurückgelegte Strecke je Zeiteinheit". Die bedenkenlose Übernahme physikalischer Fachausdrücke in die Wirtschaftswissenschaft kann zu Verständnisschwierigkeiten führen: Welche Strecke legt eine Geldeinheit zurück, wenn sie für eine Transaktion benutzt wird, also den Besitzer wechselt? Daher wird hier die obige Bezeichnung benutzt.

Hierin gibt k an, wie lange eine im Einkommenskreislauf eingesetzte Geldeinheit im Durchschnitt zwischen zwei Einsätzen zu Konsumgüterkäufen oder Einkommenszahlungen von einem Wirtschaftssubjekt gehalten wird. Die Größe k kann demnach als (durchschnittlicher) *Geldhaltungskoeffizient* bezeichnet werden. Auch Bild 2.4 läßt in der linken Hälfte erkennen, daß diese Zeit gleich einem Monat ist: Eine beliebige Geldeinheit wird etwa in der Mitte des Monats zu einem Konsumgüterkauf benutzt, gelangt am Monatsende zu dem privaten Haushalt zurück und wird im Durchschnitt in der Mitte des nächsten Monats wieder für einen Konsumgüterkauf eingesetzt.

Die rechte Hälfte des Bildes 2.4 zeigt, daß der Geldbedarf kleiner ist, wenn die Einkommenszahlungsperiode beispielsweise 10 Tage beträgt. Die durchschnittliche Geldhaltung je Sektor sinkt auf 10 Mrd. GE, der Geldbedarf auf 20 Mrd. GE. Gemäß den Gleichungen (2.23) und (2.24) steigt die Transaktionshäufigkeit auf 36 mal je Jahr, und die durchschnittliche Verweildauer sinkt auf 10 Tage (wenn das Jahr in 12 Monate zu je 30 Tagen eingeteilt wird).

In diesem einfachen Modell ist die Länge der Einkommenszahlungsperioden die einzige Erklärungsvariable für die Größe des Geldhaltungskoeffizienten k. Ändern sich diese Perioden nicht, so bleibt auch k konstant. In der Realität gibt es jedoch viele verschiedene Einkommenszahlungsperioden, deren Anteile sich im Zeitablauf ändern können, so daß k allein schon wegen Satz 2.1 (S. 50) schwanken kann. Außerdem existiert die in Bild 2.4 unterstellte Regelmäßigkeit und Gewißheit über die Zahlungstermine nicht. Das Risiko, unvorhergesehene Zahlungen leisten zu müssen, veranlaßt Wirtschaftssubjekte in unterschiedlicher Weise zu Dispositionen über ihre Geldhaltung, die weder statistisch erfaßbar sind noch im Zeitablauf stabil sein müssen. Schließlich wird Geld auch noch zu anderen Zahlungen als den zur Abwicklung des Einkommenskreislaufs erforderlichen benutzt, insbesondere für Umsätze an Vorleistungen und für die Umverteilung vorhandener Vermögensobjekte wie Wertpapiere und Immobilien. Es sei jedoch vorerst angenommen, daß diese anderen Zahlungen in einer festen Relation zu den Zahlungen im Einkommenskreislauf stehen. Im folgenden wird von der Hypothese ausgegangen, daß k von einer Reihe institutioneller Gegebenheiten abhängt, die sich kurzfristig wenig ändern, so daß k als konstant angenommen werden kann.

Ist dies der Fall, dann ist der Geldbedarf für Transaktionszwecke L^T dem Sozialprodukt Y proportional. Würden sich etwa in Bild 2.4 das Sozialprodukt und damit die monatlichen oder zehntägigen Einkommenszahlungen verdoppeln, so verdoppelt sich unter sonst gleichen Umständen auch der Geldbedarf. Soweit sich die Einkommenszahlungsperioden kurzfristig nicht ändern, kann daher die Hypothese aufgestellt werden, daß in einer Volkswirtschaft für den Zusammenhang zwischen L^T und Y die Gleichung

$$L^T = L^T(Y), \text{ worin } \frac{dL^T}{dY} > 0, \tag{2.25}$$

gilt. Eine spezielle Form dieser Hypothese ist Gleichung (2.24). Da die Wirtschaftssubjekte also einen Teil ihrer Aktiva in Gestalt des liquidesten aller Aktiva, nämlich Geld, halten müssen, spricht man statt von Geldnachfrage oder Geldhaltung auch von *Liquiditätspräferenz* (oder *Liquiditätsneigung*). Entsprechend ist

Gleichung (2.25) eine *Nachfragefunktion* (oder *Liquiditätspräferenzfunktion*) *für Transaktionsgeld*.

2. Geldhaltung zu Spekulationszwecken. Geld kann auch als Wertaufbewahrungsmittel dienen. Es gibt daher neben der Notwendigkeit, für zukünftige Zahlungsverpflichtungen vorzusorgen, noch ein zweites Motiv, Geld zu halten. Geld erbringt jedoch keine oder nur sehr geringe Erträge und ist daher anderen Anlageformen in dieser Hinsicht unterlegen. Dennoch kann es Situationen geben, in denen es lohnt, zinslos Geld anstelle etwa eines festverzinslichen Wertpapiers zu halten. Wer ein solches Papier im Wert von 100 DM kauft, erhält nach Ablauf eines Jahres beispielsweise 8 DM Zinsen. Ist jedoch der Kurs des Wertpapiers in derselben Zeit auf 90 DM gesunken, so hat der Anleger trotz des Zinsertrages netto einen Verlust erlitten. Allgemein lohnt es, Geld statt ertragbringender Vermögensobjekte zu halten, wenn eine Preissenkung dieser Vermögensobjekte erwartet wird, die ihren Ertrag übersteigt. Da sinkende Preise (Kurse) von Vermögensobjekten bei ungeänderten Nettoerträgen steigende Rendite bedeuten, wie aus Gleichung (2.17) hervorgeht, kann man die Hypothese aufstellen, daß die Erwartung steigender Renditen zu vermehrter Geldhaltung führt. Eine Alternative für den Anleger besteht allerdings auch darin, in ertragbringende Anlagen auszuweichen, die wie Terminguthaben bei Banken keinem Kursrisiko unterliegen. Jeder Vermögensbesitzer steht daher angesichts vieler Anlagemöglichkeiten, unterschiedlicher Zinssätze für diese und wechselnder Erwartungen über deren zukünftige Entwicklung ständig vor dem Problem, sein Vermögen so anzulegen, daß das Risiko von Kursverlusten durch die erwarteten Erträge gerade ausgeglichen wird. Die Frage der Haltung von Geld über den Transaktionsbedarf hinaus ist ein Teilproblem dieses allgemeinen Anlageproblems. Es möge im folgenden unter der Annahme analysiert werden, daß es nur die beiden Anlageformen Geld und eine bestimmte Art festverzinslicher Wertpapiere gibt.

Die Zusammenhänge zwischen Zinserwartungen und Geldhaltung lassen sich dann wie folgt verdeutlichen. Der Anleger muß zunächst die zu erwartende Rendite berechnen. Das Wertpapier erbringe einen gleichbleibenden jährlichen Ertrag (oder eine *Nominalverzinsung*) in Höhe von e und habe zur Zeit der Planung des Anlegers den Kurs K. Der Kauf des Wertpapiers ist eine Finanzinvestition, deren Rendite sich aus der für alle Arten von Investitionen geltenden Gleichung (2.17) ermitteln läßt. Setzt man den Anschaffungsbetrag A_0 gleich dem Kaufkurs K und nimmt an, daß bei einer Laufzeit von einem Jahr der danach anfallende Verkaufskurs oder Tilgungsbetrag gleich dem Kaufkurs ist, so vereinfacht sich (2.17) zu

$$K = \frac{e}{1 + r} + \frac{K}{1 + r}$$

woraus sich die Rendite zu

$$r = \frac{e}{K} \text{ oder Rendite} = \frac{\text{Nominalverzinsung (in DM)}}{\text{Kaufkurs (in DM)}} \tag{2.26}$$

ergibt. Beträgt die Laufzeit n Jahre und weicht der Verkaufs- oder Tilgungskurs K' von K ab, so erhält man r aus der Gleichung

$$K = e \; \frac{(1 + r)^n - 1}{r(1 + r)^n} + \frac{K'}{(1 + r)^n} \qquad (2.27)$$

die ebenfalls eine spezielle Fassung von (2.17) ist.[19] Ist eine Tilgung des Wertpapiers nicht vorgesehen (wie normalerweise bei Aktien) und wird ein Verkauf nicht erwogen, dann wächst n in Gleichung (2.27) über alle Grenzen, so daß man unter diesen Voraussetzungen ebenfalls den Zusammenhang (2.26) erhält. Näherungsweise kann (2.26) auch benutzt werden, wenn n hoch ist und/oder K' von K nur wenig abweicht. Im Prinzip gilt der wichtige Zusammenhang (2.26) für jedes ertragbringende Vermögensobjekt: Rendite und Kurs (oder Preis) sind umgekehrt proportional zueinander; steigender Kurs bedeutet sinkende Rendite und umgekehrt.

Angesichts dieses Zusammenhangs ist es für jeden Vermögensbesitzer ratsam, bei der Entscheidung darüber, welcher Teil der Aktiva zinslos als Geld und welcher Teil in Gestalt ertragbringender Wertpapiere gehalten werden soll, die zur Zeit der Planung herrschenden Erwartungen über die zukünftige Höhe der Rendite auf dem Wertpapiermarkt, also des Kapitalmarktzinses, zu berücksichtigen. Eine gebräuchliche Hypothese ist, daß diese Erwartungen von der Differenz zwischen der Höhe dieses Satzes zur Zeit der Planung und einer langfristig als normal angesehenen Höhe bestimmt werden, wobei diese Ansichten individuell verschieden sind. Ist der Kapitalmarktzins niedriger als der Normalzins, so wird eine Zinssteigerung erwartet. Damit werden auch fallende Wertpapierkurse erwartet, so daß der Eigentümer Kursverluste erleiden würde, wenn er die bei niedrigem Zinssatz erworbenen Papiere später bei höherem Zins verkauft. Diese Verluste können bedeutend sein, wie ein Rechenbeispiel zeigt. Wird ein Wertpapier mit einer Nominalverzinsung von 6 v. H. und langer Laufzeit beim Kurs von 100, also bei einem gleich hohen Kapitalmarktzins, gekauft und bei einem Kapitalmarktzins von 8 v. H. verkauft, so ist gemäß Gleichung (2.26) der Kurs auf 75 gesunken, mithin der nominelle Zinsertrag von über vier Jahren ausgelöscht. Es besteht also bei niedrigem Kapitalmarktzins ein Anreiz, über den Bedarf für Transaktionszwecke hinaus Geld anstelle festverzinslicher Wertpapiere zu halten. Hinzu kommt, daß das wegen der Geldhaltung entgehende Zinseinkommen ebenfalls niedrig ist.

Der Anreiz, Geld zu halten, wird anderseits um so kleiner, je höher der herrschende Zins ist. Erstens bedeutet ein hoher Zins, daß das Halten von Geld „teuer" ist, weil viel Zinseinkommen entgeht. Zweitens wird ein weiteres Steigen des Zinses und damit die Gefahr von Kursverlusten um so unwahrscheinlicher, je höher er bereits ist. Dagegen ist die Wahrscheinlichkeit, daß der Zins in absehbarer Zeit wieder fallen wird, um so größer, je mehr er von dem als normal angesehenen Satz nach oben abweicht. Fallender Zins aber bedeutet steigende Marktpreise für ertragbringende Vermögensobjekte und damit für deren Inhaber die Möglichkeit zur Realisierung von Kursgewinnen. Aus diesen Erwägungen

---

[19] Vgl. auch VRW[3], S. 42. Der gleiche formale Apparat wurde dort zur Berechnung des Ertragswertes E bei gegebenem Kalkulationszins i benutzt. Manche Autoren nennen die Rendite unter Berücksichtigung eines abweichenden Verkaufs- oder Tilgungskurses die *Effektivverzinsung* des Wertpapiers.

ergibt sich zusammengefaßt die folgende Hypothese: Ein Vermögensbesitzer berücksichtigt bei der Entscheidung darüber, welchen Teil seines Vermögens er in Form von Geld halten will, seine Erwartungen über die zukünftige Zinsentwicklung. Erwartet er, daß der Zinssatz steigen wird, so wird er wegen der damit einhergehenden Kursrückgänge einen größeren Teil seines Vermögens in Form von Geld halten, und umgekehrt. Die Erwartungen über die zukünftige Zinsentwicklung werden ihrerseits von der Höhe des Zinses im Planungszeitpunkt bestimmt. Je höher der Zins ist, um so geringer sind die Erwartungen, daß er noch weiter steigen wird, und umgekehrt. Daraus ergibt sich das Anlageverhalten: Je höher der Zins ist, um so kleiner ist die über den Transaktionsbedarf hinausgehende Geldhaltung, und umgekehrt.

Die Hypothese besagt nicht, daß bei der Erwartung, der Zinssatz werde steigen, nur Geld gehalten wird, und bei der Erwartung, er werde fallen, nur Wertpapiere gehalten werden. Ein solches Verhalten wäre nur sinnvoll, wenn Gewißheit über die zukünftige Zinsänderung bestünde. Da es eine solche Gewißheit nicht gibt, vielmehr unterschiedlichen Zinsänderungen nur gewisse Wahrscheinlichkeiten zugeordnet werden können, wird der Anleger in der Regel sowohl Geld als auch Wertpapiere halten und nur die Aufteilung seines Vermögens auf diese beiden Anlageformen an seine Zinserwartungen anpassen.

Der gegenläufige Zusammenhang zwischen dem Kapitalmarktzins r und der von der Höhe dieses Satzes und den Erwartungen über seine zukünftige Entwicklung bestimmten geplanten Geldhaltung L^S kann wie folgt geschrieben werden:

$$L^S = L^S(r), \text{ worin } \frac{dL^S}{dr} < 0. \tag{2.28}$$

Da dieser Teil der Geldnachfrage auf Erwartungen über zukünftige Ereignisse beruht und auf die Ausnutzung erwarteter Preisänderungen gerichtetes Verhalten allgemein *Spekulation* heißt, nennt man L^S auch *Spekulationsgeld* und Gleichung (2.28) dementsprechend *Nachfragefunktion* (oder *Liquiditätspräferenzfunktion*) *für Spekulationsgeld*.

3. Die gesamtwirtschaftliche Geldnachfragefunktion. Für eine Volkswirtschaft muß gemäß den eben erörterten Hypothesen gelten, daß die Geldnachfrage der Nichtbanken zu jedem Zeitpunkt wie folgt auf Erklärungsvariable zurückzuführen ist:

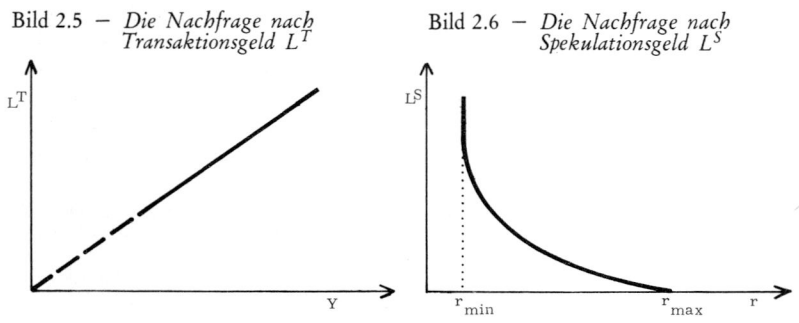

Bild 2.5 − *Die Nachfrage nach Transaktionsgeld L^T*

Bild 2.6 − *Die Nachfrage nach Spekulationsgeld L^S*

Bild 2.5 zeigt die Nachfrage nach Transaktionsgeld L^T, die dem Sozialprodukt Y direkt proportional ist. Bild 2.6 drückt eine Hypothese darüber aus, daß die geplante Reaktion der Nachfrager nach Spekulationsgeld L^S auf Zinsänderungen je nach Höhe des Zinssatzes r verschieden stark ist: Die Änderung der Geldnachfrage als Folge einer gegebenen, etwa einprozentigen Änderung des Zinssatzes ist um so größer, je niedriger der Zinssatz ist. Zur Messung dieser Reaktion kann man das Maß *Spekulationsgeldnachfrage-Zinselastizität* mit der Definition

$$\eta_{L^S, r} = \frac{dL^S}{L^S} : \frac{dr}{r} = \frac{r}{L^S} \cdot \frac{dL^S}{dr} \qquad (2.29)$$

einführen (vgl. S. 46). Gemäß Bild 2.6 wird vermutet, daß es einen niedrigsten Zinssatz r_{min} gibt, bei dem die Anleger jede beliebige Geldmenge zu halten wünschen. Der numerische Wert der Elastizität (2.29) strebt hier gegen unendlich: Man sagt, die Nachfrage nach Spekulationsgeld in bezug auf den Zins sei *vollkommen elastisch*. Der Grund ist, daß niemand mehr eine weitere Senkung des Zinssatzes erwartet. Dieser kann nur noch steigen, und wer daher bei r_{min} Wertpapiere kauft, statt Geld zu halten, würde Kursverluste zu erwarten haben. Anderseits wird die Spekulationsgeldnachfrage-Zinselastizität mit wachsendem Zins absolut genommen immer kleiner und strebt schließlich gegen null. In diesem Bereich sehr hoher Zinssätze verschwindet die Geldhaltung zu spekulativen Zwecken. Bei einem Höchstsatz r_{max} noch Geld zu diesen Zwecken zu halten, würde den Verzicht auf hohes Zinseinkommen und auf die Chance von Kurssteigerungen bedeuten. Geld wird in dieser Situation daher nur noch zu Transaktionszwecken gehalten.

Die in den Gleichungen (2.25) und (2.28) sowie in den Bildern 2.5 und 2.6 aufgestellten Hypothesen lassen sich zu einer *gesamtwirtschaftlichen·Geldnachfragefunktion*

$$L = L^T(Y) + L^S(r), \text{ worin } \frac{\partial L}{\partial Y} > 0, \; \frac{\partial L}{\partial r} \leqq 0 \qquad (2.30)$$

zusammenfassen, in der L (= „Liquidität") die gesamte Geldnachfrage ist. Die beiden partiellen Ableitungen sind wieder der mathematische Ausdruck für die jeweils vereinbarte Ceteris-paribus-Annahme. $\frac{\partial L}{\partial Y} > 0$ bedeutet, daß die gesamte Geldnachfrage mit steigendem Sozialprodukt bei Konstanz des Zinssatzes steigt.

$\frac{\partial L}{\partial r} \leqq 0$ besagt, daß sie mit steigendem Zinssatz bei konstantem Sozialprodukt

sinkt. Ändern sich beide erklärende Variable gleichzeitig, so nimmt beispielsweise die Geldnachfrage des Nichtbankensektors zu, wenn das Sozialprodukt steigt und der Kapitalmarktzins sinkt, oder wenn der Einfluß des steigenden Kapitalmarktzinses durch den Einfluß des steigenden Sozialprodukts überkompensiert wird. Entsprechende Bewegungen der beiden erklärenden Variablen Y und r können zu einer Verringerung der Geldnachfrage führen oder sich auch kompensieren, so daß sie ungeändert bleibt.

Die graphische Darstellung der Funktion (2.30) in einer Geldnachfragekurve ist insofern schwierig, als in ihr die endogene nicht nur von einer, sondern von zwei exogenen Variablen abhängt. In Bild 2.7 wird daher der funktionale Zusammenhang zwischen der Geldnachfrage L und dem Zinssatz r für drei verschiedene Werte des Sozialprodukts Y_0, Y_1 und Y_2 gezeigt, wobei $Y_0 < Y_1 < Y_2$ gilt:

Bild 2.7 — *Die Geldnachfrage in Abhängigkeit von Zinssatz und Sozialprodukt*

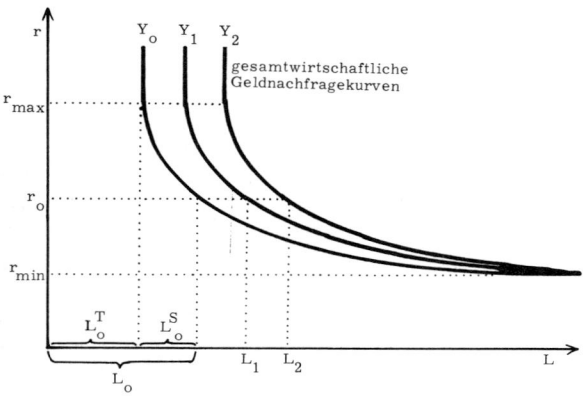

Die Darstellung besagt: Bei jedem gegebenen Sozialprodukt besteht ein gegenläufiger Zusammenhang zwischen Geldnachfrage und Zins. Beträgt das Sozialprodukt etwa Y_0 und liegt der Zinssatz bei r_0, so setzt sich die Geldnachfrage L_0 aus der Nachfrage nach Transaktionsgeld L^T_0 und der Nachfrage nach Spekulationsgeld L^S_0 zusammen. Oberhalb von r_{max} wird nur noch Transaktionsgeld gehalten; bei r_{min} wird jede beliebige Geldmenge zu Spekulationszwecken gehalten. Bei gegebenem Zinssatz, etwa r_0, ist die gesamte Geldnachfrage um so höher, je höher das Sozialprodukt ist. Steigt dieses etwa von Y_1 auf Y_2, so steigt die Geldnachfrage von L_1 auf L_2.

IV. Gesamtwirtschaftliches Gleichgewicht

1. Gütermarkt-Gleichgewicht bei positiver Nettoinvestition. Die bisher beschriebenen gesamtwirtschaftlichen funktionalen Zusammenhänge lassen sich zu gesamtwirtschaftlichen Modellen zusammenfassen. Damit wird der S. 23 ff. beschriebene Schritt vollzogen, die Funktionsweise eines Systems von Zusammenhängen nachzubilden und anhand des Modells zu untersuchen, wie sich Änderungen der Werte einer Variablen auf andere auswirken. Zunächst soll die zu Beginn dieses Kapitels gestellte Frage beantwortet werden, wie hoch bei gegebenem, durch die entsprechenden Funktionen beschriebenem Verhalten der einzelnen Gruppen von Wirtschaftssubjekten das Sozialprodukt und seine Komponenten sind. Das Sozialprodukt beeinflußt seinerseits gesamtwirtschaftliche Aggregate wie den privaten Konsum, die Investition und die Nachfrage nach Transaktionsgeld, so daß ferner gefragt werden kann: Wie hoch ist das Sozialprodukt, bei dem angesichts der gegebenen Verhaltensfunktionen gesamtwirtschaftliches Makro-Gleichgewicht herrscht? In einer solchen Situation sind die Wirtschaftspläne der zu Sektoren zusammengefaßten Wirtschaftssubjekte in der S. 31–33 erörterten Weise miteinander vereinbar. Die Frage wird mit Hilfe von Modellen beantwortet, in denen das Sozialprodukt eine der abhängigen Variablen ist. In diesem und den folgenden Abschnitten werden zunächst Konstruktion und Aussagegehalt mehrerer solcher Modelle erläutert. Dazu werden die bisher beschriebenen funktionalen Zusammenhänge herangezogen, zum Teil jedoch willkürlich und ohne Rücksicht auf das tatsächliche Verhalten von Wirtschaftssubjekten geändert, um so einige Probleme der Modellkonstruktion deutlicher hervortreten zu lassen.

In den einfachsten dieser Modelle wird von der ökonomischen Tätigkeit des Staates und von ökonomischen Transaktionen mit Ausländern abgesehen und das Preisniveau als konstant angesehen. Zunächst sei ein Modell aus drei Gleichungen betrachtet. Die erste ist eine Gleichung der Verhaltensweise, die Konsumfunktion, die als linear angenommen sei und die Gestalt von Gleichung (2.11) haben möge:

$$C = 30 + 0,8\ Y. \tag{2.31–I}$$

Da der Staat als nicht vorhanden betrachtet wird, gibt es keine Steuern und damit keine Unterscheidung zwischen Volkseinkommen, verfügbarem Einkommen und Nettosozialprodukt zu Marktpreisen. Die zweite Gleichung

$$I = 70 \tag{2.31–II}$$

besagt, daß die Investoren die Höhe der Nettoinvestition unabhängig von den in dem Modell (2.31) vorkommenden Variablen auf 70 Geldeinheiten festzusetzen planen. Die Investition ist damit gemäß den Erläuterungen S. 22 autonom. Die dritte Gleichung

$$Y = C + I \tag{2.31–III}$$

ist eine Gleichgewichtsbedingung, gemäß der das gesamte Güterangebot Y gleich der gesamten Güternachfrage $C + I$ ist. Sie kann auch als Definitionsgleichung für das Sozialprodukt ex ante aufgefaßt werden (vgl. S. 41). Angebot an und Nachfrage nach Vorleistungen werden hier und im folgenden nicht berücksichtigt. Das Modell enthält die drei Variablen Y, C und I und besteht aus drei voneinander unabhängigen und miteinander vereinbaren Gleichungen. Es existiert mithin eine mathematische Lösung, die man durch Einsetzen von (2.31–I) und (2.31–II) in (2.31–III) erhält: Das Gleichgewichts-Sozialprodukt Y beträgt 500. Diese Lösung besagt: Wenn in einer geschlossenen Volkswirtschaft ohne Staat die Produzenten auf Grund des Angebots an Produktivleistungen Güter im Wert von 500 für die Endnachfrage herzustellen und anzubieten planen, planen sie damit ein Volkseinkommen in gleicher Höhe. Die privaten Haushalte planen gemäß ihrer Konsumfunktion (2.31–I) Konsumausgaben in Höhe von 80 v.H. des Einkommens zuzüglich 30 Einheiten. Bei einem Volkseinkommen von 500 üben sie also insgesamt eine Nachfrage von 430 aus. Die Investoren fragen unabhängig von der Höhe des Volkseinkommens Investitionsgüter im Wert von 70 nach. Das gesamte Güterangebot trifft also auf eine Nachfrage in gleicher Höhe. Die privaten Haushalte planen eine Ersparnis in Höhe von 500 (Einkommen) minus 430 (Konsumausgaben) gleich 70, die gleich der geplanten Investition ist.

In der betrachteten Periode herrscht also Gleichgewicht. Stillschweigend wird hierbei angenommen, daß das Güterangebot nicht nur der Höhe, sondern auch der Zusammensetzung nach der Nachfrage entspricht.

Das Modell (2.31) läßt sich wie folgt graphisch veranschaulichen. In Bild 2.8 wird auf der waagerechten Achse das gesamtwirtschaftliche Angebot abgetragen.

Bild 2.8 — *Gesamtwirtschaftliches Gütermarkt-Gleichgewicht*

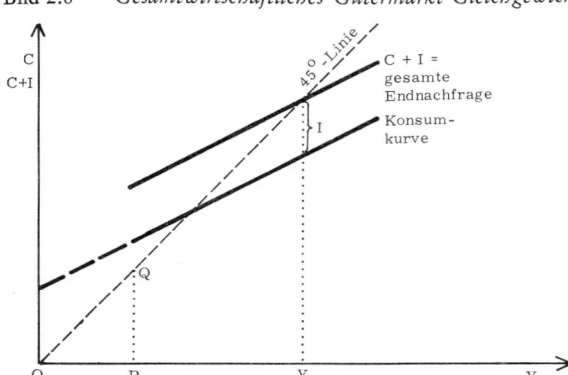

In Punkt P ist es beispielsweise gleich der Strecke OP. Ebenso groß ist in diesem Punkt jedoch auch der Abstand PQ zur 45°-Linie, so daß allgemein gilt: Das auf der Abszissenachse abgetragene Güterangebot kann jeweils auch am Abstand zwischen dieser und der 45°-Linie abgelesen werden. Die Konsumgüternachfrage hängt von dem durch die Produktion des geplanten Güterangebots geschaffenen Volkseinkommen ab. Die Konsumfunktion ist gemäß Gleichung (2.31-I) als linear angenommen und im Bild als Konsumkurve eingezeichnet. Zu der Nachfrage nach Konsumgütern wird die nach Investitionsgütern addiert. Sie ist gemäß Gleichung (2.31-II) vom Einkommen unabhängig, also konstant, und muß daher oberhalb der Konsumkurve parallel zu dieser eingezeichnet werden. Die sich ergebende $C + I$-Linie markiert die gesamte Endnachfrage nach Gütern. Gesamtwirtschaftliches Gleichgewicht besteht dort, wo Güterangebot gleich Güternachfrage ist, die beiden Kurven sich also schneiden. Das ist beim Schnittpunkt mit der 45°-Linie, also beim Einkommen Y_0 der Fall.

Das Gleichgewicht läßt sich auch auf eine andere Art graphisch ermitteln, bei der man von der Sparfunktion ausgeht. In Bild 2.9 ist diese zusammen mit einer Geraden eingezeichnet, die die vom Einkommen unabhängige Investition wiedergibt und daher parallel zur Y-Achse verläuft. Im Schnittpunkt beider Kurven ist die geplante Investition gleich der geplanten Ersparnis und damit die gesamtwirtschaftliche Nachfrage gleich dem gesamtwirtschaftlichen Angebot. Das entsprechende Einkommen ist das Gleichgewichtseinkommen Y_0.

Der Aussagegehalt des Modells (2.31) muß genau verstanden werden. Es besagt, daß in der einen betrachteten Periode die Pläne der Investoren mit den Plänen der Sparer in dem Sinne übereinstimmen, daß die Sparer beim Volkseinkommen Y_0 gerade soviel zu sparen planen, wie die Investoren dem Wert nach zu investieren wünschen. Da es nur zwei Verwendungsmöglichkeiten für das verfügbare Einkommen gibt, bedeutet dies auch, daß die geplante monetäre Nachfrage nach Konsumgütern bei den als konstant angenommenen Preisen ebenso groß ist wie das geplante monetäre Angebot an Konsumgütern (vg. S. 32). Die Situation ist als *Einperioden-Gleichgewicht* auf dem Gütermarkt zu kennzeichnen und kann abgekürzt *IS-Gleichgewicht* genannt werden. Die Tatsache, daß beim

Bild 2.9 — *Gesamtwirtschaftliches Gleichgewicht zwischen Investition und Ersparnis*

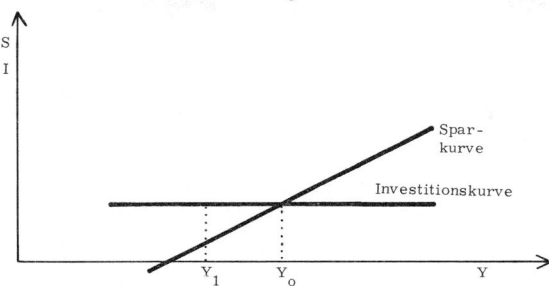

Einkommen Y_0 die Ersparnis ex ante gleich der Investition ex ante ist, muß streng von der Tatsache unterschieden werden, daß die Ersparnis ex post definitionsgemäß immer gleich der Investition ex post ist.[20] Die Ex-post-Gleichheit realisiert sich immer und ist somit unabhängig davon, ob die Planungen der Investoren und Sparer übereinstimmten oder nicht. Erwarten die Haushalte in Bild 2.9 etwa das Einkommen Y_1, so ist die geplante Ersparnis kleiner als die geplante Investition. Entsprechend ist die Konsumgüternachfrage größer als das Konsumgüterangebot. Die nach Ablauf der Periode realisierte Investition muß jedoch der realisierten Ersparnis entsprechen. Das kann in diesem Fall dadurch geschehen, daß sich die Lagerbestände an Konsumgütern infolge der von den Anbietern nicht vorhergesehenen Mehrnachfrage am Ende der Periode kleiner als geplant erweisen. Die Ex-post-Gleichheit von I und S ist dann dadurch zustandegekommen, daß die Investoren ihre Pläne nicht voll realisieren konnten. Andere Fälle sind denkbar; sie werden unten in Abschnitt I. 4 des dritten Kapitels behandelt, in dem auch der Fall erfaßt wird, daß die geplante Ersparnis größer ist als die geplante Investition. Der Unterschied zwischen einer Ex-ante- und einer Ex-post-Analyse beruht in jedem Fall darauf, daß bei der ersten Plangrößen, bei der zweiten realisierte Größen betrachtet werden. Daß die einen von den anderen abweichen können, ist eine alltägliche Erfahrung (vgl. auch die Punkte 10 bis 12 des Denkansatzes, S. 18).

Zu einem genauen Verständnis des Modells gehört anderseits die Kenntnis der Dinge, die mit ihm nicht behauptet werden. Eine Reihe von Problemen wird offengelassen, so etwa die Frage, ob das Gleichgewichts-Sozialprodukt Y_0 mit den vorhandenen Beständen an Produktionsfaktoren bei einem gegebenen Preisniveau hergestellt werden kann: Das *Kapazitätsproblem* wird vernachlässigt. Das Modell besagt ferner nicht, daß irgendeine seiner Voraussetzungen jemals in der Realität vorgelegen hat oder vorliegt. Es wird mit ihm weder behauptet, daß

---

[20] Vgl. VRW³, S. 104f.

es eine geschlossene Volkswirtschaft ohne staatliche ökonomische Aktivität gibt, noch daß sich die privaten Haushalte in einer Volkswirtschaft gemäß der Konsumfunktion (2.31-I) verhalten, noch daß die Investitionen unabhängig vom Sozialprodukt sind. Jedoch sind die aus den Voraussetzungen abgeleiteten Schlüsse zwingend. Das Modell besagt also, daß es zu den gezeigten Erscheinungen kommen muß, wenn die Voraussetzungen vorliegen. In diesem Sinne sind alle ökonomischen Modelle zu verstehen. Das Problem des Wirtschaftswissenschaftlers besteht darin, Modelle so zu konstruieren, daß die aus ihnen abgeleiteten Schlüsse auch für die Realität zutreffen beziehungsweise an ihr überprüft werden können. Dazu sind jedoch viel kompliziertere Modelle als die hier angeführten erforderlich. Immerhin sind die einfachen Modelle eine Vorstufe der komplizierten und damit didaktisch unentbehrlich.

Das Modell (2.31) ist numerisch und stellt damit einen Spezialfall dar. Obwohl es im Prinzip beliebig viele entsprechende Fälle illustriert, gehen doch beim Gebrauch fiktiver Zahlen Informationen verloren, so daß man im allgemeinen Modelle mit algebraischen Zahlen vorzieht. Ein solches dem Modell (2.31) entsprechendes Gleichungssystem ist Modell (2.32):

Konsumfunktion: $\qquad C = C^a + cY$, worin $C^a > 0$, $0 < c < 1$, (2.32-I)

Investitionsfunktion: $\quad I = I^a$, $\qquad$ worin $I^a \geqq 0$, $\qquad\qquad$ (2.32-II)

Gleichgewichtsbedingung: $Y = C + I$. $\qquad\qquad\qquad\qquad$ (2.32-III)

Seine Lösung erhält man durch Einsetzen der ersten und zweiten Gleichung in die dritte:

$$Y = \frac{1}{1-c} C^a + \frac{1}{1-c} I^a. \qquad\qquad (2.33)$$

Setzt man hierin $C^a = 30$, $c = 0,8$ und $I^a = 70$, ergibt sich der Spezialfall des Modells (2.31). Die Lösung (2.33) enthält dagegen wesentlich mehr Informationen. Sie zeigt vor allem, welche Werte des Gleichgewichtseinkommens zu unterschiedlichen Investitionsniveaus gehören. Ist beispielsweise die Nettoinvestition gleich null, so beträgt das Gleichgewichtseinkommen 150, da dann gemäß der Konsumfunktion Konsumgüter im Wert von 30 zuzüglich 80 v. H. des Volkseinkommens gleich 120 nachgefragt werden. Auch in diesem Fall ist das gesamte Güterangebot gleich der gesamten Endnachfrage. Sie zeigt ferner, in welcher Weise das Gleichgewichtseinkommen von dem autonomen Konsum C^a und dem Parameter c der Konsumfunktion abhängt. Schließlich macht sie darauf aufmerksam, daß es Fälle geben kann, in denen kein Gleichgewicht existiert. Wenn etwa die marginale Konsumquote c gleich oder größer als eins ist, ist das Gleichgewichtseinkommen in Gleichung (2.33) entweder nicht definiert (wenn $c = 1$) oder — bei positiven Werten von C^a und I^a — negativ. Diese mathematisch mögliche Lösung ist ökonomisch sinnlos (vgl. S. 23). Es wird unten im dritten Kapitel erläutert werden, warum es in diesen Fällen kein Gleichgewichtseinkommen geben kann.

Eine Modifikation des Modells (2.32) ergibt sich, wenn die Investition nicht als autonom, sondern gemäß den Erörterungen S. 54–58 beispielsweise als vom Zinssatz r abhängig angesehen wird. An die Stelle von Gleichung (2.32-II) tritt dann eine Investitionsfunktion, für die etwa die Form einer gleichseitigen Hyperbel angenommen werden kann:

$$I = \frac{b}{r}, \text{ worin } b > 0. \qquad (2.32\text{-}II\,a)$$

Betrachtet man in Modell (2.32) nunmehr den Zinssatz als autonome Variable, etwa deswegen, weil er von der Zentralbank festgesetzt wird, so wird es durch die Gleichung

$$r = r^a, \text{ worin } r^a > 0, \qquad (2.32\text{-}IV)$$

vervollständigt. Das erweiterte Modell (2.32) besteht aus vier Gleichungen und enthält die vier abhängigen Variablen Y, C, I und r. Es hat also unter den üblichen Voraussetzungen eine Lösung, in der das Sozialprodukt als Funktion des autonomen Zinssatzes erscheint:

$$Y = \frac{1}{1-c}\, C^a + \frac{1}{1-c} \cdot \frac{b}{r^a}. \qquad (2.34)$$

Ein steigender Zinssatz geht hier, da er gemäß Gleichung (2.32-IIa) die Investition verringert, mit einem sinkenden Gleichgewichtseinkommen einher.

Auch in seiner erweiterten Form läßt sich das Modell (2.32) graphisch veranschaulichen. Bild 2.10 zeigt im rechten Koordinatensystem das Bild der Sparfunktion, im linken das Bild der Investitionsfunktion gemäß Gleichung (2.32-IIa). Da der Zinssatz die exogene, das Gleichgewichtseinkommen die endogene Variable ist, muß Bild 2.10 von links her gelesen werden:

Bild 2.10 − *Das Gleichgewichtseinkommen als Funktion des Zinssatzes*

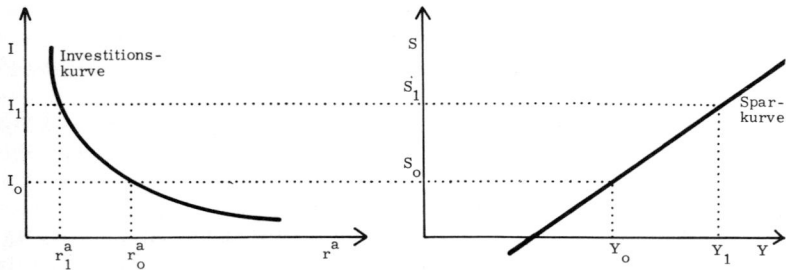

Einem vorgegebenen Zinssatz r_0^a entspricht links gemäß der Investitionsfunktion die Investition I_0. Diese muß im Gleichgewicht gleich der Ersparnis S_0 sein, wird also in gleicher Höhe in das rechte Koordinatensystem übertragen. Dort läßt sich anhand der Sparkurve der Gleichgewichtswert Y_0 des Volkseinkommens ablesen, der dieser Ersparnis und damit letztlich dem Zinssatz r_0^a entspricht. Liegt der Zinssatz niedriger, etwa bei r_1^a, so investieren die Unternehmer gemäß der Verhaltenshypothese (2.32-IIa) mehr, und zwar in Höhe von I_1. Die für das gesamtwirtschaftliche Gleichgewicht erforderliche höhere Ersparnis S_1 wird dann gemäß der durch die Sparfunktion wiedergegebenen Hypothese nur bei dem höheren Volkseinkommen Y_1 aufgebracht. Unter diesen Voraussetzungen besteht damit ein gegenläufiger Zusammenhang zwischen dem Zinssatz als exogener und dem Volkseinkommen als endogener Variabler.

Bei der graphischen Darstellung von Gleichgewichtsanalysen können sich Mißverständnisse ergeben, die bei der Analyse mit Hilfe von Gleichungssystemen nicht so leicht auftreten. Bei einem Blick auf Gleichung (2.34) ist sofort klar, daß jede Änderung der rechts stehenden Größen c, C^a, b und r^d ceteris paribus das Gleichgewichtseinkommen Y ändert. Dies gilt auch für die graphische Darstellung des der Gleichung (2.34) zugrundeliegenden erweiterten Modells (2.32) in Bild 2.10, zeigt sich dort jedoch auf zweierlei Art. Die erste wurde soeben besprochen: Unterschiedlichen Werten der exogenen Variablen r^d entsprechen unterschiedliche Werte des Gleichgewichtseinkommens Y. Gemäß Gleichung (2.34) entsprechen aber auch unterschiedlichen Werten von c, C^a und b unterschiedliche Werte von Y. Wie kommt das in der graphischen Darstellung zum Ausdruck? Die Antwort ist: Die Größen c, C^a und b sind Parameter von Verhaltensfunktionen und bestimmen daher bei graphischen Darstellungen die Lage der entsprechenden Kurven. Ändern sich die Parameter, so verschieben sich die Kurven. Dies ist die zweite Art, in der sich Änderungen gleichgewichtsbestimmender Größen zeigen können. Beispielsweise führt eine Erhöhung von C^a in den Bildern 2.1 (S. 42) und 2.8 (S. 68) zu einer Parallelverschiebung der Konsumkurve nach oben. In Bild 2.10 entspricht dem angesichts des Zusammenhangs zwischen Konsum- und Sparfunktion (vgl. S. 44) eine Parallelverschiebung der Sparkurve nach unten. Erhöht sich ceteris paribus die marginale Konsumquote c, so drehen sich die Konsumkurven in den Bildern 2.1 und 2.8 um ihren Schnittpunkt mit der Ordinate nach oben, nehmen also einen steileren Verlauf an. Die Sparkurve in Bild 2.10 verläuft entsprechend flacher. Damit erhält man den

Satz 2.2: *Die Wirkungen von Änderungen exogener Variabler auf Gleichgewichtswerte endogener Variabler zeigen sich graphisch durch Bewegungen auf Kurven; die Wirkungen der Änderungen von Verhaltensparametern (oder Verhaltensänderungen) zeigen sich durch Kurvenverschiebungen.*

Dabei können sich auch zufällig gleiche Werte für endogene Variable ergeben. So führt etwa eine Parallelverschiebung der Sparkurve in Bild 2.10 um die Differenz zwischen I_1 und I_0 nach unten zu der Situation, daß dem Zinssatz r_0^d das Gleichgewichtseinkommen Y_1 entspricht.

Aus Bild 2.10 geht hervor, daß bei gegebenem, durch die beiden Kurven dargestellten Investitions- und Sparverhalten eine beliebige Anzahl von Kombinationen des Zinssatzes mit dem Gleichgewichtseinkommen existiert. Dabei entsprechen höheren Zinssätzen – angesichts deren Wirkung auf die Investitionstätigkeit – niedrigere Gleichgewichtseinkommen und umgekehrt. Bild 2.11 zeigt eine graphische Konstruktion des Zusammenhangs zwischen beiden Variablen (S. 73). Bild 2.11 ist beginnend mit dem Koordinatensystem I im Uhrzeigersinn zu lesen. Dort ist das Bild der Sparfunktion eingezeichnet, gemäß dem beispielsweise dem Einkommen Y_0 die Ersparnis S_0 entspricht. In System II wird die Gleichgewichtsbedingung für den Gütermarkt gezeigt, wie sie etwa in Bild 2.9 erläutert wurde: Auf diesem Markt herrscht Gleichgewicht, wenn der in den Planungen der Produzenten nicht zum Konsum bestimmte Teil des Sozialprodukts ebenso groß ist wie der in den Planungen der Konsumenten nicht für Konsumausgaben vorgesehene Teil des Volkseinkommens. Ist das der Fall, dann ist die Investition ex ante ebenso groß wie die Ersparnis ex ante. Die 45°-Linie symbolisiert diesen Zusammenhang. Die in System III eingezeichnete Investitionskurve gibt den Zinssatz r_0 an, bei dem die Investition I_0 geplant wird. Der Punkt P_0 schließlich zeigt im Koordinatensystem IV die gesuchte Kombination von Y und r, bei der angesichts der Gestalt der Verhaltensfunktionen in den Systemen I und III auf dem Gütermarkt Gleichgewicht herrscht. Die Konstruktion eines weiteren Punktes P_1 ist ebenfalls gezeigt. Im Ergebnis erhält man im rechten oberen Koordinatensystem eine Kurve, die den geometrischen Ort aller (Y, r)-Kombinationen angibt, bei denen angesichts des Einflusses von Y auf die Ersparnis und von r auf die Investition auf dem Gütermarkt Gleichgewicht zwischen Angebot und Nachfrage herrscht. Da dies das Gleichgewicht zwischen Investition und Ersparnis impliziert, nennt man sie die *IS-Kurve*. Sie ist keine Verhaltensfunktion, sondern das Ergebnis der Zusammenfassung der beiden Verhaltensfunktionen in den Koordinatensystemen I und III mit der Gleichgewichtsbedingung in System II.

Bild 2.11 — *Der Zusammenhang zwischen Zinssatz und Gleichgewichtseinkommen bei Gleichgewicht auf dem Gütermarkt: Die IS-Kurve*

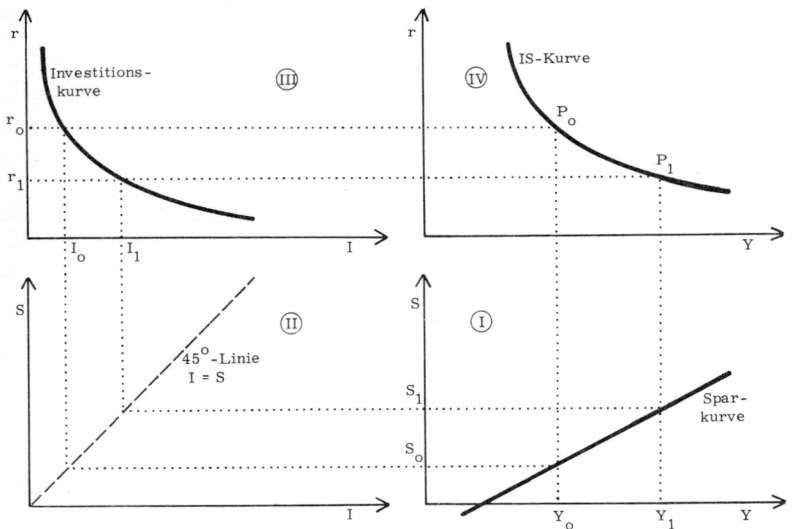

Die IS-Kurve läßt sich algebraisch wie folgt konstruieren. Zu jedem Zinssatz r gehört ein bestimmter Wert I der Investition. Soll die Ersparnis S ebenso groß sein, so muß das Volkseinkommen Y, von dem S abhängt, einen bestimmten Wert annehmen. Also gehört zu jedem r ein Wert für Y. Ist etwa die Sparfunktion linear

$$S = -C^a + sY, \text{ worin } C^a > 0, s > 0,$$

und hat die Investitionsfunktion die Gestalt einer gleichseitigen Hyperbel

$$I = \frac{b}{r}, \text{ worin } b > 0,$$

so folgt aus der Gleichgewichtsbedingung $I = S$:

$$-C^a + sY = \frac{b}{r} \quad \text{oder } r = \frac{b}{-C^a + sY}.$$

Dies ist in diesem Fall die Gleichung der IS-Kurve. Sie hat einen *Freiheitsgrad*, wie sich aus Bild 2.11 ergibt: Eine der beiden Variablen Y und r kann willkürlich festgelegt werden. Die jeweils andere ist dann bestimmt.

2. Geldmarkt-Gleichgewicht bei gegebenem Geldangebot. Gemäß den in den Abschnitten III. 1 bis III. 3 entwickelten Hypothesen beeinflussen Sozialprodukt und Kapitalmarktzins auch die Nachfrage nach Geld. Zur Ermittlung eines Makro-Gleichgewichts muß demnach auch der Einfluß dieser beiden Variablen auf den *gesamtwirtschaftlichen Geldmarkt*, auf dem sich Angebot an und Nachfrage nach Geld gegenüberstehen, berücksichtigt werden.

Geldangebot bedeutet hier folgendes. Unter den heutigen Bedingungen kann jeder Geldbetrag als eine auf Sicht fällige Forderung gegen eine Bank betrachtet werden. Banken schaffen Geld und treten somit als Anbieter von Geld dadurch auf, daß sie Aktiva von Wirtschaftssubjekten des Nichtbankensektors kaufen und den Verkäufern Sichtguthaben einräumen.[21] Auch die Gewährung von Kontokorrentkrediten und die Diskontierung von Wechseln sind in diesem Sinne als Kauf von Aktiva zu deuten. Verkaufen die Banken Aktiva an Nichtbanken, so sinkt die Geldmenge. Jede Änderung des Geldangebots geht bei gegebenem Sozialprodukt jedoch mit Änderungen des Zinssatzes einher. Dies läßt sich mit Hilfe der bisher betrachteten Hypothesen anhand einer Zunahme des Geldangebots wie folgt zeigen.

Im Gleichgewicht müssen Angebot an und Nachfrage nach Geld bei einem bestimmten Zinssatz gleich groß sein. Dies ist unter Verwendung der durch Gleichung (2.30) ausgedrückten Hypothese über den Zusammenhang zwischen Geldnachfrage, Sozialprodukt und Kapitalmarktzins in Bild 2.12 gezeigt:

Bild 2.12 — *Der Gleichgewichtszinssatz in Abhängigkeit von Geldangebot und Geldnachfrage bei gegebenem Sozialprodukt*

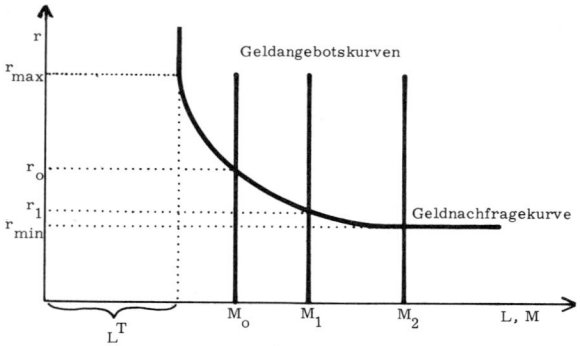

[21] Vgl. VRW³, S. 220–224.

Auf der Abszisse sind die gesamte Geldnachfrage L und das Geldangebot M abgetragen. Das Sozialprodukt ist gegeben, so daß nach Gleichung (2.25) auch die Nachfrage nach Transaktionsgeld L^T wie im Bild eingetragen feststeht. Hinzu tritt die Nachfrage nach Spekulationsgeld L^S, die bei hohen Zinssätzen gering und bei niedrigen Zinssätzen größer ist. Die Geldnachfragekurve ist hier also eine der Kurven aus Bild 2.7. Zeichnet man das Geldangebot in Höhe von M_0 ein – als Senkrechte deshalb, weil es als von r unabhängig angenommen wird – erhält man den Gleichgewichtszinssatz r_0. Herrscht dieser Zinssatz, so wünschen die Wirtschaftssubjekte angesichts ihrer durch die Nachfragekurve ausgedrückten Präferenz für Spekulationsgeld insgesamt den Geldbetrag M_0 auch zu halten. Es herrscht damit Gleichgewicht auf diesem Markt. Wünscht die Zentralbank nun einen niedrigeren Gleichgewichtszinssatz, etwa r_1, durchzusetzen, so kann sie dies dadurch tun, daß sie Wertpapiere nachfragt und damit Geld anbietet. Sie muß dazu solange höhere Kurse bieten, bis der gemäß Gleichung (2.26) damit implizierte Kapitalmarktzins auf r_1 gefallen ist. Damit ist gleichzeitig die Geldmenge auf M_1 gestiegen, da die Verkäufer der Wertpapiere Zentralbankgeld erhalten haben. Sie wünschen die erhöhte Geldmenge bei dem niedrigeren Zinssatz auch zu halten, so daß erneut Gleichgewicht herrscht. Auf diese Weise kann die Zentralbank durch Änderungen des Geldangebots den Kapitalmarktzins beeinflussen. Die Geldmenge wird zu einer wirtschaftspolitischen Instrumentvariablen. Nähert sich der Zinssatz allerdings r_{min}, so nimmt das Wertpapierangebot und damit die Geldnachfrage der Nichtbanken so stark zu, daß auch eine Ausdehnung der Geldmenge über M_2 hinaus den Zinssatz nicht mehr senkt.

Auch die Geschäftsbanken können Aktiva kaufen und damit das Geldangebot erhöhen und den Zinssatz senken. Die Möglichkeiten der Zentralbank, sie dabei zu beeinflussen und damit das gesamte Geldangebot und den Zinssatz zu steuern, werden im vierten Kapitel erörtert. Für die Analyse in diesem Kapitel genügt die Annahme, die Zentralbank könne das Geldangebot nach Belieben festsetzen.

Gleichung (2.30) und die anschließenden Erläuterungen haben gezeigt, daß eine gegebene Geldnachfrage L das Ergebnis beliebig vieler Kombinationen der Erklärungsvariablen Y und r sein kann. Dieser Sachverhalt ist unter der Annahme, daß auf dem gesamtwirtschaftlichen Geldmarkt Gleichgewicht herrscht, in Bild 2.13 gezeigt (S. 76). Es ist vom rechten unteren Koordinatensystem her zu lesen. Dort ist eine Kurve eingezeichnet, die die Abhängigkeit der Nachfrage nach Transaktionsgeld L^T vom Volkseinkommen angibt. Das Koordinatensystem II zeigt die Gleichgewichtsbedingung auf dem Geldmarkt bei gegebener, etwa von der Zentralbank festgelegter Geldmenge M^a. Die dort eingezeichnete Gerade zeigt alle Kombinationen der Nachfrage nach Transaktions- und Spekulationsgeld, bei denen die insgesamt nachgefragte Geldmenge L gerade gleich dem vorhandenen Geldbestand M^a ist. Die Gerade hat die Gleichung

$$M^a = L^T + L^S,$$

sie bildet mit den Achsen einen Winkel von $45°$. Geht man nun vom Einkommen Y_0 aus, so ergibt sich daraus eine Nachfrage nach Geld für Transaktionszwecke in Höhe von L_0^T. Angesichts des konstanten Geldangebots M^a bleibt der Betrag L_0^S für Spekulationszwecke übrig, wie aus System II hervorgeht. Bei einer Präferenz für Spekulationsgeld gemäß der in System III eingezeichneten Kurve (vgl. auch Bild 2.6, S. 64) wünschen die Wirtschaftssubjekte diese Geldmenge beim Zinssatz r_0 für Spekulationszwecke zu halten. Der Punkt P_0 im rechten oberen Koordinatensystem gibt demgemäß an, welche Kombination von Y angesichts

Bild 2.13 — *Der Zusammenhang zwischen Zinssatz und Gleichgewichtseinkommen bei Gleichgewicht auf dem Geldmarkt: Die LM-Kurve*

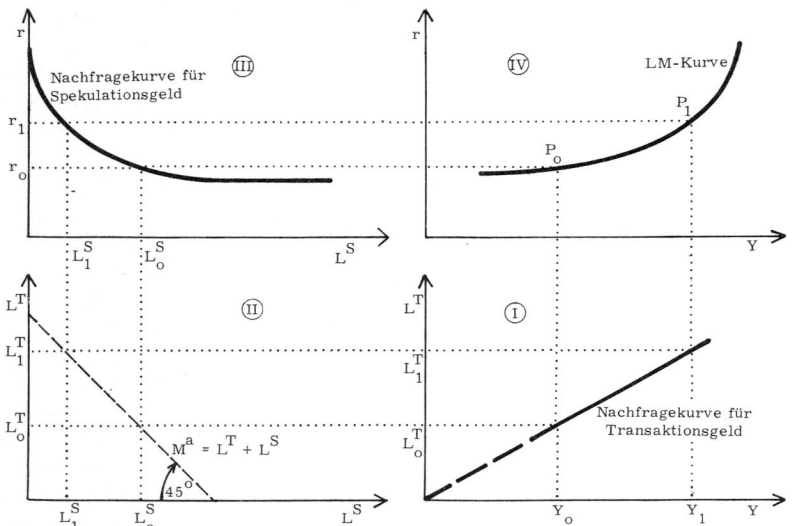

dessen Einfluß auf die Geldnachfrage zu Transaktionszwecken und r angesichts dessen Einfluß auf die Geldnachfrage zu Spekulationszwecken mit einem insgesamt konstanten Geldangebot M^a vereinbar ist. Einen zweiten Punkt P_1 gewinnt man entsprechend, wenn etwa von einem höheren Einkommen Y_1 ausgegangen wird. Dann ist auch der Bedarf an Transaktionsgeld L_1^T höher, und die Aufteilung der konstanten Geldmenge M^a muß sich ändern. Ein kleinerer Betrag an Spekulationsgeld L_1^S ist jedoch nur mit einem höheren Zins r_1 vereinbar. Als Ergebnis zeigt sich rechts oben eine Kurve, die den geometrischen Ort aller (Y, r)-Kombinationen angibt, die angesichts gegebener Nachfrage nach Geld für die beiden Zwecke und gegebenem Geldangebot mit einem Gleichgewicht auf dem Geldmarkt vereinbar sind. Da die Kurve unter der Bedingung eines Gleichgewichts zwischen der Geldnachfrage L und dem Geldangebot M konstruiert ist, nennt man sie die *LM-Kurve*.

3. Das Keynessche Gleichgewichtsmodell.
Die Frage nach den Bedingungen, unter denen zur gleichen Zeit sowohl auf dem Güter- als auch auf dem Geldmarkt Gleichgewicht herrscht, kann beantwortet werden, wenn die IS-Kurve aus Bild 2.11 und die LM-Kurve aus Bild 2.13 in einem Koordinatensystem zusammengefügt werden. Bild 2.14 zeigt das Ergebnis. Der Schnittpunkt P_0 beider Kurven gibt die einzige (Y, r)-Kombination an, die mit Gleichgewichten auf beiden Märk-

ten vereinbar ist. Da exogene Variable in diesem Modell das Geldangebot ist, wird die Lage des Punktes P_0 bei gegebenen Verhaltensfunktionen von dieser Größe bestimmt. Man nennt diese graphische Darstellung das HICKS-*Diagramm*.[22]

Bild 2.14 — *Gesamtwirtschaftliches Gleichgewicht auf Gütermarkt und Geldmarkt bei gegebenem Geldangebot: Das HICKS-Diagramm*

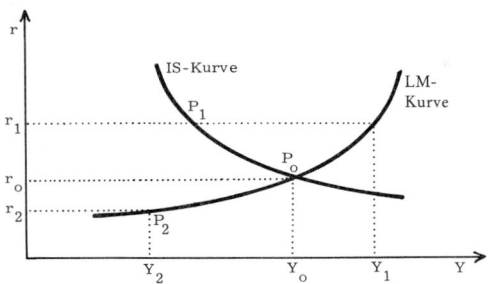

Zum besseren Verständnis dieser Darstellung kann zunächst gefragt werden, warum beispielsweise die willkürlich eingezeichneten Punkte P_1 und P_2 kein gesamtwirtschaftliches Gleichgewicht angeben. Die (Y, r)-Konstellation in P_1 ermöglicht ein Gleichgewicht auf dem Gütermarkt. Bei dem damit verbundenen relativ hohen Zinssatz r_1 wünschen die Wirtschaftssubjekte jedoch nur einen erheblich kleineren Betrag an Spekulationsgeld zu halten als etwa beim Zinssatz r_0. Bei gegebener Geldmenge ist dann der für Transaktionszwecke zur Verfügung stehende Geldbetrag entsprechend größer. Angesichts der in Bild 2.13 angenommenen Verhaltensweisen ist dieser Betrag jedoch für das dem Punkt P_1 in Bild 2.14 entsprechende Sozialprodukt zu groß. Das Sozialprodukt müßte wesentlich höher sein, wenn die Wirtschaftssubjekte diesen Betrag als Transaktionsgeld halten sollen. Wie hoch, ergibt sich aus Bild 2.14, wenn man durch P_1 die (punktiert eingezeichnete) Parallele zur Y-Achse bis zur LM-Kurve zieht und den entsprechenden Wert Y_1 abliest. Hiermit würde jedoch das Gleichgewicht auf dem Gütermarkt verlassen. Der Punkt P_1 markiert also eine Ungleichgewichtssituation. Die Frage, welche Reaktionen in dieser Situation erfolgen und wie sich daraufhin die Werte der in Bild 2.14 enthaltenen endogenen Variablen Volkseinkommen und Zinssatz ändern, kann nur im Rahmen einer dynamischen Analyse beantwortet werden (vgl. S. 34f.), zu der weitere Hypothesen eingeführt werden müßten. Denkbar wäre, daß die Wirtschaftssubjekte das bei dem hohen Zinssatz und niedrigem Sozialprodukt weder zu Transaktions- noch zu Spekulationszwecken gewünschte Geld zu Wertpapierkäufen benutzen. Das erhöht den Kurs dieser Papiere und senkt damit gemäß Gleichung (2.26) den Zinssatz, wodurch die Investition erhöht und damit das Volkseinkommen gesteigert wird. Dieses Verhalten könnte dazu führen, daß sich Zinssatz und Volkseinkommen ihren gesamtwirtschaftlichen Gleichgewichtswerten in P_0 nähern.

In Punkt P_2 herrscht auf dem Geldmarkt Gleichgewicht. Jedoch ist hier der

---

[22] J.R. HICKS, geb. 1904, englischer Nationalökonom, veröffentlichte als erster eine solche Darstellung. Vgl. HICKS [2.22].

Zinssatz r_2 niedriger als r_0 und induziert daher einen Investitionsbetrag, der erheblich größer ist als die Ersparnis, die gemäß dem Volkseinkommen Y_2 geplant wird, das dem Punkt P_2 entspricht. Dieses Ungleichgewicht könnte über die Zunahme der Investition zu einer Steigerung des Volkseinkommens führen, die ihrerseits den Bedarf an Transaktionsgeld erhöht. Damit wird über den Zwang zu Wertpapierverkäufen der Zinssatz erhöht. Die (Y, r)-Kombination würde sich hier also auf der LM-Kurve nach rechts oben bewegen und sich auch in diesem Fall P_0 nähern.

Für die späteren Erörterungen ist es schließlich wichtig zu wissen, wie sich die Lage des Punktes P_0 ändert, wenn sich die Verhaltensweisen der Wirtschaftssubjekte ändern, so daß sich Kurven verschieben (vgl. S. 72). Bei ungeänderter Lage der jeweiligen sonstigen Kurven verschieben sich die IS-Kurve und damit der Punkt P_0 in Bild 2.14 nach links, wenn

— die Sparneigung zunimmt, also aus jedem Einkommen mehr gespart wird, was sich in Bild 2.11 in einer Verschiebung der Sparkurve nach oben ausdrückt; oder

— die Investitionsneigung abnimmt, also bei jedem Zinssatz weniger investiert wird, was in Bild 2.11 zu einer Verschiebung der Investitionskurve nach links führt.

Diese Verhaltensänderungen senken bei der angenommenen Gestalt der Kurven das Gleichgewichtseinkommen und den Gleichgewichtszinssatz. Dieser steigt mit ebenfalls fallendem Gleichgewichtseinkommen, wenn sich bei ungeänderter Lage der IS-Kurve die LM-Kurve nach links verschiebt. Dies kann nach Bild 2.13 geschehen, wenn ceteris paribus

— die Nachfrage nach Transaktionsgeld bei jedem Volkseinkommen um einen bestimmten Prozentsatz zunimmt, der Geldhaltungskoeffizient also steigt. Die Nachfragekurve im Koordinatensystem I von Bild 2.13 dreht sich dann in Richtung auf die L^T-Achse;

— das Geldangebot M^a verringert wird, sich also die Gerade in System II parallel in Richtung auf den Nullpunkt verschiebt;

— die Präferenz für Geld zu Spekulationszwecken zunimmt, sich die entsprechende Nachfragekurve in System III also nach rechts verschiebt.

Alle eben gezogenen Schlüsse gelten auch umgekehrt. Das Gleichgewichtseinkommen steigt also (bei steigendem, fallendem oder gleichbleibendem Gleichgewichtszinssatz), wenn sich entweder die IS- oder die LM-Kurve oder beide nach rechts verschieben. Dieser Fall tritt ein, wenn jeweils ceteris paribus die Sparneigung abnimmt, die Investitionsneigung steigt, die Nachfrage nach Transaktionsgeld oder nach Spekulationsgeld abnehmen oder das Geldangebot zunimmt. Wie ein Blick auf die Bilder 2.11 bis 2.14 jedoch lehrt, hängt die Gültigkeit sämtlicher vorstehend gezogener Schlüsse entscheidend von der Lage und Gestalt der Kurven ab. Im V. Teil dieses Kapitels werden Fälle gezeigt werden, in denen infolge anderer Lage und Gestalt der Kurven, das heißt bei anderen Verhaltensweisen, einige der vorstehenden Schlüsse nicht mehr gelten.

Das in den Bildern 2.11 bis 2.14 dargestellte Modell ist eine graphische Version der Hypothesen über gesamtwirtschaftliche Zusammenhänge, die J. M. KEYNES[23]

---

[23] JOHN MAYNARD KEYNES (1883–1946), englischer Nationalökonom.

im Jahre 1936 veröffentlichte[24] und mit denen er zum wichtigsten Wegbereiter eines großen Teils der heutigen gesamtwirtschaftlichen Theorien wurde. Nach ihm nennt man dieses und ähnliche Modelle das *Keynes-Modell* (oder das *Keynessche System*).

Die graphische Darstellung ökonomischer Modelle hat Grenzen. Kompliziertere Modelle mit einer größeren Anzahl von Gleichungen und höherem Interdependenzgrad lassen sich in der Regel nur noch als Systeme algebraischer Gleichungen darstellen. Da das Keynes-Modell die Grundlage vieler weiterer Modelle bildet, ist es zweckmäßig, seine algebraische Darstellung hier anzufügen. Sie lautet in einer in bezug auf die Verhaltensgleichungen allgemeinen Fassung, wobei die Symbole ihre bisherige Bedeutung behalten:

Konsumfunktion $\quad C = C(Y), \quad$ worin $0 < \dfrac{dC}{dY} < 1$ $\qquad$ (2.35-I)

Investitionsfunktion $\quad I = I(Y, r), \quad$ worin $\dfrac{\partial I}{\partial Y} > 0, \ \dfrac{\partial I}{\partial r} < 0$ $\qquad$ (2.35-II)

Geldnachfragefunktion $\quad L = L(Y, r), \quad$ worin $\dfrac{\partial L}{\partial Y} > 0, \ \dfrac{\partial L}{\partial r} < 0$ $\qquad$ (2.35-III)

Geldangebotsfunktion $\quad M = M^a$ $\qquad$ (2.35-IV)

Gleichgewichtsbedingung
auf dem Gütermarkt $\quad Y = C + I$ $\qquad$ (2.35-V)

Gleichgewichtsbedingung
auf dem Geldmarkt $\quad M = L.$ $\qquad$ (2.35-VI)

Das Modell besteht aus sechs voneinander unabhängigen und miteinander vereinbaren Gleichungen mit den sechs endogenen Variablen C, Y, I, r, L und M. Es läßt sich durch Einsetzen von $C = Y - S$ in Gleichung (2.35-V) und Ersetzung der Konsumfunktion (2.35-I) durch die Sparfunktion $S = S(Y)$ in das Gleichungssystem überführen, das den Bildern 2.11 bis 2.14 zugrundeliegt. Bei der in den Bildern 2.11 und 2.13 angenommenen Lage und Gestalt der Funktionen hat das Modell eine mathematische Lösung. Sie erscheint auch ökonomisch sinnvoll, da beispielsweise keine Variable mit unzulässigem Vorzeichen auftritt. Das Modell ist allgemein, da in ihm keine Annahme über die konkrete Gestalt der Verhaltensfunktionen gemacht und nur die Richtungen vorgeschrieben werden, in denen sich die abhängigen Variablen bei Änderungen der jeweils erklärenden Variablen ceteris paribus bewegen. Da es mithin nicht alle denkbaren Fälle umfaßt, sondern beispielsweise den Fall einer mit steigendem Einkommen fallenden Konsumgüternachfrage ebenso wie den Fall einer mit steigendem Zinssatz zunehmenden Geldnachfrage für Spekulationszwecke ausschließt, kann es schon in dieser Fassung einen, wenn auch geringen, empirischen Gehalt haben (vgl. S. 26−28).

Anderseits darf das Keynes-Modell nicht so interpretiert werden, als könne etwa die Zentralbank in der Realität allein durch Regulierung des Geldangebots und die daraus resultierende Verschiebung der LM-Kurve für jede gewünschte

---

[24] Keynes [2.21].

Höhe des Sozialprodukts sorgen. Erstens hängt sehr viel von den Parametern der Verhaltensfunktionen – graphisch also von der Lage und Gestalt der Kurven – ab, über deren Größe in der Regel nur ungefähre Vorstellungen existieren. Zweitens muß eine Reihe weiterer Erklärungsvariabler und Zusammenhänge berücksichtigt werden, die hier aus didaktischen Gründen nicht beachtet wurden. Dazu gehören die ökonomische Tätigkeit der öffentlichen Haushalte und die wirtschaftlichen Transaktionen mit dem Ausland ebenso wie das Kapazitätsproblem, die Tätigkeit der Banken und die Tatsache, daß die Reaktionen der Wirtschaftssubjekte auf Änderungen ihrer Daten mit unterschiedlich langen Verzögerungen erfolgen. Solche und andere Erweiterungen werden in den folgenden Kapiteln dieses Buches behandelt. Wie dabei allgemein vorzugehen ist, wird im nächsten Abschnitt gezeigt. Immerhin liefert das KEYNES-Modell einen Ansatz zur Analyse des Wirtschaftsablaufs in einer industrialisierten Volkswirtschaft. Mit einer geringfügig erweiterten Fassung des Modells (2.35) läßt sich eine erste Antwort auf die wichtige Frage geben, unter welchen Bedingungen in einer Volkswirtschaft wirtschaftspolitische Forderungen wie die nach Vollbeschäftigung der Produktionsfaktoren erfüllt werden. Dies ist der Kern des Beschäftigungsproblems, das in Teil V dieses Kapitels behandelt wird.

4. Die allgemeine Lösung linearer Gleichgewichtsmodelle. In Bild 2.14 wurde gezeigt, welche Kombination des Volkseinkommens und des Zinssatzes bei gegebenen Verhaltensweisen mit Gleichgewichten auf dem Güter- und dem Geldmarkt vereinbar ist. Damit wurden gleichzeitig auch die Gleichgewichtswerte der übrigen endogenen Variablen des Systems bestimmt. Sie können in bezug auf die Ersparnis und die Investition aus Bild 2.11, in bezug auf Transaktions- und Spekulationsgeld aus Bild 2.13 abgelesen werden. Jeder dieser Gleichgewichtswerte ändert sich, wenn sich auch nur eine exogene Variable ändert. Damit erhebt sich die Frage, auf welche Weise allgemein der Einfluß von Änderungen jeder exogenen Variablen auf jede endogene Variable gezeigt werden kann. Sie läuft auf eine Konkretisierung des allgemeinen Erklärungsmodells hinaus, wie es in Bild 1.3 (S. 8) dargestellt wurde. Sind alle Gleichungen eines Modells linear, so läßt sich die Frage wie folgt beantworten.

Gegeben seien n voneinander unabhängige und einander nicht widersprechende lineare Gleichungen

$$\beta_{11}y_1 + \beta_{12}y_2 + \ldots + \beta_{1n}y_n = \gamma_{11}z_1 + \gamma_{12}z_2 + \ldots + \gamma_{1m}z_m \qquad (2.36\text{-I})$$

$$\beta_{21}y_1 + \beta_{22}y_2 + \ldots + \beta_{2n}y_n = \gamma_{21}z_1 + \gamma_{22}z_2 + \ldots + \gamma_{2m}z_m \qquad (2.36\text{-II})$$

$$\beta_{n1}y_1 + \beta_{n2}y_2 + \ldots + \beta_{nn}y_n = \gamma_{n1}z_1 + \gamma_{n2}z_2 + \ldots + \gamma_{nm}z_m \qquad (2.36\text{-n})$$

Das System enthält n endogene Variable $y_1 \ldots y_n$, m exogene Variable $z_1 \ldots z_m$ sowie n^2 Parameter β_{ij} und $n \cdot m$ Parameter γ_{ik}. Jede der n Gleichungen zeigt einen Zusammenhang zwischen endogenen und exogenen Variablen des Systems. Gemäß der S. 25 gegebenen Einteilung handelt es sich dabei im allgemeinen Fall um Verhaltensfunktionen einschließlich technischer und institutioneller Beziehungen sowie um Definitionsgleichungen und Gleichgewichtsbedingungen. In der Praxis treten nicht in jeder Gleichung alle endogenen und exogenen Variablen auf, einige der β_{ij} und γ_{ik} sind also gleich null. Dies war beispielsweise auch in dem Modell (1.2) S. 7 der Fall. Das Gleichungssystem (2.36) weicht von der Darstellung des allgemeinen Erklärungsmodells dadurch ab, daß die Nebenvariablen nicht berücksichtigt werden.

In Matrixschreibweise lautet das System (2.36):

$$\begin{bmatrix} \beta_{11} & \beta_{12} & \cdots & \beta_{1n} \\ \beta_{21} & \beta_{22} & \cdots & \beta_{2n} \\ \vdots & \vdots & & \vdots \\ \beta_{n1} & \beta_{n2} & \cdots & \beta_{nn} \end{bmatrix} \begin{bmatrix} y_1 \\ y_2 \\ \vdots \\ y_n \end{bmatrix} = \begin{bmatrix} \gamma_{11} & \gamma_{12} & \cdots & \gamma_{1m} \\ \gamma_{21} & \gamma_{22} & \cdots & \gamma_{2m} \\ \vdots & \vdots & & \vdots \\ \gamma_{n1} & \gamma_{n2} & \cdots & \gamma_{nm} \end{bmatrix} \begin{bmatrix} z_1 \\ z_2 \\ \vdots \\ z_m \end{bmatrix}$$

oder

$$By = \Gamma z,$$

worin B (groß beta) eine quadratische Matrix n-ter Ordnung der β_{ij}, y ein n-gliedriger Spaltenvektor der endogenen Variablen $y_1 \ldots y_n$, Γ (groß gamma) eine $n \cdot m$-Matrix der γ_{ik} und z ein m-gliedriger Spaltenvektor der exogenen Variablen $z_1 \ldots z_m$ ist. Sofern die Matrix B nichtsingulär ist, ergibt sich als Lösung dieses Systems die Gleichung

$$y = B^{-1}\Gamma z$$

oder, wenn man $B^{-1}\Gamma = \Pi$ (groß pi) setzt:

$$y = \Pi z.$$

B^{-1} ist die Kehrmatrix (oder inverse Matrix) zu B. Π ist eine $n \cdot m$-Matrix, deren Elemente π_{ik} (klein pi) die Antwort auf die Frage nach dem Einfluß jeder exogenen auf jede endogene Variable geben: π_{ik} zeigt, wie die endogene Variable y_i ceteris paribus auf eine Änderung der exogenen Variablen z_k reagiert. Die i-te Gleichung in diesem System lautet

$$y_i = \pi_{i1}z_1 + \pi_{i2}z_2 + \ldots + \pi_{im}z_m.$$

Partielle Differentiation von y_i nach z_k liefert den gewünschen Parameter:

$$\frac{\partial y_i}{\partial z_k} = \pi_{ik}.$$

Das Verfahren kann am Beispiel der nicht erweiterten Fassung des Modells (2.32) S. 70 in vier Schritten wie folgt gezeigt werden.[25]
1. Schritt: Das Modell wird in einer dem System (2.36) entsprechenden Weise geschrieben, so daß alle endogenen Variablen links, alle exogenen Variablen rechts vom Gleichheitszeichen und gleiche Variable untereinander stehen:

	endogene Variable		exogene Variable		
$-cY$	C		$= C^a$		(2.32-I)
		I	$= I^a$		(2.32-II)
Y	$-C$	$-I$	$= 0.$		(2.32-III)

Autonome Größen müssen hierbei als exogene Variable behandelt werden.

---

[25] Vgl. ein ähnliches Vorgehen bei EVANS [I.31], S. 554f.

2. Schritt: Dies ergibt in Matrixschreibweise, bei der die leeren Stellen mit Nullen zu besetzen sind:

$$\begin{bmatrix} -c & 1 & 0 \\ 0 & 0 & 1 \\ 1 & -1 & -1 \end{bmatrix} \begin{bmatrix} Y \\ C \\ I \end{bmatrix} = \begin{bmatrix} 1 & 0 \\ 0 & 1 \\ 0 & 0 \end{bmatrix} \begin{bmatrix} C^a \\ I^a \end{bmatrix}.$$

3. Schritt: Durch Inversion der Matrix B erhält man in diesem Fall

$$B^{-1} = \begin{bmatrix} \dfrac{1}{1-c} & \dfrac{1}{1-c} & \dfrac{1}{1-c} \\ \dfrac{1}{1-c} & \dfrac{c}{1-c} & \dfrac{c}{1-c} \\ 0 & 1 & 0 \end{bmatrix}$$

Dies kann durch Multiplikation von B^{-1} mit B mit dem Resultat der Einheitsmatrix nachgeprüft werden.

4. Schritt: Linksmultiplikation von Γ mit B^{-1} ergibt Π

$$\begin{bmatrix} \dfrac{1}{1-c} & \dfrac{1}{1-c} & \dfrac{1}{1-c} \\ \dfrac{1}{1-c} & \dfrac{c}{1-c} & \dfrac{c}{1-c} \\ 0 & 1 & 0 \end{bmatrix} \begin{bmatrix} 1 & 0 \\ 0 & 1 \\ 0 & 0 \end{bmatrix} = \begin{bmatrix} \dfrac{1}{1-c} & \dfrac{1}{1-c} \\ \dfrac{1}{1-c} & \dfrac{c}{1-c} \\ 0 & 1 \end{bmatrix}$$

und damit wegen $y = \Pi z$ die Lösung des Systems:

$$Y = \frac{1}{1-c}\, C^a + \frac{1}{1-c}\, I^a \tag{2.37}$$

$$C = \frac{1}{1-c}\, C^a + \frac{c}{1-c}\, I^a \tag{2.38}$$

$$I = I^a. \tag{2.39}$$

Sie zeigt, in welcher Weise die Gleichgewichtswerte der drei abhängigen Variablen einzeln durch die exogenen Verhaltensparameter C^a, I^a und c bestimmt werden. Während Gleichung (2.37) schon oben in Gestalt von Gleichung (2.33) S. 70 abgeleitet worden war, zeigt Gleichung (2.38) nun auch den Einfluß der beiden autonomen Größen C^a und I^a auf den Konsum. Wird etwa die autonome Investition ceteris paribus um einen kleinen Betrag erhöht, so beträgt die Konsumgüternachfrage im neuen Gleichgewichtszustand das $\dfrac{c}{1-c}$ -fache:

$$\partial C = \frac{c}{1-c}\, \partial I^a.$$

Die Bedeutung der Koeffizienten der exogenen Variablen wird im nächsten Kapitel näher erläutert werden.

82

V. Theorie der Beschäftigung

1. Wirtschaftspolitisches Optimum und das Beschäftigungsproblem. In den bisherigen Analysen wurde gezeigt, in welcher Weise gewisse unterstellte Verhaltensweisen der Wirtschaftssubjekte bei gegebenen Werten exogener Variabler die Höhe des Sozialprodukts und anderer endogener Größen bestimmen. Die ermittelten Werte der endogenen Größen waren Gleichgewichtswerte, die Analysen also statische, zum Teil komparativ-statische Analysen gemäß der S. 33 — 35 eingeführten Einteilung. Die praktische Bedeutung solcher Analysen könnte mit dem Argument bestritten werden, daß es in der Realität kaum jemals Gleichgewichtssituationen gemäß der Definition S. 32 gibt, sondern daß praktisch nur Ungleichgewichtssituationen vorkommen. Dieser Einwand ist richtig, jedoch gibt es zwei Gegenargumente. Das erste lautet: Es ist dennoch zweckmäßig, zunächst Gleichgewichtssituationen zu betrachten und Marginalanalysen auf sie anzuwenden. Nur dann gilt die Ceteris-paribus-Annahme in dem Sinne, daß die jeweilige Untersuchung der Reaktionen auf die Änderung einer Variablen unbeeinflußt von den Vorgängen vorgenommen werden kann, die sich in Ungleichgewichtssituationen sonst noch abspielen würden. Erst wenn man alle wesentlichen Wirkungszusammenhänge jeweils unter der Annahme der Ceteris-paribus-Bedingung sozusagen einzeln herauspräpariert und untersucht hat, kann man daran gehen, in umfassenderen Modellen immer mehr Aspekte der allgemeinen Interdependenz gleichzeitig zu berücksichtigen und damit den Gültigkeitsbereich der Ceteris-paribus-Klausel einzuschränken. Gleichgewichtsanalysen haben daher zunächst eine methodische Bedeutung.

Die Untersuchung von Gleichgewichtssituationen hat darüber hinaus wirtschaftspolitische Bedeutung. Im Gleichgewicht sind die Wirtschaftspläne von Wirtschaftssubjekten miteinander vereinbar, und da es in jedem Wirtschaftssystem Verfahren zur Koordination von Wirtschaftsplänen geben muß,[26] können Gleichgewichtsanalysen als Ausgangspunkt zur Untersuchung solcher Verfahren dienen. Eng mit dem Problem der Koordinierung der Wirtschaftspläne ist die Frage nach der Funktionsweise von Wirtschaftssystemen verknüpft. Es herrscht heute Einigkeit darüber, daß in einer Volkswirtschaft gewisse Anforderungen in Gestalt gesamtwirtschaftlicher Ziele erfüllt sein müssen, wenn man das betreffende Wirtschaftssystem als befriedigend beurteilen soll. Verlangt werden Vollbeschäftigung der Erwerbspersonen, stetiges Wirtschaftswachstum bei Preisstabilität, eine nicht allzu ungleiche Einkommens- und Vermögensverteilung, Genehmigungsfreiheit für außenwirtschaftliche Transaktionen und anderes mehr.[27] Sind diese Ziele gleichzeitig in einem Zeitraum erfüllt, so kann man sagen, die Volkswirtschaft befinde sich im *wirtschaftspolitischen Optimum*. Es kann als sicher gelten, daß die in einer Volkswirtschaft realisierten ordnungspolitischen Entscheidungen einen wesentlichen Anteil daran haben, ob und inwieweit es gelingt, die angestrebten wirtschaftspolitischen Ziele zu erreichen.[28] Ein großer Teil

---

[26] Vgl. VRW[3], S. 19f.

[27] Vgl. VRW[3], S. 25f. mit dem Hinweis auf die im Stabilitätsgesetz der Bundesrepublik genannten Ziele.

[28] Vgl. VRW[3], S. 24f. zum Begriff der Ordnungspolitik.

der ständigen Diskussion um das Privateigentum an Produktionsmitteln, die Tarifautonomie, die Mitbestimmung von Arbeitnehmern bei betrieblichen und unternehmerischen Entscheidungen, die zentrale Wirtschaftsplanung und die Aufrechterhaltung des Wettbewerbs kreist um die Frage, welches Wirtschaftssystem solche Anforderungen am besten erfüllt. Eine wichtige Frage ist in diesem Zusammenhang, ob, inwieweit und auf welche Weise das heutige marktwirtschaftlich-kapitalistische System in den hochindustrialisierten Ländern von sich aus, also ohne wirtschaftspolitische Eingriffe, dazu tendiert, den genannten Anforderungen zu entsprechen. Soweit nachgewiesen werden kann, daß eine Tendenz zum gesamtwirtschaftlichen Makrogleichgewicht bei Erfüllung dieser Anforderungen besteht und daß sie sich darüber hinaus mit genügender Schnelligkeit durchsetzt, kann auf eine wirtschaftspolitische Steuerung des Wirtschaftsablaufs verzichtet werden. Ein Wirtschaftssystem, das diese Anforderungen von sich aus erfüllt, ist anderen Systemen ohne diese Tendenz überlegen, was mit zwei Argumenten belegt werden kann. Erstens beeinträchtigt prinzipiell jede wirtschaftspolitische Maßnahme zumindest kurzfristig die Interessen mindestens einer Gruppe[29] und muß daher politisch gegen den Widerstand dieser Gruppe durchgesetzt werden. Zweitens besteht bei jeder wirtschaftspolitischen Maßnahme die Gefahr, daß sie angesichts ungenügender Kenntnisse über gesamtwirtschaftliche Wirkungszusammenhänge zum falschen Zeitpunkt oder mit falscher Dosierung getroffen wird, oder daß sie unerwünschte Nebenwirkungen nach sich zieht. Ein Wirtschaftssystem ohne die Notwendigkeit von Eingriffen würde also mit weniger innenpolitischen Konflikten und geringeren Verlusten infolge Fehlsteuerungen auskommen. Gleichgewichtsanalysen tragen zur Beantwortung der Frage nach der Notwendigkeit wirtschaftspolitischer Eingriffe bei. Dabei ist wie folgt vorzugehen. Zunächst sind im Rahmen statischer Analysen die Bedingungen zu ermitteln, unter denen Gleichgewichte bei Erfüllung der gesamtwirtschaftlichen Ziele möglich sind. Sodann sind Hypothesen über das Verhalten der Wirtschaftssubjekte bei Ungleichgewichtssituationen einzuführen, und es ist im Rahmen dynamischer Analysen zu zeigen, ob bei Abweichungen von einem Gleichgewicht Reaktionen einsetzen, die dazu tendieren, das System zum Gleichgewicht zurückzuführen. Ansätze zu einer derartigen Argumentation wurden bisher an zwei Stellen vorgeführt (vgl. S. 32f. und S. 77f.). Die wirtschaftspolitische Bedeutung solcher Analysen liegt auf der Hand: Vor jedem wirtschaftspolitischen Eingriff muß man Vorstellungen darüber haben, wie der Wirtschaftsprozeß ohne Eingriffe ablaufen würde. Erst dann kann entschieden werden, in welcher Weise einzugreifen ist.

Unter den gesamtwirtschaftlichen Zielen wird das der Vollbeschäftigung der Erwerbspersonen heute überwiegend als das wichtigste angesehen.[30] Dies ist vor allem eine Folge der Erfahrungen der Weltwirtschaftskrise von 1929−1932. Aber auch im 19. Jahrhundert war das Beschäftigungsproblem in den sich industrialisierenden Ländern das vordringlichste soziale Problem, da staatliche Vorkehrungen zur sozialen Sicherung erst gegen Ende des Jahrhunderts nach und nach eingeführt wurden. Das Problem spielt daher auch eine wesentliche Rolle in drei grundlegen-

---

[29] Dies wird unten S. 381ff. näher ausgeführt.

[30] Vgl. VRW[3], S. 25f. für Hinweise auf die internationale Bedeutung dieses Ziels.

den Typen gesamtwirtschaftlicher Modelle, in denen versucht wurde, die Funktionsweise des marktwirtschaftlich-kapitalistischen Systems in empirisch relevanter Weise zu erklären. Schöpfer dieser Modelle waren nationalökonomische Klassiker, MARX und KEYNES. Diese Modelle werden im folgenden in ihren Grundzügen vorgeführt, wobei das Problem der Vollbeschäftigung ("der Erwerbspersonen" wird im folgenden weggelassen) im Vordergrund steht. Die Fragestellung lautet:

(a) Angenommen, in einer Volkswirtschaft herrsche gesamtwirtschaftliches Gleichgewicht bei Vollbeschäftigung. Unter welchen Bedingungen gibt es, wenn das Gleichgewicht durch irgendeinen Vorgang gestört wird und Unterbeschäftigung eintritt, eine Tendenz zur Wiederherstellung der Vollbeschäftigung?

(b) Liegen die nach (a) ermittelten Bedingungen in den heutigen entwickelten Industrieländern mit marktwirtschaftlich-kapitalistischem System vor?

Ausgangspunkt für die Behandlung des Beschäftigungsproblems ist ein Zusammenhang zwischen dem realen Sozialprodukt Y^r einerseits und dem Einsatz von Arbeitsleistungen A und der Nutzung dauerhafter Produktionsmittel K anderseits, über den gewöhnlich die allgemeine Hypothese

$$Y^r = f(A, K), \text{ worin } \frac{\partial Y^r}{\partial A} > 0, \frac{\partial Y^r}{\partial K} > 0 \qquad (2.40)$$

aufgestellt wird. Diese *Produktionsfunktion* besagt, daß das reale Sozialprodukt steigt, wenn der Einsatz einer Produktivleistung bei konstantem Einsatz der jeweils anderen zunimmt. Die wirtschaftspolitische Bedeutung dieser Hypothese ist klar: Sind nicht alle Erwerbspersonen beschäftigt, herrscht also *Unterbeschäftigung* (oder *Arbeitslosigkeit*), so kann diese gemildert oder beseitigt werden, wenn für eine Zunahme des realen Sozialprodukts gesorgt wird. Dies kann dadurch geschehen, daß öffentliche Haushalte mehr Güter nachfragen oder andere Wirtschaftssubjekte zur Erhöhung ihrer Nachfrage veranlassen. Unterbeschäftigung in einzelnen oder allen Wirtschaftszweigen einer Volkswirtschaft kann daher mit einem *Nachfragedefizit* gleichgesetzt und durch Beseitigung dieses Defizits bekämpft werden.

2. Die Tendenz zur Vollbeschäftigung im klassischen Modell.

Der im folgenden beschriebene Komplex von Verhaltensweisen und institutionellen Bedingungen gibt in wesentlichen Zügen die Ansichten wieder, die sich die nationalökonomischen Klassiker vom Funktionieren eines marktwirtschaftlich-kapitalistischen Wirtschaftssystems gebildet hatten. Allerdings hat keiner dieser Nationalökonomen ein so ausgearbeitetes Modell entwickelt, wie es hier in seinen Grundzügen dargestellt ist. Es handelt sich hier eher um den Versuch einer Zusammenfassung dieser Ansichten einschließlich einiger Weiterentwicklungen zu einem widerspruchsfreien Modell, wie es heute weitgehend akzeptiert und in vielen Lehrbüchern dargestellt ist.

Damit wird nicht nur ein Ausflug in die Geschichte volkswirtschaftlicher Theorien unternommen. Auch wenn sich inzwischen viele Verhaltensweisen und institutionelle Einzelheiten gewandelt haben, werden wichtige Hypothesen dieses Modells noch heute verwendet. Außerdem bildete dieses Modell die Grundlage der herrschenden Meinung bei Nationalökonomen und Wirtschaftspolitikern bis in die vierziger Jahre dieses Jahrhunderts und bildet sie teilweise auch noch heute. Da das Modell damit auch die theoretische Basis der Wirtschaftspolitik in der Zeit zwischen den beiden Weltkriegen abgab, können viele damalige wirtschaftspolitische Entscheidungen, die zum Teil katastrophale Folgen hatten und aus denen man noch heute Lehren ziehen muß, nicht ohne seine Kenntnis verstanden werden. Schließlich sind sowohl das KEYNESsche Modell, dessen Weiterentwicklung einen großen Teil der heutigen Nationalökonomie ausmacht, als auch das MARXsche Modell, auf dem die heutige Kapitalismuskritik basiert, als Modifikationen des klassischen Modells in wesentlichen Punkten entstanden. Beide können unter diesem Aspekt besser verstanden werden.

Die klassische Analyse kann mit einer Betrachtung des Angebots an Konsum- und Investitionsgütern begonnen werden. Der typische Unternehmer kauft Produktionsgüter, darunter Arbeitsleistungen, stellt Güter her und verkauft sie. Er steht auf allen Märkten in Konkurrenz, so auf den Märkten für Produktionsgüter mit anderen Nachfragern nach diesen Gütern und auf den Absatzmärkten mit anderen Anbietern von Fertigerzeugnissen. Sein Marktanteil ist unbedeutend, so daß er keinen Spielraum für eine eigene Preispolitik hat, sondern die herrschenden Marktpreise akzeptieren muß. Er produziert gemäß einer Produktionsfunktion, für die das *Gesetz vom fallenden Ertragszuwachs* gilt. Das bedeutet etwa in bezug auf das Produktionsgut Arbeitsleistung: Wird eine Mengeneinheit bei Konstanz des Einsatzes aller anderen Produktivleistungen mehr eingesetzt, so wird die daraus resultierende zusätzliche Ausbringung, das physische *Grenzprodukt* der Arbeitsleistung, um so kleiner, je mehr Arbeitsleistung bereits eingesetzt ist, je mehr also produziert wird. Dies gilt auch für eine gesamtwirtschaftliche Produktionsfunktion, wie sie im oberen Teil von Bild 2.15 (S. 88) dargestellt ist. Steigt der Arbeitseinsatz von A_0 auf A_1, so erhöht sich das reale Sozialprodukt von Y_0^r auf Y_1^r. Steigt der Arbeitseinsatz von dem höheren Niveau A_1 aus nochmals um den gleichen Betrag wie eben – es ist $A_2 - A_1 = A_1 - A_0$ – so nimmt Y^r nur noch um den kleineren Betrag $Y_2^r - Y_1^r$ zu. Entsprechend steigt das physische Grenzprodukt, wenn von einer Ausgangssituation aus weniger Arbeitsleistung eingesetzt wird. Dies gilt unter der Voraussetzung, daß keine Änderungen in der Produktionstechnik eintreten. Die Gültigkeit der Analyse wird damit auf die kurze Frist beschränkt, da die Nettoinvestition normalerweise ständig positiv ist, was den volkswirtschaftlichen Produktionsapparat vergrößert und damit den Einsatz der Faktorleistung „Nutzung dauerhafter Produktionsmittel" vermehrt.

Der Unternehmer strebt danach, möglichst hohe Gewinne zu erzielen. Aus dieser Zielsetzung und der genannten Eigenschaft seiner Produktionsfunktion ergibt sich sein Nachfrageverhalten auf den Märkten für Produktionsgüter und damit auch auf dem Arbeitsmarkt: Es lohnt, das heißt es erhöht den Gewinn, solange zusätzlich Arbeiter einzustellen, mehr zu produzieren und die Fertigerzeugnisse zu verkaufen, als die Kosten der jeweils zusätzlich produzierten Mengeneinheit kleiner sind als der Erlös aus dem Verkauf dieser Einheit. Da mit fortschreitendem Mehreinsatz an Arbeitsleistung deren physisches Grenzprodukt und damit wegen des konstanten Verkaufspreises auch der zusätzliche Erlös sinkt, die Kosten des Mehreinsatzes bei konstantem Lohnsatz aber gleichbleiben, muß einmal eine Produktmenge erreicht werden, bei der der Mehrerlös ebenso groß ist wie die Mehrkosten. In dieser Situation erzielt der Unternehmer den höchsten Gewinn. Der Sachverhalt läßt sich an einem Zahlenbeispiel wie folgt zeigen. Angenommen, in einem Produktionsprozeß könnten vier nacheinander zusätzlich eingestellte Arbeiter A, B, C und D jeweils 17, 16, 15 und 14 Stück eines Produkts je Tag zusätzlich herstellen. Dies sind die Grenzprodukte GP der vier Arbeiter. Der Verkaufspreis sei $p = 2\,\mathrm{DM/St\ddot{u}ck}$, der Nominallohnsatz $l^n = 30\,\mathrm{DM/Tag}$. Offenbar lohnt es, den Arbeiter A einzustellen, da der Wert seines Grenzprodukts $p \cdot \mathrm{GP} = 34\,\mathrm{DM/Tag}$ beträgt, während die zusätzlichen Kosten bei Konstanz aller übrigen Einsatzmengen $l^n = 30\,\mathrm{DM/Tag}$ betragen. Auch die Einstellung des Arbeiters B erhöht noch den Gewinn, während beim Einsatz von C die zusätzlichen Kosten ebenso groß sind wie der zusätzliche Erlös. Daraus ergibt sich die Gewinnmaximierungsbedingung für den Unternehmer: Er setzt solange mehr Einheiten an Arbeitsleistung ein, bis der Erlös aus den zusätzlich hergestellten Produktmengen auf den Nominallohnsatz gesunken ist, bis also die Gleichung

$$p \cdot \mathrm{GP} = l^n, \quad \text{oder: Wert des Grenzprodukts} = \text{Nominallohnsatz} \qquad (2.41\,\mathrm{a})$$

gilt. Nennt man den Quotient aus Nominallohnsatz l^n, gemessen in Geldeinheiten je Einheit der Arbeitsleistung, und Güterpreis p, gemessen in Geldeinheiten je Mengeneinheit, *Reallohnsatz* (oder *Reallohn*)[31] l^r, so läßt sich die Bedingung (2.41 a) auch als

$$\mathrm{GP} = \frac{l^n}{p} = l^r, \quad \text{oder: Grenzprodukt} = \text{Reallohnsatz} \qquad (2.41\,\mathrm{b})$$

schreiben. Der Unternehmer wird die dieser Bedingung entsprechende Gütermenge herstellen und anbieten und die entsprechende Menge an Arbeitsleistung nachfragen. Seine Entscheidung über die beiden Mengen beruht also auf Preisvergleichen: Der Lohnsatz muß mit dem Verkaufspreis des Endprodukts verglichen werden. Die Entscheidung wird sich nicht ändern, wenn l^n und p um den gleichen Prozentsatz steigen oder fallen. Dies läßt sich am Zahlenbeispiel zeigen, wenn man etwa annimmt, l^n steige auf $45\,\mathrm{DM/Tag}$ und p auf $3\,\mathrm{DM/St\ddot{u}ck}$. Entsprechende Überlegungen lassen sich für alle anderen Produktivleistungen anstellen. Damit gilt: Die Produktionsentscheidungen der Unternehmer und damit ihre Nachfrage nach Produktionsgütern hängen nur von den *Preisverhältnissen*, nicht von der absoluten Höhe der Preise ab.

Die privaten Haushalte bieten Arbeitsleistungen an und fragen Konsumgüter nach. Jeder Haushalt bietet bei gegebenem Lohnsatz solange mehr Arbeitsleistung an, wie die Konsumgüter, die er für den zusätzlichen Lohn kaufen kann, mehr wert erscheinen als die dafür verlorengehende Freizeit. Da sich diese Gütermenge

---

[31] Bei nur einem Lohnsatz und einem Konsumgut gibt der Reallohn die Menge des Gutes an, die der Arbeiter mit dem Lohn einer Stunde kaufen kann. Bei einem Bruttostundenverdienst beispielsweise männlicher Arbeiter im Straßenfahrzeugbau der Bundesrepublik von 8,55 DM im Jahresdurchschnitt 1972 und einem Preis von 1,59 DM je kg helles Mischbrot im gleichen Jahr erhält man den Reallohn aus der Division von 8,55 DM/Stunde durch 1,59 DM/kg zu $l^r = 5{,}38$ kg Brot je Arbeitsstunde. (Zahlenangaben aus: Stat. Jb. BRD 1973, S. 466, 478.) Da es viele Konsumgüter und Lohnsätze gibt, treten bei der Messung des Reallohns Indexprobleme auf. Bei internationalen Reallohnvergleichen wird häufig gefragt, wieviel Arbeitsstunden für die jeweiligen Mengeneinheiten ausgewählter Güter erforderlich sind. Das bedeutet, den reziproken Wert von l^r zu bilden.

nicht ändert, wenn Lohnsätze und Konsumgüterpreise in gleicher Richtung und in gleichem Verhältnis variieren, hängt auch das Angebot an Arbeit von den relativen Preisen und nicht von ihrer absoluten Höhe ab. Erklärungsvariable in einer *Arbeitsangebotsfunktion* ist also ebenfalls der Reallohnsatz. Der Sachverhalt ist in Bild 2.15 graphisch dargestellt:

Bild 2.15 — *Produktionsfunktion und Arbeitsmarkt unter klassischen Annahmen*

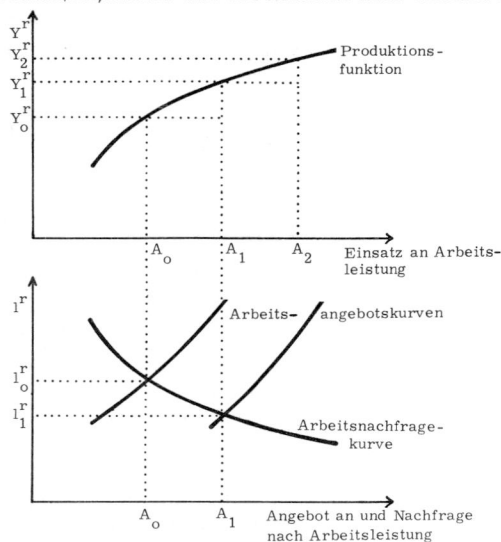

Der obere Teil zeigt die technischen Produktionsverhältnisse. Sie sind im Text für einen einzelwirtschaftlichen Produktionsprozeß hergeleitet, werden aber auch als für eine Volkswirtschaft gültig unterstellt. Jedem Arbeitseinsatz entspricht ein bestimmtes reales Sozialprodukt, wobei das Grenzprodukt $\Delta Y^r/\Delta A$ mit wachsendem A kleiner wird. Der untere Teil zeigt Angebot an und Nachfrage nach Arbeitsleistungen. Die Arbeitsnachfragekurve ist direkt aus der Produktionsfunktion abgeleitet. Da die Steigung der Produktionsfunktion in jedem Punkt gleich dem Grenzprodukt der Arbeit bei einer—streng genommen infinitesimalen— Erhöhung des Arbeitseinsatzes ist und die Unternehmer gemäß Gleichung (2.41 b) soviel Arbeit nachfragen, bis der Reallohn gleich dem Grenzprodukt ist, gibt die Arbeitsnachfragekurve in jedem Punkt die Steigung der Produktionsfunktion an, ist also mathematisch ihre erste Ableitung. Steigt der Reallohn, etwa indem der Nominallohnsatz l^n bei Konstanz des Produktpreises p zunimmt, so steigen die Herstellungskosten des Grenzprodukts der zuletzt eingesetzten Einheit an Arbeitsleistung, während der Erlös aus dem Verkauf dieses Grenzprodukts konstant bleibt. Die Unternehmer reagieren darauf, indem sie solange weniger Arbeit nachfragen, bis der Erlös aus dem bei abnehmendem Arbeitseinsatz steigenden Grenzprodukt gleich dem gestiegenen Nominallohnsatz ist. Die Arbeitsnachfragekurve hat also den in Bild 2.15 gezeigten Verlauf: Mit steigendem Reallohn geht die Nachfrage zurück. In bezug auf das Arbeitsangebot wird in dem hier relevanten Bereich angenommen, daß es mit steigendem Reallohn zunimmt. Verläuft das Arbeitsangebot gemäß der links eingezeichneten Kurve, so herrscht bei dem Reallohnsatz l'_0 *Vollbeschäftigungsgleichgewicht* auf dem Arbeitsmarkt in dem Sinne, daß jedermann, der bei diesem Reallohnsatz arbeiten möchte, auch beschäftigt ist.[32] Wer als Arbeitsuchender einen höheren Nominallohnsatz verlangt, als es dem Reallohn l'_0 entspricht, gilt als freiwillig arbeitslos, da er einen höheren Lohn als den Wert seines Grenzprodukts haben will. Mit Hilfe des sich aus dem Angebot an und der Nachfrage nach Arbeit ergebenden Arbeitseinsatzes wird das Sozialprodukt Y'_0 hergestellt. Dies ist das *reale Sozialprodukt bei Vollbeschäftigung* (oder *Vollbeschäftigungseinkommen*).

Was geschieht, wenn das Arbeitsangebot zunimmt? Beschließt etwa eine Anzahl bisher Nichterwerbstätiger zu arbeiten oder wandern Arbeiter aus dem Ausland zu, so bedeutet dies in Bild 2.15 eine Verschiebung der Angebotskurve für Arbeit in die rechts eingezeichnete Lage: Bei jedem Reallohnsatz wird jetzt mehr Arbeitsleistung angeboten als vorher. Unter der Voraussetzung, daß auf dem Arbeitsmarkt Konkurrenz herrscht und die Nominallohnsätze nach beiden Richtungen beweglich sind, werden die zusätzlichen Anbieter von Arbeitsleistungen bereit sein, auch zu niedrigeren Lohnsätzen zu arbeiten, also die herrschenden Sätze zu unterbieten. Da unterschiedliche Lohnsätze bei Konkurrenz nicht bestehen können, bedeutet dies eine Senkung aller Lohnsätze, auch in den bestehenden Arbeitsverträgen. Bei dem niedrigeren Reallohn aber finden die Unternehmer, daß es lohnt, mehr Arbeiter einzustellen und mehr zu produzieren. Eine als Folge des Mehrangebots an Arbeit auftretende Arbeitslosigkeit ist also nur vorübergehend, sie wird durch das Sinken des Reallohns, in Bild 2.15 auf l'_1, beseitigt. Aus den bisherigen Überlegungen folgt auch, daß eine Änderung der absoluten Güterpreise Angebot und Nachfrage auf dem Arbeitsmarkt, abgesehen von einer Übergangsperiode, ungeändert läßt. Steigen etwa die Preise bei ungeändertem Nominallohnsatz, so lohnt es für die Unternehmer, mehr Arbeitsleistungen nachzufragen. Diese Mehrnachfrage trifft jedoch auf ein infolge des gesunkenen Reallohns geringeres Arbeitsangebot. Die Konkurrenz der Unternehmer um Arbeitsleistungen steigert den Nominallohnsatz solange, bis der Reallohn seine alte Höhe wieder erreicht hat. Mithin ist auch das reale Vollbeschäftigungseinkommen von den absoluten Preisen unabhängig.

Die Analyse wird mit der Einführung von Hypothesen über die absolute Höhe der Preise und die Aufteilung des Sozialprodukts auf Konsum und Investition vervollständigt. Die Klassiker gingen davon aus, daß die in der Volkswirtschaft vorhandene Geldmenge M ausschließlich dazu benutzt wird, die mit Transaktionen aller Art einhergehenden Zahlungen abzuwickeln. Ist T die Zahl der Transaktionen während eines Zeitraums, P der je Transaktion im Durchschnitt benötigte Geldbetrag (der „Preis" je Transaktion) und V die Transaktionshäufigkeit des Geldes, so gilt der Zusammenhang

$$M \cdot V = P \cdot T. \qquad (2.42)$$

Diese Gleichung heißt *Quantitätsgleichung* (oder *Verkehrsgleichung*). Wählt man als betrachteten Zeitraum ein Jahr, so wird jede einzelne Geldeinheit im Durch-

---

[32] Vollbeschäftigung als wirtschaftspolitisches Ziel muß anders definiert werden. Vgl. dazu unten, S. 390–392.

schnitt mehrmals zur Abwicklung von Transaktionen eingesetzt. V ist daher in der Regel größer als eins. Entsprechend ist die Geldmenge kleiner als der Gesamtwert $P \cdot T$ aller Transaktionen.[33] Die Gleichung ist immer erfüllt und enthält daher keine Hypothese. Der mit ihr ausgedrückte definitorische Zusammenhang kann dazu benutzt werden, die Transaktionshäufigkeit V zu definieren und, soweit M, P und T meßbar sind, auch zu messen.

In der Quantitätsgleichung sind alle Transaktionen erfaßt, die mit Geld abgewickelt werden, also Käufe von Vorleistungen, Konsum- und Investitionsgütern, Steuer- und andere Transferzahlungen sowie Transaktionen zur Umverteilung vorhandener Vermögensobjekte wie Grundstücke und Wertpapiere. Sie ist daher nicht geeignet, einen Zusammenhang zwischen der Geldmenge M und den Preisen für Endnachfragegüter allein herzustellen. Dieser Zusammenhang läßt sich zeigen, wenn man nur die Zahlungen betrachtet, die im Wirtschaftskreislauf mit der Erzeugung und Verteilung des Sozialprodukts einhergehen. Es sind dies die Zahlungen von Faktoreinkommen und die mit Zahlungen einhergehenden Käufe bei der Ausübung der volkswirtschaftlichen Endnachfrage. Nimmt man als Indikator für den Gesamtwert dieser Transaktionen das nominale Sozialprodukt $Y = pY^r$ an, worin p als Preis für die Einheit des realen Sozialprodukts aufzufassen ist, so erhält man ähnlich wie Gleichung (2.23) S. 60:

$$M \cdot V^e = pY^r, \tag{2.43}$$

worin V^e wieder die Transaktionshäufigkeit des Geldes im Einkommenskreislauf ist. Wird nun die Geldmenge M geändert, so muß sich mindestens eine der drei anderen Größen in Gleichung (2.43) entsprechend ändern. Wird eine Hypothese über die Art dieser Änderung aufgestellt, so wird die Quantitätsgleichung zur *Quantitätstheorie*. Die Hypothese der Klassiker lautete: Die Transaktionshäufigkeit des Geldes hängt von der Länge der Einkommenszahlungsperioden, den Zahlungsgewohnheiten bei Gütertransaktionen und institutionellen Gegebenheiten wie der Ausgestaltung des Bankensystems ab, die sich alle kurzfristig wenig ändern. Die Größe V^e kann also als Verhaltensparameter und damit zumindest kurzfristig als konstant angesehen werden. Ist M gegeben, so ist auch das (mathematische) Produkt $M \cdot V^e$ konstant, und in Gleichung (2.43) besteht ein gegenläufiger Zusammenhang zwischen p und Y^r. Er ist im Koordinatensystem III von Bild 2.16 eingezeichnet, dessen Systeme I und II Bild 2.15 reproduzieren (S. 91). Bild 2.16 ist wie folgt zu lesen. Ergibt sich auf dem Arbeitsmarkt im Koordinatensystem I der Gleichgewichts-Reallohn l_0^r, so wird die Arbeitsmenge A_0 angeboten und nachgefragt und mit ihrem Einsatz gemäß System II das reale Sozialprodukt Y_0^r erzeugt. In System III ist das Bild der Gleichung (2.43) eingetragen, wobei das (mathematische) Produkt aus gegebener Geldmenge M_0 und konstanter Transaktionshäufigkeit im Einkommenskreislauf V^e ebenfalls konstant ist. Damit entspricht dem Betrag Y_0^r die Höhe p_0 des Preises für die Einheit des realen Sozialprodukts (im folgenden Preisniveau genannt). System IV zeigt die Bestimmung

---

[33] Allein die Umsätze an Vorleistungen, der letzte Verbrauch der privaten und öffentlichen Haushalte und die Anlageinvestition hatten 1972 in der Bundesrepublik zusammen einen Wert von 1962 Mrd. DM, während die Geldmenge zu Beginn dieses Jahres 121,5 Mrd. DM betrug.

des Nominallohnsatzes l^n. Die gestrichelte Hilfslinie hat die Steigung l^n/p, gibt also damit den Reallohnsatz l^r_0 an, der aus System I übernommen ist. Ist das Preisniveau gleich p_0, so impliziert der Reallohn l^r_0 den Nominallohn l^n_0.

Bild 2.16 — *Die quantitätstheoretische Bestimmung von Preisniveau und Nominallohnsatz unter klassischen Annahmen*

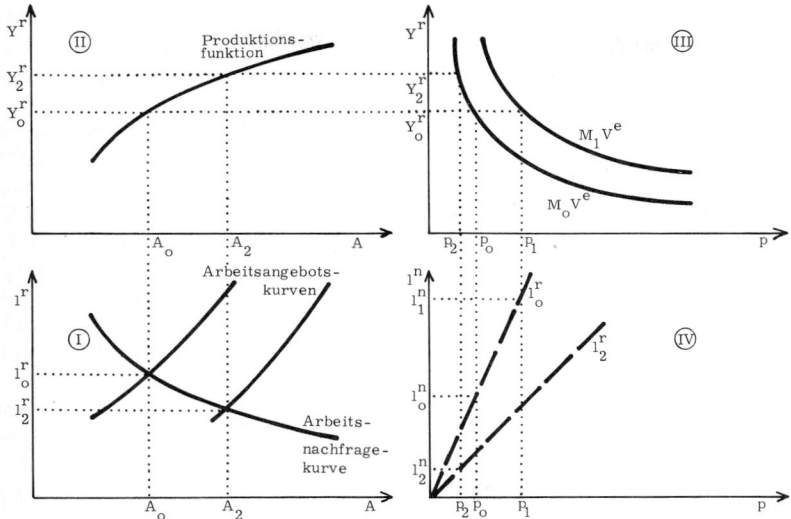

Bild 2.16 kann dazu benutzt werden, mit Hilfe komparativ-statischer Analysen und zusätzlicher Hypothesen über Reaktionen der Wirtschaftssubjekte im Ungleichgewicht festzustellen, welche Wirkungen Änderungen von exogenen Variablen und Verhaltensweisen auf die endogenen Variablen haben. Steigt beispielsweise die Geldmenge auf M_1, so verschiebt sich die MV^e-Kurve im System III nach rechts in die Lage M_1V^e. Da Y^r festliegt, weil alle Produktionsfaktoren voll beschäftigt sind und das reale Sozialprodukt daher kurzfristig nicht erhöht werden kann, muß das Preisniveau steigen. Die zu diesem Schluß führenden Verhaltensweisen lassen sich wie folgt beschreiben. Generell gilt, daß Wirtschaftssubjekte, die aus einer Gleichgewichtssituation heraus in den Besitz zusätzlichen Geldes geraten, dies zu Güterkäufen benutzen und bei konstanten Angebotsmengen dadurch die Preise in die Höhe treiben. Andere Motive zur Geldhaltung außer dem Transaktionsmotiv wurden im klassischen Modell nicht berücksichtigt. Steigt die Geldmenge im Zuge einer Erhöhung der Bankkredite an Unternehmer, so bedeutet dies beispielsweise Mehrnachfrage nach Investitionsgütern. Da Vollbeschäftigung herrscht, kann die Produktion kurzfristig nicht ausgedehnt werden, die Preise müssen steigen. Steigt in einem anderen Fall die Geldmenge dadurch, daß eine geldschöpfende Stelle, etwa die Zentralbank, Wertpapiere vom Publikum erwirbt, so kann sie das nur tun, indem sie einen höheren Kurs bietet und damit den Zins senkt (vgl. S. 75). Ein niedrigerer Zins aber induziert zusätzliche Investitionen (vgl. die Hypothese S. 58) mit den eben geschilderten Folgen. Sobald sich höhere Preise auf den Gütermärkten durchgesetzt haben, hat sich

ihre Relation zu den Nominallohnsätzen geändert. Der Versuch, der Unternehmer, daraufhin mehr zu produzieren, muß die Nachfrage nach Arbeit und angesichts deren Vollbeschäftigung die Nominallohnsätze solange steigern, bis sich das frühere Lohnsatz-Preis-Verhältnis bei absolut höheren Löhnen und Preisen wieder eingestellt hat. Dies ist in System IV dargestellt: Dem Preisniveau p_1 entspricht der Nominallohn l_1^n bei ungeändertem Reallohn l_0^r.

Der bereits erwähnte Fall einer Zunahme des Arbeitsangebots ist ebenfalls in Bild 2.16 eingezeichnet. Mit der Arbeitsmenge A_2 wird das größere Sozialprodukt Y_2^r hergestellt. Bei ungeänderter Produktionstechnik können die zusätzlichen Arbeiter aber nur bei niedrigerem Reallohn l_2^r beschäftigt werden. Ist die Geldmenge gleich M_0, so kann die vergrößerte Gütermenge nur bei dem niedrigeren Preisniveau p_2 abgesetzt werden. System IV zeigt, in welcher Weise der Reallohn sinkt: Die Hilfslinie verläuft flacher, und während das Preisniveau von p_0 auf p_2 zurückgeht, fällt der Nominallohn stärker von l_0^n auf l_2^n.

Weitere Änderungen sind in Bild 2.16 nicht eingezeichnet, um die Darstellung nicht zu überladen, lassen sich aber leicht vorstellen. Erhöht sich infolge technischen Fortschritts das Grenzprodukt der Arbeit bei jedem Arbeitseinsatz, so verschiebt sich die Produktionsfunktion nach oben und wird in jedem Punkt steiler, so daß sich auch die Arbeitsnachfragekurve in System I nach oben verschiebt. Bei ungeändertem Arbeitsangebot steigen der Reallohn und die Beschäftigung. Die erhöhte Produktmenge kann bei ungeändertem MV^e nur bei einem niedrigeren Preis abgesetzt werden, und die Hilfslinie in System IV dreht sich nach links, so daß sich der steigende Reallohn aus fallendem Preis und steigendem Nominallohn ergibt. Technischer Fortschritt ist jedoch eine längerfristige Entwicklung, bei der auch ein mögliches Bevölkerungswachstum berücksichtigt werden muß. Aus der Analyse folgt, daß die mit dem Bevölkerungswachstum einhergehende Zunahme des Arbeitsangebots den Reallohn nur dann nicht senkt, wenn sie durch den Einfluß des technischen Fortschritts auf das Grenzprodukt der Arbeit kompensiert oder überkompensiert wird. Es folgt ferner, daß ein wachsendes Sozialprodukt nur dann nicht mit fallenden Preisen einhergeht, wenn die Geldmenge entsprechend erhöht wird.

Schließlich ist die Frage zu klären, was im klassischen Modell geschieht, wenn die Sparneigung steigt, also unabhängig von den erklärenden Variablen der Ersparnis bei jeder ihrer möglichen Konstellationen mehr gespart wird. Das bedeutet zunächst Ausfall an Konsumgüternachfrage. Die zusätzlich ersparten Beträge werden jedoch sofort ertragbringend angelegt, weil keine Veranlassung besteht, über den Bedarf für Transaktionszwecke hinaus Geld zu halten. Geldhaltung zwecks Wertaufbewahrung wird nicht berücksichtigt, da es Verzicht auf Zinseinkommen bedeutet und Erwartungen über die zukünftige Zinsentwicklung in der Analyse nicht beachtet werden. Für die Anlage gibt es zwei Möglichkeiten: Entweder ist der Sparer ein Unternehmer, der die ersparten Beträge im eigenen Unternehmen durch Kauf von Produktionsmitteln direkt investiert, oder der Sparer kauft auf dem Kreditmarkt ertragbringende Titel, wodurch der Zins sinkt und damit an anderer Stelle Investitionen induziert. Vermehrtes Sparen bedeutet also keinen Nachfrageausfall insgesamt, sondern nur eine Verlagerung der Nachfrage von Konsum- auf Investitionsgüter. Es gilt die Hypothese, daß der Zins für den Ausgleich zwischen Angebot an und Nachfrage nach Krediten sorgt:

Bild 2.17 — *Das Gleichgewicht zwischen Investition und Ersparnis auf dem Kreditmarkt*

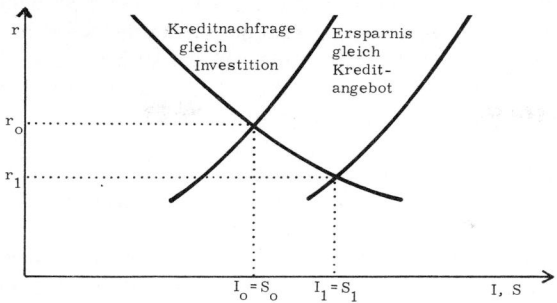

Je niedriger der Zinssatz, um so höher ist danach die geplante Nachfrage nach Krediten zur Finanzierung von Investitionen. Anderseits ist die geplante Ersparnis und damit das Kreditangebot und die Nachfrage nach ertragbringenden Forderungen um so höher, je höher der Zinssatz ist. Im Gleichgewicht ist die beim Zinssatz r_0 geplante kreditfinanzierte Investition I_0 gleich der bei r_0 geplanten Ersparnis S_0, soweit sie zu Angebot auf dem Kreditmarkt wird. Eine Verschiebung der Sparkurve nach rechts führt zu einem niedrigeren Gleichgewichtszinssatz r_1, bei dem die höhere geplante Investition I_1 der höheren geplanten Ersparnis S_1 entspricht.

Die Hypothese, daß das gesamte durch die Güterproduktion geschaffene Einkommen voll zu Güternachfrage wird, und zwar auch dann, wenn ein Teil davon gespart wird, ist als SAYsches Gesetz bekannt.[34] Es besagt in einer bekannten Fassung: „Jede Produktion schafft sich selbst ihren Absatz" und führt zu der Folgerung, daß es keine allgemeine Überproduktion, das heißt kein bei den herrschenden Preisen auf allen Märkten zu großes Güterangebot geben kann. Wer Güter anbietet, fragt mit dem Erlös entweder selbst ohne nennenswerte Verzögerung Güter nach, oder er bietet die infolge Sparens nicht direkt zur Güternachfrage verwendeten Beträge auf dem Kreditmarkt an und ermöglicht es dadurch seinen Kreditnehmern, Güternachfrage auszuüben. Jedem Güterangebot entspricht also praktisch gleichzeitig eine gleich große Nachfrage. Es kann zwar partielle Überproduktion geben, wenn etwa die Nachfrage nach einem bestimmten Gut zurückgeht. Es bilden sich dann unfreiwillige Lagerbestände, der Preis fällt, die Unternehmer schränken die Produktion ein und einige Anbieter scheiden aus, bis das Angebot soweit verringert ist, daß es bei dem gesunkenen Preis wieder voll von den Nachfragern aufgenommen wird. Da die Gesamtnachfrage jedoch gleich dem Gesamtangebot ist, geht der partielle Nachfragerückgang auf einem Markt mit Nachfragezuwächsen auf anderen Märkten einher. Dort steigen die Preise und es wird mehr produziert. Die Nachfrageverschiebung führt also zu einer Änderung der Preisstruktur, die das Problem der partiellen Überproduktion aus der Welt schafft. Entsprechende Vorgänge lösen auch das Problem einer plötzlich

---

[34] JEAN BAPTISTE SAY (1767–1832) führte diese auch als „Theorie der Absatzwege" bekannte Hypothese in seinem Hauptwerk „Traité d'économie politique" (1803) in die Nationalökonomie ein.

auftretenden Mehrnachfrage nach einem Gut. Da auch eine hinreichende Mobilität der Produktionsfaktoren unterstellt wird, zieht die Änderung der Preisstruktur eine Umverteilung der Produktionsfaktoren nach sich. Nebenbei wird hieran deutlich, welch wichtige Aufgabe dem Preissystem im klassischen Modell zugeschrieben wurde. Wichtige Voraussetzung hierfür war, daß alle Preise in beiden Richtungen voll flexibel waren.

3. Wirtschaftspolitische Folgerungen und Kritik. Die zentralen Hypothesen der Klassiker, aus denen sich die Tendenz zur Vollbeschäftigung ergibt, beziehen sich auf
- die Eigenschaften der Produktionsfunktion, für die substituierbare Produktivleistungen und für jede Produktivleistung fallender Ertragszuwachs angenommen wurde;
- das Verhalten und die Zielsetzung der Unternehmer bei ihren Entscheidungen über die Nachfrage nach Produktivleistungen und das Angebot an Fertiggütern: Sie stehen in Konkurrenz miteinander und streben nach Gewinnmaximierung;
- das Verhalten der privaten Haushalte beim Angebot von Arbeitsleistungen: Sie stehen in Konkurrenz miteinander, so daß der Nominallohnsatz frei beweglich ist;
- die Funktion des Geldes, das nur zu Transaktionszwecken gehalten wird und dessen Gesamtbetrag angesichts konstanter Transaktionshäufigkeit die absolute Höhe der Preise bestimmt;
- die Funktion des Zinssatzes, der für ein Gleichgewicht zwischen Angebot an und Nachfrage nach Krediten zur Investitionsfinanzierung und damit für die Aufteilung des Sozialprodukts auf Konsum und Investition sorgt.

Die in Bild 2.15 ausgedrückte Hypothese über den Verlauf der Arbeitsangebotskurven gehört nicht in diese Aufzählung. Man kann daran zweifeln, ob viele Arbeiter unter den Bedingungen des 19. Jahrhunderts die Wahl zwischen der Abgabe von Arbeitsleistungen und dem Genuß von Freizeit hatten und bei sinkendem Reallohn ihr Arbeitsangebot einschränken konnten. Es ist eher anzunehmen, daß sie ihre Arbeitsleistungen unabhängig von der Höhe des Reallohnsatzes anbieten mußten. Damit würden die Arbeitsangebotskurven in Bild 2.15 senkrecht verlaufen, ohne daß sich jedoch an den Schlußfolgerungen etwas ändern würde.

Die Schöpfer des klassischen Modells und ihre Nachfolger zogen aus dem Modell eine Reihe wirtschaftspolitischer Folgerungen. Sie lassen sich in bezug auf das Beschäftigungsproblem wie folgt zusammenfassen:
1. Dem Wirtschaftssystem wohnt eine Tendenz zum Gleichgewicht bei Vollbeschäftigung inne. Dieses ist dadurch gekennzeichnet, daß jeder, der bei den herrschenden Lohnsätzen arbeiten möchte, auch einen Arbeitsplatz findet. Voraussetzung hierfür ist, daß auf allen Märkten einschließlich des Arbeitsmarktes Konkurrenzbedingungen mit frei beweglichen Preisen herrschen. Abweichungen vom Gleichgewicht rufen dann Reaktionen der beteiligten Wirtschaftssubjekte hervor, die innerhalb kurzer Zeit zum Vollbeschäftigungsgleichgewicht zurückführen. Staatliche Maßnahmen zur Beseitigung von Unterbeschäftigung sind daher überflüssig.

2. Sparen bedeutet Nachfrageausfall nach Konsumgütern. Die ersparten Beträge werden jedoch entweder vom Sparer selbst oder über ihre ertragbringende Anlage auf dem Kreditmarkt zu vermehrter Nachfrage nach Investitionsgütern benutzt. Eine Änderung der Sparneigung bewirkt daher lediglich eine andere Aufteilung des Sozialprodukts auf Konsum und Investition. Da mehr Investitionen ein größeres Sozialprodukt in der Zukunft ermöglichen, ist Sparen immer eine soziale Tugend.[35]

3. Investitionen können nur zunehmen, wenn vorher oder gleichzeitig mehr gespart wird, da eine Erhöhung der Investitionsgüterproduktion bei kurzfristig nicht ausdehnbarem realem Sozialprodukt nur durch einen Rückgang der Konsumgüterproduktion ermöglicht wird.

4. Üben die öffentlichen Haushalte Nachfrage aus, die sie durch Kreditaufnahme finanzieren, verringern sie die Möglichkeiten zur Kreditaufnahme durch Unternehmer. Diese Ansicht impliziert die Vorstellung, die Banken seien lediglich Kreditvermittler zwischen Sparern und Investoren.

5. Mehrnachfrage des Staates, die durch zusätzliche Steuern finanziert wird, bedeutet lediglich eine Umverteilung einer konstanten Gesamtnachfrage. Würde man die Steuern in den Händen der Steuerzahler belassen, würden diese eine ebenso große Nachfrage ausüben wie der Staat.

6. Das Preisniveau wird durch die Geldmenge bestimmt. Wird diese erhöht, so steigen die Preise, und umgekehrt. Der Beschäftigungsgrad wird durch Änderungen der Geldmenge jedoch nicht beeinflußt: Weder läßt sich eine (vorübergehende) Unterbeschäftigung durch eine Erhöhung der Geldmenge beseitigen, noch kann sie durch eine Geldverknappung hervorgerufen werden.

Eine Kritik am Modell der Klassiker und damit an ihren wirtschaftspolitischen Folgerungen kann auf zwei Ebenen unternommen werden: Es kann untersucht werden
— inwieweit Hypothesen der Klassiker für ihr eigenes damaliges Wirtschaftssystem nicht zutrafen;
— inwieweit Hypothesen der Klassiker infolge von Änderungen in den Verhaltensweisen und Institutionen im Zeitablauf ungültig geworden sind.

Beide Aspekte der Kritik werden im folgenden dadurch behandelt, daß die beiden anderen oben genannten Modelle, das von Marx und das von Keynes, hier vorgeführt werden. Beide sind explizit als Kritik am Modell der Klassiker entwickelt worden (vgl. den Untertitel des Hauptwerks von Marx). Marx ging dabei in seinem Modell von den Verhältnissen in den am weitesten industrialisierten Ländern um die Mitte des 19. Jahrhunderts aus, wobei ihm England als Vorbild diente; Keynes von den Verhältnissen in diesen Ländern um etwa 1930.

4. Die Tendenz zur Unterbeschäftigung im Marxschen Modell. Die Lehren der Klassiker blieben schon während ihrer Entstehung und Ausarbeitung nicht unbestritten. Mit den Änderungen der Wirtschaftsstruktur im Verlauf der Industrialisierung der westeuropäischen Länder und der Vereinigten Staaten („Indu-

---

[35] Im Sparkassengesetz für Baden-Württemberg vom 4. Juli 1967 heißt es in bezug auf die Aufgaben der Sparkassen in § 5: „Sie pflegen den Sparsinn der Bevölkerung, insbesondere durch Erziehung der Jugend zum Sparen."

strielle Revolution") traten wiederholt wirtschaftliche Krisen auf, die unterschiedliche Erscheinungsformen zeigten und auf unterschiedliche Ursachen zurückgingen. Dabei zeigte sich auch Arbeitslosigkeit von nennenswertem Ausmaß und nicht geringer Dauer, die mit der klassischen Annahme einer Tendenz zur Wiederherstellung der Vollbeschäftigung innerhalb kurzer Frist nicht zu vereinbaren war. Wiederholt wurde daher schon damals vorgeschlagen, die Vollbeschäftigung durch vermehrte Nachfrage des Staates wiederherzustellen.[36] Der bekannteste Vertreter der Ansicht, daß Unterbeschäftigung und nicht Vollbeschäftigung der Arbeiter die Regel sei, war damals MALTHUS.[37]

Die Kritik am klassischen Modell blieb jedoch vereinzelt und konnte sich lange Zeit nicht durchsetzen. Eine Gegenposition auf der Grundlage anderer Voraussetzungen und mit entsprechend anderen Folgerungen, die bis heute erheblichen Einfluß hat, wurde erst von MARX[38] aufgebaut. Die Grundlagen seines Modells sind nachstehend kurz dargestellt, soweit sie für das Beschäftigungsproblem wichtig sind. Dabei werden die dem Modell zugrundeliegenden Sachverhalte so geschildert, wie sie sich MARX in England um die Mitte des 19. Jahrhunderts darstellten und von denen er in seiner Analyse ausdrücklich ausging.[39] Es ist für die von MARX und seinen Nachfolgern verwendete Methode charakteristisch, daß ökonomische und gesellschaftliche Analysen mit Hilfe eines feststehenden Wortschatzes vorgenommen werden, dessen zentrale Begriffe bewußt positiv oder negativ werthaltig sind. Mit solchen Analysen werden daher auch immer eindeutige Bewertungen von Sachverhalten und Handlungsanweisungen mitgeliefert. Die wichtigsten MARXschen Begriffe werden im folgenden bei ihrer ersten Erwähnung in Anführungszeichen gesetzt. Das Modell wird jedoch wie im vorigen Abschnitt das klassische im wesentlichen in der heutigen Fachsprache vorgeführt, um bessere Vergleichsmöglichkeiten zu bieten. Wer an dem in den Bezeichnungen steckenden Wertgehalt des MARXschen Modells festhalten möchte, wird hierin vermutlich eine Verfälschung des Modells erblicken.[40] Dies wird in Kauf genommen, da es offenbar möglich sein muß, die von MARX beschriebenen und kritisierten Sachverhalte auch mit anderen als den von ihm benutzten Wörtern zu beschreiben und zu kritisieren. Dies folgt aus der hier vertretenen Wissenschaftsauffassung, gemäß der für keine Fachsprache, für kein Modell und für kein Werturteilssystem ein Ausschließlichkeitsanspruch geltend gemacht werden kann und eine Beeinflussung von Adressaten per Wortwahl abgelehnt wird (vgl. S. 15). Im übrigen kommt es bei der Darstellung älterer und neuerer Modelle wie

---

[36] Vgl. CORRY [2.35].

[37] THOMAS ROBERT MALTHUS (1766–1834), englischer Pfarrer und später Professor für Geschichte und Politische Ökonomie, wurde zuerst durch seinen „Essay on the Principle of Population" (1798) bekannt. In dieser Bevölkerungstheorie stellte er die These auf, daß die Bevölkerung die Tendenz habe, sich schneller zu vermehren als die Nahrungsmittelproduktion. Er machte damit in krassem Gegensatz zu den herrschenden Überzeugungen seiner Zeitgenossen auf die Gefahren eines ungehemmten Bevölkerungswachstums aufmerksam. Zu seiner Beschäftigungstheorie vgl. MALTHUS [2.36].

[38] KARL MARX (1818–1883), deutscher Journalist und Privatgelehrter.

[39] Vgl. MARX [2.37], 1. Bd (= MEW, Bd 23), Vorwort S. 12.

[40] Als Beispiel mag die Bezeichung „Ware" dienen: Die für den Kenner der Schriften von MARX und seiner Nachfolger mit dieser Bezeichnung verbundenen Assoziationen werden durch das Wort „Sachgut" nicht wiedergegeben.

des KEYNESschen nicht auf die Ansichten eines Menschen an. Diese enthalten prinzipiell immer Unklarheiten, Widersprüche und Fehler und sind notwendig zeitbedingt. Stattdessen wird hier versucht, diese Modelle so darzustellen, wie sie beim heutigen Stand der Erkenntnis im Hinblick auf das zu untersuchende Problem zu interpretieren sind.

Das MARXsche Modell geht von einer sozial wichtigen Einteilung der Wirtschaftssubjekte aus, und zwar der in „Arbeiter" und „Kapitalisten". Diese beiden Gruppen (oder „Klassen") unterscheiden sich im wesentlichen in drei Punkten. Erstens haben die an Zahl geringen Kapitalisten privates Eigentum an Produktionsmitteln, die Arbeiter dagegen nicht. Diesen Sachverhalt, von dem auch die Klassiker ausgingen, nennt MARX ein „gesellschaftliches Verhältnis". In heutiger Fachsprache ist dies ein Kennzeichen für ein Wirtschaftssystem.[41] Da Produktionsmittel in Privateigentum, mit denen unter Einsatz unselbständig Beschäftigter produziert wird, im MARXschen Modell „Kapital" heißen, nennt man ein solches Wirtschaftssystem *Kapitalismus*. Zweitens nehmen die Angehörigen der beiden Klassen unterschiedliche Funktionen wahr. Die Kapitalisten organisieren und leiten Produktionsprozesse, in denen Vorleistungen, Nutzungen dauerhafter Produktionsmittel und Arbeitsleistungen zur Erzeugung von Konsum- und Investitionsgütern kombiniert werden. Jeder Kapitalist ist daran interessiert, möglichst niedrige Löhne zu zahlen und möglichst hohe Gewinne zu erzielen. Die Arbeiter stellen den Kapitalisten ihre Arbeitsleistungen zur Verfügung. Sie müssen dies zu den Bedingungen tun, die sich auf dem Arbeitsmarkt aus Angebot an und Nachfrage nach Arbeitsleistungen ergeben, da sie vermögenslos sind und sich im Laufe der fortschreitenden Industrialisierung immer weniger auf andere Quellen für den Lebensunterhalt, etwa Betätigung in der Landwirtschaft, zurückziehen können. Die Arbeiter haben im Produktionsprozeß die Anweisungen der Kapitalisten oder ihrer Beauftragten auszuführen, unterliegen also insoweit der Herrschaft der Kapitalisten. Im Rahmen des Wirtschaftssystems sind sie an hohen Löhnen und niedrigen Konsumgüterpreisen interessiert. Es besteht somit ein Interessengegensatz zwischen Arbeitern und Kapitalisten, auf Grund dessen sich jeweils ein unterschiedliches *Klassenbewußtsein* bildet. Damit wird die Tatsache beschrieben, daß der Platz eines Menschen in der Gesellschaft seine Interessenlage und damit in der Regel seine Ansichten und Werturteile mitbestimmt, vor allem in bezug auf soziale einschließlich wirtschaftlicher Sachverhalte. Ein drittes Unterscheidungsmerkmal ist die unterschiedliche Höhe des Durchschnittseinkommens. Die Löhne der Arbeiter reichen allenfalls aus, das Existenzminimum zu gewährleisten, während die Einkommen der Kapitalisten im Durchschnitt sehr viel höher sind.

Arbeiter und Kapitalisten treten im wirtschaftlichen Kreislauf an zwei Stellen zueinander in Beziehung: Bei der Produktion sämtlicher Güter und beim Absatz der Konsumgüter. Die Produktion geht so vor sich, daß der Kapitalist Geldmittel, die er aus Güterverkäufen in früheren Perioden erworben oder von einer Bank als Kredit erhalten hat, zum Kauf von Vorleistungen und von dauerhaften Produktionsmitteln sowie zur Zahlung von Löhnen verwendet. Die so erworbenen Produktionsgüter setzt er im Produktionsprozeß ein und verkauft die hergestell-

---

[41] Vgl. VRW³, S. 19–24.

ten Erzeugnisse. Diese Tätigkeit läßt sich in einem Produktionskonto oder in einer Gleichung erfassen, nach der der Bruttoproduktionswert w gleich der Summe aus Vorleistungen und Abschreibungen c, den Löhnen v und der Summe aus Gewinn, Besitzeinkommen und (indirekten) Steuern m ist:

$$w = c + v + m. \tag{2.44}$$

In Marxscher Sprache ist w gleich „Wert", c heißt „konstantes Kapital", v ist „variables Kapital" und m ist der „Mehrwert".[42] Diese Begriffe sind wie folgt zu interpretieren. Die zum konstanten Kapital gehörenden Güter werden zu bestimmten Preisen gekauft und gehen mit den gleichen Beträgen als Kosten in die Fertigerzeugnisse ein. Ihr Wert bleibt also „constant". Löhne heißen variables Kapital, weil durch die Arbeitsleistung Wert geschaffen wird, der über die gezahlten Löhne v hinausgeht und sich in m ausdrückt. Insofern ist dieser Teil der eingesetzten Mittel „variabel".[43] Was nach Abzug der Kosten verbleibt, ist der Mehrwert, den sich die Kapitalisten kraft ihres Eigentums an den Produktionsmitteln aneignen. Unter heutigen Bedingungen werden aus diesem Mehrwert zunächst die indirekten Steuern gezahlt, der Rest besteht aus Besitzeinkommen wie Zinsen sowie verteilten und unverteilten Gewinnen und unterliegt wie die Arbeitslöhne noch der direkten Besteuerung.

Eine zentrale Hypothese des Marxschen Modells bezieht sich auf die Erklärung der Güterwerte w. Sie lautet: Die Werte w werden durch die Produktionskosten bestimmt. Wie aus Gleichung (2.44) hervorgeht, gehören einzelwirtschaftlich zu den Produktionskosten die Löhne, die Vorleistungen und die Nutzungsentgelte der dauerhaften Produktionsmittel. Vorleistungen sind jedoch die von anderen Unternehmen hergestellten und im Produktionsprozeß eingesetzten nichtdauerhaften Produktionsgüter, bei deren Produktion ebenfalls Kosten in Gestalt von Vorleistungen, Löhnen und Entgelten für Realkapitalnutzung entstanden sind. Führt man den Gedanken weiter, kommt man zu dem Schluß, daß gesamtwirtschaftlich die Produktionskosten während eines Zeitraums nur aus Löhnen, Entgelten für die Nutzung dauerhafter Produktionsmittel und im Ausland gekauften Vorleistungen bestehen.[44] Betrachtet man eine geschlossene Volkswirtschaft, so fällt der zuletzt genannte Posten weg. Aber auch die im Untersuchungszeitraum eingesetzten dauerhaften Produktionsmittel sind früher mit Hilfe von Arbeitsleistungen, Vorleistungen und Realkapitalnutzung hergestellt worden. Geht man gedanklich immer weiter in die Vergangenheit zurück, läßt sich zeigen, daß auch die Realkosten aller dauerhaften Produktionsmittel letztlich allein aus Arbeitsleistungen bestehen. Der in Privateigentum übergegangene Bestand an dauerhaften Produktionsmitteln, das „Kapital" im Marxschen Sinne, ist also weiter nichts als „geronnene Arbeitsleistung", „vergegenständlichte" oder „vergangene

---

[42] In Konto 3.17, VRW³ S. 106, wären die Posten 1 und 2 auf der linken Seite gleich c, Posten 4.1 wäre gleich v und die Posten 3, 4.2, 4.3 und 4.4 wären gleich m.

[43] Dies ist eine mögliche Sicht. Ebenso ließe sich argumentieren, daß durch den Einsatz von Vorleistungen und dauerhaften Produktionsmitteln Wert über den Betrag von c hinaus geschaffen wird. Da es sich hierbei um eine definitorische Festlegung auf der Basis des Werturteils „Alle Güter werden durch Arbeit geschaffen" handelt, gibt es kein wissenschaftliches Verfahren, sich für eine Betrachtungsweise zu entscheiden.

[44] Vgl. VRW³, S. 8.

Arbeit". Mit dieser Überlegung wird dargetan, daß das Sozialprodukt in jeder Periode letztlich das Ergebnis jetzt und früher eingesetzter menschlicher Arbeitsleistungen ist.

Der Gedankengang kann in unterschiedlicher Weise weitergeführt werden:
- Man kann die Einheit des Arbeitsgehalts aller Güter als Recheneinheit benutzen, um beispielsweise das Sozialprodukt zu berechnen;[45]
- Wenn alle Produktionskosten letztlich Arbeitsleistungen sind, kann man schließen, daß sich die Preisverhältnisse der Güter nach den relativen Arbeitsmengen richten müssen, die im gesamtwirtschaftlichen Durchschnitt zu ihrer Herstellung erforderlich sind (bei MARX ist dies die „gesellschaftlich notwendige Arbeitszeit"). Diese Schlußfolgerung wird auf Beobachtungen aus primitiven Gesellschaften gestützt, in denen Güter bei Produktion ohne Einsatz von Realkapital in den Verhältnissen getauscht werden, in denen Arbeitszeit zu ihrer Herstellung verbraucht wurde.[46] Der von den Klassikern entwickelte und von MARX übernommene Gedanke war, daß dies auch bei Produktion mit Einsatz von Realkapital gelten müsse, da dieses ja eben auch nichts anderes als in früheren Perioden aufgewendete Arbeitsleistung sei. Man nennt diese Theorie die *Arbeitswertlehre*.[47]
- Wenn das Sozialprodukt allein durch menschliche Arbeit entsteht, kann gefordert werden, daß es nur denjenigen zufallen solle, die es durch ihre Arbeit geschaffen haben.

Für das hier zu behandelnde Problem ist eine weitere Folgerung wichtig. Die These, daß sich der Wert eines Gutes nach seinen Produktionskosten richtet, gilt nach MARX auch für das Gut menschliche Arbeitsleistung. Anbieter dieses Gutes sind die Arbeiter. Um einen gleichbleibenden Strom von Arbeitsleistungen abgeben zu können, brauchen sie Konsumgüter wie Nahrungsmittel, Kleidung und Wohnungsnutzung – man nennt diese Güter daher in der älteren Theorie häufig *Lohngüter*. Von diesen lebensnotwendigen Gütern brauchen die Arbeiter soviel, daß sie ihre Arbeitsfähigkeit und ihren Gesundheitszustand aufrechterhalten und ihre Kinder aufziehen können. Wenn die Arbeitswertlehre auch für menschliche Arbeitsleistung gilt, richtet sich also der Lohnsatz nach dem Existenzminimum der Arbeiter.

---

[45] Vgl. VRW[3], S. 284.

[46] Eine Zusammenstellung von Belegen findet sich bei MANDEL [5.80], S. 67ff.

[47] Mit einer Wertlehre sollen die relativen Güterpreise (oder Preisverhältnisse) erklärt werden. Die Arbeitswertlehre gilt als „objektive" Wertlehre, weil sie den Preis eines Gutes durch die im Prinzip eindeutig feststellbaren Produktionskosten zu erklären gestattet. Die Erklärung ist damit von der Person und den Werturteilen des Beobachters unabhängig. Eine konkurrierende Theorie ist die *subjektive Wertlehre*, die etwa seit 1870 entstand. In ihr werden die Preise auf die individuellen, „subjektiven" Wertschätzungen der Nachfrager zurückgeführt. Wie in der Preistheorie gezeigt wird, zieht man heute beide Gesichtspunkte zur Erklärung der Preisbildung heran. Danach bilden sich Preise etwa für Konsumgüter auf Grund von Angebot und Nachfrage, die auf Produktionskosten, Marktsituation und Zielsetzungen der Anbieter einerseits und auf Einkommen und Präferenzen der Nachfrager anderseits zurückgehen. Die generelle Hypothese, daß die relativen Preise der Güter allein durch die zu ihrer Herstellung gesellschaftlich notwendige Arbeitszeit erklärt werden können, wird schon durch die Tatsache widerlegt, daß Preise aus Angebot und Nachfrage entstehen und sich demnach erst auf dem Markt entscheidet, wieviel Arbeitszeit gesellschaftlich notwendig war. Vgl. dazu die Argumentation S. 355f.

Insgesamt müssen die Arbeiter täglich eine bestimmte Zahl von Stunden arbeiten. Die dabei hergestellten Güter gehen in das Privateigentum der Kapitalisten über. Obwohl also der Produktionsprozeß arbeitsteilig im Zusammenwirken vieler Menschen vonstatten geht, wird sein Ergebnis privat angeeignet. Kern der MARxschen Analyse ist die Tatsache, daß die Arbeiter täglich nicht nur solange arbeiten, bis die Konsumgüter für ihren eigenen Bedarf („notwendige Arbeitszeit") sowie die Investitionsgüter hergestellt sind, die das durch die Produktionstätigkeit verschlissene Realkapital ersetzen. Sie arbeiten länger und stellen während dieser Zeit („Surplusarbeitszeit") Güter her, die ihnen weder als Konsumgüter zugute kommen noch Reinvestition sind: Sie produzieren Mehrwert, und daher ist das kapitalistische Wirtschaftssystem durch „Ausbeutung" (oder „Exploitation") der Arbeiter durch die Kapitalisten gekennzeichnet.

Die Kapitalisten verkaufen die in ihr Eigentum übergegangenen Güter auf den Märkten für Konsum- und Investitionsgüter. Sie verwandeln auf diese Weise den zunächst nur potentiell vorhandenen Mehrwert in seine Geldform, den Gewinn (oder: Sie „realisieren" den Mehrwert). Für die Beschäftigungstheorie von MARX ist als erstes zu klären, wer Nachfrage auf den genannten Märkten ausübt. Es sind dies die Arbeiter, die Konsumgüter, und die Kapitalisten, die Konsum- und Investitionsgüter nachfragen. Dabei wird insgesamt in der Regel mehr investiert, als zum Ersatz der durch den Produktionsprozeß verschlissenen Produktionsmittel nötig wäre: Dieses MARxsche Modell ist das Modell einer wachsenden Wirtschaft. In einer Kreislaufdarstellung mit einem gesamtwirtschaftlichen Produktionskonto, einem Einkommenskonto für die Arbeiter und einem zusammengefaßten Einkommens- und Vermögensänderungskonto für die Kapitalisten läßt sich dieser Sachverhalt mit einem Zahlenbeispiel wie folgt wiedergeben:

Konto 2.1: Gesamtwirtschaftliches Produktionskonto

Löhne	$L = 500$	Konsum der Arbeiter	$C_L = 500$
Gewinne	$G = 300$	Konsum der Kapitalisten	$C_G = 50$
		Nettoinvestition	$I = 250$

Konto 2.2: Einkommenskonto der Arbeiter

Konsum	$C_L = 500$	Löhne	$L = 500$

Konto 2.3: Einkommens- und Vermögensänderungskonto der Kapitalisten

Konsum	$C_G = 50$	Gewinne	$G = 300$
Nettoinvestition	$I = 250$		

Das Sozialprodukt dieser Volkswirtschaft beträgt 800 Geldeinheiten (GE). Es möge real gesehen aus 400 Mengeneinheiten (ME) eines homogenen Gutes bestehen, die zum Preis von 2 GE/ME abgesetzt werden. Der Konsum der Arbeiter, die wegen ihres niedrigen Einkommens je Kopf nicht sparen können und daher die gesamte Lohnsumme für Konsumgüter ausgeben müssen, besteht dann real aus 250 ME. Der Konsum der Kapitalisten beträgt 25 ME, und 125 ME werden netto investiert. Die Verteilung des Sozialprodukts kommt durch die von den beiden Gruppen ausgeübte monetäre Nachfrage zustande. Würden etwa allein die Arbeiter Nachfrage in Höhe ihrer Löhne ausüben, so würde sich bei gegebenem realem Sozialprodukt ein Preis von 1,25 GE/ME einstellen, und das Sozialprodukt würde voll an sie fallen. Die Tatsache, daß die Kapitalisten zusätzlich Nachfrage geltend machen, muß bei konstanter Gütermenge den Preis erhöhen, wodurch zweierlei bewirkt wird. Erstens wird ein Teil des realen Sozialprodukts in die Verwendungszwecke Konsum der Kapitalisten und Nettoinvestition umgelenkt, da die Arbeiter mit der ungeänderten Lohnsumme bei gestiegenem Preis nicht mehr das gesamte reale Sozialprodukt kaufen können. Zweitens schaffen die Kapitalisten durch ihre Nachfrage erst ihr Einkommen in Gestalt von Gewinnen. Würden sie etwa insgesamt für 500 GE Konsum- und Investitionsgüter nachfragen, so müßte dies bei Konstanz der Lohnsumme und des realen Sozialprodukts den Preis auf 2,50 GE/ME erhöhen, den realen Konsum der Arbeiter auf 200 ME senken und die Gewinne auf 500 erhöhen.[48] Das Problem der Kapitalisten, den Mehrwert zu realisieren, läuft also auf das Problem der monetären Nachfrage nach Konsum- und Investitionsgütern im Vergleich zum jeweiligen realen Angebot hinaus.

Die hieraus folgende Erkenntnis, daß die Verteilung des Volkseinkommens auf Löhne und Gewinne entscheidend von der Höhe der gesamtwirtschaftlichen Endnachfrage abhängt, ist bis heute grundlegend. Sie gilt modifiziert auch dann, wenn der Realität entsprechend angenommen wird, daß Nachfrageänderungen auch die Höhe des realen Sozialprodukts beeinflussen. Sie ist für die Theorie der Einkommensverteilung und für die Beurteilung der gewerkschaftlichen Lohnpolitik ebenso wichtig wie für die Frage der Umverteilungswirkungen einer Inflation und das Problem des Staatsanteils am Sozialprodukt. Sie liefert aber auch den Schlüssel zum Problem der Beschäftigung im Marxschen Modell. Dazu muß untersucht werden, welches die erklärenden Variablen für die Komponenten der Endnachfrage und damit für die Nachfrage nach Arbeitsleistungen sind, und wie sich der technische Fortschritt auf diese Nachfrage auswirkt.

Die gesamtwirtschaftliche Endnachfrage setzt sich im Marxschen Modell aus der Konsumgüternachfrage der Arbeiter und der Kapitalisten sowie aus der Nachfrage nach Investitionsgütern zusammen; Außenhandel und staatliche Nachfrage werden vernachlässigt. Die Konsumgüternachfrage der Arbeiter ist aus dem genannten Grund ebenso hoch wie die Lohnsumme. Die Konsumgüternachfrage der Kapitalisten ist trotz ihres wesentlich höheren Lebensstandards wegen der

---

[48] Hier könnte die Frage entstehen, warum die Kapitalisten nicht ständig für höhere Gewinne sorgen, wenn sie dies einfach durch Erhöhung ihrer Nachfrage bewirken können. Die Antwort ist, daß sie nicht aus einem zentralen Willen heraus handeln, sondern in Konkurrenz miteinander stehen. Wer als einzelner Kapitalist mehr konsumiert oder investiert, kann nicht darauf vertrauen, daß die anderen Kapitalisten dies gleichzeitig ebenfalls tun. Nur dann würde auch die Nachfrage nach den von ihm produzierten Gütern und damit sein Gewinn steigen. Es gibt kein Wirtschaftssubjekt „Kapitalisten(klasse)" ebensowenig wie ein Wirtschaftssubjekt „Arbeiterklasse". Vgl. S. 30.

kleinen Zahl der Angehörigen dieser Klasse unbedeutend. Der typische Kapitalist ist nach MARX zudem nicht in erster Linie darauf aus, seinen persönlichen Lebensstandard zu erhöhen. Entscheidend ist lediglich das Investitionsverhalten. Möglichst viel und möglichst gewinnbringend zu investieren, ist das Hauptziel jedes Kapitalisten. Dieses Ziel wird ihm „bei Strafe des Untergangs" vom System aufgezwungen: Er muß sich ständig der Konkurrenz anderer Kapitalisten erwehren, die ihre Marktanteile auszuweiten und andere Anbieter aus dem Markt zu drängen trachten. Das wichtigste Mittel, um im Konkurrenzkampf nicht zu unterliegen, ist die Senkung der Produktionskosten. Dazu kann der Kapitalist versuchen, die Lohnsätze zu drücken, und zwar sowohl bei den erwachsenen männlichen Arbeitern als auch durch vermehrte Heranziehung billigerer Arbeitskräfte. Das führt zu Erscheinungen wie Kinder- und niedriger bezahlte Frauenarbeit, Akkordlohn und Versuchen, die tägliche und wöchentliche Arbeitszeit zu verlängern sowie Ansprüche auf Mindestlöhne und bezahlten Urlaub abzuwehren. Der wichtigste Weg zur Senkung der Produktionskosten ist jedoch die Erhöhung der durchschnittlichen Arbeitsproduktivität durch vermehrten Einsatz dauerhafter Produktionsmittel. Die ständige Mechanisierung von Produktionsprozessen führt dann zu „ständiger Freisetzung" von Arbeitern. Dies bedeutet eine Tendenz des Systems zur Unterbeschäftigung, durch die auch die Lohnsätze niedrig gehalten werden. Das Heer der Arbeitslosen, die „industrielle Reservearmee" bei MARX, wird verstärkt durch den Zustrom ehemaliger kleiner Kapitalisten, die wie Handwerker, Einzelhändler und kleine Landwirte dem Konkurrenzdruck erliegen, ihr Kapital verlieren und sich der Arbeiterklasse anschließen müssen.

Typisch für das Investitionsverhalten der Kapitalisten ist jedoch, daß sie nicht in einem gleichmäßigen Strom, sondern stoßweise investieren. Auch das liegt am System: Da es keinen Gesamtplan gibt, orientieren sich die Kapitalisten an den im großen und ganzen für alle gleichen Bestimmungsfaktoren und neigen daher dazu, in ihrer Mehrheit entweder viel oder wenig zu investieren. Werden bestehende Märkte ausgeweitet oder neue — man denke an den Eisenbahnbau im 19. Jahrhundert — erschlossen, gibt es Investitionsstöße. Sie erhöhen die Güternachfrage auf vielen Märkten und führen damit auch zu vermehrter Nachfrage nach Arbeitsleistungen. Ermöglicht wird diese „plötzliche und ruckweise Expansion" durch das Vorhandensein von Arbeitslosen, deren Zahl im weiteren Verlauf der Expansion, während die „Produktion unter Hochdruck" läuft, zurückgeht. Der Prozeß kann jedoch nicht unbegrenzt durchgehalten werden, und zwar aus zwei Gründen. Erstens wächst die Konsumgüternachfrage der Arbeiter nur in dem Ausmaß, in dem die Lohnsumme steigt. Die Kapitalisten neigen jedoch dazu, die Produktionsmöglichkeiten für Konsumgüter über die Nachfrage hinaus auszudehnen. Das liegt daran, daß jede zusätzliche Investition, die zunächst die Beschäftigung erhöht, gleichzeitig zusätzliche Produktionskapazität schafft. Kurz- und mittelfristig kann man annehmen, daß die *marginale Kapitalproduktivität*, also die Zunahme der Produktionskapazität und damit des Güterangebots je Einheit des netto zusätzlich investierten Realkapitals,[49] konstant bleibt. Da die Investition jedoch arbeitsparend ist, wächst die Lohnsumme und damit die Konsumgüternachfrage nicht im gleichen, sondern in einem kleineren Verhältnis.

---

[49] Vgl. VRW³, S. 281.

Da auch die Kapitalisten die fehlende Nachfrage nicht ausüben, gehen die bei der Konsumgüterproduktion erzielbaren Gewinne im späteren Verlauf des Expansionsprozesses zurück. Hinzu kommt, daß während dieses Prozesses die Gewinne schneller steigen als die Löhne, eine Erscheinung die auch heute statistisch nachweisbar ist. Die marginale Konsumquote der Bezieher von Gewinneinkommen ist jedoch gemäß einer schon von Marx verwendeten Hypothese erheblich kleiner als die der Arbeiter. Die Umverteilung der Einkommen bewirkt damit das Zurückbleiben der Konsumgüternachfrage. Der zweite Grund ist, daß im Verlauf des Expansionsprozesses die Preise der Vorleistungen und der Investitionsgüter steigen. Dies bedeutet einerseits für deren Produzenten zunehmende Gewinne. Anderseits steigen damit aber auch die Produktionskosten für die Abnehmer dieser Güter. Hinzu kommt, daß die zunehmende Produktion zur „Absorption" von Arbeitslosen in den Produktionsprozeß führt, wobei die Konkurrenz der Kapitalisten um die knapper werdenden Arbeitskräfte zu Lohnsteigerungen führt. Jedoch werden „die Krisen jedesmal gerade vorbereitet ... durch eine Periode, worin der Arbeitslohn allgemein steigt ..."[50]: Einige Unternehmen können die gestiegenen Kosten nicht mehr tragen, die betreffenden Kapitalisten müssen aufgeben. Steigende Produktionskosten und im Vergleich zum Angebot zurückbleibende Nachfrage nach Konsumgütern lassen also allgemein die Gewinne sinken. Daraufhin geht auch die Nachfrage nach Investitionsgütern zurück, der Mehrwert kann nicht mehr voll realisiert werden, Arbeiter werden entlassen, und es tritt eine Krise ein. Im Ergebnis hat also das Streben der Kapitalisten, ihre Gewinne zu erhöhen und dazu mehr zu investieren, das Gegenteil bewirkt.

Eine andere Ursache für Krisen können Disproportionalitäten im Aufbau des Produktionsapparates sein: Immer wieder kommt es vor, daß Anbieter in einzelnen Wirtschaftszweigen die Nachfrage zu hoch einschätzen. Die partielle Überproduktion muß zu Preissenkungen und Produktionseinschränkungen in den betreffenden Wirtschaftszweigen führen. Da es keinen Mechanismus gibt, der zwangsläufig eine gleichzeitige kompensierende Mehrnachfrage auf anderen Märkten auslöst — das Saysche Gesetz gilt im Marxschen Modell nicht[51] — kann sich der Produktionsrückgang wegen der interindustriellen Verflechtung ausbreiten, wenn der Wirtschaftszweig bedeutend genug ist, und zu einer allgemeinen Krise führen.

Das Marxsche Modell enthält damit folgende Ursachen für das periodische Auftreten von Krisen. Das Nachfragedefizit kann eintreten
— weil die Kapitalisten dazu neigen, das Konsumgüterangebot stärker zu erhöhen, als die Nachfrage zunimmt: „Der letzte Grund aller wirklichen Krisen bleibt immer die Armut und Konsumtionsbeschränkung der Massen gegenüber dem Trieb der kapitalistischen Produktion, die Produktivkräfte so zu entwickeln, als ob nur die absolute Konsumtionsfähigkeit der Gesellschaft ihre Grenze bilde"[52];
— weil sinkende Gewinne infolge nachlassender Nachfrage die Kapitalisten zur

---

[50] Marx [2.37], 2. Bd (= MEW, Bd 24), S. 409. Vgl. auch ebenda, S. 410.
[51] Marx [2.37], 1. Bd (= MEW, Bd 23), S. 127.
[52] Marx [2.37], 3. Bd (= MEW, Bd 25), S. 501.

Einschränkung der Investitionen veranlassen, wobei es mangels gesamtwirtschaftlicher Planung zu starken Schwankungen der Investitionstätigkeit kommt;

- weil die Kapitalisten die Nachfrageentwicklung in einzelnen Wirtschaftszweigen falsch einschätzen und sich Branchenkrisen auf die Volkswirtschaft ausdehnen können.

Hat die Krise eingesetzt, so kommt es zu Massenentlassungen, kleine Kapitalisten geben auf und treten in die Arbeiterklasse über, größere Kapitalisten kaufen kleinere Unternehmen auf, woraus sich eine Tendenz zur Betriebs- und Unternehmenskonzentration ergibt, Produktionskapazitäten werden stillgelegt, und die Preise gehen zurück. Nach Abschluß der Umstellungen kommt dann wieder ein Zeitpunkt, von dem ab es den Kapitalisten lohnend erscheint zu investieren, woraufhin sich der Ablauf wiederholt.

MARX hielt aus den geschilderten Gründen solche Abläufe für eine mit dem kapitalistischen Wirtschaftsprozeß zwangsläufig verbundene Erscheinung. In seinen Worten:

„Der charakteristische Lebenslauf der modernen Industrie, die Form eines durch kleinere Schwankungen unterbrochenen zehnjährigen Zyklus von Perioden mittlerer Lebendigkeit, Produktion unter Hochdruck, Krise und Stagnation, beruht auf der beständigen Bildung, größeren oder geringern Absorption und Wiederbildung der industriellen Reservearmee oder Übervölkerung."[53]

Er teilte damit den Konjunkturablauf unter Benutzung anderer Begriffe ebenso ein wie die heutige Konjunkturtheorie (vgl. unten Bild 3.1, S. 122). Nach seiner Überzeugung mußten die Konjunkturschwankungen immer heftiger werden und zusammen mit der fortschreitenden „Verelendung" der Arbeiterklasse schließlich zum Zusammenbruch des kapitalistischen Systems führen.

MARX betonte also im Gegensatz zu den Klassikern, daß der Wirtschaftsablauf in den am weitesten industrialisierten Ländern durch ständige Ungleichgewichte mit entsprechenden Beschäftigungsschwankungen gekennzeichnet sei. Neben dieser Analyse besteht sein Verdienst vor allem darin, nachdrücklich auf die mit der Industrialisierung einhergehenden unerträglichen Lebensumstände der Mehrheit der Industriearbeiter aufmerksam gemacht zu haben. Mit seiner Kritik hat er zu einer Entwicklung beigetragen, die in der zweiten Hälfte des 19. Jahrhunderts einsetzte und die mit der zunächst unterdrückten, dann geduldeten und schließlich akzeptierten Bildung von Arbeitergewerkschaften, dem Verbot der Kinderarbeit, der Einrichtung der Sozialversicherung, der Arbeitszeitverkürzung und anderem das marktwirtschaftlich-kapitalistische System in seine heutige Gestalt umwandelte.

5. Unterbeschäftigung im Keynesschen Modell.
Der Wirtschaftsablauf in den am weitesten industrialisierten Ländern entsprach im 19. und Anfang des 20. Jahrhunderts in bezug auf das Beschäftigungsproblem im großen und ganzen eher den Vorstellungen von MARX als denen der Klassiker. Es zeigten sich ausgeprägte Schwankungen der wirtschaftlichen Aktivität, die *Konjunkturzyklen*, die sich in der von MARX geschilderten Weise gliedern ließen und − von einer be-

---

[53] MARX [2.37], 1. Bd (= MEW, Bd 23), S. 661.

stimmten Phase eines Zyklus bis zur gleichen Phase des nächsten Zyklus gemessen – beispielsweise in Deutschland eine Dauer von sieben bis elf Jahren aufwiesen. Gleichwohl wurden die von MARX und seinen Nachfolgern gelieferten Ansätze von der Mehrheit der Nationalökonomen nicht weiterverfolgt. Um das Jahr 1870 entdeckten mehrere Forscher unabhängig voneinander das Prinzip des nutzenmaximierenden Individuums, und die Ausarbeitung der darauf aufbauenden Lehren wie der Grenznutzen- und der Grenzproduktivitätstheorie nahm bis zum Beginn des ersten Weltkrieges die meisten ökonomischen Theoretiker in Anspruch.[54] Makroökonomische Fragestellungen wurden vernachlässigt. Erst als sich nach dem ersten Weltkrieg in vielen Ländern ökonomische Katastrophen bis dahin unbekannten Ausmaßes zeigten – die Hyperinflationen in mehreren europäischen Ländern Anfang der zwanziger Jahre (vgl. S. 185f., 393), die Weltwirtschaftskrise Anfang der dreißiger Jahre (vgl. zum Ausmaß der damaligen Arbeitslosigkeit S. 388) und der darauf folgende Zusammenbruch der internationalen Wirtschaftsbeziehungen –, bahnte sich eine Wende an. Es erwies sich, daß man auf der Basis der Mikroökonomik jener Zeit diese Vorgänge weder erklären noch Ratschläge zu ihrer Verhinderung geben konnte. Ein Ausweg schien die Rückkehr zur makroökonomischen Theorie der Klassiker zu sein, die auch die Ansichten damaliger Wirtschaftspolitiker bestimmte.[55] In der Weltwirtschaftskrise zeigte sich eine etwa vorhandene Tendenz zur Wiederherstellung der Vollbeschäftigung jedoch nicht oder jedenfalls nicht so stark, daß sie die Entstehung von Massenarbeitslosigkeit verhindert hätte. Wahrscheinlich trugen zu deren Entstehung auch falsche wirtschaftspolitische Maßnahmen bei, die jedoch ihrerseits überwiegend auf dem klassischen Modell basierten. Trotz vieler früher veröffentlichter richtiger Ansätze anderer Autoren gelang es erst KEYNES 1936, in einer zunächst viele Nationalökonomen und später auch Wirtschaftspolitiker überzeugenden Weise, eine Alternative zum Modell der Klassiker zu entwickeln. Sein Modell ist wie das von MARX ein Versuch, das klassische Modell durch Änderung wesentlicher Verhaltenshypothesen mit dem Ziel zu modifizieren, anhaltende Arbeitslosigkeit größeren Umfangs zu erklären. Er nannte sein Buch „The General Theory ...", um auszudrücken, daß in der klassischen Theorie nur der Spezialfall der Vollbeschäftigung behandelt worden sei, während seine Theorie auch den Fall der Unterbeschäftigung umfasse.

Kern der KEYNESschen Analyse ist im Unterschied zu den Klassikern die Behauptung, daß

– unter bestimmten Bedingungen Arbeitslosigkeit von Dauer sein könne, daß

---

[54] Eine ausgezeichnete Schilderung der Entwicklung der ökonomischen Theorie in jener Zeit gibt T. W. HUTCHISON: A Review of Economic Doctrines 1870–1929. Oxford 1953. XIV, 456 S.

[55] Im Frühjahr 1929 vertrat W. CHURCHILL als Schatzkanzler bei der Einbringung des Staatshaushalts im britischen Unterhaus die Meinung, die Erfahrung habe gezeigt, daß der Staat durch kreditfinanzierte Ausgaben sehr wenig zusätzliche Beschäftigung schaffen könne, die zudem nicht von Dauer sei. (Vgl. House of Commons, Parliamentary Debates: Official Report. 5. Series, Vol. 227, London 1929, Sp. 54.) Im Jahre 1931, als die Arbeitslosenquote in Großbritannien schon auf über 12 v. H. gestiegen war, sah sich eine Kommission nicht in der Lage, Ausgaben für öffentliche Arbeiten zu empfehlen, da sie in der Regel, für die Nation als Ganzes gesehen, unökonomisch seien. (Vgl. Committee on National Expenditure: Report. Cmd. 3920, London 1931, § 358.)

also ein gesamtwirtschaftliches Gleichgewicht auf den Märkten für Endnachfragegüter bei Unterbeschäftigung möglich sei; und daß
– diese Bedingungen in den industrialisierten Ländern im 20. Jahrhundert eher vorlägen als die Bedingungen, gemäß denen im klassischen Modell ein Gleichgewicht nur bei Vollbeschäftigung bestehen kann.

Die KEYNESschen Hypothesen beziehen sich auf das Verhalten der Vermögensbesitzer bei der Entscheidung über das Halten von Wertpapieren oder Geld, das Verhalten der Anbieter von und Nachfrager nach Arbeitsleistungen bei der Festsetzung von Lohnsätzen sowie das Verhalten der Investoren und der Sparer bei Änderungen des Zinssatzes. Die Folgerungen aus diesen Hypothesen werden nachstehend mit Hilfe der oben in den Abschnitten IV.1 bis IV.3 (S. 66–80) entwickelten Modelle gezogen.

Als Ausgangssituation sei ein Gleichgewicht bei Vollbeschäftigung angenommen, das durch eine Erhöhung der Sparneigung gestört wird. Unter klassischen Annahmen führt dies, abgesehen von Störungen während einer kurzen Übergangszeit, nicht zu einem Ausfall an gesamtwirtschaftlicher Endnachfrage (vgl. S. 92 f.) Der sinkende Marktzins macht zusätzliche Investitionen lohnend, so daß der Ausfall an Konsumgüternachfrage durch die Mehrnachfrage nach Investitionsgütern kompensiert wird. Dabei wird angenommen, daß Geld nur zu Transaktionszwecken verwendet wird. Die wegen der zusätzlichen Ersparnis zunächst in den Händen der Sparer verbleibenden Geldbeträge werden also nicht dort gehalten, sondern entweder direkt zur Investitionsfinanzierung oder zu Wertpapierkäufen benutzt. Eben dies senkt wegen der daraus resultierenden Kurssteigerung den Zinssatz (vgl. S. 62 f.) und bringt so die geschilderte Anpassung zustande.

Die Klassiker hatten das Halten von Geld zu anderen als Transaktionszwecken nicht berücksichtigt, weil sie es wegen des damit verbundenen Verzichts auf Zinseinkommen für irrational hielten. Eine entscheidende Modifikation von KEYNES bestand darin zu zeigen, daß es auch bei dem Ziel der Einkommensmaximierung in bestimmten Situationen sehr wohl angebracht sein kann, Vermögen ganz oder teilweise ertraglos in Form von Geld anstatt in ertragbringenden Wertpapieren zu halten (vgl. dazu die Argumentation S. 62–64). Damit gilt auch das SAYsche Gesetz nicht: Nicht jeder, der Güter anbietet, tritt damit automatisch in gleicher Höhe ohne nennenswerte Verzögerung als Nachfrager nach Gütern auf. Jede zusätzliche Produktion bedeutet zwar gleich viel zusätzliches Einkommen, aber weder führt dies zu gleich viel zusätzlicher Konsumgüternachfrage, noch werden zusätzlich ersparte Einkommensteile zwangsläufig in Wertpapieren angelegt, so daß sie eine Zinssenkung bewirken und damit zusätzliche Investitionsgüternachfrage induzieren. Jedermann kann zusätzliche Ersparnis ganz oder teilweise in Form von Geld halten und damit in bezug auf seine Person eine Diskrepanz zwischen Güterangebot und -nachfrage herbeiführen, die durch den Einfluß des Zinssatzes auf Ersparnis und Investition gemäß Bild 2.17 (S. 93) nicht beseitigt werden kann.

Die Einführung einer solchen Verhaltenshypothese ändert das klassische Modell wie folgt. Wenn bei jedem praktisch vorkommenden Zinssatz (unterhalb eines Höchstsatzes, oberhalb dessen jede spekulative Geldhaltung verschwindet) auch Geld zu Spekulationszwecken gehalten wird, bedeutet eine Erhöhung der

Sparneigung, daß nur ein Teil des freiwerdenden Geldes zu Wertpapierkäufen benutzt wird und so eine Zinssenkung herbeiführt. Bei ungeänderter Geldmenge — diese wichtige Voraussetzung sei hier vorerst gemacht — wird der andere Teil bei dem niedrigeren Zinssatz als Spekulationsgeld gehalten. Der Nachfrageausfall an Konsumgütern wird dann nicht voll durch eine Zunahme der Investitionsgüternachfrage kompensiert: Die zusätzliche Haltung von Spekulationsgeld bedeutet ja gerade, daß in Höhe dieser Beträge keine Kredite gewährt werden. Insoweit wird also weder der Zinssatz gesenkt, noch gelangen zusätzliche Finanzierungsmittel in die Hände der Investoren. Der Nachfrageausfall bewirkt zunächst unfreiwillige Lagerbestandserhöhungen bei Anbietern und später Preissenkungen. Die Produzenten sehen daraufhin die gewinnmaximierende Relation der Preise zu den Lohnsätzen nicht mehr gewahrt und entlassen Arbeiter. Sind auch die Lohnsätze nach unten voll beweglich, so muß die Konkurrenz der Arbeiter um die Arbeitsplätze die Nominallohnsätze senken, so daß der frühere Reallohnsatz wieder hergestellt wird. Damit tritt auch wieder Vollbeschäftigung ein. Im Verlauf dieses Anpassungsprozesses sind jedoch Preise und Nominallohnsätze gesunken. Damit hat sich auch der Bedarf an Transaktionsgeld verringert, so daß die infolge des gesunkenen Zinses gestiegene Nachfrage nach Spekulationsgeld nunmehr befriedigt werden kann. Der Unterschied zum klassischen Modell liegt also darin, daß beim Vorhandensein von zinsabhängiger Nachfrage nach Spekulationsgeld der Zinssatz nicht mehr allein für das Gleichgewicht zwischen Investieren und Sparen sorgen kann. Preis- und Lohnsatzsenkungen müssen hinzukommen, um ein verlorengegangenes Vollbeschäftigungsgleichgewicht wiederherzustellen.

Sind Preise und Lohnsätze jedoch nicht oder nicht genügend — im vorliegenden Fall: nach unten — beweglich, so stellt sich ein Gleichgewicht auf den Märkten für Endnachfragegüter und für Geld bei Unterbeschäftigung, also Ungleichgewicht auf dem Arbeitsmarkt, ein. Dies ist die zweite KEYNESsche Modifikation. Sinken die Preise und auch die Lohnsätze nicht, so führt der vorhin angenommene Rückgang der Nachfrage nach Konsumgütern zunächst ebenfalls zu unfreiwilligen Lagerinvestitionen, dann aber zu Produktionseinschränkungen. Arbeiter werden entlassen, und da dies — aus gleich zu erörternden Gründen — keine Lohnsatzsenkungen bewirkt, kann dieser Zustand bestehen bleiben. Auch in diesem Fall wird ein Teil des Transaktionsgeldes freigesetzt und kann daher den angesichts des gesunkenen Zinses gestiegenen Bedarf an Spekulationsgeld befriedigen. Der Unterschied zum vorhergehenden Fall besteht darin, daß das (mathematische) Produkt Preisniveau mal reales Sozialprodukt pY^r nicht bei konstantem Y^r durch fallendes p, sondern durch fallendes Y^r bei konstantem p zurückgeht und dadurch Transaktionsgeld freisetzt und Arbeitslosigkeit verursacht.

Der Fall, daß Preise und Lohnsätze besonders nach unten wenig beweglich sind, dürfte heute die Regel darstellen. Auf den meisten Märkten für industrielle Fertigwaren und Dienstleistungen, die in entwickelten Volkswirtschaften den größten Teil des Sozialprodukts bilden, haben die Anbieter Spielräume für eine eigene Preispolitik und stehen nicht unter dem Zwang, sich unter Konkurrenzdruck an vom Markt diktierte Preise anpassen zu müssen. Bei nachlassender Nachfrage werden sie eher die Produktion drosseln als die Preise soweit senken, daß die geplanten Mengen dennoch abgesetzt werden. Dies gilt um so mehr, als sie nicht damit rechnen können, Preissenkungen ihrer Erzeugnisse auf die Preise der von ihnen eingesetzten Produktionsgüter rückwälzen zu können. Gesetzliche Mindestlöhne und Gewerkschaften als Partner von Tarifverträgen verhindern heute Lohnsatzsenkungen, die über den Abbau freiwillig gezahlter übertariflicher Lohnbestandteile hinausgehen. Damit steht fest, daß der beim Vorhandensein einer zinsabhängigen Präferenz für Spekulationsgeld für eine Rückkehr zum Vollbeschäftigungsgleichgewicht erforderliche Anpassungsmechanismus nicht oder so unvollkommen arbeitet, daß schon aus diesem Grund eine aktive Vollbeschäftigungspolitik notwendig wird. In dem eben geschilderten Fall würde diese unter den gegebenen Voraussetzungen einfach darin bestehen können, die zusätzlich benötigte Geldmenge etwa durch Kauf von Wertpapieren seitens der Zentralbank zur Verfügung zu stellen.

KEYNES hat noch einen weiteren, sicher extremen Fall geschildert, bei dem die Wiederherstellung eines Vollbeschäftigungsgleichgewichts selbst dann nicht möglich ist, wenn Preise und Lohnsätze voll flexibel sind. Ist der Zinssatz auf r_{min} gesunken, so daß weitere Senkungen für ausgeschlossen gelten, so werden die Vermögensbesitzer geneigt sein, jeden weiteren Geldbetrag, in dessen Besitz sie über ihren Bedarf an Transaktionsgeld hinaus gelangen, zinslos zu halten. Der Zins kann dann nicht weiter sinken. Zieht man wieder das Beispiel der zunehmenden Sparneigung heran, so mag der Zins in der Ausgangssituation höher als r_{min} sein, so daß er zunächst sinkt und eine zusätzliche Nachfrage nach Spekulationsgeld entsteht. Diese wird durch die Freisetzung von Transaktionsgeld infolge des Rückgangs der Preise und Lohnsätze zunächst befriedigt. Fällt der Zins dabei jedoch auf sein Minimum und reicht die Mehrinvestition auf Grund des bis dahin eingetretenen Zinsrückgangs nicht aus, den ursprünglichen Nachfrageausfall zu kompensieren, dann muß Dauerarbeitslosigkeit eintreten. Selbst wenn Preise und Lohnsätze weiter fallen und damit immer mehr Transaktionsgeld freisetzen, ergibt sich keine weitere Zinssenkung und damit Investitions- und Nachfrageerhöhung. Jeder zusätzliche Geldbetrag wird bei diesem Zins zu Spekulationszwecken gehalten: Die Geldnachfrage-Zinselastizität ist unendlich groß. Da dieser Grad von Liquiditätspräferenz eine ausweglose Situation bedeutet, wenn sich Verhaltensweisen nicht ändern und keine wirtschaftspolitischen Maßnahmen ergriffen werden, hat man ihr die Bezeichnung *Liquiditätsfalle* gegeben. In dieser Situation nützt auch eine Vermehrung der Geldmenge durch die Zentralbank nichts, da auch die dadurch geschaffenen zusätzlichen Beträge nicht zu einer Zinssenkung führen.

Die KEYNESsche Verallgemeinerung des klassischen Modells läßt sich im HICKS-Diagramm wie folgt zeigen. In Bild 2.18 sind drei mögliche Situationen durch unterschiedliche Lagen der IS-Kurve wiedergegeben worden (vgl. S. 109). Der senkrecht verlaufende Teil der LM-Kurve gibt die Hypothese der Klassiker wieder, daß es keine zinsabhängige Geldnachfrage gibt. Wird die LM-Kurve in diesem Bereich von einer IS-Kurve, hier von $(IS)_3$, geschnitten, so ändert sich der Gleichgewichtswert des Sozialprodukts Y_3 nicht, wenn beispielsweise die Sparneigung zunimmt und sich die $(IS)_3$-Kurve daher nach links verschiebt (vgl. S. 78), der Schnittpunkt jedoch im senkrecht verlaufenden Teil der LM-Kurve bleibt. Man nennt diesen Teil der LM-Kurve daher auch ihren klassischen Bereich. Hat die IS-Kurve dagegen die Lage $(IS)_1$, so ändert beispielsweise eine Geldmengenerhöhung, die die LM-Kurve nach rechts verschiebt (vgl. S. 78), nicht das Gleichgewichtseinkommen Y_1. Da hier die Situation der Liquiditätsfalle vorliegt, auf die KEYNES als erster aufmerksam machte, nennt man den waagerecht verlaufenden Teil der LM-Kurve auch ihren KEYNES-Bereich. Zwischen diesem und dem klassischen Bereich gilt die durch die Lage $(IS)_2$ symbolisierte Situation, daß Änderungen der Verhaltensweisen und des Geldangebots sowohl das Gleichgewichtseinkommen als auch den Gleichgewichtszinssatz beeinflussen. Herrscht etwa beim Einkommen Y_2 Arbeitslosigkeit, so kann sie unter den gegebenen Voraussetzungen durch eine Geldmengenerhöhung mit Zinssenkung bekämpft werden. Welche Situation in einer Volkswirtschaft im konkreten Fall vorliegt, kann nur empirisch ermittelt werden.

Bild 2.18 — *Unterschiedliche gesamtwirtschaftliche Gleichgewichte*

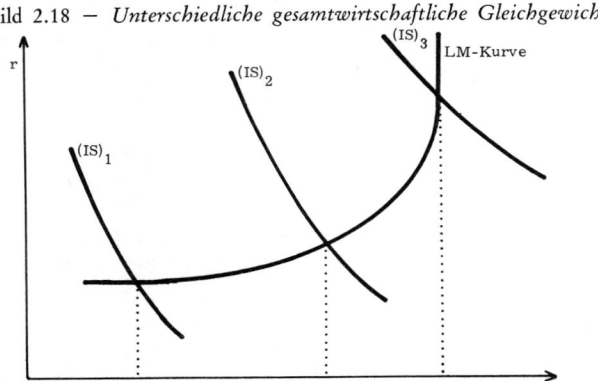

Es kann hier eingewendet werden, daß der Fall einer unendlich großen Geldnachfrage-Zinselastizität unrealistisch sei. Vom Problem einer automatischen Rückkehr zum Vollbeschäftigungsgleichgewicht her gesehen verbessert sich die Situation jedoch nicht wesentlich, wenn bei niedrigen Zinssätzen eine endliche, aber sehr hohe solche Elastizität existiert. Es müssen dann sehr hohe Beträge an Transaktionsgeld freigesetzt werden, um sehr geringe Zinssenkungen zu bewirken. Dies bedeutet eine sehr erhebliche Senkung der Preise und Lohnsätze — eine *Deflation* —, ohne daß sichergestellt wäre, daß die geringe Zinssenkung genügend Mehrinvestition induziert. Während eines andauernden Deflationsprozesses tritt zudem ein weiterer, bisher nicht erwähnter Effekt auf. Ebenso wie die Erwartung von Zinsänderungen die Entscheidungen über das Ausmaß der Geldhaltung beeinflußt, ist anzunehmen, daß Erwartungen über Preisänderungen die zeitliche Verteilung der Güternachfrage beeinflussen. Wer Preissenkungen erwartet, wird vermutlich Güterkäufe aufschieben, um später billiger kaufen zu können. Da das Vorhandensein einer Deflation solche Erwartungen weckt, bestätigt und verstärkt, ergibt sich ein sich selbst beschleunigender (oder *kumulativer*) Deflationsprozeß, in dessen Verlauf Preise und Lohnsätze sinken, aber auch Produktion und Beschäftigung zurückgehen. Da dies die Absatzerwartungen der potentiellen Investoren ungünstig beeinflußt (vgl. S. 56f.), ist anzunehmen, daß während dieses Prozesses auch die Investition zurückgeht. Dieser Rückgang kann eine Mehrinvestition infolge der Zinssenkung weit überkompensieren und dadurch die Deflation noch verstärken. Aus dieser Überlegung kann der Schluß gezogen werden, daß eine von den geschilderten Verhaltensweisen geprägte Volkswirtschaft zwar möglicherweise zu einem verlorengegangenen Vollbeschäftigungsgleichgewicht zurückkehrt, dabei jedoch lange Deflationsperioden mit erheblicher Arbeitslosigkeit durchmachen muß, die politisch nicht tragbar sind.

Ein weiterer KEYNESscher Einwand gegen die Lehre von der Tendenz zum Vollbeschäftigungsgleichgewicht bezieht sich auf das Verhalten der Investoren. In Bild 2.17 (S. 93) war (ebenso wie in Bild 2.11, S. 73) eine von null verschiedene Investitions-Zinselastizität angenommen worden: Mit fallendem Zins nahm die Investition gemäß dieser Annahme zu. Es ist jedoch nicht sicher, ob in jeder Konjunktursituation und in bezug auf alle Arten von Sachinvestitionen eine solche Elastizität vorliegt. Im Extremfall ist die Investition unabhängig vom Zinssatz. Erhöht sich in dieser Situation die Sparneigung, so sinkt zwar der Zinssatz, und das Gleichgewicht zwischen geplanter Investition und geplanter Ersparnis bleibt erhalten, aber die Zinssenkung führt nicht zu einer Ausdehnung der Investitionsgüternachfrage. Unabhängig von Anpassungsvorgängen im Bereich der Preise und Löhne reicht die gesamte Endnachfrage dann nicht mehr aus, die vorhandenen Arbeiter zu beschäftigen. Das neue Gleichgewicht auf den Gütermärkten geht mit Unterbeschäftigung einher.

Die KEYNESsche Analyse zeigte somit in den dreißiger Jahren eine Reihe von Möglichkeiten, die Existenz anhaltender Arbeitslosigkeit zu erklären. Sie zerstörte damit auch von der theoretischen Seite her das Vertrauen in die Fähigkeit des marktwirtschaftlich-kapitalistischen Wirtschaftssystems, unter den Bedingungen des 20. Jahrhunderts mit genügender Sicherheit und Schnelligkeit von sich aus für Vollbeschäftigung zu sorgen. Sie zeigte darüber hinaus, daß manche Erkenntnisse nur bei Vollbeschäftigung und nicht bei Unterbeschäftigung gelten, und umgekehrt. So gilt beispielsweise der klassische Schluß, daß die Investition bei kurzfristig nicht ausdehnbarem Sozialprodukt nur bei einer Verringerung des Konsums erhöht werden kann (vgl. Punkt 3, S. 95), nicht bei Unterbeschäftigung: Da in dieser Situation Produktionsfaktoren unbeschäftigt sind, können Investition und Konsum gleichzeitig zunehmen. Die KEYNESsche Analyse führte zu dem Schluß, daß wirtschaftspolitische Instrumente zur Erhaltung oder Wiedergewinnung der Vollbeschäftigung eingesetzt werden müssen. Bevor diese Instrumente hier behandelt werden, müssen jedoch noch die Expansions- und Kontraktionsprozesse näher untersucht werden, die für den Wirtschaftsablauf typisch sind. Dabei sind auch die bisher vernachlässigte ökonomische Aktivität der öffentlichen Haushalte und außenwirtschaftliche Transaktionen zu behandeln. Das folgende Kapitel gibt eine Einführung in diese Probleme.

Fragen, Diskussionsthemen und Übungsaufgaben zum zweiten Kapitel

(01) Sind die in der Konsumfunktion $C = C^a + cY^v$ auftretenden Buchstaben Symbole für Bestands- oder für Stromgrößen, und welche Dimension haben sie?

(02) Wie läßt sich in Bild 2.1 (S. 42) graphisch zeigen, daß die durchschnittliche Konsumquote beim Einkommen Y_1^v kleiner ist als beim Einkommen Y_0^v und daß sie in beiden Fällen größer ist als die marginale Konsumquote?

(03) Zeichnen Sie in ein entsprechend benanntes Koordinatensystem das Bild
   (a) einer linear homogenen Konsumfunktion,
   (b) einer linear nichthomogenen Konsumfunktion
   ein. Zeigen Sie auf der Konsumfunktion nach (b) je einen Punkt, in dem die durchschnittliche Konsumquote größer als eins, gleich eins und kleiner als eins ist.
(04) Wie groß ist die Konsumausgaben-Elastizität auf einer linear homogenen Konsumfunktion?
(05) Ist der Satz: „Wenn die Konsumausgaben-Einkommenselastizität in bezug auf ein Gut x kleiner als eins ist, dann sinkt der Anteil der Ausgaben für dieses Gut am Einkommen mit steigendem Einkommen"
   (a) richtig?
   (b) eine Verhaltenshypothese?
(06) Inwiefern ist eine Elastizität ein typisches Denkinstrument der Marginalanalyse (vgl. S. 30f.)?
(07) Wie könnte eine Konsumfunktion aussehen, gemäß der die marginale Konsumquote im relevanten Bereich fällt, und welches wäre die dazugehörige Sparfunktion?
(08) Es ist wichtig, Bewegungen auf einer Kurve von Verschiebungen dieser Kurve zu unterscheiden. Zeigen Sie, wie die Aussage „Der private Verbrauch hat um 10 Mrd. DM zugenommen" auf zwei Arten interpretiert werden kann.
(09) Setzen Sie in Gleichung (2.15) S. 48 das verfügbare Einkommen der privaten Haushalte der Bundesrepublik (in der Abgrenzung gemäß Anmerkung a zu Bild 2.3) für 1972 und, sobald bekannt, für weitere Jahre ein und stellen Sie fest, wie weit die sich aus der Gleichung ergebenden Werte für den privaten Konsum von den tatsächlichen Werten abweichen.
(10) Zeigen Sie, daß Änderungen der Einkommensverteilung die gesamtwirtschaftliche marginale Konsumquote beeinflussen können, auch wenn die marginalen Konsumquoten aller einzelnen Haushalte konstant bleiben.
(11) Welche Variablen außer dem verfügbaren Einkommen könnten die Konsumausgaben einer Gruppe privater Haushalte sonst noch beeinflussen, und welchen Inhalt hat demnach in diesem Fall die Ceteris-paribus-Klausel?
(12) Es ist anzunehmen, daß die privaten Haushalte unterschiedlich hohe Konsumausgaben-Einkommenselastizitäten in bezug auf verschiedene Gruppen von Konsumgütern haben.
   (a) Nennen Sie Gütergruppen mit vermutlich niedriger und mit vermutlich hoher Konsumausgaben-Einkommenselastizität.
   (b) Welche Änderungen der Wirtschaftsstruktur ergeben sich langfristig aus diesen unterschiedlichen Elastizitäten, wenn das Einkommen ständig steigt?
(13) Mit Hilfe welcher Überlegungen kann man feststellen, welche von mehreren Investitionsalternativen die rentabelste ist, und wie läßt sich die Unsicherheit über die Zukunft in diese Überlegungen einbeziehen?
(14) Gibt es einen einheitlichen Kapitalmarktzins in der Bundesrepublik, wie hoch ist er zur Zeit, und warum ist er „eine besonders wichtige Vergleichsgröße für jeden Investor" (S. 56)?
(15) Aus einer Reihe von Investitionsalternativen habe die Investition I_k den größten Kapitalwert. Ist dies auch die Investition mit dem größten internen Zinssatz?
(16) Eine Investitionsfunktion sei $I = ar^{-\alpha}Y^\beta$, worin I = Investition, r = Kapitalmarktzins, Y = Bruttosozialprodukt und a, α und β Konstante größer als null sind.
   (a) Zeigen Sie, daß die Investitions-Zinselastizität gleich $-\alpha$, die Investitions-Sozialproduktelastizität gleich β ist.
   (b) Verallgemeinern Sie dies für den Fall einer Verhaltenshypothese, die nicht wie Gleichung (1.4) S. 22 linear ist, sondern die Form $y = a_0 \cdot z_1^{\alpha_1} \cdot z_2^{\alpha_2} \ldots z_m^{\alpha_m}$ hat.
(17) Ist die Größe r in der Geldnachfragefunktion (2.28) S. 64 der im Zeitpunkt der Aufstellung des Wirtschaftsplans herrschende, der für die Planperiode erwartete oder der während späterer Perioden erwartete Zinssatz des Kapitalmarktes?
(18) Zeigen Sie graphisch, und zwar sowohl in einem (C, Y)- als auch in einem (S, Y)-Koordinatensystem, wie sich das Gleichgewichtseinkommen in einer Volkswirtschaft bestimmt, in der in der gemäß der Funktion $C = C^a + cY$ konsumiert und gemäß der Funktion $I = I^a + kY$ investiert wird (c und k beide größer null).

(19) In einer Volkswirtschaft wird gemäß der Funktion $C = 20 + 0,8 Y$ konsumiert und gemäß der Funktion $I = 10 + 8r^{-1}$ investiert.
  (a) Vervollständigen Sie das Modell und stellen Sie die Zahl der Freiheitsgrade fest.
  (b) Die Zentralbank setzt den Marktzins r auf 8 v. H. fest. Wie hoch sind Volkseinkommen, Konsum und Investition im Gleichgewicht?
  (c) Wie hoch müßten — jeweils ceteris paribus — entweder die autonome Investition oder der Marktzins sein, wenn der Gleichgewichtswert des Volkseinkommens um 10 v. H. höher als nach (b) sein soll (etwa weil erst dann Vollbeschäftigung herrscht)?
  (d) Lassen sich die Fragen (b) und (c) in die Kategorien „normative" und „positive Ökonomik" (vgl. S. 12 f.) einordnen?
(20) Zeigen Sie, in welcher Weise in dem Modell
  (1) $Y = C + I$ (Gleichgewichtsbedingung)
  (2) $C = C^a + 0,6\ Y$ (Konsumfunktion)
  (3) $I = I^a + 0,2\ Y - 0,1\ r$ (Investitionsfunktion)
  jede der drei endogenen Variablen Y (= Volkseinkommen), C (= Konsum), I (= Investition) von jeder der drei exogenen Größen C^a (= autonomer Konsum), I^a (= autonome Investition) und r (= Zinssatz) abhängt.
(21) Schreiben Sie das KEYNES-Modell S. 79 in linearisierter Form nieder und versuchen Sie, eine allgemeine Lösung nach dem S. 80 − 82 geschilderten Verfahren zu geben.
(22) Prüfen Sie Ihr Verständnis des HICKS-Diagramms (S. 77, Herleitung S. 72 − 76), indem Sie begründen, warum in jedem Punkt unterhalb der IS-Kurve die geplante Investition größer ist als die geplante Ersparnis. Welche Art von Ungleichgewicht liegt in jedem Punkt unterhalb der LM-Kurve vor?
(23) In einer Volkswirtschaft wird gemäß der Funktion $C = 5 + 0,8\ Y$ konsumiert und gemäß der Funktion $I = 15 + 10r^{-1}$ investiert. Die Geldnachfrage zu Transaktionszwecken ist $L^T = 0,15\ Y$ und die Nachfrage nach Spekulationsgeld $L^S = 400 - 100\ r$. Die konstante Geldmenge ist $M^a = 120$.
  (a) Wie lauten die Gleichungen der IS- und der LM-Kurve?
  (b) Wie hoch sind Gleichgewichtseinkommen und -zinssatz?
  (c) Angenommen, das ginge so einfach: Um welchen Prozentsatz müßte das Geldangebot zunehmen, damit das Gleichgewichtseinkommen um 10 v. H. steigt?
(24) Die endogenen Variablen des in den Bildern 2.11, 2.13 und 2.14 (S. 73 − 77) dargestellten Modells sind Y, I, S, r, L^S und L^T. In welcher Richtung bewegen sich die Gleichgewichtswerte dieser Variablen, wenn
  (a) die Zentralbank das Geldangebot M^a erhöht;
  (b) die Investitionsneigung sinkt;
  (c) die Präferenz für Spekulationsgeld zunimmt?
(25) Nehmen Sie in Bild 2.14 (S. 77) rechts von P_0 einen Punkt P_3 auf der LM-Kurve und einen Punkt P_4 auf der IS-Kurve an und erläutern Sie
  (a) warum bei diesen (Y, r)-Konstellationen kein gesamtwirtschaftliches Gleichgewicht herrschen kann;
  (b) welche Reaktionen der Wirtschaftssubjekte dazu tendieren könnten, Volkseinkommen und Zinssatz zu der Konstellation in Punkt P_0 zu bringen.
(26) Die im HICKS-Diagramm wiedergegebene Analyse ist auch auf eine geschlossene Volkswirtschaft mit Staat anwendbar. Interpretieren Sie das dem Bild 2.11 (S. 73) zugrunde liegende Modell so, daß der Konsum auch den staatlichen Konsum und die Investition auch die staatliche Investition enthält. Wie ändert sich die Lage der IS-Kurve in diesem Bild, wenn
  (a) zusätzliche Steuern erhoben und stillgelegt werden?
  (b) der Staat zusätzliche kreditfinanzierte Investitionen vornimmt?
(27) Warum wurde zur Demonstration der allgemeinen Lösung linearer Gleichgewichtsmodelle (S. 80 ff.) das Modell (2.32) in seiner nicht erweiterten Fassung (S. 70) und nicht in seiner erweiterten Fassung (S. 70 f.) benutzt?
(28) Prüfen Sie Ihr Verständnis des klassischen Modells, indem Sie, ausgehend von einer Gleichgewichtssituation bei Vollbeschäftigung, jeweils ceteris paribus die folgenden Änderungen annehmen und untersuchen, wie die Wirtschaftssubjekte darauf reagieren:
  (a) Die Investitionsneigung sinkt;

(b) die Zentralbank erhöht die Geldmenge;
(c) Arbeiter wandern in andere Länder aus;
(d) Technischer Fortschritt erhöht die Arbeitsproduktivität.
(29) Wenn sich in Bild 2.16 S. 91 die Produktionsfunktion parallel nach oben verschiebt, wird bei jedem Arbeitseinsatz mehr produziert. Der Gleichgewichts-Reallohn ändert sich jedoch nicht, da sich die Arbeitsnachfragekurve nicht verschiebt. Wo bleibt das zusätzlich erzeugte Sozialprodukt, und warum kommt es nicht den Arbeitern zugute?
(30) In welcher Situation ist Sparen möglicherweise keine soziale Tugend?
(31) Warum hat das Konzept einer Sparfunktion $S = S(Y)$ im klassischen Modell keinen Platz?
(32) Muß für den Fall, daß in einer Volkswirtschaft mehr investiert werden soll, vorher oder gleichzeitig mehr gespart werden? Beachten Sie Bild 2.10 (S. 71), das diesen Schluß nahelegen könnte.
(33) Welche Hypothesen über Zielsetzungen und Verhaltensweisen der Wirtschaftssubjekte einer Volkswirtschaft zusammen mit welchen Bedingungen führen zu dem Schluß, daß zwischen der Geldmenge M als exogener und dem Preisniveau p als endogener Variabler die Beziehung

$$p = p(M), \text{ worin } \frac{dp}{dM} > 0,$$

bestehen muß?
(34) Welche von den Klassikern angenommenen Verhaltensweisen und Bedingungen müssen vorliegen, damit in einem Wirtschaftssystem eine Tendenz zur Vollbeschäftigung besteht?
(35) Im MARxschen Modell wird den Kapitalisten ein bestimmtes Ziel vom Wirtschaftssystem aufgezwungen (vgl. auch die Erläuterung S. 19f. zu Punkt 6 des Denkansatzes). Welches Ziel und warum? Halten Sie es für eine zutreffende Verallgemeinerung, daß Menschen in der Wahl ihrer Ziele nicht autonom sind?
(36) Nach MARX entsteht Mehrwert allein durch Einsatz von Arbeitern. Müßte dann nicht jeder Kapitalist danach streben, möglichst viele Arbeiter einzustellen? Stattdessen investieren die Kapitalisten, soviel sie nur können, und setzen dadurch ständig Arbeiter frei. Ein Widerspruch?
(37) Die Berücksichtigung der Geldhaltung zu Spekulationszwecken bedeutet, daß der Zins die ihm von den Klassikern zugeschriebene Ausgleichsfunktion zwischen I und S verlieren kann. Wieso?
(38) Welches sind die wesentlichen Modifikationen des KEYNESschen Modells gegenüber dem Modell der Klassiker?

Literatur zum zweiten Kapitel

Zu Teil I:

Gesamtwirtschaftliche Verhaltensfunktionen werden seit den fünfziger Jahren intensiv erforscht. Die in den Teilen I bis III dieses Kapitels genannten Funktionen bilden wesentliche Bestandteile makroökonometrischer Modelle, mit denen heute in einigen Ländern versucht wird, den Wirtschaftsablauf nachzuvollziehen, ihn zu prognostizieren und die Wirkungen wirtschaftspolitischer Eingriffe abzuschätzen. Die neueren Theorien gehen dabei weit über die einfachen Verhaltenshypothesen in diesem einführenden Text hinaus. Übersichten geben in bezug auf die Konsumfunktion:

[2.01] E. STREISSLER, M. STREISSLER (Hg.): Konsum und Nachfrage. Köln u.a. 1966. 591 S.

Dieser Sammelband enthält 21 Aufsätze und eine nach Sachgebieten geordnete Bibliographie mit 1599 Titeln. Einen sehr guten Überblick geben die Einleitungen zu den einzelnen Aufsatzgruppen, S. 13–147. Eine gründliche Übersicht über angewandte Konsumtheorie im einzel- und teilwirtschaftlichen Bereich mit einer 244 Titel umfassenden Literaturliste ist

[2.02] A. Brown, A. Deaton: Surveys in Applied Economics: Models of Consumer Behaviour. EJ, Vol. 82, 1972, S. 1145–1236. Wieder abgedruckt in: Surveys ... [I.18].

Über gesamtwirtschaftliche Konsumhypothesen unterrichtet

[2.03] R. Ferber: Consumer Economics, A Survey. JELit, Vol. 11, 1973, S. 1303–1432.

Eine zusammenfassende Darstellung der in Abschnitt I.6 (S. 51 f.) erwähnten neueren Hypothesen und ihrer empirischen Tests enthält

[2.04] Th. Mayer: Permanent Income, Wealth, and Consumption: A Critique of the Permanent Income Theory, the Life-Cycle Hypothesis, and Related Theories. Berkeley u.a. 1972. XV, 415 S.

Schätzungen von Konsumfunktionen für einzelne Gütergruppen, also von *partiellen Konsumfunktionen*, sind ebenfalls vorgenommen worden, besonders häufig für Nahrungsmittel und dauerhafte Konsumgüter wie Automobile. Entsprechende Prognosen sind auch für die Produzenten dieser Konsumgüter von Interesse. Eine Untersuchung für die Vereinigten Staaten, in die über 80 Gütergruppen einbezogen wurden, ist

[2.05] H. S. Houthakker, L. D. Taylor: Consumer Demand in the United States: Analyses and Projections. 1966, 2. Aufl. Cambridge, Mass. 1970. XII, 321 S.

Eine Reihe von Schätzungen gesamtwirtschaftlicher Konsumfunktionen für die Bundesrepublik enthalten

[2.06] H. v. Schweinitz: Die Konsumfunktion. In: H. Ismar, G. Lange, H. v. Schweinitz: Die Konsum- und Investitionsfunktion. Untersuchung für die Bundesrepublik Deutschland. Köln u.a. 1962, S. 255–419.
[2.07] G. Gehrig: Eine ökonometrische Analyse des Konsums von 1925 bis 1938 und 1950 bis 1957. Berlin u.a. 1962. 104 S.

Konsumfunktionen für 18 westliche Länder wurden geschätzt und zusammengestellt von

[2.08] C. Y. Yang: An International Comparison of Consumption Functions. REStat, Vol. 46, 1964, S. 279–286.

Eine Kritik an dem sorglosen Sprachgebrauch in bezug auf die Konsumfunktion bei Samuelson [I.09] enthält

[2.09] W. Stützel: Mehrdeutigkeiten beim Gebrauch der sogenannten Konsumfunktion. In: G. Bombach (Hg.): Wachstum, Einkommensverteilung und wirtschaftliches Gleichgewicht. Berlin 1969, S. 9–26.

Zu Teil II:
Zur Theorie der Investition vgl.

[2.10] F. Lutz, V. Lutz: The Theory of Investment of the Firm. Princeton 1951. X, 253 S.
[2.11] E. Schneider: Wirtschaftlichkeitsrechnung. Theorie der Investition. 1951, 8. Aufl. 1973. VIII, 166 S.
[2.12] H. Hax: Investitionstheorie. 1970, 2. Aufl. Würzburg u.a. 1972. 161 S.
[2.13] D. Schneider: Investition und Finanzierung. Lehrbuch der Investitions-, Finanzierungs- und Ungewißheitstheorie. 1970, 3. Aufl. Köln u.a. 1974. 621 S.

[2.14] P. Swoboda: Investition und Finanzierung. Göttingen 1971. 229 S.

Ausführliche Übersichten über die empirische Erforschung des Investitionsverhaltens geben

[2.15] R. Eisner, R. Strotz: Determinants of Business Investment. In: D.B. Suits u.a.:
Impacts of Monetary Policy. Englewood Cliffs 1963, S. 59–337.

Die Literaturliste hierzu umfaßt 666 Titel.

[2.16] D.W. Jorgenson: Econometric Studies of Investment Behavior: A Survey. JELit,
Vol. 9, 1971, S. 1111–1147.

Der Sammelband

[2.17] R. Ferber (Hg.): Determinants of Investment Behavior. New York u.a. 1967. XI,
611 S.

enthält 12 jeweils kommentierte teils nichtempirische, teils ökonometrische Modelle über verschiedene Aspekte des Investitionsverhaltens von Unternehmen und privaten Haushalten. Ergebnisse von Befragungen zum Investitionsverhalten in sechs europäischen Ländern sind zusammengestellt in

[2.18] B.R. Williams: International Report on Factors in Investment Behaviour. OECD,
Paris o.J. (1962).

Spezialliteratur zum Akzeleratorprinzip ist S. 177 genannt.

Die gesamtwirtschaftliche Investition ist eine sehr heterogene Größe. Es werden daher auch Versuche gemacht, erklärende Variable für Teile der Investition zu finden, also *partielle Investitionsfunktionen* zu schätzen. Bevorzugte Untersuchungsobjekte waren bisher die Lagerinvestition und der Wohnungsbau. Schätzungen von Investitionsfunktionen für die Industrie und einzelne Industriezweige der Bundesrepublik enthalten

[2.19] G. Lange: Die Investitionsfunktion. In: H. Ismar, G. Lange, H.v. Schweinitz:
Die Konsum- und Investitionsfunktion ... (vgl. Titel [2.06]), S. 77–253.
[2.20] J. Rosette: Ökonometrische Investitionsfunktionen für Konjunkturmodelle. Konjunkturpolitik, 17. Jg. 1971, S. 139–219 und 275–282.

Zu Teil III:

Eine gründliche Diskussion der Geldnachfrage im Keynesschen Modell auf elementarem Niveau enthalten Ackley [I.26], S. 171–207; Brooman [I.27], S. 232–266; Shapiro [I.28], S. 364–392. Weitere Literatur über Geldangebot und -nachfrage wird im Anschluß an das vierte Kapitel genannt.

Zu Teil IV:

Keynes hat sein Modell in seinem Hauptwerk dargelegt

[2.21] J.M. Keynes: The General Theory of Employment, Interest and Money. London
1936. XII, 403 S. Viele Nachdrucke.
Deutsch: Allgemeine Theorie der Beschäftigung, des Zinses und des Geldes. 1936,
3. Aufl. Berlin 1966. XI, 344 S.

Dieses Buch hat eine Fülle von Interpretationsliteratur hervorgerufen, von der zu erwähnen sind

[2.22] J.R. Hicks: Mr. Keynes and the „Classics"; A Suggested Interpretation. Econometrica, Vol. 5, 1937, S. 147–159. Wieder abgedruckt in:W. FELLNER, B.F. HALEY (Hg.): Readings in the Theory of Income Distribution. London 1950; MUELLER [I.33].

[2.23] A.H. HANSEN: A Guide to Keynes. New York 1953. XIV, 237 S.
Deutsch: Keynes' ökonomische Lehren. Ein Führer durch sein Hauptwerk. Hg. von G. HUMMEL. Stuttgart u.a. 1959. XIII, 236 S.

[2.24] W.L. SMITH: A Graphical Exposition of the Complete Keynesian System. Southern Economic Journal, Vol. 23, 1956/57, S. 115–125. Wieder abgedruckt in: SMITH, TEIGEN [6.09].

Eine Würdigung des Einflusses der „General Theory" auf die Nationalökonomie und ihre Rolle in der Wirtschaftspolitik zwölf Jahre nach ihrem Erscheinen sowie eine Diskussion vieler Einzelaspekte enthalten der Sammelband mit 46 Aufsätzen

[2.25] S.E. HARRIS (Hg.): The New Economics. Keynes' Influence on Theory and Public Policy. New York 1948. XXII, 686, IX S.
sowie

[2.26] L.R. KLEIN: The Keynesian Revolution. 1947, 2. Aufl. New York u.a. 1966. XIII, 288 S.

Die wichtige Frage der empirischen Bedeutung des KEYNESschen Modells behandelt nach dem Stand von 1955

[2.27] L.R. KLEIN: The Empirical Foundations of Keynesian Economics. In: K.K. KURIHARA (Hg.): Post-Keynesian Economics. London 1955, S. 277–319.

Im übrigen finden sich Darstellungen des KEYNESschen Modells heute in allen Lehrbüchern der Makroökonomik. Vgl. besonders ACKLEY [I.26]. Zur neueren Diskussion vgl.

[2.28] A. LEIJONHUFVUD: On Keynesian Economics and the Economics of Keynes. A Study in Monetary Theory. New York u.a. 1968. XIV, 431 S.
Deutsch: Über Keynes und den Keynesianismus. Eine Studie zur monetären Theorie. Hg. von G. GÄFGEN. Köln 1973. 384 S.

KEYNES hat auch in der Wirtschaftspolitik Großbritanniens eine bedeutende Rolle gespielt. Er war ein maßgebliches Mitglied der britischen Delegation bei den Verhandlungen, die 1944 in Bretton Woods zum Abschluß des Abkommens über den Internationalen Währungsfonds führten; sowie Leiter der britischen Delegation, die 1945 über eine Anleihe der Vereinigten Staaten an Großbritannien verhandelte. Seine Biographie ist

[2.29] R. F. HARROD: The Life of John Maynard Keynes. London 1951. XVI, 674 S.

Eine Ausgabe von KEYNES' gesammelten Werken in 24 Bänden erscheint zur Zeit:

[2.30] E. JOHNSON, D.E. MOGGRIDGE (Hg.): The Collected Writings of John Maynard Keynes. London 1970ff.

Zu Teil V:

Als die klassische Periode der Nationalökonomie kann man mit

[2.31] J.A. SCHUMPETER: Epochen der Dogmen- und Methodengeschichte. In: Grundriß der Sozialökonomik, I. Abteilung – Historische und theoretische Grundlagen. 1914, 2. Aufl. Tübingen 1924, S. 53

die Zeit von 1776, in welchem Jahr

[2.32] A. Smith: An Inquiry into the Nature and the Causes of the Wealth of Nations. 1776, viele Nachdrucke. Standardausgabe hg. v. E. Cannan, London 1904, ebenfalls mehrmals nachgedruckt.
Deutsch: Der Wohlstand der Nationen. Eine Untersuchung seiner Natur und seiner Ursachen. Hg. von H. C. Recktenwald (für 1974 angekündigt).

erstmals erschien, bis 1848 ansehen:

[2.33] J. S. Mill: Principles of Political Economy with Some of Their Applications to Social Philosophy. 1848, viele Nachdrucke.
Deutsch: Grundsätze der politischen Ökonomie mit einigen ihrer Anwendungen auf die Sozialphilosophie. Jena 1921. 2 Bde. XXX, 739 S. und XVIII, 737 S.

Ein drittes Hauptwerk der Klassik ist

[2.34] D. Ricardo: On the Principles of Political Economy and Taxation. 1817, viele Nachdrucke. Standardausgabe ist P. Sraffa (Hg.): The Works and Correspondence of David Ricardo. Cambridge 1953. 9 Bde. Hierin bilden die „Principles" den 1. Bd.
Deutsch: Grundsätze der politischen Ökonomie und der Besteuerung. Der hohe Preis der Edelmetalle, ein Beweis für ihre Entwertung. Hg. von F. Neumark. Frankfurt 1972. 350 S.

Die klassische Theorie wurde im 20. Jahrhundert von Alfred Marshall (1842–1924), A. C. Pigou (1877–1959) und anderen zur Neoklassik weiterentwikkelt, deren bedeutendster Vertreter heute P. A. Samuelson (geb. 1915) ist.

Die Beschäftigungstheorie der Klassiker wird wegen ihrer nachwirkenden Bedeutung in vielen modernen Lehrbüchern behandelt. Kurze Abrisse finden sich bei Hansen [2.23], S. 3–34 und Shapiro [I.28], S. 338–363, auf den das hier S. 91 abgedruckte Bild und einige Argumente zurückgehen. Elliott [5.04] beschreibt S. 61–106 das gesamte klassische System in sehr eingängiger Weise. Eine gründliche Darstellung auf elementarem Niveau zusammen mit einer Gegenüberstellung der Hypothesen der Klassiker und Keynes bietet Ackley [I.26], S. 105–207. Über Quantitätsgleichung und -theorie vgl. auch Brooman [I.27], S. 235–244. Grundlagenkritik am klassischen Modell vom Standpunkt der Wissenschaftstheorie übt Albert [1.35], besonders S. 49ff. und S. 75ff. Eine Übersicht über die von den klassischen Annahmen und Folgerungen abweichenden zeitgenössischen Ansichten gibt

[2.35] B. A. Corry: The Theory of the Economic Effects of Government Expenditure in English Classical Political Economy. Economica, Vol. 25, 1958, S. 34–48.

Der bedeutendste Theoretiker vor Marx, der von der Klassik abweichende Ansichten vertrat, war

[2.36] Th. R. Malthus: Principles of Political Economy. London 1820. Neudruck New York 1951.
Deutsch: Grundsätze der Politischen Ökonomie mit Rücksicht auf ihre praktische Anwendung. Berlin 1910. XVI, 578 S.

Seine Beschäftigungstheorie erscheint in Buch 2 dieses Werkes.
Das Hauptwerk von Marx erschien in drei Bänden 1867, 1885 und 1894. Eine neue Ausgabe ist

[2.37] K. Marx: Das Kapital. Kritik der Politischen Ökonomie. 3 Bde. In: MEW, Bde 23, 24, 25.

Die durch dieses Werk und die anderen Schriften von MARX hervorgerufene Literatur ist unübersehbar. Einige Darstellungen seines Modells, in denen jeweils auch die Beschäftigungstheorie ausführlich behandelt wird, sind

[2.38] P. M. SWEEZY: The Theory of Capitalist Development. Principles of Marxian Political Economy. New York 1942. XIV, 398 S.
Deutsch: Theorie der kapitalistischen Entwicklung. Eine analytische Studie über die Prinzipien der Marxschen Sozialökonomie. Köln 1959. XVIII, 302 S.

[2.39] J. ROBINSON: An Essay on Marxian Economics. 1942, 2. Aufl. London 1966. XXIV, 103 S.

[2.40] M. WOLFSON: A Reappraisal of Marxian Economics. New York u. a. 1966. XII, 220 S.

[2.41] A. BALINKY: Marx's Economics. Origin and Development. Lexington 1970. XIV, 178 S.

Drittes Kapitel

Gesamtwirtschaftliche Expansions- und Kontraktionsprozesse

Der Wirtschaftsprozeß läuft in der Zeit ab; er kann als Folge von Reaktionen der Wirtschaftssubjekte auf sich ändernde Umstände gesehen werden. In diesem Kapitel wird gezeigt, wie es dabei zu sich aufschaukelnden Expansions- und Kontraktionsprozessen des Sozialprodukts kommen kann. Dazu wird zunächst ein typischer Konjunkturzyklus beschrieben, ein allgemeines Schema für diesen festgelegt und der Konjunkturverlauf in der Bundesrepublik seit 1951 gezeigt. Es folgen Verlaufsanalysen von Expansionsprozessen, die mit Zahlenbeispielen illustriert werden und bei denen auch die Frage geklärt wird, weshalb die in jedem Zeitraum realisierte Investition gleich der Ersparnis ist, auch wenn die entsprechenden Plangrößen voneinander abweichen. In Teil II werden einige Aspekte der wirtschaftlichen Tätigkeit öffentlicher Haushalte in die Betrachtung einbezogen. Der Zusammenhang zwischen Steueraufkommen und Sozialprodukt wird mit der Hypothese einer Steueraufkommensfunktion beschrieben, und es werden die Einflüsse öffentlicher Verbrauchs-, Investitions- und Transferausgaben einerseits und der Steuererhebung anderseits auf Expansions- und Kontraktionsprozesse des Sozialprodukts erörtert. In Teil III geschieht das gleiche in bezug auf den Außenhandel, wobei die Importfunktion eingeführt und einige wirtschaftspolitische Folgerungen gezogen werden. In Teil IV wird angenommen, daß die Investitionstätigkeit von der Entwicklung des Sozialprodukts abhängt und gezeigt, daß es bei bestimmten Verhaltensweisen der Konsumenten und Investoren zu Schwankungen des Sozialprodukts kommen kann, die nicht zu einem neuen Gleichgewichtszustand führen. Das dabei benutzte Modell bildet den Ausgangspunkt der modernen Konjunkturtheorie.

I. Wirkungen autonomer Ausgabenänderungen privater Sektoren

1. Statische versus dynamische Analyse. In Teil IV des zweiten Kapitels wurden die Bedingungen ermittelt, unter denen die aggregierten Wirtschaftspläne der Wirtschaftssubjekte während einer Planperiode miteinander vereinbar sind. Dazu wurden jeweils einige wichtige Verhaltensfunktionen ausgewählt und mit Gleichgewichtsbedingungen zu Modellen zusammengestellt, deren Lösungen diejenigen Werte der endogenen Variablen angeben, bei denen in dem betrachteten Zeitraum gesamtwirtschaftliches Gleichgewicht herrscht. Es zeigte sich, daß diese Werte durch die Verhaltensparameter und die exogenen Variablen bestimmt werden; und daß es Konstellationen der Verhaltensparameter und exogenen Variablen gibt, bei denen keine oder keine ökonomisch sinnvollen Gleichgewichtswerte der endogenen Variablen existieren.

Hat man für eine gegebene Konstellation der Verhaltensparameter und exogenen Variablen die Gleichgewichtswerte der endogenen Variablen ermittelt, so erhebt sich als nächste Frage: Was geschieht, wenn eine Gruppe von Wirtschaftssubjekten ihr Verhalten autonom ändert? Beispielsweise können Investoren beschließen, ihre Investitionstätigkeit zu verstärken; private Haushalte können aus jedem Einkommen weniger konsumieren; oder öffentliche Haushalte erhöhen ihre laufenden Budgetdefizite. Solche Änderungen im Verhalten einer Gruppe von Wirtschaftssubjekten bedeuten, daß sich die Werte von Daten und/oder Zielvariablen für andere Gruppen ändern, worauf diese in bestimmter Weise reagieren. Diese Reaktionen bedeuten wiederum Änderungen der Werte von Daten und/ oder Zielvariablen für weitere Gruppen und rufen damit ihrerseits Reaktionen hervor, und so fort. Die autonome Änderung einer gleichgewichtsbestimmenden Größe setzt also Reaktionen in Gang, die im Zeitablauf aufeinander folgen und erst beendet sind, wenn eine neue Gleichgewichtssituation erreicht ist. Ob dies der Fall ist, hängt von dem jeweiligen Verhalten ab. Während es also in der Analyse des vorigen Kapitels darum ging, Gleichgewichtswerte für die Variablen während eines Zeitraums zu finden, steht nunmehr die Frage im Vordergrund, welche Werte die Variablen im Zeitablauf nacheinander annehmen. In manchen Fällen werden auch nur Gleichgewichtszustände verglichen, die durch unterschiedliche Kombinationen der exogenen Variablen und Verhaltensparameter bestimmt werden. Gegenstand dieses Kapitels sind also Prozeß- und Vergleichsanalysen gemäß der S. 33–35 gegebenen Einteilung.

2. Der Konjunkturzyklus.

Ein Prozeß der Zunahme des Sozialprodukts könnte wie folgt ablaufen. Angenommen, in einer Volkswirtschaft erfolge eine Erhöhung der Konsumgüternachfrage. Dies wird zunächst die Lagerbestände der Unternehmen an Fertigwaren verkleinern. Sind noch nicht alle Produktionsfaktoren voll beschäftigt, so ergibt sich daraus ein Anreiz, mehr zu produzieren und damit das Angebot zu vergrößern, wozu jedoch zusätzliche Arbeitskräfte eingestellt werden müssen. Damit wird ein erster Vorgang ausgelöst, der auf die Konsumgüternachfrage zurückwirkt: Aus dem erhöhten Arbeitnehmereinkommen wird mehr Nachfrage ausgeübt. Mit der erhöhten wirtschaftlichen Aktivität steigt das Aufkommen der meisten Steuern, was auch die öffentlichen Haushalte veranlaßt, mehr Güter nachzufragen. Auch dies erhöht die Gesamtnachfrage weiter. Mit dem Sozialprodukt steigt der Bedarf an Transaktionsgeld. Die verstärkte Kreditnachfrage der Produktionsunternehmen wird von den Banken befriedigt, womit die Geldmenge zunimmt. Da mit steigender Güternachfrage bei zunächst noch konstanten Preisen und Lohnsätzen die Kapazitätsauslastung der dauerhaften Produktionsmittel erhöht wird, steigen auch die Gewinne, was die Konsumgüternachfrage der Gewinnempfängerhaushalte zunehmen läßt. Die nun schon aus mehreren Quellen wachsende Nachfrage stößt zunächst auf einzelnen, dann auf immer mehr Märkten auf ein Angebot, das kurzfristig nicht mehr ausgedehnt werden kann. Die Folge sind Preissteigerungen, bei dauerhaften Gütern auch Verlängerungen von Lieferfristen. Mit steigenden Preisen steigen auch die Gewinne weiter, gleichzeitig erheben jedoch die Gewerkschaften Lohnforderungen, um die infolge der Preissteigerungen eingetretenen Realeinkommensverluste auszugleichen und an der Zunahme des Sozialprodukts teilzuhaben. Solche Forderungen lassen sich um so leichter durchsetzen, als die Anbieter daraufhin mit Aussicht auf Erfolg versuchen können, Preise weiter zu erhöhen. Die steigenden Arbeitnehmereinkommen vergrößern die Nachfrage auf den Konsumgütermärkten weiterhin. Gleichzeitig entsteht jedoch ein mächtiger Anreiz, angesichts der aufgetretenen Produktionsengpässe den Produktionsapparat zu vergrößern, also zu investieren, um das Angebot auszudehnen und gleichzeitig die teurer gewordenen Arbeitsleistungen teilweise durch Nutzung von Realkapital ersetzen zu können. Das erhöht die Beschäftigung und das Einkommen in den Investitionsgüterindustrien, führt auch von dort her zu weiteren Nachfragesteigerungen und verstärkt die Tendenz zu Preissteigerungen. Der in der Ausgangssituation aufgetretene *Nachfrageüberhang* setzt also einen sich selbst aufschaukelnden oder *kumulativen Prozeß* der Erhöhung des Sozialprodukts in Gang. Ein solcher Prozeß heißt *Konjunkturaufschwung*. Er ist dadurch gekennzeichnet, daß sich eine große Zahl ökonomischer Variabler wie Sozialprodukt, Beschäftigung, Einkommen, Geldmenge, Preise, Lohnsätze, Steueraufkommen und andere gemeinsam aufwärts bewegen.

Unter den heutigen Bedingungen wird ein solcher Prozeß durch wirtschaftspolitische Eingriffe gebremst, sobald die Preissteigerungen ein gewisses Maß überschreiten oder andere unerwünschte Wirkungen auftreten, wie etwa größere Defizite in der Handels- oder in der Devisenbilanz. Aber auch ohne solche Eingriffe kann der Prozeß zum Stillstand kommen. So kann beispielsweise das Bankensystem an die Grenze seiner Kredit- und damit Geldschöpfungsmöglichkeit gelangen. Da zur Abwicklung der mit dem Sozialprodukt zunehmenden Zahlungen weiterhin mehr Geld gebraucht wird, werden Wirtschaftssubjekte versuchen, sich dies durch Wertpapierverkäufe zu beschaffen. Das muß deren Kurse senken, die Zinssätze erhöhen und kann damit die Investitionstätigkeit dämpfen. Soweit im Spätstadium des Konjunkturaufschwungs Preise schneller steigen und Lieferfristen länger werden als bei ausländischen Handelspartnern, wird der Export gebremst und der Import gefördert. Verringern sich somit wegen der Zinssteigerung die Zuwachsraten der Investitionsgüternachfrage und wegen der Preissteigerungen die der Exportgüternachfrage, während das ausländische Angebot im Inland zunimmt, kann es zum *oberen* *Wendepunkt* des Konjunkturzyklus kommen, von dem aus ein kumulativer Schrumpfungsprozeß einsetzt. Zunächst stagnieren die Investitionen, da schon die Investitionstätigkeit während des Aufschwungs neue Kapazitäten geschaffen hat, deren volle Ausnutzung durch Produktion und Absatz nun weniger sicher erscheint. Die Gewerkschaften haben inzwischen weitere Lohnerhöhungen durchgesetzt, und die freiwillige übertarifliche Bezahlung hat zugenommen. Die Überwälzung auf die Preise ist jetzt jedoch nicht mehr so leicht, so daß die Gewinne schrumpfen. Damit sinken auch die Gewinnerwartungen, und die Investitionen gehen zurück. Der zunächst auf einzelnen Märkten eintretende und sich später ausbreitende Nachfragerückgang zwingt die Unternehmen zur Einschränkung der Produktion. Die Einkommen und damit die Konsumausgaben gehen zurück, die Nachfrage nach Investitionsgütern verringert sich weiter, da nun erst recht keine Veranlassung mehr besteht, die Erzeugungskapazitäten auszudehnen; das Steueraufkommen der öffentlichen

Haushalte und damit deren Nachfrage sinkt, und so fort. Ein solcher Schrumpfungsprozeß heißt *Konjunkturabschwung*.

Der Abschwung kann aus Gründen zum Stillstand kommen, die den Ursachen für das Ende eines Konjunkturaufschwungs entsprechen. Infolge des allgemeinen Nachlassens der wirtschaftlichen Aktivität wird Transaktionsgeld freigesetzt. Bei den noch herrschenden hohen Zinssätzen wünschen die Wirtschaftssubjekte jedoch kein zusätzliches Spekulationsgeld zu halten. Sie fragen daher zusätzlich Wertpapiere nach, erhöhen dadurch deren Kurse und drücken die Zinssätze solange, bis die Geldhaltung den niedrigeren Zinssätzen entspricht. Dies erhöht der Tendenz nach die Investitionen. Da während des Abschwungs ferner die Preissteigerungen zum Stillstand gekommen sind oder einige Preise sogar sinken, ändert sich auch die Situation im Außenhandel. Die inländischen Anbieter geraten sowohl auf den Auslands- wie auf den Inlandsmärkten in eine bessere Wettbewerbsposition, was den Export steigert und den Import drosselt. Schließlich können private Haushalte entdecken, daß angesichts gesunkener Preise der reale Wert ihrer Geldbestände gestiegen ist, was die Konsumgüternachfrage beleben kann. Sobald diese und andere Faktoren genügend stark sind, kommt es zum *unteren Wendepunkt*: Der Schrumpfungsprozeß hört auf, die gesamtwirtschaftliche Endnachfrage nimmt zu, und es beginnt ein neuer kumulativer Expansionsprozeß.

Der so in groben Zügen geschilderte Ablauf wurde in den entwickelten Ländern in der Zeit vor dem ersten Weltkrieg so häufig beobachtet, daß man ihn für ein dem System der kapitalistischen Marktwirtschaft immanentes Bewegungsgesetz hielt und ihm einen eigenen Namen gab: Konjunkturzyklus (vgl. auch die MARXsche Sicht dieses Systems, S. 95 – 104).Der Wirtschaftsprozeß verlief danach in aufeinanderfolgenden Konjunkturzyklen mit einer Länge von sieben bis elf Jahren.[1] Ein einzelner Zyklus erstreckt sich von einer bestimmten Konjunktursituation bis zur Wiederkehr dieser Situation, womit der nächste Zyklus beginnt. Es ist gleichgültig, wie man diese Situation wählt, um einen bestimmten Zyklus herauszuschneiden und zu untersuchen. Läßt man ihn wie in der Schilderung

Bild 3.1 – *Schematische Darstellung eines Konjunkturzyklus*

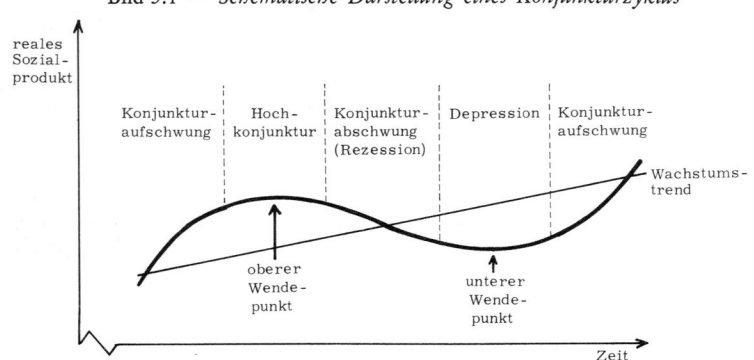

---

[1] So in Deutschland von 1843 bis 1913 nach A. SPIETHOFF: Die wirtschaftlichen Wechsellagen. Aufschwung, Krise, Stockung. I: Erklärende Beschreibung. Tübingen u. a. 1955, S. 146f.

122

zu Beginn dieses Abschnitts mit der Mitte des Aufschwungs beginnen, so kann er beispielsweise wie in Bild 3.1 graphisch dargestellt werden (S. 122).[2] Die einzelnen *Konjunkturphasen* werden gewöhnlich in der aus dem Bild ersichtlichen Weise benannt. Der Konjunkturaufschwung kulminiert in der *Hochkonjunktur*, in der es zum oberen Wendepunkt kommt. Das Spätstadium der Hochkonjunktur geht in den Abschwung über, der zunächst *Rezession* heißt. Diese endet in der *Depression* mit dem unteren Wendepunkt, nach der der Aufschwung oder die *Erholung* einsetzt.

Für jede Konjunkturphase sind gewisse Begleiterscheinungen typisch. In der Hochkonjunktur zeigt sich Arbeitskräftemangel; Lohnsätze und industrielle Erzeugerpreise steigen; und das Sozialprodukt wächst nominal wie real relativ stark. In der Rezession kommt der Preisanstieg auf der Erzeugerstufe zum Stillstand, geht jedoch auf den Konsumgütermärkten noch weiter. Die Investitionen schwächen sich ab, die Zahl der offenen Stellen geht zurück, das Wachstum des Sozialprodukts stagniert. In der Depression herrscht erhebliche Arbeitslosigkeit, die Investitionen fallen stärker, Preise steigen nicht mehr oder fallen sogar, Lohnsätze steigen nur noch wenig. Die Erholung ist durch steigendes Sozialprodukt bei stabilen Preisen und Abnahme der Arbeitslosigkeit gekennzeichnet.

Mit den Konjunkturschwankungen geht in der Regel ein ständiges Wachstum des Sozialprodukts einher, so daß beispielsweise die unteren Wendepunkte von Mal zu Mal ein absolut höheres Niveau zeigen. Berechnet man aus dem gesamten Wachstum während eines längeren Zeitraums eine durchschnittliche jährliche Wachstumsrate, erhält man den *Wachstumstrend* des Sozialprodukts während dieser Zeit. Er ist in Bild 3.1 durch die aufsteigende Gerade angedeutet. Der Konjunkturzyklus besteht dann aus Schwingungen um einen solchen Trend, die man auch *Wachstumszyklen* nennt. *Trends* lassen sich für viele Zeitreihen berechnen, sie geben immer die langfristige Bewegungsrichtung ökonomischer Variabler an.

Bild 3.2 gibt einen Eindruck vom Konjunkturverlauf in der Bundesrepublik seit 1951. Es zeigt im oberen Teil die jährlichen Änderungsraten des Bruttosozialprodukts zu jeweiligen Marktpreisen und zu Preisen von 1962, die im wesentlichen parallel liefen. Das reale Bruttosozialprodukt stieg von 1950 bis 1960 im Bundesgebiet ohne Saarland und Berlin (West) von 143,6 Mrd. DM auf 309,4 Mrd. DM. Das entspricht einem durchschnittlichen jährlichen Wachstum von 8,0 v.H. Von 1960 bis 1973 nahm es im Bundesgebiet einschließlich Saarland und Berlin (West) von 328,4 Mrd. DM auf 590,1 Mrd. DM oder um durchschnittlich jährlich 4,6 v.H. zu. Der untere Teil des Bildes zeigt die Abweichungen der tatsächlichen Änderungsraten von ihren jeweiligen Durchschnitten. Man sieht, daß es in der Bundesrepublik trotz aller Stabilisierungsversuche bis 1973, vom oberen Wendepunkt des Jahres 1951 an gerechnet, fünf volle Konjunkturzyklen von vier- bis sechsjähriger Dauer gegeben hat. Die unteren Wendepunkte lagen in den Jahren 1954, 1958, 1963, 1967 und 1971, die oberen in den Jahren 1951, 1955, 1960, 1964, 1969 und 1973. Eine Schrumpfung des realen Sozialpro-

---

[2] Das Bild läßt erkennen, daß das Wort „Wendepunkt" in der Konjunkturlehre anders als in der Mathematik und auch in anderen Bereichen der Wirtschaftstheorie gebraucht wird. Dort versteht man unter Wendepunkt einen Punkt, in dem eine Kurve ihren Krümmungssinn wechselt. Hier dagegen sind Wendepunkte lokale Extremwerte (Maxima oder Minima) einer Zeitreihe.

dukts trat nur 1967 ein, der Konjunkturzyklus zeigte sich sonst nur in den unterschiedlich hohen Wachstumsraten. Da dies seit dem zweiten Weltkrieg eine allgemeine Erscheinung in vielen westlichen Ländern ist, spricht man auch von *zyklischem Wachstum.* Die vorstehende Definition des Konjunkturzyklus geht von der Nachfrageseite aus: Es wird die realisierte und statistisch gemessene gesamtwirtschaftliche

Bild 3.2 − *Konjunkturschwankungen in der Bundesrepublik Deutschland*[a] *1951 − 1973*

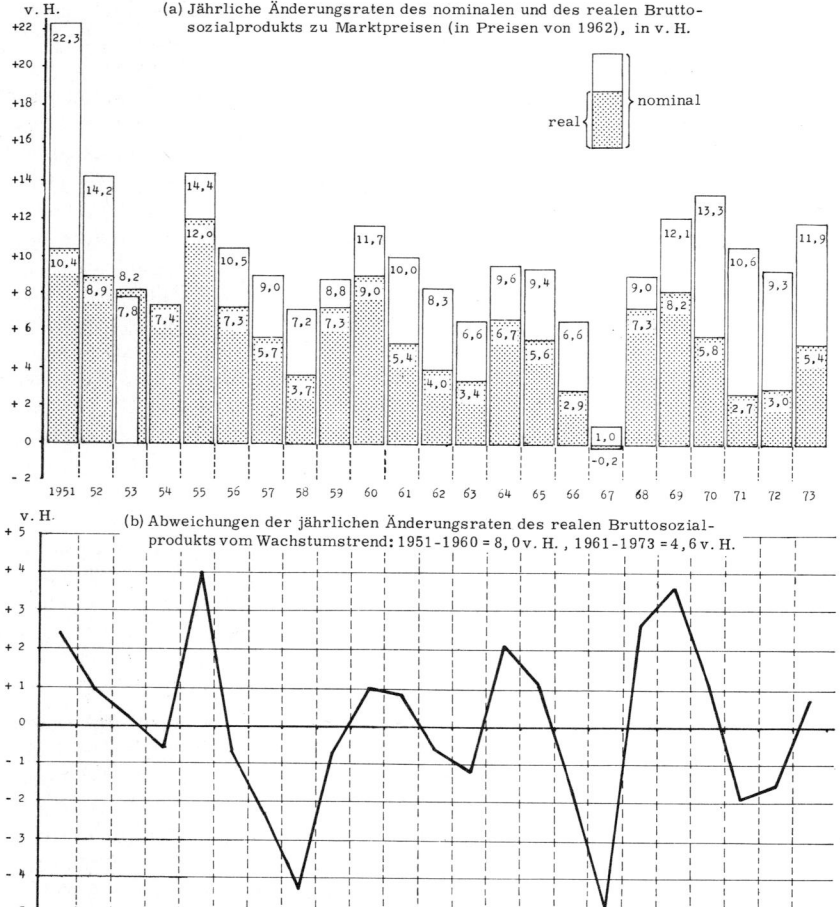

[a]1951−1960 ohne, ab 1961 mit Saarland und Berlin (West).
Quelle: Statistisches Bundesamt: Lange Reihen zur Wirtschaftsentwicklung 1973. Stuttgart u.a. 1973, S. 150f. WiSta Februar 1974, S. 61. Ab 1970 vorläufige Ergebnisse.

Endnachfrage abzüglich des Imports betrachtet. Eine erweiterte Definition bezieht die Angebotsseite in die Betrachtung ein. Es wird zu schätzen versucht, wie hoch das reale Sozialprodukt Jahr für Jahr angesichts der vorhandenen und im Zeitablauf wachsenden Produktionsmöglichkeiten sein könnte, und das realisierte Sozialprodukt wird zu diesem maximal möglichen Sozialprodukt in Beziehung gesetzt: „Konjunkturschwankungen sind Schwankungen im Auslastungsgrad des gesamtwirtschaftlichen Produktionspotentials."[3]

Es ist Aufgabe einer *Konjunkturtheorie*, die zyklischen Schwankungen des Sozialprodukts zu erklären. Die Aufgaben einer solchen Theorie haben sich gegenüber früher jedoch gewandelt. Wie aus der eben gegebenen Beschreibung der Konjunkturphasen hervorgeht, sind in den einzelnen Phasen jeweils unterschiedliche gesamtwirtschaftliche Ziele nicht erfüllt. Bei heftigen Schwankungen würde es in der Depression zu massiver Arbeitslosigkeit und in der Hochkonjunktur zu erheblichen Preissteigerungen kommen. Unter den heutigen Bedingungen kann es sich in den industrialisierten Ländern jedoch keine Regierung leisten, derartige Situationen entstehen zu lassen und auf das selbsttätige Eintreten der Wendepunkte zu vertrauen. Lange vorher muß eingegriffen werden, um Abweichungen der Zielvariablen von ihren Sollwerten oder -bereichen möglichst klein zu halten.[4] Die entsprechenden Maßnahmen gehören in den Bereich der *Konjunkturpolitik*. Da es hierbei darum geht, das Sozialprodukt möglichst gleichmäßig wachsen zu lassen, spricht man auch von *Stabilisierungspolitik*. Aufgabe der Konjunkturtheorie ist es unter diesen Umständen nicht mehr so sehr, unter der Annahme, es fänden keine Eingriffe statt, Erklärungen für einen kompletten Konjunkturzyklus einschließlich beider Wendepunkte zu liefern, sondern die einzelnen Prozesse zu erklären, die sich insgesamt zu Konjunkturauf- und abschwüngen kumulieren, sowie die Wirkungen von Stabilisierungsmaßnahmen zu erforschen. Diese beiden Aufgaben werden in den folgenden Abschnitten dieses Kapitels sowie in den Teilen des vierten und sechsten Kapitels behandelt, die sich mit konjunkturpolitischen Maßnahmen befassen.

3. Verlaufsanalyse eines expansiven Multiplikatorprozesses. Auch bei der Analyse von Expansionsprozessen ist es zweckmäßig, zunächst von dem einfachsten Fall einer Volkswirtschaft ohne staatliche ökonomische Tätigkeit und ohne Auslandstransaktionen auszugehen. Gütermarktgleichgewicht herrscht in einer solchen Volkswirtschaft, wenn

$$Y_t = C_t + I_t^n \tag{3.1}$$

gilt, wenn also der Wert des gesamten Güterangebots während eines Zeitraums t gleich dem Wert der gesamten Konsum- und Investitionsgüternachfrage während desselben Zeitraums ist. Da es nach Annahme weder indirekte Steuern noch Subventionen gibt, ist das Nettosozialprodukt zu Marktpreisen gleich dem Nettosozialprodukt zu Faktorkosten (Volkseinkommen). Der betrachtete Zeitraum sei ein Monat. Es möge sich nun aus dieser Gleichgewichtssituation heraus die Investition I^n während eines Monats um den Betrag ΔI^n erhöhen und anschließend wieder die ursprüngliche Höhe annehmen. (Im folgenden wird das Superskript

---

[3] SR-Gutachten 1968/69, Ziffer 31. – Die Messung der Erzeugungskapazität des Produktionsapparats wurde in VRW[3], S. 69 als einer der Zwecke von Volksvermögensrechnungen genannt.

[4] Einen Vergleich der Sollwerte und -bereiche gesamtwirtschaftlicher Zielvariabler in der Bundesrepublik mit ihren Istwerten für die Jahre 1960–1971 enthält VRW[3], S. 121–125.

n an I und ΔI zur Vereinfachung weggelassen.) Will man die Wirkung dieses einmaligen Investitionsstoßes auf das Sozialprodukt im Zeitablauf, hier also Monat für Monat, verfolgen, müssen Hypothesen über die Reaktionen von Anbietern und Nachfragern auf die eingetretene Ungleichgewichtssituation aufgestellt werden. Die Nachfragesteigerung für Investitionsgüter wird als autonom angenommen, in diesem Modell also nicht erklärt. Die Anbieter von Investitionsgütern mögen korrekt antizipieren, daß die Nettoinvestition nur während eines Monats um ΔI steigt und danach wieder auf das Ausgangsniveau fällt. Die privaten Haushalte erhalten aufgrund der zusätzlichen Produktion von Investitionsgütern eine Einkommenssteigerung. Wichtigstes Kennzeichen einer Verlaufsanalyse ist nun, daß Reaktionsverzögerungen (vgl. Punkt 13 des Denkansatzes, S. 19) in ihr ausdrücklich berücksichtigt werden. Dementsprechend sei angenommen, daß die Haushalte eine Einkommenserhöhung in einem Monat jeweils im nächsten Monat teilweise zu einer Erhöhung ihrer Konsumausgaben verwenden. Ihre Konsumfunktion hat dann die allgemeine Form

$$C_t = f\,(Y_{t-1}),\, \text{worin } 0 < \frac{dC_t}{dY_{t-1}} < 1. \tag{3.2}$$

Sie reagieren also mit einer *Verzögerung* von einer Periode, hier von einem Monat, auf Einkommenserhöhungen. Man nennt die Verzögerung zwischen Einkommensempfang und Konsumausgaben vielfach die *ROBERTSON-Verzögerung*.[5] Zur Vereinfachung sei zunächst angenommen, daß die Anbieter von Konsumgütern ohne Verzögerung auf Änderungen der Konsumgüternachfrage reagieren, ihre Produktion also ständig an diese anpassen. Ferner sei unterstellt, daß alle Nachfragesteigerungen bei konstanten Preisen zu gleich großen Produktionssteigerungen führen, daß also bei den betroffenen Anbietern genügend freie Produktionskapazitäten vorhanden sind. Auch möge die Investitionstätigkeit von Nachfrageänderungen nicht berührt werden.

Das Sozialprodukt entwickelt sich unter diesen Voraussetzungen im Zeitablauf wie folgt. Im ersten Monat steigt es, von der Verwendungsseite gesehen, um den Betrag ΔI_1. Um den gleichen Betrag steigen in diesem Monat die Einkommen derjenigen privaten Haushalte, die die bei der Produktion der zusätzlichen Investitionsgüter eingesetzten Produktivleistungen zur Verfügung gestellt haben. Im zweiten Monat geht die Investition wieder auf ihre ursprüngliche Höhe zurück, ΔI_2 ist also gleich null. Die Einkommenserhöhung des ersten Monats veranlaßt die Haushalte jedoch, im zweiten Monat mehr Konsumgüter nachzufragen. Ein Teil des Mehreinkommens des ersten Monats wird zwar gespart, aber der größere Teil wird im zweiten Monat zum Kauf von Konsumgütern ausgegeben und erhöht demgemäß in diesem Monat das Einkommen der bei der Produktion der betreffenden Güter beteiligten Haushalte. Diese werden durch die im zweiten Monat erhaltene Einkommenserhöhung veranlaßt, ihrerseits im dritten Monat mehr Konsumgüter nachzufragen und dadurch Einkommenserhöhungen zu bewirken. Diese führen im vierten Monat zu Nachfragesteigerungen, und so fort. Der einmalige Investitionsstoß bewirkt (oder induziert) also in den folgenden Monaten, verglichen mit der Ausgangssituation, Erhöhungen der Konsumgüter-

---

[5] DENNIS H. ROBERTSON (1890–1963), englischer Nationalökonom, führte sie 1926 in seinem Buch „Banking Policy and the Price Level" ein.

nachfrage und damit des Sozialprodukts. Die Einkommenserhöhungen werden jedoch sukzessiv kleiner, da sie jeweils nicht in voller Höhe, sondern nur zum Teil in Gestalt einer erhöhten Konsumgüternachfrage weitergegeben werden. Der Prozeß läßt sich an einem Zahlenbeispiel so verdeutlichen. Im Ausgangsgleichgewicht bei $t = 0$ betrage das Volkseinkommen 500 GE (Geldeinheiten, etwa Mrd. DM), der Konsum 430 GE und die Investition 70 GE:

$$Y_0 = C_0 + I_0 \qquad (3.3)$$
$$500 = 430 + 70.$$

Alle Haushalte mögen eine marginale Konsumquote von 0,8 haben, geben also 80 v.H. einer Einkommenserhöhung im folgenden Monat zusätzlich für Konsumzwecke aus. C^a sei gleich 30. Die Konsumfunktion ist dann

$$C_t = C^a + c \cdot Y_{t-1} \qquad (3.4)$$
$$C_t = 30 + 0,8\ Y_{t-1}.$$

Der einmalige Investitionsstoß habe die Höhe von 20 und geschehe im ersten Monat: $\Delta I_1 = 20$. Es ergeben sich dann im Zeitablauf folgende Werte für das Sozialprodukt und seine Komponenten:

Tabelle 3.1 – *Die zeitliche Entwicklung des Sozialprodukts als Folge einer einmaligen Erhöhung der Investition*

Zeile	Gesamtwirtschaftliche Variable	Periode							
		0	1	2	3	4	5	6	...
1	Investition der Ausgangssituation	70	70	70	70	70	70	70	...
2	Zusätzliche Investition	–	20	–	–	–	–	–	...
3	Gesamte Investition	70	90	70	70	70	70	70	...
4	Konsum der Ausgangssituation	430	430	430	430	430	430	430	...
5	Induzierte Konsumerhöhung	–	–	16	12,8	10,2	8,2	6,6	...
6	Gesamter Konsum	430	430	446	442,8	440,2	438,2	436,6	...
7	Sozialprodukt $Y = C + I$	500	520	516	512,8	510,2	508,2	506,6	...

Der Investitionsstoß von 20 GE (Zeile 2) in Periode 1 führt in dieser Periode zu einer Einkommenserhöhung um den gleichen Betrag (Zeile 7). Hierdurch werden die privaten Haushalte in Periode 2 veranlaßt, 80 v.H. des Mehreinkommens gleich 16 GE zu Mehrnachfrage nach Konsumgütern zu verwenden (Zeile 5). Dadurch erhöht sich das Volkseinkommen in dieser Periode, verglichen mit der Ausgangsperiode 0, um 16 Einheiten (Zeile 7), nimmt gegenüber der Vorperiode 1 jedoch ab. Wiederum 80 v.H. des Mehreinkommens werden in Periode 3 zu Mehrkonsum in Höhe von 12,8 GE verwendet, und so fort. Der Prozeß kann beliebig lange verfolgt werden. Das Volkseinkommen nähert sich immer mehr dem Wert von 500, den es in der Ausgangssituation innehatte. Gemäß der S.

35 gegebenen Definition ist das Ausgangsgleichgewicht also stabil. Die Tabelle enthält Plangrößen der Nachfrager, die sich wegen der nach Annahme unverzögerten Reaktionen der Anbieter auch realisieren, also zu Ex-post-Werten werden. Was geschieht, wenn die Investition nach Periode 1 nicht wieder zum Ausgangsniveau zurückkehrt, sondern auf dem höheren Stand $I + \Delta I$ verharrt? Dieser Fall kann so interpretiert werden, daß nunmehr in jeder Periode ein erneuter Investitionsstoß erfolgt. Unter den bisherigen Annahmen setzt jeder dieser Stöße den in Tabelle 3.1 dargestellten Prozeß in Gang, wobei sich die induzierten Konsumerhöhungen kumulieren. Tabelle 3.2 enthält den Beginn dieses Prozesses:

Tabelle 3.2 – *Die zeitliche Entwicklung des Sozialprodukts als Folge einer dauerhaften Erhöhung der Investition*

Zeile	Gesamtwirtschaftliche Variable	Periode							
		0	1	2	3	4	5	6	...
1	Investition der Ausgangssituation	70	70	70	70	70	70	70	...
2	Zusätzliche Investition	–	20	20	20	20	20	20	...
3	Gesamte Investition	70	90	90	90	90	90	90	...
4	Konsum der Ausgangssituation	430	430	430	430	430	430	430	...
5	Konsumerhöhung, induziert durch ΔI_1	–	–	16	12,8	10,2	8,2	6,6	...
6	... durch ΔI_2	–	–	–	16	12,8	10,2	8,2	...
7	... durch ΔI_3	–	–	–	–	16	12,8	10,2	...
8	... durch ΔI_4	–	–	–	–	–	16	12,8	...
9	... durch ΔI_5	–	–	–	–	–	–	16	...
	:	:	:	:	:	:	:	:	:
10	Gesamter Konsum	430	430	446	458,8	469	477,2	483,8	...
11	Sozialprodukt $Y = C + I$	500	520	536	548,8	559	567,2	573,8	...

Die Tabelle zeigt, in welcher Weise die dauerhafte Erhöhung des Investitionsniveaus einen *kumulativen Expansionsprozeß* des Sozialprodukts bewirkt. Von Periode 3 an treffen jeweils mehrere induzierte Konsumerhöhungen zusammen, woraus sich ein von Periode zu Periode steigendes Sozialprodukt ergibt. Die absolute Zunahme des Sozialprodukts und damit erst recht seine Wachstumsrate werden jedoch von Periode zu Periode kleiner. Es muß beachtet werden, daß die Investition nicht etwa fortlaufend zunimmt. Das Wort „zusätzliche" in Zeile 2 und das Zeichen Δ in den Zeilen 5 bis 9 beziehen sich also auf die Ausgangssituation, nicht auf die jeweilige Vorperiode.

Die nächste Frage ist, ob und wann dieser Prozeß ein Ende findet. In der Ausgangssituation herrschte gesamtwirtschaftliches Makrogleichgewicht, in ihr war also die geplante Investition gleich der geplanten Ersparnis. Durch die autonome Erhöhung der Investition trat ein Ungleichgewicht ein, in dem die Investition ex ante größer war als die Ersparnis ex ante. Das liegt daran, daß die Haushalte ihre Konsumausgaben und damit ihre Ersparnis an ihrem in der Vorperiode erzielten Einkommen ausrichten: Die für Periode 1 geplante Ersparnis mußte dann kleiner sein als die in dieser Periode gestiegene Investition. Dies gilt, obwohl nach Annahme auf den Gütermärkten Gleichgewicht zwischen monetärer Nachfrage und monetärem Angebot herrscht: Gütermarktgleichgewicht kann also bei verzögerten Reaktionen mit IS-Ungleichgewicht einhergehen. Steigendes Volkseinkommen gemäß dem in Tabelle 3.2 beschriebenen Prozeß hat jedoch mit steigendem Konsum auch steigende Ersparnis zur Folge. Wenn also durch den Expansionsprozeß des Volkseinkommens auch die geplante Ersparnis erhöht wird, ist ein neues Gleichgewicht offenbar dann erreicht, wenn das Volkseinkommen so hoch gestiegen ist, daß die gemäß der Sparfunktion aus diesem Einkommen getätigte Ersparnis ebenso groß ist wie die Investition auf ihrem höheren Niveau. Aus dieser Überlegung folgt, daß der Expansionsprozeß des Volkseinkommens unter diesen Annahmen ein Ende finden muß, wenn auch, streng genommen, erst nach unbegrenzt vielen Perioden, wobei die Zuwächse immer kleiner werden. Vorausgesetzt wird dabei allerdings, daß die marginale Sparquote größer als null ist. Ist sie gleich null, so führt eine noch so große Zunahme des Volkseinkommens nicht zu einer Zunahme der Ersparnis. In diesem Fall existiert kein Gleichgewichtseinkommen.

Die Frage nach der Höhe des neuen Gleichgewichtseinkommens läßt sich am besten mit Hilfe eines Gleichungssystems lösen. In jeder Periode t gilt

$$Y_t = C_t + I_t^a. \tag{3.5-I}$$

Die dem Zahlenbeispiel zugrundegelegte Konsumfunktion ist

$$C_t = 30 + 0,8\ Y_{t-1}. \tag{3.5-II}$$

Sie besagt, daß der für die Periode t geplante Konsum vom Einkommen der Vorperiode $t-1$ abhängt, und zwar derart, daß die Haushalte 80 v.H. des Einkommens der Vorperiode zuzüglich 30 Einheiten, die vom Einkommen unabhängig sind, für Konsumzwecke ausgeben. Die Konsumfunktion (3.5-II) unterscheidet sich von der Konsumfunktion (2.11) S. 47 durch die Annahme der verzögerten Reaktion (abgesehen vom Unterschied zwischen verfügbarem Einkommen und Volkseinkommen). Bei einem Volkseinkommen von 500, wie es für die Ausgangssituation angenommen wurde, beträgt der Konsum also 430, die Ersparnis 70. Bei der ebenfalls angenommenen Investition von 70 herrscht mithin Gleichgewicht. Setzt man Gleichung (3.5-II) in (3.5-I) ein, erhält man

$$Y_t = 30 + 0,8\ Y_{t-1} + I_t^a. \tag{3.6}$$

Bei $I^a = 70$ ist der Gleichgewichtswert für Y 500, wie durch Einsetzen nachzuprüfen ist. Y_t ist in diesem Fall gleich Y_{t-1}. Steigt die Investition nun auf 90, und verharrt sie auf diesem Niveau, so muß das Volkseinkommen zur Erreichung eines neuen Gleichgewichts soweit steigen, bis die Ersparnis als Differenz zwischen Volkseinkommen und Konsum ebenfalls 90 beträgt. Dies ist bei den angenommenen Zahlenwerten bei $Y = 600$ der Fall. Da die dauerhafte Erhöhung der Investition um 20 bei einer marginalen Konsumquote von 0,8 eine Steigerung des Volkseinkommens um 100, also um ein Mehrfaches, bewirkt, nennt man den beschriebenen Prozeß einen *Multiplikatorprozeß*. Er kommt zustande, weil jede einzelne Investitionssteigerung gegenüber der Ausgangssituation in allen folgenden Perioden Konsumsteigerungen induziert, die sich kumulieren, wenn die Investition auf ihrem höheren Niveau beibehalten wird.

4. Investition und Ersparnis ex ante und ex post. Die beiden in den Tabellen 3.1 und 3.2 dargestellten Prozesse verlaufen so unter der Annahme, daß sich sowohl die Produzenten von Investitions- als auch die von Konsumgütern an Nachfrageänderungen ohne Verzögerungen mit ihrem Angebot anpassen. Wegen der verzögerten Reaktion der Haushalte in bezug auf ihre Konsumausgaben ist jedoch während des in Tabelle 3.2 dargestellten, durch eine dauerhafte Erhöhung der Investition ausgelösten Prozesses die für jede einzelne Periode t geplante Investition $*I_t$ größer als die für die gleiche Periode geplante Ersparnis $*S_t$ (mit Ausnahme der Ausgangsperiode 0. Zur Verdeutlichung seien hier Ex-ante-Größen wieder durch einen Stern gekennzeichnet.) Bildet man aus der Konsumfunktion (3.5-II) nach dem Muster der Gleichungen (2.12) und (2.14) S. 47 die zugehörige Sparfunktion

$$*S_t = -30 + 0,2\ Y_{t-1} \tag{3.7}$$

(das Volkseinkommen der Vorperiode Y_{t-1} ist eine Ex-post-Größe und trägt daher keinen Stern), so ergibt sich durch Einsetzen, daß $*S_t$ für alle Werte von $Y_{t-1} < 600$ kleiner als 90 ist. In dem Zahlenbeispiel der Tabelle 3.2 ist jedoch die Investition ex ante von Periode 1 an gleich 90 (Zeile 3), während das Volkseinkommen während des gesamten Expansionsprozesses kleiner als 600 bleibt (Zeile 11) und diesen Wert erst im neuen Gleichgewichtszustand erreicht. Nun wird im Volkswirtschaftlichen Rechnungswesen gezeigt, daß die Investition ex post in jeder Periode gleich der Ersparnis ex post sein muß.[6] Es entsteht daher die Frage, auf welche Weise es ständig zu dieser Ex-post-Gleichheit kommen kann, obwohl die entsprechenden Plangrößen während des gesamten Expansionsprozesses voneinander abweichen. Die Antwort lautet: Die Angleichung der geplanten an die realisierte Investition oder der geplanten an die realisierte Ersparnis geschieht dadurch, daß sich bei irgendwelchen Wirtschaftssubjekten eine positive oder negative *ungeplante Investition* oder *ungeplante Ersparnis* ergibt.

Im Zahlenbeispiel der Tabelle 3.2 läßt sich dies wie folgt zeigen, wenn man irgendeine Periode während des Expansionsprozesses betrachtet. So planen etwa die Investoren in Periode 2 eine Investition von 90 und die privaten Haushalte gemäß der Funktion (3.7) auf Grund des Sozialprodukts der Vorperiode von 520 eine Ersparnis von 74. Da jedoch nach der zu Beginn dieses Abschnitts gemachten Annahme die Produzenten sowohl der Investitions- als auch der Konsumgüter die jeweilige Nachfrage ohne Verzögerung befriedigen, werden in Periode 2 Güter im Gesamtwert von 536 GE hergestellt: Investitionsgüter im Wert von 90 und Konsumgüter, gemäß der Konsumfunktion (3.5-II), im Wert von 446. Da das Volkseinkommen ebenso hoch ist, jedoch nur für 446 GE Konsumgüter gekauft wurden, muß der Rest von 90 GE gespart worden sein. Davon waren 74 GE geplant, der Rest von 16 ist ungeplante Ersparnis.

Hiermit ist jedoch nur eine von mehreren Möglichkeiten genannt. Eine wichtige Modifikation der eingangs gemachten Annahme besteht in der Hypothese,

---

[6] Vgl. VRW³, S. 96, 104f.

daß die Produzenten der Konsumgüter auf Änderungen der Konsumgüternachfrage ebenfalls mit einer Verzögerung von einer Periode reagieren. Eine solche Hypothese ist um so plausibler, je kürzer die für die Analyse gewählten Zeiträume sind. Man nennt die Verzögerung zwischen Nachfrage- und Produktionsänderungen häufig die LUNDBERG-*Verzögerung*.[7] Die Hypothese bedeutet, daß in jeder Periode während des Expansionsprozesses die Konsumgüternachfrage auf ein Angebot trifft, das gleich der Nachfrage der Vorperiode und damit kleiner ist. Wenn eine bestimmte monetäre Nachfrage auf ein kleineres monetäres Angebot trifft, ergibt sich eine Reihe von Möglichkeiten, von denen drei Grenzfälle sind:

– Die Anbieter verkaufen bei ungeänderten Preisen mehr Konsumgüter als geplant zu Lasten ihrer Lagerbestände;
– Die Anbieter verkaufen die von ihnen geplante Menge an Konsumgütern, setzen aber die Preise so herauf, daß das monetäre Angebot die monetäre Nachfrage erreicht;
– Die Nachfrager verzichten auf die Ausübung ihrer Nachfrage in der betreffenden Periode, es können sich Lieferfristen bilden oder länger werden.

Im Zahlenbeispiel trifft in Periode 2 eine monetäre Nachfrage nach Konsumgütern von 446 GE auf ein monetäres Angebot von 430 GE. Tritt der zuerst genannte Fall ein, so verkaufen die Anbieter für 16 GE mehr Konsumgüter als geplant aus ihren Lagerbeständen. Der volkswirtschaftliche Gesamtrechner stellt nach Ablauf von Periode 2 fest, daß die realisierte Investition infolge der Verkleinerung der Lagerbestände nur 74 betragen hat. Diese Investition ex post ist also das Resultat einer geplanten Investition von 90 und einer ungeplanten negativen Investition von 16. Die für Periode 2 gemäß Gleichung (3.7) geplante Ersparnis in Höhe von 74 ist dagegen voll realisiert, die Ex-post-Gleichheit beider Größen hat sich hergestellt. Das Sozialprodukt beträgt 520 GE (die Angaben der Tabelle 3.2 gelten für diesen Fall nicht mehr), jedoch bedeutet die ungeplante Verringerung der Lagerbestände einen Anreiz, sie wieder aufzufüllen, so daß die Produktion und damit in der nächsten Periode auch das Angebot steigt.

In dem zweiten Grenzfall werden (unter Änderung einer weiteren Voraussetzung zu Beginn dieses Abschnitts) die Preise so heraufgesetzt, daß – wieder in Periode 2 – die monetäre Nachfrage von 446 gerade ausreicht, die ungeänderte Konsumgütermenge zu den erhöhten Preisen zu kaufen. Das bedeutet aber, daß die Gewinne der Unternehmen und damit die Einkommen der Gewinnempfängerhaushalte um den Betrag von 16 steigen. Da diese Haushalte dieses zusätzliche Einkommen nicht erwartet und damit bei der Planung ihrer Konsumausgaben auch nicht berücksichtigt haben, stellt es in voller Höhe ungeplante Ersparnis dar. In diesem Fall hat sich also die geplante Investition in Höhe von 90 voll realisiert, während sich die Ersparnis ex post aus einem geplanten Teil von 74 und einem ungeplanten Teil von 16 zusammensetzt.

Der dritte Grenzfall schließlich bedeutet, daß die Haushalte die geplante Konsumgüternachfrage zum Teil nicht ausüben, also – in Periode 2 – in Höhe von 16 unfreiwillig sparen. Die Ex-post-Gleichheit von Investition und Ersparnis

---

[7] Nach dem schwedischen Nationalökonomen ERIK LUNDBERG (geb. 1907), der sie 1937 in seinem Buch „Studies in the Theory of Economic Expansion" einführte.

stellt sich im Unterschied zum zweiten Fall dadurch her, daß die unfreiwillige Ersparnis bei den Konsumenten und nicht bei den Produzenten anfällt (und damit auch deren Vermögen erhöht). Verlängerte Lieferfristen bedeuten ebenfalls einen Anreiz zur Erhöhung der Produktion.

In allen drei Fällen ist es der Überhang der geplanten Nachfrage nach über das geplante Angebot an Konsumgütern oder die *expansive Lücke*, die über die entsprechenden Reaktionen der Wirtschaftssubjekte bewirkt, daß der Expansionsprozeß weitergeht. Der entgegengesetzte Fall einer *kontraktiven Lücke*[8] liegt bei einem Überhang des monetären Angebots über die monetäre Nachfrage vor. Zwei extreme Möglichkeiten sind hier, daß die Unternehmen entweder bei konstanten Preisen weniger absetzen als geplant, oder daß sie ihre Preise soweit senken, daß die monetäre Nachfrage zum Kauf der für den Absatz geplanten Menge gerade ausreicht. Im ersten Fall sind die Lagerinvestitionen ex post größer als geplant, während sich die Ersparnis voll realisiert hat. Im zweiten Fall müssen die Gewinne und damit die Einkommen der Gewinnempfängerhaushalte samt deren Ersparnis kleiner als geplant sein. Auch bei einem Kontraktionsprozeß werden also die geplanten an die realisierten Größen durch das Auftreten ungeplanter (oder unfreiwilliger) Investition oder Ersparnis aneinander angeglichen. In allen Fällen gilt für den Zusammenhang zwischen Ex-ante- und Ex-post-Größen die Gleichung

$$*I + I_{\text{ungeplant}} = *S + S_{\text{ungeplant}}. \tag{3.8}$$

Da sich in dem oben beschriebenen ersten Grenzfall bestimmte Mengenplanungen der Unternehmen nicht einhalten lassen, nennt man diesen Fall zweckmäßigerweise den *Mengenausgleich* zwischen Investition und Ersparnis. Entsprechend wäre der Ausgleich über die ungeplante Ersparnis bei den Anbietern im zweiten Grenzfall *Preisausgleich* zu nennen. In der Realität werden sich die beschriebenen Grenzfälle sowohl bei einer Expansion wie bei einer Kontraktion nur selten einstellen. In beiden Konjunktursituationen zeigen sich überwiegend Mischungen aus allen Fällen. Häufig gehen während der späteren Stadien eines Expansionsprozesses ungeplante Lagerbestandsverringerungen mit Preissteigerungen einher, und besonders bei dauerhaften Konsumgütern treten bei Nachfrageüberhängen Lieferfristen auf oder werden länger. Der Ausgleich findet dann teilweise über eine ungeplante Ersparnis der nachfragenden Haushalte statt.

Die Verhältnisse liegen in einer offenen Volkswirtschaft mit staatlicher ökonomischer Aktivität genau so. Sie sind wegen der Existenz weiterer investierender und sparender Sektoren lediglich schwieriger zu durchschauen. Diese Überlegungen sind ein weiteres Beispiel für die elementare Tatsache, daß sich ökonomische Planungen von Wirtschaftssubjekten dann nicht immer realisieren lassen, wenn ihre Verwirklichung nicht nur von den Instrumentvariablen der Planer, sondern auch von denen anderer Wirtschaftssubjekte abhängt.

---

[8] Statt expansive und kontraktive Lücke sagt man häufig auch „inflatorische" und „deflatorische" Lücke. Diese Ausdrücke werden hier vermieden, weil das Wort „inflatorisch" an Preissteigerungen denken läßt. Eine solche Assoziation kann jedoch irreführend sein, da ein von expansiven Lücken vorangetriebener Prozeß mit konstanten Preisen einhergehen kann.

132

5. Der Investitionsmultiplikator. Nicht bei allen Fragestellungen ist es notwendig, Prozesse Periode für Periode zu verfolgen. Häufig genügt es, die Werte der relevanten Variablen im Ausgangsgleichgewicht mit ihren Werten in einer neuen Gleichgewichtssituation zu vergleichen, sich also auf eine komparativ-statische Analyse zu beschränken. Die Gleichgewichtswerte des Volkseinkommens ergeben sich dann aus dem Modell

Konsumfunktion: $\quad\quad\quad C = C^a + cY$, worin $C^a > 0,\ 0 < c < 1$ (3.9-I)

Investition ist autonom: $\quad I = I^a$, worin $I^a > 0$ (3.9-II)

Gleichgewichtsbedingung: $Y = C + I$. (3.9-III)

Setzt man (3.9-I) und (3.9-II) in (3.9-III) ein, erhält man nach Umformung

$$Y = \frac{1}{1-c}\, C^a + \frac{1}{1-c}\, I^a. \quad\quad (3.10)$$

Jedem Wert von I^a entspricht nunmehr bei gegebener Größe des autonomen Konsums C^a und des Verhaltensparameters c ein bestimmter Wert für das Gleichgewichtseinkommen Y. Zu dem obigen Zahlenbeispiel mit $C^a = 30$ und $c = 0,8$ wird Gleichung (3.10) zu

$$Y = 150 + 5\, I^a,$$

woraus sich in Übereinstimmung mit den bereits bekannten Werten bei $I^a = 70$ für Y der Wert 500, bei $I^a = 90$ der Wert $Y = 600$ ergibt.

Die allgemeine Frage nach dem Ausmaß der kumulativen Einkommenssteigerung als Folge einer dauerhaften Erhöhung der Investition läßt sich am einfachsten durch Differenzenbildung von Gleichung (3.10) beantworten. Hat I^a die Höhe I_0^a, so ist der Gleichgewichtswert des Volkseinkommens Y_0:

$$Y_0 = \frac{1}{1-c}\, C^a + \frac{1}{1-c}\, I_0^a. \quad\quad (3.11)$$

Hat I^a ceteris paribus die Höhe I_1^a, so ist der Gleichgewichtswert des Volkseinkommens Y_1:

$$Y_1 = \frac{1}{1-c}\, C^a + \frac{1}{1-c}\, I_1^a. \quad\quad (3.12)$$

Zieht man Gleichung (3.11) von (3.12) ab, erhält man

$$Y_1 - Y_0 = \frac{1}{1-c}\, (I_1^a - I_0^a)$$

oder, wenn man $Y_1 - Y_0 = \Delta Y$ und $I_1^a - I_0^a = \Delta I^a$ setzt,

$$\Delta Y = \frac{1}{1-c}\, \Delta I^a. \quad\quad (3.13)$$

Dieses Ergebnis besagt: Die dauerhafte Erhöhung der Investition um den Betrag ΔI^a erhöht das Gleichgewichtseinkommen um einen Betrag ΔY, der um das $\frac{1}{1-c}$-fache größer ist als die Investitionserhöhung. Da immer die Hypothese $0 < c < 1$ gilt, ist der (mathematische) Faktor $\frac{1}{1-c}$ immer größer als eins.

Da er also das Ausmaß der multiplikativen Wirkung einer Investitionserhöhung auf das Volkseinkommen angibt, nennt man ihn *Investitionsmultiplikator in bezug auf das Sozialprodukt.* Er ist gleich dem reziproken Wert der marginalen Sparquote s, die gemäß Gleichung (2.6) S. 44 gleich $1 - c$ ist. Je weniger aus einem zusätzlichen Einkommen gespart wird, um so größer ist die multiplikative Wirkung einer Investitionserhöhung. Dies leuchtet auch unabhängig von mathematischen Ableitungen ein. Da der Multiplikatorprozeß auf den durch sukzessive Einkommenserhöhungen hervorgerufenen Konsumsteigerungen beruht, muß er um so stärker sein, je höher die Konsumausgaben aus dem jeweiligen zusätzlichen Einkommen sind. Noch anders ausgedrückt: Im Nenner des Multiplikators steht der marginale Nachfrageausfall in Gestalt der Ersparnis je Einheit des zusätzlichen Volkseinkommens, der für ein neues IS-Gleichgewicht angesichts der gestiegenen autonomen Investition erforderlich ist. Man sieht das, wenn man in Gleichung (3.13) $1 - c = s$ setzt und s auf die andere Seite bringt:

$$s\, \Delta Y = \Delta I^a. \tag{3.14}$$

Die Gleichgewichtswerte des Volkseinkommens bei alternativen Investitionsniveaus lassen sich unter den bisherigen einfachen Annahmen auch graphisch ermitteln. In Bild 3.3 ist wie in Bild 2.8 (S. 68) oberhalb der Konsumkurve parallel zu ihr eine Gerade eingezeichnet, deren überall gleicher senkrechter Abstand von der Konsumkurve die Investition angibt. Da anderseits die Differenz zwischen Volkseinkommen und Konsum gleich der Ersparnis ist, gibt der Schnittpunkt Q der $C + I^a$-Linie mit der 45°-Linie die Höhe des Gleichgewichtseinkommens an: Nur beim Einkommen Y_0 ist die Investition I^a gleich der Ersparnis S. Steigt die Investition nun bei ungeänderter Konsumkurve auf das höhere Niveau

Bild 3.3 — *Gleichgewichtswerte des Volkseinkommens bei alternativen Investitionsniveaus*

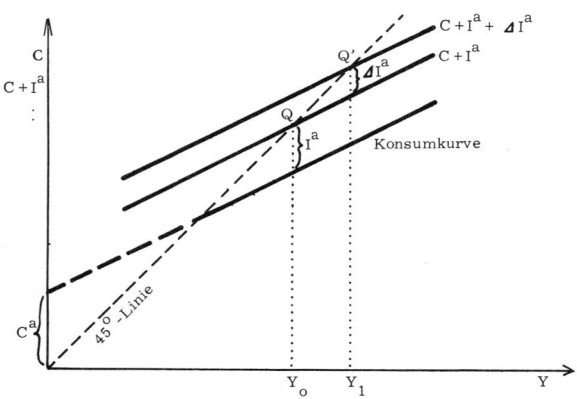

$I^a + \Delta I^a$, so ergibt sich ein anderer Schnittpunkt Q' und damit ein höheres Gleichgewichtseinkommen Y_1. Je steiler die Konsumkurve verläuft, das heißt je größer die marginale Konsumquote ist, um so größer ist der multiplikative Effekt einer gegebenen Erhöhung der Investition.

Mit Hilfe der Sparfunktion läßt sich der gleiche Sachverhalt so darstellen.

Bild 3.4 zeigt die Sparkurve und als Parallele zur Einkommensachse den Betrag der vom Einkommen unabhängigen Investition. Gleichgewicht zwischen Investition und Ersparnis herrscht im Schnittpunkt Q beider Geraden. Das dieser Ersparnis entsprechende Volkseinkommen Y_0 ist das Gleichgewichtseinkommen.

Bild 3.4 — *Gesamtwirtschaftliches Gleichgewicht zwischen Investition und Ersparnis bei alternativen Investitionsniveaus*

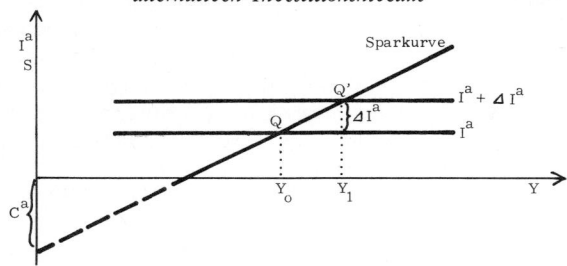

Eine dauerhafte Erhöhung der Investition bedeutet eine Verschiebung der Investitionskurve in die Lage $I^a + \Delta I^a$. Der neue Schnittpunkt Q' markiert den Betrag des neuen Gleichgewichtseinkommens Y_1. In dieser Darstellung ist entsprechend die multiplikative Wirkung einer gegebenen Investitionserhöhung auf das Volkseinkommen um so größer, je flacher die Sparfunktion verläuft, das heißt je kleiner die marginale Sparquote ist.

6. Konsumausgabenmultiplikatoren. Ein Multiplikatorprozeß wird nicht nur von einer autonomen Erhöhung — allgemeiner: Änderung — der Investition, sondern von jeder autonomen Ausgabenänderung in der Volkswirtschaft ausgelöst. In dem bisher verwendeten Modell läßt sich dies an einer Änderung der Konsumausgaben zeigen. Eine solche liegt beispielsweise vor, wenn im relevanten Bereich der Konsumfunktion aus jedem Einkommen mehr konsumiert wird. In der graphischen Darstellung 3.3 verschiebt sich dann die Konsumkurve nach oben. Im Fall einer Parallelverschiebung bedeutet dies eine Erhöhung der Größe C^a in der Konsumfunktion (3.9-I), deren multiplikative Wirkung auf das Volkseinkommen durch Differenzbildung aus Gleichung (3.10) ermittelt wird:

$$\Delta Y = \frac{1}{1-c} \, \Delta C^a. \tag{3.15}$$

Unter den bisherigen Annahmen hat also eine solche autonome Konsumerhöhung die gleiche multiplikative Wirkung wie eine gleich große Investitionserhöhung: Dieser *Konsumausgabenmultiplikator in bezug auf das Sozialprodukt* ist gleich $\frac{1}{1-c}$ und ist damit ebenso groß wie der Investitionsmultiplikator in bezug auf das Sozialprodukt. Das ist auch bei einer dynamischen Analyse unmittelbar einzusehen: Eine Nachfrageerhöhung aus dem gegebenen Einkommen heraus steigert in der ersten Periode das Volkseinkommen und setzt, wenn sie dauerhaft ist, über die verzögerte Reaktion der Haushalte den in Tabelle 3.2 beschriebenen

Prozeß in Gang. Die Tabelle läßt sich an diesen Fall dadurch anpassen, daß man in Zeile 2 „Zusätzlicher autonomer Konsum" statt „Zusätzliche Investition" schreibt und die Symbole ΔI_1 bis ΔI_5 in den Zeilen 5 bis 9 durch die Symbole ΔC^a_1 bis ΔC^a_5 ersetzt. Die Tabelle macht damit gleichzeitig den Unterschied zwischen dem autonomen, also vom Einkommen unabhängigen, und dem induzierten, also vom Einkommen abhängigen, Konsum deutlich. Dieser Unterschied, der dem einzelnen Haushalt sicher nicht bewußt ist, zeigt sich auch bei einer Betrachtung von Bild 3.3. Die Verschiebung der Konsumkurve bei ungeänderter Investition, also zusammen mit der $C + I^a$-Linie, nach oben zeigt sich in einer Vergrößerung des Abschnitts C^a auf der Ordinate (vgl. dazu die Argumentation S. 72). Eine Parallelverschiebung läßt jedoch die marginale Konsumquote c ungeändert, ändert also nichts am Ausmaß der multiplikativen Wirkung. Unter anderen Gesichtspunkten unterscheiden sich gleich große Erhöhungen der Investition und des autonomen Konsums jedoch erheblich. So bedeutet beispielsweise eine Erhöhung der Anlageinvestition eine Zunahme der Produktionskapazität und damit des potentiellen Angebots, was bei einer Zunahme des Konsums nicht der Fall ist.

Eine wichtige Voraussetzung für einen Ablauf des Prozesses gemäß Tabelle 3.2 ist auch hier, daß die Investition von der Konsumerhöhung nicht beeinflußt wird. Entsprechend war bei der Analyse der durch autonome Investitionssteigerungen hervorgerufenen Multiplikatorprozesse in den Abschnitten I.3 und I.5 dieses Kapitels angenommen worden, daß die Größen C^a und c in der Konsumfunktion ungeändert bleiben.

Schließlich führt auch eine autonome Änderung der marginalen Konsumquote c zu einer Änderung des Gleichgewichtseinkommens. Steigt etwa c, so führt dies in Bild 3.3 ceteris paribus zu einer Drehung der Konsumkurve um ihren Schnittpunkt mit der Ordinate. Auch damit ist ein höheres Gleichgewichtseinkommen verbunden.

7. Kontraktive Multiplikatorprozesse.

Entsprechend einem expansiven verläuft ein *kontraktiver Multiplikatorprozeß*. Geht an einer Stelle der Volkswirtschaft ein autonomer Teil der Endnachfrage zurück, so sinkt in der ersten Periode das Volkseinkommen um den betreffenden Betrag. Dies induziert in der folgenden Periode einen Rückgang der Konsumgüternachfrage, der sich in der dritten, vierten und den folgenden Perioden fortpflanzt, so daß sich ein kumulativer Schrumpfungsprozeß des Volkseinkommens ergibt. Wenn die Konsumfunktion bei fallendem Volkseinkommen den gleichen Verlauf hat wie bei steigendem, dann sind Investitions- und Konsumausgabenmultiplikator ebenso groß wie bei einem expansiven Prozeß. Das Ausmaß des Einkommensrückgangs erhält man aus den Gleichungen (3.13) und (3.15), indem man die autonome Investitionsänderung ΔI^a oder die Verschiebung der Konsumfunktion ΔC^a mit negativem Vorzeichen versieht. Ein neues Gleichgewicht ist erreicht, wenn die Ersparnis aus dem niedrigeren Volkseinkommen ebenso groß ist wie die Investition.

In dem Modell (3.9), das oben zu Beginn des 5. Abschnitts eingeführt wurde und das den Erörterungen bis jetzt zugrundelag, wurde die gesamte Investition als autonom angenommen. Ändert man das Modell dadurch, daß man anstelle von Gleichung (3.9-II) eine Investitionsfunktion des Typs (2.20) S. 57 einführt, so läßt sich eine wichtige Erkenntnis demonstrieren. Angenommen, ein privater

$$I = I^a + kY, \text{ worin } 0 < k < 1 \qquad (3.9\text{-}IIa)$$

Haushalt wolle sein Vermögen schneller als bisher vergrößern. Bei ungeändertem Einkommen wird er dazu mehr sparen und auf diese Weise sein Ziel erreichen. Was geschieht, wenn sich alle (oder die meisten) Haushalte einer Volkswirtschaft dieses Ziel setzen, dazu aus einer Gleichgewichtssituation heraus ihre Ersparnis erhöhen und das erhöhte Sparniveau in den folgenden Perioden beibehalten? Es kann jetzt nicht mehr wie im Fall eines einzelnen Haushalts unterstellt werden, daß das Einkommen von der Änderung des Konsumverhaltens unberührt bleibt. Wenn die gesamtwirtschaftliche Konsumfunktion von dieser Änderung beeinflußt wird, dann wird ein kontraktiver Multiplikatorprozeß in Gang gesetzt, der nunmehr gemäß Gleichung (3.9-IIa) auch die Investition senkt, da diese zum Teil vom Volkseinkommen abhängt. Der Gleichgewichtswert des Volkseinkommens ergibt sich unter Berücksichtigung dieser Hypothese durch Einsetzen der Gleichungen (3.9-I) und (3.9-IIa) in (3.9-III) und Umformen zu

$$Y = \frac{1}{1 - c - k}(C^a + I^a). \qquad (3.16)$$

Hieran zeigt sich zunächst, daß der Multiplikator in diesem Fall größer ist als bei vollständig autonomer Investition, da eine positive Größe, die *marginale Investitionsquote k*, im Nenner abgezogen wird. Das folgt unmittelbar auch aus einer Verlaufsanalyse: Wenn während eines Expansionsprozesses auch die Investition zunimmt, muß das Volkseinkommen stärker als bei konstanter Investition steigen, wenn die einkommensabhängige Ersparnis schließlich die ebenfalls steigende Investition einholen soll. Dies geschieht jedoch nur dann, wenn marginale Konsum- und marginale Investitionsquote zusammen kleiner als eins sind. Sind sie zusammen gleich oder größer als eins, so existiert kein Gleichgewicht. Gleichung (3.16) und damit die statische Analyse versagen in diesem Fall, da der Multiplikator dann entweder (wegen Division durch null) nicht definiert oder negativ und damit ökonomisch sinnlos ist. Mit einer dynamischen Analyse läßt sich der gleichgewichtslose Prozeß jedoch verfolgen: Wenn aus jeder zusätzlichen Einheit des Volkseinkommens ebensoviel investiert wie gespart (bei $s = k$) oder mehr investiert als gespart (bei $s < k$) wird, expandiert das Volkseinkommen im Modell unbegrenzt.

Versuchen nun alle Haushalte mehr zu sparen, so sinkt im Verlauf des daraus resultierenden Kontraktionsprozesses nicht nur das Volkseinkommen, sondern gemäß Gleichung (3.9-IIa) auch die einkommensabhängige Investition. Existiert ein neues Gleichgewicht, dann muß in diesem daher auch die Ersparnis kleiner sein als im Ausgangsgleichgewicht. Der Versuch der Haushalte, mehr zu sparen, endet in diesem Fall also damit, daß sie insgesamt weniger sparen können als vor Beginn des Versuchs. Man nennt diesen Effekt das *Sparparadox*. Es ist ein Beispiel für den allgemeinen

Satz 3.1: *Einzelwirtschaftlich richtige Erkenntnisse können bei gesamtwirtschaftlicher Anwendung falsch sein.*

In dem eben gegebenen Beispiel führte die einzelwirtschaftlich richtige

Erkenntnis: „Wenn ich mehr als bisher spare, erhöht sich mein Vermögen schneller als bisher" zu einer insgesamt geringeren Ersparnis und damit Erhöhung des Vermögens, wenn sie von allen Haushalten gleichzeitig angewandt wurde. Weitere Beispiele für Satz 3.1 werden in den folgenden Kapiteln gegeben.

II. Steueraufkommensfunktionen und Multiplikatorwirkungen staatlicher Einnahmen und Ausgaben

1. Einnahmen und Ausgaben des Staates. Die Untersuchung der wirtschaftlichen Tätigkeit öffentlicher Haushalte ist Gegenstand eines Teilgebiets der Volkswirtschaftslehre, der *Finanzwissenschaft* (oder *Finanzwirtschaftslehre*). Für die hier zu leistende Analyse gesamtwirtschaftlicher Expansions- und Kontraktionsprozesse genügt es, sich auf einige Bereiche dieser Tätigkeit zu beschränken, und zwar im wesentlichen auf die bereits im Volkswirtschaftlichen Rechnungswesen genannten.[9] Diese haben in den heutigen industrialisierten Volkswirtschaften allerdings auch einen Umfang erreicht, der ihre Vernachlässigung bei jeder einigermaßen realitätsnahen Analyse ausschließt. Zieht man als Beispiel wieder die Bundesrepublik heran, so zeigte die Volkswirtschaftliche Gesamtrechnung für das Jahr 1972[10]

- daß der Staatsverbrauch 147 Mrd. DM und damit 17,7 v. H. des Bruttosozialprodukts zu Marktpreisen von 830 Mrd. DM betrug. Die Bruttoanlageinvestition der öffentlichen Haushalte belief sich auf 31 Mrd. DM und machte damit 14,4 v. H. der gesamten Bruttoanlageinvestition von 216 Mrd. DM aus;
- daß die laufenden öffentlichen Transferausgaben, vorwiegend solche der Sozialversicherungshaushalte, 130 Mrd. DM betrugen, von denen 111 Mrd. DM an private Haushalte flossen. Hinzu kamen Vermögensübertragungen in Höhe von 18 Mrd. DM;
- daß die laufenden Einnahmen des Staates aus Steuern und Sozialversicherungsbeiträgen 304 Mrd. DM betrugen. Die Einnahmen aus Steuern allein beliefen sich auf 196 Mrd. DM, woraus sich für 1972 eine *Steuerlastquote* als Quotient aus Steueraufkommen und Bruttosozialprodukt von 23,6 v. H. ergibt.

Damit sind nur die öffentlichen Einnahmen und Ausgaben genannt, die in den folgenden Analysen berücksichtigt werden. Sie beeinflussen den Wirtschaftsablauf allein wegen ihres Umfangs, und es liegt nahe, sie bewußt so einzusetzen, daß damit ein Beitrag zur Erreichung der gesamtwirtschaftlichen Ziele geleistet wird.

2. Steueraufkommensfunktionen. Auch in bezug auf die von öffentlichen Haushalten und wirtschaftspolitischen Instanzen beeinflußbaren gesamtwirtschaftlichen Variablen muß gemäß dem S. 41 geschilderten Ansatz nach funktionalen Zusammenhängen gesucht werden. Eine häufig benutzte Hypothese behauptet

---

[9] Vgl. VRW³, S. 109f.
[10] Angaben nach: WiSta September 1973, S. 519ff. Vorläufige Angaben.

solche Zusammenhänge zwischen dem Aufkommen der einzelnen Steuern und der zeitlichen Bewegung derjenigen Variablen, an die der Gesetzgeber die Steuerpflicht geknüpft hat. Es gibt in der Bundesrepublik zur Zeit rund 50 Steuern, die sich nach Art der Steuerzahler und -empfänger, *Steuerbemessungsgrundlage*, jährlichem Aufkommen und anderen Merkmalen zum Teil erheblich voneinander unterscheiden. Hinzu kommen weitere Zwangsabgaben wie die Beiträge zu den einzelnen Zweigen der Sozialversicherung. Die dem Aufkommen nach bedeutendste Steuer ist in der Bundesrepublik die Lohnsteuer, die 1972 rund 50 Mrd. DM erbrachte.[11] Rechnet man die veranlagte Einkommensteuer, die Kapitalertrag- und die Körperschaftsteuer hinzu, so ergab dieser Komplex „Einkommen- und Körperschaftsteuer" 1972 ein Aufkommen von rund 84 Mrd. DM gleich 43 v.H. der gesamten Steuereinnahmen von 196 Mrd. DM. Die zweitgrößte Steuer war mit rund 34 Mrd. DM Aufkommen im gleichen Jahr die Umsatzsteuer in ihrer jetzigen Form der Mehrwertsteuer (ohne Einfuhrumsatz- und sonstige Steuern vom Umsatz). Zu den kleinsten Steuern zählten 1972 die Spielkartensteuer mit einem Aufkommen von 5 Mill. DM und die Essigsäuresteuer mit 4 Mill. DM.

Empfänger von Steuern sind in der Bundesrepublik der Bund, die Länder und die Gemeinden; Empfänger der Sozialversicherungsabgaben die Sozialversicherungshaushalte. Steuerbemessungsgrundlage ist dasjenige in physischen oder Geldeinheiten gemessene Merkmals des Steuerobjekts, aus dem sich zusammen mit den jeweiligen *Steuersätzen* der zu entrichtende Steuerbetrag errechnen läßt. Beispielsweise ist Steuerbemessungsgrundlage bei der Lohnsteuer das „zu versteuernde Einkommen" (das in der Regel kleiner als das Einkommen im ökonomischen Sinne ist); bei der Umsatzsteuer das „Entgelt" für Lieferungen und sonstige Leistungen (mit weiteren Vorschriften für die Bemessungsgrundlage bei Eigenverbrauch und Einfuhr);[12] bei der Tabaksteuer der Einzelhandelspreis für Tabakerzeugnisse[13]. Die Steuerbemessungsgrundlage ist also die erklärende Variable in einer *Steueraufkommensfunktion*, in der das Steueraufkommen (oder der *Steuerertrag*) die zu erklärende Variable und die Steuersätze die Parameter bilden. Vom allgemeinen Modell zur Beeinflussung wirtschaftlicher Abläufe her gesehen (vgl. Bild 1.3, S. 8) sind die Steuersätze wirtschaftspolitische Instrumentvariable des Gesetzgebers. Das Steueraufkommen wird von der Entwicklung der Steuerbemessungsgrundlage mitbestimmt und ist damit Zielvariable (wobei es sich um ein Zwischenziel handeln kann).

Manche Steueraufkommensfunktionen sind linear-homogen und damit von einfachster Art, wie zum Beispiel die für die Salzsteuer, da für jeden Doppelzentner Eigengewicht Salz 12,- DM Salzsteuer zu zahlen sind.[14] Wesentlich komplizierter ist die individuelle Steueraufkommensfunktion für die Einkommensteuer, da sie sich aus fünf Teilfunktionen zusammensetzt. Zwei von ihnen sind linear, drei sind nichtlinear. Seit dem 1. Januar 1965 beträgt die jährliche Einkommen-

---

[11] Zahlenangaben nach: Stat. Jb. BRD 1973, S. 422 und 432.
[12] Vgl. Umsatzsteuergesetz (Mehrwertsteuer) vom 29. Mai 1967, BGBl. I, S.545, §§ 10 und 11.
[13] Tabaksteuergesetz vom 6. Mai 1953, BGBl. I, S. 169.
[14] Salzsteuergesetz vom 25. Januar 1960, BGBl. I, S. 50.

steuer T_y gemäß der Grundtabelle für Unverheiratete, wenn y der abgerundete zu versteuernde jährliche Einkommensbetrag ist[15]:

$$T_y = 0{,}19 \; (y - 1680), \text{ für } 1680 \leqq y < 8010; \qquad (3.17\,a)$$

$$T_y = 1201 + 190z_1 + 7{,}764z_1^2 - 0{,}086z_1^3, \text{ worin } z_1 = 0{,}001 \; (y - 8000), \qquad (3.17\,b)$$
$$\text{für } 8010 \leqq y < 30000;$$

$$T_y = 8223 + 407z_2 + 1{,}82 \; z_2^2 - 0{,}012z_2^3, \text{ worin } z_2 = 0{,}001 \; (y - 30000), \qquad (3.17\,c)$$
$$\text{für } 30000 \leqq y < 78000;$$

$$T_y = 6358 + 382z_3 + 1{,}572z_3^2 - 0{,}006z_3^3, \text{ worin } z_3 = 0{,}001 \; (y - 24000), \qquad (3.17\,d)$$
$$\text{für } 78000 \leqq y < 110040;$$

$$T_y = 0{,}53y - 11281, \text{ für } 110040 \leqq y. \qquad (3.17\,e)$$

Diese Gleichungen besagen im einzelnen:
- Die Steuerpflicht beginnt für die genannten Personen bei einem zu versteuernden Jahreseinkommen von 1680 DM (allgemeiner oder Grundfreibetrag);
- Die darüber hinausgehenden Einkommensbeträge werden bis zu einem Einkommen von unter 8010 mit 19 v. H. besteuert. In diesem Einkommensbereich gilt ein konstanter *marginaler Steuersatz* von 0,19;
- Zwischen Einkommen von 8010 und unter 30000 DM liegt die erste Progressionszone. Der durch Einsetzen von z_1 in Gleichung (3.17b) und Differenzierung von T_y nach y zu ermittelnde marginale Steuersatz beträgt hier

$$\frac{dT_y}{dy} = 0{,}001 \; (49{,}264 + 0{,}019656 \; y - 0{,}000000258 \; y^2).$$

Er steigt in diesem Bereich monoton und bewegt sich dabei zwischen 19,02 v. H. bei einem Einkommen von 8010 DM und 40,67 v. H. beim Einkommen von 29999 DM;
- In der zweiten Progressionszone steigt der marginale Steuersatz von 40,7 v. H. bei 30000 DM Einkommen auf 49,88 v. H. bei 77999 DM;
- In der dritten Progressionszone steigt der marginale Steuersatz von 49,93 v. H. bei 78000 DM Einkommen auf 51,93 v. H. bei 110039 DM;
- Ab Jahreseinkommen von 110040 DM gilt wieder ein konstanter marginaler Steuersatz, und zwar in Höhe von 53 v. H. Dies ist der *Spitzensteuersatz*.

Diese Bemerkungen machen deutlich, daß der Versuch, für das gesamte Steueraufkommen in einer Volkswirtschaft einen funktionalen Zusammenhang etwa mit dem Sozialprodukt zu ermitteln, ähnlichen Schwierigkeiten begegnet wie die Schätzung einer gesamtwirtschaftlichen Konsumfunktion. Bei vielen Steuern steht zwar die Steuerbemessungsgrundlage in engem Zusammenhang mit dem Sozialprodukt oder mit Variablen, die sich ihrerseits parallel zu diesem entwickeln, jedoch spielen auch immer weitere Faktoren mit. So hängt etwa das Aufkommen an Lohn- und veranlagter Einkommensteuer in ganz ähnlicher Weise wie die Konsumausgaben von der Verteilung der einzelnen Einkommen ab: Eine Umver-

---

[15] Die Abrundungsvorschrift umfaßt 47 Wörter. Quelle für die Formeln: Anlage zu § 32a des Einkommensteuergesetzes vom 12.12.1969, BGBl. I, S. 2266ff.

teilung eines gegebenen Gesamteinkommens zugunsten der Bezieher niedrigerer Einkommen muß wegen der Progression der Steuersätze das Steueraufkommen senken. Das Aufkommen an Verbrauchsteuern hängt von Produktion und Absatz der betreffenden Güter ab, die sich in der Regel nicht genau parallel mit dem Sozialprodukt entwickeln. Einige Steuern wie die Vermögen- und die Kraftfahrzeugsteuer werden auf Bestandsgrößen erhoben und stehen daher nur insoweit mit dem Sozialprodukt in Zusammenhang, als sich auch die entsprechenden Bestände parallel zu diesem entwickeln. Nimmt jedoch der Anteil der Kraftfahrzeuge mit größerem Hubraum zu, steigt das entsprechende Steueraufkommen überproportional. Mit der Vermögensteuer erhöht sich wahrscheinlich auch das Aufkommen an Erbschaft- und Schenkungsteuer, jedoch spielt bei diesen drei Steuerarten die Vermögensverteilung eine erhebliche Rolle, die im Zeitablauf vermutlich nicht konstant bleibt.

Bei dem Versuch, eine *gesamtwirtschaftliche Steueraufkommensfunktion* auf der Grundlage beobachteter Werte früherer Perioden zu schätzen, kommt schließlich eine Schwierigkeit hinzu, die bei der Schätzung einer gesamtwirtschaftlichen Konsumfunktion in dieser Form nicht auftritt. Bei vielen Steuern sind die rechtlichen Grundlagen in der Bundesrepublik so häufig geändert worden, daß es schwierig ist, längere Zeitabschnitte mit konstantem Steuerrecht zu finden. Geändert wurden Steuersätze, Definitionen der Steuerbemessungsgrundlagen, Freibeträge und anderes; und damit änderten sich jeweils die Zusammenhänge zwischen Steuerbemessungsgrundlage und Steueraufkommen mehr oder weniger stark mit der Folge, daß beobachtete Zusammenhänge prinzipiell nicht in die Zukunft extrapoliert werden können. Die nachstehende graphische Darstellung kann daher nicht mehr als einen Anhaltspunkt über die relevanten Größenordnungen bieten:

Bild 3.5 — *Bruttosozialprodukt zu Marktpreisen und Steueraufkommen[a] in der Bundesrepublik Deutschland, 1960—1972*

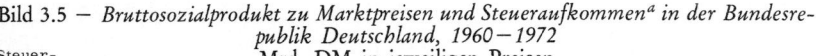

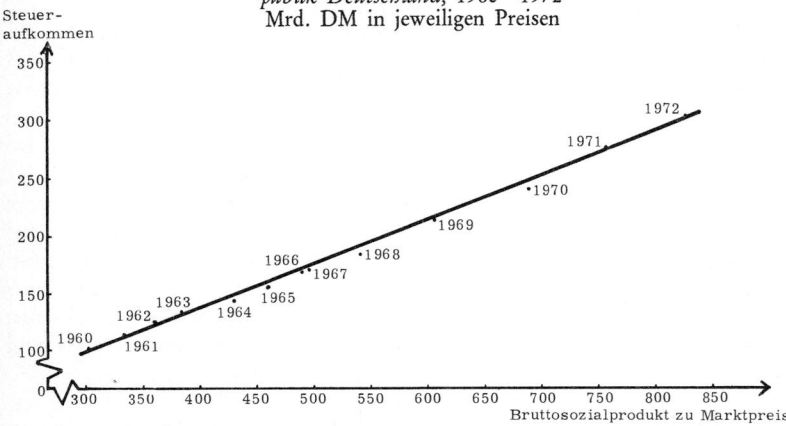

[a] Direkte und indirekte Steuern, Sozialversicherungsbeiträge und sonstige laufende Übertragungen.
Quelle: Wie Quelle zu Bild 2.3 (S. 49), S. 111, 127. 1970—1972 vorläufige Ergebnisse.

Bild 3.5 zeigt für die Bundesrepublik in der Zeit von 1960 bis 1972 trotz der genannten Qualifikationen eine annähernd lineare Beziehung zwischen nominalem Bruttosozialprodukt Y_m^b und Steueraufkommen T (einschließlich der Beiträge zur Sozialversicherung). Die in der gleichen Weise wie Gleichung (2.15) S. 48 bestimmte Gleichung der Geraden in Bild 3.5 ist

$$T = -15,8 + 0,38 Y_m^b. \tag{3.18}$$

Danach wäre die *gesamtwirtschaftliche marginale Steuerquote* gleich 0,38: Von jeder Mark zusätzlichem Sozialprodukt fließen 38 Pfennig in öffentliche Kassen. In den folgenden Abschnitten wird mit einfachen Steueraufkommensfunktionen wie dieser gearbeitet.

3. Zusammenhänge zwischen Steuereinnahmen und Staatsausgaben. Steuern sind die Haupteinnahmequellen der Gebietskörperschaften. Sofern diese mehrstufig aufgebaut, etwa wie in der Bundesrepublik in Bund, Länder und Gemeinden eingeteilt sind, leisten sie in der Regel Transferzahlungen untereinander, um unterschiedliche Steuereinnahmen auszugleichen. Nach Abschluß dieses horizontalen und vertikalen *Finanzausgleichs* stehen jedem öffentlichen Haushalt Mittel zur Verfügung, die sein verfügbares Einkommen darstellen. Wie die Erfahrung zeigt, neigen Parlamente und andere Beschlußgremien vieler Gebietskörperschaften dazu, ihre Ausgaben an der Höhe ihres verfügbaren Einkommens, gesamtwirtschaftlich gesehen also an den erwarteten Steuereinnahmen, auszurichten. Dieser Zusammenhang ist jedoch aus mehreren Gründen lockerer als etwa der zwischen verfügbarem Einkommen und Konsumausgaben privater Haushalte. Erstens haben öffentliche Haushalte einen größeren Bewegungsspielraum bei der Aufnahme von Krediten als private Haushalte, und Steuereinnahmen werden auch zur Schuldentilgung verwendet. Soweit Kredite von Periode zu Periode in unterschiedlichem Maße aufgenommen oder getilgt werden, kann ohne weitere Hypothesen kein Zusammenhang zwischen Steuereinnahmen und Staatsausgaben angenommen werden. Ein solcher Zusammenhang liegt zweitens auch dann nicht vor, wenn öffentliche Konsum-, Investitions- und Transferausgaben bewußt zur Steuerung des Wirtschaftsablaufs eingesetzt werden. Immerhin können beide Verhaltensweisen für die überwiegende Mehrzahl der Gebietskörperschaften nicht als Regelfall angesehen werden. Besonders für viele Gemeinden gilt, daß sie am Rande ihrer Kreditaufnahmefähigkeit operieren und Konjunkturpolitik nicht als ihre Aufgabe betrachten.[16] Änderungen der Steuereinnahmen führen unter diesen Umständen zu gleichgerichteten Änderungen in den Ausgaben, so daß zum mindesten für einen Teil der staatlichen Ausgaben gilt, daß Änderungen des Volkseinkommens über gleichgerichtete Änderungen des Steueraufkommens zu entsprechenden Änderungen der Staatsausgaben führen. Insoweit besteht also ein indirekter funktionaler Zusammenhang zwischen Volkseinkommen und

---

[16] In der Bundesrepublik haben gemäß § 16 StabG auch die Gemeinden und Gemeindeverbände den (konjunktur- und wachstumspolitischen) Zielen dieses Gesetzes „Rechnung zu tragen", und die Länder haben darauf hinzuwirken, daß die Haushaltswirtschaft der Gemeinden und Gemeindeverbände den konjunkturpolitischen Erfordernissen entspricht. Diese Vorschriften sind anscheinend jedoch nicht leicht durchsetzbar.

Staatsausgaben. Damit kommt jedoch ein zusätzliches kumulatives Element in den Wirtschaftsablauf. Soweit die zusätzlichen Staatsausgaben Nachfrage nach Konsum- und Investitionsgütern sind, führen sie gemäß Gleichung (2.1) S. 40 ihrerseits direkt zu einer weiteren Erhöhung des Volkseinkommens. Soweit sie mehr Transferzahlungen an private Haushalte bedeuten, erhöhen sie das Volkseinkommen indirekt über die Mehrnachfrage der begünstigten Haushalte nach Konsumgütern. Die durch eine solche Verhaltensweise öffentlicher Haushalte bewirkten Prozesse werden anschließend analysiert.

4. Wirkungen staatlicher Konsum- und Investitionsausgaben. Die Ausgaben der hier zum Sektor Staat zusammengefaßten öffentlichen Haushalte lassen sich in die drei großen Gruppen Investitionsausgaben I_{St}, Konsumausgaben C_{St} und Transferausgaben Z einteilen. Auch ihre Änderung führt zu Multiplikatorprozessen. Bei der Analyse dieser Prozesse muß jedoch berücksichtigt werden, daß die öffentlichen Haushalte Steuern und andere Zwangsabgaben wie Sozialversicherungsbeiträge erheben. Wird somit einerseits durch eine Erhöhung öffentlicher Ausgaben neues Einkommen geschaffen, so wird anderseits gleichzeitig den privaten Haushalten ein Teil ihres Einkommens entzogen. Im folgenden werden in Übereinstimmung mit dem im Volkswirtschaftlichen Rechnungswesen üblichen Sprachgebrauch nur Leistungstransaktionen als Einnahmen oder Ausgaben bezeichnet, also nur solche Transaktionen, die die Nettoposition des betreffenden öffentlichen Haushalts ändern. Insbesondere sind Steuereingänge Leistungstransaktionen und damit Einnahmen, nicht aber durch Kreditaufnahme bewirkte Zahlungseingänge, da sich die Nettoposition eines Wirtschaftssubjekts durch Kreditaufnahme nicht ändert.[17] Entsprechend sind Transfers Ausgaben.

Das Nettosozialprodukt zu Marktpreisen ex ante ist nunmehr

$$Y = C + I + A_{St}, \qquad (3.19\text{-I})$$

worin C und I wieder den privaten Konsum und die private Nettoinvestition, $A_{St} = C_{St} + I_{St}$ die Ausgaben der öffentlichen Haushalte für Konsum und Investition bezeichnen. A_{St} enthält also nicht die Transferausgaben Z. Von ökonomischen Transaktionen mit Ausländern wird weiterhin abgesehen. Zunächst sei angenommen, daß sowohl die private Investition als auch die Staatsausgaben autonom sind

$$I = I^a \qquad (3.19\text{-II})$$

$$A_{St} = A_{St}^a, \qquad (3.19\text{-III})$$

und daß nur eine vom Volkseinkommen und den sonstigen Variablen des Modells unabhängige Steuer T auf das Einkommen der privaten Haushalte existiert:

$$T = T^a. \qquad (3.19\text{-IV})$$

Auch die Transferausgaben an die privaten Haushalte Z mögen als autonom betrachtet werden:

$$Z = Z^a, \text{ und es sei } T^a > Z^a. \qquad (3.19\text{-V})$$

---

[17] Vgl. VRW³, S. 95 f. In der Finanzwissenschaft werden dagegen vielfach auch die bei Kreditnahme zufließenden Mittel als Einnahmen bezeichnet.

Eine lineare Konsumfunktion der privaten Haushalte sei wieder

$$C = C^a + cY^v. \tag{3.19-VI}$$

Hierin symbolisiert Y^v das verfügbare Einkommen dieser Haushalte, das um den Betrag der Steuer kleiner und um die Transfereinkommen größer ist als das Volkseinkommen:

$$Y^v = Y - T + Z. \tag{3.19-VII}$$

Das Modell (3.19) besteht aus 7 Gleichungen und enthält die 7 endogenen Variablen Y, C, I, A_{St}, T, Z und Y^v. Gleichungen (3.19-II) bis (3.19-VII) in (3.19-I) eingesetzt und nach Y aufgelöst, ergibt

$$Y = \frac{1}{1-c} \ (C^a + I^a + A_{St}^a) - \frac{c}{1-c} \ T^a + \frac{c}{1-c} \ Z^a. \tag{3.20}$$

Man erhält die Änderung des Volkseinkommens als Folge einer dauerhaften autonomen Änderung der Staatsausgaben A_{St}^a bei Konstanz der Investition I^a, des Steueraufkommens T^a und der Transferausgaben Z^a durch Differenzenbildung zu

$$\Delta Y = \frac{1}{1-c} \Delta A_{St}^a. \tag{3.21}$$

Die Gleichung zeigt, daß der *Multiplikator für staatliche Konsum- und Investitionsausgaben in bezug auf das Sozialprodukt* unter den bisherigen Annahmen ebenso groß ist wie der Investitions- und der Konsumausgabenmultiplikator der privaten Investoren und Haushalte. Dynamisch betrachtet: Die Erhöhung solcher Ausgaben führt in der ersten Periode definitionsgemäß zur Erhöhung des Volkseinkommens um den gleichen Betrag und setzt damit den oben analysierten Expansionsprozeß in Gang. Die Tatsache, daß Steuern gezahlt und Transferausgaben geleistet werden, wirkt sich auf diesen Prozeß nicht aus, wenn sie gemäß der bisherigen Annahme einkommensunabhängig sind. Offen bleibt, womit die zusätzlichen Staatsausgaben finanziert werden. Aus dem Modell folgt nur, daß dies weder durch eine Steuererhöhung noch durch eine Kürzung der Transferausgaben geschieht.

Ausgangs- und Endsituation des Prozesses sind in Bild 3.6 graphisch dargestellt. Dabei muß berücksichtigt werden, daß der Konsum nunmehr gemäß Gleichung (3.19-V) vom verfügbaren Einkommen Y^v der privaten Haushalte abhängt. Dieses ist nach den Gleichungen (3.19-VII), (3.19-IV) und (3.19-V) gleich dem um die festen Beträge T^a verminderten und um Z^a erhöhten Volkseinkommen. Da in der graphischen Darstellung das verfügbare Einkommen nicht erscheint, muß die Konsumkurve auch unter diesen Bedingungen als vom Volkseinkommen abhängig dargestellt werden. Dazu werden die Gleichungen (3.19-IV) und (3.19-V) in (3.19-VII) und diese dann in (3.19-VI) eingesetzt:

$$C = C^a - cT^a + cZ^a + cY. \tag{3.22}$$

Die dauerhafte Einführung der Steuer mit dem festen Betrag T^a und der Einkommensübertragung Z^a führt also dazu, daß die Konsumkurve um die Strecke cT^a nach unten und um cZ^a nach oben verschoben werden muß, wenn nach wie vor graphisch das Volkseinkommen als Bestimmungsvariable des Konsums erscheinen soll. Sie wird nicht um den gesamten Betrag T^a nach unten verschoben, weil infolge der Steuererhebung nur der kleinere Betrag cT^a als Konsumnachfrage wegfällt. Der Betrag $sT^a = (1 - c)\, T^a$ würde in der Planung der privaten Haushalte gespart werden, wenn es keine Steuer gäbe. Entsprechendes gilt für die Verschiebung um cZ^a. Bei jedem Volkseinkommen Y sind die Konsumausgaben also um cT^a kleiner und um cZ^a größer, als sie es ohne Erhebung der Steuer und Leistung der Transferausgaben wären. Bild 3.6 zeigt das Ausmaß der Parallelverschiebungen:

Bild 3.6 — *Gleichgewichtswerte des Volkseinkommens bei alternativen staatlichen Konsum- und Investitionsausgaben*

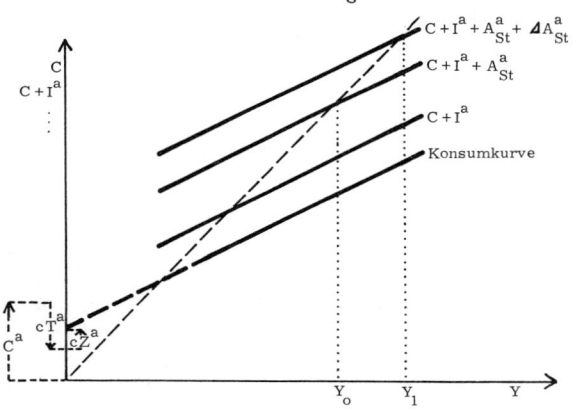

Die multiplikative Wirkung einer Änderung der Staatsausgaben für Konsum- und Investitionszwecke ergibt sich aus der dauerhaften Aufstockung der Staatsausgaben A_{St}^a um den Betrag ΔA_{St}^a und die daraus folgenden Erhöhungen des privaten Konsums. Das Gleichgewichtseinkommen steigt von Y_0 auf Y_1. Die multiplikative Wirkung ist um so größer, je steiler die Konsumkurve und damit die drei Parallelen verlaufen, sie hängt also bei gegebenem ΔA_{St}^a nur von c ab.

5. Wirkungen von Einkommensübertragungen und Steuern. S. 138 wurde am Beispiel der Bundesrepublik auf die zahlenmäßige Bedeutung von Einkommensübertragungen und Steuern in heutigen Volkswirtschaften hingewiesen. Werden sie geändert, so gehen auch davon Multiplikatorprozesse aus. Ihre Wirkungen auf die Gleichgewichtswerte des Volkseinkommens lassen sich in komparativ-statischer Analyse wie folgt zeigen. Werden die autonomen Transferausgaben Z^a ceteris paribus um den Betrag ΔZ^a geändert, so erhält man die Wirkung dieser Maßnahme auf das Gleichgewichtseinkommen aus Gleichung (3.20) zu

$$\Delta Y = \frac{c}{1-c}\, \Delta Z^a. \tag{3.23}$$

Da die marginale Konsumquote c kleiner als 1 ist, ist der *Transferausgaben-multiplikator in bezug auf das Sozialprodukt* $\dfrac{c}{1-c}$ kleiner als der Multiplikator für öffentliche Konsum- und Investitionsausgaben. Die dynamische Betrachtung zeigt, warum das so ist: Eine Erhöhung der Transferausgaben um ΔZ^a hat in der Periode, in der sie erfolgt, bei verzögerter Reaktion der Haushalte keinen Einfluß auf das Volkseinkommen Y, weil Z^a definitionsgemäß kein Bestandteil von Y ist. Von der zweiten Periode an setzt die Konsumerhöhung ein, aber von vornherein mit einem Betrag, der um den von den Empfängern der Einkommensübertragungen aus dem zusätzlichen Einkommen gesparten Betrag, also um $s \cdot \Delta Z^a$, kleiner ist als ΔZ^a. Die multiplikative Wirkung einer dauerhaften Erhöhung der Transferausgaben ist damit auch insgesamt kleiner als die einer gleich großen Erhöhung der Konsum- und Investitionsausgaben. Graphisch läßt sich dies in Bild 3.6 durch eine Parallelverschiebung der Kurven zeigen, die aber nicht wie bei einer autonomen Änderung der Ausgaben für Konsum und Investition um den vollen Betrag der Änderung, sondern nur um $c \cdot \Delta Z^a$ erfolgt.

Ebenfalls aus Gleichung (3.20) ist abzulesen, daß eine Erhöhung der Steuern das Volkseinkommen senkt:

$$\Delta Y = -\frac{c}{1-c}\Delta T^a, \qquad (3.24)$$

da der *Steuermultiplikator in bezug auf das Sozialprodukt* gleich $-\dfrac{c}{1-c}$ und damit negativ ist. Wird die autonome Steuer erhöht, sinkt das verfügbare Einkommen um den zusätzlichen Steuerbetrag, woraus sich ein kumulativer Schrumpfungsprozeß des Volkseinkommens ergibt, wenn die Steuererhöhung dauerhaft ist. Da die Steuer jedoch ebensowenig wie die eben diskutierten Einkommensübertragungen Bestandteil des Volkseinkommens ist, ergibt sich wiederum erst von der zweiten Periode an ein kontraktiver Prozeß. Ebenfalls analog zu den Transferausgaben ist der erstmalig auftretende Nachfrageausfall, mit dem der Prozeß beginnt, kleiner als die zusätzlich erhobene Steuer ΔT^a, da nicht die gesamte Einbuße an verfügbarem Einkommen für Konsumzwecke ausgegeben worden wäre. Gemäß der Konsumfunktion wäre ein Teil des ohne die Steuererhöhung verfügbar gebliebenen Einkommens gespart worden, hätte insoweit also ebenfalls nicht zu Nachfrage geführt. Der durch die Steuererhöhung induzierte kontraktive Prozeß hat also den absoluten Beträgen nach das gleiche Ausmaß wie der durch eine gleich große Erhöhung der Transferausgaben induzierte expansive Prozeß. Diese Überlegungen gelten nur, wenn die zusätzlichen Steuereinnahmen nicht zur Erhöhung der öffentlichen Ausgaben führen, also stillgelegt werden.

Eine Steuersenkung, die in Gleichung (3.24) durch einen Wert für $\Delta T^a < 0$ zu symbolisieren wäre, hat entsprechend einen expansiven Effekt, der ebenso groß ist wie der aus Gleichung (3.23) abzulesende Effekt einer Erhöhung der Transferausgaben. Beide Änderungen sind also unter den bisherigen Annahmen in bezug auf ihre Wirkungen auf das Volkseinkommen äquivalent.

6. Wirkungen ausgeglichener Zusatzbudgets auf das Volkseinkommen.
Es wurde bisher offengelassen, wie zusätzliche Staatsausgaben finanziert werden. Eine Möglichkeit hierfür ist die Erhebung zusätzlicher Steuern. Das führt zu der Frage, welche Wirkung die gleichzeitige Erhöhung von Staatsausgaben und Steuern auf das Volkseinkommen hat. Der einfachste derartige Fall liegt vor, wenn die zusätzlichen Steuereinnahmen ebenso groß sind wie die zusätzlichen Ausgaben, wenn also ein ausgeglichenes *Zusatzbudget* geplant wird. Dieses kann

einmalig oder dauerhaft sein. Zunächst soll von der Annahme ausgegangen werden, daß das Ziel der öffentlichen Haushalte eine Erhöhung der Ausgaben ist, an die das Steueraufkommen, etwa durch Erhöhung der Sätze einer einkommensunabhängigen Steuer, angepaßt wird. Dabei sind zwei Fälle zu unterscheiden: Das erhöhte Steueraufkommen wird entweder zu vermehrten Konsum- und Investitionsausgaben oder zur Erhöhung von Einkommensübertragungen verwendet. Zunächst sei ein einmaliges Zusatzbudget betrachtet. Werden die erhöhten Steuereinnahmen zu vermehrten Ausgaben für Investitionsgüter und/oder staatlichen Verbrauch verwendet, so werden zur gleichen Zeit ein expansiver und ein kontraktiver Prozeß in Gang gesetzt. Wird wieder mit einer verzögerten Reaktion gerechnet, so steigt in der ersten Periode das Volkseinkommen um den Betrag der zusätzlichen Ausgaben, während die zusätzliche Steuer noch keine Wirkung ausübt. In der zweiten Periode würde eine induzierte Konsumsteigerung als Folge der Ausgabenerhöhung der ersten Periode eintreten, wenn nicht gleichzeitig die Verringerung des verfügbaren Einkommens während der ersten Periode zu einer Senkung der Konsumausgaben in der zweiten Periode führen würde. Auch in der dritten und in allen folgenden Perioden wird die potentielle Konsumerhöhung auf Grund der ursprünglichen Ausgabensteigerung durch die Konsumsenkung auf Grund der ursprünglichen Steuererhöhung kompensiert. Diese Überlegung ist unabhängig davon gültig, ob und inwieweit die von der Steuererhöhung betroffenen privaten Haushalte mit den Haushalten identisch sind, denen die Einkommenserhöhung zugute kommt. Ein Extremfall liegt vor, wenn die Einkommenserhöhung einer Gruppe von Haushalten mit genau den Beträgen zufließt, die sie zusätzlich an Steuern zu zahlen haben. Das verfügbare Einkommen dieser Haushalte ändert sich dann von der ersten Periode an nicht, und es kommt weder zu einem expansiven noch zu einem kontraktiven Prozeß. Das andere Extrem liegt vor, wenn die zusätzlichen Steuern nur von Haushalten gezahlt werden, die von dem Prozeß der Einkommensexpansion nicht berührt werden. Der Prozeß der Einkommenskontraktion läuft dann getrennt von dem Prozeß der Einkommensexpansion ab, aber in jeder Periode kompensieren sich beide Effekte derart, daß das Volkseinkommen wie auch das gesamte verfügbare Einkommen ungeändert bleiben. Grundlegend für dieses Resultat ist allerdings die Annahme, daß die marginalen Konsumquoten aller Haushalte gleich groß sind und daß der Verlauf der Konsumfunktion unabhängig davon ist, ob das Einkommen der Haushalte steigt oder sinkt. Unter diesen Voraussetzungen ändert sich das Ergebnis dieser Überlegung auch nicht, wenn Mischungen zwischen den beiden Extremfällen eintreten.

Die einkommenserhöhende Wirkung eines steuerfinanzierten einmaligen Zusatzbudgets, das zur Erhöhung der öffentlichen Konsum- und/oder Investitionsnachfrage verwendet wird, beschränkt sich also auf die Periode, in der es ausgeführt wird. In dieser Periode steigt das Volkseinkommen um den Betrag der zusätzlichen Nachfrage, von der zweiten Periode an nimmt es wieder seine ursprüngliche Höhe an. Ist das Zusatzbudget dagegen eine Dauereinrichtung, wird es also von Periode zu Periode wiederholt, so ergibt sich ständig eine Erhöhung des Volkseinkommens gegenüber der Ausgangssituation um genau den Betrag des Zusatzbudgets. Setzt man wie bisher, etwa wie in Gleichung (3.21), die Einkommenserhöhung zu der sie bewirkenden Ausgabenerhöhung in Beziehung, so ergibt sich Gleichheit zwischen beiden. Der Multiplikator eines steuerfinanzierten ausgeglichenen zusätzlichen Konsum- und Investitionshaushalts ist also gleich eins. Dieses Ergebnis läßt sich unmittelbar auch aus Gleichung (3.20) gewinnen. Da $\Delta A^a_{St} = \Delta T^a$ ist, erhält man durch Differenzenbildung

$$\Delta Y = \left(\frac{1}{1-c} - \frac{c}{1-c} \right) \Delta A^a_{St}$$

oder

$$\Delta Y = \Delta A^a_{St}. \tag{3.25}$$

Es mag auf den ersten Blick überraschen, daß ein staatliches Zusatzbudget einen expansiven Effekt auch dann hat, wenn es durch zusätzliche Steuern finanziert wird. Der Grund ist jedoch leicht einzusehen: Das den Haushalten durch die zusätzliche Steuer entzogene Einkommen wäre von ihnen zum Teil gespart worden, hätte also insoweit nicht zu Nachfrage geführt. In den Händen des Staates wird dieses Einkommen jedoch annahmegemäß restlos in Nachfrage verwandelt, so daß sich netto eine Nachfrageerhöhung ergibt. Dieses Ergebnis wird in der deutschsprachigen Literatur häufig *HAAVELMO-Theorem*[18] genannt.

Wird die Steuererhöhung zu einer Erhöhung der Transferausgaben verwendet, dann ändert sich das Volkseinkommen in der ersten Periode nicht, und in allen folgenden Perioden werden potentielle oder tatsächliche expansive Einflüsse durch die gleichzeitig und in gleicher Höhe auftretenden kontraktiven Wirkungen neutralisiert. Der Multiplikator eines steuerfinanzierten ausgeglichenen zusätzlichen Transferhaushalts ist also gleich null. Auch dieses Ergebnis ist aus Gleichung (3.20) abzuleiten, da nunmehr $\Delta Z^a = \Delta T^a$ zu setzen ist. Soweit die zusätzlichen Steuern von anderen Haushalten gezahlt werden als von den Empfängern der zusätzlichen Transferausgaben, findet jedoch eine *Umverteilung* des verfügbaren Einkommens statt.

7. Multiplikatorprozesse bei variablem Steueraufkommen.

Die bisher betrachtete Steuer, deren Ertrag als von Änderungen des Volkseinkommens unabhängig angesehen wurde, hat in der Realität wenig Entsprechungen. Sie kann allenfalls als Annäherung an Steuern wie Vermögen-, Grund-, Erbschaft- und Schenkungsteuer betrachtet werden. Diese Steuern sind nicht unmittelbar einkommensabhängig, jedoch steigt ihr Aufkommen auf längere Sicht mit wachsendem Volkseinkommen und damit Volksvermögen ebenfalls. Zudem spielen solche Steuern in den heute herrschenden Steuersystemen in bezug auf das Aufkommen eine untergeordnete Rolle. Die heute wichtigsten Steuern sind dagegen stark einkommensabhängig, so erstens die Einkommen- und Körperschaftsteuer (vgl. S. 139), zweitens die indirekten Steuern, an der Spitze die Umsatzsteuer und die Verbrauchsteuern.

Diesem Sachverhalt läßt sich gegenüber den bisherigen Überlegungen dadurch Rechnung tragen, daß das Steueraufkommen T nicht mehr autonom vorgegeben, sondern als Funktion des Volkseinkommens angesehen wird:

---

[18] Der norwegische Nationalökonom TRYGVE HAAVELMO (geb. 1911) veröffentlichte es 1945. Im Englischen spricht man vom balanced-budget multiplier.

$$T = T(Y), \text{ worin } \frac{dT}{dY} > 0. \tag{3.26}$$

Wie diese Funktion in einer Volkswirtschaft während eines Zeitraums in bezug auf eine gegebene Steuer aussieht, muß jeweils empirisch ermittelt werden. Einige Einsichten lassen sich jedoch schon gewinnen, wenn lediglich Annahmen über die mögliche Gestalt der Beziehung (3.26) gemacht und Konsequenzen dieser Annahmen anhand von Modellen abgeleitet werden.

Es sei angenommen, daß alle Haushalte eine proportionale Einkommensteuer mit dem Satz t zu zahlen haben. Das gesamte Steueraufkommen beträgt dann

$$T = tY, \text{ worin } 0 < t < 1. \tag{3.19-IVa}$$

Hiermit ist unterstellt, daß nur Erwerbs- und Vermögenseinkommen, nicht jedoch Transfereinkommen besteuert werden. Der Parameter t ist die gesamtwirtschaftliche marginale Steuerquote. Die Gleichung tritt im Modell (3.19) an die Stelle von Gleichung (3.19-IV). Das verfügbare Einkommen ist nunmehr gemäß den Gleichungen (3.19-V), (3.19-VII) und (3.19-IVa)

$$Y^v = (1 - t)Y + Z^a. \tag{3.27}$$

Das so modifizierte Modell (3.19) ergibt in bezug auf das Gleichgewichtseinkommen die Lösung — es sind (3.27) in (3.19-VI) und diese zusammen mit (3.19-II) und (3.19-III) in (3.19-I) einzusetzen und diese nach Y aufzulösen —

$$Y = \frac{1}{1 - c + ct}(C^a + I^a + A_{St}^a) + \frac{c}{1 - c + ct}Z^a. \tag{3.28}$$

Der Vergleich mit Gleichung (3.20) zeigt, daß alle Multiplikatoren bei proportionaler Einkommensbesteuerung kleiner sind als ohne eine solche Besteuerung, da sie im Nenner zusätzlich die Größe $ct > 0$ enthalten. Eine dynamische Betrachtung zeigt, daß aus jedem zusätzlichen Einkommen jetzt zunächst der Bruchteil t als Steuer an den Staat abgeführt wird. Die Staatsausgaben ändern sich dadurch nicht, so daß sich insoweit ein Nachfrageausfall für die zukünftigen Perioden ergibt. Dieser Nachfrageausfall ist etwa in der zweiten Periode gleich dem Teil des als Steuer abgeführten Einkommens, der als verfügbares Einkommen konsumiert worden wäre. Setzt man $t = 0,4$, so werden von jeder zusätzlichen Einkommenseinheit 40 v. H. als Steuer abgeführt. Beträgt die marginale Konsumquote 0,8, so wären ohne Besteuerung 80 v. H. dieses Betrages gleich 32 v. H. der zusätzlichen Einkommenseinheit konsumiert worden. Dies ist die Bedeutung des Summanten ct im Nenner der Multiplikatoren. Aus dem verbleibenden verfügbaren Einkommen wird dann gemäß der Konsumfunktion noch der Teil $1 - c = s$ gespart, fällt also ebenfalls als Nachfrage aus. Auch hier zeigt sich, daß im Nenner jedes Multiplikators der marginale Nachfrageausfall steht, im vorliegenden Fall also $s + ct$ (vgl. S. 134).

In der graphischen Darstellung führt die Einführung einer Einkommensteuer mit konstantem Satz t zu einer Drehung der Konsumkurve um ihren Schnittpunkt mit der Ordinate, wie Bild 3.7 zeigt. Die Konsumfunktion ergibt sich aus (3.19-VI) und (3.27) zu

$$C = C^a + cZ^a + c(1 - t)Y. \tag{3.29}$$

149

Bild 3.7 − *Gleichgewichtswerte des Volkseinkommens vor und nach Einführung einer ein-*
kommensabhängigen Steuer

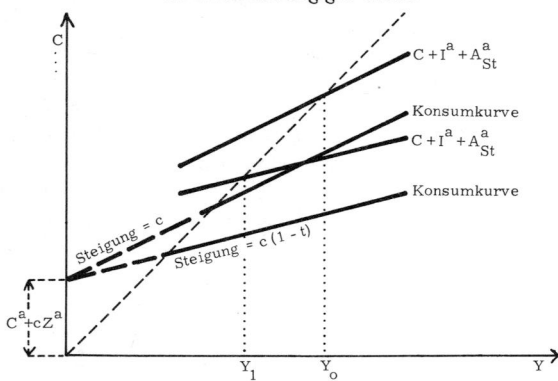

Die marginale Konsumquote, die in bezug auf das verfügbare Einkommen immer noch gleich c ist, wird nun, bezogen auf das Volkseinkommen, zu $c\,(1-t)$. Dieser Wert, der die Steigung der Konsumkurve im (C, Y)-Diagramm von Bild 3.7 angibt, ist wegen $t > 0$ kleiner als die Steigung c. Da die Investition I^a und die Staatsausgaben A^a_{St} unter den bisherigen Annahmen autonom bestimmt sind, graphisch also nach wie vor parallel zur Konsumkurve verlaufen, wirkt die Existenz einer dem Volkseinkommen proportionalen Steuer bremsend auf jeden Multiplikatorprozeß unabhängig davon, ob er expansiv oder kontraktiv verläuft. Dieser Effekt ist ceteris paribus um so stärker, je höher der marginale Steuersatz t ist. Vom wirtschaftspolitischen Ziel der Dämpfung von Konjunkturschwankungen her gesehen wirkt eine einkommensabhängige Steuer mit konstantem Satz t also als *automatischer Stabilisator.* Dies gilt jedoch nur unter der Voraussetzung, daß konjunkturbedingte Änderungen des Steueraufkommens die Staatsausgaben nicht beeinflussen.

Im Gegensatz zu der eben diskutierten Verhaltensweise der öffentlichen Haushalte steht das oben in Abschnitt II.3 dieses Kapitels erwähnte Verfahren, die geplanten Ausgaben an die erwarteten Einnahmen anzupassen. Während eines Expansionsprozesses des Volkseinkommens führt dies bei proportionalem und daher wachsendem Steueraufkommen zu wachsenden Staatsausgaben, die ihrerseits einen expansiven Effekt ausüben und den Prozeß daher verstärken. Man erhält die Gleichgewichtswerte für das Volkseinkommen in Abhängigkeit von den Parametern und den autonomen Ausgabekomponenten aus dem Modell (3.30):

$$Y = C + I^a + A_{St} \qquad \text{(3.30-I)}$$

$$C = C^a + cY^v \qquad \text{(3.30-II)}$$

$$Y^v = Y - T + Z^a \qquad \text{(3.30-III)}$$

$$T = tY, \qquad \text{(3.30-IV)}$$

dessen erste vier Gleichungen bekannt sind, und der weiteren Bedingung, daß die Staatsausgaben für Konsum und Investition gleich dem Steueraufkommen sein sollen:

$$A_{St} = T. \qquad \text{(3.30-V)}$$

Gegenüber der Erstfassung von Modell (3.19) sind jetzt A_{St} und T endogene Größen. Das Modell enthält die acht Variablen Y, C, C^a, I^a, A_{St}, Y^v, T, Z^a, von denen I^a, C^a und Z^a als exogen angesehen werden. Seine Lösung in bezug auf das Volkseinkommen ist

$$Y = \frac{1}{1 - c + ct - t} (C^a + I^a) + \frac{c}{1 - c + ct - t} Z^a. \qquad (3.31)$$

Der Vergleich mit (3.28) zeigt, daß gegenüber dem Fall einer Stillegung der zusätzlichen Steuereinnahmen alle Multiplikatoren größer geworden sind, da im Nenner die positive Größe t abgezogen wird. Das Ausmaß dieser Änderung ist beträchtlich: Sind etwa die Multiplikatoren für private Konsum- und Investitionsausgaben gemäß Gleichung (3.28) bei einer marginalen Konsumquote von $c = 0,8$ und einem marginalen Steuersatz von $t = 0,4$ gleich 1,92, so steigen sie bei ständig ausgeglichenem Budget gemäß Gleichung (3.31) auf 8,33. Der Grund dafür ist, daß die zunehmende Bremsung des Expansionsprozesses durch die mit dem Einkommen wachsende Ersparnis nunmehr verlangsamt wird. Das mit dem Einkommen ebenfalls wachsende Steueraufkommen wird über den Staatshaushalt voll in Nachfrage umgewandelt, während von jeder Einkommenseinheit, die als verfügbares Einkommen bei den Haushalten verblieben wäre, ein Teil gespart und somit nicht nachfragewirksam geworden wäre.

Als Ergebnis dieses Abschnitts ist festzuhalten, daß gesamtwirtschaftliche Expansions- wie auch Kontraktionsprozesse durch die Handhabung des Staatshaushalts erheblich beeinflußt werden. Sie werden in beiden Richtungen gebremst, wenn bei einem Expansionsprozeß zusätzliche Steuereinnahmen stillgelegt und bei einem Kontraktionsprozeß die öffentlichen Ausgaben trotz rückläufiger Steuererträge aufrechterhalten werden. Sie werden in beiden Richtungen verstärkt, wenn am Prinzip des Budgetausgleichs festgehalten wird und die Staatsausgaben entsprechend während der Expansion laufend erhöht und während der Kontraktion laufend vermindert werden. Da in diesem Fall die Konjunkturschwankungen verstärkt werden, nennt man ein solches Verhalten der öffentlichen Haushalte *prozyklisch*, das davor beschriebene Verhalten *antizyklisch*.

III. Multiplikatorprozesse in der offenen Volkswirtschaft

1. Import- und Exportfunktionen. In offenen Volkswirtschaften kaufen private Haushalte, Unternehmen und öffentliche Haushalte auch ausländische Sachgüter und Dienstleistungen, und ein Teil der im Inland hergestellten Güter wird exportiert. Das Ausmaß, in dem die einzelnen westlichen Industrieländer in dieser Weise mit dem Ausland wirtschaftlich verflochten sind, ist unterschiedlich, jedoch ist die Außenhandelsverflechtung im allgemeinen um so größer, je kleiner ein Land ist. Mißt man sie durch die Exportquote[19], so zeigt sich, daß diese im Durchschnitt der Jahre 1961 bis 1970 in den Niederlanden bei 48,6 v. H., in Belgien bei 39,4 v. H., in Großbritannien bei 22,5 v. H., in der Bundesre-

---

[19] Vgl. VRW³, S. 134 und 317. Zahlenangaben berechnet nach: Stat. Jb. BRD 1965 bis 1972.

publik bei 21,3 v. H., in Frankreich bei 14,9 v. H. und in den Vereinigten Staaten bei 5,7 v. H. lag. Insgesamt hat die Außenhandelsverflechtung der westlichen Industrieländer seit 1950 in einem historisch bisher einmaligen Ausmaß zugenommen. Damit wuchs auch die gegenseitige Abhängigkeit dieser Länder. Konjunkturschwankungen und Preisniveauänderungen übertragen sich schneller als früher von Land zu Land, und bei jeder konjunkturpolitischen Maßnahme muß auf Einflüsse Rücksicht genommen werden, die von außenwirtschaftlichen Transaktionen auf den Wirtschaftsablauf ausgehen. Die Erörterungen in diesem Teil beschränken sich auf die Untersuchung von Wirkungen, die der Außenhandel auf gesamtwirtschaftliche Expansions- und Kontraktionsprozesse ausübt.

Gleichgewicht zwischen gesamtem Güterangebot und gesamter Güternachfrage in der nunmehr betrachteten offenen Volkswirtschaft mit staatlicher ökonomischer Aktivität herrscht, wenn

$$Y_m^b + M = C_H + I^b + A_{St} + X$$

gilt (zur Interpretation vgl. S. 41). Gemäß dem dort genannten Ansatz sind nun Verhaltensfunktionen aufzustellen, in denen der Import M und der Export X als abhängige Variable durch andere Variable erklärt werden.

Der Import eines Landes besteht zum größten Teil aus Gütern, die von Unternehmen gekauft, im Produktionsprozeß eingesetzt und in den jeweiligen Endprodukten weiterverkauft werden. Diese Betrachtungsweise gilt auch für importierte Investitionsgüter, da deren Nutzungen ebenfalls in die Endprodukte eingehen.[20] Alle Komponenten der Endnachfrage einschließlich des Exports weisen daher in einer offenen Volkswirtschaft einen bestimmten Gehalt an Importgütern auf. Mit Hilfe von Input-Output-Analysen kann man diesen Gehalt numerisch schätzen.[21] Steigt die gesamtwirtschaftliche Endnachfrage und damit das Bruttosozialprodukt zu Marktpreisen, so werden sich auch die Einfuhren erhöhen.

Neben Unternehmen treten private Haushalte als Importeure auf. Hierbei handelt es sich in erster Linie um Ausgaben für Transport, Unterkunft, Nahrungsmittel und dergleichen bei privaten Auslandsreisen. Dieser Direktimport der privaten Haushalte belief sich in der Bundesrepublik 1972 auf 14,3 Mrd. DM und machte damit 8,4 v. H. des gesamten Importwertes von 171 Mrd. DM aus.[22] Außerdem gibt es noch in geringem Umfang Direkteinfuhren öffentlicher Haushalte. Auch diese beiden Komponenten des Imports können als vom Bruttosozialprodukt abhängig angesehen werden. Damit kann die Hypothese aufgestellt werden, daß das Bruttosozialprodukt eines Landes eine erklärende Variable für seinen Import ist.

Viele ausländische Anbieter von Importgütern stehen auf inländischen Märkten in Konkurrenz mit heimischen Anbietern, die gleiche oder ähnliche Güter anbieten. Die inländischen Nachfrager nach solchen Gütern stehen dann vor der Entscheidung, entweder ausländische oder konkurrierende inländische Güter zu kaufen. Wenn dabei gemäß einer bekannten Hypothese unter sonst gleichen

---

[20] Vgl. Bild 1.1 in VRW³, S. 3.
[21] Vgl. die Hinweise dazu in VRW³, S. 194 f.
[22] Vgl. Statistische Beihefte zu den Monatsberichten der Deutschen Bundesbank, Reihe 3 — Zahlungsbilanzstatistik, März 1973, Tabelle 4.

Umständen das billigere Angebot wahrgenommen wird, müssen auch die Preis-verhältnisse zwischen konkurrierenden in- und ausländischen Gütern als erklä-rende Variable für den Import herangezogen werden. Wird zur Vereinfachung nur ein Gut betrachtet, das von Inländern zum Preis p_i (in DM je ME) und von Ausländern zum Preis p_a (in $ je ME) angeboten wird, so ist das Preisverhältnis

$$\frac{p_i}{p_a \cdot d} \quad , \text{zum Beispiel} \quad \frac{\dfrac{12\,\text{DM}}{\text{ME}}}{\dfrac{4\,\$}{\text{ME}} \cdot \dfrac{2,50\,\text{DM}}{\$}} = 1,2, \tag{3.32}$$

worin d der jeweilige Devisenkurs[23] ist. Die Preise p_i und p_a können so interpretiert werden, daß sie auch Zölle, Transport- und Versicherungsaufwendungen, Steu-erbe- und -entlastungen enthalten. Gemäß der allgemeinen Hypothese über das Verhalten von Nachfragern bei Preisänderungen, die in der negativen Neigung von Nachfragekurven ausgedrückt wird (vgl. Bild 1.4, S. 32), nimmt der mengen-mäßige Import eines Landes zu, wenn die internationalen Preisverhältnisse gemäß der Definition (3.32) steigen. Diese hängen ihrerseits ab von
– dem Verhältnis der Preissteigerungsraten des In- und Auslandes;
– dem Devisenkurs.
Steigen beispielsweise die Preise im Inland schneller als im Ausland, so geraten ausländische Anbieter auf inländischen Märkten in eine bessere Wettbewerbspo-sition; der Import nimmt zu. Wird die heimische Währung abgewertet, d also erhöht, so sinkt das Preisverhältnis (3.32); die Mengen der importierten Güter nehmen ab, ihr Gesamtwert kann sinken, gleichbleiben oder steigen.

Gemäß den bisher erwähnten Hypothesen läßt sich eine allgemeine *gesamt-wirtschaftliche Importfunktion* also so wiedergeben:

$$M = f\left(Y, \frac{p_i}{p_a \cdot d} \right), \text{worin} \quad \frac{\partial M}{\partial Y} > 0 \text{ und } \partial M/\partial \left(\frac{p_i}{p_a \cdot d} \right) > 0. \tag{3.33}$$

Sie besagt, daß der Import jeweils ceteris paribus mit steigendem Sozialprodukt und steigenden internationalen Preisverhältnissen zunimmt.

In diesem Kapitel wird von den Einflüssen der internationalen Preisverhält-nisse und des Devisenkurses jedoch abgesehen und allein das Sozialprodukt als erklärende Variable herangezogen. Bild 3.8 mag einen Eindruck von der Gestalt dieses Zusammenhangs für die Bundesrepublik von 1960–1972 vermitteln (S. 154). Die auf die gleiche Weise wie Gleichung (2.15) S. 48 ermittelte Gleichung der Geraden in Bild 3.8 ist

$$M = -21,9 + 0,24 \ Y_m^b. \tag{3.34}$$

Jedoch sind auch bei dieser Berechnung die S. 50 gegebenen Warnungen zu be-rücksichtigen. Könnte man Gleichung (3.34) als gesamtwirtschaftliche Import-funktion interpretieren, dann wäre die *gesamtwirtschaftliche marginale Import-quote* der Bundesrepublik gleich 0,24: Steigt das Bruttosozialprodukt um 1 Mrd. DM, werden für 240 Mill. DM mehr Güter eingeführt.

---

[23] Zum Sprachgebrauch in bezug auf Devisen- und Wechselkurs vgl. VRW[3], S. 252.

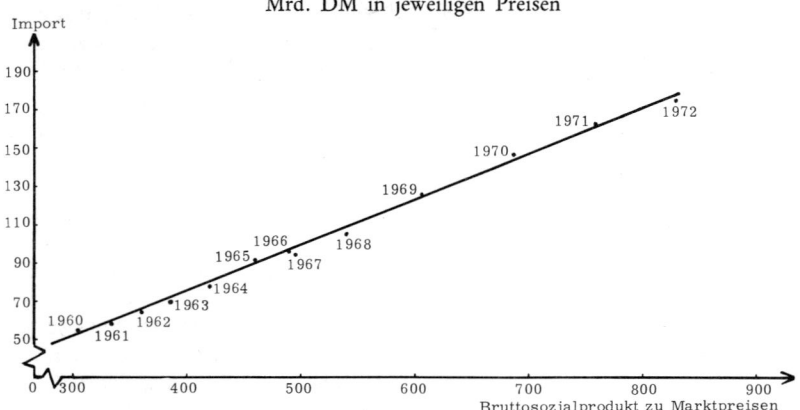

Bild 3.8 − *Bruttosozialprodukt zu Marktpreisen und Import[a] der Bundesrepublik Deutschland, 1960–1972*
Mrd. DM in jeweiligen Preisen

[a] Einfuhr cif plus Ausgaben für Dienstleistungen.
Quelle: Wie Quelle zu Bild 2.3 (S. 49), S. 151, 157. Ab 1970 vorläufige Ergebnisse.

In bezug auf den Export eines Landes können entsprechende Hypothesen aufgestellt werden, da der Export eines Landes die Summe der Importe seiner Handelspartner ist. Symbolisiert man mit Y_a die Sozialprodukte der Handelspartner, so könnte die *gesamtwirtschaftliche Exportfunktion* für ein Land so aussehen:

$$X = f\left(Y_a, \frac{p_i}{p_a \cdot d} \right), \text{worin} \frac{\partial X}{\partial Y_a} > 0, \; \partial X/\partial \left(\frac{p_i}{p_a \cdot d} \right) < 0. \qquad (3.35)$$

Danach nimmt der Export zu, wenn ceteris paribus die Sozialprodukte der Handelspartner steigen, das ausländische Preisniveau schneller steigt als das inländische und die heimische Währung abgewertet wird. In diesem Kapitel wird jedoch von Exportfunktionen kein Gebrauch gemacht, sondern angenommen, der Export sei autonom bestimmt.

2. Der Import als Bremse eines Expansionsprozesses. Die Analyse expansiver Prozesse in den Teilen I und II dieses Kapitels läßt sich so zusammenfassen. Wenn aus einer Gleichgewichtssituation heraus eine der bisher betrachteten drei Gruppen von Wirtschaftssubjekten − private Haushalte, Investoren, öffentliche Haushalte − autonom ihre Ausgaben erhöht und das erhöhte Ausgabenniveau in den folgenden Perioden beibehält, wird ein Expansionsprozeß ausgelöst. Die erhöhten Ausgaben führen bei den Lieferanten der Produktivleistungen, die bei der Herstellung der vermehrt nachgefragen Güter eingesetzt werden, zu erhöhten Einkommen. Diese bewirken vermehrte Konsumgüternachfrage, die ihrerseits neue Einkommen schafft, und so fort. Es wird jedoch in der Regel nicht das gesamte zusätzliche Einkommen in Konsumgüternachfrage umgewandelt. In den bisher behandelten Modellen wurden zwei Gründe dafür genannt, daß zusätzliches Einkommen teilweise nicht zu Nachfrage führt und damit stillgelegt wird:

154

Ein Teil muß für zusätzliche Steuerzahlungen aufgewandt werden (hierbei tritt die Stillegung nur ein, wenn die Steuereingänge nicht zu Staatsausgaben verwendet werden), und aus dem verbleibenden verfügbaren Einkommen wird ein Teil gespart. Das Sinnbild eines durch zusätzliche Ausgaben induzierten zusätzlichen Einkommensstromes wird hierbei häufig dadurch weitergeführt, daß man statt von *Einkommensstillegung* von *Lecks* spricht, die an diesem Strom auftreten, mit ihm wachsen und schließlich so groß werden, daß die Expansion aufhört. In einer offenen Volkswirtschaft tritt ein weiteres Leck hinzu. Ein Teil des Einkommens wird zum Kauf ausländischer Güter aufgewendet, tritt also nicht als Nachfrage nach inländischen Gütern auf. Vom inländischen Einkommenskreislauf her gesehen kommt dies ebenfalls einer Einkommensstillegung gleich. Ihr Ausmaß wird durch den autonomen Import M^a und die marginale Importquote m bestimmt. Je größer diese ist, um so größer ist der aus jedem zusätzlichen Einkommen nicht im Inland nachfragewirksame Teil, und um so kleiner ist der multiplikative Effekt einer gegebenen autonomen Ausgabeerhöhung. Dies muß an der Größe des Multiplikators abzulesen sein. Setzt man in einem Modell ohne Staat die Investition und den Export von vornherein autonom an

$$Y = C + I^a + X^a - M, \qquad (3.36\text{-I})$$

nimmt die übliche Konsumfunktion an

$$C = C^a + cY \qquad (3.36\text{-II})$$

und fügt eine Importfunktion hinzu, die hier als linear angenommen sei:

$$M = M^a + mY, \text{ worin } 0 < m < 1, \qquad (3.36\text{-III})$$

dann erhält man den Gleichgewichtswert des Volkseinkommens zu

$$Y = \frac{1}{1 - c + m}(C^a + I^a + X^a) - \frac{1}{1 - c + m}M^a. \qquad (3.37)$$

Der Vergleich etwa des Investitionsmultiplikators in bezug auf das Sozialprodukt in dieser Gleichung mit seinem Wert in einer geschlossenen Volkswirtschaft gemäß Gleichung (3.10) S. 133 zeigt, daß ihn das zusätzliche Leck verkleinert hat, da die positive Größe m zusätzlich im Nenner erscheint. Daß die im Nenner von Multiplikatoren auftretenden Verhaltensparameter den Expansionsprozeß bremsen, wird noch deutlicher, wenn man wieder $1 - c = s$ setzt. Der Investitionsmultiplikator in bezug auf das Sozialprodukt in einer offenen Volkswirtschaft läßt sich dann

$$\frac{1}{s + m}$$

schreiben. Marginale Sparquote und marginale Importquote werden addiert und bestimmen so, reziprok genommen, die Größe des Multiplikators.

Bei der graphischen Bestimmung des Gleichgewichtseinkommens in einer offenen Volkswirtschaft geht man am besten von der Sparfunktion aus, wie sie in Bild 3.4 (S. 135) dargestellt ist, und superponiert die Importfunktion. Bild 3.9 illustriert den Satz, daß in einer offenen Volkswirtschaft gesamtwirtschaftliches Gleichgewicht herrscht, wenn die Ersparnis ex ante gleich der Summe aus Investition und Außenbeitrag (beides ex ante) ist:

$$S = I + X - M. \tag{3.38}$$

Es muß dann auch die Summe aus Investition und Export gleich der Summe aus Ersparnis und Import sein. Dies ist in Bild 3.9 beim Einkommen Y_0 der Fall, bei dem die aus Ersparnis und Import zusammengesetzte $S + M$-Kurve die $I^a + X^a$-Kurve schneidet. Erhöht sich autonom die Investition um den Betrag ΔI^a, so ergibt sich aus dem Schnittpunkt der neuen $I^a + \Delta I^a + X^a$-Kurve mit der $S + M$-Kurve das neue Gleichgewichtseinkommen Y_1. Die expansive Wirkung ist unter sonst gleichen Umständen kleiner als in der geschlossenen Volkswirt-

Bild 3.9 — *Gleichgewichtswerte des Volkseinkommens in einer offenen Volkswirtschaft ohne Staat*

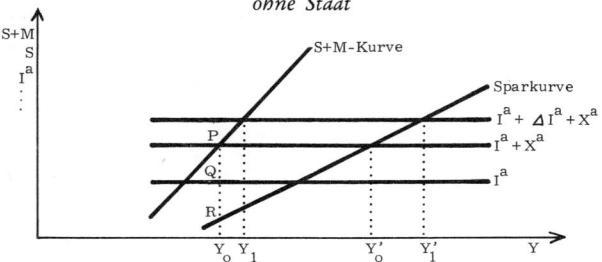

schaft, weil die $S + M$-Kurve steiler verläuft als die Sparkurve. Man erkennt dies auch, wenn man zum Vergleich die Differenz zwischen den Gleichgewichtswerten Y_0' und Y_1' heranzieht.

3. Export- und Importmultiplikator. Ebenso wie jede andere autonome Ausgabenerhöhung führt in einer offenen Volkswirtschaft auch eine dauerhafte Steigerung des Exports von Waren und Dienstleistungen zu einem expansiven Prozeß. Die Änderung des Gleichgewichtseinkommens auf Grund einer Änderung des Exports ergibt sich aus Gleichung (3.37) zu

$$\Delta Y = \frac{1}{1 - c + m} \Delta X^a, \tag{3.39}$$

worin $\frac{1}{1-c+m}$ als *Exportmultiplikator in bezug auf das Sozialprodukt* bezeichnet wird. Er ist in diesem Fall ebenso groß wie der Investitions- und der Konsumausgabenmultiplikator. Die Wirkung dauerhafter Änderungen des Exports auf das Gleichgewichtseinkommen ist aus Bild 3.9 abzulesen, wenn man sich die $I^a + X^a$-Kurve um den positiven oder negativen Betrag der Exportänderung ΔX^a nach oben oder unten verschoben denkt.

Eine entsprechend andere Wirkung auf das Gleichgewichtseinkommen folgt aus einer Änderung des Importverhaltens, wie sie sich etwa in einer Verschiebung der Importkurve äußert. Wünschen die Inländer in ihrer Gesamtheit aus jedem Einkommen mehr für Importe auszugeben, so kann das beispielsweise als Vergrößerung des Parameters M^a in der Importfunktion (3.36-III) dargestellt werden. Da der *Importmultiplikator in bezug auf das Sozialprodukt* gleich $\frac{-1}{1-c+m}$ und damit negativ ist, führt eine solche Verhaltensänderung zu einem kontraktiven Multiplikatorprozeß, der in einem niedrigeren Gleichgewichtseinkommen endet.

Graphisch zeigt sich diese Änderung der Importneigung in einer Verschiebung der Importkurve nach oben, deren Wirkung auf das Gleichgewichtseinkommen bei unveränderter $I^a + X^a$-Kurve direkt aus Bild 3.9 ablesbar ist.

4. Wirkungen multiplikativer Prozesse auf den Außenbeitrag. Ein gesamtwirtschaftliches Gleichgewicht in einer offenen Völkswirtschaft setzt nicht voraus, daß der Export gleich dem Import und damit nach Gleichung (3.38) auch die heimische Investition gleich der heimischen Ersparnis ist. So ist etwa beim Einkommen Y_0 in Bild 3.9 der Export gleich PQ, der Import gleich PR, so daß der Außenbeitrag negativ ist. Bei anderer Lage der Kurven könnte der Außenbeitrag positiv oder gleich null sein. Ein anhaltend von null verschiedener Außenbeitrag ändert ständig die Nettoauslandsposition des Landes, soweit dem nicht entsprechende Gegenbewegungen in der Übertragungsbilanz gegenüberstehen. Der Aufbau einer Nettogläubigerposition gegenüber dem Ausland kann jedoch wirtschaftspolitisch unerwünscht sein, etwa dann, wenn damit Preissteigerungstendenzen im Inland einhergehen. Gleiches gilt für die Zunahme der Auslandsverschuldung, wenn es schwierig wird, weitere Kredite im Ausland aufzunehmen. Es muß daher untersucht werden, wie sich die von unterschiedlichen autonomen Ausgabeänderungen ausgehenden Expansions- und Kontraktionsprozesse auf den Außenbeitrag auswirken.

Zur Untersuchung dieser Frage wird das Modell (3.36) durch die Definition des Außenbeitrags B erweitert:

$$B = X^a - M. \tag{3.36-IV}$$

In dem erweiterten Modell stehen zur Bestimmung der vier Variablen Y, C, M und B vier Gleichungen zur Verfügung. Es ergibt sich

$$B = -\frac{m}{s+m} C^a - \frac{m}{s+m} I^a - \frac{s}{s+m} M^a + \frac{s}{s+m} X^a, \tag{3.40}$$

worin $1 - c = s$ gesetzt worden ist. Eine Erhöhung der Konsumneigung, ausgedrückt durch ein positives ΔC^a, ändert den Außenbeitrag in gleicher Richtung wie eine vermehrte Importneigung, ausgedrückt durch ein positives ΔM^a, oder wie eine Zunahme der autonomen Investition. Da der Export nach Annahme konstant bleibt, wird in diesen Fällen der Außenbeitrag infolge einer Zunahme des Imports kleiner. Das jeweilige Ausmaß der Änderung des Außenbeitrags wird durch die Quotienten $\frac{m}{s+m}$ und $\frac{s}{s+m}$ bestimmt, die beide absolut kleiner als eins sind. Man nennt sie — mit Vorzeichen versehen — *Multiplikatoren in bezug auf den Außenbeitrag*, um sie von den bisher behandelten Multiplikatoren in bezug auf das Sozialprodukt zu unterscheiden. Von den vier Multiplikatoren der Gleichung (3.40) ist lediglich der *Exportmultiplikator in bezug auf den Außenbeitrag* größer als null. Steigt autonom der Export, so führt dies bei Konstanz der anderen autonomen Ausgabekomponenten zu einem Expansionsprozeß des Volkseinkommens, der über die Importfunktion vermehrte Importe induziert und daher der Tendenz nach den Saldo aus Export und Import verkleinert. Der vermehrte Export bildet jedoch definitionsgemäß einen positiven Bestand dieses Saldos, der den passivierenden Einfluß der Importe überwiegt, so daß sich insgesamt eine Aktivierung ergibt. Daß eine Exportsteigerung unter den bisherigen Annahmen nicht eine gleich große oder größere Zunahme des Imports induziert, läßt sich zeigen, wenn man den *Exportmultiplikator in bezug auf den Import* berechnet. Man erhält aus dem Modell (3.36)

$$M = \frac{m}{s+m} C^a + \frac{m}{s+m} I^a + \frac{m}{s+m} X^a + \frac{s}{s+m} M^a, \qquad (3.41)$$

in dem alle Multiplikatoren positiv und kleiner als eins sind. Danach ergibt sich der genannte Multiplikator aus der Gleichung

$$\Delta M = \frac{m}{s+m} \Delta X^a. \qquad (3.42)$$

Sofern die marginale Sparquote größer als null ist, führt eine autonome Exportsteigerung zu einer kleineren Importzunahme, vergrößert also den Außenbeitrag. Nur in dem Extremfall, in dem die marginale Sparquote gleich null ist, ist der Exportmultiplikator in bezug auf den Import gleich eins, induziert also eine Exportzunahme eine gleich große Importerhöhung. In diesem Fall wäre der Import das einzige Leck, durch das die vermehrten autonomen Ausgaben kompensiert werden. Ein neues Gleichgewicht kann daher nur dann eintreten, wenn der aus dem expandierenden Volkseinkommen resultierende zusätzliche Import ebenso groß ist wie die Exportzunahme. Eine Sparquote von null bedeutet gemäß Gleichung (3.39), daß der Exportmultiplikator in bezug auf das Sozialprodukt ebenso wie die anderen aus Gleichung (3.37) zu errechnenden Multiplikatoren gleich dem reziproken Wert der marginalen Importquote ist, mithin beträchtliche Werte annehmen kann, wenn diese Quote bei 0,2 bis 0,3 liegt.

5. Rückwirkungen des Außenhandels. Der Export eines Landes A ist der Import seiner Handelspartner; der Import von A deren Export. Wie eben schon praktiziert, faßt man häufig alle Handelspartner des Landes A zu einem gedachten Land B zusammen und ermöglicht so die Analyse außenwirtschaftlicher Transaktionen im *Zweiländer-Fall*. Erhöht sich aus einer Gleichgewichtssituation heraus die Investition in Land A, so wird dadurch in A ein Expansionsprozeß des Sozialprodukts eingeleitet. Dies führt zu einer Erhöhung des vom Sozialprodukt abhängigen Imports von A. Die damit implizierte Exportzunahme des Landes B bewirkt dort ebenfalls einen Expansionsprozeß. Hieraus ergeben sich jedoch Rückwirkungen auf Land A: Das steigende Sozialprodukt von B läßt gemäß dessen Importfunktion auch den Export von A zunehmen, so daß sich hieraus eine weitere Verstärkung des Expansionsprozesses in A ergibt. Dies fördert wiederum den Export von B, und so fort. Es ergeben sich solange Hin- und Rückwirkungen auf Außenhandel und Sozialprodukte beider Länder, bis das System einen neuen Gleichgewichtszustand erreicht. Eine entsprechende Überlegung zeigt, daß auch ein Kontraktionsprozeß des Sozialprodukts in Land A sich gleichsinnig auf Land B überträgt und ebenfalls vielfache Rückwirkungen auslöst. Damit gilt

Satz 3.2: *Bei freiem oder wenig behindertem Außenhandel zwischen zwei (oder mehr) Ländern übertragen sich Konjunkturschwankungen eines Landes in gleicher Richtung auf seine Handelspartner.*

Das Ausmaß, in dem der Konjunkturverlauf in einem Land von den Konjunkturbewegungen seiner Handelspartner mitbestimmt wird, hängt von der Bedeutung des Außenhandels für das betrachtete Land ab. Einige Angaben dazu wurden S. 151 f. gemacht. Für viele Länder werden damit die außenwirtschaftlichen Gütertransaktionen zu einem erheblichen wirtschaftspolitischen Problem. Eine ausgeglichene Leistungsbilanz stellt sich nur zufällig ein und ist über längere Zeiträume nicht die Regel. Es ergeben sich entweder ein positiver Außenbeitrag, der durch Nettoübertragungen an das Ausland nicht vollständig abgebaut wird, also eine aktive Leistungsbilanz, oder entsprechend eine passive Leistungsbilanz.[24] Beide Situationen können für das betreffende Land Nachteile haben, wenn sie von Dauer sind. Eine aktive Leistungsbilanz bedeutet, daß dem Wert nach ständig mehr Güter exportiert als importiert werden, für die heimische Nachfrage also nicht zur Verfügung stehen. Wird der Leistungsbilanzüberschuß nicht durch Kapitalexport kompensiert, wächst bei fixierten Währungskursen der Devisenbestand der Zentralbank, woraus sich Probleme für die Geldpolitik ergeben können. Noch unangenehmer kann ein ständiges Leistungsbilanzdefizit sein. Es bedeutet Abbau der Währungsreserven oder Zunahme der Auslandsverschuldung, die beide begrenzt sein können. Aus diesen Gründen gehört die Gestaltung der außenwirtschaftlichen Beziehungen in allen Ländern zu den Zielen der Wirtschaftspolitik. In der Bundesrepublik heißt dieses Ziel „außenwirtschaftliches Gleichgewicht"; es wird unten näher besprochen (S. 399—401). Bei jedem stark außenhandelsabhängigen Land werden aber auch andere wirtschaftspolitische Ziele von der jeweiligen außenwirtschaftlichen Situation stärker berührt, insbesondere das Ziel der Vollbeschäftigung. So bedeutet mehr Export ceteris paribus mehr Produktion und damit mehr Beschäftigung. Maßnahmen zur Förderung des Exports liegen daher nahe, wenn Arbeitslosigkeit in einem Land beseitigt werden soll. Solche Maßnahmen lösen jedoch bei den Handelspartnern kontraktive Prozesse aus, die dort Arbeitslosigkeit erzeugen oder erhöhen. Man spricht daher davon, daß mit einer solchen Politik „Arbeitslosigkeit exportiert" wird.[25] Zwar steigt infolge des Expansionsprozesses in dem Land, das seinen Export fördert, auch der Import und damit der Export der Handelspartner. Wie aus Gleichung (3.42) hervorgeht, ist die Importzunahme jedoch kleiner als die sie bewirkende Exportzunahme, sofern nur die marginale Sparquote größer als null ist. Da dies als unwiderlegte Hypothese gelten kann, ist der Nettoeffekt exportfördernder Maßnahmen eines Landes eine Abnahme des Beschäftigungsgrades bei der Gesamtheit seiner Handelspartner. Derartige Maßnahmen treffen daher häufig auf Widerstand; sie werden mit Abwehrmaßnahmen gegen zusätzliche Importe oder mit eigenen Exportförderungsmaßnahmen beantwortet.

---

[24] Vgl. zur Definition der Leistungsbilanz VRW³, S. 237; zu den unterschiedlichen Zahlungsbilanzsituationen ebenda, S. 257.

[25] Seit den dreißiger Jahren, in denen viele Länder ihren Export durch Währungsabwertungen zu fördern suchten, heißt eine solche Politik auch „Beggar-my-neighbour policy": Der Handelspartner wird durch den in seinem Land ausgelösten Kontraktionsprozeß ärmer.

IV. Akzeleratorprozesse

1. Produktionskapazität und induzierte Investition. In den bisherigen Analysen des dritten Kapitels wurde überwiegend davon ausgegangen, daß bei einer Erhöhung des Sozialprodukts keine Kapazitätsprobleme entstehen und daß die Investition von den jeweils sonst berücksichtigten Variablen unabhängig sei. Bei jeder andauernden Expansion des Sozialprodukts wird jedoch in der Regel zunächst in einigen und später in immer mehr Wirtschaftszweigen der Fall eintreten, daß der Nutzungsgrad der dauerhaften Produktionsmittel nicht mehr erhöht werden kann. Gemäß der S. 56 f. erörterten Hypothese steigen in solchen Situationen die Ertragserwartungen der Produzenten, so daß sich ein Anreiz zur Investition ergibt. Im folgenden werden Expansions- und Kontraktionsprozesse zunächst in einem Wirtschaftszweig und anschließend in einer Volkswirtschaft unter der Annahme analysiert, daß die Anbieter ihre Produktionskapazität ständig an Änderungen der Nachfrage anpassen. Die Investition wird also nunmehr wenigstens zum Teil als induziert angesehen und damit zu einer endogenen Variablen. Als wichtiges Ergebnis dieser Annahme wird sich zeigen, daß es bei einem solchen Verhalten zu Schwankungen des Volkseinkommens kommen kann. Damit erhält man eine weitere Erklärung für obere und untere Wendepunkte des Konjunkturzyklus neben den S. 121 f. genannten.

2. Änderungen der Nachfrage und induzierte Investition in einem Wirtschaftszweig. Wenn auf einem Markt die monetäre Nachfrage bei den herrschenden Preisen das monetäre Angebot zu übersteigen tendiert, während die Anbieter ihre Produktionskapazitäten als ausgelastet betrachten, dann ergeben sich zwei Effekte: Es zeigt sich eine Tendenz zur Preissteigerung, und gleichzeitig erhalten die Anbieter einen Anreiz zur Ausdehnung der Produktion und damit der Produktionskapazitäten.

Es sei zunächst von Preissteigerungen abgesehen und die Wirkung von Nachfrageänderungen auf die Investitionstätigkeit in einem Wirtschaftszweig untersucht. Ausgegangen wird von einer Gleichgewichtssituation in Periode 0, in der die Nachfrage nach den Erzeugnissen des Wirtschaftszweiges 200 Einheiten, etwa Mill. DM, beträgt. Zur Herstellung einer Produkteinheit werden jeweils vier Einheiten an dauerhaften Produktionsmitteln gebraucht, der *durchschnittliche Kapitalkoeffizient*[26] beträgt also 4. Der *Kapitalstock* als Gesamtheit der dauerhaften Produktionsmittel in diesem Wirtschaftszweig sei vollständig an die Nachfrage angepaßt, bestehe also aus 800 Einheiten. Die Lebensdauer einer Einheit des Kapitalstocks betrage 20 Perioden, und es sei angenommen, daß der Kapitalstock eine gleichmäßige Altersstruktur aufweise. Zu Beginn der Periode 0 seien also 40 Einheiten 19 Jahre alt, 40 Einheiten 18 Jahre und so fort. Die letzten 40 Einheiten wurden während der Periode $t = -1$ investiert und sind daher zu Beginn der Periode 0 null Jahre alt, also neu. Daraus folgt, daß in jeder Periode 40 Einheiten ausscheiden. Dieser Vorgang sei hier *Desinvestition* genannt, um ihn von der Abschreibung zu unterscheiden. Die (kalkulatorischen) Abschreibungen geben unter anderem an, wie hoch der produktionsbedingte Verschleiß der dauer-

---

[26] Vgl. VRW³, S. 181–183.

haften Produktionsmittel während der Rechnungsperiode war. Solange die betreffenden Maschinen, Anlagen und Gebäude jedoch nicht voll abgeschrieben und beseitigt sind, bleiben sie in der Regel in Betrieb. Unter dem Aspekt der Produktionskapazität interessieren hier dagegen nur die Produktionsmittel, die durch Verschrottung oder sonstwie voll ausscheiden. Die Investition beschränkt sich auf den Ersatz der durch Desinvestition ausscheidenden Teile des Kapitalstocks, beträgt also 40 Einheiten je Periode. Die Bruttoinvestition ist mithin ausschließlich Reinvestition, die Nettoinvestition ist null. Die Situation ist in der ersten Zeile (= Periode 0) von Tabelle 3.3 beschrieben (S. 162).

Es möge sich nun die Nachfrage N nach den Erzeugnissen des Wirtschaftszweiges autonom ändern, und zwar möge sie während einer Phase I, die von Periode 1 bis 4 reicht, mit wachsenden Zuwachsraten steigen. Dies ist aus den Spalten (2) und (3) der Tabelle zu ersehen. Es sei angenommen, daß die Produzenten alle Nachfrageänderungen während der Perioden, in denen sie auftreten, korrekt antizipieren und während der jeweils gleichen Periode mit entsprechenden Kapazitätsänderungen beantworten. Sie investieren also gerade soviel, daß der Kapitalstock an die Nachfrage angepaßt bleibt. Vom technischen Fortschritt sei abgesehen. Es kann dann davon ausgegangen werden, daß zwischen einer zusätzlichen Produktmenge und der Menge der zu ihrer Herstellung notwendigen zusätzlichen dauerhaften Produktionsmittel eine konstante Beziehung besteht. Dieser *marginale Kapitalkoeffizient* sei wie der durchschnittliche gleich 4, so daß für jede Einheit zusätzlicher Nachfrage 4 Mengeneinheiten investiert werden müssen. Da die während der Periode t eintretende Nachfrageänderung ΔN_t gleich der Differenz aus der Nachfrage dieser Periode und der Nachfrage der Vorperiode ist, wird das Investitionsverhalten also durch die Funktion

$$I_t^n = 4 \ (N_t - N_{t-1}) \tag{3.43}$$

wiedergegeben, worin I_t^n die induzierte Nettoinvestition während der Periode t ist. Spalte (6) in Tabelle 3.3 zeigt die aus diesem Verhalten resultierende Nettoinvestition. Sie beträgt (mit Ausnahme der Perioden 13 bis 15) jeweils das Vierfache der aus Spalte (2) zu berechnenden Nachfrageänderung. Das hervorstechende Kennzeichen dieses Expansionsprozesses ist nun die Tatsache, daß die Nettoinvestition bis zur 4. Periode prozentual wesentlich stärker zunimmt als die sie bewirkende Änderung der Nachfrage nach den Erzeugnissen des Wirtschaftszweiges. Von Periode 1 auf 2 steigt diese Nachfrage um 4,9 v.H., während sich die Nettoinvestition verdoppelt, von Periode 2 auf 3 steigt die Nachfrage um 7,0 v.H. und die Nettoinvestition um 50 v.H., von Periode 3 auf 4 lauten die Zahlen 8,7 v.H. und 33,3 v.H. Der Grund hierfür ist, daß schon die erste Zuwachsrate der Nachfrage von einem im Ausgangsgleichgewicht vorhandenen Betrag berechnet wird, während die Nettoinvestition zunächst null ist. Obwohl sich bei geeigneten Annahmen über die weitere Zunahme der Nachfrage weiter fallende Zuwachsraten für die Nettoinvestition ergeben, wirkt sich eine Erhöhung der Nachfrage unter den genannten Voraussetzungen zunächst immer beschleunigend auf die Nettoinvestition aus. Man nennt einen solchen Prozeß daher einen *Akzeleratorprozeß*, den ihn bewirkenden Komplex von Bedingungen und Verhaltensweisen das *Akzeleratorprinzip* (oder *Akzelerationsprinzip*) und die Größe 4 in Gleichung (3.43) den *Akzelerator*. Dabei ist die Existenz einer Beschleunigungswirkung von der numerischen Größe des Akzelerators unabhängig. Auch wenn beispielsweise die Produktion einer zusätzlichen Einheit für die Nachfrage die Investition nur einer oder einer halben zusätzlichen Einheit erfordern würde, wenn anstelle von 4 in Gleichung (3.43) also der Wert 1 oder 0,5 zu setzen wäre, würden sich

Tabelle 3.3 – *Nachfrage, Investitionstätigkeit und Kapitalstock in einem Wirtschaftszweig* Mill. DM bei konstanten Preisen

Periode t	Nachfrage		Des-investition	Re-investition	Netto-investition		Brutto-investition	Kapitalstock	
	N_t	Änderung gegenüber Vorperiode				Änderung geg. Vorperiode		vor-handen	dar-unter: unge-nutzt
	Mill. DM	v. H.	Mill. DM			v. H.		Mill. DM	
(1)	(2)	(3)	(4)	(5)	(6)	(7)	(8)	(9)	(10)
0	200	0	40	40	0	.	40	800	–
1	205	+2,5	40	40	20	.	60	820	–
2	215	+4,9	40	40	40	+100	80	860	–
3	230	+7,0	40	40	60	+ 50	100	920	–
4	250	+8,7	40	40	80	+ 33,3	120	1000	–
5	270	+8,0	40	40	80	0	120	1080	–
6	285	+5,6	40	40	60	− 25	100	1140	–
7	295	+3,5	40	40	40	− 33,3	80	1180	–
8	300	+1,7	40	40	20	− 50	60	1200	–
9	300	0	40	40	0	−100	40	1200	–
10	295	−1,7	40	20	−20	.	20	1180	–
11	290	−1,7	40	20	−20	.	20	1160	–
12	280	−3,4	40	0	−40	.	0	1120	–
13	265	−5,4	40	0	−40	.	0	1080	20
14	250	−5,7	40	0	−40	.	0	1040	40
15	250	0	40	0	−40	.	0	1000	–
16	250	0	40	40	0	.	40	1000	–
⋮	⋮	⋮	⋮	⋮	⋮	⋮	⋮	⋮	⋮
20	250	0	40	40	0	.	40	1000	–
21	250	0	60	60	0	.	60	1000	–
22	250	0	80	80	0	.	80	1000	–
⋮	⋮	⋮	⋮	⋮	⋮	⋮	⋮	⋮	⋮

Phase I umfasst Periode 1–4; Phase II umfasst Periode 5–8; Phase III umfasst Periode 10–16; Phase IV umfasst Periode 20–22.

zwar die absoluten Zahlen in Spalte (6), nicht aber ihre Änderungsraten in Spalte (7) ändern.

Aus der Nettoinvestition und der Reinvestition, die angesichts der vorerst konstant bleibenden Desinvestition ebenfalls konstant bleibt, ergibt sich in Spalte (8) von Tabelle 3.3. die Bruttoinvestition. In diesem Zahlenbeispiel steigt auch sie prozentual wesentlich stärker als die Nachfrage. Dies tritt jedoch nicht wie bei der Nettoinvestition zwangsläufig ein. Es lassen sich Fälle konstruieren, in denen die Reinvestition und damit die Basis für die Berechnung der Zuwachsraten der Bruttoinvestition so groß ist, daß diese kleiner sind als die Zuwachsraten der Nachfrage.

Tabelle 3.3 zeigt schließlich in Spalte (9), daß der Kapitalstock im Ausmaß der jeweiligen Nettoinvestition wächst. Ungenutzte Kapazitäten treten vorerst nicht auf.

In einer Phase II sei angenommen, daß die Nachfrage zwar noch weiter zunimmt, aber mit fallenden Zuwachsraten, die gemäß Spalte (3) von 8,0 v.H. auf 1,7 v.H. abnehmen. Diese Phase erstreckt sich in Tabelle 3.3 auf die Perioden 5 bis 8. Auch jetzt muß noch netto investiert werden, so daß der Kapitalstock weiter wächst. Die Wachstumsraten der Nettoinvestition sind jedoch negativ und nehmen den absoluten Beträgen nach zu: Während die Nettoinvestition von Periode 5 auf 6 um 25 v.H. fällt, geht sie von Periode 7 auf 8 um 50 v.H. zurück. Verharrt die Nachfrage in Periode 9 auf dem Stand der Vorperiode, so wird keine Nettoinvestition mehr vorgenommen. Die Bruttoinvestition ist wieder voll Reinvestition, und der Kapitalstock bleibt gegenüber der Vorperiode konstant.

Geht in einer Phase III die Nachfrage absolut zurück, so muß auch der Kapitalstock verkleinert werden, wenn er weiterhin der Nachfrage angepaßt bleiben soll. Dies kann nur dadurch geschehen, daß Reinvestitionen unterlassen werden, die Bruttoinvestition also unter die Desinvestition sinkt. Dabei sind drei Fälle zu unterscheiden. Der erste Fall tritt in den Perioden 10 und 11 ein: Der überflüssig werdende Teil des Kapitalstocks ist noch kleiner als der durch die Desinvestition ohnehin ausscheidende Teil, so daß die Reinvestition teilweise aufrechterhalten wird. In Periode 12 liegt der zweite Fall vor: Die Desinvestition beseitigt gerade die infolge des Nachfragerückgangs überflüssig werdenden dauerhaften Produktionsmittel, so daß Brutto- und damit Reinvestition auf null sinken. Bis hierher ist das Akzelerationsprinzip voll auch in kontraktiver Richtung wirksam, da die Änderung des Kapitalstocks jeweils das Vierfache der Änderung der Nachfrage beträgt. Das wird anders, sobald die Nachfrage stärker sinkt. In diesem dritten Fall, der sich in den Perioden 13 und 14 zeigt, reicht die Desinvestition zur Anpassung des Kapitalstocks nicht mehr aus, so daß Produktionskapazität teilweise nicht genutzt wird. Der Abbau des Produktionsapparats beschränkt sich auf die Desinvestition, das Akzeleratorprinzip ist nicht mehr wirksam. Nimmt man an, daß die Nachfrage nunmehr auf dem Stand von 250 verharrt, so wird in Periode 15 die Überschußkapazität von 40 abgebaut, und von Periode 16 an beträgt die Bruttoinvestition wieder 40.

3. Reinvestitionszyklen. Das Zahlenbeispiel der Tabelle 3.3 erlaubt es, noch einen weiteren Aspekt des Investitionsverhaltens zu demonstrieren. Zu Beginn des vorigen Abschnitts war vorausgesetzt worden, daß der Kapitalstock in bezug auf sein Alter gleichmäßig zusammengesetzt war. Diese Annahme trifft auf den gegenüber der Periode 0 um ein Viertel größeren Kapitalstock der Periode 15 nicht mehr zu. Infolge des ausgedehnten Investitionsstoßes, der sich von Periode 1 bis 8 erstreckte und in den Perioden 4 und 5 einen Höhepunkt erreichte, und

infolge des darauffolgenden Abbaus des Kapitalstocks gibt es jetzt beispielsweise
— in Spalte (8) abzulesende — Investitionsjahrgänge in Höhe von 120 (Perioden
4 und 5), 60 (Perioden 1 und 8), 20 (Perioden 10 und 11) und null (Perioden
12 bis 15) Einheiten. Bei gleicher Lebensdauer der einzelnen Maschinen muß

Bild 3.10 — *Änderungen der Nachfrage, induzierte Investition und Reinvestitionszyklus
in einem Wirtschaftszweig*

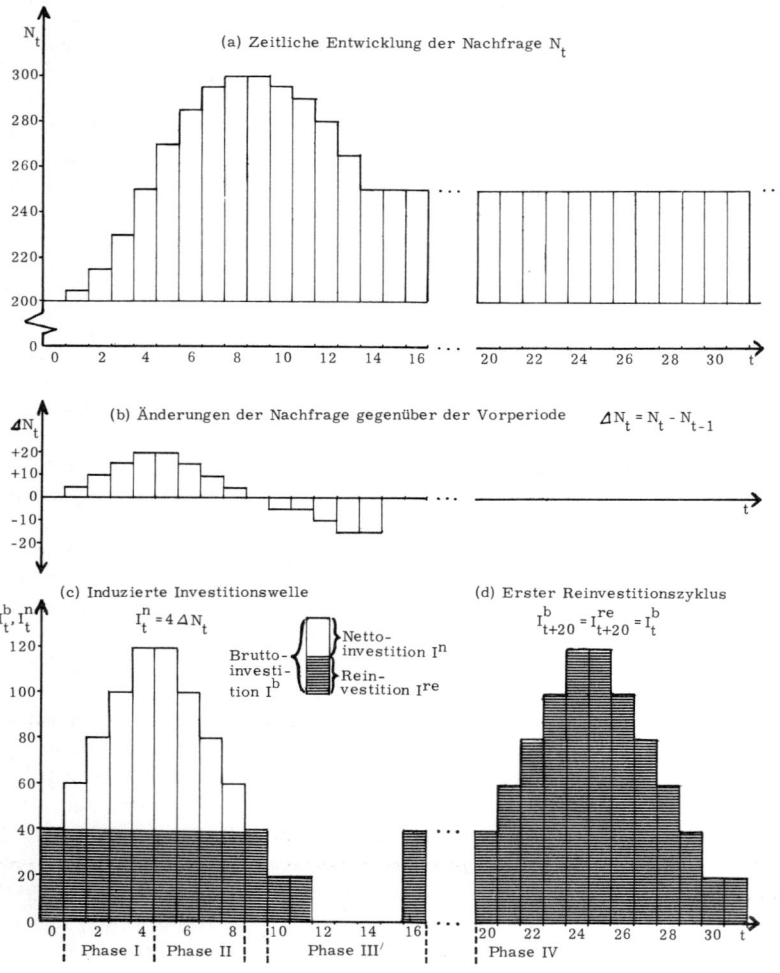

die Reinvestition und damit bei weiterhin konstant bleibender Nachfrage auch
die Bruttoinvestition nach 20 Jahren genau so verlaufen, wie dies von Periode
1 an in Spalte (8) der Tabelle 3.3 angegeben ist. Nur dann kann der Kapitalstock
die Höhe von 1000 beibehalten, die angesichts der Nachfrage von 250 erforderlich
ist. Der Beginn dieses *Reinvestitionszyklus* ist in einer Phase IV ebenfalls in Tabelle

3.3 angedeutet. Während in Periode 20 die während der Periode 0 brutto investierten 40 Einheiten ersetzt werden müssen, scheiden in Periode 21 die in 1 investierten 60 Einheiten aus und müssen ersetzt werden, in Periode 22 werden die 80 Einheiten von Periode 2 desinvestiert und reinvestiert, und so fort. Unter den genannten Voraussetzungen wiederholt sich also die gesamte Investitionswelle der Perioden 1 bis 15 mit ihrem Gipfel in den Perioden 4 und 5 und ihrer Talsohle in den Perioden 12 bis 15 nach jeweils 20 Jahren identisch. Im Unterschied zu der ersten, verursachenden Welle ist jedoch in den Folgewellen die gesamte Bruttoinvestition Reinvestition. Da jede Reinvestitionswelle gewissermaßen ein Echo darstellt, spricht man in diesem Zusammenhang auch vom *Echoprinzip*.

Bild 3.10 zeigt die bisher beschriebenen Vorgänge noch einmal graphisch. In Teil (a) ist die zeitliche Entwicklung der Nachfrage nach den Erzeugnissen des Wirtschaftszweiges dargestellt, die von 200 Einheiten in Periode 0 auf ein Maximum von 300 in den Perioden 8 und 9 steigt und dann bis Periode 14 auf ein neues konstantes Niveau von 250 zurückgeht. Dies ist die exogene Variable des Modells. Ihre Änderungen gegenüber der jeweiligen Vorperiode sind in Teil (b) des Bildes wiedergegeben. Die Entwicklung der induzierten Investition als endogener Variabler ist in Teil (c) gezeigt, wobei Re- und Nettoinvestition graphisch unterschieden sind. Der erste Reinvestitionszyklus in Teil (d) des Bildes bedeutet erneut verstärkte Investitionstätigkeit, obwohl sich an der Nachfrage nichts ändert. Der dadurch eingeleitete Expansionsprozeß des Sozialprodukts kann jedoch seinerseits auf die Nachfrage nach den Erzeugnissen des Wirtschaftszweiges zurückwirken. Aus diesem Grund kann es in einem marktwirtschaftlichen System auch ohne äußere Einwirkungen zu Schwankungen der wirtschaftlichen Aktivität kommen.

4. Das Zusammenwirken von Multiplikator- und Akzeleratorprozeß.
Überträgt man das am Beispiel eines Wirtschaftszweiges entwickelte Akzeleratorprinzip auf eine Volkswirtschaft, so darf die Annahme einer autonomen Entwicklung der Nachfrage nicht mehr gemacht werden. Verläßt das System infolge der autonomen Änderung einer Nachfragekomponente das Ausgangsgleichgewicht, so muß bei jeder Änderung der Investition im gesamtwirtschaftlichen Maßstab auch ihr Einkommenseffekt berücksichtigt werden. Nimmt etwa die Konsumgüternachfrage autonom zu, so wird dadurch unter bestimmten Voraussetzungen ein Akzeleratorprozeß ausgelöst. Jede im Verlauf dieses Prozesses induzierte Erhöhung der Nettoinvestition setzt jedoch einen Multiplikatorprozeß in Gang, der zu erhöhter Konsumgüternachfrage führt und damit seinerseits weitere Investitionen induziert. Diese bewirken weitere Konsumsteigerungen, und so fort, so daß der kombinierte *Multiplikator-Akzeleratorprozeß* stärker expansiv ist als jeder der beiden Prozesse allein. Es kann jedoch auch eine kumulative Abnahme des Sozialprodukts vorkommen, da jeder Multiplikatorprozeß mit abnehmenden Zuwachsraten von Konsum und Volkseinkommen abläuft (vgl. etwa die Zeilen 10 und 11 von Tabelle 3.2, S. 128), abnehmende Zuwachsraten der Nachfrage jedoch einen kontraktiven Akzeleratorprozeß induzieren (vgl. Phase II in Tabelle 3.3 und Bild 3.10). Dies wird noch im einzelnen gezeigt. In jedem Fall hängen Ausmaß und Art des Prozesses von den Verhaltensweisen der Investoren und

Konsumenten ab, wie sie sich in marginaler Konsumquote und Akzelerator manifestieren. Das Zusammenwirken von Multiplikator- und Akzeleratorprozeß läßt sich an dem folgenden Modell (3.44) zeigen, in dem vom Außenhandel abgesehen wird. Das Sozialprodukt Y_t der Periode t ist definiert als

$$Y_t = C_t + I_t^n + A^a, \tag{3.44-I}$$

worin C_t den privaten Konsum, I_t die induzierte Nettoinvestition und A^a die autonome und im Zeitablauf konstante Güternachfrage des Staates bedeuten. Diese möge als Verbrauchsnachfrage interpretiert werden, um die gesamte Investition als induziert betrachten zu können. Die Konsumenten reagieren mit einer Verzögerung von einer Periode auf Einkommensänderungen:

$$C_t = C^a + cY_{t-1}, \tag{3.44-II}$$

und die induzierte Investition der Periode t richtet sich nach der Änderung der Konsumgüternachfrage gegenüber der Vorperiode:

$$I_t^n = \beta \ (C_t - C_{t-1}), \text{ worin } \beta > 0. \tag{3.44-III}$$

Dies ist eine allgemeine Fassung der Investitionsfunktion (3.43). Da der Konsum seinerseits vom Volkseinkommen der Vorperiode abhängt, läßt sich I_t^n auch als Funktion von Y_{t-1} und Y_{t-2} ausdrücken, indem man Gleichung (3.44-II) unter Beachtung der jeweiligen Verzögerung in (3.44-III) einsetzt:

$$I_t^n = c \cdot \beta \ (Y_{t-1} - Y_{t-2}). \tag{3.45}$$

Diese Gleichung zusammen mit Gleichung (3.44-II) in (3.44-I) eingesetzt ergibt nach Umformung die Lösung des Gleichungssystems (3.44):

$$Y_t = C^a + A^a + c \ (1 + \beta)Y_{t-1} - c\beta Y_{t-2}. \tag{3.46}$$

Demnach ist das Sozialprodukt der Periode t gleich den autonomen Konsum- und Staatsausgaben zuzüglich der Differenz zweier Größen, die sich aus den Verhaltensparametern c und β und der Höhe des Sozialprodukts in den beiden vorangehenden Perioden ergeben. Gleichgewicht herrscht in der durch Modell (3.44) beschriebenen Volkswirtschaft beispielsweise dann, wenn wie im Zahlenbeispiel S. 129 die Konsumfunktion $C_t = 30 + 0.8 \ Y_{t-1}$ verwendet und statt I^a die Größe $A^a = 70$ gesetzt wird. Das Gleichgewichtseinkommen betrug unter diesen Voraussetzungen $Y = 500$, und dieser Wert erfüllt auch, zusammen mit $C^a = 30$, $A^a = 70$ und $c = 0.8$ bei beliebigem Wert von β die Gleichung (3.46). Dabei ist zu beachten, daß im Gleichgewicht die Variablen des Modells im Zeitablauf konstant bleiben. Es ist also in Gleichung (3.46) $Y_t = Y_{t-1} = Y_{t-2} = 500$ zu setzen; und die induzierte Investition ist gemäß Gleichung (3.44-III) wegen $C_t = C_{t-1} = 430$ gleich null.

Wird nunmehr ein Expansionsprozeß dadurch in Gang gesetzt, daß wie in dem eben genannten Zahlenbeispiel die autonomen Staatsausgaben von 70 auf 90 steigen und auf diesem Niveau verharren, ergibt sich infolge des Akzeleratoreffekts eine gänzlich andere zeitliche Entwicklung des Sozialprodukts als in Tabelle 3.2. Es herrsche wieder in Periode 0 Gleichgewicht, das durch die autonome Staatsausgabensteigerung in Periode 1 gestört wird. Dies führt in Periode 2 zu einer Konsumerhöhung um 16, durch die jetzt auch eine Investitionssteigerung induziert wird. Der Akzelerator sei $\beta = 1$, so daß das Sozialprodukt in Periode 2 um weitere 16 Einheiten, also insgesamt um 32 Einheiten auf 552 steigt. Dies führt in Periode 3 zu einer Konsumsteigerung um $0{,}8 \cdot 32 = 25{,}6$ Einheiten gegenüber Periode 2, die wiederum eine Investition in gleicher Höhe induziert, so daß sich für das Sozialprodukt der Periode 3 der Wert $Y_3 = 587$ ergibt. Der Prozeß ist in Tabelle 3.4 beschrieben. Die zeitliche Entwicklung des Sozialprodukts in Spalte (7) ergibt sich durch Einsetzen von $C^a = 30$, $A^a = 90$, $c = 0{,}8$ und $\beta = 1$ in Gleichung (3.46), mithin aus der Gleichung

$$Y_t = 120 + 1{,}6 Y_{t-1} - 0{,}8 Y_{t-2}.$$

Tabelle 3.4 – *Die zeitliche Entwicklung des Sozialprodukts beim Zusammenwirken von Multiplikator- und Akzeleratorprozeß*

Periode t	Konsum		Investition			Sozialprodukt	
	$C_t = C^a + c Y_{t-1}$ für		$\Delta C_t = C_t - C_{t-1}$	$I_t^n = \beta \Delta C_t$ für $\beta = 1$	A^a	$Y_t = C_t + I_t^n + A^a$	Änderung gegenüber Vorperiode
	$C^a = 30$	$0{,}8 Y_{t-1}$					
(1)	(2)	(3)	(4)	(5)	(6)	(7)	(8)
0	30	400	0	0	70	500	–
1	30	400	0	0	90	520	+20
2	30	416	+16	+16	90	552	+32
3	30	441,6	+25,6	+25,6	90	587,2	+35,2
4	30	469,76	+28,16	+28,16	90	617,92	+30,72
5	30	494,34	+24,58	+24,58	90	638,92	+21,00
6	30	511,13	+16,79	+16,79	90	647,92	+ 9,00
7	30	518,34	+ 7,21	+ 7,21	90	645,55	– 2,37
8	30	516,44	– 1,90	– 1,90	90	634,54	–11,01
9	30	507,63	– 8,81	– 8,81	90	618,82	–15,72
10	30	495,06	–12,57	–12,57	90	602,49	–16,33
11	30	481,99	–13,07	–13,07	90	588,92	–13,47
12	30	471,14	–10,85	–10,85	90	580,29	– 8,63
13	30	464,23	– 6,91	– 6,91	90	577,32	– 2,97
14	30	461,86	– 2,37	– 2,37	90	579,49	+ 2,17
15	30	463,59	+ 1,73	+ 1,73	90	585,32	+ 5,83
16	30	468,25	+ 4,66	+ 4,66	90	592,91	+ 7,59
⋮	⋮	⋮	⋮	⋮	⋮	⋮	⋮

Zur Berechnung von Y_1 ist für Y_0 und Y_{-1} der Wert 500 einzusetzen. Der Vergleich mit der Entwicklung des Sozialprodukts auf Grund eines Multiplikatorprozesses allein (Tabelle 3.2, S. 128, Zeile 11) zeigt, daß der kombinierte Multiplikator-Akzeleratorprozeß das Sozialprodukt zunächst wesentlich stärker ansteigen läßt. Die jeweiligen absoluten Änderungen zeigt Spalte (8) in Tabelle 3.4. Dann zeigt sich jedoch ein Effekt, der bei einem Multiplikatorprozeß allein nicht auftreten kann: Das Sozialprodukt erreicht in Periode 6 ein vorläufiges Maximum, geht danach von Periode zu Periode zurück und sinkt in Periode 13 auf ein vorläufiges Minimum, jenseits dessen es wieder zu steigen beginnt. Der Grund für die bemerkenswerte Erscheinung, daß das Sozialprodukt in Schwingungen gerät, ist darin zu sehen, daß bei den angenommenen numerischen Werten für c und β auch der kombinierte Multiplikator-Akzeleratoreffekt nicht ausreicht, ständig steigende Zuwachsraten des Sozialprodukts und damit des Konsums hervorrufen, wie sie für eine expansive Wirkung des Akzeleratorprinzips erforderlich sind. Schon ab Periode 4 beginnt der Zuwachs des Sozialprodukts (vgl. Spalte (8)), ab Periode 5 der Zuwachs des Konsums zu fallen (Spalte (4)). Das muß einen kontraktiven Akzeleratorprozeß in Gang setzen, der sich gegenüber dem immer geringere Zuwachsraten bewirkenden Multiplikatorprozeß durchsetzt und das Sozialprodukt senkt. Der Konsumrückgang und damit die negative Nettoinvestition erreichen ihren absolut höchsten Wert in Periode 11 und werden von da an kleiner, so daß hier die Basis für einen neuen Expansionsprozeß des Sozialprodukts gelegt wird, der in Periode 13 beginnt.

Andere Werte für c und β rufen andere zeitliche Entwicklungen des Sozialprodukts hervor. Nimmt man wie im Zahlenbeispiel des Abschnitts IV.2 dieses Kapitels $c = 0,8$ und $\beta = 4$ an, so erhält man für das Sozialprodukt die Folge 500, 520, 600, 856, 1624, 3877, ... Hier dominiert der Akzeleratorprozeß und treibt das Sozialprodukt in ein exponentielles Wachstum. Eine nähere Untersuchung des Problems zeigt, daß es je nach der Kombination von c und β vier verschiedene Arten der zeitlichen Entwicklung des Sozialprodukts gibt. SAMUELSON [3.34], von dem eine solche Untersuchung für das Modell (3.44) stammt, hat die Ergebnisse wie in Bild 3.11 zusammengefaßt:

Bild 3.11 — *Bereiche für Kombinationen der marginalen Konsumquote c und des Akzelerators β, die unterschiedliche Entwicklungen des Sozialprodukts bewirken*

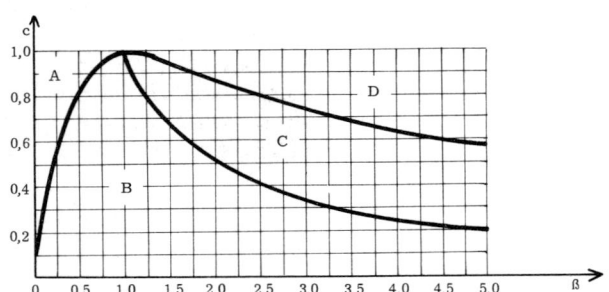

Hierin sind alle Kombinationen der marginalen Konsumquote c und des Akzelerators β für Werte von c zwischen 0 und 1,0 und von β zwischen 0 und 5,0 dargestellt. Sie lassen sich nach ihrem Einfluß auf die Entwicklung des Sozialprodukts in vier Bereiche einteilen, die mit den Buchstaben A bis D gekennzeichnet sind.

Bereich A: Hier ist der Akzelerator β relativ klein. Setzt man eine in diesen Bereich fallende Kombination von c und β in das Modell (3.44) ein, so nähert sich das Sozialprodukt ohne Schwingungen asymptotisch dem $\dfrac{1}{1-c}$-fachen der autonomen Ausgabenänderung. Hier dominiert also der Multiplikatorprozeß.

Bereich B: Bei diesen Kombinationen gerät Y in Schwingungen, die jedoch im Zeitablauf kleiner werden (gedämpfte Schwingung) und sich dem $\frac{1}{1-c}$ -fachen der autonomen Ausgabenänderung annähern. Im Zahlenbeispiel der Tabelle 3.4 wurde mit $c = 0,8$ und $\beta = 1$ eine in diesen Bereich fallende Kombination angenommen. Die Tabelle zeigt also den Beginn eines solchen Prozesses.

Bereich C: Hier ergeben sich ständig zunehmende (oder explosive) Schwingungen um das $\frac{1}{1-c}$ -fache der autonomen Ausgabenänderung. Das Modell (3.44) wird in diesem Fall zur Erklärung von Konjunkturschwankungen in der Realität bald unbrauchbar, da das Sozialprodukt dann kleine und später negative Werte annimmt. Ein Gleichgewichtszustand wird nicht erreicht.

Bereich D: Diese Kombinationen lassen das Sozialprodukt ständig wachsen. Ein Gleichgewichtszustand wird nicht erreicht. Unabhängig von der Größe von β gilt dies auch für alle Werte von $c \geqq 1$ (vgl. S. 137).

5. Probleme bei empirischen Untersuchungen des Akzeleratorprinzips.

Die Bedeutung des Modells (3.44) liegt in dem Nachweis, daß es bei nachfrageabhängiger Investition zu Schwankungen des Sozialprodukts kommen kann, die bei konstanten Verhaltensweisen der Investoren und Konsumenten allein durch die einmalige Niveauverschiebung einer autonomen Größe bewirkt werden und nicht in jedem Fall zu einem neuen Gleichgewicht führen. Die weitere Entwicklung der Konjunkturtheorie basiert bis heute auf Hypothesen, wie sie diesem Modell zugrundeliegen. Seit dem Ende der dreißiger Jahre ist auch vielfach versucht worden, beobachtetes Investitionsverhalten mit Hilfe des Akzeleratorprinzips zu erklären. Dabei ergibt sich eine Reihe von Problemen, zum Beispiel

– Das Prinzip bezieht sich nur auf die Nettoinvestition, und es kann statistisch schwierig sein, bei einer gegebenen Investition festzustellen, ob sie die Produktionskapazität erweitert oder lediglich Reinvestition ist. Außerdem wird nicht nur wegen erwarteter Nachfragesteigerungen, sondern beispielsweise auch zwecks Kostensenkung investiert.

– Das Prinzip ist nicht wirksam, wenn bei steigender Nachfrage genügend ungenutzte Kapazitäten vorhanden sind, und es setzt voraus, daß eine feste Beziehung zwischen Kapitalstock und Produktmenge besteht. Je nach den technischen Gegebenheiten können in einzelnen Wirtschaftszweigen dauerhafte Produktionsmittel jedoch intensiver genutzt werden, etwa durch Abbau von Kurzarbeit, Übergang zu Überstunden oder Produktion in mehreren Schichten. In solchen Fällen würde trotz zunehmender Nachfrage und Produktion keine zusätzliche Nettoinvestition auftreten.

– Das Prinzip arbeitet in kontraktiver Richtung nicht in gleichem Ausmaß wie in expansiver, da der durch einen Nachfragerückgang induzierte Abbau des Kapitalstocks nicht schneller vor sich gehen kann, als dies durch die Desinvestition vorgegeben ist.

– Ein Akzeleratoreffekt wird nicht eintreten, wenn die Produktion von Investitionsgütern wegen Arbeitskräftemangels, Behinderungen beim Import von Vorleistungen oder wegen Finanzierungsschwierigkeiten nicht oder nur langsam ausgedehnt werden kann.

– Ein Akzeleratoreffekt wird auch dann nicht eintreten, wenn zwar alle Voraussetzungen vorliegen, die Erhöhung der Nachfrage von den Produzenten aber als vorübergehend angesehen wird. Eine Erhöhung der Produktionskapazität wäre dann mit dem Risiko belastet, daß die zusätzlichen dauerhaften Produktionsmittel bei wieder zurückgehender Nachfrage brachliegen. Als vorübergehend angesehene Nachfragesteigerungen werden daher häufig durch eine Verlängerung von Lieferfristen aufgefangen. Dieser Gesichtspunkt ist bei dem Versuch zu beachten, eine konjunkturelle Belebung durch einen einmaligen Nachfragestoß öffentlicher Haushalte einzuleiten.

– Andererseits können zusätzliche Investitionen schon durch die bloße Erwartung zukünftig steigender Nachfrage induziert werden. Soweit solche Erwartungen nicht in dem Erklärungsmodell berücksichtigt werden, wird der statistische Nachweis eines Zusammenhangs zwischen Nachfragesteigerung und Investitionszunahme erschwert.

– Der Akzelerator braucht nicht konstant zu bleiben. Der technische Fortschritt kann dazu führen, daß sich das Verhältnis „Zusätzliche Investition je Einheit der zusätzlichen Produktion", also der marginale Kapitalkoeffizient, ändert.

– Schließlich muß das Problem der zeitlichen Verzögerung beachtet werden. Soweit die Erhöhung der Nachfrage nicht erwartet wird, werden die Produzenten erst nach einer gewissen Zeit mit zusätzlichen Aufträgen an die Investitionsgüterindustrien reagieren. Dies führt nach der Produktionsverzögerung (vgl. S. 131) zu Lieferungen, Installation und Inbetriebnahme der dauerhaften Produktionsmittel, die ebenfalls Zeit erfordern. Es kann daher geboten sein, der empirischen Untersuchung nicht das Akzeleratorprinzip in seiner einfachsten Form wie in Gleichung (3.44-III), sondern in einer allgemeineren Fassung

$$I_t = \beta_1 (Y_{t-n} - Y_{t-n-1}) + \beta_2 (Y_{t-n-1} - Y_{t-n-2}) + \ldots + \beta_m (Y_{t-n-m+1} - Y_{t-n-m})$$

zugrundezulegen. Hierin ist die Investition erstens nicht nur von (einer) Änderung des Konsums, sondern allgemeiner von Änderungen des Sozialprodukts abhängig. Zweitens hängt die Investition der Periode t nicht mehr allein von der Nachfrageänderung zwischen zwei früheren aufeinanderfolgenden Perioden $t-n$ und $t - n - 1$ ab, wobei nicht wie in Gleichung (3.45) $n = 1$ sein muß, sondern auch noch von Änderungen zwischen mehreren weiter zurückliegenden Perioden. Die Koeffizienten $\beta_1 \ldots \beta_m$ sind hier *partielle Akzeleratoren*. In solchen Fällen spricht man von einer *mehrfach verzögerten Reaktion* (distributed lag) der Investition auf Änderungen der Nachfrage.

Angesichts dieser und weiterer Probleme hat es sich häufig als schwierig erwiesen, das Akzeleratorprinzip empirisch nachzuweisen. Statistisch gesicherte Beziehungen zwischen Änderungen der Nachfrage und der Investitionstätigkeit wurden jedoch für einige Industriezweige wie etwa die Elektrizitätserzeugung und die Zementindustrie sowie in bezug auf die Lagerinvestition gefunden. Reinvestitionszyklen wurden vor allem im Schiffbau beobachtet, und der Sachverständigenrat diagnostizierte einen Echoeffekt bei den Käufen von Personenkraftwagen in der Bundesrepublik 1965.[27]

---

[27] SR-Gutachten 1967/68, Ziffer 123.

Fragen, Diskussionsthemen und Übungsaufgaben zum dritten Kapitel

(01) Wie kann es im Konjunkturzyklus zu oberen und zu unteren Wendepunkten kommen?

(02) Wie ist es zu erklären, daß Investition und Ersparnis in einer Volkswirtschaft ex post immer gleich groß sind, obwohl sie von verschiedenen Gruppen von Wirtschaftssubjekten geplant werden, zwischen denen offenbar keine Abstimmung stattfindet?

(03) In einer Volkswirtschaft konsumieren die Haushalte gemäß der Funktion $C = 50 + 0,9Y$, die autonome Investition beträgt 150.
  (a) Wie hoch ist das Gleichgewichtseinkommen?
  (b) Zeigen Sie in einer Zahlentabelle, wie sich das Sozialprodukt im Zeitablauf entwickelt, wenn in einer Periode ein einmaliger Investitionsstoß von 50 stattfindet. Welche Verhaltensannahmen liegen Ihrer Tabelle zugrunde?
  (c) Zeigen Sie in einer Zahlentabelle die zeitliche Entwicklung des Sozialprodukts, wenn die autonome Investition auf 250 steigt und auf dem neuen Niveau verharrt.
  (d) Weisen Sie in Ihren beiden Tabellen nach (b) und (c) nach, daß die Ersparnis ex post in jeder Periode gleich der Investition ex post ist.

(04) Analysieren Sie anhand eines Zahlenbeispiels, wie sich das Sozialprodukt einer geschlossenen Volkswirtschaft ohne staatliche ökonomische Aktivität als Folge eines einmaligen Investitionsstoßes im Zeitablauf entwickelt, wenn die marginale Konsumquote der privaten Haushalte
  (a) gleich null ist,
  (b) gleich eins ist,
  (c) größer als eins ist.

(05) In einer geschlossenen Volkswirtschaft ohne Staat zeigt sich bei der Nachfrage der privaten Haushalte nach Konsumgütern die ROBERTSON-Verzögerung, beim Angebot der Produzenten von Konsumgütern die LUNDBERG-Verzögerung. Schreiben Sie die Gleichungen des Modells nieder und leiten Sie aus Ihrem Gleichungssystem als Lösung die Differenzengleichung ab, die die zeitliche Entwicklung des Volkseinkommens zeigt.

(06) Warum ist es selbst in einem so einfachen Modell wie (3.9) S. 133 korrekter, vom „Investitionsmultiplikator in bezug auf das Sozialprodukt" (so S. 134) statt einfach vom „Investitionsmultiplikator" zu sprechen?

(07) Wie ändert sich in Modell (3.9) S. 133 das Gleichgewichtseinkommen als Folge einer Änderung der marginalen Konsumquote c um Δc?

(08) In einer geschlossenen Volkswirtschaft ohne Staat konsumieren die Haushalte einen konstanten Bruchteil ihres jeweiligen Einkommens und geben außerdem noch einen bestimmten festen Betrag für Konsumzwecke aus. Die Unternehmen investieren jährlich neben einem gleichbleibenden Betrag weitere Beträge, die in einer konstanten Relation zum Sozialprodukt stehen.
  (a) Schreiben Sie dieses Modell in Form eines Gleichungssystems nieder.
  (b) Wie groß ist der Multiplikator, und in welchem Verhältnis müssen marginale Sparquote und marginale Investitionsquote zueinander stehen, damit ein Gleichgewichtszustand existiert?

(09) Stellen Sie alternative Gleichgewichte zwischen Investition und Ersparnis wie in Bild 3.4 (S. 135) unter der Annahme dar, daß sich die Investoren gemäß der Funktion (3.9-IIa) S. 137 verhalten. Zeigen Sie auch den Fall, daß bei einer dauerhaften Erhöhung der Investition kein neues Gleichgewicht erreicht wird. Wie wurde dieser Fall S. 35 numeriert?

(10) Eine Volkswirtschaft besteht aus den beiden Sektoren Unternehmen und Haushalte. Der autonome Konsum der Haushalte betrage 50 Einheiten; darüber hinaus geben sie jeweils $^4/_5$ ihres zusätzlichen Einkommens für Konsumzwecke aus. Die Unternehmen investieren autonom 20 Einheiten; die induzierten Investitionen betragen 15% des Volkseinkommens.
  (a) Stellen Sie die Investitions-, die Konsum- und die Sparfunktion auf.
  (b) Bestimmen Sie die Höhe des Gleichgewichtseinkommens.
  (c) Die Haushalte beschließen, aus jedem Einkommen 20 v. H. weniger zu konsumie-

ren als bisher. Welche Werte nehmen daraufhin das Gleichgewichtseinkommen und die gesamte Ersparnis an, und wie ist demnach der genannte Entschluß der Haushalte zu beurteilen?

(11) Läßt sich das Sparparadox (S. 137) auch an Modell (3.9) S. 133 zeigen, wenn sich C^a dauerhaft verringert, die Investition aber konstant bleibt?

(12) In Teil I dieses Kapitels werden wie schon im zweiten Kapitel Modelle benutzt, in denen der Staat nicht vorkommt. Tatsächlich gibt es keine Volkswirtschaft ohne Staat. Ist also die Beschäftigung mit solchen Modellen sinnlos?

(13) Entwerfen Sie nach dem Vorbild von Bild 1.2 (S. 8) unter Verwendung der dortigen Symbolik ein Erklärungsmodell für das Kraftfahrzeugsteueraufkommen in der Bundesrepublik. Vergleichen Sie Ihr Modell mit dem von FISCHER [3.18].

(14) Der Transferausgabenmultiplikator in bezug auf das Sozialprodukt ist unter den in den Abschnitten II.4 und II.5 gemachten Annahmen um eins kleiner als der Multiplikator für staatliche Konsum- und Investitionsausgaben. Zeigen und begründen Sie dies.

(15) In einer geschlossenen Volkswirtschaft konsumieren die privaten Haushalte gemäß der Konsumfunktion $C = 30 + 0,8 \ Y^v$, worin C der Konsum und Y^v das verfügbare Einkommen ist. Dieses ergibt sich aus dem Volkseinkommen Y durch Subtraktion der direkten Steuern T, die dem Volkseinkommen gemäß der Funktion $T = 0,25 \ Y$ proportional sind, und der Addition der Transferausgaben des Staates an die Haushalte Z^a in Höhe von 50.

    (a) Wie hoch ist das Gleichgewichtseinkommen, wenn die autonome Investition 70 und die autonomen Staatsausgaben für Sachgüter und Dienste 60 betragen?

    (b) Wie groß sind die Multiplikatoren der Investition, der Staatsausgaben für Sachgüter und Dienste, der staatlichen Transferausgaben und der autonomen Konsumausgaben in bezug auf Sozialprodukt, Konsum und Steueraufkommen?

    (c) Lösen Sie Aufgabe (b) ohne Verwendung von Zahlen mit Hilfe eines Modells, in dem die marginale Konsumquote $= c$ und der Steuersatz $= t$ gesetzt werden.

(16) Wie würden Sie nach dem jetzigen Stand Ihrer Erkenntnis die Elemente der Matrix Π (S. 81) benennen?

(17) In einer geschlossenen Volkswirtschaft mit staatlicher ökonomischer Aktivität wird eine proportionale Einkommensteuer mit einem für alle Haushalte und Einkommensklassen gleichen Satz t sowohl auf Erwerbs- und Vermögenseinkommen als auch auf Transfereinkommen erhoben. Wie groß ist der Multiplikator in bezug auf das Sozialprodukt bei

    (a) einer Erhöhung der staatlichen Konsum- und Investitionsausgaben;

    (b) einer Erhöhung der Transferausgaben?

(18) Zeigen Sie in einer graphischen Darstellung wie der von Bild 3.6 (S. 145) mit Hilfe von Kurvenverschiebungen, daß ein steuerfinanziertes ausgeglichenes Zusatzbudget einen expansiven Effekt hat.

(19) Wie groß ist der Multiplikator eines durch Steuererhöhung finanzierten öffentlichen Zusatzbudgets, wenn die marginale Konsumquote c_1 der Empfänger der durch die zusätzlichen öffentlichen Ausgaben geschaffenen Einkommen von der marginalen Konsumquote c_2 der Steuerzahler differiert?

(20) Die Differenz zwischen den (direkten) Steuern T und den Transferzahlungen Z an die Haushalte während einer Periode wird vielfach als Nettoabzug N bezeichnet. Es gilt also $N = T - Z$ und $Y - N = Y^v$. Analysieren Sie den Multiplikatorprozeß unter der Annahme, daß N eine wachsende Funktion des Volkseinkommens ist.

(21) Die Tatsache, daß ein — etwa durch eine bleibende Erhöhung der Investitionen oder der Staatsausgaben induzierter — Expansionsprozeß unter den üblichen Annahmen ein Ende findet, kann so interpretiert werden, daß man sagt: Der Wirtschaftsprozeß enthält eingebaute Stabilisatoren (built-in stabilizers). Erläutern Sie die Wirkungsweise eines solchen Stabilisators.

(22) Ist der folgende Satz richtig: „Die Verteilung des Volkseinkommens auf Löhne und Gewinne wirkt im Konjunkturablauf als eingebauter Stabilisator, wenn die marginale Sparquote der Gewinnempfänger

    (a) größer ist als ihre marginale Investitionsneigung;

    (b) größer ist als die marginale Sparquote der Lohnempfänger."

(23) Aus den Modellen in Teil II dieses Kapitels könnte man den Eindruck gewinnen, daß der Staat den Wirtschaftsablauf durch seine Steuer- und Ausgabenpolitik praktisch beliebig steuern kann. Die Praxis zeigt, daß das nicht zutrifft. Woran kann das liegen?

(24) Von September 1970 bis einschließlich Juli 1971 wurde in der Bundesrepublik auf die Einkommen- und Körperschaftsteuer aller Einkommensbezieher, die monatlich 100 DM und mehr an diesen Steuern zu zahlen hatten, ein Zuschlag in Höhe von 10 v. H. erhoben.
 (a) Welche Wirkung sollte diese Maßnahme vermutlich haben?
 (b) In welcher Weise mußte über das zusätzliche Steueraufkommen verfügt werden, um die beabsichtigte Wirkung zu erzielen?
 (c) Der Zuschlag sollte zurückgezahlt werden (und wurde auch im Juli 1972 zurückgezahlt). Welche Kritik läßt sich an diesem wirtschaftspolitischen Instrument anbringen?

(25) Stellen Sie in einem Schema Importgüter, Importeure und Verwendungszwecke für Importgüter so zusammen, daß man einen Überblick über mögliche erklärende Variable für die einzelnen Komponenten der Importnachfrage gewinnt.

(26) Ordnen Sie die Wirtschaftszweige der Bundesrepublik anhand einer Input-Output-Tabelle (etwa der in VRW³, S. 192 f.) nach ihrer Importintensität (was könnte damit gemeint sein?) und nennen Sie einen Grund dafür, daß sich die gesamtwirtschaftliche marginale Importquote auch dann ändern kann, wenn die marginalen Importquoten aller Wirtschaftszweige konstant bleiben.

(27) Zwei Länder A und B mögen ihren Außenhandel in gleicher Weise liberalisiert haben. Der Anteil des Exports am Sozialprodukt sei jedoch in Land A (etwa: Niederlande) erheblich größer als in Land B (etwa: Vereinigte Staaten). In welchem Land und warum werden Konjunkturschwankungen heftiger sein, wenn der Staat nicht eingreift?

(28) In einer offenen Volkswirtschaft mit Staat gelten die Konsumfunktion $C = 0,8 Y^v$, die Importfunktion $M = 0,1 \ Y^v$ und die Steueraufkommensfunktion $T = 0,2 \ Y$. Y^v ist das verfügbare Einkommen. Der autonome Export beträgt $X^a = 60$, die autonome Investition $I^a = 120$.
 (a) Wie hoch ist das Gleichgewichtseinkommen, wenn die Staatsausgaben für Sachgüter und Dienste $A^a_{St} = 140$ betragen?
 (b) Bei welcher Höhe von A^a_{St} ist der Staatshaushalt ausgeglichen, und wie groß ist dann der Außenbeitrag?
 (c) Bei welcher Höhe der Staatsausgaben ist die Leistungsbilanz ausgeglichen, und wie hoch ist dann der Finanzierungssaldo des Staates?

(29) Wenn die öffentlichen Haushalte ihre Ausgaben ceteris paribus erhöhen, ergibt sich ein expansiver Effekt auf das Volkseinkommen. Solche Ausgaben sind jedoch von sehr unterschiedlicher Art. Zählen Sie verschiedene Ausgabearten öffentlicher Haushalte auf, die sich im Hinblick auf ihren expansiven Effekt auf das Volkseinkommen jeweils voneinander unterscheiden. Ordnen Sie die Ausgabearten nach diesem Effekt und erläutern Sie jeweils seine relative Größe.

(30) Unter welchen Bedingungen könnte der expansive Effekt einer gegebenen dauerhaften Investitionserhöhung in einer Depression größer sein als in einer Hochkonjunktur?

(31) Welches sind die wichtigsten Gründe für das immer wieder zu beobachtende starke Schwanken der Investitionstätigkeit?

(32) Erläutern Sie unter Berücksichtigung der Unteilbarkeit der dauerhaften Produktionsmittel den Unterschied zwischen Desinvestition und Abschreibung, und stellen Sie die Verbindung zu den Konzepten des Brutto- und des Nettoanlagevermögens her (VRW³, S. 70–74, 313).

(33) Stellen Sie fest, wie sich das Sozialprodukt im Zeitablauf entwickelt, wenn das Modell
 (1) $Y_t = C_t + I^a + I_t$ (Definition des Sozialprodukts)
 (2) $C_t = C^a + 0,8 \ Y_{t-1}$ (Konsumfunktion)
 (3) $I_t = \beta \ (C_t - C_{t-1})$ (Investitionsfunktion)
 gilt, $C^a = 30$, $I^a = 70$ ist, das Gleichgewichtseinkommen in der Ausgangssituation 500 beträgt, dieses Gleichgewicht von Periode 1 an durch eine dauerhafte Erhöhung der

autonomen Investition um 20 gestört wird und β alternativ die Werte (a) $\beta = 0,25$ (b) $\beta = 1,0$ (c) $\beta = 1,5$ (d) $\beta = 2,5$ annimmt.

(34) Sie beobachten, daß die Nachfrage nach den Erzeugnissen eines Wirtschaftszweiges mehrere Perioden hindurch zugenommen hat. Die gemäß dem Akzeleratorprinzip zu erwartende Änderung der Investitionsgüternachfrage der Unternehmer dieses Wirtschaftszweiges zeigt sich jedoch nicht. Woran kann das liegen? Geben Sie möglichst viele Umstände an, die, jeder für sich, den Akzeleratorprozeß oder dessen statistischen Nachweis verhindern, obwohl jeweils alle anderen Voraussetzungen für diesen Prozeß vorliegen.

Literatur zum dritten Kapitel

Zu Teil I:

Die konjunkturtheoretische Forschung ist heute durch die Verwendung gesamtwirtschaftlicher ökonometrischer Modelle gekennzeichnet, die aus Dutzenden, in einigen Fällen aus Hunderten von Gleichungen bestehen und mit denen nur noch mit Hilfe automatischer Datenverarbeitungsanlagen gearbeitet werden kann. Eine Übersicht gibt:

[3.01] H. König: Makroökonometrische Modelle: Ansätze, Ziele, Probleme. Schweizerische Zeitschrift für Volkswirtschaft und Statistik, 107. Jg. 1971, S. 546−578.

Eine kritische Diskussion mehrerer US-Modelle enthält

[3.02] B.G. Hickman (Hg.): Econometric Models of Cyclical Behavior. 2 Bde. New York u.a. 1972. XIII, XI, 1246 S.

Demgegenüber bieten die nachstehend genannten Titel Überblicke über die Geschichte konjunkturtheoretischer Vorstellungen, nichtempirische als Vorstufe zu empirischen Modellen sowie verbale und statistische Beschreibungen von Konjunkturzyklen. Zur Analyse der Konjunkturbewegungen in der Bundesrepublik vgl.

[3.03] R. Hopp: Schwankungen des wirtschaftlichen Wachstums in Westdeutschland 1954−1967. Meisenheim 1969. 136 S.

[3.04] I. Mintz: Dating Postwar Business Cycles: Methods and their Application to Western Germany, 1950−67. New York u.a. 1969. 111 S.

Hauptquelle für die Beschreibung des Konjunkturverlaufs in der Bundesrepublik sind die SR-Gutachten. Weitere Spezialliteratur über Konjunkturpolitik in der Bundesrepublik und über Konjunkturindikatoren wird S. 429 f. genannt.

Erklärungen des Konjunkturzyklus werden seit dem 19. Jahrhundert versucht. Unter dem Eindruck der Weltwirtschaftskrise wurde eine systematische Analyse dieser Theorien vorgenommen:

[3.05] G. Haberler: Prosperity and Depression. A Theoretical Analysis of Cyclical Movements. 1937, 4. Aufl. London 1958. XVIII, 520 S.
Deutsch: Prosperität und Depression. Eine theoretische Untersuchung der Konjunkturbewegungen. Tübingen u.a. 1955. 549 S.

Eine Zusammenstellung einiger neuerer konjunkturtheoretischer Ansätze bieten Kapitel V und VI von

[3.06] J. Kromphardt: Wachstum und Konjunktur. Grundlagen ihrer theoretischen Analyse und wirtschaftspolitischen Steuerung. Göttingen 1972. 284 S.

Als Lehrbücher sind geeignet

[3.07] M.W. Lee: Macroeconomics. Fluctuations, Growth, and Stability. 1955, 5. Aufl. Homewood 1971. XIX, 629 S.

[3.08] R.C.O. Matthews: The Trade Cycle. Cambridge 1959. XV, 300 S.
Deutsch: Konjunktur. München 1973. 306 S.

Aufsatzsammlungen zu Problemen des Konjunkturzyklus sind

[3.09] Readings in Business Cycle Theory. Philadelphia 1944. XVI, 414 S.
[3.10] Readings in Business Cycles. Homewood 1966. X, 731 S.
[3.11] W. WEBER (Hg.): Konjunktur- und Beschäftigungstheorie. Köln u.a. 1967. 452 S.

Den Stand der Forschung Ende der sechziger Jahre mit Analysen des Konjunkturverlaufs in wichtigen Ländern in der Nachkriegszeit, Berichten über ökonometrische Konjunkturmodelle und über Stabilisierungspolitik enthält der Sammelband

[3.12] M. BRONFENBRENNER (Hg.): Is the Business Cycle Obsolete? New York u.a. 1969.
XII, 567 S.

Die Multiplikatortheorie ist ein wichtiger Bestandteil des KEYNESschen
Modells, vgl. KEYNES [2.21], Kapitel 10. Eine Übersicht über einen Teil der seit-
herigen Weiterentwicklung gibt

[3.13] G.L.S. SHACKLE: Twenty Years on: A Survey of the Theory of the Multiplier.
EJ, Vol. 61, 1951, S. 241−260. Übersetzung in: WEBER [3.11].

Das Buch von

[3.14] H. HEGELAND: The Multiplier Theory. Lund 1954. X, 261 S.

enthält Hinweise auf die Vorgeschichte des Prinzips, seine Weiterentwicklung
und eine kritische Stellungnahme zu seiner empirischen Relevanz.

Zu Teil II:

Literatur über die Abhängigkeit des Steueraufkommens von der Entwicklung
der Bemessungsgrundlagen und des Steuerrechts ist relativ spärlich, obwohl
Haushaltspläne der Gebietskörperschaften, deren Aufstellung gesetzlich vorgeschrieben ist, ebenso wie eine mittelfristige Finanzplanung nicht ohne Vorausschätzungen des Steueraufkommens aufgestellt werden können. Untersuchungen
für die Bundesrepublik sind

[3.15] G. HAGEMANN: Aufkommenselastizitäten ausgewählter Steuern in der Bundesrepublik Deutschland 1950−1963. Tübingen 1968. X, 207 S.
[3.16] K. LÖBBE, A. ROTH: Methoden der mittelfristigen Steuervorausschätzung. Zur mittelfristigen Entwicklung des Steueraufkommens in der Bundesrepublik Deutschland. Berlin 1971. 198 S.

Beide Arbeiten enthalten Vorausschätzungen für die wichtigsten Steuerarten in
der Bundesrepublik. Einige Einzeluntersuchungen sind:

[3.17] J. KÖRNER: Methoden zur Vorausschätzung des Tabaksteueraufkommens. München 1967. V, 153 S.
[3.18] J. FISCHER: Die mittelfristige Vorausschätzung des Kraftfahrzeugsteuer-Aufkom-
mens. Mitteilungen des Rheinisch-Westfälischen Instituts für Wirtschaftsforschung,
19. Jg. 1968, S. 175−191.
[3.19] J. KÖRNER: Methoden zur mehrjährigen Vorausschätzung des Mineralölsteuerauf-
kommens. München 1969. VI, 91 S.

Zur neueren Diskussion über das HAAVELMO-Theorem vgl.

[3.20] W. VOGT: Einige Unklarheiten in der Diskussion über die Multiplikatorwirkung
eines ausgeglichenen Budgets. WA, Bd 85, 1960, S. 55−85.

In dem Aufsatz

[3.21] M.K. EVANS: Reconstruction and Estimation of the Balanced Budget Multiplier.
REStat, Vol. 51, 1969, S. 14−25

werden anhand eines gesamtwirtschaftlichen ökonometrischen Modells numeri-

sche Werte für Multiplikatoren ausgeglichener Budgets in den Vereinigten Staaten geschätzt.
Zur Wirkung automatischer Stabilisatoren vgl.

[3.22] P. Eilbott: The Effectiveness of Automatic Stabilizers. AER, Vol. 56, 1966, S. 450–465.

[3.23] W. Albers: Die automatische Stabilisierungswirkung der Steuern – Möglichkeiten und Problematik in der Bundesrepublik Deutschland. Jahrbücher für Nationalökonomie und Statistik, Bd 180, 1967, S. 99–131.

Zu Teil III:
Schätzungen von Import- und Exportfunktionen für die wichtigsten OECD-Länder einschließlich der Bundesrepublik finden sich in

[3.24] F. G. Adams, H. Eguchi, F. Meyer-zu-Schlochtern: An Econometric Analysis of International Trade. An Interrelated Explanation of Imports and Exports of OECD Countries. OECD, Paris 1969. 143 S.

Die neueste Fassung dieser Studie, in der auch Rückwirkungen des Außenhandels numerisch geschätzt wurden, ist

[3.25] L. Samuelson: A New Model of World Trade. In: OECD Economic Outlook, Occasional Studies. Paris 1973, S. 3–22.

Import- und gelegentlich Exportfunktionen finden sich auch in vielen makroökonometrischen Modellen. Weitergesteckte Ziele werden mit ökonometrischen Untersuchungen des Welthandels verfolgt, in denen versucht wird, die Handelsverflechtung zwischen einer größeren Zahl von Ländern zu erklären. Eine Übersicht nach dem Stand von 1966 gibt

[3.26] G. B. Taplin: Models of World Trade. International Monetary Fund Staff Papers, Vol. 14, 1967, S. 433–453.

Zur internationalen Übertragung von Konjunkturschwankungen vgl.

[3.27] R. R. Rhomberg: Transmission of Business Fluctuations from Developed to Developing Countries. In: Bronfenbrenner [3.12], S. 253–278.

Vielfach hat man sich darauf beschränkt, die Gestalt von Außenhandelsfunktionen an einer Stelle anzugeben, etwa durch Messung von Elastizitäten des Imports und Exports in bezug auf internationale Preisverhältnisse und Volkseinkommen. Eine Zusammenstellung der Messungen von Importquoten und -elastizitäten aus der Zeit von 1937 bis 1957 für etwa 60 Länder und Ländergruppen findet sich in

[3.28] H. S. Cheng: Statistical Estimates of Elasticities and Propensities in International Trade. A Survey of Published Studies. International Monetary Fund Staff Papers, Vol. 7, 1959, S. 107–158.

Neuere Messungen auf Grund von Beobachtungen aus der Zeit von 1951–1966 für 14 Länder enthält

[3.29] H. S. Houthakker, S. P. Magee: Income and Price Elasticities in World Trade. REStat, Vol. 51, 1969, S. 111–125.

Die nichtempirische Theorie von Außenhandelsmultiplikatoren ist abgehandelt im II. Teil von

[3.30] K. Rose: Theorie der Außenwirtschaft. 1963, 5. Aufl. München 1974. XX, 500 S.

Schätzungen numerischer Werte für solche Multiplikatoren enthält

[3.31] M. Morishima, Y. Murata: An Estimation of the International Trade Multiplier, 1954—1965. In: Morishima u. a.: The Working of Econometric Models. Cambridge 1972, S. 301–329.

Zu Teil IV:

Das Akzeleratorprinzip ist eine Hypothese über das Investitionsverhalten und wird daher auch in der zu Teil II des zweiten Kapitels genannten Literatur behandelt (S. 114f.). Übersichten über den jeweiligen Stand der Forschung geben

[3.32] A. D. Knox: The Acceleration Principle and the Theory of Investment: A Survey. Economica, Vol. 19, 1952, S. 269—297. Wieder abgedruckt in: Mueller [I.33].
[3.33] W. Mieth: Das Akzelerationsprinzip. Berlin 1954. 118 S.

In dem Aufsatz

[3.34] P. A. Samuelson: Interactions between the Multiplier Analysis and the Principle of Acceleration. REStat, Vol. 21, 1939, S. 75—78. Wieder abgedruckt in: Readings [3.09]. Übersetzung in: Weber [3.11]

wurde erstmals das Zusammenwirken von Multiplikator- und Akzeleratorprozeß untersucht und gezeigt, daß ein Wirtschaftssystem durch einen einmaligen Anstoß in einen fluktuierenden (oszillierenden) Prozeß geraten kann. Das bekannteste darauf aufbauende und seither vielfach erweiterte Konjunkturmodell stammt von

[3.35] J. R. Hicks: A Contribution to the Theory of the Trade Cycle. Oxford 1950. VII, 201 S.

Eine zusammenfassende Darstellung ist

[3.36] R. v. Torklus: Das Zusammenwirken von Multiplikator und Akzelerator in der Konjunkturtheorie. Eine kritische Untersuchung der Modelle von Samuelson und Hicks. Konjunkturpolitik, 13. Jg. 1967, S. 199—257.

Empirische Untersuchungen über die Wirkungsweise des Akzeleratorprinzips gibt es seit Jahrzehnten. Da das Prinzip nur unter bestimmten Voraussetzungen in Erscheinung tritt, frühere empirische Untersuchungen jedoch häufig mit unzulänglichen statistischen Methoden und auf Grund unzureichender theoretischer Vorstellungen unternommen wurden, herrschte zeitweise die Ansicht vor, daß es statistisch kaum nachzuweisen sei, so etwa bei Knox [3.32]. Spätere Untersuchungen ergaben jedoch bessere Resultate. Vgl. vor allem

[3.37] D. Smyth: Empirical Evidence on the Acceleration Principle. The Review of Economic Studies, Vol. 31, 1964, S. 185—202.

Dieser Aufsatz gibt in knapper Form die wichtigsten Formulierungen des Akzeleratorprinzips, nennt die methodischen Schwierigkeiten bei seinem empirischen Nachweis und zählt die bedeutendsten statistischen Untersuchungen auf. Für die Bundesrepublik vgl.

[3.38] M. E. Streit: West German Industrial Investment and the Accelerator. Konjunkturpolitik, 15 Jg. 1969, S. 43—60.

Viertes Kapitel

Geld und Kredit

Lernziel dieses Kapitels ist es, einen Überblick über die Rolle des Geldes, der anderen Kreditbeziehungen und der Kreditmärkte sowie über Möglichkeiten und Probleme der Geld- und Kreditpolitik zu gewinnen. Zunächst wird versucht, die zentrale Bedeutung des Geldes und seiner Funktionen dadurch sichtbar zu machen, daß einige Unterschiede zwischen einer Geldwirtschaft von heute und einer gedachten Realtauschwirtschaft ohne Geld und Kreditbeziehungen erörtert werden. In den Teilen II und III werden die wichtigsten Kreditmärkte sowie Zusammensetzung und Hauptfunktionen des Finanzsektors allgemein und in der Bundesrepublik vorgestellt. Die Geschäftsbanken sind, auch wegen ihrer Fähigkeit zur Geldschöpfung, der wichtigste Teilsektor des Finanzsektors. Ihre Tätigkeit wird in ihren Hauptzügen erörtert, und es wird gezeigt, wovon die Kreditschöpfungskapazität des Geschäftsbankensektors in jedem Zeitpunkt abhängt. Teil V beschäftigt sich kritisch mit einigen Hypothesen über die Nachfrage nach Geld, und schließlich werden Instrumente der Geld- und Kreditpolitik und ihre Wirkungsweise anhand der Verhältnisse in der Bundesrepublik Deutschland gezeigt.

I. Geldfunktionen

1. Vorteile einer Recheneinheit. Eines der Hauptkennzeichen des Wirtschaftsprozesses in industrialisierten Volkswirtschaften ist die weitgehende Arbeitsteilung.[1] Sie ermöglicht eine so immense Produktivitätssteigerung, daß in keinem Wirtschaftssystem auf sie verzichtet werden kann. Notwendige Folge der Arbeitsteilung ist in einem marktwirtschaftlichen System, daß in großem Umfang Güter getauscht werden. Das führt gemäß dem ökonomischen Prinzip zu der Forderung, den Tauschverkehr so zu organisieren, daß möglichst wenig Produktionsfaktoren zu seiner bloßen Abwicklung eingesetzt werden müssen. Eine wichtige Voraussetzung dazu ist die Existenz einer *allgemeinen Recheneinheit*, mit der sämtliche Güter beim Tausch bewertet werden können. Dies läßt sich wie folgt zeigen.

In einer Volkswirtschaft, deren Wirtschaftssubjekte sich mit n Gütern ($n \geqq 2$) am Tauschverkehr beteiligen, gibt es $n^2 - n$ Tauschverhältnisse. Man sieht dies, wenn man die n Güter in die Kopfzeile und in die Vorspalte einer Matrixtabelle[2]

---

[1] Vgl. VRW[3], S. 7f.
[2] Vgl. VRW[3], S. 66.

schreibt. Während die Hauptdiagonale leer bleibt, hat die Tabelle in den übrigen Feldern Eintragungen der Art „83,3 deutsche Eier der Güteklasse A je Bettlaken" oder „25,2 Liter leichtes Heizöl je Herrenhaarschnitt", die insofern vereinheitlicht sind, als im Nenner jeweils eine physische Mengeneinheit (ME) des betreffenden Gutes genannt wird. Es kann hier offenbleiben, wodurch diese *Realtauschverhältnisse* (oder *Terms of Trade*) bestimmt werden.[3] Jedoch muß unterstellt werden, daß es für den Tausch je zweier Güter genau einen Markt mit einem einheitlichen Tauschverhältnis gibt, da deren Zahl anderenfalls größer als $n^2 - n$ wäre. Je zwei dieser Tauschverhältnisse entsprechen einander, da es etwa zu dem ersten genannten Beispiel noch die Eintragung „0,012 Bettlaken je Ei" gibt. Die Zahl der voneinander unabhängigen Tauschverhältnisse beträgt also $0,5\,(n^2 - n)$. Solche Entsprechungen festzustellen, erfordert jedoch in der Regel schon Rechenarbeit, wie man auch am Beispiel der Währungskurse sieht: Es ist nicht auf den ersten Blick zu erkennen, daß der Devisenkurs 6,62 DM je 100 belgische Franc dem Wechselkurs 1511,19 Franc je 100 DM entspricht.[4]

Die Zahl der Tauschverhältnisse sinkt nun auf n, wenn in den Zähler aller Tauschverhältnisse dieselbe Recheneinheit (RE) tritt. Die Tauschverhältnisse haben die Dimension „RE je ME". Ihre Zahl sinkt auf $n-1$, wenn eins der n Güter als Recheneinheit fungiert. Die entstehenden *Geldpreise* oder einfach *Preise* sind außerdem sehr viel leichter miteinander zu vergleichen als Realtauschverhältnisse und erleichtern damit einen großen Teil wirtschaftlicher Entscheidungen. Für jeden Produzenten ist das Verhältnis der Preise seiner Fertigprodukte zu den Preisen seiner Produktionsgüter bei gegebenen Mengen dieser Güter von zentraler Bedeutung, da es dafür maßgebend ist, ob und wie hohe Gewinne er erzielt. Ein Investor wird die von zukünftigen Preisen abhängigen erwarteten Erträge mit dem von heutigen Preisen bestimmten Anschaffungsbetrag vergleichen, und auch ein Konsument muß Preise vergleichen, wenn er bei gegebenem Nominaleinkommen ein möglichst hohes Realeinkommen anstrebt.[5] Angesichts dieser hervorragenden Bedeutung von Preisvergleichen erspart der Gebrauch einer Recheneinheit also in erheblichem Maße Rechenarbeit und setzt damit Produktionsfaktoren für andere Verwendungszwecke frei. Eine dezimal eingeteilte Recheneinheit erspart in einem dezimalen Zahlensystem darüber hinaus weitere Rechenarbeit gegenüber nicht dezimal unterteilten Recheneinheiten. Dies bewog nach über hundertjähriger Diskussion auch die britische Regierung im Jahre 1971, trotz enormer Umstellungskosten das Pfund Sterling zu dezimalisieren. Andere Währungen wurden schon früher dezimalisiert.

Wird anderseits die Kenntnis von Realtauschverhältnissen benötigt, so lassen sie sich durch Division zweier Geldpreise bei gegebenen physischen Maßeinheiten leicht errechnen. Man nennt sie deshalb auch *relative Preise* oder *Preisverhältnisse*.

---

[3] Die als Beispiele genannten Tauschverhältnisse galten annähernd 1972 in der Bundesrepublik (Stat. Jb. BRD 1973, S. 466 f.). Vgl. auch VRW[3], S. 296, über Realtauschverhältnisse im internationalen Handel; sowie A. E. OTT: Grundzüge der Preistheorie, Göttingen 1968, S. 9 – 20 über Realtauschverhältnisse als Ausgangspunkt der Preistheorie.

[4] Zur Unterscheidung zwischen Devisen- und Wechselkurs vgl. VRW[3], S. 252 f. Die genannten Kurse sind Leitkurse nach dem Stand vom 15.2.1974.

[5] Auf die Bedeutung von Preisvergleichen wurde auch bei der Darstellung des klassischen Systems (S. 87) hingewiesen. Zum Entscheidungsproblem des Investors vgl. S. 54 – 56.

Beispielsweise wurde das oben genannte Tauschverhältnis aus den Preisen 0,22 DM je Ei und 18,32 DM je Bettlaken ermittelt.

Ein weiterer Vorteil der Verwendung einer allgemeinen Recheneinheit kann sich ergeben, wenn größere Markttransparenz zu einem höheren Wettbewerbsgrad führt. Ist in einer *Geldwirtschaft* die Zahl der Preise kleiner als in einer Realtauschwirtschaft die Zahl der bei wirtschaftlichen Entscheidungen zu berücksichtigenden Realtauschverhältnisse, und nimmt man wieder an, daß es für den Tausch eines Gutes gegen ein anderes oder gegen Geld je einen Markt gibt, dann ist auch die Zahl der Märkte in einer Geldwirtschaft kleiner, während die Zahl der (gleichartigen) Transaktionen je Markt, auch wegen der sonstigen Erleichterungen infolge der Existenz des Geldes, erheblich größer ist. Auch die Zahl der Marktpartner sowohl auf der Angebots- als auf der Nachfrageseite ist dann größer. Ein solcher Markt erzwingt in der Regel einheitliche Konditionen und Wettbewerb. Ein gewisser Wettbewerb würde allerdings auch entstehen, wenn sich beim Realtausch allzu offensichtliche Nichtübereinstimmungen in den Tauschrelationen zeigen würden. Dies läßt sich an einem Beispiel mit drei Gütern und drei Tauschmärkten wie folgt zeigen. Der erste Markt sei der für Eier gegen Bettlaken mit dem eben genannten Tauschverhältnis von 83,3 Eiern je Laken. Auf einem zweiten Markt werde Heizöl gegen Eier im Verhältnis von 1,294 Liter Heizöl je Ei getauscht. Dividiert man das zweite Tauschverhältnis durch den reziproken Wert des ersten, erhält man das Verhältnis 107,79 Liter Öl je Laken. Herrscht dieses Verhältnis auf dem dritten Markt beim Tausch von Heizöl gegen Bettlaken, so entsprechen die Tauschverhältnisse einander. Würde sich dagegen auf dem dritten Markt beispielsweise das Verhältnis 80 Liter Öl je Laken einstellen, so könnte ein Arbitrageur ein Einkommen wie folgt erzielen. Er würde auf dem dritten Markt für 80 Liter Öl ein (hier relativ billiges) Laken erwerben, dafür auf dem ersten Markt (wo das Laken relativ teuer ist) 83,3 Eier eintauschen und auf dem zweiten Markt dafür 107,8 (= 1,294 mal 83,3) Liter Öl erhalten. Nach Abwicklung der Transaktionen hätte er ein Einkommen von 27,8 Liter Heizöl gleich rund 35 v. H. der eingesetzten Menge erzielt. Eine solche Situation kann nicht andauern, solange die Kosten der Arbitrage kleiner als die erzielbaren Erträge sind. Die zunehmende Nachfrage nach Bettlaken auf dem dritten Markt muß dort das Tauschverhältnis „Öl je Laken" erhöhen, das zunehmende Angebot auf dem ersten Markt muß das Tauschverhältnis „Eier je Laken" senken, bis zusammen mit den entsprechenden Angebots- und Nachfrageänderungen auf dem zweiten Markt die Tauschverhältnisse einander entsprechen. Der dargestellte Mechanismus hat auch in der heutigen Geldwirtschaft erhebliche Bedeutung. Er liegt der Devisenarbitrage zugrunde und bereitet Wirtschaftspolitikern bei dem Versuch Schwierigkeiten, den Kurs ihrer Währung nach Transaktionsarten zu differenzieren (gespaltene Währungskurse). In einer Realtauschwirtschaft wäre jedoch der durch diesen Mechanismus erzielbare Wettbewerb wegen der Vielzahl und Undurchsichtigkeit der Tauschverhältnisse schwach im Vergleich zum Wettbewerb in einer Geldwirtschaft.

Wettbewerb schwächt die *Marktmacht* jedes von ihm betroffenen Marktteilnehmers, die etwa als Möglichkeit definiert werden kann, die Verhaltensweisen von Marktteilnehmern der gleichen und/oder der anderen Seite im Sinne der eigenen Ziele zu beeinflussen. Jeder Teilnehmer strebt daher prinzipiell danach, den Wettbewerb, dem er selbst ausgesetzt ist, zu verringern. Eine weit verbreitete Möglichkeit dazu besteht darin, die Markttransparenz zu verringern, indem man die Zahl der Märkte durch *Produktdifferenzierung* erhöht. Ähnliche Fälle liegen vor, wenn Anbieter von Ratenkrediten Monatszinssätze für ihre Darlehen nennen, die während der gesamten Laufzeit auf den ursprünglich vereinbarten Darlehnsbetrag erhoben werden. Dies hat für die Anbieter neben der optischen Kleinheit der Sätze den Vorteil, daß der Vergleich mit den sonst fast ausschließlich üblichen Jahreszinssätzen erschwert oder vielen Darlehnsnehmern angesichts der sozialen Schicht, der diese überwiegend angehören, praktisch unmöglich gemacht wird.[6]

Die in einem Land benutzte Recheneinheit ist in der Regel mit der Einheit des gesetzlichen Zahlungsmittels identisch. Treten Wirtschaftssubjekte verschiedener Länder miteinander in wirtschaftliche Beziehungen, so fehlen zunächst einheitliche Recheneinheiten. Die Vorteile solcher Einheiten sind jedoch so evident, daß man auch international von ihnen Gebrauch macht. Weltmarktpreise werden häufig in US-Dollar oder Pfund Sterling genannt, auch wenn Zahlungen in anderen Währungen geleistet werden. Bei vielen internationalen Handels- und Verrechnungsabkommen bedient man sich eigens geschaffener Recheneinheiten. Dies galt für die von 1950 bis 1958 bestehende *Europäische Zahlungsunion* ebenso wie heute für den *Internationalen Währungsfonds*, der in *Sonderziehungsrechten*, und den *Rat für gegenseitige Wirtschaftshilfe*, der in transferablen Rubeln rechnet.

Für die Existenz einer Recheneinheit ist nicht erforderlich, daß ein entsprechendes Gut oder eine Forderung in einer Volkswirtschaft als Geld benutzt werden oder überhaupt Gegenstand ökonomischer Transaktionen sind. Ein Beispiel dafür ist die Verrechnungseinheit der *Europäischen Gemeinschaft*, die unter anderem dazu dient, Ansprüche von Lieferanten landwirtschaftlicher Produkte gegenüber den Interventionsstellen zu berechnen. Auszahlungen werden nur in den Landeswährungen geleistet. Die Funktion einer Geldeinheit als Recheneinheit liegt daher auf anderer Ebene als die Funktionen bestimmter Güter oder Forderungen als Tausch- und Wertaufbewahrungsmittel. Zur Ausübung solcher Funktionen müssen diese Güter oder Forderungen Gegenstand ökonomischer Transaktionen sein können.

2. Geld als Transaktionsmittel. Sobald Geld in Gestalt von Stückgeld (Warengeld, Münzen, Banknoten) oder Sichtguthaben bei Banken existiert, wird es möglich, den Realtausch zu vermeiden. An die Stelle des Tausches Gut gegen Gut tritt in einer Geldwirtschaft der Tausch Gut gegen Geld, also Kauf und Verkauf. Geld hat damit eine *Tauschmittelfunktion*[7] oder allgemeiner, es fungiert als *Transaktionsmittel*. Dies hat mindestens zwei Vorteile.

Zunächst ist der Realtausch eine wesentlich kompliziertere Transaktion als

---

[6] In den Vereinigten Staaten sind Anbieter von Konsumentenkrediten daher seit 1969 auf Grund des „Truth-in-Lending Law" verpflichtet, Jahreszinssätze für ihre Kredite zu nennen.

[7] Das Wort „Funktion" wird hier nicht wie S. 21–23 und an anderen Stellen in seiner mathematischen Bedeutung gebraucht. „Geldfunktion" besagt hier soviel wie „Verwendung als Geld".

Kauf oder Verkauf gegen Geld, und zwar deshalb, weil er Güterkauf und -verkauf in einem Akt darstellt (wobei Geld bei dieser Erörterung nicht als Gut betrachtet wird). Wer real tauscht, muß zur gleichen Zeit entscheiden, was, wieviel und zu welchen Bedingungen er abgeben und was, wieviel und zu welchen Bedingungen er dafür erwerben will. Das Dazwischentreten des Geldes ermöglicht die Aufspaltung des Realtauschs in Kauf und Verkauf, verringert die Zahl der bei jeder Transaktion zu berücksichtigenden Variablen und erleichtert daher die Entscheidung. Beim Güterverkauf ermöglicht Geld in seiner Tauschmittelfunktion, die zufließende Kaufkraft nur dem Betrag nach zu beachten, ohne sich wie beim Realtausch gleichzeitig auf ihre Verwendung festzulegen. Der in entwickelten Volkswirtschaften fast universelle Verzicht auf den Realtausch[8] bedeutet anderseits nicht, daß etwa zwischen der Entscheidung, Arbeitsleistungen gegen Geldeinkommen anzubieten, und der Entscheidung, mit diesen Geldeinkommen Konsumgüter zu kaufen, kein Zusammenhang bestünde. Ist jedoch Geld vorhanden, dann können diese Entscheidungen und die daraus resultierenden Handlungen zeitlich getrennt werden. Damit wird der für eine Realtauschwirtschaft ohne Kreditbeziehungen charakteristische enge Zusammenhang zwischen Angebot an und Nachfrage nach Gütern aufgehoben. Wer in einer solchen Wirtschaft Güter zum Tausch anbietet, ist gleichzeitig Nachfrager nach anderen Gütern.[9] Tritt jedoch an die Stelle des Tauschaktes „Gut A gegen Gut B" der Tauschakt „Gut A gegen Geld", so wird dem Verkäufer von A die Möglichkeit eröffnet, Nachfrage nach B („Geld gegen Gut B") später oder auch gar nicht auszuüben. Sind darüber hinaus Preise nicht voll flexibel, entsteht in einer Geldwirtschaft die Möglichkeit von kontraktiven (und expansiven) Lücken zwischen Gesamtangebot und Gesamtnachfrage (vgl. S. 132).

Ein weiterer Vorteil ergibt sich bei dem Problem, einen Tauschpartner zu finden. Je größer die Zahl der Güter in einer Volkswirtschaft ist, um so kleiner wird die Wahrscheinlichkeit, einen Tauschpartner zu finden, der genau die Güter nach Art und Menge abgeben will, die man selbst erwerben möchte, und der zudem noch genau die Güter nach Art und Menge haben möchte, die man selbst anbietet. Einen Ausweg aus dieser Situation können gleichzeitige Tauschvereinbarungen zwischen mehr als zwei Partnern bieten, wie sie in der Praxis gelegentlich bei Wohnungen als Ringtausch auftreten. Ein anderer Ausweg ist der Tausch über Zwischentransaktionen, bei denen man zunächst Güter erwirbt, die selbst noch nicht das endgültige Ziel des Tausches sind, diesem Ziel aber näherbringen. Diese Verhaltensweise liegt etwa vor, wenn Bergarbeiter Deputatkohle im Tausch gegen andere Güter weitergeben. Beschreibt man das Ziel des Realtauschs generell als das Bestreben, von einer Ausgangssituation mit k zum Tausch vorgesehenen Gütern in den Mengen $x_1, x_2, \ldots, x_k$ zu einer Endsituation mit m gewünschten Gütern in den Mengen $x_{k+1}, \ldots, x_{k+m}$ zu gelangen, so wird die Zahl der Zwischentransaktionen wahrscheinlich progressiv mit den Zahlen k und m steigen. Die Existenz des Geldes ermöglicht es, die Zwischentransaktionen auf k Verkäufe

---

[8] Einige Ausnahmen sind in VRW[3], S. 12 genannt.
[9] Unter diesen Bedingungen gilt also das SAYsche Gesetz streng, vgl. S. 93. Sind jedoch Kreditbeziehungen zulässig, so können auch in der Realtauschwirtschaft Güterangebot und -nachfrage zeitlich auseinanderfallen.

und *m* Käufe (gegen Geld) zu reduzieren. Da jede Transaktion Aufwendungen verursacht, werden also auch damit Produktionsfaktoren eingespart.

Wenn von Vorteilen die Rede ist, die sich aus der Existenz des Geldes als Tauschmittel oder aus einem mit der Existenz einer Recheneinheit verbundenen höheren Wettbewerbsgrad ergeben, so impliziert dies gesamtwirtschaftliche Werturteile. Ein solches wäre in bezug auf die Vorteile des Geldes etwa so zu formulieren: Der Einsatz von Produktionsfaktoren zur Abwicklung des Tauschverkehrs stiftet weniger Nutzen als beispielsweise zur Herstellung von Konsum- oder Investitionsgütern. Einzelwirtschaftliche Werturteile stimmen mit gesamtwirtschaftlichen jedoch häufig nicht überein. Dies gilt etwa für Arbitrageure, die aus der Ausnutzung wiederkehrender Diskrepanzen in bestimmten Tauschverhältnissen Einkommen erzielen und daher mit der Beseitigung solcher Diskrepanzen eine Einkommensquelle verlieren. Es gilt gleichermaßen bei einer Erhöhung des Wettbewerbsgrades, da viele Anbieter gerade durch dessen Senkung ihr Einkommen zu erhöhen suchen.

Geld kann auch dazu benutzt werden, Kredite zu gewähren und zu tilgen. Einige Geldarten werden ferner von der Rechtsordnung als gesetzliche Zahlungsmittel privilegiert, für die damit Annahmezwang besteht. Dies hat manche Autoren veranlaßt, von einer besonderen *Zahlungsmittelfunktion* des Geldes zu sprechen. Da jedoch sowohl die Gewährung und Rückzahlung von Krediten als auch alle Transaktionen mit gesetzlichen Zahlungsmitteln als Tausch- oder Übertragungsakte zu gelten haben,[10] wird hier die Zahlungsmittelfunktion als Teil der Transaktionsmittelfunktion angesehen.

3. Geld als Wertaufbewahrungsmittel. Die Aufspaltung des Realtausches Gut A gegen Gut B in die beiden Transaktionen Gut A gegen Geld und Geld gegen Gut B hat wie erwähnt den Vorteil, daß die zweite Transaktion zeitlich und räumlich von der ersten getrennt werden kann. Güter können verderben, veralten oder im Preis fallen, und Lagerhaltung verursacht Kosten. Zwar wäre eine solche Trennung auch in einer Realtauschwirtschaft möglich, sofern in ihr Kreditbeziehungen begründet werden können, aber die Sicherheit von Forderungen gegen einzelne Schuldner kann insgesamt nicht so groß sein wie die Sicherheit der Haltung von Geld (sofern dieses keiner oder nur geringer Entwertung unterliegt). Ferner kann es ratsam sein, Vermögen in Gestalt von Geld zu halten, wenn Preissenkungen anderer Forderungen wie etwa der durch festverzinsliche Wertpapiere verbrieften erwartet werden (vgl. S. 62 f.). Aus diesen Gründen existiert Nachfrage nach Geld in seiner Funktion als Wertaufbewahrungsmittel.

Wer Geld über den voraussichtlichen Bedarf für Transaktionszwecke hinaus hält, verzichtet auf Einkommen in Höhe der Zinsen, die er durch eine Anlage in ertragbringenden Forderungen erhalten könnte. (Die von manchen Geschäftsbanken gewährte Verzinsung von Sichteinlagen ist sehr niedrig und spielt daher bei dieser Überlegung kaum eine Rolle). Die entgehenden Erträge können als Preis für die Vorteile der Geldhaltung betrachtet werden. Einer dieser Vorteile besteht darin, daß der Geldhalter mehr als liquide ist (vgl. S. 59). Er kann dann beispielsweise jederzeit auch unvorhergesehenen Zahlungsverpflichtungen ganz

---

[10] Vgl. VRW³, S. 12.

oder teilweise nachkommen, und er kann unerwartete günstige Kaufmöglichkeiten in bezug auf Güter oder Forderungen ohne Verzögerung ausnutzen, ohne sich um eine Kreditnahme bemühen zu müssen. Einige Autoren fassen das Bestreben, in bestimmtem Umfang liquide zu sein, als eines unter vielen Bedürfnissen auf und betrachten Geld daher als ein Gut, das dieses Bedürfnis am besten befriedigt. Daß die Befriedigung eines Bedürfnisses die Befriedigung anderer Bedürfnisse in Höhe der aufgewandten Beträge ausschließt, gilt hierbei ebenfalls: In Höhe der infolge der Geldhaltung entgehenden Erträge bleiben andere Bedürfnisse unbefriedigt.

Bei der Entscheidung, Geld zwecks Wertaufbewahrung zu halten, muß ein Wirtschaftssubjekt auch berücksichtigen, daß es viele Arten geldnaher und anderer Forderungen gibt, die dem gleichen Zweck dienen können. Alle Forderungen sind jedoch mit dem Risiko behaftet, daß der Schuldner zahlungsunfähig werden kann. Dies gilt prinzipiell auch für Geschäftsbanken als Schuldner von Sichtguthaben, und im Extremfall einer Währungsreform auch für die Zentralbank als Schuldner von Zentralbankgeld. Erhebliche Unterschiede bestehen jedoch im Grad des Ausfallrisikos. Forderungen unterscheiden sich weiterhin beispielsweise nach der Laufzeit, dem Liquiditätsgrad[11], der Höhe der Erträge, den Rückzahlungsbedingungen und dem Risiko von Kursschwankungen. Für die später zu behandelnde Geldnachfrage ist die Erkenntnis wichtig, daß ein Wirtschaftssubjekt bei der Entscheidung, Geld als Mittel der Wertaufbewahrung zu halten, solche Eigenschaften der Forderungen, die Geld in dieser Funktion mehr oder weniger eng substituieren können, berücksichtigen muß. Außerdem ist zu beachten, daß der reale Wert (oder die *Kaufkraft*) des Geldes bei einer Steigerung des für den Geldhalter relevanten Preisniveaus sinkt, bei fallendem Preisniveau zunimmt. In einer Nachfragefunktion für Spekulationsgeld müssen daher in Erweiterung der vereinfachten Analyse S. 62–64 sowohl die Erträge und sonstigen Eigenschaften der Geldsubstitute als auch die Preisentwicklung etwa für Konsumgüter als Erklärungsvariable berücksichtigt werden. Soweit diese Variablen, wie etwa Zinssätze, wirtschaftspolitisch beeinflußt werden können, läßt sich die Geldhaltung für Spekulationszwecke und damit bei gegebener Geldmenge auch die Nachfrage nach Transaktionsgeld steuern. Die beschriebenen Verhaltensweisen bieten damit einen Ansatzpunkt für die Geld- und Kreditpolitik.

4. Erscheinungsformen des Geldes. Die Vorteile des Geldes sind so evident, daß man es auch bei Völkern auf relativ niedriger Kulturstufe findet. Sie kommen um so mehr Teilnehmern am Wirtschaftsverkehr zugute, je größer der Wirtschaftsraum ist, in dem eine Geldart akzeptiert wird. Daß bestimmte Güter oder Forderungen Geldfunktionen übernehmen, beruht auf einer sozialen Übereinkunft: Jeder Teilnehmer an ökonomischen Transaktionen nimmt sie als Geld nur an, weil und solange er weiß, daß andere Teilnehmer sie ebenfalls als Geld akzeptieren. Zu solchen Übereinkünften kann es auf mehreren Wegen kommen. Die vier wichtigsten sind:

– Historisch am frühesten zeigt sich, daß gewisse Sachgüter allmählich Geldfunktionen annehmen.[12] Da hierbei nichtverderbliche, leicht teilbare, nur ge-

---

[11] Vgl. VRW³, S. 38.
[12] Vgl. VRW³, S. 10.

ringer Abnutzung unterliegende und nicht von jedermann leicht beschaffbare Sachgüter einen Vorteil haben, wurden beispielsweise schon sehr früh geprägte Metallstücke (Münzen) als Geld verwendet.

— Weitere Gegenstände erwerben Geldfunktionen, wenn sie unbeschränkt und mit geringen oder ohne Kosten in bestehendes Geld getauscht werden können. Beispiele sind Banknoten als Substitut für bei Geldwechslern oder Kaufleuten deponierte Münzen oder Edelmetalle, Giralgeld von Geschäftsbanken als Substitut für Banknoten sowie Guthaben von Zentralbanken an US-Dollar als Substitut für Gold in den Händen des Schatzamtes der Vereinigten Staaten.[13]

— Der Annahmezwang wird durch Gesetz festgelegt. So sind beispielsweise in der Bundesrepublik die Noten der Deutschen Bundesbank das einzige unbeschränkte gesetzliche Zahlungsmittel.[14]

— Geld kann durch Verträge geschaffen werden, in denen sich die Partner verpflichten, ein bestimmtes Objekt unter festgelegten Bedingungen als Transaktionsmittel zu akzeptieren. Ein neueres Beispiel hierzu sind die Sonderziehungsrechte als eine Art Weltgeld im Zahlungsverkehr der Währungsbehörden der Mitglieder des Internationalen Währungsfonds.

Im Laufe der Zeit haben sich die Erscheinungsformen des Geldes erheblich gewandelt. Wurden ursprünglich nur Sachgüter als Geld benutzt, so begann mit der Prägung von Münzen eine Entwicklung, in der sich der Nominalwert der Geldzeichen immer mehr von ihrem Stoffwert löste. Münzen haben heute nur noch einen geringen, Banknoten keinen Wert mehr außerhalb ihrer Verwendung als Geld.[15] Parallel dazu nahm Geld immer mehr den Charakter einer Kreditbeziehung an, über die von beiden Partnern nur noch Aufzeichnungen in unterschiedlichen Formen gemacht werden. So besteht heute ein wachsender Teil der Geldmenge in industrialisierten Volkswirtschaften nur noch aus Eintragungen in den Datenträgern von Datenverarbeitungsanlagen. Entsprechend nahm auch der bargeldlose Zahlungsverkehr zu.[16]

Das als Geld benutzte Medium kann seine Funktionen verlieren, wie sich regelmäßig in Hyperinflationen zeigt. Von wann ab eine Inflation, also eine Periode allgemeiner Preissteigerungen, als Hyperinflation bezeichnet werden soll, kann nur willkürlich entschieden werden. In einer Untersuchung von sieben solcher Inflationen in Europa seit dem Ende des ersten Weltkrieges wurde als Beginn einer Hyperinflation der Monat festgelegt, in dem der als maßgebend angesehene Preisindex erstmals um mehr als 50 v. H. gegenüber dem Vormonat stieg.[17] In

---

[13] Eine solche Tauschmöglichkeit bestand seit Beginn der Tätigkeit des Internationalen Währungsfonds (1946). Sie wurde am 15. August 1971 formell aufgehoben, nachdem sie schon mehrere Jahre davor praktisch kaum noch in Anspruch genommen werden konnte.

[14] Vgl. VRW³, S. 204 f.

[15] Vgl. jedoch die in VRW³, S. 205, Anmerkung 4 genannten Erscheinungen bei Preiserhöhungen von Münzmetallen.

[16] Überlegungen zu einem zukünftigen vollautomatischen Zahlungssystem in den Vereinigten Staaten enthält M. J. FLANNERY, D. M. JAFFEE: The Economic Implications of an Electronic Monetary Transfer System. Lexington 1973. XVI, 209 S.

[17] CAGAN [4.14], S. 25 f. Danach fanden diese Inflationen wie folgt statt (die Zahlen in Klammern geben das Ausmaß der Preissteigerungen während der genannten Zeiträume

solchen Situationen werden als Recheneinheit vielfach ausländische Währungs-einheiten wie etwa während der deutschen Hyperinflation 1922−23 der US-Dol-lar oder früher gültige Einheiten des gleichen Landes („Goldmark") benutzt. Die Verwendung des Mediums als Transaktionsmittel geht zurück, an seine Stelle tritt teilweise Realtausch, teilweise übernehmen in kleinen Einheiten verfügbare Konsumgüter mit breitem Markt (Zigaretten) die Transaktionsmittelfunktion. Gänzlich untauglich wird das Medium als Mittel der Wertaufbewahrung. Es wird in dieser Funktion durch ausländisches Geld, durch Sachgüter und Ansprüche auf solche (Aktien) ersetzt. Eine hyperinflationierte Währung muß mit einer Währungsreform durch eine neue ersetzt werden.

Die Bedeutung des Geldes in den genannten Funktionen für den Ablauf des Wirtschaftsprozesses unter heutigen Bedingungen läßt den Erfolg von Versuchen zweifelhaft erscheinen, die Funktionsweise von Wirtschaftssystemen ohne Mit-wirkung des Geldes zu erklären. Solche Versuche, den „Geldschleier fortzuzie-hen" und die Gütersphäre für sich allein zu betrachten, mögen einen gewissen didaktischen Wert haben. Sie können jedoch ebenso wie die Hypothese der Klas-siker, Geld habe nur eine Transaktionsmittelfunktion (vgl. S. 91), oder die Hypo-these, Änderungen der Geldmenge beeinflußten weder die Zinssätze noch die relativen Preise („neutrales Geld"), nur als erste Annäherung dienen.

II. Kreditmärkte und Finanzsektor

1. Kreditbeziehungen und Kreditmärkte. Eine moderne Volkswirtschaft ist gleichermaßen durch den Gebrauch von Geld wie durch die Existenz anderer Kreditbeziehungen gekennzeichnet. Zu jedem Zeitpunkt besteht eine Vielzahl solcher Beziehungen sowohl zwischen Wirtschaftssubjekten einer Volkswirt-schaft als auch zwischen In- und Ausländern.[18] Das volkswirtschaftliche Kredit-netz ändert sich ständig dadurch, daß bestehende Kreditbeziehungen ver-schwinden und neue entstehen. Die Ergebnisse dieses Prozesses werden für gegebene Zeiträume in gesamtwirtschaftlichen Finanzierungsrechnungen erfaßt.[19] Unter den heutigen Bedingungen kann auch Geld einschließlich Stückgeld als Kreditbeziehung betrachtet und damit sowohl bei der Darstellung des Kreditnet-zes als auch in der Finanzierungsrechnung mit erfaßt werden. Die Ähnlichkeit geht so weit, daß nicht eindeutig festgelegt werden kann, wo die Grenze zwischen Geld und anderen Forderungen zu ziehen ist. Die nicht Geld darstellenden Kre-ditbeziehungen (oder Kreditbeziehungen im engeren Sinne) lassen sich nach der Art ihrer Entstehung wie folgt einteilen:
1. Ein Wirtschaftssubjekt A liefert an B Güter, die dieser nicht sofort in bar

---

an, gemessen als Verhältnis des Preisniveaus am Ende des letzten Monats der Hyperinflation zum Preisniveau an ihrem Beginn): Deutsches Reich von August 1922 bis November 1923 $(1,01 \cdot 10^{10})$; Griechenland November 1943 bis November 1944 $(4,7 \cdot 10^8)$; Österreich Oktober 1921 bis August 1922 (70); Polen Januar 1923 bis Januar 1924 (670); Rußland/Sowjetunion Dezember 1921 bis Januar 1924 $(1,24 \cdot 10^5)$; Ungarn März 1923 bis Februar 1924 (44) und August 1945 bis Juli 1946 $(3,8 \cdot 10^{27})$.

[18] VRW^3, S. 56−68.
[19] VRW^3, S. 125−128 und S. 180−188.

oder durch Überweisung bezahlt. Damit wird A zum Kreditgeber, B zum Kreditnehmer, und zwar auf Grund einer Leistungstransaktion.[20] Die Kreditbeziehung kann verbrieft sein. Häufigster Fall in dieser Kategorie ist der Lieferantenkredit zwischen Produktionsunternehmen, häufigster Fall der Verbriefung der Handelswechsel.

2. A übergibt B Bargeld oder überweist ihm ein Sichtguthaben und erhält dafür eine Forderung gegen B. Damit entsteht eine Kreditbeziehung auf Grund einer Finanztransaktion. Hierzu gehören der Kauf neu emittierter festverzinslicher Wertpapiere und Aktien durch private Haushalte, die Errichtung von Spar- und Terminguthaben bei Banken und die Kreditgewährung von Banken an Nichtbanken.

Der Fall, daß A dem B eine Forderung gegen sich als Geschenk einräumt, wird mangels praktischer Bedeutung hier nicht weiter beachtet.

Kreditbeziehungen werden auf *Kreditmärkten* gehandelt. Da ein großer Teil aller Kredite entweder bei der Ausübung von Güternachfrage entsteht (Entstehungsart 1.) oder aufgenommen wird, um mit dem zufließenden Geld Güternachfrage auszuüben, besteht ein enger Zusammenhang zwischen den Konditionen (wie Preisen, Laufzeiten, Tilgungsbedingungen) auf Kreditmärkten und dem Angebot an und der Nachfrage nach Gütern in einer Volkswirtschaft. Soweit Transaktionen auf Kreditmärkten wirtschaftspolitisch beeinflußt werden können, ergibt sich hieraus eine indirekte Steuerungsmöglichkeit von Güterangebot und -nachfrage und damit des Konjunkturablaufs.

In den folgenden Abschnitten werden anhand zweier Modelle die Funktionen von Kreditmärkten und die Aktivitäten von Finanzunternehmen gezeigt. Ihre institutionelle Ausgestaltung in der Bundesrepublik Deutschland wird in Teil III dieses Kapitels behandelt.

2. Der Kreditmarkt in einem Zwei-Sektoren-Modell. Es ist für das Verständnis der Funktionsweise einer nicht zentralgeleiteten Volkswirtschaft wesentlich, die Reaktionen der Wirtschaftssubjekte auf Ungleichgewichtssituationen zu kennen. Für den gesamtwirtschaftlichen Ablauf besonders wichtig ist dabei der S. 130 – 132 näher untersuchte Fall, daß die Pläne der Sparer mit denen der Investoren nicht übereinstimmen. Die dort auf Gütermärkte beschränkte Betrachtung ist nunmehr durch die Einbeziehung von Kreditmärkten zu ergänzen.

Der Grund dafür, daß sich ein IS-Gleichgewicht in einer Volkswirtschaft allenfalls zufällig ergeben kann und jedenfalls nicht die Regel ist, ist in der Dezentralisierung der wirtschaftlichen Planungen zu sehen. In einer geschlossenen Volkswirtschaft treffen drei Gruppen von Wirtschaftssubjekten, die weitgehend personell nicht identisch sind, Investitions- und Sparentscheidungen:

— Eine Gruppe von Produzenten entscheidet darüber, Investitionsgüter herzustellen und anzubieten;
— Die Investoren fragen Investitionsgüter nach;
— Die Sparer verwenden Teile ihres Einkommens nicht zum Konsum.

Das Problem der Koordinierung von Wirtschaftsplänen würde in bezug auf die Investitions- und Sparentscheidungen lediglich dann nicht auftreten, wenn

---

[20] VRW[3], S. 95–97.

Investitions –, Ersparnis –,

diese jeweils mit gleichen Beträgen in einer Hand lägen. Investitionen würden dann nur insoweit geplant, als gleichzeitig gespart wird, und umgekehrt; die Ersparnis wäre dem Betrag nach in jeder Periode auch ex ante ebenso groß wie die Nachfrage nach Investitionsgütern. Tatsächlich ist das auch bei dezentralisierter Wirtschaftsplanung unter heutigen Bedingungen teilweise der Fall, wenn Unternehmen aus unverteilten Gewinnen Investitionsgüter kaufen, und wenn private Haushalte Wohnhäuser bauen und sie zum Teil mit der Ersparnis der gleichen Periode finanzieren. Wenn Unternehmen Gewinne nicht ausschütten und damit selbsterstellte Anlagen und Lageraufstockung an eigenen Erzeugnissen finanzieren, werden sogar die Aktivitäten des Sparers, des Anbieters an und des Nachfragers nach Investitionsgütern von jeweils einem Wirtschaftssubjekt ausgeübt, die entsprechenden Entscheidungen liegen also in einer Hand. Dies trifft jedoch nur für einen kleinen Teil der gesamten Investition in einer Volkswirtschaft zu. Hinsichtlich des größten Teils sind Investoren und Sparer verschiedene Wirtschaftssubjekte, wobei Investoren in der Regel Ausgabenüberschüsse und damit einen Finanzierungsbedarf und Sparer Einnahmenüberschüsse und damit einen Bedarf an Anlagemöglichkeiten haben. Aus diesen Bedürfnissen entsteht ein Kreditmarkt, auf dem die Investoren als Nachfrager und die Sparer als Anbieter auftreten. Ein solcher Markt bewirkt demnach zweierlei:

— Die Sparer müssen nicht selbst Produktionsmittel kaufen und eine Produktionstätigkeit beginnen, wenn sie ihre Ersparnis ertragbringend anlegen wollen;

— Geld zur Aufnahme oder Ausdehnung von Produktionstätigkeiten wird von den Sparern zu den Produzenten/Investoren geleitet.

Identifiziert man die Investoren mit den Produktionsunternehmen und die Sparer mit den privaten Haushalten, was weitgehend der Realität enspricht[21], so läßt sich dieser Kreditmarkt mit den Mitteln der Volkswirtschaftlichen Gesamtrechnung wie folgt schematisch darstellen. Für beide Sektoren werden konsolidierte Vermögens- und Kreditänderungskonten aufgestellt.[22] Betrachtet man zunächst ein einfaches Modell ohne Finanzsektor, Staat und Ausland, so muß Ex-post-Gleichheit zwischen dem Einnahmenüberschuß (oder der Nettozunahme der Forderungen) der privaten Haushalte und dem Ausgabenüberschuß (oder der Nettozunahme der Verbindlichkeiten) der Unternehmen bestehen (S. 189). Diese Darstellung bezieht sich auf einen abgelaufenen Zeitabschnitt. Die Ex-post-Gleichheit zwischen Einnahmen- und Ausgabenüberschuß impliziert hier auch die Ex-post-Gleichheit zwischen Nettoinvestition und Ersparnis[23], was ebenfalls aus den beiden Konten abzulesen ist. Da Investoren und Sparer in diesem Modell in bezug auf den kreditfinanzierten Teil der Nettoinvestition nicht identisch sind, werden die Ausgabenüberschüsse der privaten Haushalte während der Periode als Kredite an die Produktionsunternehmen gegeben. Diese Kreditgewährung hat sich über den (als Kreis eingezeichneten) Kreditmarkt vollzogen.

---

[21] Vgl. VRW[3], S. 184–186. Wie in der Volkswirtschaftlichen Gesamtrechnung werden auch bei dieser Betrachtung Wohnungsbau und Wohnungsvermietung der privaten Haushalte dem Sektor Produktionsunternehmen zugerechnet.
[22] Vgl. VRW[3], S. 92f.
[23] VRW[3], S. 96.

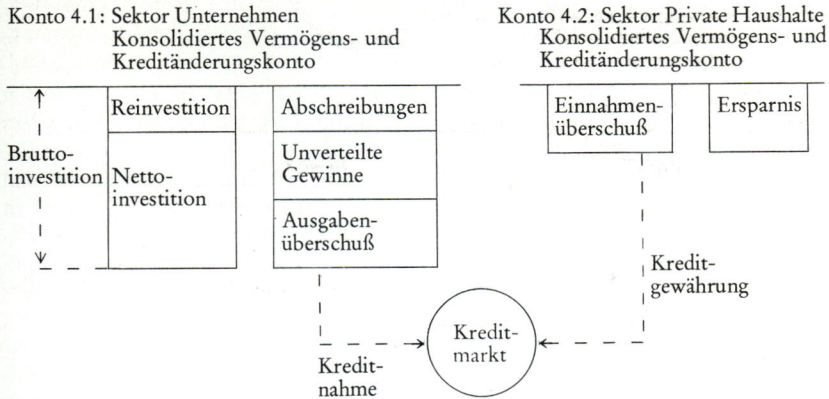

Konto 4.1: Sektor Unternehmen
Konsolidiertes Vermögens- und Kreditänderungskonto

Konto 4.2: Sektor Private Haushalte
Konsolidiertes Vermögens- und Kreditänderungskonto

Verläßt man die Ex-post-Betrachtung, so entsteht die Frage: Unter welchen Bedingungen würde trotz dezentralisierter Wirtschaftsplanung die Nettoinvestition auch ex ante der Ersparnis entsprechen, über den Kreditmarkt also ein gesamtwirtschaftliches Gleichgewicht entstehen? Diese Bedingungen sind die Verhaltenshypothesen des klassischen Modells (vgl. S. 86–94). Das Gleichgewicht zwischen Investieren und Sparen wird in dem Modell des Kontensystems 4.1–4.2 über den Kreditmarkt sichergestellt, wenn

1. die Sparer stets ihre gesamten Einnahmenüberschüsse ohne Verzögerung als Kredite anbieten, also insbesondere nicht Bargeld über den Bedarf an Transaktionsgeld hinaus halten[24];
2. die Investoren stets das gesamte Kreditangebot aufnehmen und damit Investitionen finanzieren, unabhängig von den Konditionen wie Zinssätzen, Laufzeiten und Tilgungsbedingungen, die sich auf dem Kreditmarkt aus Angebot und Nachfrage ergeben.

Beide Bedingungen sind heute nicht erfüllt, wie die KEYNESsche Kritik am klassischen System gezeigt hat. Das heutige System ist also nicht in der Lage, über den Kreditmarkt das gesamtwirtschaftliche Gleichgewicht sicherzustellen. Die Gründe dafür liegen zum Teil in der Entwicklung des Finanzsektors, die im nächsten Abschnitt beschrieben wird.

3. Kreditmärkte und Funktionen des Finanzsektors. Wenn ein Kreditmarkt funktionieren soll, müssen gewisse Bedingungen erfüllt sein, die man generell so beschreiben kann: Die auf diesem Markt gehandelten Schuldtitel müssen so ausgestattet sein, daß sie für Gläubiger und Schuldner attraktiv sind. Beispielsweise ist der Schuldner daran interessiert, daß der Kreditbetrag nicht beliebig zurückgefordert werden kann. Jeder Gläubiger hat ein Sicherheitsbedürfnis: Er legt großen Wert darauf, sein Geld entsprechend der jeweiligen Vereinbarung

---

[24] Andere Anlagemöglichkeiten sind in dem Modell nicht vorhanden. Manche Autoren bezeichnen das Halten von Bargeld unter den genannten Bedingungen als *Horten*.

auch zurückzuerhalten. Dazu muß ihm der Schuldner Sicherheiten bieten. Bei einem Investor sind dies zunächst die mit den aufgenommenen Krediten gekauften Investitionsgüter. Diese Güter verlieren jedoch im Augenblick ihres Kaufes und erst recht mit ihrem Einbau in bestehende Produktionsanlagen an Wert; und daß die mit ihnen zu produzierenden Güter zu den geplanten Preisen abzusetzen sind, ist im Augenblick der Kreditgewährung lediglich eine Erwartung. Der Gläubiger wird daher zusätzlich Sicherheiten verlangen, die in der Praxis auf das Verlangen hinauslaufen, der Schuldner möge auch über nicht schuldbelastetes Realkapital verfügen (auf das auf der Passivseite seiner Bilanz durch Eigenkapital einschließlich Rücklagen hingewiesen wird). Der Schuldner kann dies beispielsweise durch früheres oder gleichzeitiges Sparen, also Nichtausschüttung von Gewinnen, erreichen. Dies ist in dem obigen Kontensystem in Konto 4.1 dargestellt. Die teilweise Selbstfinanzierung von Investitionen erhöht also unter diesem Aspekt die Kreditwürdigkeit des Investors, macht damit seine Schuldtitel für potentielle Gläubiger attraktiver und verbessert die Funktionsfähigkeit des Kreditmarktes. Beispiele hierzu sind auch die Eigenleistung beim Hausbau durch private Haushalte und, obwohl es sich dabei nicht um Investition im üblichen Sinne handelt, die Anzahlung beim Kauf dauerhafter Konsumgüter, durch die ebenfalls das Risiko der Kreditgeber verringert werden soll.

Das mit jeder Kreditgewährung verbundene Risiko wird von den einzelnen Kreditgebern sowohl verschieden hoch eingeschätzt als auch, bei gleicher Einschätzung, unterschiedlich bewertet. Wer risikofreudig ist, wird sich mit weniger Sicherheit zufrieden geben, zum Ausgleich allerdings höhere Erträge fordern. Andere Kreditgeber begnügen sich bei geringerem Risiko mit niedrigeren Erträgen. Entsprechende Unterschiede gibt es auch auf der anderen Seite des Marktes: Wer als Schuldner als besonders sicher gilt, bietet geringere Erträge für die von ihm genommenen Kredite. Da die Sicherheit von Krediten mit wachsender Laufzeit in der Regel abnimmt, sind kurzfristige Kredite unter sonst gleichen Bedingungen im allgemeinen niedriger verzinslich als langfristige.

Für die Sicherheit von Forderungen gilt ferner folgendes. Die Wahrscheinlichkeit, daß ein Schuldner zahlungsunfähig wird, ist größer als die Wahrscheinlichkeit, daß zur gleichen Zeit mehrere Schuldner zahlungsunfähig werden.[25] Eine elementare Vorsichtsmaßregel eines Kreditgebers besteht also darin, nicht alle Kredite einem Kreditnehmer zu gewähren, sondern die Kredite zu verteilen und damit das Risiko zu vermindern.[26] Die Tatsache, daß Sicherheitserwägungen eine

---

[25] Dies läßt sich mit Hilfe des Multiplikationssatzes der Wahrscheinlichkeit nachweisen. Da ein Konkurs andere nach sich ziehen kann und überdies im Konjunkturabschwung Zahlungseinstellungen gehäuft auftreten, ist jedoch im allgemeinen nicht die für stochastisch unabhängige Ereignisse geltende Fassung dieses Satzes anwendbar.

[26] Hierzu gibt es in der Bundesrepublik für alle Finanzunternehmen außer der Bundesbank gesetzliche Regelungen. Beispielsweise besteht nach dem Gesetz über das Kreditwesen vom 10. Juli 1961 (BGBl. I, S. 881, auch Kreditwesengesetz genannt und im folgenden mit KWG abgekürzt) für Kreditinstitute eine Anzeigepflicht für Großkredite (gemessen am haftenden Eigenkapital) und für Millionenkredite. Einzelheiten vgl. unten, S. 217ff. Anlagevorschriften für Bausparkassen enthält das Gesetz über Bausparkassen vom 16. November 1972 (BGBl. I, S. 2097); für Versicherungsunternehmen § 68 des Gesetzes über die Beaufsichtigung der privaten Versicherungsunternehmen vom 6. Juni 1931 (RGBl. I, S. 315, seither mehrmals geändert) samt den dazu erlassenen Richtlinien; für Kapitalanla-

große Rolle in der Planung von Kreditgebern spielen, und daß Risikoverteilung die Sicherheit erhöht, ist nun einer der Gründe für die Entstehung von Unternehmen, die als „finanzielle Zwischeninstanzen" zwischen die privaten Haushalte als Kreditgeber und die Produktionsunternehmen als Kreditnehmer treten, indem sie gegen Entgelt unter anderem die Funktionen der Kreditvermittlung und der Risikoverteilung übernehmen. Das im vorigen Abschnitt gezeigte Modell ist demnach zu erweitern. Es tritt der *Finanzsektor* hinzu, zu dem die Banken einschließlich der Zentralbank sowie Bausparkassen, Versicherungsunternehmen und Kapitalanlagegesellschaften gehören. Außerdem sind die öffentlichen Haushalte zu berücksichtigen, wobei von der üblichen Einteilung in Gebietskörperschaften und Sozialversicherungshaushalte Gebrauch gemacht werden kann. Die Gebietskörperschaften sind in den meisten Ländern ständig Netto-Kreditnehmer und können daher dem Sektor Produktionsunternehmen zugeordnet werden. Die Sozialversicherungshaushalte bewirken lediglich eine Umverteilung des Einkommens innerhalb des Sektors Private Haushalte, haben kaum Schulden und sind in der Regel Kreditgeber, so daß sie dem Sektor Private Haushalte zugerechnet werden können. Das nachstehende Kontensystem 4.3—4.5 entspricht damit den Gegebenheiten in modernen industrialisierten Volkswirtschaften. Es macht deutlich, warum die Wirtschaftssubjekte des Finanzsektors „Zwischen"instanzen sind. Zu beachten ist noch, daß sich in offenen Volkswirtschaften an allen Kreditmärkten auch Ausländer als Anbieter und Nachfrager beteiligen, soweit dem nicht Beschränkungen des internationalen Kapitalverkehrs entgegenstehen. Die Darstellung soll (und kann dies nur unvollkommen) die folgenden Sachverhalte veranschaulichen. Sobald es in einer Volkswirtschaft einen Finanzsektor gibt, lassen sich nach der Zugehörigkeit von Kreditgebern und -nehmern zu den einzelnen Sektoren vier Kreditmärkte unterscheiden. Sie werden hier der Einfachheit halber mit A, B, C und D bezeichnet und sind ihrerseits jeweils in Teilmärkte zu gliedern. Das Kontensystem 4.3—4.5 zeigt nur die während eines Zeitraums netto neu entstandenen Kreditbeziehungen. Auf allen Kreditmärkten werden jedoch auch bestehende Forderungen gehandelt, und die sich dabei aus Angebot und Nachfrage ergebenden Konditionen haben erheblichen Einfluß auf die Konditionen, zu denen neue Kredite gewährt werden. Im folgenden wird der Handel in bestehenden Forderungen in die Betrachtung einbezogen.

Die einzelnen Märkte sind wie folgt zu charakterisieren:

1. Markt A ist der Markt für Direktkredite F^A privater Haushalte an Produktionsunternehmen und Gebietskörperschaften. Der größte Teil dieser Kredite ist langfristig und durch Aktien oder festverzinsliche Wertpapiere verbrieft.

2. Markt B ist der Markt für Forderungen F_H^B privater Haushalte gegen Wirtschaftssubjekte des Finanzsektors, hauptsächlich Spareinlagen bei Banken, Bankschuldverschreibungen, Investmentanteile und Forderungen gegen Bausparkassen und Versicherungsunternehmen; sowie für Forderungen F_U^B der Produktionsunternehmen und Gebietskörperschaften, überwiegend Terminguthaben. Hinzu kommen die als Geld zu betrachtenden Forderungen gegen den Finanzsektor.

---

gegesellschaften das Gesetz über Kapitalanlagegesellschaften in der Neufassung vom 14. Januar 1970 (BGBl. I, S. 127).

Kontensystem 4.3–4.5: *Kredimärkte in einer modernen Volkswirtschaft*

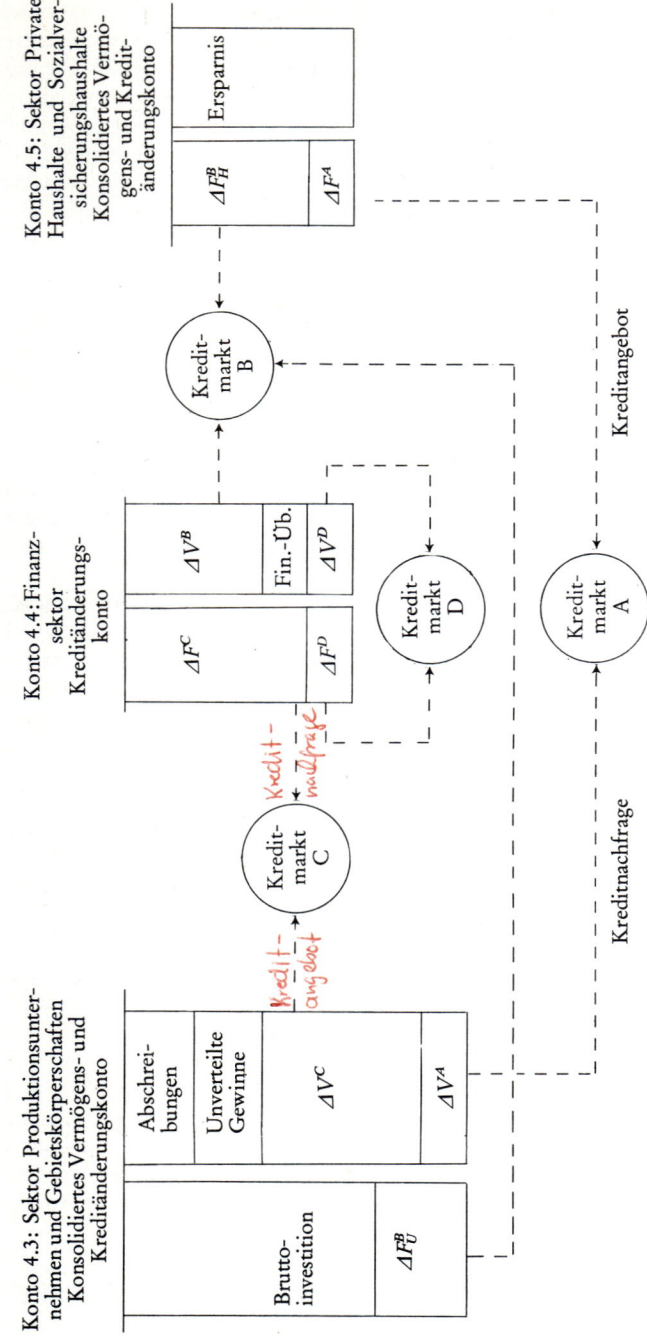

Konto 4.3: Sektor Produktionsunternehmen und Gebietskörperschaften Konsolidiertes Vermögens- und Kreditänderungskonto

Konto 4.4: Finanzsektor Kreditänderungskonto

Konto 4.5: Sektor Private Haushalte und Sozialversicherungshaushalte Konsolidiertes Vermögens- und Kreditänderungskonto

Erläuterungen: Ein von der linken Seite eines Kontos ausgehender Pfeil bedeutet Kreditangebot, ein von der rechten Seite ausgehender Pfeil bedeutet Kreditnachfrage. Nicht eingezeichnet sind die Beteiligung von Ausländern an allen Kreditmärkten sowie die Kreditgewährung des Finanzsektors an die privaten Haushalte (Konsumentenkredite). „Fin.-Üb." in Konto 4.4 = Finanzierungsüberschuß. Im übrigen bedeuten F = Forderungen, V = Verbindlichkeiten. Die tiefgesetzten Buchstaben U und H kennzeichnen die Sektoren.

3. Markt C ist der Markt für kurz- und langfristige Forderungen F^C des Finanzsektors gegen Produktionsunternehmen und Gebietskörperschaften. Hierzu gehören Kontokorrent- und Wechselkredite der Banken sowie ihre Käufe von festverzinslichen Wertpapieren, Aktien und anderen Beteiligungen, die Effektenkäufe der Kapitalanlagegesellschaften sowie Kredite der Versicherungsunternehmen und Bausparkassen.

4. Auf Markt D handeln die Institute des Finanzsektors untereinander mit kurzfristigen Forderungen. Hauptbeteiligte sind Geschäftsbanken und die Zentralbank.

Die Vorteile einer solchen Organisation gegenüber der in dem Kontensystem 4.1—4.2 dargestellten alleinigen direkten Kreditgewährung der Haushalte an die Produktionsunternehmen sind folgende. Zunächst sind die über den Kreditmarkt B zustandegekommenen Forderungen der Haushalte gegen die Finanzunternehmen durch deren Forderungen gegen die Produktionsunternehmen und Gebietskörperschaften gesichert. Jedes Wirtschaftssubjekt des Finanzsektors hat darüber hinaus ein, wenn auch typischerweise geringes, Eigenkapital, das eine zusätzliche Sicherung bedeutet.[27] Zweitens sorgt jedes Finanzunternehmen bei der Anlage seiner Mittel in Markt C für *Risikobegrenzung* und *Risikostreuung*. Es kann beispielsweise vor der Aufnahme von Geschäftsbeziehungen eine Kreditwürdigkeitsprüfung vornehmen und danach die ökonomische Aktivität seiner Kreditnehmer überwachen[28] und zum Teil auch beeinflussen. Die meisten privaten Haushalte haben dagegen ein so kleines Geldvermögen, daß sie bei der Direktanlage in Markt A wenig Risiko streuen und keine professionelle Beratung in Anspruch nehmen können. Die Beschaffung von Informationen verursacht Aufwendungen, und wer sich die Vorteile der Direktanlage auf Markt A — im allgemeinen höhere Erträge gegenüber Markt B — samt Risikostreuung verschaffen will, zahlt die Kosten der Beratung beispielsweise beim Kauf von Investmentanteilen in Gestalt von Abschlußgebühren, die im allgemeinen drei- bis fünfmal so hoch sind wie die Beschaffungsspesen beim direkten Kauf von Effekten. Demgegenüber haben viele Forderungen in Markt B kein Kursrisiko und im allgemeinen kaum ein Ausfallrisiko (das auch als hundertprozentiges Kursrisiko verstanden werden kann). Sie sind mit einigen Ausnahmen sowohl liquider als auch kleiner gestückelt. Hieran zeigt sich die Funktion der *Kreditgrößentransformation* des Finanzsektors.

Die Institute des Finanzsektors erzielen auf Grund der Tatsache, daß die Erträge ihrer Forderungen in Markt C im Durchschnitt höher sind als die Aufwendungen für ihre Verbindlichkeiten in Markt B, eine positive Wertschöpfung. Soweit sie privatwirtschaftlich betrieben werden, sind sie daran interessiert, eine möglichst hohe Wertschöpfung zu erzielen. Ein Mittel dazu ist der Versuch, möglichst viele Verbindlichkeiten in Markt B einzugehen, um auf Grund der dadurch zufließenden Mittel Kredite in Markt C zu gewähren. Damit entsteht eine Konkurrenzsituation zwischen den Unternehmen des Finanzsektors, die be-

---

[27] Mit dieser Begründung schreibt beispielsweise § 10 Abs. 1 KWG vor, daß Kreditinstitute ein „angemessenes haftendes Eigenkapital" haben müssen.

[28] Gemäß § 18 KWG kann ein Kreditinstitut unter bestimmten Voraussetzungen von Kreditnehmern die „Offenlegung ihrer wirtschaftlichen Verhältnisse" verlangen.

sonders im Bereich der Banken zu einer Art von Produktdifferenzierung geführt hat, gemäß der immer wieder neue Arten von Forderungen in Markt B geschaffen werden, die sich in der Kombination von Rendite, Laufzeit, Tilgungsbedingungen und Kursrisiko jeweils geringfügig voneinander unterscheiden. Da einer der wesentlichen Vorteile der meisten Forderungen gegen Finanzunternehmen gegenüber den Forderungen in Markt A ein höherer Liquiditätsgrad ist, zwingt die Konkurrenzsituation zu Versuchen, diesen Vorteil weiter auszubauen. Das hat etwa in der Bundesrepublik in den letzten Jahren dazu geführt, daß Sparguthaben innerhalb großer Banknetze (Sparkassen, Volksbanken, Großbanken) freizügig gemacht wurden.[29] Sie ist auch einer der Gründe für die erhebliche Zunahme der Bankstellen in den sechziger Jahren.[30]

Die Unternehmen des Finanzsektors stehen jedoch nicht nur beim Eingehen von Verbindlichkeiten in Markt B, sondern auch bei der Gewährung von Krediten in Markt C in einer Konkurrenzsituation. Dabei hat jeweils das Unternehmen Vorteile, das beim Erwerb von Mitteln in Markt B besonders erfolgreich ist, da es vermehrt und zu günstigeren Bedingungen Kredite gewähren kann. Die Konkurrenzsituation zwingt dann andere Unternehmen, diese Bedingungen ebenfalls zu gewähren. Damit bestehen Zusammenhänge zwischen den Bedingungen auf den Märkten B und C, die in beiden Richtungen gelten. Da ferner für einen Teil der kreditgewährenden privaten Haushalte die Alternative zur Anlage ihrer Ersparnis in Markt B die Anlage in Markt A ist, und da für viele kreditnehmende Produktionsunternehmen die Alternative zur Aufnahme von Krediten in Markt C die Kreditaufnahme in Markt A ist, hängt auch der Markt A mit den beiden anderen Märkten zusammen. Schließlich gilt auch für Markt D, daß sich die Bedingungen auf den anderen Märkten hier widerspiegeln, da den Unternehmen des Finanzsektors als Alternative zur Kreditnahme und -gewährung in Markt D die anderen Märkte offenstehen und umgekehrt. Das bedeutet, daß Änderungen in einem Kreditmarkt die Tendenz haben, sich auf die anderen Märkte auszubreiten. Das gilt auch für die wichtigste dieser Änderungen, die Erhöhungen und Senkungen von Zinssätzen, und ist damit wichtig für den Versuch, den Wirtschaftsablauf über Maßnahmen der Geld- und Kreditpolitik zu steuern.

Die Forderungen der Unternehmen des Finanzsektors in Markt C sind risikoreicher und weniger liquide als ihre Verbindlichkeiten in Markt B. Eben deshalb erbringen sie auch höhere Erträge. Die Tatsache des unterschiedlichen Liquiditätsgrades könnte zunächst verwundern: Müßten nicht beispielsweise die Banken, die Verbindlichkeiten mit einem bestimmten Liquiditätsgrad eingehen, die daraus zufließenden Mittel ebenso liquide anlegen, um Ansprüchen ihrer Einleger etwa auf Umwandlung in Bargeld jederzeit durch Verkauf entsprechend liquider Forderungen in Markt C nachkommen zu können? Wenn dem so wäre, hätten die Unternehmen des Finanzsektors jedoch auf Grund dieser Tätigkeit keine Existenzgrundlage, da dann für die Forderungen in den Märkten B und C gleiche

---

[29] Der Inhaber eines freizügigen Sparbuchs kann innerhalb des Bundesgebiets bei allen Instituten, die dem betreffenden Banknetz angehören, spesenfrei Beträge einzahlen und abheben.

[30] Vgl. die Angabe S. 198.

Bedingungen herrschen würden. Die Forderungen in Markt B können jedoch liquider sein als die in Markt C, weil beispielsweise jede Geschäftsbank insgesamt mehr versprechen kann, als sie kurzfristig zu halten in der Lage ist. Sie ist gegenüber jedem Inhaber eines Sichtguthabens verpflichtet, dieses auf Anforderung sofort in Bargeld umzutauschen; und in der Bundesrepublik kann jeder Inhaber eines Sparguthabens mit gesetzlicher Kündigungsfrist bis zu 2000 DM ohne Kündigung abheben. Es gibt jedoch keine Bank, deren Barreserve[31] auch nur annähernd so groß wäre, daß sie dem gleichzeitigen Verlangen aller Gläubiger ihrer Sichteinlagen auf Umtausch in Bargeld sofort nachkommen könnte. Beispielsweise zeigt die früher abgedruckte Bankbilanz[32], daß am Stichtag allein die Sichteinlagen mit 6879 Mill. DM rund das zweieinhalbfache der Barreserve von 2762 Mill. DM ausmachten. Eine Bank kann jedoch die genannte Verpflichtung eingehen, weil sie aus Erfahrung weiß, daß unter normalen Umständen

– sich die Zahlungseingänge und -ausgänge an Bargeld so kompensieren, daß nur ein geringer Teil der Sichteinlagen durch Bargeld „gedeckt" sein muß;
– nur ein Teil der Überweisungen per Saldo an Kunden anderer Banken geht und damit die Barreserve verringert. Dieser Teil ist um so kleiner, je mehr Kunden die eigene Bank hat. Daher wird eine Bank danach streben, ihren Marktanteil zu vergrößern, was unter anderem durch Erhöhung der Zahl der Bankstellen geschehen kann;
– sie sich durch Kreditnahme oder durch Verkauf oder Beleihung von Aktiva zusätzlich Zentralbankgeld bei anderen Banken oder bei der Zentralbank beschaffen kann.

Im Prinzip gilt für alle Unternehmen des Finanzsektors, daß sie Verbindlichkeiten eingehen können, die jeweils Vielfache der ihnen bezüglich des Liquiditätsgrades entsprechenden Aktiva sind. Da somit in den Bilanzen dieser Institute relativ kurzfristig fälligen Verbindlichkeiten relativ langfristig gebundene Aktiva gegenüberstehen, bewirken diese Institute eine *Fristentransformation* von Kreditbeziehungen. Das Beispiel der Banken zeigt aber auch, daß der Finanzsektor auf das als „normal" erkannte Verhalten seiner Gläubiger angewiesen und höchst empfindlich gegenüber wesentlichen Änderungen dieses Verhaltens ist, wie es sich etwa in politischen oder ökonomischen Krisenzeiten zeigen kann.

Wirtschaftspolitisch läßt sich aus den Erörterungen der Abschnitte II. 2 und II. 3 vorerst folgern, daß

– Eingriffe auf einem Kreditmarkt angesichts ihrer Interdependenz auch die Situation auf den anderen Kreditmärkten ändern;
– die Spar- und Investitionstätigkeit auch von der Situation auf den Kreditmärkten abhängt, so daß beispielsweise Konjunkturverlauf und Wachstumsprozeß durch wirtschaftspolitische Eingriffe auf den Kreditmärkten beeinflußt werden können.

---

[31] Vgl. VRW[3], S. 211.
[32] Vgl. VRW[3], S. 46.

III. Finanzsektor und Kreditmärkte in der Bundesrepublik Deutschland

1. Der Finanzsektor. Der Ablauf des Wirtschaftsprozesses wird von der institutionellen und rechtlichen Gestaltung des Geld- und Kreditwesens mitbestimmt, die sich von Land zu Land unterscheidet. Als eine der Grundlagen für die Diskussion der Geld- und Kreditpolitik in der Bundesrepublik in Teil VI dieses Kapitels werden daher in diesem und den folgenden Abschnitten Finanzsektor und Kreditmärkte der Bundesrepublik nach dem heutigen Stand in ihren Hauptzügen beschrieben.

Zum Finanzsektor der Bundesrepublik werden hier alle Wirtschaftssubjekte gezählt, deren Haupttätigkeit darin besteht, Kredite zu nehmen und zu gewähren. Rechtsformen, Eigentumsverhältnisse und Zielsetzungen spielen für die Zuord-

Bild 4.1 — Der Finanzsektor in der Bundesrepublik Deutschland

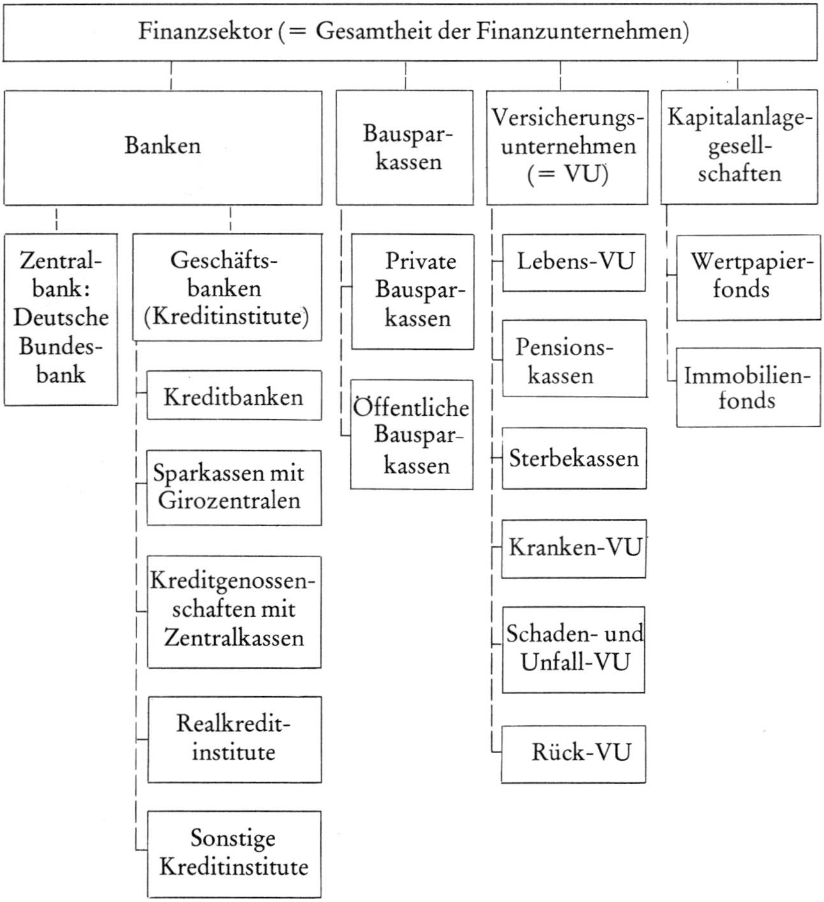

nung keine Rolle. Nicht berücksichtigt werden Finanzmakler und Pfandleiher wegen der geringen Bedeutung ihres Geschäfts. Nach der Art ihrer Tätigkeit lassen sich vier Gruppen von Finanzunternehmen unterscheiden und gemäß der in Bild 4.1 (S. 196) gegebenen Darstellung weiter aufgliedern.

Zentralbank und Geschäftsbanken (oder Kreditinstitute) werden zusammen als Banken bezeichnet. Angaben über die Deutsche Bundesbank folgen in Abschnitt VI. 2 dieses Kapitels.[33] Der Teilsektor Geschäftsbanken ist hier in fünf Untersektoren gegliedert.[34] Zu den „Sonstigen Kreditinstituten" zählen in der Hauptsache Teilzahlungsbanken, Kreditinstitute mit Sonderaufgaben, Wertpapiersammel- und Bürgschaftsbanken sowie die — in der folgenden Tabelle 4.1 ausgegliederten — Postscheck- und Postsparkassenämter der Deutschen Bundespost. Die Bundesbank rechnet in ihrer Statistik auch die Kapitalanlagegesellschaften zu diesem Untersektor, die in Bild 4.1 als besonderer Teilsektor aufgeführt sind. Die Tätigkeit der Geschäftsbanken wird allgemein durch das Gesetz über das Kreditwesen (KWG) geregelt; für einige Gruppen und auch einzelne Kreditinstitute bestehen eigene gesetzliche Grundlagen. Alle Geschäftsbanken unterliegen gemäß § 6 KWG der Aufsicht durch das *Bundesaufsichtsamt für das Kreditwesen* mit Sitz in Berlin, das dabei mit der Deutschen Bundesbank zusammenarbeitet (§ 7 KWG).

Tabelle 4.1 – *Der Finanzsektor der Bundesrepublik Deutschland: Teilsektor Geschäftsbanken*
Stand Ende 1972

Geschäftsbankengruppe	Zahl der		Bilanz-summe[b]		Kredite an inländische(n)		Sichteinlagen von Nichtbanken	
	Ban-ken	Bank-stellen[a]	Mrd. DM	v. H.	Mrd. DM	v. H.	Mrd. DM	v. H.
1. Kreditbanken	314	5854	272	25,7	164	24,4	34,8	37,4
2. Sparkassen mit Girozentralen	788	16929	418	39,4	269	40,0	35,5	38,2
3. Kreditgenossenschaften mit Zentralkassen	5756	18990	129	12,2	70	10,4	15,4	16,6
4. Realkreditinstitute	43	69	123	11,6	110	16,4	0,3	0,3
5. Sonstige Kreditinstitute	238	675	96	9,1	48	7,1	1,3	1,4
6. Postscheck- und Postsparkassenämter	...	...	22	2,1	11	1,6	5,7	6,1
Insgesamt	7139	42517	1060	100	672	100	93,0	100

[a]Jeweils Kreditinstitute selbst und Zweigstellen, ohne Annahmestellen.
[b]Nur monatlich berichtende Kreditinstitute. Von der Interbankverflechtung nicht bereinigt.
Quelle: BBk-Monatsbericht April 1974, S. 41*. Statistische Beihefte [4.16].

---

[33] Vgl. auch VRW³, S. 47−49, 225.

[34] Die detailliertere Standardgliederung ist im StatistischenTeil der BBk-Monatsberichte sowie in VRW³, S. 226, enthalten. Vgl. dort auch den kurzen Kommentar zu den Tätigkeiten der einzelnen Geschäftsbankengruppen.

Tabelle 4.1 gibt einen Einblick in die Struktur des Geschäftsbankensektors der Bundesrepublik Ende 1972. Gemessen an der Bilanzsumme sind danach die im Besitz der Gemeinden befindlichen Sparkassen zusammen mit ihren regionalen Spitzeninstituten, den Girozentralen, die bedeutendste Bankengruppe der Bundesrepublik. Die Aufteilung eines der drei Hauptposten des Aktivgeschäfts, der Kredite an Nichtbanken, entspricht ungefähr der Aufteilung der Bilanzsumme auf die sechs Bankengruppen. Lediglich der Anteil der Realkreditinstitute ist hier mit 16,4 v.H. gegenüber 11,6 v.H. Anteil an der gesamten Bilanzsumme merklich höher. Diese Institute haben nur wenige Einlagen von Nichtbanken und eine geringe Kreditverflechtung mit anderen Banken, so daß ihr Anteil an den beiden anderen Hauptposten des Aktivgeschäfts, den Liquiditätsreserven und den Krediten an Kreditinstitute, entsprechend kleiner ist. Die letzte Spalte zeigt die Aufteilung der Sichteinlagen und damit einen wichtigen Posten der Passivseite. Hier zeigt sich, daß die Kreditbanken zusammen mit dem Sparkassensektor Schuldner von drei Vierteln des Giralgeldes der Geschäftsbanken sind und damit vermutlich einen entsprechend hohen Anteil an der Abwicklung des bargeldlosen Zahlungsverkehrs in der Bundesrepublik haben. Die Realkreditinstitute befassen sich damit praktisch nicht; und die Postscheckämter haben einen überproportionalen Anteil.

Der Geschäftsbankensektor der Bundesrepublik ist überwiegend nicht durch eine strenge Funktionsteilung gekennzeichnet, gemäß der sich einzelne Institutsgruppen auf bestimmte Bankgeschäfte spezialisieren würden. An der Bilanzsumme gemessen herrscht zu rund drei Vierteln der Typ der *Universalbank* vor, die in bezug auf den Kreis der Kreditnehmer, Kreditarten, Einlagenbeschaffung und Verkauf von Dienstleistungen prinzipiell alle Geschäfte tätigt. In Tabelle 4.1 gehören die in den Gruppen 1. bis 3. erfaßten Banken zu diesem Typ. Die Entwicklung zur Universalbank hat sich in den sechziger Jahren verstärkt, da beispielsweise Kreditbanken mehr Spareinlagen an sich ziehen, während anderseits Sparkassen vermehrt Kredite an Industrieunternehmen geben. Die Funktionsteilung überwiegt lediglich in bezug auf die drei anderen Gruppen. Bei Universalbanken können sich Interessenkonflikte ergeben, wenn etwa die Anlageberatung der Kunden mit der Anlage- und Beteiligungspolitik der Bank kollidiert.

Die Entwicklung des Geschäftsbankensektors in der Bundesrepublik ist seit Jahren durch den Rückgang der Zahl der Kreditinstitute gekennzeichnet. Ende 1957 betrug sie 13 359, Ende 1972 noch 7 139 (ohne Postscheck- und Postsparkassenämter und ohne Kapitalanlagegesellschaften).[35] Diese Entwicklung beruht in erster Linie auf der Abnahme der Zahl der ländlichen Kreditgenossenschaften, von denen sich viele zu größeren Unternehmen zusammenschlossen. Ihre Zahl sank von 11 214 Ende 1950 auf 5 749 Ende 1972. Hingegen nahm die Zahl der Bankstellen aller Gruppen von 1957 bis 1972 um 62 v.H. zu.

Bausparkassen nehmen auf Grund besonderer Verträge Spareinlagen überwiegend von privaten Haushalten entgegen, die niedrig, zwischen 2,5 v.H. und 3 v.H., verzinst werden, und gewähren Baudarlehen an die Bausparer, die ebenfalls

---

[35] Diese und die folgenden Angaben nach: BBk-Monatsbericht April 1974, S. 40*f.; Statistisches Handbuch der Bank deutscher Länder 1948–1954, Frankfurt 1955, S. 132.

einen niedrigeren Zins als den Marktzins haben, meist 4,5 v. H. bis 5 v. H. Tabelle
4.2 enthält einige Angaben über die 27 Bausparkassen der Bundesrepublik Ende
1972:

Tabelle 4.2 − *Der Finanzsektor der Bundesrepublik Deutschland:*
Teilsektor Bausparkassen
Stand Ende 1972

Bezeichnung der Gruppe	Zahl der Institute	Bilanz-summe	Bau-darlehen	Kredite an Banken	Bauspar-einlagen
		Mrd. DM			
1. Private Bausparkassen	15	37,7	28,9	6,1	33,5
2. Öffentliche Bausparkassen	12	24,4	16,6	6,4	20,0
Alle Bausparkassen	27	62,1	45,5	12,5	53,5

Quelle: Statistische Beihefte [4.16], S. 92 f.

Die Zahlen zeigen die Transferfunktion dieses Teilsektors: Die Kreditaufnahme geschieht überwiegend durch Einlagen der Bausparer, und der größte Teil
davon wird als Baudarlehen an diese weitergeleitet. Auch hier ist zu beachten,
daß die Vertragspartner der Bausparkassen in ihrer Eigenschaft als Bausparer
und damit Kreditgeber zum Sektor Private Haushalte, in ihrer Eigenschaft als
Bauherren und damit Kreditnehmer zum Sektor Produktionsunternehmen gehören. Die Bausparkassen bestreiten ihre Aufwendungen aus der Differenz zwischen
Soll- und Habenzinsen sowie aus der Erhebung von Gebühren. Sie üben ihre
Tätigkeit auf Grund des *Gesetzes über Bausparkassen* vom 16. November 1972
(BGBl. I, S. 2097) aus und unterliegen der Aufsicht durch das Bundesaufsichtsamt
für das Kreditwesen.[36] Infolge der massiven staatlichen Förderung des Baspa-
rens haben die Bausparkassen in den sechziger Jahren stark expandiert; ihre Bilanzsumme vervierfachte sich in einem Jahrzehnt von 14,7 Mrd. DM Ende 1962
auf 62,1 Mrd. DM Ende 1972.[37]

Versicherungsunternehmen verpflichten sich gegen Prämienzahlungen zu
Geldleistungen gegenüber ihren Vertragspartnern für den Fall, daß bestimmte
Ereignisse eintreten, wobei sie Einzel- in Sammelrisiken umwandeln. Je nachdem,
ob diese Ereignisse wie Tod oder Erreichung von Altersgrenzen beim einzelnen
Versicherungsnehmer mit Sicherheit oder wie Krankheit, Unfall und Sachschaden
nur vielleicht eintreten, lassen sich zwei Arten des Versicherungsgeschäfts unterscheiden. Lebensversicherungen, Pensions- und Sterbekassen übernehmen Zahlungsverpflichtungen für den Fall sicher eintretender Ereignisse. Sie bauen aus
den Prämien der Versicherungsnehmer Vermögen auf, aus dem bei Eintreten
des Versicherungsfalles Zahlungen geleistet werden. Vom Versicherungsnehmer
her gesehen ähnelt ihre Tätigkeit daher der einer Bank, die auf Grund eines Spar-

---

[36] Bis 1972 unterstanden sie der Aufsicht durch das Bundesaufsichtsamt für das Versi-
cherungs- und Bausparwesen. Mit dem Übergang der Aufsicht wurde dessen Bezeichnung
entsprechend geändert.
[37] BBk-Monatsbericht Januar 1969, S. 43* und April 1974, S. 39*.

vertrages laufend Geldbeträge annimmt und die Einlage samt Zinsen später zurückzahlt. Das Versicherungsunternehmen zahlt jedoch auch bei vorzeitigem Eintreten des Versicherungsfalles und deckt somit dessen Risiko ab. Kranken-, Unfall- und Schadenversicherungen haben es mit Ereignissen zu tun, deren Eintreten beim einzelnen Versicherungsnehmer ungewiß und von diesem nicht berechenbar ist. Bei Gruppen von Versicherungsnehmern werden diese Ereignisse jedoch berechenbar und können daher versichert werden, und zwar um so besser, je größer die Gruppe ist. Diese Versicherungsunternehmen müssen ihre Prämien so kalkulieren, daß unter Berücksichtigung der Vermögenserträge die laufend fälligen Leistungen erbracht, die sonstigen laufenden Aufwendungen gedeckt, Reserven für unvorhergesehene Fälle angesammelt und Gewinne erzielt werden können. Ihre Tätigkeit entspricht daher mehr einem Umlageverfahren wie dem der Sozialversicherung.[38]

Bei beiden Gruppen von Versicherungsunternehmen könnte man vermuten, daß sich im Laufe der Zeit ein Gleichgewicht zwischen Zahlungseingängen auf Grund der Prämien und Vermögenserträge einerseits und Zahlungsausgängen auf Grund von Versicherungsleistungen, laufenden Geschäftsaufwendungen und Gewinnausschüttungen anderseits mit der Folge einstellt, daß der Vermögensbestand der Unternehmen im Zeitablauf annähernd konstant bleibt. Das ist jedoch aus mehreren Gründen nicht der Fall. Sofern die Bevölkerung wächst, nimmt auch die Zahl der Versicherungsnehmer zu, die zunächst überwiegend Prämien zahlen und dadurch das Bruttovermögen des Unternehmens vergrößern. Mit wachsendem realem Sozialprodukt wachsen außerdem sowohl der Anteil der Versicherungsnehmer an der Bevölkerung als auch die Höhe der Versicherungssummen. Eine schleichende Inflation verstärkt besonders die zweitgenannte Erscheinung. Entscheidend ist schließlich die Höhe der Prämien. Diese werden besonders bei Lebensversicherungen vielfach so kalkuliert, daß ein Teil der Einnahmen den Versicherungsnehmern über die ursprünglichen Vertragssummen hinaus gutgeschrieben wird. Dies wirkt wie Nichtausschüttung von Gewinnen und vergrößert damit das Bruttovermögen. Das Verhältnis der Versicherungsleistungen zu den Prämieneinnahmen liegt daher bei allen Versicherungszweigen unter eins. Von 1960 bis 1972 bewegte sich dieses Verhältnis bei allen Versicherungsunternehmen der Bundesrepublik zusammengenommen zwischen 43 v. H. und 53 v. H.[39] Dabei ergaben sich bei den Untersektoren erhebliche Unterschiede. Bei den Lebensversicherungen lag das Verhältnis zwischen 29 v. H. und 37 v. H., während es bei der Krankenversicherung im Durchschnitt 65 v. H. betrug und bei den Schaden- und Unfallversicherungen von 46 v. H. unter Schwankungen auf 52 v. H. stieg. Im Ergebnis ist das Vermögen (ohne Kassenbestände und Bankguthaben) der rund 7 400 Versicherungsunternehmen der Bundesrepublik von Ende 1960 bis Ende 1972 von 26 Mrd. DM um 331 v. H. auf 112 Mrd. DM gestiegen. Das bedeutet, daß Versicherungsunternehmen ständig einen erheblichen Anlagebedarf haben und damit Funktionen des Finanzsektors ausüben.

---

[38] Vgl. VRW[3], S. 79.
[39] Alle Zahlenangaben über Versicherungsunternehmen in diesem Abschnitt nach: Vermögensbildung und Anlagepolitik der Versicherungsunternehmen seit 1965. BBk-Monatsbericht Januar 1972, S. 15 – 27; sowie nach der zu Tabelle 4.3 angegebenen Quelle.

Tabelle 4.3 zeigt Gliederung und Vermögensanlagen des Teilsektors Versicherungsunternehmen in der Bundesrepublik Ende 1972:

Tabelle 4.3 – *Der Finanzsektor der Bundesrepublik Deutschland:*
Teilsektor Versicherungsunternehmen
Stand Ende 1972

Versicherungszweig	Zahl der Unternehmen	Vermögensanlagen[a]	
		Mrd. DM	v. H.
1. Lebensversicherung	115	68,1	60,9
2. Pensionskassen	260	15,8	14,1
3. Sterbekassen	1 731	0,4	0,4
4. Krankenversicherung	452	5,0	4,5
5. Schaden- und Unfallversicherung	4 789	17,3	15,5
6. Rückversicherung	25	5,3	4,7
Insgesamt	7 372	111,8	100

[a] Ohne Kassenbestände, Bank- und Postscheckguthaben. Bilanzwerte.
Quelle: Bundesaufsichtsamt für das Versicherungswesen: Geschäftsbericht 1972, S. 104, 8*.

Die Vermögensanlagen gemäß Tabelle 4.3 entfielen zu 13 v. H. auf Grundstücke, 20 v. H. auf Hypotheken, 33 v. H. auf Schuldscheinforderungen und Darlehen und 26 v. H. auf Wertpapiere. Den größten Anteil hatten mit zusammen über drei Vierteln die auf Vermögensansammlung ausgerichteten Lebensversicherungen, Pensions- und Sterbekassen. Umgekehrt war die Situation bei den Versicherungsleistungen: Auf die anderen Versicherungszweige entfielen von den gesamten Versicherungsleistungen während des Jahres 1972 in Höhe von 18,3 Mrd. DM rund 70 v. H. Die Geschäftstätigkeit der privaten Versicherungsunternehmen unterliegt staatlicher Aufsicht durch das *Bundesaufsichtsamt für das Versicherungswesen* mit Sitz in Berlin, rechtliche Grundlage ist das in Anmerkung 26 S. 190 genannte Gesetz.

Kapitalanlagegesellschaften (oder *Investmentgesellschaften*) kaufen Kapitalmarktpapiere oder Grundstücke und Gebäude, die zu Sondervermögen (oder *Fonds*) zusammengefaßt werden und entsprechend *Wertpapierfonds* oder *Immobilienfonds* heißen. Die Mittel dazu werden durch Ausgabe von *Anteilscheinen* (oder *Investmentzertifikaten*) beschafft, die an Wertpapierbörsen gehandelt werden. Anteile an *Publikumsfonds* können von jedermann erworben werden, Anteile an *Spezialfonds* sind bestimmten Personenkreisen wie etwa Angehörigen eines Unternehmens vorbehalten. Tabelle 4.4 zeigt Zahl und Vermögen der Kapitalanlagegesellschaften in der Bundesrepublik Ende 1972. Ihre Tätigkeit ist typisch für die in Abschnitt II.3 geschilderten Funktionen: Sie gehen bei der Anlage von Mitteln professionell vor, streuen Risiken und transformieren Fristen und Kreditgrößen, bieten mit der kleinen Stückelung ihrer Anteilscheine also auch Anlagemöglichkeiten für Kleinsparer. Gesetzliche Grundlage ist das *Gesetz über Kapitalanlagegesellschaften* von 1957 in der Neufassung vom 14. Januar 1970 (BGBl. I, S. 127). Mit dieser Neufassung wurde unter anderem der Absatz von Zertifikaten ausländischer Investmentfonds in der Bundesrepublik erschwert.

Tabelle 4.4 – *Der Finanzsektor der Bundesrepublik Deutschland:*
Teilsektor Kapitalanlagegesellschaften
Stand Ende 1972

Bezeichnung der Fonds	Zahl der		Fondsvermögen	
	Gesellschaften	Fonds	Mill. DM	v. H.
1. Publikumsfonds	48	286	19957	91,8
1.1 Wertpapierfonds	20	69	13335	61,4
1.11 Aktienfonds	16	39	7591	34,9
1.12 Rentenfonds	11	16	4887	22,5
1.13 Gemischte Fonds	10	14	856	3,9
1.2 Immobilienfonds	28	217	6622	30,5
2. Spezialfonds	.	.	1771	8,2
Insgesamt	.	.	21728	100

Quelle: Zusammengestellt nach: Vademecum der Investmentfonds 1973. 13. Aufl. Darmstadt u.a. 1973. – Statistische Beihefte [4.17], Tabelle 19.

Dieser hatte 1969 einen Wert von netto 2,1 Mrd. DM erreicht, sank aber 1970 infolge des Zusammenbruchs einiger ausländischer Fonds auf 18 Mill. DM. 1971 und 1972 war der Netto-Erwerb ausländischer Investmentanteile durch Inländer negativ.[40]

Ein Vergleich der Zahlenangaben in den Tabellen 4.1 bis 4.4 zeigt die überragende Bedeutung der Geschäftsbanken. Sie stehen daher im Mittelpunkt der folgenden Erörterungen.

2. Kapitalmarkt und Wertpapierbörsen.

Im Kontensystem 4.3 – 4.5 sind die vier Kreditmärkte streng institutionell, das heißt durch die Zugehörigkeit von Kreditgebern und -nehmern zu bestimmten Sektoren definiert. Eine ähnliche und vielfach übliche Einteilung der Kreditmärkte richtet sich in nicht einheitlich definierter Weise nach mehreren Kriterien, unter denen vor allem Laufzeit und Sektorzugehörigkeit eine Rolle spielen. Da auch die in der Bundesrepublik zur Zeit verfügbaren Statistiken, insbesondere die Kreditmarktstatistik der Deutschen Bundesbank, mehr diesen Kriterien folgen, ist eine statistische Erfassung der Kreditmärkte gemäß dem System 4.3 – 4.5 nur unvollständig möglich. Im folgenden wird daher ein Überblick über Arten, Verbriefung und Größenordnungen von Kreditbeziehungen auf denjenigen Kreditmärkten der Bundesrepublik gegeben, die man gewöhnlich Kapital-, Bankkredit-, Bankeinlagen- und Geldmarkt nennt.

Als *Kapitalmarkt* bezeichnet man den Markt für langfristige Forderungen, die zum größten Teil durch *Kapitalmarktpapiere* (oder *Effekten*) verbrieft sind. Langfristig bedeutet hier, daß die ursprünglich vereinbarte Laufzeit vier oder mehr Jahre beträgt. Nachfrager nach solchen Krediten und damit Emittenten von Kapitalmarktpapieren sind Produktionsunternehmen, Gebietskörperschaften und Unternehmen des Finanzsektors mit Ausnahme der Zentralbank und der

---

[40] Angaben nach: Statistische Beihefte [4.17], Tabelle 18.

Bausparkassen. Anbieter solcher Kredite und damit Käufer von Effekten sind Wirtschaftssubjekte aller Sektoren der Volkswirtschaft, wenn auch in unterschiedlichem Maße. Hinzu kommen auf beiden Seiten des Marktes Ausländer. Es wäre jedoch verfehlt anzunehmen, alle Käufer von Kapitalmarktpapieren beabsichtigten eine langfristige Festlegung ihrer Mittel. Kapitalmarktforderungen sind handelbar und können daher jederzeit, wenn auch zu im Zeitablauf schwankenden Kursen, verkauft werden. Die Existenz des Kapitalmarktes ermöglicht also den Wechsel des Gläubigers in weiterbestehenden Kreditbeziehungen, ohne daß der Schuldner davon berührt wird. Daraus ergeben sich als wichtige Abgrenzungskriterien für den Kapitalmarkt, daß

— es für alle auf dem Kapitalmarkt gehandelten Forderungen einen *Primärmarkt* für Neuemissionen und einen *Sekundärmarkt* für bestehende Forderungen gibt; und daß

— für Erwerber von Kapitalmarktforderungen ein Kursrisiko besteht, da die Emittenten keinen Einfluß auf die Sekundärmärkte haben oder nur versuchen können, diesen durch Kurspflege auszuüben.

Kompensationen für das Kursrisiko bilden der vergleichsweise hohe Liquiditätsgrad von Kapitalmarktforderungen sowie ihre relativ hohen Erträge.

Bild 4.2 gibt eine Übersicht über die wichtigsten auf dem so abgegrenzten Kapitalmarkt der Bundesrepublik gehandelten Forderungen (S. 204). Sie können in die beiden Kategorien festverzinsliche Forderungen und Forderungen mit variablem Ertrag gegliedert werden, die ihrerseits weiter zu unterteilen sind. Die festverzinslichen Forderungen (auch *Rentenwerte* oder *Renten* genannt) lassen sich nach ihren Emittenten in *Industrieobligationen, Bankschuldverschreibungen* und (öffentliche) *Anleihen* einteilen. Zur ersten Gruppe zählen auch *Wandelschuldverschreibungen* (oder *Wandelanleihen*), die von Aktiengesellschaften ausgegeben werden und ihren Inhabern das Recht geben, nach Ablauf einer Sperrfrist den Umtausch in Aktien der Gesellschaft zu verlangen. Sie werden meist mit relativ niedrigem Zinssatz ausgestattet und sind daher für den Emittenten vorteilhaft, während der Erwerber die Chance von Kurssteigerungen der Aktien hat. *Bankschuldverschreibungen* (oder *Bankobligationen*) werden in der Bundesrepublik fast nur von Girozentralen und Realkreditinstituten ausgegeben. Institute beider Gruppen emittieren *Pfandbriefe* und gewähren mit Hilfe der dadurch zufließenden Mittel Hypothekendarlehen auf bebaute und unbebaute Grundstücke, zum Teil auch auf Schiffe. Sie emittieren ferner *Kommunalobligationen* (die also nicht, wie man auf Grund ihrer Bezeichnung vermuten könnte, von Gemeinden ausgegeben werden) und gewähren Darlehen an öffentliche Haushalte, vornehmlich Gemeinden, aber auch an andere Darlehnsnehmer wie Wohnungsbauunternehmen, sofern öffentliche Haushalte Bürgschaften für diese Darlehen übernehmen. Ein kleinerer Teil des Bestandes (oder Umlaufs) an Bankschuldverschreibungen besteht aus Emissionen einiger Kreditinstitute mit Sonderaufgaben.

Anleihen der Gebietskörperschaften haben meist Laufzeiten zwischen 10 und 15 Jahren; ihre Zinsen werden jährlich oder halbjährlich gezahlt. Abweichend von der Einordnung der Deutschen Bundesbahn und der Deutschen Bundespost in der Volkswirtschaftlichen Gesamtrechnung in den Sektor Produktionsunternehmen werden Anleihen dieser beiden Unternehmen hier zu denen der Gebietskörperschaften gerechnet. Man nennt ihre Anleihen zusammen mit denen des Bundes *Bundesanleihen*. Nicht alle öffentlichen Anleihen werden durch Druck und Ausgabe effektiver Stücke verbrieft. Die Rechte der Erwerber können auch durch Eintragung in ein Schuldbuch festgehalten werden. Man spricht dann von *Schuldbuchforderungen* oder *Wertrechtsanleihen*. Streng genommen handelt es sich hierbei nicht um Kapitalmarktp a p i e r e, jedoch werden diese Forderungen wie festverzinsliche Wertpapiere an Wertpapierbörsen gehandelt, wobei der Übergang vom Verkäufer

Bild 4.2 – Kapitalmarktforderungen in der Bundesrepublik

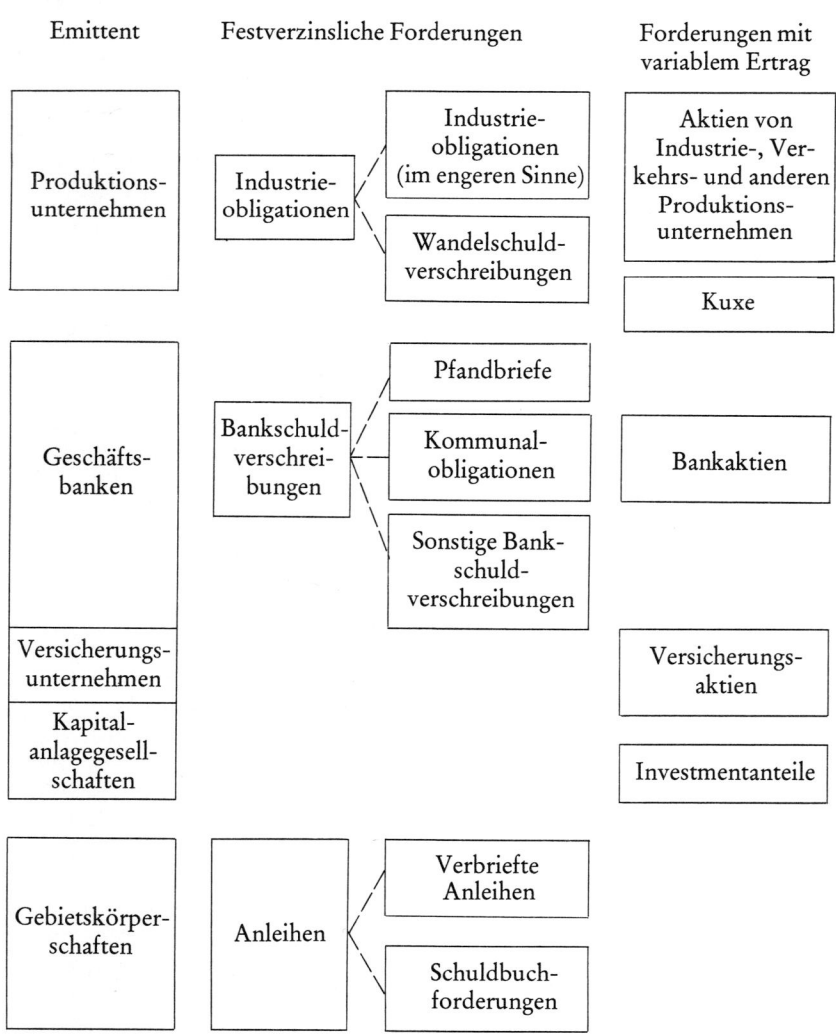

auf den Käufer durch Last- und Gutschriften in den Büchern einer Wertpapier-sammelbank vollzogen wird. Die Emission von Wertrechtsanleihen ist wegen des Wegfalls der Druckkosten billiger, außerdem soll eine bessere Kontrolle des Erwerbs durch Ausländer erreicht werden. (Jedoch kann ein Verbot des Erwerbs solcher Anleihen durch Ausländer durch Einschaltung eines inländischen Stroh-manns umgangen werden.)

Tabelle 4.5 gibt einen Eindruck von der zahlenmäßigen Bedeutung der einzel-nen Forderungsarten. Sie zeigt die beherrschende Rolle der Geschäftsbanken, die über die Emission von Schuldverschreibungen den größten Teil der in Kapital-marktforderungen anlagesuchenden Mittel an sich ziehen. Entsprechend ist der Bestand an solchen Schuldverschreibungen größer als der Bestand aller anderen Forderungen zusammen. Die Tabelle zeigt ferner die derzeit mögliche statistische Aufgliederung von Absatz und Erwerb der Kapitalmarktforderungen. Der nach-gewiesene Gesamtabsatz der Rentenwerte von 29,8 Mrd. DM entspricht ihrem Gesamterwerb, aber es ist nicht bekannt, zu welchen Teilen die Banken und

Tabelle 4.5 — *Absatz*[a] *und Erwerb von Kapitalmarktforderungen in der Bundesrepublik 1972 sowie Bestand Ende 1972*
Mrd. DM

Forderungsart		Absatz 1972	Erwerb 1972 durch			Bestand[b] Ende 1972
			inländische		Aus-länder	
			Banken	Nicht-banken		
Inländische	Industrie-obligationen	0,8				10
	Bankschuld-verschrei-bungen	26,1				160
	öffentliche Anleihen[c]	7,2	6,7	15,3	7,7	44
	Ausländische Rentenwerte	−4,3				
Aktien	inländische	4,1	0,4	2,1	3,4	64
	ausländische	1,8				

[a]Brutto-Absatz minus Tilgung, Kurswerte.
[b]Nominalwerte.
[c]Einschließlich Kassenobligationen, verzinsliche Schatzanweisungen und Bundes-schatzbriefe.
Quelle: Statistische Beihefte [4.17], Tabellen 1b, 5a, 15.

der Nichtbankensektor, der weiter aufzugliedern wäre, die einzelnen Forderungsarten erworben haben.

Zu den öffentlichen Anleihen sind in Tabelle 4.5 auch drei Arten mittelfristiger Wertpapiere gezählt, die in Bild 4.2 nicht aufgenommen wurden: *Kassenobligationen, verzinsliche Schatzanweisungen* und *Bundesschatzbriefe*. Die beiden erstgenannten sind festverzinsliche Schuldverschreibungen mit Laufzeiten von drei bis vier Jahren. Sie werden nicht an Wertpapierbörsen gehandelt und unterliegen keinen Kursschwankungen. Ihre Erwerber tragen daher kein Kursrisiko, haben dafür aber Forderungen mit geringem Liquiditätsgrad in Händen, da es für sie kaum einen Markt gibt. Bundesschatzbriefe sind kleingestückelt, haben eine Laufzeit von 6 bis 7 Jahren, sind mit einer während der Laufzeit wachsenden Nominalverzinsung ausgestattet und in erster Linie für den Erwerb durch private Haushalte gedacht.

Die in Bild 4.2 genannten festverzinslichen Kapitalmarktforderungen werden entweder ständig oder in Schüben emittiert. *Daueremittenten* sind die Girozentralen und die Realkreditinstitute, die ständig Pfandbriefe und Kommunalschuldverschreibungen anbieten. Alle anderen Emittenten bieten jeweils neue Forderungen in Gesamtbeträgen bis zu mehreren hundert Millionen D-Mark auf einmal an, sie sind *Einmalemittenten*. Zur Beratung über die Reihenfolge und die jeweilige Ausstattung solcher Emissionen existiert seit 1957 der *Zentrale Kapitalmarktausschuß*. Er besteht aus Vertretern von elf Geschäftsbanken; die Bundesbank entsendet ein Mitglied ihres Direktoriums. Für die öffentlichen Anleihen wird eine entsprechende Aufgabe durch den gemäß § 18 des Stabilitätsgesetzes gebildeten *Konjunkturrat für die öffentliche Hand* wahrgenommen. Ihm gehören die Bundesminister für Wirtschaft und der Finanzen sowie Vertreter der Länder und der Gemeinden an.

Die in Bild 4.2 genannten Kapitalmarktforderungen werden zum größten Teil an *Wertpapierbörsen* (oder *Effektenbörsen*) gehandelt. In der Bundesrepublik gibt es acht solcher Börsen, und zwar (etwa in der Reihenfolge ihrer an den Umsätzen gemessenen Bedeutung) in Frankfurt, Düsseldorf, Hamburg, München, Berlin, Hannover, Stuttgart und Bremen. Die Organisation von Börsen und die Tätigkeit der an ihnen beschäftigten Personen sind im *Börsengesetz* von 1896 (jetzige Fassung vgl. BGBl. III 1961, S. 3) und einer Reihe weiterer Vorschriften geregelt. Aufgabe von Wertpapierbörsen ist es, den Handel mit Kapitalmarktforderungen abzuwickeln. Dazu sammeln die an der Börse tätigen *Kursmakler* die täglich, meist über Banken, eingehenden Kauf- und Verkaufaufträge für die einzelnen Forderungen und ermitteln daraus die Kurse, bei denen möglichst viele Aufträge ausgeführt werden können. Im Modell des Gütermarkts gemäß Bild 1.4 (S. 32) wäre dies der Gleichgewichtspreis. Die Kursermittlung wird bei einigen Aktien mit breitem Markt während der Dauer der täglichen Börsensitzung fortlaufend vorgenommen (*fortlaufende* oder *variable Notierung*), und für alle Forderungen wird gegen Schluß der Sitzung ein einheitlicher amtlicher *Kassakurs* festgestellt. Kapitalmarktforderungen müssen für den Handel an den Wertpapierbörsen der Bundesrepublik eigens zugelassen werden. Mit Ausnahme der öffentlichen Haushalte und einiger anderer in dieser Hinsicht bevorzugter Wirtschaftssubjekte muß jeder Emittent die Zulassung bei einer an jeder Börse vorhandenen Kommission, der Zulassungsstelle, beantragen und dabei Unterlagen vorlegen, aus denen seine wirtschaftliche Situation hervorgeht. Außerdem ist ein Prospekt mit entsprechenden Angaben zu veröffentlichen. Nur für die in einem solchen Verfahren zugelassenen Forderungen werden amtliche Kurse festgestellt. Andere Forderungen werden im *geregelten Freiverkehr* gehandelt; ihre Kurse werden von Freiverkehrsmaklern ermittelt. Hierfür gibt es ein vereinfachtes Zulassungsverfahren, das für den Emittenten mit geringeren Aufwendungen verbunden ist und aus diesem Grund vielfach vorgezogen wird. Eine dritte Kategorie von Forderungen wird telefonisch unter Banken im *ungeregelten Freiverkehr* gehandelt. Börsenmakler erzielen ein Einkommen durch Erhebung von Vermittlungsgebühren, der *Courtage*, die bei festverzinslichen Wertpapieren als v. H.-Satz des Nominalwertes, bei Aktien als v. H.-Satz des Kurswertes berechnet wird.

3. Bankkredit- und Bankeinlagenmärkte. Diese Märkte sind nach Jahresumsätzen und Gesamtbestand der Kreditbeziehungen die bedeutendsten Kreditmärkte der Bundesrepublik. Tabelle 4.6 zeigt den grob gegliederten Bestand an Kreditbeziehungen auf diesen Märkten Ende 1972. Die wichtigsten Kreditarten des *Bankkreditmarktes* sind *Kontokorrentkredite, Darlehen* und *Wechseldiskontkredite*.

Bei einem Kontokorrentkredit (oder *Kredit in laufender Rechnung*) räumt die Bank ihrem Geschäftspartner das Recht ein, jederzeit bis zu einer bestimmten Höhe, der *Kreditlinie* (oder dem *Kreditlimit*) zu festen Bedingungen Kredit in Anspruch zu nehmen. Die Bank erhebt dafür eine Provision sowie Zinsen für den jeweils in Anspruch genommenen Betrag. Diese Kredite werden nicht verbrieft und zählen daher zu den *Buchkrediten*.

Bei Darlehen handelt es sich um Kredite, für die Laufzeit und Tilgungsbedingungen fest vereinbart sind und für die der Bank im allgemeinen Sicherheiten gestellt werden. Wichtige Darlehensarten sind *Schuldscheindarlehen* und *Hypothekendarlehen* (oder *Hypothekarkredite*). Kreditgeber von Schuldscheindarlehen sind neben Geschäftsbanken vor allem Versicherungsunternehmen, bei denen diese Forderungsart Ende 1972 ein Drittel ihrer Vermögensanlagen nach Tabelle 4.3 ausmachte. Kreditnehmer sind hauptsächlich öffentliche Haushalte, aber zunehmend auch Produktionsunternehmen. Für diese hat die Aufnahme solcher Darlehen gegenüber der Emission etwa von Industrieobligationen eine Reihe von Vorteilen: Es entstehen wesentlich geringere Emissionsaufwendungen als bei der Aufnahme von Anleihen am Kapitalmarkt (bei diesen etwa 3,5 – 4,5 v. H. des Anleihebetrages), Laufzeit und Tilgungsbedingungen lassen sich besser der jeweiligen Situation anpassen, und die Kreditnahme erfolgt rascher und ist genehmigungsfrei. Für Kreditgeber besteht ein Vorteil von Schuldscheindarlehen darin, daß sie unabhängig von der Zinsentwicklung zum Nennwert bilanziert werden können. Ein Nachteil ist ihr geringer Liquiditätsgrad, da sie nicht börsengängig sind. Die Vergabe von Hypothekendarlehen ist das Hauptgeschäft der Realkreditinstitute und ein wichtiger Geschäftszweig der Girozentralen und der Sparkassen, bei denen diese Darlehen rund die Hälfte aller Kredite an Unternehmen und private Haushalte ausmachen.

Wechseldiskontkredite (oder *Wechselkredite*) entstehen wie folgt. Wenn A dem B Waren gegen Ziel geliefert hat, aber vor Ablauf der Kreditfrist Geld haben möchte, kann er einen *Wechsel* ausstellen, in dem B als Zahlungspflichtiger (oder

Tabelle 4.6 – *Kredite der Geschäftsbanken an inländische Nichtbanken und Einlagen der Nichtbanken in der Bundesrepublik* Bestand Ende 1972 in Mrd. DM

Kreditart	Kredite an	
	Produktionsunternehmen und private Haushalte	Öffentliche Haushalte
1. Buchkredite und Darlehen		
1.1 kurzfristig (bis 1 Jahr)	119,8	1,8
1.2 mittel- und langfristig	364,4	82,8
2. Wechseldiskontkredite	41,2	0,0
3. Schatzwechselkredite	0,7ª	1,4
4. Wertpapiere (ohne Bankschuldverschreibungen)	13,7	7,3
5. Durchlaufende Kredite	29,5	2,5
6. Ausgleichsforderungen	–	7,1
Insgesamt	569,3	102,9

Einlagenart	Einlagen von	
	Produktionsunternehmen und privaten Haushalten	Öffentlichen Haushalten
1. Sichteinlagen	85,6	7,4
2. Termingelder mit Befristung		
2.1 von 1 Monat bis 1 Jahr	68,6	19,9
2.2 über 1 Jahr bis unter 4 Jahre	4,0	0,6
2.3 von 4 Jahren und darüber	23,0	48,3
3. Spareinlagen		
3.1 mit gesetzlicher Kündigungsfrist	143,3	* 2,8
3.2 mit vereinbarter Kündigungsfrist	111,0	4,6
3.3 Sparbriefe	10,5	0,3
4. Durchlaufende Kredite	0,9	38,4
Insgesamt	446,8	122,2

ª Schatzwechselkredite an Bundesbahn und Bundespost.
Quelle: BBk-Monatsbericht April 1974, S. 18* f., 22* f.

Bezogener) genannt wird. Sobald B die Schuld durch seine Unterschrift anerkannt (oder den Wechsel *akzeptiert*) hat, kann A den Wechsel an eine Bank verkaufen. Die Bank kauft (oder *diskontiert*) somit ein durch eine Urkunde verbrieftes, unbedingtes Zahlungsversprechen des in dem Wechsel genannten Schuldners, wobei neben B auch A der Bank gegenüber für den im Wechsel genannten Betrag haftet. Durch Wechsel verbriefte Kreditbeziehungen haben vorwiegend Laufzeiten zwischen drei Monaten und einem Jahr. Die Bank kauft den Wechsel zum Nennwert abzüglich der Zinsen vom Tag des Kaufs bis zum Tag der Fälligkeit. Dieser Differenzbetrag heißt *Diskont*. Bezieht man ihn auf den Nennwert und rechnet ihn gegebenenfalls auf ein Jahr um, erhält man den *Diskontsatz*, zu dem der Wechselkredit gewährt wird.

Neben den eben genannten Arten können Geschäftsbanken auch dadurch Kredite gewähren, daß sie Wertpapiere kaufen (Kreditart 4 in Tabelle 4.6). Daneben leiten sie treuhänderisch, meist im Auftrag öffentlicher Haushalte (vgl. Einlagenart 4) Kredite an Nichtbanken weiter (Kreditart 5), und sie halten Ausgleichs- und Deckungsforderungen gegen Gebietskörperschaften, die bei der Währungsreform von 1948 zugeteilt wurden.[41] Nicht in die Tabelle aufgenommen ist der Aktivposten „Beteiligungen" (an Unternehmen).

Kreditarten am *Bankeinlagenmarkt* sind Sicht-, Termin- und Spareinlagen. Mit dem Halten von *Sichteinlagen* sind die geldschaffende Tätigkeit der Geschäftsbanken und die Abwicklung des bargeldlosen Zahlungsverkehrs verbunden; Tabelle 4.1 (S. 197) zeigt, daß diese Aufgaben von den einzelnen Bankengruppen in unterschiedlichem Maße wahrgenommen werden. *Termineinlagen* werden nach Laufzeiten und nach der Art der Festlegung unterschieden: *Kündigungsgelder* werden nach Kündigung und Ablauf jeweils vereinbarter Fristen, *Festgelder* nach Ablauf einer schon bei der Begründung des Guthabens festgelegten Laufzeit verfügbar, wandeln sich dann also in Sichtguthaben um. Der größere Teil der Spareinlagen wird mit gesetzlicher Kündigungsfrist gehalten. Sie ist in § 22 KWG mit drei Monaten festgelegt, jedoch können von solchen Einlagen Beträge bis zu 2000 DM je Sparkonto und Monat ohne Kündigung zurückgefordert werden. Werden Kündigungsfristen vereinbart, so müssen sie mindestens sechs Monate betragen. Die Zinssätze für diese Einlagen sind höher als die für Spareinlagen mit gesetzlicher Kündigungsfrist. *Sparbriefe* zeigen das Bemühen der Geschäftsbanken, mit dem Angebot zusätzlicher Forderungen, die in bezug auf die Kombination von Laufzeiten, Nominalverzinsung und Tilgungsbedingungen jeweils differieren, attraktive Alternativen zur Anlage am Kapitalmarkt zu schaffen (vgl. S. 193 f.).

4. Der Geldmarkt. Eine Geschäftsbank muß ständig zahlungsbereit sein. Sie leistet täglich Auszahlungen in Zentralbankgeld und damit in einem Geld, das sie nicht schaffen kann, erhält aber auch Zahlungseingänge in diesem Geld. Da weder Zahlungsausgänge noch -eingänge voll vorhersehbar sind, muß die Bank ständig einen Teil ihrer Aktiva in Form von Zentralbankgeld halten, um auch bei einer unvorhergesehenen Zunahme ihrer Zahlungsausgänge zahlungsbereit zu bleiben. Ein Teil dieses Zentralbankgeldes wird für den Schalterverkehr in Form von Banknoten und Münzen, ein Teil für den Überweisungsverkehr mit anderen Banken in Form von Zentralbankguthaben gehalten. Jede Bank wird sich jedoch bemühen, ihren über die gesetzlichen Erfordernisse (Mindestreservepflicht[42]) hinausgehenden Bestand an Zentralbankgeld möglichst klein zu halten, da diese Form der Vermögensanlage keinen Ertrag bringt. Es ist Aufgabe des *Gelddisponenten* der Bank, sich laufend einen Überblick über den zu erwartenden Zahlungsverkehr zu verschaffen und die entsprechenden Bestände an Zentralbankgeld bereitzustellen. Dabei kommt es ständig vor, daß einige Banken für kurze Zeit überwiegend Zahlungseingänge erhalten und daher einen Bedarf für die kurzfristige Anlage von Zentralbankgeld haben, während andere überwiegend Zahlungsausgänge leisten oder ihre Mindestreserven aufstocken müssen und daher

---

[41] Einzelheiten in VRW[3], S. 46f., 52.
[42] Vgl. VRW[3], S. 46 und 211. Die Mindestreservepflicht wird unten S. 218f. und S. 254−260 behandelt.

kurzfristig Kredite an Zentralbankgeld benötigen. Aus solchen Unterschieden in der Liquiditätssituation entsteht ein Markt für die kurzfristige Überlassung von Zentralbankgeld, auf dem Geschäftsbanken als Anbieter und Nachfrager auftreten. Ein weiterer Marktteilnehmer ist die Zentralbank, die ihr eigenes Geld in unbegrenztem Umfang schaffen, daher beliebig als Anbieter auftreten und mit ihrem Angebot oder ihrer Nachfrage die Konditionen auf diesem Markt auch zu wirtschaftspolitischen Zwecken beeinflussen kann. Dieser Markt wird hier und in der Praxis als Geldmarkt bezeichnet.[43]

Die auf dem Geldmarkt gehandelten Kredite sind überwiegend kurzfristig, die Laufzeiten erstrecken sich von einem Tag bis zu zwei Jahren. Die Zinssätze für diese Kredite heißen *Geldmarktsätze*. Geldmarktkredite können unverbrieft und verbrieft sein. Bild 4.3 gibt eine Übersicht über die wichtigsten Kreditarten am Geldmarkt der Bundesrepublik nach dem heutigen Stand:

Bild 4.3 – *Kreditarten am Geldmarkt der Bundesrepublik*

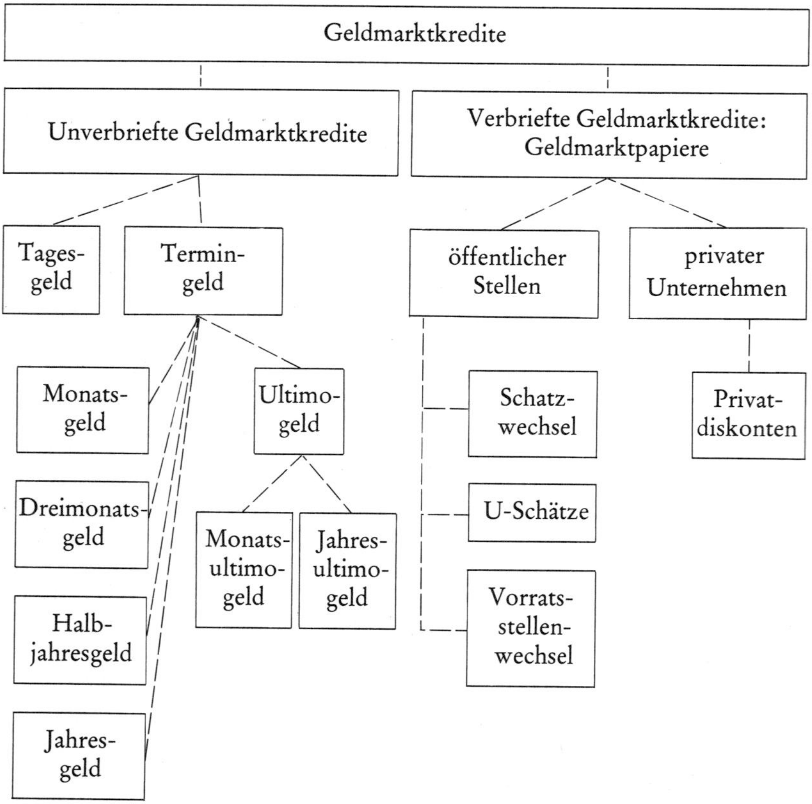

[43] Im KEYNESschen Modell ist der Geldmarkt anders definiert. Dort sind die Nichtbanken Nachfrager nach und die Banken Anbieter an Geld. Vgl. S. 58−64.

Für die unverbrieften Geldmarktkredite haben sich nach Laufzeit und Kündigungsbedingungen in der Hauptsache die folgenden Arten herausgebildet:
– *Tagesgeld*. Die kreditgebende Bank stellt der kreditnehmenden einen Betrag an Zentralbankgeld für 24 Stunden zu Verfügung. Solche Kredite können verlängert werden, sie bedeuten dann praktisch eine Kreditgewährung mit unbestimmter Laufzeit, wobei jeder Partner mit eintägiger Frist kündigen kann. Wird dies von vornherein so vereinbart, spricht man auch von *täglichem Geld*.
– *Monatsgeld, Dreimonatsgeld, Halbjahresgeld, Jahresgeld*. Die Bezeichnungen deuten auf die Laufzeiten hin. Die Zinssätze sind zu jedem gegebenen Zeitpunkt in der Regel um so höher, je länger die Laufzeit ist. Wird jedoch eine Zinssenkung erwartet, so sind die kurzfristigen Zinssätze am höchsten, da die Kreditnehmer hoffen, sich später zu niedrigeren Sätzen verschulden zu können.
– *Ultimogeld*. An jedem Monatsende und erst recht an jedem Jahresende steigt die Zahl der Kassentransaktionen und der Überweisungen abrupt an. Gehälter und andere monatlich fällige Einkommen werden gezahlt, Rechnungen und Steuern sowie Mieten und andere regelmäßige Zahlungen werden fällig, Wertpapiererträge werden ausgezahlt, und Sparbeträge werden angelegt. Mit der Zahl der Transaktionen wächst bei vielen Geschäftsbanken auch deren Saldo in Gestalt eines Auszahlungsüberschusses und die Unsicherheit über dessen Größe, so daß sie über das jeweilige Monatsende, den *Ultimo*, verstärkt als Nachfrager am Geldmarkt auftreten. Andere Banken haben während dieser Zeit Einzahlungsüberschüsse, die sie am Geldmarkt anbieten. Hieraus ergibt sich ein Markt für Geldmarktkredite, die jeweils einige Tage vor einem Monatsende genommen und einige Tage nach dem Monatsende getilgt werden. Sie heißen *Ultimogeld* und werden nach *Monats-* und *Jahresultimogeld* unterschieden. Manche Geschäftsbanken nehmen am Jahresende Kredite auch lediglich zum Zweck der *Bilanzoptik* auf: Der Anteil des Zentralbankgeldes an den Aktiva soll in der zum Jahresende zu erstellenden Jahresbilanz höher als sonst sein.

Unverbriefte Geldmarktkredite werden unter den Geschäftsbanken per Telefon oder Fernschreiben gehandelt und schriftlich bestätigt; Sicherheiten werden für sie nicht gestellt.

Die Bundesbank beteiligt sich am Geldmarkt dadurch, daß sie *Geldmarktpapiere* an die Geschäftsbanken verkauft und sie in der Regel auch vor Fälligkeit zurückkauft, wenn die betreffende Geschäftsbank dies wünscht. Kennzeichnend für diese Papiere ist, daß der Zins für die zugrundeliegenden Kredite in Form eines Diskonts gezahlt wird und daß die Bundesbank eine Ankaufszusage für sie aufrechterhält. Allerdings steht es im Belieben der Bundesbank, solche Zusagen auszudehnen, zurückzuziehen oder sie auf Kontingente einzelner Papiere zu beschränken. Soweit Ankaufszusagen bestehen, spricht die Bundesbank von in die *Geldmarktregulierung* einbezogenen Papieren. Solche Papiere sind zur Zeit[44]
– *Schatzwechsel* des Bundes, der Bundesbahn, der Bundespost und der Länder. Sie haben Laufzeiten bis zu 90 Tagen und dienen der Beschaffung kurzfristiger Kredite für ihre Emittenten. Die Bundesbank bietet sie im Auftrag der Emit-

---

[44] Die Bundesbank veröffentlicht die jeweils geltenden Bestimmungen in ihren Geschäftsberichten im Abschnitt „Die zur Zeit gültigen kreditpolitischen Regelungen der Deutschen Bundesbank".

tenten den Geschäftsbanken zu von ihr festgelegten Sätzen, den *Abgabesätzen*, „am offenen Markt" an und löst sie bei Fälligkeit ein.

— *Unverzinsliche Schatzanweisungen* („U-Schätze") der eben genannten Stellen mit Laufzeiten von $\frac{1}{2}$, 1, 1 $\frac{1}{2}$ und 2 Jahren. Mit ihnen wird ebenso wie bei Schatzwechseln verfahren.

— *Vorratsstellenwechsel.* Das sind Solawechsel[45] der Einfuhr- und Vorratsstellen[46], mit denen diese zum Teil ihre Lagerhaltung finanzieren. Sie haben Laufzeiten bis zu 90 Tagen.

— *Privatdiskonten.* Das sind auf Deutsche Mark lautende Akzepte einer kleinen Gruppe von zum Privatdiskontmarkt zugelassenen Banken.[47] Diese Wechsel dienen der Finanzierung von Außenhandelsgeschäften, müssen auf mindestens 100000 DM lauten und einen Hinweis auf das finanzierte Geschäft tragen. Die Bundesbank handelt Privatdiskonten nicht direkt mit Geschäftsbanken, sondern nur über die 1959 gegründete Privatdiskont AG, die dabei als Makler tätig ist.

Die Bundesbank kauft Geldmarktpapiere zu *Rückkaufsätzen*, die nicht veröffentlicht werden, jedoch in Relation zu den jeweiligen, im Zeitablauf schwankenden und aus den Monatsberichten ersichtlichen Abgabesätzen stehen und geringfügig höher sind als diese.

Die Existenz des Geldmarktes ermöglicht es Geschäftsbanken also einerseits, sich kurzfristig und praktisch ohne Transaktionskosten Zentralbankgeld zu beschaffen, ohne Kredite an Nichtbanken vorzeitig kündigen zu müssen, was deren Dispositionen stören würde, und ohne Wertpapiere zu verkaufen, was mit Kursverlusten verbunden sein kann. Sie ermöglicht anderseits eine ertragbringende Anlage von Zentralbankgeld auch auf kürzeste Fristen und auch dann, wenn andere Anlagemöglichkeiten fehlen, und erhöht so die Gewinne der Geschäftsbanken. Die Einwirkungsmöglichkeiten der Bundesbank auf den Geldmarkt werden in Teil VI dieses Kapitels erörtert.

IV. Geldangebot und Bankenliquidität

1. Die Tätigkeit einer Geschäftsbank. Die in den Teilen II und III dieses Kapitels behandelten Finanzunternehmen lassen sich auch danach einteilen, ob sie bei der Kreditgewährung nur vorhandenes Geld weiterleiten oder darüber hinaus zusätzliches Geld schaffen. Die erste Gruppe sind die *Geldvermittler*. Sie stellen dem Kreditnehmer Geld zur Verfügung, das im Augenblick der Kreditgewährung schon vorhanden ist. In der Bilanz des Geldvermittlers führt die Kreditgewährung daher zu einem Aktivtausch[48]: An die Stelle des Geldes tritt die

---

[45] Bei einem *Solawechsel* sind Aussteller und Bezogener (vgl. S. 207 f.) identisch, der also auch allein haftet. Jedoch bürgt der Bund für die Solawechsel der Einfuhr- und Vorratsstellen.
[46] Vgl. VRW³, S. 169.
[47] *Bankakzepte* sind Wechsel, die auf eine Bank gezogen werden (vgl. S. 207 f.), bei denen die zweite Unterschrift neben der des Ausstellers also die einer Bank ist.
[48] Vgl. VRW³, S. 207.

Forderung gegen den Kreditnehmer. Zu dieser Gruppe gehören alle Wirtschaftssubjekte des Finanzsektors, die nicht Banken sind, aber auch andere Nichtbanken wie die Sozialversicherungshaushalte. Angesichts der Funktionsteilung im Geschäftsbankensektor der Bundesrepublik betätigen sich auch die Realkreditinstitute und die Kreditinstitute mit Sonderaufgaben praktisch ausschließlich als Geldvermittler (vgl. Tabelle 4.1 und den Kommentar dazu, S. 197f.).

Die zweite Gruppe sind die Geldschöpfer. Sie sind in der Lage, mit dem Akt der Kreditgewährung (Giral-) Geld zu schaffen[49], wobei sich die Bilanz verlängert. Hierzu gehören nur Banken, da nur sie Kreditnehmern Sichtguthaben einräumen können, die für diese Geld sind. Im folgenden wird diese Tätigkeit der Geldschaffung, mit der Banken als Anbieter von Geld auftreten, näher analysiert. Die Erörterungen gelten nur für Geschäftsbanken. Die Zentralbank ist eine wirtschaftspolitische Instanz und hat daher andere Ziele als eine Geschäftsbank. Sie wird unten in Teil VI dieses Kapitels behandelt. Zunächst wird die ökonomische Aktivität von Geschäftsbanken unter einzelwirtschaftlichen Gesichtspunkten in ihren Hauptzügen erörtert; und im nächsten Abschnitt werden einige gesamtwirtschaftliche Wirkungen des typischen Verhaltens von Banken gezeigt.

Eine Bank nimmt Kredite und gewährt Kredite, wobei sie Geld schafft. Auf die genommenen Kredite zahlt sie im Durchschnitt niedrigere Zinsen (*Habenzinsen*), als sie auf die gewährten Kredite erhält (*Sollzinsen*). Die Zinsdifferenz ist das Entgelt dafür, daß sie die genommenen Kredite in bezug auf Fristen, Stückelung und Risiken in die gewährten Kredite transformiert. Die Bank wickelt den bargeldlosen Zahlungsverkehr ihrer Kunden ab, häufig in direktem Zusammenhang mit der Kreditgewährung; und sie verkauft eine Reihe weiterer Dienstleistungen, wofür sie Gebühren erhebt. Ihr Ziel ist es, Gewinne zu machen. Beim Einsatz ihrer Instrumentvariablen muß sie eine Reihe von Daten in Form gesetzlicher Vorschriften, wirtschaftspolitischer Maßnahmen der Zentralbank und der sich auf den Kreditmärkten ergebenden Bedingungen beachten.

Mit diesen Angaben läßt sich grob die Tätigkeit einer Bank beschreiben. Zu einer genaueren Analyse seien zunächst eine typische Bankbilanz und die Wirkungen der wichtigsten Transaktionen auf diese und auf die Geldmenge erörtert. Die nachstehende Bilanz ist eine vereinfachte Fassung der Bilanz der Deutschen Bank AG[50] per 31. Dezember 1970, in der die Bilanzsumme gleich 100 gesetzt wurde, um die Struktur der Bilanz deutlicher hervortreten zu lassen (S. 214). Sie kann für diese Zeit als typisch für eine Universalbank angesehen werden. Kasse und Zentralbankguthaben (Aktivposten 1) sind die *Barreserve* der Bank. Den Hauptteil der Aktiva bilden die an Nichtbanken gewährten Kredite (Aktivposten 3 bis 6, in Konto 4.6 zusammen 72 v.H. der Bilanzsumme), von denen die meisten kurz- und mittelfristig gewährt werden (Aktivposten 6.1). Das Sachvermögen ist klein (Teil des Aktivpostens 7). Rund 70 v.H. der Passiva sind Einlagen von Nichtbanken (Passivposten 2). Eine relativ starke Kreditverflechtung mit anderen Geschäftsbanken zeigt sich an Aktivposten 2 und Passivposten 1.

---

[49] Die Bezeichnung „Geldschöpfung" könnte zu dem Irrtum verleiten, es würde Geld aus einem vorhandenen Bestand wie aus einem Gefäß „geschöpft". Tatsächlich wird Geld jedoch durch entsprechende Transaktionen „geschaffen".

[50] Eine ausführlichere Fassung mit absoluten Zahlen ist in VRW³, S. 46 abgedruckt.

Konto 4.6: Bilanz einer Geschäftsbank (Universalbank)

Aktiva	v. H.	Passiva	
1. Kasse und Zentralbankguthaben	9	1. Verbindlichkeiten gegenüber	
2. Forderungen an Kreditinstitute	14	Kreditinstituten	22
3. Handelswechsel	13	2. Verbindlichkeiten gegenüber	
4. Geldmarktpapiere	1	anderen Gläubigern	
5. Wertpapiere und Beteiligungen	11	2.1 Sichteinlagen	22
6. Forderungen an Kunden		2.2 Termineinlagen	23
6.1 kurz- und mittelfristig	28	2.3 Spareinlagen	26
6.2 langfristig	19	3. Grundkapital	2
7. Sachvermögen und sonstige		4. Rücklagen und Rückstellungen	4
Aktiva	6	5. Sonstige Passiva und	
	———	Bilanzgewinn	1
	100		———
			100

Die Transaktionen einer Bank lassen sich zunächst nach ihrer Wirkung auf die Bilanz einteilen. Jede Transaktion berührt die Bilanz in der Regel in bezug auf zwei verschiedene Posten.[51] Hierfür gibt es die vier Möglichkeiten *Aktivtausch* (Beispiel: Verkauf eines Schatzwechsels an die Zentralbank), *Passivtausch* (ein Kunde überweist einen Teil seines Sichtguthabens auf sein Sparkonto), *Bilanzverlängerung* (die Bank diskontiert einen Wechsel), *Bilanzverkürzung* (ein Kunde überweist einen Betrag aus seinem Sichtguthaben an den Kunden einer anderen Bank).

Unter gesamtwirtschaftlichen Gesichtspunkten sind vor allem die Wirkungen von Banktransaktionen auf die Geldmenge wichtig. Unter dieser sei zunächst der Bestand an Sichtguthaben von Nichtbanken bei Banken zuzüglich des Bargeldumlaufs außerhalb der Banken verstanden (vgl. S. 59, Anmerkung 16). Die zur Änderung der Geldmenge führenden Transaktionen lassen sich in geldschöpfende und geldvernichtende einteilen[52], wobei jedoch die Bank in unterschiedlicher Weise mitwirkt. Wandelt etwa ein Bankkunde sein Termin- oder Sparguthaben in ein Sichtguthaben um, so erhöht sich die Geldmenge. Hält sich der Kunde an die vorgesehene Kündigungsfrist, so muß die Bank in diese Transaktion einwilligen, hat also keinen Einfluß auf diese Art der Geldschöpfung. Man nennt sie daher *passive Giralgeldschöpfung*. Weitere solche Transaktionen liegen vor, wenn Nichtbanken durch Einzahlung von Zentralbankgeld bei einer Geschäftsbank Sichtguthaben errichten. Auch dies ist passive Giralgeldschöpfung, wobei sich jedoch im Gegensatz zu dem zuerst genannten Fall die Geldmenge nicht ändert: Die Zunahme des Giralgeldbestandes wird durch die gleichgroße Abnahme des Bargeldumlaufs außerhalb der Kreditinstitute kompensiert. Die Konten 4.7 bis 4.10 zeigen, wie sich die Vermögensrechnungen des Bankkunden und der Bank in den eben genannten beiden Fällen ändern:

---

[51] In einer extrem detailliert aufgestellten Bankbilanz würde jede Transaktion genau zwei Posten ändern. In der Praxis stellen die meisten Posten jedoch Zusammenfassungen gleichartiger Dinge dar, so daß Transaktionen innerhalb solcher Posten die Bilanz nach außen nicht ändern. Ein Beispiel ist der Tausch von Noten gegen Münzen, der den Posten „Kasse" nicht berührt.

[52] Vgl. die Einführung dazu in VRW[3], S. 220−224.

Kontensystem 4.7–4.8: *Passive Giralgeldschöpfung mit Änderung der Geldmenge*

Konto 4.7:   Nichtbank   Konto 4.8:   Geschäftsbank

:				Spareinlagen	− 100
Sparguthaben	− 100	:	:	Sichteinlagen	+ 100
Sichtguthaben	+ 100				:

Kontensystem 4.9–4.10: *Passive Giralgeldschöpfung ohne Änderung der Geldmenge*

Konto 4.9:   Nichtbank   Konto 4.10:   Geschäftsbank

:					:
Bargeld	− 100	:	:		
Sichtguthaben	+ 100				
		Kasse	+ 100	Sichteinlagen	+ 100

Die jeweils entgegengesetzten Transaktionen führen entsprechend zur Verringerung der Giralgeldmenge.

Im Gegensatz zu diesen Fällen wird die Geldmenge unter aktiver Beteiligung der Bank erhöht, wenn sie Aktiva (außer Zentralbankgeld) von Nichtbanken kauft und durch Einräumung von Sichtguthaben zahlt. Solche Transaktionen bedeuten *aktive Giralgeldschöpfung*. Man sagt auch, daß in diesen Fällen Aktiva *monetisiert* werden. Dabei lassen sich zwei Fälle unterscheiden:
− Die Bank erwirbt mit dem Kauf keine Forderung gegenüber dem Verkäufer. Dann ist das Aktivum für diesen ein *primäres Aktivum*;
− Die Bank erwirbt mit dem Kauf eine Forderung gegenüber dem Verkäufer. Dann ist das Aktivum für diesen ein *sekundäres Aktivum*.
Der Unterschied liegt für den Verkäufer darin, daß er beim Verkauf sekundärer Aktiva nur während der Laufzeit der Forderung frei über den Kreditbetrag verfügen kann. Bei Fälligkeit der Schuld muß er im Besitz von Geld zu ihrer Tilgung sein, oder er muß erneut Kredit nehmen und dazu die Einwilligung eines Kreditgebers einholen. Beim Verkauf eines primären Aktivums besteht eine solche Verpflichtung nicht, der Verkäufer ist in seiner Handlungsfreiheit weniger beschränkt.

Die praktisch wichtigsten primären Aktiva privater Nichtbanken sind Devisen und, soweit sie nicht selbst deren Emittenten sind, festverzinsliche Kapitalmarktforderungen. Die Buchungen bei der Monetisierung solcher Aktiva sind anhand eines Devisenkaufs im Kontensystem 4.11–4.12 dargestellt (S. 216). Auch beim Verkauf von Sachgütern einschließlich Grundstücken an Banken liegt diese Art der aktiven Giralgeldschöpfung vor. Die Monetisierung primärer Aktiva bewirkt, daß die Nettoposition des Verkäufers gegenüber der Bank zunimmt.

Im Gegensatz dazu ändern sich die Nettopositionen der Transaktionspartner im Verhältnis zueinander nicht, wenn sekundäre Aktiva an die Bank verkauft

Kontensystem 4.11–4.12: *Aktive Giralgeldschöpfung durch Kauf primärer Aktiva*

Konto 4.11:   Nichtbank   Konto 4.12:   Geschäftsbank

```
:                                    :        :                              :
Devisen        − 100
Sichtguthaben  + 100
                                        Devisen  + 100 | Sichteinlagen  + 100
```

werden. Der wichtigste Fall ist die Kreditgewährung durch Einräumung von Kontokorrentkrediten. Nimmt man an, daß ein solcher Kredit sofort nach der Gewährung unabhängig davon, wann und mit welchem Betrag er in Anspruch genommen wird, von der Bank als Zunahme der Forderungen an Kunden und der Sichteinlagen gebucht wird, erhält man [53]

Kontensystem 4.13–4.14: *Aktive Giralgeldschöpfung durch Kauf sekundärer Aktiva*

Konto 4.13:   Nichtbank   Konto 4.14:   Geschäftsbank

```
:                         :        :                                      :
Sichtguthaben  + 100 | Bank-
                       schulden + 100
                              Forderungen              Sicht-
                              an Kunden  + 100         einlagen    + 100
```

Im Unterschied zum vorhergehenden Fall erhöht sich also beim Verkauf sekundärer Aktiva auch die Verschuldung des Kunden gegenüber der Bank. Dies gilt auch bei der Diskontierung von Wechseln streng, wenn die Bank Solawechsel oder ihre eigenen Akzepte diskontiert. Es gilt weniger streng bei der Diskontierung üblicher Handelswechsel, bei der die Bank eine Forderung gegenüber dem Bezogenen erwirbt: Auch hierbei entsteht ein, wenn auch schwächeres, Obligo des Einreichers, da dieser für die Rückzahlung bei Fälligkeit des Wechsels mithaftet. Einzelwirtschaftlich bedeutet also eine aktive Giralschöpfung durch Kauf sekundärer Aktiva, daß mit der Fälligkeit der Schuld des Bankkunden (bei Handelswechseln: Des Bezogenen) gegenüber der Bank automatisch eine Giralgeldvernichtung eintritt. Allerdings kann dieser Effekt auf die Geldmenge sowohl einzel- wie gesamtwirtschaftlich kompensiert werden. Einzelwirtschaftlich kann an die Stelle der fällig gewordenen Schuld eine neue treten. Unternehmen können erneut Wechsel zum Diskont einreichen, oder die Verschuldung in laufender

---

[53] Dies nennt man die englische Buchungsmethode; sie ist in den angelsächsischen Ländern gebräuchlich. Nach kontinentaler Buchungspraxis werden die Buchungen dagegen erst vorgenommen, wenn und insoweit der Kunde über den Kredit verfügt. Der Unterschied spielt für das hier zu betrachtende Problem keine Rolle. Vgl. jedoch unten, S. 232f. und S. 254f.

Rechnung hält sich innerhalb der mit der Bank vereinbarten Kreditlinie, so daß ein Fälligkeitstermin praktisch nicht auftritt. Öffentliche Haushalte pflegen ihre kurzfristigen, etwa durch Schatzwechsel oder unverzinsliche Schatzanweisungen verbrieften, Schulden bei Fälligkeit dieser Papiere durch Neuausgabe solcher Papiere zu refinanzieren. Gesamtwirtschaftlich kann die Giralgeldvernichtung an einer Stelle durch Giralgeldschöpfung an anderer Stelle kompensiert werden.

Die Einteilung in primäre und sekundäre Aktiva kann auch auf Transaktionen zwischen Geschäftsbanken und Zentralbank übertragen werden. Benötigt eine Geschäftsbank Zentralbankgeld, so kann sie sich dieses, wenn die Kreditnahme bei einer anderen Geschäftsbank im Rahmen eines Geldmarktgeschäfts nicht in Frage kommt, bei der Zentralbank dadurch beschaffen, daß sie primäre oder sekundäre Aktiva an die Zentralbank verkauft. Die Bedingungen für diese Transaktionen werden von der Zentralbank festgesetzt und sind damit wirtschaftspolitische Intrumentvariable. In der Bundesrepublik sind primäre Aktiva im Geschäftsverkehr zwischen Kreditinstituten und Bundesbank zur Zeit
- Devisen, soweit eine Zusage der Bundesbank für deren Ankauf besteht[54];
- Geldmarktpapiere öffentlicher Emittenten, also die S. 211f. näher beschriebenen Schatzwechsel, U-Schätze und Vorratsstellenwechsel;
- öffentliche Anleihen, soweit die Bundesbank Kurspflege für diese betreibt oder sie beispielsweise im Rahmen ihrer Offenmarktpolitik (vgl. S. 250 – 254) kauft.

Sekundäre Aktiva sind bundesbankfähige Wechsel einschließlich der Privatdiskonten, da die einreichende Bank auf Grund ihres Indossaments mithaftet, sowie *Lombardkredite*. Bei diesen handelt es sich um kurzfristige Kredite der Bundesbank an Geschäftsbanken, die gegen Hinterlegung von Wertpapieren als Pfand gewährt werden. Der Zinssatz für diese Kredite heißt *Lombardsatz*.

Jede Geschäftsbank muß bei ihrer Tätigkeit Nebenbedingungen beachten, von denen in der Bundesrepublik einige in Form gesetzlicher Vorschriften vorliegen. Es sind dies insbesondere
- Vorschriften des KWG über bestimmte Anlagen und Kredite;
- die *Grundsätze über das Eigenkapital und die Liquidität der Kreditinstitute;*
- die Vorschriften über die Haltung von *Mindestreserven.*

Das KWG schreibt in den §§ 13 bis 16 beispielsweise vor, daß dauernde Anlagen eines Kreditinstituts in Grundstücken, Gebäuden, Schiffen und Beteiligungen zusammen das *haftende Eigenkapital*[55] nicht übersteigen dürfen. Damit wird die Liquiditätstransformation (vgl. S. 194f.) begrenzt: Es sollen Verbindlichkeiten mit höherem Liquiditätsgrad nicht über ein bestimmtes Maß hinaus in die genannten Vermögensobjekte mit ausgesprochen niedrigem Liquiditätsgrad transfor-

---

[54] Bis zum 2. März 1973 bestand eine unbedingte Ankaufszusage der Bundesbank für US-Dollars in Gestalt von Sichtguthaben beim Federal Reserve System der Vereinigten Staaten. Sie war allerdings einige Male zeitweilig suspendiert, so von Mai bis Dezember 1971. Auch sank der jeweilige Mindest-Devisenkurs seit 1961 infolge mehrmaliger Aufwertungen der D-Mark. Seit dem 19. März 1973 kauft die Bundesbank nur noch Währungen von sechs europäischen Ländern, die untereinander feste Währungskurse vereinbart haben.
[55] Zur Definition vgl. § 10 KWG.

miert werden. Gemäß § 13 KWG sind unter anderem Kredite an einen Kreditnehmer, die insgesamt 15 v. H. des haftenden Eigenkapitals übersteigen (Großkredite), gemäß § 14 sind Kredite im Gesamtbetrag von einer Million DM oder mehr (Millionenkredite) der Deutschen Bundesbank anzuzeigen. Damit wird ein Warnzeichen in bezug auf die Kreditgrößentransformation errichtet. Die §§ 15 und 16 regeln die Kreditgewährung an Mitarbeiter des Kreditinstituts (Organkredite).

Die Grundsätze über das Eigenkapital und die Liquidität, häufig und im folgenden auch kurz *Kreditrichtsätze* genannt, basieren auf den §§ 10 und 11 KWG. In diesen wird nur pauschal vorgeschrieben, daß Kreditinstitute ein angemessenes haftendes Eigenkapital haben und ihre Mittel so anlegen müssen, daß jederzeit eine ausreichende Zahlungsbereitschaft gewährleistet ist. Einzelheiten sind in drei Grundsätzen geregelt, deren jeweils geltende Fassung in den Geschäftsberichten der Deutschen Bundesbank abgedruckt ist.[56] Grundsatz I besagt, daß die Kredite und Beteiligungen eines Kreditinstituts das 18-fache des haftenden Eigenkapitals nicht übersteigen sollen. Grundsatz II begrenzt die langfristigen Anlagen auf die langfristigen Finanzierungsmittel, Grundsatz III die kürzerfristigen Anlagen auf die kürzerfristigen Finanzierungsmittel, wobei die genannten Größen jeweils detailliert definiert werden. Überschreitet ein Kreditinstitut die genannten Grenzen nennenswert oder wiederholt, kann das Bundesaufsichtsamt für das Kreditwesen Auflagen für den Geschäftsbetrieb machen, die bis zum Entzug der Erlaubnis zum Geschäftsbetrieb reichen können.

Die Pflicht zur Haltung von Mindestreserven (oder *Mindestreservepflicht*) besagt, daß jede Geschäftsbank Guthaben auf Girokonto bei der Bundesbank, die *Mindestreserve*, unterhalten muß, deren Höhe sich nach ihren Sicht-, Termin- und Spareinlagen richtet. Zur Berechnung des *Mindestreserve-Solls* werden auf diese Einlagen unterschiedliche Vom-Hundert-Sätze angewendet, die ihrerseits nach der Größe der Geschäftsbank, gemessen am Gesamtbetrag ihrer reservepflichtigen Verbindlichkeiten, ihrem Sitz an einem *Bankplatz* oder *Nebenplatz*[57] und der Eigenschaft des Guthaben-Inhabers als Gebietsansässiger oder Gebietsfremder differenziert sind. Weitere Differenzierungen gab es gelegentlich für Zuwächse von Verbindlichkeiten gegenüber Ausgangsbeständen. Ab 1. Januar 1974 galt in bezug auf die reservepflichtigen Verbindlichkeiten gegenüber Gebietsansässigen für eine an einem Bankplatz residierende Bank der Reserveklasse 1 (mit reservepflichtigen Verbindlichkeiten von 1 000 Mill. DM und mehr) ein Mindestreserve-Soll von 19,1 v. H. ihrer Sichtverbindlichkeiten, 13,25 v. H. ihrer befristeten Verbindlichkeiten und 8,8 v. H. ihrer Spareinlagen.[58] Ist das

---

[56] Vgl. den Aufsatz: Die Neufassung der „Grundsätze über das Eigenkapital und die Liquidität der Kreditinstitute" gemäß §§ 10 und 11 des Gesetzes über das Kreditwesen. BBk-Monatsbericht März 1969, S. 37—43. Ab 1. März 1973 gültige Fassung in: BBk-Geschäftsbericht 1973, S. 59—62.

[57] Ein Bankplatz ist ein Ort mit einer Haupt- oder Zweigstelle der Deutschen Bundesbank, ein Nebenplatz ein Ort ohne eine solche Stelle. Am 4. April 1974 gab es in der Bundesrepublik 227 Bankplätze. Ein Verzeichnis findet sich im jeweiligen BBk-Geschäftsbericht.

[58] Jeder BBk-Monatsbericht enthält eine Zusammenstellung der jeweils gültigen Mindestreservesätze.

Reserve-Ist kleiner, so kann die Bundesbank einen *Sonderzins* (den sie gelegentlich auch „Strafzins" nennt) in Höhe von bis zu 3 Prozentpunkten über dem jeweiligen Zinssatz für Lombardkredite auf die Differenz erheben. Seit dem 1. Januar 1951 hat dieser Zuschlag tatsächlich diese Höhe. Da Unterschreitungen des Mindestreserve-Solls auch dem Bundesaufsichtsamt für das Kreditwesen gemeldet werden, lassen es die Kreditinstitute selten dazu kommen. Übersteigt das Zentralbankguthaben das Mindestreserve-Soll, so nennt man die Differenz die *Überschußreserve* der Bank. Konto 4.15 zeigt den Sachverhalt unter Benutzung der eben genannten Zahlen (nicht maßstabsgerecht) graphisch. Die Höhe des Mindestreserve-Solls hängt einerseits also von aus dem Wirtschaftsprozeß resultierenden Variablen, nämlich den Einlagen von Nichtbanken (nach Höhe und Zusammensetzung), anderseits von wirtschaftspolitischen Instrumentvariablen, nämlich den Mindestreservesätzen, ab. Weitere Einzelheiten werden in Abschnitt VI.5 dieses Kapitels (S. 254—260) erörtert. Konto 4.15 läßt im übrigen erkennen, daß die häufig gebrauchte Ausdrucksweise, eine Bank müsse „bestimmte Prozentsätze ihrer Einlagen als Mindestreserve halten", zumindest mißverständlich ist. Einlagen bei einer Bank sind ihre Schulden, die sie nicht bei der Zentralbank halten kann.

Konto 4.15: Einlagen und Mindestreserve-Soll einer Geschäftsbank in der Bundesrepublik ab 1. Januar 1974

Aktiva				Passiva	
Barreserve	Kasse		⋮	⋮	
	Zentralbankguthaben	Mindestreserve-Soll	19,1 v. H.	Sichteinlagen	Mindestreservepflichtige Verbindlichkeiten
			13,25 v. H.	Termineinlagen	
		Überschußreserve	8,8 v. H.	Spareinlagen	
	⋮			⋮	

Gesetzliche Vorschriften können nur einen Rahmen festlegen, innerhalb dessen jede Geschäftsbank ihre Ziele unter weiteren Nebenbedingungen verfolgen muß, die sich aus dem Marktgeschehen ergeben. Die wichtigste ist, stets zahlungsfähig (liquide) zu bleiben. Ein Wirtschaftssubjekt ist liquide, wenn es alle in einem Zeitraum anfallenden Zahlungsverpflichtungen erfüllen kann. Das gilt auch für eine Bank, wobei sich bei ihr jedoch eine Besonderheit insofern ergibt, als sie Geld dadurch schaffen kann, daß sie eine Sichtverbindlichkeit eingeht. Wie eben beschrieben, kann sie etwa einen Handelswechsel kaufen und dadurch „zahlen", daß sie dem Verkäufer ein Sichtguthaben bei sich einräumt. Da Geschäftsbanken in der Bundesrepublik beispielsweise für Wechselkredite im Februar 1974 zwischen 11,0 v. H. und 14,0 v. H. Zinsen p. a. erhielten und für Sichteinlagen keine oder nur sehr niedrige Zinsen zahlen, ist dies eine stark gewinnerhöhende Transaktion. Es könnte daher die Frage entstehen, warum eine Bank nicht beliebig viele Handelswechsel (bei gleichbleibender Bonität) zu kaufen sucht, um so ihren Gewinn zu erhöhen. Die Antwort ist, daß jede zusätzliche Sichteinlage (auf der

Passivseite) die Bereitstellung zusätzlicher Beträge an Zentralbankgeld (auf der Aktivseite) erfordert. Erstens nimmt durch die zusätzliche Sichteinlage das Mindestreserve-Soll zu, und zweitens muß die Bank jederzeit dem möglichen Verlangen der Inhaber ihrer Sichteinlagen entsprechen können, ihre Guthaben ganz oder teilweise in Bargeld abzuheben oder es an Kunden anderer Banken zu überweisen. Die Wahrscheinlichkeit von Abhebungen und von Defiziten im Verrechnungsverkehr mit anderen Banken, die mit Zentralbankgeld auszugleichen sind, nimmt dabei mit der Zahl und Höhe der gewährten Kredite zu. Eine Geschäftsbank ist somit dann liquide, wenn sie bei Bedarf Zahlungen in einer Geldart leisten kann, die sie nicht schaffen kann. Diese genauere Definition der Liquidität eines Wirtschaftssubjekts gilt auch für jede Nichtbank, die definitionsgemäß kein Geld schaffen kann. Sie gilt auch für jede Zentralbank, die in einer offenen Volkswirtschaft ein Liquiditätsproblem in bezug auf internationale Zahlungsmittel wie Gold und Devisen hat, wenn sie den Währungskurs innerhalb einer Bandbreite halten muß.

Weitere Nebenbedingungen für eine Bank sind Risikobegrenzung und Risikoverteilung. Sie wird Kredite nur an Kreditnehmer gewähren, die ein — im Einzelfall schwer meßbares — Mindestmaß an Bonität aufweisen, und sie wird Höchstgrenzen für Kredite an jeweils einzelne Kreditnehmer einhalten. Im übrigen wird sie unter Beachtung dieser Bedingungen versuchen, die Zusammensetzung ihrer Aktiva jeweils so einzurichten, daß ihre Erträge möglichst hoch werden. Das bedeutet, daß sie den nicht verzinslichen Aktivposten 1 in Konto 4.6 ebenso wie den in der Regel niedrig verzinslichen Posten 2 klein halten und die Anteile der Posten 3 und 6 möglichst groß machen wird. Der Kleinhaltung des Postens „Kasse und Zentralbankguthaben" sind jedoch die eben genannten Grenzen gesetzt.

Angesichts der vorstehend beschriebenen Ziele und Nebenbedingungen wird eine Bank versuchen, möglichst viele Einlagen an sich zu ziehen, da ihre Mindestreserveverpflichtung dadurch jeweils nur um einen Bruchteil wächst, während der überwiegende Teil der zufließenden Mittel als Grundlage neuer Kredite dienen kann. Unter diesem Gesichtspunkt wird sie besonders an Spareinlagen interessiert sein, da für diese der niedrigste Mindestreservesatz gilt. Da die Wahrscheinlichkeit, daß ein Kunde sein Sichtguthaben an den Kunden einer anderen Bank überweist, geringer wird, wenn sich das eigene Bankstellennetz vergrößert, besteht eine starke Tendenz, dieses Netz auszuweiten.[59] Alle Geschäftsbanken zusammen haben außerdem Interesse daran, den bargeldlosen Zahlungsverkehr auf Kosten des Bargeldumlaufs zu vergrößern. Je mehr Zahlungen bargeldlos abgewickelt werden, um so geringer wird der Kassenbestand, den eine einzelne Bank halten muß, um dem Verlangen ihrer Kunden nach Aushändigung von Bargeld nachkommen zu können. Bargeld ist jedoch für jede Bank eine ertraglose und darüber hinaus teure Anlageart, da die Kosten des Umgangs mit Bargeld hoch sind. Die Geschäftsbanken in der Bundesrepublik haben daher in den letzten Jahren versucht, durch Einrichtung von Lohn- und Gehaltskonten für Arbeitnehmer, Ausgabe von Kreditkarten und Werbung den bargeldlosen Zahlungsverkehr zu fördern.

---

[59] Vgl. die Angabe S. 198.

2. Die Geldschöpfungskapazität eines Bankensystems. Da bei aktiver Giral-geldschöpfung die Geldmenge zunimmt, entsteht die Frage nach dem Ausmaß, bis zu dem eine einzelne Bank und ein Bankensystem aus einer Ausgangsposition heraus zusätzlich Kredite an Nichtbanken gewähren und damit Geld schaffen können.

Angenommen, die Banken eines Landes hätten durch Erfahrung festgestellt, daß es genügt, bei jedem Bestand an Sichteinlagen eine Barreserve in Höhe eines Bruchteils $s(0 < s < 1)$ der Sichteinlagen zu halten.[60] Dies sei der *Reservesatz*. Alternativ kann angenommen werden, s sei gesetzlich oder durch die Zentralbank vorgeschrieben.[61] Termin- und Spareinlagen seien der Einfachheit halber vorerst vernachlässigt. Es sei s etwa gleich 0,1. In der Ausgangssituation möge bei einer Bank A die Barreserve gerade dem genannten Erfordernis entsprechen. Die Bank gerate nun zusätzlich in den Besitz von Zentralbankgeld Z, etwa im Betrag von $\Delta Z = 100$. Hat sie sich dieses Geld beispielsweise durch den Verkauf von Schatz-wechseln (Aktivposten 4 in Konto 4.6) an die Zentralbank verschafft, so bleibt ihr Mindestreserve-Soll ungeändert, der Betrag von 100 stellt also voll Überschuß-reserve dar. Da die Überschußreserve eine ertraglose Vermögensanlage ist, wird die Bank versuchen, in Höhe von 100 zusätzlich Kredite an Nichtbanken zu gewähren. Es sei weiter angenommen, daß ihr dies gelingt und daß der Kreditneh-mer anschließend das neu geschaffene Sichtguthaben an einen Kunden einer Bank B überweist. Bei Bank A wird dadurch die Bilanzverlängerung rückgängig ge-macht, die mit der Kreditgewährung bei gleichzeitiger Gutschrift des Sichtgutha-bens eingetreten war. Gegenüber der Ausgangssituation hat sich der Posten Schatz-wechsel um 100 vermindert, die Forderungen an Kunden haben sich um den gleichen Betrag erhöht. Damit sind in diesem Stadium die Kredite K an Nichtban-ken und die Geldmenge M um $\Delta K_1 = \Delta M_1 = 100$ gestiegen. Die Konten 4.16 bis 4.19 zeigen im einzelnen die bisher beschriebenen Änderungen (S. 222). Konto 4.16 zeigt den Aktivtausch Schatzwechsel gegen Barreserve bei Bank A. In Konto 4.17 haben auf Grund der zusätzlichen Kreditgewährung die Forde-rungen an Kunden und die Sichteinlagen um je 100 zugenommen, die Bilanz hat sich verlängert. In Konto 4.18 hat sie sich wieder verkürzt, da die zusätzliche Sichteinlage infolge der Überweisung verschwunden ist und Bank A entsprechend Zentralbankguthaben in Höhe von 100 an Bank B überwiesen hat. Konto 4.19 zeigt die entsprechende Bilanzverlängerung bei Bank B. Im Ergebnis hat sich bei Bank A ein Aktivtausch „Schatzwechsel gegen Forderungen an Kunden" vollzogen. Wegen des höheren Ertrages der letztgenannten Anlage entspricht diese Transaktion der Zielsetzung der Bank.

Bank B sieht sich im Besitz einer zusätzlichen Barreserve von 100. Da auch ihre Sichteinlagen um diesen Betrag gestiegen sind, steigt ihr Mindestreserve-Soll bei $s = 0,1$ um $s \cdot \Delta M_1 = 10$, so daß sie im Besitz einer Überschußreserve von $(1-s) \cdot \Delta M_1 = 90$ ist. Unterstellt man bei ihr das gleiche Verhalten wie bei

---

[60] Die Londoner Clearing Banks, die Schuldner von annähernd vier Fünfteln der gesam-ten Sichteinlagen des britischen Bankensektors sind, halten eine Barreserve in Höhe von 8 v. H. ihrer Sichteinlagen. Vgl. BROOMAN [I. 27], S. 233.

[61] In der Bundesrepublik gelten die Kassenbestände der Geschäftsbanken nicht als Min-destreserven im Sinne der gesetzlichen Vorschriften. Vgl. Konto 4.15.

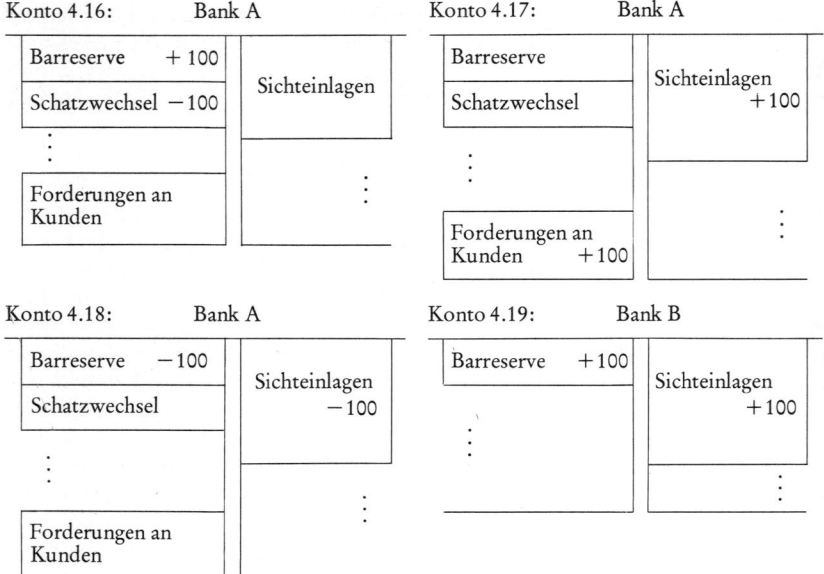

Bank A, so wird sie zusätzliche Kredite von 90 gewähren. Verhält sich auch der Kreditnehmer wie im ersten Fall, so wird er sein Guthaben von 90 an den Kunden einer Bank C überweisen. Diese Bank muß hiervon 10 v. H. gleich 9 als zusätzliches Mindestreserve-Soll betrachten und kann daher in Höhe von $(1-s) \cdot (1-s) \cdot \Delta M_1 = 81$ zusätzliche Kredite gewähren. Der Prozeß kann als beliebig weitergehend gedacht werden. Der Gesamtbetrag $\Sigma \Delta K_i$ der in seinem Verlauf zusätzlich gewährten Kredite und damit die gesamte zusätzlich geschaffene Geldmenge $\Sigma \Delta M_i$ ergeben sich aus folgender Überlegung. Bank A gewährte einen zusätzlichen Kredit in Höhe des durch den Aktivtausch erworbenen zusätzlichen Betrages an Zentralbankgeld ΔZ. Bank B gewährte zusätzlichen Kredit von $(1-s)\,\Delta Z$, Bank C in Höhe von $(1-s)^2\,\Delta Z$, und so fort. Der Gesamtbetrag ist daher

$$\sum_{i=1}^{\infty} \Delta K_i = \Delta Z + (1-s)\,\Delta Z + (1-s)^2\,\Delta Z + \ldots$$

$$= \frac{1}{s}\,\Delta Z. \tag{4.1}$$

Da die auf Grund der zusätzlichen Überschußreserve ΔZ gewährten zusätzlichen Kredite ΔK — und damit die zusätzliche Geldmenge ΔM — wegen $s < 1$ ein Vielfaches von ΔZ sind, nennt man den beschriebenen Ablauf den *Prozeß der multiplen Giralgeldschöpfung*. Er läßt sich in der Realität allerdings nicht in der vorgeführten Weise als ein in der Zeit ablaufender, von einer Bank ausgehender und von Bank zu Bank überspringender Prozeß statistisch verfolgen. Das liegt daran, daß jede Bank in Abhängigkeit von ihrer Liquiditätssituation und von der Geldnachfrage Kredite gewährt. Die etwa in einem expansiven Verlauf

222

von vielen Banken ausgehenden Prozesse überlagern sich, so daß nur eine Aussage über das maximale Kredit- gleich Geldangebot eines Bankensystems möglich ist. Unter den bisherigen Annahmen ist dieser Betrag gemäß Gleichung (4.1) dem im Bankensystem insgesamt vorhandenen oder von ihm beschaffbaren Betrag an zusätzlichem Zentralbankgeld ΔZ direkt und dem Reservesatz s umgekehrt proportional. Im folgenden müssen diese einfachen Annahmen in einem wichtigen Punkt modifiziert werden, und im nächsten Abschnitt ist die Bedeutung der Größe ΔZ zu erörtern.

Bankkredite werden überwiegend zu dem Zweck genommen, mit den bereitgestellten Zahlungsmitteln Gütertransaktionen abzuwickeln. Gewähren alle Banken einer Volkswirtschaft während eines Zeitraums insgesamt mehr Kredite, als Kredite während der gleichen Zeit getilgt werden, findet also eine *Kreditexpansion* statt, so geht damit in der Regel eine Steigerung des Sozialprodukts einher. Damit steigt der Bedarf an Transaktionsgeld auch bei denjenigen Wirtschaftssubjekten, die nicht selbst Kreditnehmer der Banken sind. Die Erfahrung zeigt nun, daß sich die Zahlungsgewohnheiten der Nichtbanken im Zeitablauf nur langsam ändern. Insbesondere bleibt der Anteil des von Nichtbanken gehaltenen Bargeldes an der Geldmenge, die *Bargeldquote*, kurzfristig weitgehend konstant.[62] Wenn also die Geldmenge durch aktive Giralgeldschöpfung der Geschäftsbanken steigt, vergrößert sich gleichzeitig auch der Bargeldumlauf außerhalb der Kreditinstitute. Für die einzelnen Schritte im Prozeß der multiplen Giralgeldschöpfung bedeutet dies, daß ein Teil $b_i < 1$ jedes zusätzlich gewährten Kredits in bar abgezogen wird und im Nichtbankensektor bleibt. Entsprechend ist dann der Betrag an Zentralbankgeld kleiner, der durch die Überweisung des verbleibenden Sichtguthabens in den Besitz der nächsten Bank kommt und dort nach Abzug des zusätzlichen Mindestreserve-Solls als Grundlage einer weiteren Kreditgewährung dienen kann. Bei dieser Verhaltensweise der Nichtbanken ist die Geldschöpfungskapazität eines Bankensystems also kleiner als durch Gleichung (4.1) angegeben. Wie groß sie

Tabelle 4.7 – *Die zusätzliche Geldschöpfungskapazität eines Bankensystems bei einem Mindestreservesatz von $s = 0,1$ und einer Bargeldquote von $b = 0,4$*

Bank	Zufluß an Zentralbankgeld	Zusätzliche Mindestreserve	Zusätzlicher Kredit ΔK_i
1	2	3	4
A	$\Delta Z = 100$	–	$\Delta K_1 = \Delta Z = 100$
B	$(1-b)\,\Delta Z = 60$	$s(1-b)\,\Delta Z = 6$	$\Delta K_2 = (1-s)\,(1-b)\,\Delta Z = 54$
C	$(1-s)\,(1-b)^2\,\Delta Z = 32,4$	$s(1-s)\,(1-b)^2\,\Delta Z = 3,24$	$\Delta K_3 = (1-s)^2\,(1-b)^2\,\Delta Z = 29,16$
⋮	$\cdots$	$\cdots$	$\cdots$

---

[62] Vgl. jedoch VRW³, S. 216, für eine längerfristige Betrachtung.

ist, zeigt Tabelle 4.7 allgemein und anhand eines Zahlenbeispiels. Dabei wird angenommen, daß von jedem zusätzlichen Kredit ein gleich großer Teil b abgezogen wird. Die Tabelle ist wie folgt zu lesen. Bank A verschafft sich zusätzliches Zentralbankgeld in Höhe von 100 (Spalte 2). Da sich das Mindestreserve-Soll bei der angenommenen Art der Beschaffung nicht ändert, gewährt sie in gleicher Höhe zusätzliche Kredite ΔK_1 (Spalte 4). Der Kreditnehmer hebt nunmehr $b\Delta Z = 40$ in bar ab und überweist den Rest von $(1-b)\,\Delta Z = 60$ an einen Kunden der Bank B, die diesen Betrag als Zufluß an Zentralbankgeld und Zunahme ihrer Sichteinlagen bucht. Hiervon werden $s\,(1-b)\,\Delta Z = 6$ als zusätzliches Mindestreserve-Soll stillgelegt, in Höhe des Restes von $(1-s)\,(1-b)\,\Delta Z = 54$ werden zusätzliche Kredite ΔK_2 gewährt. Bank C fließen hiervon $(1-b)(1-s)(1-b)\,\Delta Z = 32,4$ zu, von denen der Teil s das Mindestreserve-Soll erhöht, der Teil $(1-s)$ der weiteren Kreditgewährung ΔK_3 dient, und so weiter. Als Maximum für den Gesamtbetrag zusätzlicher Kredite und damit an zusätzlicher Geldmenge erhält man

$$\sum_{i=1}^{\infty} \Delta K_i = \Delta Z + (1-s)\,(1-b)\,\Delta Z + (1-s)^2\,(1-b)^2\,\Delta Z + \ldots$$

$$= \frac{1}{1-(1-s)\,(1-b)}\,\Delta Z = \frac{1}{s+b\,(1-s)}\,\Delta Z. \qquad (4.2)$$

Der bei ΔZ stehende Quotient heißt *Kredit-* (oder *Geld-*)*schöpfungsmultiplikator*. Er ist angesichts der tatsächlichen Werte von s und b immer größer als 1. Bei den in Tabelle 4.7 angenommenen Größen hat er beispielsweise den Wert 2,17. Wegen der positiven Größe $b\,(1-s)$ im Nenner ist er jedoch kleiner als der in Gleichung (4.1) abgeleitete Multiplikator.

Die Vorstellung eines in der Zeit ablaufenden Prozesses der multiplen Geldschöpfung hat mehr didaktischen als praktischen Wert. Einfacher läßt sich die Geldschöpfungskapazität eines Bankensystems komparativ-statisch mit Hilfe des folgenden Modells (4.3) ermitteln. Die Geldmenge M setzt sich aus dem Bargeld im Nichtbankensektor Z^N und den Sichtguthaben bei Geschäftsbanken D (= Depositen) zusammen:

$$M = Z^N + D. \qquad (4.3\text{--I})$$

Das Zentralbankgeld Z teilt sich in das von Nichtbanken gehaltene Z^N und das von Geschäftsbanken gehaltene Z^B auf:

$$Z = Z^N + Z^B. \qquad (4.3\text{--II})$$

Die Wirtschaftssubjekte des Nichtbankensektors wünschen den Teil b der Geldmenge als Zentralbankgeld zu halten:

$$Z^N = bM, \text{ worin } 0 < b < 1, \qquad (4.3\text{--III})$$

und die Banken halten aus Gewohnheit oder kraft gesetzlicher Vorschrift eine Mindestreserve Z^B in Höhe des Teils s der Sichteinlagen:

$$Z^B = sD, \text{ worin } 0 < s < 1. \qquad (4.3\text{--IV})$$

Aus diesem Modell mit zwei Definitions- und zwei Verhaltensgleichungen erhält man durch sukzessive Eliminierung von D, Z^N und Z^B durch Einsetzen in die jeweils verbleibenden Gleichungen nach einigen Umformungen schließlich

$$M = \frac{Z}{s + b\,(1-s)} \,. \tag{4.4}$$

Durch Differenzenbildung und unter der Annahme, daß die Parameter s und b auch für die zusätzlich geschaffene Geldmenge gelten und daß ΔZ der von den Geschäftsbanken beschaffbare Betrag an Zentralbankgeld ist, geht diese Gleichung in Gleichung (4.2) über, da der zusätzliche Kredit ΔK gleich der zusätzlichen Geldmenge ΔM ist. Gleichung (4.4) ist der Ausgangspunkt für die Analyse und die wirtschaftspolitische Beeinflussung des Geldangebots. Im nächsten Abschnitt werden die Möglichkeiten der Banken erörtert, sich zusätzlich Zentralbankgeld zu verschaffen, und in Teil IV dieses Kapitels werden die Möglichkeiten der Zentralbank untersucht, das Geldangebot M durch Variationen der Zentralbankgeldmenge Z und der Mindestreservesätze zu beeinflussen.

3. Die Liquidität des Geschäftsbankensektors.

Die vorstehende Analyse darf nicht so verstanden werden, als könnten Geschäftsbanken nur dann zusätzliche Kredite gewähren, wenn sie im Besitz von Überschußreserven sind. Das Vorhandensein von Überschußreserven ist neben der Kreditnachfrage eine hinreichende, aber nicht eine notwendige Bedingung für die Gewährung zusätzlicher Kredite. Es wurde schon mehrfach erwähnt, daß jede Bank ständig bemüht ist, die Überschußreserve wegen ihrer Ertraglosigkeit möglichst klein zu halten. Wie aus der Statistik der Deutschen Bundesbank[63] hervorgeht, schwankten die monatsdurchschnittlichen Überschußreserven aller Geschäftsbanken zusammen in der Zeit von Januar 1971 bis Dezember 1972 zwischen einem Minimum von 119 Mill. DM und einem Maximum von 1390 Mill. DM. Sie waren damit im Vergleich zu den übrigen Bilanzposten (vgl. Tabelle 4.1, S. 197) sehr klein. Sobald sich bei einer Bank Überschußreserven bilden, wird sie umgehend versuchen, sie ertragbringend anzulegen. Bieten sich keine hochverzinslichen Anlagemöglichkeiten, etwa weil nicht genügend Kreditnachfrage der Nichtbanken besteht, wird sie kurzfristig auch niedriger verzinsliche Anlagen wahrnehmen. Dazu bietet sich in erster Linie der Geldmarkt an. Andere Anlagemöglichkeiten sind Effekten, bei denen allerdings ein Kursrisiko besteht, und kurzfristige Anlagen im Ausland. Gemäß ihrer Zielsetzung wird jede Bank bestrebt sein, niedriger verzinsliche Anlagen jederzeit in höher verzinsliche umzuwandeln. Tritt daher zusätzliche Kreditnachfrage von Nichtbanken auf, so wird die Bank diese Nachfrage befriedigen, wenn die sonstigen Nebenbedingungen erfüllt sind und wenn sie sicher sein kann, daß sie den aus der zusätzlichen Geldschöpfung resultierenden Bedarf an Zentralbankgeld jederzeit decken kann. Dies ist dann der Fall, wenn die Bank auch dann, wenn sie im Augenblick der Kreditgewährung nicht über eine Überschußreserve verfügt, jederzeit in der Lage ist, sich Zentralbankgeld zu verschaffen. Sie kann dies, wenn sie *zentralbankfähige Aktiva* besitzt. Wie S. 217 erwähnt, sind dies Aktiva, die von der Zentralbank jederzeit gekauft werden.

---

[63] Im statistischen Teil jedes BBk-Monatsberichts unter IV.3: Mindestreservenstatistik, Reservehaltung.

Da diese Aktiva in der Regel niedrigere Erträge bringen als einige Arten von Krediten an Nichtbanken, wird jede Geschäftsbank bestrebt sein, solange zusätzlich hochrentable Kredite an Nichtbanken zu gewähren, als sie den daraus gegebenenfalls resultierenden Bedarf an Zentralbankgeld durch Verkauf zentralbankfähiger Aktiva an die Zentralbank decken kann. Damit gilt bei feststehenden Werten des Reservesatzes und der Bargeldquote

Satz 4.1: *Die Kreditschöpfungskapazität einer Geschäftsbank wird nicht durch ihre Überschußreserve, sondern durch ihre Möglichkeiten zur Beschaffung von Zentralbankgeld begrenzt.*

Dies gilt auch für alle Geschäftsbanken zusammen, so daß die Größen ΔZ und Z in den Gleichungen (4.2) und (4.4) entsprechend zu interpretieren sind. Sie geben den in einer Ausgangssituation zusätzlich beschaffbaren Betrag an Zentralbankgeld (= ΔZ) beziehungsweise die Summe aus vorhandenem und beschaffbarem Zentralbankgeld (= Z) an.

Die Kreditschöpfungskapazität eines Geschäftsbankensektors hängt damit zu jedem Zeitpunkt von einer Größe ab, die als *freie Liquiditätsreserven* (oder *freie Liquidität*) bezeichnet und anhand einer vereinfachten konsolidierten Bilanz des Sektors wie folgt gezeigt werden kann:

Konto 4.20: Konsolidierte Bilanz der Geschäftsbanken

Aktiva				Passiva
Liquiditätssaldo	Gebundene Liquidität	Kasse		Einlagen von Nichtbanken
		Mindestreserve-Soll		
	Freie Liquidität	Überschußreserven		
		Zentralbankfähige Aktiva		
	Kredite an Nichtbanken (auf Grund nicht zentralbankfähiger Titel)			

Diese Bilanz, die nicht mit der Konsolidierten Bilanz des Bankensystems verwechselt werden darf[64], gibt den Sachverhalt wieder, daß vereinfacht für alle Geschäftsbanken zusammen nach Wegfall der Interbankverflechtung die Gleichung gilt:

Einlagen von Nichtbanken ./. Kredite an Nichtbanken = Liquiditätssaldo.

Der *Liquiditätssaldo* besteht aus zwei Teilen. Zur *gebundenen Liquidität* ge-

---

[64] Diese wird einschließlich der Bilanz der Bundesbank aufgestellt. Vgl. VRW[3], S. 215f.

hören die Kassenbestände, die für Barzahlungen erforderlich sind, und das Mindestreserve-Soll, das sich nach Höhe und Zusammensetzung der Einlagen und den Mindestreservesätzen richtet. Freie Liquidität, die als Grundlage weiterer Kreditgewährung dienen kann, besteht aus Überschußreserven und zentralbankfähigen Aktiva. Während einer Kreditexpansion vergrößert jeder zusätzlich gewährte Kredit die Einlagen und damit das Mindestreserve-Soll. Außerdem müssen die Geschäftsbanken dann zunehmend Zahlungen in Zentralbankgeld leisten, also in einem Geld, das sie nicht schaffen können. Hauptkomponenten dieses Mehrbedarfs sind oder können sein der vermehrte Bargeldumlauf außerhalb der Kreditinstitute, vermehrte Auslandszahlungen und zunehmende Steuereingänge bei denjenigen öffentlichen Haushalten, die ihre Konten bei der Zentralbank halten. Damit sinken die Zentralbankguthaben von immer mehr Banken auf oder unter das jeweilige Mindestreserve-Soll. Zu dessen Auffüllung müssen Überschußreserven abgebaut oder zentralbankfähige Aktiva in Zentralbankgeld umgewandelt werden. Jeder zusätzliche Kredit führt also einen Teil der freien in gebundene Liquidität über. Das Maximum der Kreditgewährung ist erreicht, wenn der gesamte Liquiditätssaldo gebunden ist. Der Gesamtbestand an freier Liquidität zu jedem Zeitpunkt ist damit ein Indikator für die jeweilige Fähigkeit des Geschäftsbankensektors zu weiterer Kreditschöpfung.

Welche Aktiva der Geschäftsbanken zentralbankfähig sind, hängt von Regelungen ab, die von Land zu Land verschieden sind. In der Bundesrepublik gehören nach dem Stand vom April 1974 dazu (vgl. auch S. 217):

1. Bundesbankfähige Kreditpapiere
   1.1 im Diskontgeschäft: Bundesbankfähige Wechsel
   1.2 im Lombardgeschäft: Lombardfähige Wertpapiere und Schuldbuchforderungen
2. Inländische Geldmarktpapiere
3. Bestimmte Devisen.

Die Bundesbank kauft in der Hauptsache Handelswechsel, die innerhalb von drei Monaten nach dem Tag des Kaufs fällig sind und aus denen drei als zahlungsfähig bekannte Verpflichtete haften. Sind noch einige weitere Bedingungen erfüllt, so gelten diese wie auch einige andere Arten von Wechseln (Teilzahlungs- und Bauwechsel sowie Bankakzepte) als bundesbankfähig. Jede Geschäftsbank kann sich also dadurch Zentralbankgeld beschaffen, daß sie Wechsel, die sie von Nichtbanken gekauft — diskontiert — hat, an die Zentralbank weiterverkauft — *rediskontiert*. Da der Zinssatz, den die Geschäftsbanken den Nichtbanken für Wechselkredite berechnen, stets höher ist als der Diskontsatz, den die Geschäftsbanken an die Bundesbank für die Rediskontierung entrichten müssen (vgl. Bild 4.6, S. 244), lohnt es für Geschäftsbanken immer, zusätzliche Kredite auf Grund zentralbankfähiger Wechsel zu gewähren und sich die erforderliche Liquidität durch Rediskontierung zu beschaffen. Eine Grenze für die Expansion solcher Kredite würde sich demnach nur ergeben, wenn die Schaffung solcher Wechsel beschränkt wäre. Da dieser Fall möglicherweise erst weit jenseits einer im konkreten Fall tolerierbaren Kreditexpansion eintreten würde, hat die Bundesbank für jede einzelne Geschäftsbank in Abhängigkeit von deren Eigenkapital ein *Rediskontkontingent* festgelegt, das den Betrag angibt, bis zu dem die Bundesbank von dieser Bank Wechsel kauft. Soweit diese Kontingente nicht ausgenutzt sind, geben sie den Betrag an, bis zu dem sich die Kreditinstitute über die Rediskontierung von Wechseln zusätzlich Zentralbankgeld verschaffen können.

Geschäftsbanken können ferner Zentralbankkredite gegen Hinterlegung von Wertpapieren als Pfand erhalten (vgl. S. 217). Da auch der Lombardsatz noch unter dem Zinssatz für Wechseldiskontkredite der Geschäftsbanken liegt, muß auch der Zugang zu dieser Art von Zentralbankkredit beschränkt werden. Seit Herbst 1970 ist für jede Geschäftsbank ein *Lombardkontingent* in Höhe von 20 v. H. seines Rediskontkontingents festgesetzt.

Geldmarktpapiere wurden S. 211f. beschrieben. Soweit die Bundesbank eine Ankaufszusage für Devisen aufrechterhält (vgl. S. 217, Anmerkung 54), gehören auch die Bestände der Geschäftsbanken an diesen zu den zentralbankfähigen Aktiva. In der Praxis sind dies ausländische Handels- und Schatzwechsel einschließlich der Forderungen an ausländische Banken mit Laufzeiten bis zu einem Jahr. Nicht dazu gerechnet werden auf fremde Währung lautende täglich fällige Forderungen. Von diesen Sichtguthaben wird angenommen, daß sie zur Abwicklung des Auslandsverkehrs der Banken dienen („working balances") und daher auch dann nicht aufgelöst und der Bundesbank zum Tausch gegen Zentralbankgeld angeboten werden, wenn dieses dringend benötigt wird.

Die Deutsche Bundesbank definiert seit Juni 1973 die freien Liquiditätsreserven der Geschäftsbanken als Summe aus vier Komponenten:
1. Überschußreserven;
2. Inländische Geldmarktpapiere mit Ankaufszusage;
3. Unausgenutzte Rediskontkontingente;
4. Unausgenutzte Lombardkontingente.

Devisenbestände der Geschäftsbanken gleich welcher Art werden nicht zu den freien Liquiditätsreserven gerechnet. Da die Bundesbank sechs europäische Währungen kaufen muß, falls deren Währungskurse die Interventionspunkte[65] zu überschreiten drohen, ist die Aufzählung also unvollständig. Beispielsweise stiegen die Netto-Währungsreserven der Bundesbank auf Grund von Interventionen am Devisenmarkt im März 1974 um den Gegenwert von 2,3 Mrd. DM, im April 1974 um den Gegenwert von weiteren 2,5 Mrd. DM.[66] Um diese Beträge erhöhten sich jeweils die freien Liquiditätsreserven der Geschäftsbanken.

Die freien Liquiditätsreserven des Geschäftsbankensektors der Bundesrepublik gemäß der obigen Definition lagen von Juli 1973 bis März 1974 zwischen 2 Mrd. und 3 Mrd. DM. Unterstellt man einen Geldschöpfungsmultiplikator gemäß Gleichung (4.2) zwischen 2,5 und 3,0 so war die Geldschöpfungskapazität des Geschäftsbankensektors der Bundesrepublik, etwa gemessen am Gesamtbetrag der ausstehenden Kredite an inländische Nichtbanken am 1. Januar 1974 von 745 Mrd. DM, außerordentlich klein.

---

[65] Vgl. VRW³, S. 253.
[66] Diese und folgende Angaben nach BBk-Monatsbericht Mai 1974, S. 9, 4*, 6*.

V. Geldnachfrage

1. Probleme der Geldnachfrage. Geld wird zur Abwicklung vieler Transaktionen benutzt und kann als Mittel der Wertaufbewahrung dienen. Gemäß dem in diesem Buch vertretenen methodischen Ansatz muß versucht werden, funktionale Zusammenhänge zwischen der Nachfrage nach Geld (oder der gewünschten Geldhaltung) zu diesen Zwecken und erklärenden Variablen zu finden (vgl. S. 21—23). Sind entsprechende Hypothesen vorhanden, kann versucht werden, den Wirtschaftsablauf dadurch zu steuern, daß man die Erklärungsvariablen der Geldnachfrage wirtschaftspolitisch beeinflußt. Gibt es beispielsweise einen Zusammenhang zwischen dem nominalen Sozialprodukt und der Geldhaltung zu Transaktionszwecken, müßte es möglich sein, durch Verkleinerung (oder Verringerung der Zuwachsrate) der für diesen Zweck zur Verfügung stehenden Geldmenge auch das nominale Sozialprodukt (oder dessen Zuwachsrate) zu senken.

Die im KEYNESschen Modell gebräuchlichen Hypothesen über die Geldnachfrage wurden S. 58—66 vorgeführt. Danach ist die Nachfrage nach Transaktionsgeld dem nominalen Sozialprodukt direkt proportional, und die Nachfrage nach Spekulationsgeld ist um so höher, je niedriger die Rendite der Wertpapiere ist, deren Kauf nach Annahme die Alternative zur Geldhaltung darstellt. Die neuere Entwicklung der Theorie der Geldnachfrage beruht nach wie vor auf diesen beiden Grundhypothesen, wobei im Vordergrund der Forschung unter anderen folgende Probleme stehen:

— Es wurde nachgewiesen, daß es lohnend sein kann, bei höheren Zinssätzen die Geldhaltung für Transaktionszwecke einzuschränken, und es wird versucht, die Zinsabhängigkeit des Transaktionsgeldes empirisch nachzuweisen;

— Da ein Vermögensbesitzer nicht nur die Wahl zwischen Geld und festverzinslichen Wertpapieren hat, sondern sein Vermögen beispielsweise auch in ertragbringenden Forderungen ohne Kursrisiko (wie Terminguthaben) anlegen kann, wird versucht, die Theorie der Geldnachfrage in eine allgemeine Theorie der Vermögenshaltung einzubeziehen;

— Die elementare Tatsache der Unsicherheit über zukünftige Zinssätze und damit Kurse mancher ertragbringender Forderungen wird durch Einbeziehung von Risikoüberlegungen in die Theorie der Vermögenshaltung berücksichtigt;

— Es werden weitere Erklärungsvariable für die Geldnachfrage über die im KEYNESschen Modell verwendeten hinaus eingeführt, so das Vermögen und die Erwartungen der Geldhalter über die Preisentwicklung für Güter;

— Es wird versucht, empirische Geldnachfragefunktionen zu schätzen, wobei unter anderem das Problem entsteht, was statistisch als Geldmenge definiert werden soll, wie geldnah andere Forderungen sind und wie man die Tatsache berücksichtigen soll, daß die statistisch meßbare Geldmenge bei einzelnen Wirtschaftssubjekten wie auch insgesamt größer oder kleiner sein kann als die Geldhaltung, die angesichts der Werte der erklärenden Variablen jeweils gewünscht wird.

Alle diese Untersuchungen dienen neben der Erklärung und Prognose des Wirtschaftsablaufs vor allem dem Zweck, seine konjunkturpolitischen Steuerungsmöglichkeiten durch Eingriffe im Geld- und Kreditbereich zu verbessern.

2. Die Nachfrage nach Transaktionsgeld. S. 60 f. wurde die Nachfrage nach Transaktionsgeld als Funktion des nominalen Sozialprodukts dargestellt. Die zugrundeliegenden Überlegungen sind im einzelnen die folgenden. Die Teilnahme am Wirtschaftsprozeß führt für jedes Wirtschaftssubjekt dazu, daß es Zahlungsausgänge zu leisten hat, denen Zahlungseingänge gegenüberstehen. Zwischen diesen Geldbewegungen bestehen zeitliche Diskrepanzen. Da die zeitliche Verteilung und Höhe der Zahlungen mit von den Entscheidungen des Wirtschaftssubjekts abhängt, können die Diskrepanzen möglicherweise verringert, in der Regel aber nicht beseitigt werden. Hält das Wirtschaftssubjekt Geld, um die Diskrepanzen zu überbrücken, so entsteht ihm ein Einkommensausfall in Höhe der Erträge, die es bei ertragbringender Anlage des Geldes hätte erzielen können. Der Ausfall ist relativ um so größer, je höher der Anteil des Geldes am Bruttovermögen und je höher die erzielbaren Erträge sind. Ein Einkommensmaximierer müßte dies berücksichtigen und bei gegebenem Gesamtwert U seiner Zahlungsausgänge je Planperiode um so weniger Geld für Transaktionszwecke halten, je höher der Zins ist. Allerdings darf hieraus nicht geschlossen werden, daß es am vorteilhaftesten sei, überhaupt kein Geld zu halten, indem man Geld aus jedem Zahlungseingang sofort verzinslich anlegt und unmittelbar vor jedem Zahlungsausgang den benötigten Betrag dadurch beschafft, daß man ertragbringende Aktiva verkauft (monetisiert). Solche Verkäufe verursachen in der Regel Aufwendungen, bei festverzinslichen Wertpapieren beispielsweise in Gestalt von Maklergebühr, Bankprovision und Börsenumsatzsteuer. Auch die Umwandlung von Zahlungseingängen in ertragbringende Forderungen ist in vielen Fällen mit Aufwendungen verbunden, und in jedem Fall erfordert die Beschäftigung mit Geldanlage und Monetisierung Arbeits- und Zeitaufwand. Das läßt vermuten, daß die entgehenden Erträge bei genügend kurzfristiger Geldhaltung kleiner sein können als die Transaktionsaufwendungen für die Anlage in ertragbringenden Forderungen und deren anschließende Monetisierung. Möglicherweise gibt es ein Optimum der Geldhaltung, das von der Höhe des Zinssatzes als Indikator der entgehenden Erträge und den Aufwendungen für die Umwandlung ertragbringender Aktiva in Geld und umgekehrt abhängt.

Die Überlegung läßt sich an einem Beispiel wie folgt zeigen. Aufgabe sei, die Gesamtaufwendungen A der Geldhaltung und Monetisierung zu minimieren. Beläuft sich der Gesamtbetrag U der während eines Jahres zu leistenden Zahlungsausgänge beispielsweise auf 60 000 DM und ist $C = 5000$ DM der Betrag, der jeweils durch Verkauf ertragbringender Aktiva beschafft wird, dann ist die Zahl der Monetisierungen gleich U/C, im Zahlenbeispiel also gleich 12. Die Aufwendungen für jede Monetisierung mögen aus einem fixen Teil b, etwa 2 DM je Monetisierungstransaktion, und einem vom Wert dieser Transaktion abhängigen Teil $c \cdot C$ bestehen, worin $c = 0{,}015$ sei. Die Gesamtaufwendungen für alle U/C Monetisierungen je Jahr betragen dann

$$\frac{U}{C}\,(b + c \cdot C).$$

Im Zahlenbeispiel belaufen sie sich auf 924 DM. Nimmt man weiter an, daß der jeweils beschaffte Betrag C gleichmäßig ausgegeben wird (vgl. Bild 2.4, S. 60), dann ist die durchschnittliche Geldhaltung während jedes Monats und damit auch während des ganzen Jahres gleich 0,5 C. Die bei dieser Geldhaltung entgehenden Erträge betragen beim Zinssatz r

$$r \cdot \frac{C}{2} .$$

Ist r etwa gleich 0,08 je Jahr, so beläuft sich das entgangene Zinseinkommen auf 200 DM. Damit betragen die Gesamtaufwendungen A für die Zahlungsbereitschaft einschließlich der entgangenen Zinserträge

$$A = \frac{U}{C} \, (b + cC) + r \frac{C}{2} . \tag{4.5}$$

Im Zahlenbeispiel sind sie gleich 1124 DM. In dieser Gleichung ist C die Instrumentvariable des Geldhalters, die anderen Größen U, b, c und r kann er nicht beeinflussen. Zur Feststellung der optimalen Größe von C muß daher Gleichung (4.5) nach C differenziert und die Ableitung gleich null gesetzt werden. Dies ergibt

$$\frac{dA}{dC} = - bC^{-2} \, U + \frac{r}{2} = 0$$

und nach Umformung

$$C = \sqrt{\frac{2 \, b \, U}{r}} . \tag{4.6}$$

Da die zweite Ableitung von A nach C größer als null ist, gibt Gleichung (4.6) tatsächlich das Minimum für A an. Im Zahlenbeispiel erhält man für C den Wert von rund 1 732 DM, so daß die Zahl der Monetisierungen rund 35 beträgt und sich die Gesamtaufwendungen der Zahlungsbereitschaft gemäß Gleichung (4.5) auf rund 1 049 DM belaufen. Sie sind damit kleiner als bei der ursprünglich willkürlich angenommenen zwölfmaligen Monetisierung in Höhe von je 5 000 DM.

Die vorgeführte Deduktion stammt aus der Theorie der Lagerhaltung, worauf auch der Titel ihrer Erstveröffentlichung durch Baumol [4.40] hindeutet. Bei einem Händler ist C der Wert der jeweiligen Partie an Handelsware, b sind die festen und c sind die vom Wert der Partie abhängigen Kosten des Einkaufs, U ist der geplante Jahresumsatz, gemessen am Einkaufswert, und r ist der Zinssatz für das durch die Lagerhaltung gebundene Umlaufvermögen. Die Bedeutung dieser Theorie für die Konjunkturtheorie ist offensichtlich: Erhöhungen des Zinssatzes machen es gemäß Gleichung (4.6) lohnend, die durchschnittliche Lagerhaltung zu verkleinern. Das bedeutet einen direkten Einfluß des Zinssatzes als einer wirtschaftspolitisch beeinflußbaren Variablen auf die Lagerinvestition.

Die bei der Anwendung dieser Theorie auf die Geldhaltung für Transaktionszwecke vorgenommenen Vereinfachungen können aufgehoben werden, ohne daß sich an den beiden wichtigsten Schlußfolgerungen aus Gleichung (4.6) etwas ändert: Die Nachfrage eines Einkommensmaximierers nach Geld zu Transaktionszwecken wächst nicht proportional zu den Umsätzen, sondern mit deren Quadratwurzel, und sie ist zinselastisch.

Versuche, beobachtetes Verhalten mit Hilfe des vorstehenden Modells zu erklären, haben bisher keine eindeutigen Ergebnisse gezeigt. Das kann daran liegen, daß es nur bei hohen Zinssätzen für kurzfristige Anlagen und/oder bei großem Umfang der Transaktionen lohnt, die für die Minimierung der Größe A laufend erforderlichen Berechnungen anzustellen. Private Haushalte werden sie kaum vornehmen. Andere Gründe können sein, daß auch Großunternehmen ihre Geldhaltung nicht zentral steuern oder daß sie mehr Sichtguthaben als nötig halten, um damit ihren Banken eine zusätzliche Gegenleistung für deren Dienste zu bieten.

Ungeachtet dieses Modells wird sehr häufig von der Hypothese eines proportionalen Zusammenhangs zwischen der Geldhaltung für Transaktionszwecke und dem Sozialprodukt Gebrauch gemacht. Es wurde S. 89 gezeigt, daß diese Hypothese auf die Klassiker zurückgeht. Dem Versuch, sie empirisch zu überprüfen, um so beispielsweise einen numerischen Wert für den Parameter k in Gleichung (2.24) S. 60 zu ermitteln, stellt sich eine Reihe von Schwierigkeiten entgegen:
— Es kann statistisch nicht entschieden werden, welcher Teil der Geldmenge zu Transaktionszwecken und welcher Teil aus anderen Gründen gehalten wird.

Allein dieses Argument macht die Operation fragwürdig, das Bruttosozialprodukt zu Marktpreisen eines Jahres durch die Geldmenge zu einem Zeitpunkt dieses Jahres zu dividieren und so eine Transaktionshäufigkeit des Geldes im Einkommenskreislauf V^e gemäß Gleichung (2.23) S. 60 zu errechnen. Wenn Geld zum Teil auch zu Spekulationszwecken oder aus anderen Gründen gehalten wird, gehen die Erklärungsvariablen für diesen Teil in unbekanntem Ausmaß in die Größe V^e ein. Aber auch wenn es keine Geldhaltung zu Spekulationszwecken geben sollte (vgl. nächsten Abschnitt), kann der Zusammenhang zwischen dem Bruttosozialprodukt und der Geldhaltung für Transaktionszwecke nur lose sein. Gründe dafür sind:
— Zur statistischen Geldmenge zählen auch zerstörte, verlorengegangene, in Sammlungen aufgenommene und in den Händen von Ausländern befindliche Banknoten und Münzen.
— Geld wird auch zur Abwicklung von Finanztransaktionen, zur Umverteilung vorhandener Sachvermögensobjekte (wie bebauter und unbebauter Grundstücke sowie gebrauchter Sachanlagen) und beim Umsatz von Vorleistungen benutzt.

Alle diese Transaktionen gehören nicht zu denen, deren Gesamtbetrag das Bruttosozialprodukt zu Marktpreisen bildet. Die im Einkommenskreislauf zirkulierende Geldmenge kann nicht isoliert werden. Eine Beziehung zwischen dem Bruttosozialprodukt und der Geldmenge kann nur konstant sein, wenn auch die Relation dieser anderen Transaktionen zum Bruttosozialprodukt konstant ist. Es ist nicht bekannt, ob dies kurz- und/oder langfristig zutrifft.
— Der statistische Nachweis der Geldmenge wird durch die Buchungsmethode der Geschäftsbanken beeinflußt.

Wird nach kontinentaler Methode gebucht (vgl. S. 216, Anmerkung 53), so erhöht sich die statistisch nachgewiesene Geldmenge erst dann, wenn über zugesagte Kredite verfügt wird. Tatsächlich können die Inhaber von Kreditzusagen so planen, als ob sie im Besitz der betreffenden Beträge wären, und auch die Kreditinstitute müssen ihre Liquidität entsprechend planen. Dies spricht dafür, unausgenutzte Kreditlinien von Nichtbanken in die Definition der Geldmenge einzubeziehen. Hierbei wären die Kreditzusagen an Produktionsunternehmen, die Kreditplafonds öffentlicher Haushalte[67] und die seit dem Ende der sechziger Jahre in der Bundesrepublik vielfach eingeführte Möglichkeit der Überziehung von Lohn- und Gehaltskonten durch private Haushalte zu berücksichtigen. Jedoch gibt es hierzu für die Bundesrepublik keine statistischen Angaben.

— Güterumsätze können finanziert werden, ohne daß sich die statistisch ausgewiesene Geldmenge ändert.

Überweist der Geschäftspartner einer Bank A einen Betrag an den Schuldner einer Bank B, indem er eine Kreditzusage der Bank A ausnutzt, so bucht Bank A bei kontinentaler Buchungspraxis einen Aktivtausch mit Zunahme ihrer Forderungen an Kunden und Abnahme ihrer Zentralbankguthaben. Bei Bank B verringert sich durch den Eingang der Überweisung die Schuld ihres Schuldners, sie bucht daher den umgekehrten Aktivtausch. Die statistische Geldmenge wird durch diese Vorgänge auch nicht vorübergehend geändert, obwohl eine Geldtransaktion stattfand, der eine Gütertransaktion als Teil des Sozialprodukts zugrundegelegen haben kann.

— Güterumsätze werden auch dann ohne Geld abgewickelt, wenn im Geschäftsverkehr der Produktionsunternehmen untereinander Zahlungsziele ausgenutzt oder verlängert werden.

Die entstehenden Forderungen können durch Wechsel verbrieft, und diese können weitergegeben werden, ohne daß sich die statistische Geldmenge ändert.

Schließlich können sich manche Zahlungsgewohnheiten, von denen V^e unmittelbar beeinflußt wird (vgl. S. 59—61) auch kurzfristig in Abhängigkeit davon ändern, ob Geld knapp und teuer oder reichlich vorhanden und billig ist. Der Quotient aus Bruttosozialprodukt und Geldmenge schwankt daher auch kurzfristig stark.[68] Die Hypothese einer wenigstens kurzfristig festen Beziehung zwischen Sozialprodukt und Geldmenge ist nicht haltbar.

3. Geldhaltung als Teil der Vermögenshaltung.

Ein Ausweg aus den eben geschilderten Schwierigkeiten kann darin bestehen, die Geldhaltung zu Transaktionszwecken in eine Theorie der Vermögenshaltung einzubeziehen. Wesentliches Kennzeichen einer solchen Theorie ist, daß die Annahme des KEYNESschen Modells, es existiere als Alternative zur Geldhaltung nur die Möglichkeit, eine bestimmte Art festverzinslicher Wertpapiere zu halten (vgl. S. 62—64), fallengelassen wird. Unter den heutigen Bedingungen gibt es eine Vielzahl weiterer Möglichkeiten der Geldanlage, darunter auch solcher, die bei praktisch beliebig wählbarer Festlegungszeit oder Kündigungsfrist Erträge erbringen und kein Kursrisiko tragen. Es sind dies in der Hauptsache Terminguthaben (vgl. S. 209), Schuldscheindarlehen (vgl. S. 207), Geldmarktpapiere (vgl. S. 211f.) und Sparguthaben. Damit muß das KEYNESsche Modell in einem wichtigen Punkt revidiert werden: Wer einen Kursfall der festverzinslichen Wertpapiere erwartet, braucht nicht zinslos Geld zu halten, sondern kann in verzinsliche Anlagen ohne Kursrisiko ausweichen. Angesichts dieser Möglichkeit wäre es, falls nicht weitere Motive

---

[67] Vgl. VRW³, S. 52.
[68] Vgl. SR-Gutachten 1972/73, Ziffer 240.

zu berücksichtigen sind, in der Tat irrational, Geld zu Spekulationszwecken zu halten, und eine Hypothese im Rahmen einer Theorie der Vermögenshaltung könnte lauten:

— Geld wird nur zu Transaktionszwecken gehalten. Das Ausmaß der Geldhaltung hängt von Zahl und Beträgen der je Planperiode mit Geld abzuwickelnden Transaktionen (oder dem *Transaktionsvolumen*), den Zinssätzen für ertragbringende Anlagen und den Aufwendungen für Vermögensumschichtungen ab.

Dies wäre in bezug auf die zuerst genannte Erklärungsvariable eine der Hypothesen, die dem klassischen Modell zugrundelagen (vgl. S. 89). Sie kann jedoch heute nur deswegen gelten, weil inzwischen andere institutionelle Bedingungen herrschen, nämlich die genannten risikolosen ertragbringenden Anlagemöglichkeiten. Angesichts unterschiedlicher Gelddefinitionen[69] ist auch zu beachten, daß Geld bei Verwendung der obigen Hypothese ohne Einschluß von Terminguthaben und anderer geldnaher Forderungen zu definieren ist. Ferner muß gegenüber der im vorigen Abschnitt entwickelten Theorie der Geldhaltung berücksichtigt werden, daß prinzipiell Unsicherheit über alle zukünftigen Zahlungsein- und -ausgänge herrscht. Es muß daher auch immer Geld für den Fall unvorhergesehener Zahlungsausgänge während der Planperiode gehalten werden. Einige Autoren haben dieses Motiv zur Geldhaltung als *Vorsichtsmotiv* bezeichnet und von dem „reinen" Transaktionsmotiv unterschieden. Die Unterscheidung beruht jedoch auf der Abstraktion von einer so zentralen Tatsache wie der Unsicherheit über zukünftige Ereignisse und wird daher hier im folgenden nicht beachtet.

Die KEYNESsche Hypothese über die Geldhaltung zu Spekulationszwecken müßte unter den oben genannten heutigen Bedingungen also so geändert werden:

— Ein Vermögensbesitzer teilt sein nicht als Transaktionsgeld gehaltenes Vermögen auf ertragbringende Anlagen mit und ohne Kursrisiko so auf, daß der Anteil der Anlagen ohne dieses Risiko zunimmt, wenn eine Zinssteigerung erwartet wird.

Das zugrundeliegende Motiv ist das Bestreben, Verluste infolge Kurssenkungen zu vermeiden.

Gemäß den beiden vorstehenden Hypothesen würden das Transaktionsvolumen, die Zinserwartungen in bezug auf die einzelnen Arten ertragbringender Forderungen und die Aufwendungen für Vermögensumschichtungen als Erklärungsvariable in eine gesamtwirtschaftliche Geldnachfragefunktion aufzunehmen sein. Einige Autoren haben dagegen jedoch geltend gemacht, daß Geldhaltung ohne Rücksicht auf Ertragseinbußen Nutzen verschaffe und die folgende Hypothese vorgeschlagen:

— Geld wird auch über den Bedarf zu Transaktionszwecken hinaus gehalten, und zwar relativ um so mehr, je höher das Vermögen des Wirtschaftssubjekts ist.

Damit würde in einer gesamtwirtschaftlichen Geldnachfragefunktion auch das Gesamtvermögen als Erklärungsvariable auftreten.

Schließlich muß berücksichtigt werden, daß die Alternative zur Vermögens-

---

[69] Vgl. VRW³, S. 213–215.

haltung der Verbrauch ist. Eine vollständige Theorie der Vermögenshaltung hat also nicht nur die Aufteilung eines gegebenen Vermögens auf Anlagearten, sondern auch dessen Höhe zu erklären. Für beides werden vielfach Erwartungen über die Preisentwicklung herangezogen:

— Die Nachfrage nach Geld und niedrig verzinslichen Vermögensobjekten ist um so kleiner, je stärkere Preissteigerungen für Güter erwartet werden.

Mit dieser Hypothese wird der Einfluß berücksichtigt, den die schleichende Inflation in vielen Industrieländern seit den fünfziger Jahren möglicherweise auf das Verhalten von Vermögensbesitzern hat. Preissteigerungen von Konsumgütern bedeuten, daß sich der reale Wert von Vermögensobjekten ohne Preissteigerungstendenz verringert. Zu diesen gehören neben Geld alle ertragbringenden und nominell feststehenden Forderungen wie Termin- und Sparguthaben, Darlehen und Geldmarktpapiere sowie festverzinsliche Wertpapiere. Die Erträge solcher Anlagen verlieren ebenfalls an Kaufkraft in bezug auf Konsumgüter, und es kann die Hypothese aufgestellt werden, daß Vermögensbesitzer dies dadurch berücksichtigen, daß sie ihr Vermögen in höher verzinsliche Anlagen umschichten (beispielsweise von Sparguthaben in festverzinsliche Wertpapiere), Vermögensobjekte mit Preissteigerungstendenz vorziehen (beispielsweise Grundstücke, Kunstwerke, Antiquitäten, Gold) und ihre Geldhaltung so stark wie möglich verringern. Umgekehrt ist im Fall einer Preissenkungserwartung zu schließen, daß mehr Geld gehalten wird, weil dadurch Erträge in der Form zu erzielen sind, daß Verluste durch Preissenkungen von Sachvermögensobjekten vermieden werden, während die Kaufkraft des Geldes im Zeitablauf zunimmt.

Die bisher genannten Hypothesen lassen sich wie folgt zusammenfassen. Die Nachfrage nach Geld L ist eine Funktion des nominalen Sozialprodukts pY^r, des Vermögens pW^r, der Preisänderungserwartungen Δp^* und der erwarteten Renditen $r_1 \ldots r_n$ von n Arten ertragbringender Vermögensobjekte:

$$L = f\ (pY^r,\ pW^r,\ \Delta p^*,\ r_1 \ldots r_n), \tag{4.7}$$

worin die partiellen Differentialquotienten in bezug auf p, Y^r und W^r positiv und in bezug auf Δp^* und die $r_1 \ldots r_n$ negativ sind. Mit solchen Hypothesen wird seit dem Ende der fünfziger Jahre empirisch gearbeitet.

VI. Geld- und Kreditpolitik

1. Instrumente und Wirkungsweise der Geld- und Kreditpolitik. Wenn ökonomische Variable aus dem Geld- und Kreditbereich wie Zinssätze, die freien Liquiditätsreserven der Geschäftsbanken oder die für Transaktionen zur Verfügung stehende Geldmenge direkt oder indirekt das Angebot an oder die Nachfrage nach Gütern in einer Volkswirtschaft beeinflussen, dann kann versucht werden, Konjunkturpolitik auch mit geld- und kreditpolitischen Maßnahmen zu treiben. Das dazugehörige wirtschaftspolitische Instrumentarium wird in den westlichen Industrieländern überwiegend von Zentralbanken eingesetzt. Ihre Eingriffsmöglichkeiten lassen sich in zwei Bereiche gliedern. Sie kann versuchen, den Wirtschaftsablauf durch

— Änderungen von Zinssätzen, also durch *Zinspolitik*;

– Änderungen der Liquiditätssituation der Geschäftsbanken, also durch *Liquiditätspolitik*,

zu beeinflussen. Generell gilt dabei, daß wegen der starken Interdependenz der ökonomischen Variablen im Geld- und Kreditbereich jede zinspolitische Maßnahme in der Regel auch die Liquiditätssituation und jede liquiditätspolitische Maßnahme auch Zinssätze beeinflußt. Da immer die Gefahr besteht, daß die Wirkung von Eingriffen in einem Teilbereich durch entgegengerichtete Reaktionen im anderen Teilbereich beeinträchtigt wird, pflegen Zentralbanken häufig beide Arten von Eingriffen gleichzeitig vorzunehmen, was gelegentlich als „Zangenpolitik" bezeichnet wird: Eine *expansive Kreditpolitik* (oder *Politik des leichten Geldes*) bedeutet dann Senkung von Zinssätzen und Erhöhung der Bankenliquidität, eine *kontraktive Kreditpolitik* (oder *Politik des knappen Geldes*) eine Erhöhung von Zinssätzen und Verringerung der Bankenliquidität.

Die Instrumente der Zentralbank in der Bundesrepublik sind im wesentlichen:

Instrumente der Zinspolitik	*Instrumente der Liquiditätspolitik*
Diskontpolitik	Offenmarktpolitik
Lombardpolitik	Mindestreservepolitik
Geldmarktpolitik	Rediskont-Kontingentierung
Swap-Politik	Lombard-Kontingentierung
Sonstige Zinspolitik	

Handhabung und Wirkungsweise dieser Instrumente werden in den folgenden Abschnitten besprochen. Weitere Einwirkungsmöglichkeiten ergeben sich für die Bundesbank durch die Beratung der Bundesregierung, durch ihre Mitwirkung bei der Bankenaufsicht und in Gremien wie dem Zentralen Kapitalmarktausschuß (vgl. S. 206) und dem Konjunkturrat für die öffentliche Hand. Schließlich kann sie versuchen, freiwillige Vereinbarungen mit Kreditinstituten über ein bestimmtes Verhalten zu treffen, und sie nimmt Einfluß auf die öffentliche Meinung durch Veröffentlichung ihrer Ansichten in ihren Monats- und Geschäftsberichten, Pressenotizen und Äußerungen ihrer leitenden Mitarbeiter. Nicht zu den Instrumenten der Bundesbank gehört die Festsetzung des Währungskurses. Dies ist Sache der Bundesregierung.

Bild 4.4 zeigt in groben Zügen, wie man sich die Wirkungsweise der Geld- und Kreditpolitik in beiden Richtungen vorzustellen hat. Ihm liegt das allgemeine Modell zur Beeinflussung des Wirtschaftsprozesses in Bild 1.3 (S. 8) zugrunde. Dabei wurde berücksichtigt, daß eine Wirkung geld- und kreditpolitischer Maßnahmen auf die wirtschaftspolitischen Zielvariablen nur indirekt über die Beeinflussung einer Reihe zwischengeschalteter Variabler erfolgen kann. Man spricht daher auch von einem *Transmissionsmechanismus* der Geld- und Kreditpolitik. Viele Interdependenzen sind weggelassen, um die Darstellung einfach zu halten. Wie in Bild 1.2 (S. 8) sind exogene Variable durch eckige, endogene durch runde Kästchen gekennzeichnet. Die mit dieser Darstellung ausgedrückten Hypothesen sind folgende. Von Änderungen der Instrumentvariablen der Zentralbank gehen unmittelbare Wirkungen auf die Zinssätze auf den Kreditmärkten sowie auf das Kreditangebot aus. Hiervon wird der zins- und kreditabhängige Teil der gesamtwirtschaftlichen Endnachfrage beeinflußt, in erster Linie die Nachfrage nach Investitions- und dauerhaften Konsumgütern. Deren Änderungen beeinflussen

Bild 4.4 — *Wirkungsweise der Geld- und Kreditpolitik: Der Transmissionsmechanismus*

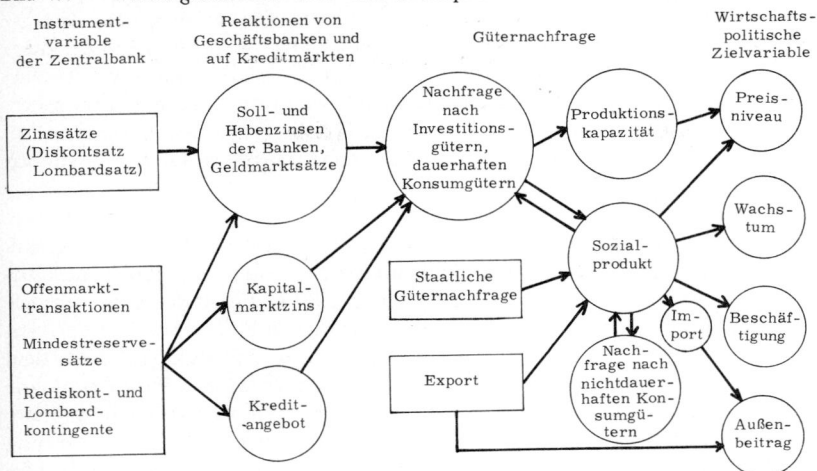

die wirtschaftspolitischen Zielvariablen zum Teil direkt — durch Preisänderungen auf den Märkten der genannten Güter und durch Beschäftigungsänderungen in den betreffenden Industrien — zum Teil indirekt, soweit sich über Multiplikatorprozesse das Sozialprodukt ändert. Dieses wird auch noch von der staatlichen Güternachfrage und dem Export beeinflußt, die hier beide als exogen angesehen werden. Weiterhin sind die nichtdauerhaften Konsumgüter und der Import zu berücksichtigen. Die Produktionskapazität spielt eine Rolle bei der Preisentwicklung; sie wird ihrerseits von den Investitionen beeinflußt. Änderungen geld- und kreditpolitischer Instrumentvariabler wirken mit zeitlicher Verzögerung auf die Zielvariablen, da sie diese nur indirekt über eine Reihe von Zwischenvariablen beeinflussen können. Sieht man vom Problem der Zielkonflikte noch ab — es kann beispielsweise vorkommen, daß zur Dämpfung von Preissteigerungen eine kontraktive Politik angezeigt erscheint, während Arbeitslosigkeit zur gleichen Zeit expansive Maßnahmen erforderlich machen würde — so lassen sich die Bedingungen für eine wirksame Geld- und Kreditpolitik so zusammenfassen. Eine Beeinflussung des gesamtwirtschaftlichen Ablaufs durch geld- und kreditpolitische Maßnahmen ist nur möglich, wenn

— diese Maßnahmen sowohl die für die Kreditnahme der Nichtbanken relevanten Zinssätze als auch das Kreditangebot in beiden Richtungen einigermaßen zuverlässig und innerhalb bekannter Zeiträume beeinflussen. Dies setzt unter anderem voraus, daß weder Geschäftsbanken noch Nichtbanken Möglichkeiten haben, Maßnahmen der Zentralbank durch Ausweichreaktionen zu unterlaufen;

— nennenswerte Teile der volkswirtschaftlichen Endnachfrage auf Änderungen der Zinssätze reagieren und/oder durch Kreditaufnahme finanziert und daher durch Änderungen des Kreditangebots beeinflußt werden, und die Reaktionen der volkswirtschaftlichen Endnachfrage auf Änderungen der Zinssätze und/oder des Kreditangebots einigermaßen zuverlässig und innerhalb bekannter Zeiträume erfolgen.

237

In den folgenden Abschnitten werden in der Hauptsache die Instrumente der Zentralbank und die Reaktionen von Geschäftsbanken sowie anderer Kreditanbieter und -nachfrager untersucht, wobei die heutigen Verhältnisse in der Bundesrepublik Deutschland zugrundegelegt werden. Gegliedert wird nach den einzelnen Maßnahmen der Geld- und Kreditpolitik. Das Problem der Wirkungsverzögerungen wird in Abschnitt VI.6 behandelt. Zur Frage der Wirkungen auf die Endnachfrage wird von Erörterungen in vorangegangenen Kapiteln Gebrauch gemacht.

2. Die Deutsche Bundesbank als wirtschaftspolitische Instanz. Zentralbank der Bundesrepublik Deutschland und damit für die Geld- und Kreditpolitik zuständige wirtschaftspolitische Instanz ist die *Deutsche Bundesbank*. Sie ist eine bundesunmittelbare juristische Person des öffentlichen Rechts mit dem derzeitigen Sitz Frankfurt am Main. Ihr Grundkapital von 290 Mill. DM steht dem Bund zu. Sie unterhält in jedem der elf Länder (einschließlich Westberlin) eine Hauptverwaltung mit der Bezeichnung *Landeszentralbank* sowie eine größere Zahl von Hauptstellen und Zweigstellen. Die Bundesbank entstand mit Wirkung vom 1. August 1957 aus der Verschmelzung der Landeszentralbanken der Länder (einschließlich der Berliner Zentralbank) mit der 1948 gegründeten *Bank deutscher Länder*. Rechtsform, Organisation, Aufgaben und Befugnisse der Bank sowie ihr Verhältnis zur Bundesregierung sind im *Gesetz über die Deutsche Bundesbank* vom 26. Juli 1957 festgelegt.[70]

Organe der Bank sind der *Zentralbankrat,* das *Direktorium* und die *Vorstände der Landeszentralbanken* (§ 5). Der Zentralbankrat (§ 6) besteht aus dem Präsidenten und dem Vizepräsidenten der Bank, den sonstigen (am 1. April 1974: sechs) Mitgliedern des Direktoriums und den Präsidenten der elf Landeszentralbanken. Er bestimmt als oberstes Organ der Bank ihre Währungs- und Kreditpolitik, regelt Zuständigkeiten und kann den anderen Organen Weisungen erteilen. Er faßt seine Beschlüsse mit einfacher Mehrheit. Das Direktorium (§ 7) besteht aus dem Präsidenten, dem Vizepräsidenten und bis zu acht weiteren Mitgliedern. Alle Mitglieder werden vom Bundespräsidenten auf Vorschlag der Bundesregierung bestellt, die bei ihren Vorschlägen den Zentralbankrat anzuhören hat. Die Amtszeit beträgt in der Regel acht Jahre. Das Direktorium leitet und verwaltet die Bank und führt die Beschlüsse des Zentralbankrats aus. Die Vorstände der Landeszentralbanken (§ 8) führen die Geschäfte mit dem Land und den Kreditinstituten ihrer Bereiche.

Die Aufgaben der Bank werden an mehreren Stellen im Gesetz genannt. In § 3 heißt es:

„Die Deutsche Bundesbank regelt mit Hilfe der währungspolitischen Befugnisse, die ihr nach diesem Gesetz zustehen, den Geldumlauf und die Kreditversorgung der Wirtschaft mit dem Ziel, die Währung zu sichern, und sorgt für die bankmäßige Abwicklung des Zahlungsverkehrs im Inland und mit dem Ausland."

---

[70] BGBl. I, S. 745. Abkürzung: BBankG. Alle Paragraphenangaben in diesem Abschnitt beziehen sich auf dieses Gesetz. Das Gesetz wurde bis Ende 1971: 20mal geändert. Eine Zusammenstellung der ändernden Gesetze mit Fundstellen enthält v. Spindler, Becker, Starke [4.62], S. 147—149.

Hinter dieser insgesamt notwendig vagen Formulierung verbirgt sich die Ansicht, die Bank sei in der Lage, sowohl den – nicht näher definierten – Geldumlauf als auch die Kreditversorgung zu regeln, mit der vermutlich das Kreditangebot gemeint ist. Was unter „Sicherung der Währung" zu verstehen ist, kann dem Wortsinn nicht entnommen und daher nur aus den bei der Beratung des BBankG entstandenen Protokollen sowie aus dem Verhalten und den Äußerungen der Bank erschlossen werden. So schreibt sie beispielsweise[71], „Sicherung der Währung" habe die beiden Aspekte „Stabilität des Preisniveaus" und „außenwirtschaftliches Gleichgewicht". Eine Gefährdung dieses Gleichgewichts könne sich nicht nur bei „falschen" Währungskursen, sondern auch bei Unterbeschäftigung und unzureichendem Wirtschaftswachstum ergeben. Die Bank macht sich damit die im Stabilitätsgesetz genannten Ziele zu eigen, was insofern ihrem gesetzlichen Auftrag entspricht, als sie „unter Wahrung ihrer Aufgabe die allgemeine Wirtschaftspolitik der Bundesregierung zu unterstützen" hat (§ 12). Anderseits ist sie bei der Ausübung ihrer durch Gesetz verliehenen Befugnisse von Weisungen der Regierung unabhängig (§ 12). Weitere Vorschriften über die Zusammenarbeit mit der Bundesregierung (§ 13) besagen, daß die Bank die Regierung – auch ungefragt – in Angelegenheiten von wesentlicher währungspolitischer Bedeutung zu beraten und auf Verlangen Auskünfte zu geben hat. Die Mitglieder der Bundesregierung dürfen ohne Stimm-, aber mit Antragsrecht an den Sitzungen des Zentralbankrats teilnehmen; auf ihr Verlangen sind Beschlußfassungen bis zu zwei Wochen auszusetzen. (Ein solcher Fall ist bisher nicht vorgekommen.) Anderseits soll die Bundesregierung den Präsidenten der Bank bei ihren Beratungen über Angelegenheiten von währungspolitischer Bedeutung hinzuziehen. Die im internationalen Vergleich recht große Unabhängigkeit der Bank von der Regierung sowohl in personeller Hinsicht (vgl. die oben genannten Vorschriften des § 7 über die Ergänzung des Direktoriums) als auch in bezug auf ihre wirtschaftspolitische Tätigkeit[72] ist eine Quelle möglicher Konflikte.

Die wichtigste Befugnis der Deutschen Bundesbank besteht darin, geld- und kreditpolitische Maßnahmen zu beschließen und auszuführen und so Wirtschaftspolitik zu treiben. Die einzelnen Maßnahmen und ihre Wirkungsweise werden in den folgenden Abschnitten besprochen. Weitere Befugnisse sind das alleinige Recht der Ausgabe von Banknoten, die auf Deutsche Mark lauten und das einzige unbeschränkte gesetzliche Zahlungsmittel in der Bundesrepublik sind (§ 14). Ferner darf die Bank Statistiken auf dem Gebiet des Bank- und Geldwesens bei allen Kreditinstituten anordnen und durchführen (§ 18), und sie darf im einzelnen genau bezeichnete Geschäfte mit Kreditinstituten (§ 19), öffentlichen Verwaltungen (§ 20) und jedermann (§§ 21 und 22) betreiben. Sie ist dabei ganz überwiegend als Bank des Bundes und der Geschäftsbanken tätig; ihre Geschäfte mit anderen Nichtbanken spielen keine große Rolle. Ihre Gewinne hat sie nach Dotierung von Rücklagen und einer Zuführung an den Fonds zur Tilgung von Ausgleichsforderungen[73] an den Bund abzuführen (§ 27). Diese Abführungen sind von 181

---

[71] BBk-Geschäftsbericht 1967, S. 29 f.
[72] R.S. SAYERS: Modern Banking, 1938, 7th ed. Oxford 1967, nennt sie „the most autonomous (central bank) in the world" (S. 78).
[73] Vgl. VRW³, S. 46 f.

Mill. DM 1961 bis auf 524 Mill. DM 1970 gestiegen, sanken in einzelnen Jahren aber auch auf null, wenn die Bank Aufwertungsverluste ausgleichen mußte.

Wie jede wirtschaftspolitische Instanz muß auch die Bundesbank eine Theorie über die Wirkungen ihrer Maßnahmen auf den Wirtschaftsablauf haben. Äußerungen der Bank hierüber finden sich in ihren Berichten und Kommentaren zur wirtschaftlichen Situation der Bundesrepublik und zu wirtschaftspolitischen Maßnahmen. Sie lassen sich so zusammenfassen[74]:

- Die Bundesbank kann die Liquiditätssituation der Geschäftsbanken und die Zinssätze auf den vier großen Kreditmärkten (Bankkredit-, Bankeinlagen-, Geld- und Kapitalmarkt) beeinflussen;
- Die Geschäftsbanken gewähren Kredite an Nichtbanken in Abhängigkeit von ihrer Liquiditätssituation und von den bei anderweitigen Anlagen (etwa auf dem Geldmarkt) erzielbaren Zinserträgen;
- Die Bundesbank kann daher das Kreditangebot der Geschäftsbanken und damit ihre Geldschaffung steuern;
- Die Bundesbank kann das Verhalten von Nichtbanken nur über Änderungen der Zinssätze beeinflussen;
- Steigt die Geldmenge erheblich stärker als das reale Güterangebot, so erhöht sich der Preiserhöhungsspielraum der Anbieter. Erhöhung der Geldmenge und Zunahme des Kreditschöpfungspotentials der Geschäftsbanken fördern die Zunahme der Güternachfrage;
- Die Bundesbank kann den Wirtschaftsablauf auf den Gütermärkten und damit die wirtschaftspolitischen Zielvariablen gemäß dem Stabilitätsgesetz somit nur indirekt und mit zeitlicher Verzögerung beeinflussen.

3. Zinspolitik. Die Bundesbank setzt nach § 15 BBankG „die für ihre Geschäfte jeweils anzuwendenden Zins- und Diskontsätze" fest. Der Diskontsatz (oder *Bankrate*, korrekt wäre: Rediskontsatz) ist der Zinssatz, zu dem Geschäftsbanken bundesbankfähige Wechsel bei der Bundesbank rediskontieren können. Seine Änderungen sind Maßnahmen der *Diskontpolitik*. Die Bundesbank wendet den Diskontsatz heute einheitlich auf alle Arten von Wechseln an. Aus dem S. 227 erwähnten Grund ist der Zugang jeder einzelnen Geschäftsbank zum Rediskont mengenmäßig durch ein Rediskontkontingent beschränkt. Diese Kontingente liegen im Durchschnitt beim 1,5fachen des haftenden Eigenkapitals der Kreditinstitute, wobei dieser Faktor langfristig gesunken ist.[75] Sie ergänzen die Diskontpolitik von der Liquiditätsseite her (vgl. S. 225f.). Die Bundesbank hat die Rediskontkontingente seit 1968 wiederholt gekürzt und im Zuge ihrer Restriktionspolitik Anfang Februar 1973 angeordnet, daß die Kontingente bis auf weiteres nur noch zu 60 v. H. in Anspruch genommen werden dürfen.[76] Da

---

[74] Vgl. etwa: Die währungspolitischen Institutionen ... [4.66], S. 28 f.; BBk-Monatsbericht Juni 1971, S. 7 und 9; BBk-Geschäftsbericht 1972, S. 26.

[75] 1970 betrugen die Faktoren bei den Kreditbanken und Girozentralen 1,2, Privatbankiers 1,8, Sparkassen 0,8, Kreditgenossenschaften 1,0, Zentralkassen 1,6. Die Summe der Rediskontkontingente aller Geschäftsbanken lag im Juni 1970 bei 22 Mrd. DM. Vgl. H. IRMLER: The Deutsche Bundesbank's Concept of Monetary Theory and Monetary Policy. In: K. BRUNNER (Hg.): Proceedings of the First Konstanzer Seminar on Monetary Theory and Monetary Policy. Berlin 1972, S. 142f.

[76] BBk-Monatsbericht Februar 1973, S. 10.

der Gesamtbetrag der Kontingente rund 17 Mrd. DM betrug und sie zu etwa 90 v. H. in Anspruch genommen waren, wurden die freien Liquiditätsreserven der Geschäftsbanken durch diese erstmalig getroffene Maßnahme um rund 5 Mrd. DM verringert.

Zum Lombardsatz können Geschäftsbanken Darlehen (Lombardkredite) mit einer Laufzeit bis zu drei Monaten bei der Bundesbank aufnehmen, für die durch Hinterlegung von Pfändern in Gestalt von Wertpapieren Sicherheit zu leisten ist. Einzelheiten sind in § 19 Absatz 1 Ziffer 3 BBankG und in den Allgemeinen Geschäftsbedingungen der Bank, Abschnitt VI: Lombardverkehr, geregelt. Danach dürfen Handels- und Schatzwechsel zu höchstens neun Zehnteln ihres Nennwerts, unverzinsliche Schatzanweisungen, festverzinsliche Wertpapiere und Schuldbuchforderungen zu höchstens drei Vierteln ihres Nennwerts beliehen werden. Ein Verzeichnis der beleihbaren (*lombardfähigen*) Papiere (*Lombardverzeichnis*) und der Beleihungsgrenzen wird in den Mitteilungen der Bank und im Bundesanzeiger veröffentlicht. Ein Kreditinstitut kann den Lombardkredit wie einen Kontokorrentkredit in Anspruch nehmen, wobei er jeweils innerhalb von 30 Tagen einmal vollständig zurückgezahlt werden muß. Außerdem ist der Kredit mengenmäßig beschränkt (oder *kontingentiert*): Die Inanspruchnahme des Lombardkredits soll im Tagesdurchschnitt eines Monats 20 v. H. des Rediskontkontingents des betreffenden Kreditinstituts nicht überschreiten. Die Bundesbank bezeichnet diesen Betrag als *Warnmarke:* Seine Überschreitung wird als übermäßige Inanspruchnahme des Lombardkredits angesehen. Das Kreditinstitut wird dann „aufgefordert, seine Ausleihpolitik zu erläutern und zugleich darzulegen, in welcher Weise es sein Verhalten zu ändern beabsichtigt, um eine übermäßige Inanspruchnahme des Lombardkredits künftig zu vermeiden".[77] Sinn dieser restriktiven Handhabung ist es, die Aufnahme von Lombardkrediten möglichst zu erschweren und ihn somit für die Kreditinstitute nur als einen der letzten Auswege bei vorübergehenden Liquiditätsschwierigkeiten erscheinen zu lassen. Eine weniger restriktive Handhabung würde den Kreditspielraum der Kreditinstitute stark erweitern, da sie beispielsweise Ende Mai 1970 über lombardfähige Papiere im Gesamtwert von rund 75 Mrd. DM verfügten.[78]

Die Bundesbank verkauft zur Regulierung des Geldmarktes (vgl. S. 211f.) Geldmarktpapiere an Geschäftsbanken zu Zinssätzen, die Abgabe- oder *Verkaufssätze* heißen. Beträgt etwa der Nennwert eines Schatzwechsels des Bundes mit einer Laufzeit von 90 Tagen 10 000 DM und ist der Abgabesatz für solche Papiere (wie etwa vom 1. Dezember 1972 bis 11. Januar 1973) 4,25 v. H. p. a., so verkauft die Bundesbank den Schatzwechsel zum Preis von 10 000 minus ein Viertel von 4,25 v. H., also für 9 893,75 DM. Bei Fälligkeit löst sie ihn zum Nennwert ein. Den Geschäftsbanken steht damit eine Anlagemöglichkeit für Zentralbankgeld zur Verfügung, die jedoch bei einem durchschnittlichen Zinssatz für Kontokorrentkredite an Produktionsunternehmen von (im Dezember 1972) 9,08 v. H. und einem Wechseldiskontsatz von 6,62 v. H. relativ geringe Erträge bringt. Eine Geschäftsbank wird daher nur ungern auf diese Anlagemöglichkeit zurückgreifen. Gewährt sie einen höher verzinslichen Kredit und benötigt sie dafür

---

[77] BBk-Geschäftsbericht 1972, S. 108.
[78] BBk-Monatsbericht Juli 1970, S. 31.

oder zu anderen Zwecken Zentralbankgeld, so kann sie den Schatzwechsel auch vor Fälligkeit an die Bundesbank zurückgeben. Die Bundesbank berechnet dann den *Ankaufssatz* (oder *Rücknahmesatz*), der über dem jeweiligen Abgabesatz liegt, so daß der Geschäftsbank bei vorzeitiger Rückgabe ein Verlust entsteht. Die Abgabe- und Ankaufssätze sind nach der Art der Geldmarktpapiere, nach ihren Laufzeiten sowie danach differenziert, ob sie in die Geldmarktregulierung (vgl. S. 211) einbezogen sind.[79] Die Ankaufssätze werden nicht veröffentlicht, sie liegen in der Regel 1/8 bis 1/4 Prozentpunkt[80] über den Abgabesätzen.

Sonstige Zinssätze der Bundesbank sind der Zinssatz für Kassenkredite an diejenigen öffentlichen Haushalte, die einen Kreditplafond bei der Bundesbank haben; der Sonderzins für Kreditinstitute bei Unterschreitung des Mindestreserve-Solls (vgl. S. 219); die Sätze für US-Dollar-Swaps mit inländischen Kreditinstituten[81] sowie die Zinssätze für Bundesbank-Schatzanweisungen, die seit Juni 1971 an jedermann verkauft werden.

Der Diskontsatz, der Lombardsatz und die Ankaufssätze für Geldmarktpapiere sind die für die Refinanzierung der Geschäftsbanken bei der Bundesbank wichtigsten Sätze. Ihre Änderungen stehen daher im Mittelpunkt der Zinspolitik. Bild 4.5 zeigt, daß sich diese Sätze weitgehend parallel bewegen. Der Lombardsatz wird immer höher als der Diskontsatz gehalten, um auch auf diese Weise den Zugang zu dieser Refinanzierungsmöglichkeit zu erschweren. Früher betrug der Abstand einen Prozentpunkt, jedoch belief er sich vom 11. August 1967 bis zum 21. März 1969 nur auf einen halben Prozentpunkt, vom 5. Dezember 1969 bis 9. März 1970 auf drei Prozentpunkte und anschließend bis zum 14. Oktober 1971 auf zwei und eineinhalb Prozentpunkte. Seit November 1972 ist der Lombardsatz wieder um zwei Prozentpunkte höher als der Diskontsatz. Solche Änderungen des Abstandes zwischen den beiden Sätzen können als Indikator für die Richtung der Geld- und Kreditpolitik angesehen werden. Ist der Abstand kleiner als ein Prozentpunkt, so wird die Refinanzierung der Geschäftsbanken durch Inanspruchnahme des Lombardkredits erleichtert, ist er größer, wird sie erschwert.[82] Bild 4.5 zeigt, daß die Bundesbank ihre Zinspolitik seit der Mitte der sechziger Jahre in dieser Weise handhabt: Der Verringerung des Abstandes während und nach der Rezession von Mitte 1967 bis Anfang 1969 steht die Erhöhung des Abstandes während der Hochkonjunkturen 1966, 1969/1970 und seit 1972 gegenüber. Darüber hinaus kann die Bundesbank das Instrument des Lombard-

---

[79] Eine Tabelle der Abgabesätze findet sich in jedem BBk-Monatsbericht.

[80] Hinweis zum Sprachgebrauch in bezug auf Zinssätze: Wenn beispielsweise der Diskontsatz von 5 v. H. auf 4 v. H. gesenkt wird, wird dies häufig so formuliert: „Bundesbank senkt Diskontsatz um 1 v. H." Tatsächlich beträgt die Senkung ein Fünftel oder 20 v. H. Zur Vermeidung von Mißverständnissen wird in diesem Buch in solchen Fällen von Senkung um einen Prozentpunkt gesprochen. Alle Zinssätze sind Jahres- (p. a.-)Sätze, wenn nichts anderes angegeben wird.

[81] Die Bundesbank tätigte solche Geschäfte bisher nur (mit Unterbrechungen) von November 1968 bis April 1971. Einzelheiten vgl. unten, S. 253f.

[82] Die bisher einmalige Erhöhung des Abstandes auf drei Prozentpunkte ab 5. Dezember 1969 sollte Zinsarbitragegeschäfte mit dem Ausland unattraktiv machen. Bei dem bis zu diesem Zeitpunkt geltenden Lombardsatz von 7,5 v. H. lohnte es für die Kreditinstitute, Lombardkredite aufzunehmen und die Mittel zu 10 v. H. und mehr am Euro-Geldmarkt anzulegen. Vgl. BBk-Monatsbericht Dezember 1969, S. 6.

satzes auch noch in anderer Weise flexibel handhaben. So hat sie gelegentlich Überschreitungen der Warnmarke bei der Inanspruchnahme des Lombardkredits nicht beanstandet; und am 30. Mai 1973 beschloß der Zentralbankrat, ab 1. Juni 1973 Lombardkredite bis auf weiteres grundsätzlich nicht zu gewähren.

Bild 4.5 – *Diskontsatz, Lombardsatz und Abgabesätze für Geldmarktpapiere der Deutschen Bundesbank, 1960–1973*

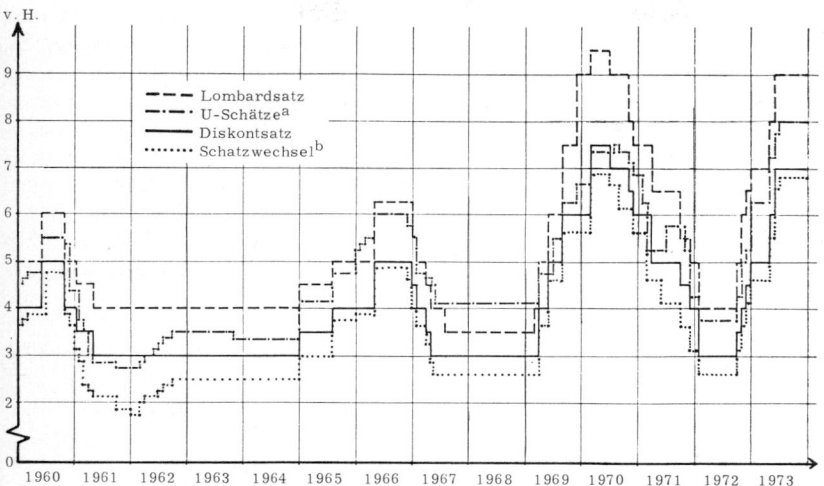

[a] In die Geldmarktregulierung einbezogene U-Schätze des Bundes mit Laufzeit von 2 Jahren.
[b] Schatzwechsel des Bundes mit Laufzeit von 30 bis 59 Tagen.
Quelle: BBk-Monatsbericht Dezember 1962, S. 48; Januar 1971, S. 44*; Mai 1973, S. 46*; Mai 1974, S. 46*f.

Die Abgabesätze für Geldmarktpapiere bewegen sich in Höhe des Diskontsatzes. Die beiden in Bild 4.5 dargestellten Sätze stellen insofern Eckwerte dar, als sie die Sätze für das Geldmarktpapier mit der kürzesten und für das mit der längsten Laufzeit sind. Die übrigen Sätze liegen in der Regel dazwischen.

Auch zwei weitere Sätze der Bundesbank stehen in festen Relationen zueinander: Der Zinssatz für Kassenkredite an öffentliche Haushalte ist gleich dem Diskontsatz; und der Sonderzins für Kreditinstitute bei Unterschreitung des Mindestreserve-Solls liegt seit dem 1. Januar 1951 drei Prozentpunkte über dem Lombardsatz. Lediglich der Zinssatz für die Bundesbank-Schatzanweisungen muß sich unmittelbar nach den Marktverhältnissen richten, da die Bundesbank hier in Konkurrenz mit anderen Anbietern vergleichbarer Titel steht.

Die Wirksamkeit der Zinspolitik hängt unter anderem von dem Ausmaß und von der Schnelligkeit ab, mit der Änderungen der Zentralbank-Zinssätze die für die Kreditnahme der Nichtbanken maßgebenden Zinssätze beeinflussen. Die wichtigsten dieser Sätze sind:

– Die Sollzinssätze der Geschäftsbanken bei der Kreditgewährung an Produktionsunternehmen und private Haushalte;

– Die Habenzinssätze der Geschäftsbanken auf Einlagen der Produktionsunternehmen und privaten Haushalte;
– Die Zinssätze am Kapitalmarkt.

Die Relationen der Zinssätze in einer Volkswirtschaft zueinander bezeichnet man als die *Zinsstruktur*. Die Beobachtung zeigt, daß sich viele Zinssätze im Zeitablauf parallel bewegen, und es sind nun Hypothesen über das Verhalten der beteiligten Wirtschaftssubjekte aufzustellen, die diese Erscheinung erklären. Eine direkte und kaum verzögerte Reaktion auf Änderungen des Diskontsatzes gibt es bei den Zinssätzen für Kontokorrentkredite, da diese gewöhnlich, wenn auch in abnehmendem Maße, durch Vereinbarung eines Zuschlages auf den Diskontsatz (Diskontklausel) festgelegt werden. Änderungen des Diskontsatzes wirken sich insoweit ohne Verzögerung auf die Verzinsung sowohl bestehender als auch neu zu vereinbarender Kontokorrentkredite aus. Bei Wechselkrediten beeinflußt eine Diskontsatzänderung dagegen nur neue Diskontierungen, nicht dagegen die bereits gewährten Kredite. Bild 4.6 zeigt, in welcher Weise der Diskontsatz in der Bundesrepublik von 1964 bis 1973 mit den Zinssätzen für die beiden dem Gesamtbetrag nach wichtigsten Kreditarten auf dem Bankkreditmarkt parallel lief:

Bild 4.6 — *Zinssätze für Kontokorrentkredite[a] und Wechseldiskontkredite[b] sowie Diskontsatz in der Bundesrepublik Deutschland, 1964—1973*

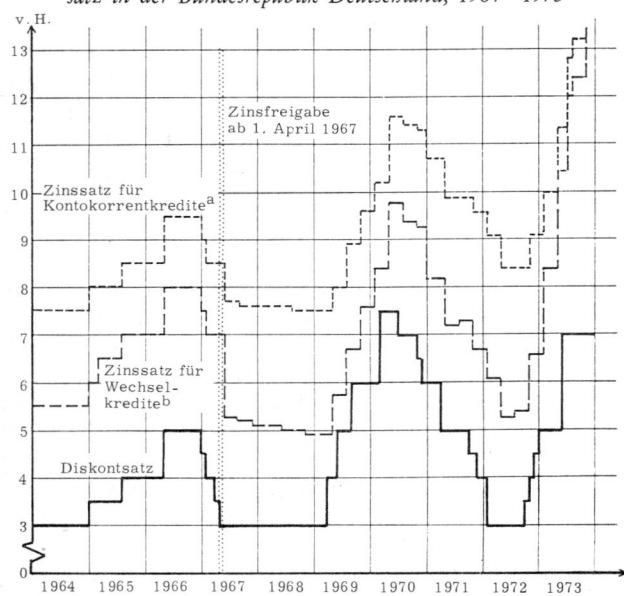

[a] Bis zur Zinsfreigabe Höchstsätze, von da ab ungewogene Durchschnitte der Zinssätze für Kontokorrentkredite unter 1 Mill. DM.
[b] Bis zur Zinsfreigabe Höchstsätze, von da ab ungewogene Durchschnitte der Zinssätze für bundesbankfähige Wechsel über Beträge von 5000 DM bis unter 20000 DM.
Quelle: BBk-Monatsbericht November/Dezember 1968, S. 86; Oktober 1971, S. 38; Mai 1973, S. 46* und 48*; Mai 1974, S. 46*, 48*.

Bis zur *Zinsfreigabe*[83] ab 1. April 1967 waren durch staatliche Verordnung Höchstsätze für die Verzinsung von Kontokorrent- und Wechseldiskontkrediten festgelegt. Bei Kontokorrentkrediten galten als Höchstsätze für Kredite innerhalb eines Kreditvertrages Diskontsatz plus 4,5 Prozentpunkte, für Kontoüberziehungen galt Diskontsatz plus 6 Prozentpunkte. Die Höchstsätze für Wechseldiskontkredite waren weiter differenziert, folgten jedoch ebenso automatisch dem Diskontsatz. Für die in Bild 4.6 dargestellte Kategorie von Wechseln galt als Höchstsatz Diskontsatz plus 2,5 Prozentpunkte. Seit der Zinsfreigabe sind *Zinsfächer* auch statistisch in der Weise offenkundig geworden, daß die Banken zur gleichen Zeit für gleiche Kreditarten unterschiedliche Zinssätze berechnen. Diese reichen für Wechseldiskontkredite nunmehr von Diskontsatz plus etwa 3 Prozentpunkte bis Diskontsatz plus etwa 7 Prozentpunkte. Die Ursachen für solche Zinsfächer mögen in unterschiedlichen Kredithöhen und Sicherheiten, Größenunterschieden von Kreditgebern und Kreditnehmern sowie in regionalen Differenzierungen liegen. Vermutlich gab es Zinsfächer auch vor der Zinsfreigabe, jedoch wurden statistisch damals nur die in Bild 4.6 wiedergegebenen und andere Höchstsätze erfaßt. Bildet man aus den Zinssätzen eines Fächers[84] Mittelwerte, wobei mangels Angaben nicht mit den jeweiligen Kreditbeträgen gewichtet werden kann, erhält man Durchschnitts-Zinssätze für die einzelnen Kreditarten. Diese Angaben sind in Bild 4.6 eingezeichnet. Die Entwicklung der Durchschnittssätze zeigt, daß nach der Zinsfreigabe ein enger Zusammenhang zwischen ihnen und dem Diskontsatz bestanden hat. Jedoch wäre es für die Berechnung des tatsächlichen Niveaus dieser beiden wichtigsten Zinsarten wichtig zu wissen, zu welchen Gesamtbeträgen Kredite zu den einzelnen Sätzen gewährt werden. Darüber hinaus wäre es interessant zu untersuchen,

– welche Zinsfächer vor Aufhebung der Zinsbindung bestanden und in welchem Umfang Zinssätze über die Höchstsätze hinaus gezahlt wurden;
– in welchem Umfang Zinsfächer vor und nach Aufhebung der Zinsbindung insofern zu Lasten der relativ kleineren Kreditnehmer gehen, als diese höhere Zinssätze zahlen als relativ größere Kreditnehmer;
– wie weit sich die Tendenz durchgesetzt hat, bei Kontokorrent- und Wechselkrediten nicht mehr den Diskontsatz zugrundezulegen, sondern sich an den Marktverhältnissen zu orientieren.

Die Wirkung einer Änderung der Bundesbank-Zinssätze endet nicht mit Anpassungen der Sollzinsen der Geschäftsbanken. Die damit eingetretene Änderung der Zinsstruktur führt zu Reaktionen der betroffenen Wirtschaftssubjekte, die weitere Zinssatzänderungen nach sich ziehen. Die Reaktionen können in solche der Geschäftsbanken einerseits und der Nichtbanken anderseits eingeteilt werden. Handelt es sich beispielsweise um eine Senkung der Bundesbank-Zinssätze, so nimmt zunächst auch die Differenz zwischen den durchschnittlichen Soll- und Habenzinsen der Banken, ihre *Zinsspanne*, ab. Damit verschlechtert sich die Ertragslage der Banken. Sie werden versuchen, die frühere Zinsspanne wiederherzustellen und daher ihre Habenzinsen senken. Entsprechende Überlegungen gelten für den Fall einer Erhöhung der Bundesbank-Zinssätze. Hierbei

---

[83] Verordnung des Bundesaufsichtsamts für das Kreditwesen vom 21. März 1967.
[84] Angaben enthält jeder BBk-Monatsbericht.

erhöht sich zunächst die Zinsspanne, so daß sich bei zunächst ebenfalls ungeänderter Kreditnachfrage die Ertragslage der Banken verbessert. Sie werden versuchen, diese Situation durch vermehrte Kreditgewährung auszunutzen. Da dies nur auf der Grundlage von vorhandenem oder beschaffbarem Zentralbankgeld geschehen kann, besteht ein starker Anreiz für die Banken, mehr Einlagen dadurch anzuziehen, daß sie die Zinssätze für diese erhöhen. Somit ergibt sich eine Tendenz für die Habenzinsen, den Bewegungen der Sollzinsen zu folgen. Bild 4.7 zeigt, daß der Zinssatz für Spareinlagen mit gesetzlicher Kündigungsfrist dem Diskontsatz mit einer Verzögerung von einigen Monaten folgt, wobei jedoch die beiden Extremlagen des Diskontsatzes nicht mitvollzogen werden. Als der Diskontsatz während des betrachteten Zeitraums 3 v.H. betrug, lag der Sparzins darüber, als er über 4,5 v.H. betrug, lag der Sparzins – zum Teil beträchtlich – darunter. Eine weitergehende Anpassung vollzog sich lediglich bei Sparguthaben mit längerer als der gesetzlichen Kündigungsfrist. So erreichten Sparguthaben mit vereinbarter Kündigungsfrist von 12 Monaten während der Zeit, da der Diskontsatz mit 7,5 v.H. sein bisher höchstes Niveau in der Bundesrepublik erreichte – vom

Bild 4.7 — *Zinssätze für Sparguthaben und für befristete Guthaben, Umlaufsrendite festverzinslicher Wertpapiere sowie Diskontsatz in der Bundesrepublik, 1960–1973*

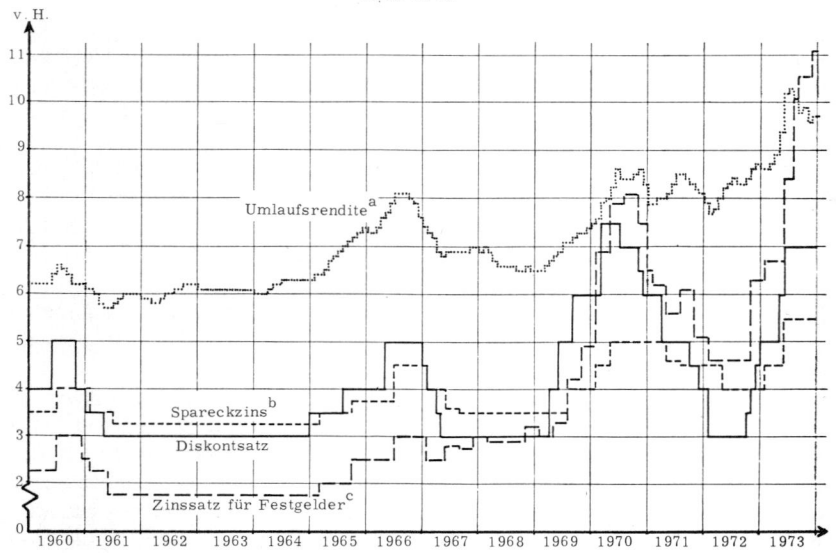

[a] Tarifbesteuerte festverzinsliche Wertpapiere.

[b] Bis 31. März 1967 Höchstsätze, von da ab ungewichtete arithmetische Mittel der Zinssätze für Sparguthaben mit gesetzlicher Kündigungsfrist.

[c] Bis 31. März 1967 Höchstsätze für Festgelder mit Laufzeiten von 30 bis 89 Tagen, von da ab ungewichtete arithmetische Mittel für Festgelder mit vereinbarter Laufzeit von 3 Monaten.

Quelle: BBk-Monatsbericht Januar 1963, S. 119; Januar 1965, S. 105; November/Dezember 1968, S. 86; Oktober 1971, S. 38; Mai 1974, S. 46*, 48*. Statistische Beihefte, Reihe 2, September 1968, Tab. 9; November 1970, Tab. 7; Februar 1974, Tab. 7b.

9. März bis 15. Juli 1970 – ein durchschnittliches Niveau von 6,46 v. H.[85] Wesentlich enger als die Zinssätze für Sparguthaben paßten sich die Sätze für befristete Guthaben den Bewegungen des Diskontsatzes an. Bild 4.7 zeigt dies in bezug auf kurzfristige Festgelder. Die relative Unbeweglichkeit der Sparzinsen mag unter anderem damit zusammenhängen, daß es für sie Empfehlungen großer Verbände wie des Sparkassenverbandes gibt, während die Sätze für befristete Guthaben individuell festgesetzt oder mit den Kunden ausgehandelt werden.

Über die Reaktionen von Nichtbanken auf Änderungen der Zinssätze auf den Bankkredit- und Bankeinlagenmärkten lassen sich folgende Hypothesen aufstellen. Angenommen, es habe sich in der Ausgangssituation bei den kreditnachfragenden Produktionsunternehmen innerhalb des Bereiches, in dem sie kurzfristige und langfristige Kredite gegeneinander substituieren konnten, eine bestimmte Aufteilung auf kurz- und langfristige Kreditnahme eingestellt. Da die langfristigen Kredite nach einer Senkung der Zinssätze für Wechseldiskont- und Kontokorrentkredite nun relativ teurer geworden sind, werden Unternehmen dazu übergehen, anstelle geplanter langfristiger kurzfristige Kredite zu nehmen, die Konsolidierung ihrer kurzfristigen Kredite[86] hinauszuschieben und neue Investitionsvorhaben vorerst eher kurz- als langfristig zu finanzieren. Dieses Verhalten bewirkt einen Nachfragerückgang nach Krediten auf dem Kapitalmarkt, also zum Beispiel vermindertes Angebot an Obligationen.

Die Inhaber von Termin- und Sparguthaben bei Banken stellen als Folge der Habenzinssenkung fest, daß die Differenz zwischen dem Zinssatz für ihre Guthaben und dem Kapitalmarktzins größer geworden ist. Dies wird einige von ihnen veranlassen, ihre Guthaben zu kündigen und als Anbieter von langfristigen Krediten, das heißt als Nachfrager nach festverzinslichen Wertpapieren, aufzutreten. Wenn also die Nachfrage nach diesen Papieren steigt und das Angebot an ihnen sinkt, dann muß dies ihre Kurse erhöhen und damit ihre Rendite senken. Die Senkung der Soll- und Habenzinsen der Banken überträgt sich so auf den Zinssatz des Kapitalmarkts. Entsprechend läßt sich im Fall einer Erhöhung der kurzfristigen Zinssätze argumentieren. Manche Produktionsunternehmen werden dann dazu neigen, Wertpapiere am Kapitalmarkt zu verkaufen, um so ihre Kreditnahme zu den gestiegenen Sätzen zu verringern. Ebenso werden private Haushalte festverzinsliche Wertpapiere verkaufen und die Erlöse ohne Kursrisiko als Spar- oder Termineinlagen halten. Sie erzielen dabei eine Verzinsung, die infolge der Konkurrenz der Banken um die Einlagen und der daraus resultierenden Habenzinssteigerung ebenfalls gestiegen ist. Das damit zunehmende Angebot am Wertpapiermarkt wird zusammen mit der zurückgehenden Nachfrage die Kurse senken und damit den Kapitalmarktzins erhöhen.

Die beschriebenen Reaktionen beruhen nicht nur auf Einschätzungen der jeweiligen Situation. Wie S. 62–64 dargelegt wurde, sind für die Entscheidung eines Wirtschaftssubjekts über die Aufteilung seines Vermögens auf Geld und Wertpapiere vor allem seine Erwartungen über die zukünftige Zinsentwicklung

---

[85] BBk-Monatsbericht Oktober 1971, S. 38.
[86] Konsolidierung von Krediten heißt, kurzfristig genommene Kredite durch langfristige zu ersetzen und hat nichts mit der Konsolidierung von Konten (vgl. VRW³, S. 53–56) zu tun.

maßgebend. Nimmt also etwa die Zentralbank eine Zinserhöhung vor und setzt sich die Erwartung durch, daß sie diese Politik vorerst weiterverfolgen wird, so nehmen viele Wertpapierbesitzer die dann zu erwartende, mit Kurssenkungen einhergehende Entwicklung vorweg, indem sie frühzeitig Papiere verkaufen. Entsprechendes gilt für den Fall einer erwarteten Zinssenkung. Das läßt vermuten, daß die Zinspolitik der Zentralbank ohne wesentliche Verzögerungen zu gleichgerichteten Änderungen des Kapitalmarktzinses führen wird. Diese Hypothese wird durch Bild 4.7 für die Bundesrepublik von 1960 bis 1973 nicht widerlegt. Während der beiden Zinssenkungsperioden (11. November 1960 bis 5. Mai 1961 und 6. Januar 1967 bis 12. Mai 1967) sank auch der Kapitalmarktzins, gemessen an der durchschnittlichen Umlaufsrendite aller festverzinslichen Wertpapiere. Während der beiden Zinserhöhungsperioden (22. Januar 1965 bis 27. Mai 1966 und 18. April 1969 bis 9. März 1970) stieg er entsprechend. Eine Verzögerung ist nicht zu beobachten, eher zeigt sich ein geringfügiger Vorlauf gegenüber dem Diskontsatz. Abgesehen von diesen Niveauschwankungen zeigen sich noch kleinere Schwankungen auch dann, wenn keine Zinspolitik betrieben wird. In der Beobachtungsperiode von Bild 4.7 gab es solche Schwankungen beispielsweise während der beiden längeren Perioden, in denen der Diskontsatz 3 v.H. betrug, und sie zeigen sich verstärkt seit Mitte 1970. Das läßt vermuten, daß es neben den Erwartungen über die Zinsentwicklung weitere Erklärungsvariable für die Höhe des Kapitalmarktzinses gibt. Hier sind vor allem Einflüsse aus dem Ausland zu berücksichtigen.

Für die Gesamtbeurteilung der Zinspolitik ist zweierlei wichtig. Erstens entsteht die Frage, welche Komponenten des Bruttosozialprodukts zu Marktpreisen in welchem Ausmaß auf Änderungen von Zinssätzen reagieren. Zweitens müßte geklärt werden, inwieweit die beobachteten Zinssätze auch in dem Sinne effektiv sind, daß sie in nennenswertem Ausmaß von Kreditnachfragern gezahlt werden. Dieses Problem wird besonders dann wichtig, wenn die Zentralbank zwecks Konjunkturdämpfung eine Hochzinspolitik betreibt, während das Zinsniveau im Ausland wesentlich niedriger liegt und der internationale Kapitalverkehr nicht beschränkt ist. Es lohnt dann für viele Unternehmen, die auf Grund ihrer Größe und/oder ihrer internationalen Verbindungen dazu in der Lage sind, Kredite zu günstigeren Bedingungen bei ausländischen Banken aufzunehmen. Diese Situation herrschte in der Bundesrepublik beispielsweise von Anfang 1970 bis Anfang 1971. Anfang 1970 begann in den Vereinigten Staaten eine Politik der Zinssenkung, die alsbald zu einer Senkung der Zinsen auf dem Eurodollar-Markt führte. Da die Deutsche Bundesbank zur gleichen Zeit ihre Hochzinspolitik noch verschärfte (vgl. Bild 4.7), entstand ein Zinsgefälle zwischen In- und Ausland, das die Kreditaufnahme im Ausland trotz der Kurssicherungskosten lohnend machte. Nach Schätzungen der Bundesbank betrug die Kreditaufnahme inländischer Produktionsunternehmen im Ausland in der Zeit von März 1970 bis Februar 1971 rund 22 Mrd. DM.[87] Dies entspricht etwa einem Viertel ihrer gesamten Netto-Kreditaufnahme während dieser Zeit. Da die Zinspolitik der Bundesbank dementsprechend unwirksam war und sich zunehmend zu Lasten derjenigen Kreditnehmer auszuwirken begann, denen ein Ausweichen auf ausländische Kreditgeber

---

[87] BBk-Geschäftsbericht 1970, S. 15.

nicht möglich war, begann die Bundesbank schon Mitte 1970 wieder mit einer Senkung ihrer Zinssätze, obwohl dies von der Konjunktursituation her noch nicht geboten schien.

Die Ereignisse der Jahre 1970/71 zeigten so deutlich wie nie zuvor in der Bundesrepublik die Grenzen der Zinspolitik. Die Bundesbank wies mehrfach darauf hin[88] und nannte auch die Bedingungen, die in der Bundesrepublik die Zinspolitik als Mittel der Konjunktursteuerung weitgehend unwirksam machten.[89] Es waren dies die beiden zentralen wirtschaftspolitischen Entscheidungen,

– als Mitglied des Internationalen Währungsfonds den Währungskurs gemäß dessen Statuten nur innerhalb einer engen Bandbreite[90] schwanken zu lassen;

– die Liberalisierung des Kapitalverkehrs mit dem Ausland.

Die erstgenannte Entscheidung bedeutet, daß das Kursrisiko bei einer Kreditaufnahme im Ausland begrenzt ist, da die Zentralbank einen Mindestpreis für Devisen garantiert. Die zweite Entscheidung erlaubt es Unternehmen, Kredite ohne Beschränkung auf das Inland da zu nehmen, wo sie am billigsten sind. Beide Entscheidungen sind seitdem revidiert worden. Die Interventionspflicht der Bundesbank auf dem Devisenmarkt wurde zunächst vorübergehend, vom Mai bis Dezember 1971, suspendiert. Sie ist seit dem 2. März 1973 in bezug auf US-Dollars aufgehoben (vgl. S. 217, Anmerkung 54). Die Entliberalisierung des Kapitalverkehrs in bezug auf Kreditaufnahmen im Ausland wurde unter anderem durch eine Rechtsverordnung der Bundesregierung vom 1. März 1972[91] vorgenommen. Danach sind Nichtbanken bei der Aufnahme von *Finanzkrediten* im Ausland verpflichtet, einen Teil des Betrages zinslos als *Bardepot* bei der Bundesbank zu halten. Finanzkredite sind Kredite, die nicht wie die Inanspruchnahme von Zahlungszielen beim Warenimport in unmittelbarem Zusammenhang mit Gütertransaktionen stehen. Der Anteil des Bardepots am Gesamtbetrag des Kredits, der *Depotsatz*, wird durch Rechtsverordnung festgesetzt, er kann bis zu 100 v. H. betragen. Das Zinsgefälle zwischen einem repräsentativen Inlandszinssatz i_i und einem solchen Auslandszinssatz i_a, wobei $i_i > i_a$, wird durch die Bardepotpflicht mit dem Depotsatz d wie folgt verringert. Für einen Inländer, der einen Kredit K zum Satz i_a im Ausland aufnimmt und den Teil dK als Bardepot bei der Bundesbank zu halten hat, stellt sich die effektive Zinsbelastung i_e für den Teil $(1-d)K$ des Kredits, der ihm zur Verfügung bleibt, auf

$$i_e = \frac{i_a K}{(1-d)\,K}.$$

Ist beispielsweise $d=0,5$, so ist der Effektivzins für einen Auslandskredit doppelt so hoch wie der ausländische Zinssatz. Ist dieser jedoch weniger als halb

---

[88] BBk-Monatsbericht Juli 1970, S. 32; Mai 1971, S. 8; Juli 1971, S. 18; BBk-Geschäftsbericht 1970, S. 22 f.
[89] BBk-Geschäftsbericht 1970, S. 22.
[90] Vgl. VRW³, S. 253.
[91] BGBl. I, S. 213. Gesetzliche Grundlage ist das Gesetz zur Änderung des Außenwirtschaftsgesetzes vom 23. Dezember 1971 (BGBl. I, S. 2141). Texte auch in BBk-Monatsbericht März 1972, S. 9–14.

so hoch wie der Inlandszinssatz, dann lohnt es trotz der Bardepotpflicht, auf Auslandskredite auszuweichen.

4. Offenmarktpolitik. Diese Politik besteht darin, daß die Bundesbank Wertpapiere kauft oder verkauft. Gesetzliche Grundlage ist §§ 21 BBankG. Danach darf die Bundesbank „zur Regelung des Geldmarktes am offenen Markt zu Marktsätzen kaufen und verkaufen":

1. Bundesbankfähige Wechsel;
2. Schatzwechsel und Schatzanweisungen des Bundes, der Länder und der vier Sondervermögen des Bundes (Bundesbahn, Bundespost, Ausgleichsfonds, ERP-Sondervermögen);
3. Schuldverschreibungen und Schuldbuchforderungen, deren Schuldner die in Nr. 2 genannten öffentlichen Haushalte sind;
4. Andere zum amtlichen Börsenhandel zugelassene Schuldverschreibungen.

Die Einschränkung „zur Regelung des Geldmarktes" (im Sprachgebrauch der Bundesbank: Zur „Regulierung" des Geldmarktes) besagt, daß diese Geschäfte in der Hauptsache mit Kreditinstituten vorgenommen werden sollen. Neben den genannten Papieren hat die Bundesbank noch einige andere Wertpapiere in beschränktem Umfang in ihre Geldmarktregulierung einbezogen, vor allem Vorratsstellenwechsel und Privatdiskonten (vgl. S. 212).

Die Ausstattung der Bundesbank mit Offenmarktpapieren ist durch die §§ 42 und 42a BBankG geregelt. Nach § 42 Abs. 1 hat der Bund als Schuldner der Ausgleichsforderung der Bundesbank dieser auf Verlangen Schatzwechsel oder unverzinsliche Schatzanweisungen bis zum Nennbetrag der Ausgleichsforderung auszuhändigen. Die Bank kann Stückelung und Ausstattung dieser Papiere bestimmen. Da die nicht handelbare Ausgleichsforderung der Bundesbank auf diese Weise beweglich gemacht wird, heißen diese Papiere *Mobilisierungspapiere*. Die Ausgleichsforderung der Bundesbank betrug bei Inkrafttreten des BBankG am 1. August 1957 rund 8,3 Mrd. DM. Sie nimmt durch Tilgungen des Bundes langsam ab (Stand Ende 1972: 8,1 Mrd. DM).[92] Für den Fall, daß sich dieser Betrag an Offenmarktpapieren als zu klein erweisen sollte, wurde durch § 29 des Stabilitätsgesetzes der § 42a in das BBankG eingefügt. Danach hat der Bund für den Fall, daß Mobilisierungspapiere bis zum Nennbetrag der Ausgleichsforderung in Umlauf gebracht worden sind, der Bundesbank auf Verlangen weitere Schatzwechsel und unverzinsliche Schatzanweisungen bis zum Gesamtbetrag von 8 Mrd. DM zu übergeben. Diese Papiere heißen *Liquiditätspapiere*. Die unterschiedliche Benennung weist nur auf den Entstehungsgrund hin, Mobilisierungs- und Liquiditätspapiere unterscheiden sich sonst nicht. Die Bundesbank kann somit über solche Papiere im Gesamtbetrag von 16,1 Mrd. DM verfügen. Im Jahre 1972 verkaufte sie solche Papiere im Gesamtbetrag von 18,0 Mrd. DM und löste für 20,0 Mrd. DM ein. Der Umlauf am Ende des Jahres belief sich auf 4,5 Mrd. DM.[93]

---

[92] In der Bilanz der Bundesbank zum 31. Dezember 1970 stand die Ausgleichsforderung mit 1,15 Mrd. DM zu Buch (VRW³, S. 48). In Höhe von 7,5 Mrd. DM war sie in Geldmarktpapiere umgetauscht.

[93] BBk-Geschäftsbericht 1972, S. 138.

Die Wirkungen der Offenmarktpolitik unterscheiden sich danach, ob die Bundesbank
- Geldmarktpapiere, für die sie eine Rücknahmezusage gegeben hat, mit Kreditinstituten handelt; oder ob sie
- Wertpapiere ohne Rücknahmezusage mit Kreditinstituten oder Nichtbanken handelt.

Im erstgenannten Fall ändert sich lediglich die Zusammensetzung der freien Liquiditätsreserven der Geschäftsbanken (vgl. S. 228), nicht ihre Höhe. Hat etwa eine Geschäftsbank Schatzwechsel gekauft, weil sie keine bessere Anlagemöglichkeit für entsprechende Zentralbankguthaben sah, so kann sie die Papiere doch jederzeit an die Bundesbank zurückgeben und sich so wieder Zentralbankgeld verschaffen. Diese Art der Offenmarktpolitik gehört also nicht zur Liquiditäts-, sondern zur Zinspolitik. Gilt beispielsweise ein Abgabesatz für Schatzwechsel mit 90 Tagen Laufzeit (wie im März 1973) von 4 $\frac{3}{4}$ v. H., so setzt die Bundesbank damit eine Untergrenze für den Zinssatz für Dreimonatsgeld, da keine Geschäftsbank solche Kredite am Geldmarkt zu niedrigeren Sätzen gewähren wird. Ein Einfluß auf kürzerfristige Geldmarktkredite wird damit allerdings nicht ausgeübt; so schwankten beispielsweise die Sätze für Tagesgeld im März 1973 zwischen 6 $\frac{3}{4}$ v. H. und 20 v. H. Ist die Bundesbank anderseits an einem Sinken auch der Sätze für nicht ganz kurzfristige Geldmarktkredite interessiert, so kann sie den Verkauf von Geldmarktpapieren einstellen (Abgabestopp).

Offenmarktpolitik ist Liquiditätspolitik, wenn die Bundesbank Wertpapiere ohne Rücknahmezusage handelt. Käufe solcher Papiere durch die Bundesbank bedeuten eine *expansive Offenmarktpolitik*, weil sich dadurch der Zentralbankgeldbestand der Geschäftsbanken erhöht; Verkäufe bedeuten *kontraktive Offenmarktpolitik*. Die Wirkung auf die freien Liquiditätsreserven der Geschäftsbanken hängt nicht davon ab, ob die Bundesbank Wertpapiere mit Geschäftsbanken oder mit Nichtbanken handelt. Dies läßt sich am Beispiel einer kontraktiven Offenmarktpolitik, bei der die Bundesbank Obligationen verkauft, so zeigen:

Kontensystem 4.21–4.22: *Kontraktive Offenmarktpolitik mit Geschäftsbanken*

Konto 4.21: Geschäftsbank   Konto 4.22: Zentralbank

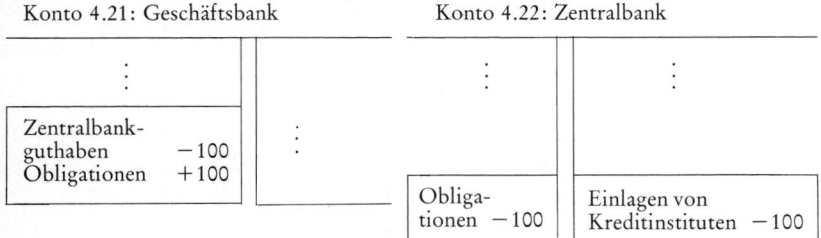

Dabei ist im zweiten Fall (S. 252) angenommen, daß der private Haushalt die Obligationen über eine Geschäftsbank kauft und mit seinem Sichtguthaben bei dieser zahlt. In beiden Fällen verringern sich die freien Liquiditätsreserven der Geschäftsbanken.

Die Liquiditätswirkung dieser kontraktiven Offenmarktpolitik bleibt über die Fälligkeit der verkauften Papiere hinaus erhalten, falls ihr Schuldner nicht

Kontensystem 4.23–4.25: *Kontraktive Offenmarktpolitik mit Nichtbanken*

Konto 4.23: Privater Haushalt   Konto 4.24:   Geschäftsbank

Sicht-		
guthaben	−100	
Obliga-		
tionen	+100	

Zentralbank-		Sicht-	
guthaben	−100	einlagen	−100

Konto 4.25:   Zentralbank

Obliga-		Einlagen von	
tionen	−100	Kreditinstituten	−100

die Zentralbank ist. Ist der Schuldner eine Nichtbank oder auch eine Geschäftsbank, so muß er bei Fälligkeit Geld beschaffen, so daß der vorhandene Bestand
an Zentralbankgeld allenfalls umverteilt wird. Eine expansive Offenmarktpolitik
bewirkt eine Erhöhung der Zentralbankgeldmenge bis zur Fälligkeit der Papiere,
da der Schuldner dann Zentralbankgeld zur Einlösung beschaffen muß. Der expansive Effekt kann jedoch durch erneute Offenmarktkäufe der Zentralbank aufrechterhalten werden.

Trotz ihrer unmittelbaren Wirkung auf die Liquiditätssituation haben Offenmarktgeschäfte in der Bundesrepublik bisher keine große Bedeutung gehabt.
Nachdem die Bundesbank im Sommer 1960 im Verlauf einer sich verschärfenden
Restriktionspolitik die Mindestreservesätze mehrmals erhöht und die Rediskontkontingente gekürzt hatte, veranlaßte sie im August 1960 die im Bundesanleihe-
konsortium vertretenen Banken zur Übernahme von Mobilisierungspapieren mit
einer Laufzeit von zwei Jahren im Gesamtwert von einer Milliarde DM, die nicht
handelbar und nur in dringenden Ausnahmefällen vorzeitig einlösbar waren.[94]
Auch einige Sozialversicherungshaushalte übernahmen damals solche Mobilisierungspapiere von der Bundesbank. Offenmarktgeschäfte in langfristigen Wertpapieren wurden erstmals 1967 unternommen. Während der Rezession Mitte 1967
sank der Kapitalmarktzins entgegen der expansiven Politik der Bundesbank nicht
mehr weiter, sondern begann sogar leicht zu steigen (vgl. Bild 4.7). Das lag daran,
daß Geschäftsbanken vermehrt Anlagemöglichkeiten im Ausland wahrnahmen,
da die Zinssätze dort höher waren. Daraufhin begann die Bundesbank erstmals
Anleihen des Bundes und seiner Sondervermögen am offenen Markt für eigene
Rechnung[95] zu kaufen und erreichte so eine weitere Senkung des Zinsniveaus.

---

[94] Einzelheiten in: BBk-Geschäftsbericht 1960, S. 40. Der Betrag wurde in der Presse
nach dem damaligen Präsidenten der Bundesbank als „Blessing-Milliarde" bezeichnet.
[95] Vgl. BBk-Monatsbericht August 1967, S. 5. Soweit die Bundesbank bis dahin diese
Papiere im Rahmen ihrer Kurspflege gekauft hatte, um kurzfristige Kursschwankungen

252

Ab Juni 1971 erklärte sich die Bundesbank bereit, unverzinsliche Schatzanweisungen mit Laufzeiten von 6, 12, 18 und 24 Monaten mit Nennwerten von 10000 DM oder einem Vielfachen davon an alle Inländer, also nicht nur wie bis dahin nur an Geschäftsbanken und Sozialversicherungshaushalte, abzugeben. Diese U-Schätze werden mit und ohne Rückgabemöglichkeit an die Bundesbank vor Fälligkeit angeboten, wobei die Papiere ohne Rückgabemöglichkeit geringfügig höher verzinst werden.[96] Seit Januar 1973 werden solche Papiere ohne Rückgabemöglichkeit mit Nennwerten zwischen 5000 und 100000 DM unter der Bezeichnung *Bundesbank-Schätze* stückelos, das heißt als Anteile an einer Buchschuld, an Inländer verkauft.[97]

Insgesamt kann die Bundesbank Offenmarkttransaktionen zur Verringerung der Liquidität nur beschränkt einsetzen, da ihre Mobilisierungs- und Liquiditätspapiere Laufzeiten von höchstens zwei Jahren haben, zur Zeit nur im Gesamtbetrag von 16,1 Mrd. DM zur Verfügung stehen, und sie längerfristige Papiere weder in nennenswertem Umfang hält noch schaffen kann. Kontraktive Liquiditätspolitik in großem Umfang kann lediglich der Bund mit den Mitteln des Stabilitätsgesetzes treiben.

Ähnlich wie die Zinspolitik kann auch die Offenmarktpolitik durch kompensierende Auslandstransaktionen unterlaufen werden. Bei Ankaufspflicht der Bundesbank für Devisen zu einem Mindestkurs und freiem Kapitalverkehr kann der Liquiditätseffekt insbesondere einer kontraktiven Offenmarktpolitik jederzeit durch Geldimport neutralisiert werden. Geschäftsbanken nehmen dann kurzfristige Devisenkredite an ausländischen Geldmärkten auf, verkaufen die Devisen an die Bundesbank und gelangen so in praktisch beliebiger Höhe in den Besitz von zusätzlichem Zentralbankgeld. Ob Geschäftsbanken solche Transaktionen unternehmen, hängt allerdings von Marktbedingungen ab, die von der Bundesbank beeinflußt werden können. So hat die Bank seit Oktober 1958 mit Unterbrechungen versucht, den liquiditätserhöhenden Einfluß von Devisenkäufen auf die verkaufenden Geschäftsbanken dadurch zu kompensieren, daß sie den Geschäftsbanken einen Anreiz bot, Devisen von ihr zu kaufen und verzinslich im Ausland anzulegen. Das Mittel dazu ist die *Swap-Politik*. Bei freiem internationalem Kapitalverkehr bieten nicht nur der inländische, sondern auch ausländische Geldmärkte Anlagemöglichkeiten für kurzfristige Gelder. Wird zum Beispiel die Anlage in ausländischen Geldmarktpapieren mit einer Laufzeit von drei Monaten gewählt, so kauft die Geschäftsbank bei der Bundesbank den benötigten Betrag an Devisen und erwirbt die Geldmarktpapiere im Ausland. Nach drei Monaten erhält sie den Kaufbetrag nebst Zinsertrag in Devisen zurück und verkauft diese wieder an die Bundesbank. Der entscheidende Unterschied zur Anlage am inländischen Geldmarkt besteht darin, daß bei der Anlage im Ausland ein Kursrisiko

---

auszugleichen, hatte sie dies für Rechnung der Emittenten getan. Solche Käufe haben allerdings die gleiche Liquiditätswirkung auf die Geschäftsbanken wie Käufe für eigene Rechnung der Zentralbank.

[96] Aktivierung der Offenmarktgeschäfte der Deutschen Bundesbank. Pressenotiz der Deutschen Bundesbank vom 3. Juni 1971, abgedruckt in: Deutsche Bundesbank, Auszüge aus Presseartikeln, Nr. 44 vom 4. Juni 1971. Vgl. auch BBk-Geschäftsbericht 1971, S. 18 und S. 144.

[97] BBk-Geschäftsbericht 1972, S. 110.

besteht: Beim Rückverkauf der Devisen an die Bundesbank kann deren Kurs gesunken sein, so daß der Zinsertrag teilweise, ganz oder mehr als kompensiert werden kann. Die Swap-Politik der Bundesbank besteht darin, den Geschäftsbanken dieses Kursrisiko abzunehmen. Sie verpflichtet sich schon beim Verkauf der Devisen an die Geschäftsbank, den gleichen Betrag nach drei Monaten zu einem festen Kurs unabhängig von dem in drei Monaten herrschenden Marktkurs zurückzukaufen. Es werden also ein *Devisenkassageschäft* und ein *Devisentermingeschäft* gleichzeitig abgeschlossen, oder *Kassadevisen* gegen *Termindevisen* getauscht.[98] Der Rückaufkurs wird als Aufschlag (*Report*) oder Abschlag (*Deport*) in v. H. des Verkaufskurses im Kassageschäft festgelegt. Die Bundesbank stand den Geschäftsbanken nicht ständig für Swapgeschäfte zur Verfügung. Vorläufig zum letzten Mal war sie am 1. April 1971 zeitweilig am Markt und gewährte dabei den Geschäftsbanken einen Report von 0,5 v. H. p. a. Soweit Swapgeschäfte getätigt werden, schränken sie die Bankenliquidität im Umfang der kontrahierten Beträge während der jeweiligen Laufzeit der Swapgeschäfte ein. Das Problem der Beschränkung der Bankenliquidität wird damit also nur zeitlich verschoben, jedoch können zum Zeitpunkt des Fälligwerdens der Swapgeschäfte andere Verhältnisse herrschen, und außerdem können neue Geschäfte kontrahiert werden. Die Swap-Politik eignet sich daher, kurzfristige, vorwiegend zinsinduzierte Devisenzuflüsse in ihrer Wirkung auf die Liquidität des Bankensystems zu kompensieren. Das Instrument versagt allerdings, wenn Devisenzuflüsse durch Aufwertungserwartungen hervorgerufen werden.

5. Mindestreservepolitik. Änderungen von Mindestreservesätzen sind neben der Offenmarktpolitik ein weiteres und wirksameres Instrument der Liquiditätspolitik. Gesetzliche Grundlage ist in der Bundesrepublik § 16 BBankG. Danach kann die Deutsche Bundesbank „zur Beeinflussung des Geldumlaufs und der Kreditgewährung" verlangen, und sie verlangt in der Tat, daß

> „die Kreditinstitute in Höhe eines vom-Hundert-Satzes ihrer Verbindlichkeiten aus Sichteinlagen, befristeten Einlagen und Spareinlagen sowie aus aufgenommenen kurz- und mittelfristigen Geldern mit Ausnahme der Verbindlichkeiten gegenüber anderen mindestreservepflichtigen Kreditinstituten Guthaben auf Girokonto bei ihr unterhalten (Mindestreserve)."

Einzelheiten sind im weiteren Text dieses Paragraphen sowie in der „Anweisung der Deutschen Bundesbank über Mindestreserven (AMR)" enthalten, die in der jeweils geltenden Fassung im Geschäftsbericht abgedruckt wird.[99] Die AMR grenzen zunächst den Kreis der mindestreservepflichtigen Kreditinstitute (§ 1) und Verbindlichkeiten (§ 2) ab. Beispielsweise gelten als mittelfristig aufgenommene Gelder solche mit einer Befristung von weniger als vier Jahren (§ 2 AMR). Vorgesehen ist auch, daß einem Kreditinstitut aus der Verwendung der englischen Buchungsmethode kein Nachteil entstehen soll. Wie oben erläutert wurde (vgl. S. 216, Anmerkung 53), führt die Einräumung eines Kontokorrentkredits bei dieser Methode sofort zu einer Bilanzverlängerung der Geschäftsbank, bei der die Posten „Forderungen an Kunden" und „Sichteinlagen" um jeweils gleiche Beträge zunehmen. Die Anwendung der Mindestreservevorschrift würde

---

[98] Daher die Bezeichnung von englisch to swap = tauschen.
[99] Am 1. Januar 1974 geltende Fassung in: BBk-Geschäftsbericht 1973, S. 68 – 74.

damit eine Mindestreservepflicht für die Sichteinlage entstehen lassen, auch wenn der Kreditnehmer noch nicht über den Kredit verfügt hat und dieser daher noch nicht ökonomisch wirksam geworden ist. § 2 Abs. 3 AMR läßt daher die Saldierung von Sichteinlagen mit Forderungen gegenüber demselben Kontoinhaber zu, „sofern die Forderungen und Verbindlichkeiten für die Zins- und Provisionsberechnung nachweislich als Einheit behandelt werden." Erst wenn der Kreditnehmer durch Überweisung über den Kredit verfügt, entsteht eine reservepflichtige Einlage.

Tabelle 4.9 zeigt die am 1. Januar 1974 geltenden Mindestreservesätze samt ihrer Differenzierung (vgl. auch S. 219). Gemäß § 16 BBankG dürfen die Sätze für Sichteinlagen nicht über 30, für befristete Einlagen nicht über 20 und für Spareinlagen nicht über 10 v. H. betragen. Verbindlichkeiten gegenüber Gebietsfremden dürfen jedoch seit August 1969 mit Sätzen bis zu 100 v. H. belegt werden.

Tabelle 4.9 – *Mindestreservesätze der Deutschen Bundesbank*
Stand 1. Januar 1974
v. H.

Bestand oder Zuwachs an Einlagen von		Sichteinlagen				Befristete Einlagen				Spareinlagen
		Reserveklasse				Reserveklasse				
		1	2	3	4	1	2	3	4	
Gebietsansässigen										8,8
Bestand	Bankplätze:	19,1	17,65	16,2	14,7	13,25	11,75	10,3	8,8	
	Nebenplätze:	14,7	13,25	11,75	10,3					7,35
Zuwachs:		keine besonderen Sätze								
Gebietsfremden										
Bestand	Bankplätze:	35				30				25
	Nebenplätze:									
Zuwachs		keine besonderen Sätze								

Quelle: BBk-Monatsbericht Mai 1974, S. 42*f.

Die Einteilung in Reserveklassen bezieht sich auf die an der Gesamtsumme der reservepflichtigen Verbindlichkeiten gemessene Größe der Bank. Seit Juli 1968 gelten hierbei die in Tabelle 4.10 genannten Kriterien (S. 256).

Maßgebend für die Einordnung eines Kreditinstituts in diese Gruppierung in einem bestimmten Monat ist der Durchschnitt der reservepflichtigen Verbindlichkeiten im jeweiligen Vormonat (§ 7 Abs. 3 AMR). Die Mindestreservesätze

Tabelle 4.10 – *Einteilung der Kreditinstitute in Reserveklassen*

Reserveklasse	Kreditinstitute mit reservepflichtigen Verbindlichkeiten
1	von 1 000 Mill. DM und mehr
2	von 100 Mill. DM bis unter 1 000 Mill. DM
3	von 10 Mill. DM bis unter 100 Mill. DM
4	unter 10 Mill. DM

Quelle: BBk-Monatsbericht Mai 1974, S. 44*.

sind gemäß Tabelle 4.9 für Sicht- und befristete Einlagen um so höher, je größer die Bank ist. Damit wird berücksichtigt, daß der Anteil der Innenumsätze – Verfügungen eines Kunden zugunsten eines Kunden derselben Bank – an den Gesamtumsätzen einer Bank mit ihrer Größe zunimmt. Solche Innenumsätze lassen im Gegensatz zu Außenumsätzen keinen Bedarf an Zentralbankgeld entstehen, so daß die Kreditschöpfungskapazität einer Bank mit ihrer Größe zunimmt.[100] Die höheren Mindestreservesätze sollen dies kompensieren. Die Differenzierung der Sätze nach Bank- und Nebenplätzen soll den Transportvorteil ausgleichen, den eine an einem Bankplatz ansässige Bank gegenüber einer Bank an einem Nebenplatz bei der Beschaffung und Rückgabe von Bargeld hat.

Sind die Sätze für Gebietsfremde höher als für Gebietsansässige, so will die Bundesbank den Zufluß von Devisen für die Geschäftsbanken unattraktiv machen. Die Sätze für Einlagen von Gebietsfremden waren zu dem in Tabelle 4.9 angegebenen Zeitpunkt mehr als doppelt so hoch wie die für Einlagen von Gebietsansässigen. Zu anderen Zeiten gab es jedoch andere Relationen, und während der Rezessionen 1963 und 1967 gab es keine besonderen Sätze für Gebietsfremde. Von Mai 1961 bis einschließlich Dezember 1966 waren Einlagen von Gebietsfremden sogar in Höhe der bei Banken im Ausland gehaltenen Guthaben und Geldmarktanlagen im Ausland von der Mindestreservepflicht befreit. Seit 1960 hat die Bundesbank zur Abwehr von Devisenzuflüssen anderseits das Instrument der *Zuwachsreservesätze* angewandt. Danach kann der Zuwachs an Verbindlichkeiten gegenüber einer Ausgangssituation mit höheren Sätzen belegt werden, um diese Zunahme verstärkt abzuwehren. Solche Sätze wurden auf Einlagen von Ausländern wiederholt, auf Einlagen von Inländern bisher zweimal (1960 und 1970) angewandt.

Ein Kreditinstitut genügt seiner Pflicht zur Haltung von Mindestreserven, wenn seine *Ist-Reserve* sein *Reserve-Soll* erreicht (§ 6 AMR). Beide Größen werden wie folgt berechnet (vgl. auch Konto 4.15, S. 219):
– Das Reserve-Soll ergibt sich durch Anwendung der Reservesätze auf die Monatsdurchschnitte der einzelnen Arten reservepflichtiger Einlagen (§ 7 Abs. 1

---

[100] Der Gedanke läßt sich bis ins Extrem so verfolgen: Existiert in einer Volkswirtschaft nur eine Geschäftsbank, so gibt es nur Innenumsätze, und die Bank muß Zentralbankgeld nur noch für Barabzüge und zur Beschaffung von Devisen bei der Zentralbank bereithalten. Ist die Volkswirtschaft geschlossen und finden alle Zahlungen bargeldlos statt, wird kein Zentralbankgeld gebraucht, und die Kreditschöpfungskapazität der Bank ist nicht begrenzt. Man nennt diese Konstruktion nach dem schwedischen Nationalökonomen KNUT WICKSELL (1851–1926) die *Wicksellsche Idealbank*.

AMR). Diese Durchschnitte werden aus allen Tages-Endständen vom 16. des Vormonats bis zum 15. des laufenden Monats berechnet (§ 8 Abs. 1 AMR). Alternativ können auch nur die Tages-Endstände am 23. und letzten Tag des Vormonats und am 7. und 15. Tag des laufenden Monats herangezogen werden (§ 8 Abs. 2 AMR).

— Die Ist-Reserve wird von der Bundesbank als Durchschnitt aus sämtlichen Tages-Endständen des Guthabens des Kreditinstituts bei der Bundesbank während des laufenden Kalendermonats berechnet und dem Kreditinstitut mitgeteilt (§ 9 AMR). Bargeldbestände werden nicht berücksichtigt.

Diese Handhabung der Mindestreservepflicht zeigt (und sie wird deshalb hier so ausführlich beschrieben), daß die Mindestreserven keineswegs unbewegliche, von der Geschäftsbank nicht einsetzbare Guthaben sind. Da das Reserve-Soll immer nur im Durchschnitt eines Monats erfüllt sein muß, kann während dieser Zeit praktisch beliebig über diese Guthaben verfügt werden, wenn nur innerhalb des gleichen Zeitabschnitts für einen Ausgleich gesorgt wird. Da ferner die Monatsultimo-Termine mit ihren umfangreichen und daher schwieriger zu planenden Geldbewegungen jeweils in die Mitte der Berechnungsperiode für das Reserve-Soll fallen, können unvorhergesehene Unterschreitungen der Reservehaltung jeweils danach noch ausgeglichen werden. Dies wird auch durch die zeitliche Verschiebung zwischen den beiden Berechnungsperioden um einen halben Monat erleichtert.

Unterschreitet die Ist-Reserve einer Geschäftsbank in einem Monat das Reserve-Soll, so hat die Bank auf den Fehlbetrag für 30 Tage den bereits genannten Sonderzins zu zahlen (§ 10 AMR).

Tabelle 4.11 gibt eine Übersicht über die Reservehaltung der Geschäftsbanken in der Bundesrepublik von 1960 bis 1972 jeweils im Dezember. Danach hat sich der Gesamtbetrag der reservepflichtigen Einlagen von 1960 bis 1972 rund vervierfacht (Spalte 2). Der Anteil der Sichteinlagen sank von 29 v.H. auf 23 — 24 v.H., der Anteil der Spareinlagen belief sich überwiegend auf etwas über die Hälfte. In den Zahlen für das Reserve-Soll in Spalte 6 spiegeln sich sowohl die Zusammensetzung der reservepflichtigen Verbindlichkeiten als auch die Mindestreservepolitik der Bundesbank. Ein grober Indikator für diese Politik ist der Quotient aus Reserve-Soll und Gesamtbetrag an reservepflichtigen Verbindlichkeiten. Dieser Satz betrug im Durchschnitt aller in Tabelle 4.11 betrachteten 13 Dezembermonate 8,1 v.H. Im Hochkonjunkturjahr 1960 erreichte er in der Untersuchungsperiode ein Maximum von 12,2 v.H., im Dezember des Rezessionsjahres 1967 war er mit 5,3 v.H. am niedrigsten. Im Laufe der Bemühungen der Bundesbank während des Jahres 1971, die Hochkonjunktur zu bremsen und den Liquiditätszufluß aus dem Ausland zu neutralisieren, wurde im Juni 1971 mit 10,3 v.H. ein weiteres zeitweiliges Maximum für diesen Quotienten erreicht. Danach wurden die Mindestreservesätze mit Wirkung vom 1. November 1971 wieder gesenkt. Im Zuge der massiven Restriktionspolitik der Bundesbank seit dem Frühjahr 1973 stieg der durchschnittliche Reservesatz auf bisher nicht beobachtete Höhen: Im März 1973 lag er bei 13,9 v.H.

Die Ist-Reserve (Spalte 7) lag jeweils nur geringfügig über dem Reserve-Soll, und entsprechend waren die Überschußreserven (Spalte 8) sowie der Quotient aus Überschußreserven und Reserve-Soll (Spalte 9) klein. Hieran zeigt sich das

Tabelle 4.11 – *Mindestreservepflichtige Verbindlichkeiten und Reservehaltung* [a] *der Geschäftsbanken in der Bundesrepublik Dezemberdurchschnitte 1960–1972*

Monats-durchschnitte im Dezember	Reservepflichtige Verbindlichkeiten				Reserve-Soll	Ist-Reserve	Überschußreserven		Summe der Über- | Unter- schreitungen	
	insgesamt	Sicht-	befristete Einlagen	Spar-			Mill. DM	in v. H. des Reserve-Solls	Mill. DM	
				Mrd. DM						
1	2	3	4	5	6	7	8	9	10	11
1960	100,5	29,4	21,8	49,4	12,3	12,5	186	1,5	187	1
1961	111,7	31,7	23,2	56,8	9,0	9,3	367	4,1	368	1
1962	125,7	35,2	24,9	65,5	9,8	10,1	339	3,5	340	1
1963	141,1	38,2	26,2	76,8	10,9	11,2	384	3,5	385	1
1964	157,7	42,0	26,7	89,0	13,4	13,7	251	1,9	253	2
1965	178,8	46,6	27,5	104,7	14,3	14,6	280	2,0	282	2
1966	198,3	46,7	31,4	120,1	15,5	15,7	200	1,3	202	2
1967	230,5	54,5	37,6	138,4	12,2	12,7	437	3,6	439	2
1968	273,7	63,0	51,7	159,1	15,5	16,4	946	6,1	948	2
1969	280,5	67,8	56,9	155,8	16,0	16,5	564	3,5	567	3
1970	306,9	71,3	69,3	166,3	25,7	26,1	320	1,2	326	6
1971	344,9	82,6	77,2	185,1	31,4	31,7	295	0,9	297	2
1972	394,4	95,6	90,2	208,5	43,9	44,5	642	1,5	649	7

[a] Ohne Reservehaltung der Bundespost.
Quelle: BBk-Monatsbericht Mai 1973, S. 44*.

bereits erwähnte Bestreben der Geschäftsbanken, Überschußreserven möglich klein zu halten. Dies gelang ihnen beispielsweise im Jahre 1970 noch sehr viel besser, als es in den Zahlen der Spalte 9 zum Ausdruck kommt: In keinem Monat dieses Jahres überstieg das Verhältnis Überschußreserven zu Reserve-Soll den Wert von 1,5 v. H. Die in Spalte 8 ausgewiesenen Beträge sind Nettogrößen, die sich aus der Summe der Überschreitungen des Reserve-Solls in Spalte 10 abzüglich der Summe seiner Unterschreitungen (Spalte 11) ergeben. Die Beträge in der letzten Spalte zeigen, daß das Instrument des Sonderzinses gemäß § 10 AMR wirksam ist.

Die Reaktionen der Geschäftsbanken auf Änderungen der Mindestreservesätze sind die folgenden. Werden die Sätze gesenkt, so verwandelt sich ein Teil der Zentralbankguthaben der Geschäftsbanken in Überschußreserven. Beispielsweise verringerte sich das Mindestreserve-Soll durch die zehnprozentige Senkung der Reservesätze für Inlandsverbindlichkeiten ab 1. November 1971 um rund 3 Mrd. DM.[101] Für diese Beträge werden sofort Anlagemöglichkeiten gesucht, wobei die Geschäftsbanken in erster Linie daran gehen, ihre Refinanzierung bei der Bundesbank abzubauen, um so ihre Zinsaufwendungen zu senken. Dies betrifft vor allem Lombardkredite. Wechselrediskontkredite können dagegen nicht durch Rückkauf der Wechsel vor deren Fälligkeit getilgt werden, so daß diese Kredite langsamer zurückgehen. Soweit Geschäftsbanken nach Abbau ihrer kurzfristig tilgbaren Verschuldung bei der Bundesbank noch über Überschußreserven verfügen, versuchen sie diese am Geldmarkt anzulegen. Hieraus ergibt sich eine Zinssenkungstendenz am Geldmarkt sowie eine vermehrte Nachfrage nach Geldmarktpapieren bei der Bundesbank.

Eine Erhöhung der Sätze erfordert eine vermehrte Mindestreservehaltung. Beispielsweise wurde durch die Erhöhung der Reservesätze um 15 v. H. für Sicht- und Termineinlagen und um 7,5 v. H. für Spareinlagen ab 1. März 1973 ein Betrag von rund 5 Mrd. DM von freier in gebundene Liquidität überführt[102] (vgl. Konto 4.20, S. 226). Solche Beträge liegen in der Regel weit über den insgesamt vorhandenen Überschußreserven, wie auch aus Spalte 8 von Tabelle 4.11 hervorgeht. Eine einzelne Bank kann jedoch zufällig über eine ausreichende Überschußreserve verfügen, die mit der Reservesatzerhöhung ganz oder teilweise in Mindestreserve verwandelt wird. Die Bank kann auch dann noch zusätzliche Kredite gewähren, wenn sie über zentralbankfähige Aktiva verfügt, jedoch muß sie dann auf die Zentralbank zurückgreifen und damit deren Bedingungen akzeptieren. Dies gilt erst recht für alle Banken, deren Überschußreserven für die Erhöhung der Reserveguthaben nicht ausreichen. Sie werden zu einer Änderung ihrer Bilanzstruktur gezwungen, für die es folgende Möglichkeiten gibt:

– Aufnahme von Darlehen auf dem Geldmarkt, was in der Regel zu einer Zinssteigerung auf diesem Markt führt;
– Vorzeitige Rückgabe von Geldmarktpapieren an die Zentralbank, wodurch sich die freien Liquiditätsreserven und damit die Kreditschöpfungsmöglichkeiten vermindern;

---

[101] Pressenotiz der Deutschen Bundesbank vom 13. Oktober 1971, in: Deutsche Bundesbank, Auszüge aus Presseartikeln, Nr. 84 vom 15. Oktober 1971.
[102] Pressenotiz der Deutschen Bundesbank vom 2. März 1973, in: Deutsche Bundesbank, Auszüge aus Presseartikeln, Nr. 16 vom 2. März 1973.

- Rediskontierung von Handelswechseln, sofern die Rediskontkontingente noch nicht ausgeschöpft sind, mit der gleichen Folge wie eben;
- Abbau von Geldmarktanlagen im Ausland;
- Aufnahme von Lombardkrediten;
- Kündigung gewährter Kredite, um so die Bilanz zu verkürzen und damit das Reserve-Soll zu verringern.

Die zuletzt genannte Reaktion kann sich auch in weniger krassen Formen als Nichtverlängerung oder Einschränkung von Kreditverträgen oder Ablehnung neuer Kreditanträge äußern. Darüber hinaus verschlechtert eine Erhöhung des Mindestreserve-Solls die Ertragslage, da alle Guthaben bei der Bundesbank zinslos sind. Sie kann daher die Geschäftsbanken auch aus diesem Grund veranlassen, die Sollzinssätze und andere Preise zu erhöhen.

Insgesamt geht also von einer kontraktiven Mindestreservepolitik ein direkter und erheblicher Einfluß auf die Liquiditätssituation der Geschäftsbanken aus. Die Kreditschöpfungskapazität wird je nach der Größe des Kreditschöpfungsmultiplikators (vgl. S. 221—225) um ein Mehrfaches des Betrages verringert, um den die freien Liquiditätsreserven zurückgehen. Die Geschäftsbanken können die Mindestreservepolitik in einem Währungssystem mit Devisenankaufspflicht der Zentralbank dadurch unterlaufen, daß sie Kredite im Ausland aufnehmen. Die Bundesbank kann diesen Ausweg jedoch dadurch abschneiden, daß sie den Zuwachs an Auslandsverbindlichkeiten mit einem Zuwachsreservesatz von 100 v. H. belegt. Dem oben als eine Möglichkeit der Reaktion auf eine Reserveerhöhung genannten Abbau von Geldmarktanlagen im Ausland versuchte die Bundesbank beispielsweise im Juli 1969 dadurch entgegenzuwirken, daß sie den damaligen Swapsatz, der ein Deport war, von 7,5 v. H. auf 5,5 v. H. herabsetzte.[103] Damit wurde ein zusätzlicher Anreiz für die Banken geschaffen, wenn schon nicht verstärkt Geldexport zu betreiben, so doch ihre Auslandsanlagen nicht vorzeitig zurückzurufen. Bis zum 5. August 1969 wurde der Swapsatz in mehreren Schritten weiter auf 4 v. H. herabgesetzt.[104]

6. Wirkungsverzögerungen der Geld- und Kreditpolitik. Der Wirtschaftsprozeß kann als die Gesamtheit der im Zeitablauf aufeinander folgenden Aktionen und Reaktionen der Wirtschaftssubjekte gesehen werden. Eingriffe wirtschaftspolitischer Instanzen in diesen Prozeß und damit auch Maßnahmen der Geld- und Kreditpolitik rufen eine Kette zeitlich aufeinanderfolgender Reaktionen hervor, die — im günstigsten Fall — die angestrebten Wirkungen auf die vorgesehenen Variablen haben. Wegen der allgemeinen Reaktionsverzögerung (vgl. Punkt 13 des Denkansatzes, S. 19) verstreicht jedoch mehr oder weniger lange Zeit vom Einsatz einer Maßnahme bis zu dem Zeitpunkt, da die beabsichtigte Wirkung voll oder wenigstens in zufriedenstellendem Ausmaß erreicht ist. Eine mindestens ungefähre Kenntnis dieser *Wirkungsverzögerung*[105] ist für einen erfolgreichen

---

[103] Pressenotiz der Deutschen Bundesbank vom 17.7.1969, in: Deutsche Bundesbank, Auszüge aus Presseartikeln, Nr. 53 vom 18. Juli 1969.

[104] BBk-Monatsbericht August 1969, S. 5 und Oktober 1971, S. 45*.

[105] Bei kontraktiver Kreditpolitik wird in der Wirtschaftspublizistik häufig vom Problem des „Bremsweges" gesprochen. Wirkungsverzögerungen treten auch bei expansiven Maßnahmen auf.

Einsatz der Geld- und Kreditpolitik unerläßlich. Wird etwa eine kontraktive Kreditpolitik kurz vor dem oberen Wendepunkt eines Konjunkturzyklus (vgl. Bild 3.1, S. 122) eingesetzt oder verschärft und sind die Wirkungsverzögerungen der getroffenen Maßnahmen länger als erwartet, so wirken sie sich möglicherweise erst nach dem Wendepunkt aus. Sie verstärken dann den Abschwung (die Rezession) und bewirken damit das Gegenteil dessen, was erreicht werden sollte: Statt antizyklisch wirken sie prozyklisch.

In dem eben genannten Beispiel wurde stillschweigend angenommen, daß sich die wirtschaftspolitischen Instanzen nur über die Länge der Wirkungsverzögerung, nicht jedoch über die Konjunktursituation im Zeitpunkt des Eingreifens irrten. Auch über diese Situation sind jedoch Irrtümer möglich, woraus sich weitere Probleme der Konjunkturpolitik ergeben. Einzelheiten dazu werden im sechsten Kapitel behandelt.

Die Wirkungsverzögerungen beim Einsatz geld- und kreditpolitischer Maßnahmen lassen sich in drei aufeinanderfolgende Phasen einteilen:

Phase 1: Zeit von dem Augenblick, da die Maßnahme getroffen werden müßte, bis zu dem Zeitpunkt, da sie tatsächlich getroffen wird;

Phase 2: Zeit vom Einsatz der Maßnahme bis zur Wirkung auf die Kreditmärkte;

Phase 3: Zeit von den Änderungen auf den Kreditmärkten bis zu den Reaktionen auf den Gütermärkten und damit — möglicherweise mit weiteren Verzögerungen — zur Wirkung auf die wirtschaftspolitischen Zielvariablen.

Phase 1 betrifft die Verzögerungen bei der Konjunkturdiagnose und beim Willensbildungsprozeß der Zentralbank. Man kann sie die *Innenverzögerung* nennen. Hierbei handelt es sich um ein allgemeines Problem wirtschaftspolitischer Instanzen, das im sechsten Kapitel näher behandelt wird. Da die Zentralbank in der Bundesrepublik selbst Produzent originärer Statistiken ist (vgl. S. 239) und im Rahmen ihrer Befugnisse über geld- und kreditpolitische Maßnahmen autonom entscheiden kann, ist die Innenverzögerung bei diesen Maßnahmen in der Bundesrepublik wie auch in anderen Ländern relativ gering.

Die Phasen 2 und 3 bilden zusammen die *Wirkungs-* (oder *Außen*)*verzögerung* der Kreditpolitik. Sie sind im einzelnen aus Bild 4.4 (S. 237) abzulesen, wenn man dieses als Darstellung eines zeitlichen Ablaufs interpretiert. Bei beiden Phasen entsteht bei der Messung der Wirkungsverzögerung das Problem zu entscheiden

— was als Wirkung angesehen werden soll;

— ob und inwieweit beobachtete Wirkungen auf die Maßnahmen der Kreditpolitik oder auf andere Einflüsse zurückzuführen sind.

Da die Erforschung von Wirkungsverzögerungen noch ganz am Anfang steht, können hier nur einige Aspekte behandelt werden. Da zudem die Länge von Wirkungsverzögerungen wesentlich von institutionellen Besonderheiten abhängt, lassen sich auch noch kaum generelle Aussagen machen, die für mehrere Länder gelten würden. Daher wird hier nur auf die Bundesrepublik Bezug genommen. Die Bundesbank hat neben einzelnen Hinweisen in ihren Monats- und Geschäftsberichten erstmals 1968 konkrete Angaben über ihre Einschätzung von Wirkungsverzögerungen gemacht, und zwar am Beispiel der expansiven Kreditpolitik von Mitte 1966 bis Ende 1967. Wie aus Bild 3.2 (S. 124) hervorgeht, waren dies zwei Rezessionsjahre. Bild 4.8 zeigt, nach Kreditmärkten und Gütermärkten getrennt, die Entwicklung einiger wichtiger Zeitreihen, die als *Indikatoren* der Konjunkturentwicklung aufgefaßt werden können. Die Pfeile geben die Zeitspanne in Vierteljahren (Quartalen) von Mitte 1966 bis zu dem Zeitpunkt an, an dem sich eine „nachhaltige Veränderung der Jahreszuwachsrate" (Deutsche Bundesbank; bei den Renditen: Abnahme) feststellen ließ. In bezug auf ihre Maßnahmen unterscheidet die Bundesbank dabei zwei Perioden. Von Mitte bis Ende 1966 ließ sie lediglich eine „Auflockerung des finanziellen Klimas" zu, während sie ab Anfang 1967 eine deutlich expansive Politik trieb. Wie aus Bild 4.5 (S. 243) ersichtlich ist, senkte sie beispielsweise den Diskontsatz von Januar bis Mai 1967 von 5 v.H. auf 3 v.H.

Bild 4.8 − *Wirkungsverzögerungen der Geld- und Kreditpolitik in der Bundesrepublik 1966/67*

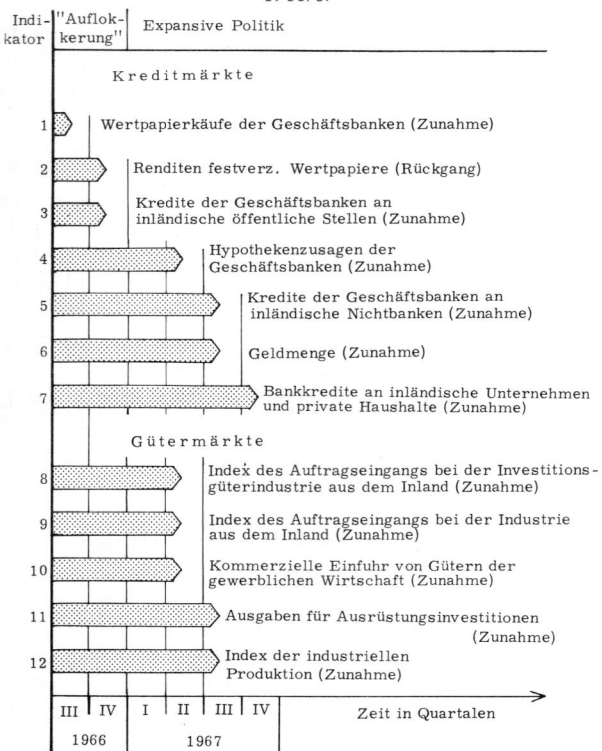

Quelle: BBk-Geschäftsbericht 1967, S. 30.

Die Reaktionen waren im einzelnen die folgenden. Am schnellsten reagierten die Geschäftsbanken mit einer Zunahme ihrer Wertpapierkäufe (Indikator 1). Die Umlaufsrendite festverzinslicher Wertpapiere (Indikator 2) betrug Mitte 1966 über 8 v.H. (vgl. Bild 4.7, S. 246), und die Erwartung einer expansiven Politik begründet jeweils auch die Erwartung fallender Zinssätze und damit steigender Kurse. Im umgekehrten Fall einer restrikten Politik gehören entsprechend Wertpapierverkäufe der Geschäftsbanken zu den frühen Reaktionen, die damit Kursverluste ihrer Wertpapierbestände angesichts steigender Zinssätze vermeiden wollen. Sobald die Geschäftsbanken den Anstoß gegeben haben, beginnen sich auch Nichtbanken an den Rentenmärkten zu engagieren: Die Rendite sinkt. Die Indikatoren 3, 5 und 7 gehören insofern zusammen, als die Kredite an inländische Nichtbanken (Indikator 5) einen Mittelwert aus den Krediten an inländische öffentliche Stellen (Indikator 3) und an inländische Unternehmen und private Haushalte (Indikator 7) darstellen. Der Unterschied in der Reaktionsverzögerung der beiden letztgenannten Indikatoren ist beachtlich. Er ist darauf zurückzuführen, daß die öffentlichen Haushalte von sich aus eine expansive Konjunkturpolitik durch Erhöhung ihrer Ausgaben einleiteten. Die Kreditgewährung an private Wirtschaftssubjekte nahm dagegen erst mit erheblicher Verzögerung zu, wie an den Indikatoren 4 und 7 abzulesen ist. Entscheidend für diese ist in solchen Situationen weniger die Bereitschaft und Fähigkeit der Geschäftsbanken, neue Kredite zu gewähren, als die Absicht der Unternehmen, vermehrt zu investieren und dazu Kredite aufzunehmen. Anders ausgedrückt: Für den Erfolg einer expansiven Kreditpolitik ist der Umschwung in der Investitionstätigkeit und damit die Kreditnachfrage, nicht jedoch das Kreditangebot entscheidend.

Von den Indikatoren der Güternachfrage reagieren die Indizes der Auftragseingänge (Indikatoren 8 und 9), wie zu erwarten, früher als die Indizes der Investitionsausgaben (Indikator 11) und der industriellen Produktion (Indikator 12). Zur Kritik an dieser Untersuchung ist zu sagen, daß die Reaktionen auf den Gütermärkten nicht allein als Folge kreditpolitischer Maßnahmen angesehen werden können. 1967 wurde mit zwei Zusatzhaushalten des Bundes eine expansive Finanzpolitik getrieben, und allein schon die öffentliche Diskussion und Ankündigung solcher Maßnahmen kann die privaten Ausgaben anregen und damit expansiv wirken.

7. Grenzen der Kreditpolitik und Reformvorschläge. Die Erfahrungen mit der Anwendung geld- und kreditpolitischer Maßnahmen in den industrialisierten Ländern mit marktwirtschaftlicher Ordnung seit den fünfziger Jahren haben insgesamt zu dem Schluß geführt, daß ihre Wirkungsmöglichkeiten recht begrenzt sind. Als Gründe hierfür sind im einzelnen zu nennen:

- Bei Devisenankaufspflicht der Zentralbank und freiem internationalem Kapitalverkehr kann jede nationale Geld- und Kreditpolitik, die zu Abweichungen von der internationalen Zins- und Liquiditätssituation führt, durch Gegenreaktionen in- und ausländischer Geschäftsbanken und Nichtbanken wirkungslos gemacht werden;
- In dem bis März 1973 herrschenden Währungssystem des Internationalen Währungsfonds traten immer wieder Spekulationswellen auf. Sie zwingen zu Gegenmaßnahmen, die der gerade angezeigten Geld- und Kreditpolitik zuwiderlaufen können;
- Auch wenn die Geld- und Kreditpolitik nicht durch außenwirtschaftliche Transaktionen beeinträchtigt wird, kann die Zentralbank beispielsweise in der Bundesrepublik Zinssätze und Kreditangebot nur indirekt über die Reak-

tionen von Geschäftsbanken und sonstigen Anbietern und Nachfragern auf den Kreditmärkten beeinflussen;
- Der Einfluß von Zinssätzen auf die Güternachfrage ist vermutlich insgesamt gering, und er wird wahrscheinlich um so kleiner, je höher die Geldentwertungsrate ist;
- Geld- und kreditpolitische Maßnahmen können nur über viele Zwischenvariable auf die gesamtwirtschaftlichen Ziele wirken. Ihre Wirkungen unterliegen daher vielen nicht beherrschbaren weiteren Einflüssen und verzögern sich in nicht vorhersehbarer Weise.

Die Beeinträchtigung der Geld- und Kreditpolitik durch außenwirtschaftliche Transaktionen und damit das Problem ihrer *außenwirtschaftlichen Absicherung* ist seit dem Ende der sechziger Jahre immer mehr in den Vordergrund getreten. In der Bundesrepublik wurde 1972/73 versucht, dieser Probleme dadurch Herr zu werden, daß man zwei ordnungspolitische Prinzipien wie folgt aufgab:
- Das Prinzip des freien internationalen Kapitalverkehrs durch Einführung der Bardepotpflicht und einer Genehmigungspflicht für den Erwerb von DM-Wertpapieren durch Ausländer;
- Das dem Abkommen über den Internationalen Währungsfonds zugrundeliegende Prinzip der nur innerhalb einer engen Bandbreite schwankenden Währungskurse durch Aufhebung der Interventionspflicht der Bundesbank gegenüber dem US-Dollar.

Seitdem interveniert die Bundesbank nur noch an den Märkten für einige ausgewählte Währungen, braucht Spekulationswellen nur noch in geringerem Maße zu fürchten und ist seit dem Frühjahr 1973 in der Lage, eine extrem restriktive Kreditpolitik zu treiben.

Zum Problem der nur indirekten Wirkungsweise der Geld- und Kreditpolitik wird eine Reihe von Reformvorschlägen diskutiert, mit denen insbesondere der Zentralbank ein direkter Einfluß auf das Kreditangebot der Geschäftsbanken eingeräumt werden soll. Vorgeschlagen wird,
- eine *Kreditplafondierung*;
- Mindestreserven auf Bankaktiva
einzuführen.

Kreditplafondierung (auch *Kreditrationierung, -limitierung, -kontingentierung* oder *quantitative Kreditkontrolle* genannt) bedeutet, daß den einzelnen Geschäftsbanken Höchstbeträge für Kredite an Nichtbanken vorgeschrieben werden. Diese Höchstbeträge sind die Kreditplafonds. Sie können als absolute Beträge oder als v. H.-Sätze der ausstehenden Kredite an einem Stichtag vorgegeben und auch so festgesetzt werden, daß das gesamte Kreditvolumen verringert werden muß. Geschäftsbanken müssen dann eingehende Tilgungsbeträge stillegen, Kreditlinien kürzen oder Kredite kündigen.

Mit der Kreditplafondierung wird das Kreditangebot von einer Zwischenvariablen (wie in Bild 4.4, S. 237) zu einer wirtschaftspolitischen Instrumentvariablen. Sie ist damit im Prinzip geeignet, eine restriktive Kreditpolitik wirksamer zu machen, weil das gesamte Kreditvolumen festgelegt werden kann und die Wirkungsverzögerung verringert wird. Die bisherigen Erfahrungen mit diesem Instrument in mehreren europäischen Ländern haben allerdings gezeigt, daß es vielerlei Umgehungsmöglichkeiten gibt. Werden nicht alle Kredite plafondiert, weichen Nachfrager auf nicht betroffene Kreditarten aus; werden nur die Geschäftsbanken der Plafondierung unterworfen, verstärken die anderen Institute des Finanzsektors ihre Kreditgewährung. Kann der Finanzsektor keine zusätzlichen Kredite mehr gewähren, so können sich Produktionsunternehmen durch Emission von Schuldtiteln vermehrt Direktkredite über den Kapitalmarkt bei privaten Haushalten beschaffen; und ohne außenwirtschaftliche Absicherung wird die Plafondierung durch vermehrte Kreditaufnahme im Ausland unterlaufen.

In der Bundesrepublik gibt es bisher keine gesetzliche Grundlage für eine Kreditplafondierung und nur einen Versuch, ein solches Verfahren zu praktizieren. Im Februar 1951 machte die Bank deutscher Länder den Geschäftsbanken die Auflage, ihre kurzfristigen Kredite an Produktionsunternehmen (außer Export- und Ernteeinlagerungskrediten) bis Ende Mai 1951 um insgesamt 1 Mrd. DM zu senken.[106] Diese „Kreditrückführungsaktion" war unter den damaligen Umständen im wesentlichen erfolgreich. Das Instrument wurde jedoch nicht in das Bundesbankgesetz von 1957 und auch nicht in das Stabilitätsgesetz von 1967 aufgenommen, obwohl dies damals diskutiert wurde[107], sich sowohl der Sachverständigenrat[108] als auch die Kommission für die Finanzreform[109] dafür aussprachen und die Bundesbank erklärte, sie stehe diesem Instrument „im Prinzip positiv" gegenüber.[110]

Der zweite oben genannte Vorschlag, eine Mindestreserve auf Bankaktiva, praktisch also auf Kredite an Nichtbanken, einzuführen, wurde im Dezember 1972 von der Bundesbank gemacht.[111] Danach soll die Bundesbank ermächtigt werden, für jeden Zuwachs an Krediten das Halten zusätzlicher Mindestreserven durch die betreffende Geschäftsbank zu verlangen. Damit würde eine Bardepotpflicht für Inlandskredite eingeführt, nur daß die Pflicht zur Haltung dieses Depots dem Kreditgeber und nicht wie beim Bardepot für Auslandskredite (vgl. S. 249) dem Kreditnehmer auferlegt würde. Zwar führt auch bei dem jetzigen System der Passiv-Mindestreserve jede zusätzliche Kreditgewährung zu einer zusätzlichen Reservehaltung (vgl. Konto 4.15, S. 219), jedoch nicht notwendig bei der kreditgewährenden Bank. Verfügt beispielsweise der Kreditnehmer zugunsten eines Kunden einer anderen Bank, so nehmen die Einlagen und damit das Mindestreserve-Soll bei der anderen Bank zu. Die Pflicht zur Erhöhung der Reservehaltung durch die kreditgewährende Bank würde dagegen nach Ansicht der Bundesbank dieser Bank den unmittelbaren Kausalzusammenhang zwischen Kreditgewährung und Reservehaltung klarmachen und sich somit „besser als Instrument der Kreditbeeinflussung (eignen)". Zweck ist auch hierbei die Verkürzung des „Bremsweges".

Der bisher radikalste Reformvorschlag befaßt sich nicht mit Einzelheiten wie der Erweiterung des kreditpolitischen Instrumentariums. Er läuft darauf hinaus,

[106] Geschäftsbericht der Bank deutscher Länder für das Jahr 1951, S. 7 f.
[107] MÖLLER [6.30], S. 308–310.
[108] SR-Gutachten 1965/66, Ziffer 197.
[109] Kommission für die Finanzreform: Gutachten über die Finanzreform in der Bundesrepublik Deutschland. 2. Aufl. Stuttgart u. a. 1966, Ziffer 527.
[110] BBk-Geschäftsbericht 1965, S. 24 f.
[111] BBk-Geschäftsbericht 1972, S. 28.

das bisherige Verfahren der *diskretionären Kreditpolitik*, gemäß der die Zentralbank jeweils auf Grund ihrer Einschätzung der konjunkturellen Situation von Fall zu Fall über ihre Maßnahmen entscheidet, abzuschaffen und stattdessen unabhängig von der Konjunkturlage nur noch dafür zu sorgen, daß die Geldmenge mit einer konstanten Rate wächst. Da die Geldmenge und nicht die Zinssätze im Mittelpunkt der theoretischen Begründung dieser Wirtschaftspolitik steht, nennt man ihre Anhänger auch *Neo-Quantitätstheoretiker* oder *Monetaristen*. Zu ihren führenden Köpfen zählt M. FRIEDMAN.[112] Ihre Hypothesen und Argumente lauten etwa

(a) Änderungen der Geldmenge beeinflussen die Nachfrage auf den Gütermärkten in gleicher Richtung.

(b) Erhöhungen der Geldmenge verursachen bei ausgelasteten Produktionskapazitäten Preissteigerungen.

(c) Eine diskretionäre Kreditpolitik muß sich wie jede Wirtschaftspolitik an Indikatoren orientieren. Indikatoren sind Zeitreihen ökonomischer Variabler, an deren Änderungen sowohl die jeweilige Konjunktursituation als auch die Wirkungen wirtschaftspolitischer Eingriffe abgelesen werden können. Eben diese doppelte Anzeigefunktion aber läßt das Problem entstehen, wie im konkreten Fall entschieden werden soll, ob eine beobachtete Änderung eines Indikators eine Folge der Konjunkturentwicklung oder eine Folge wirtschaftspolitischer Maßnahmen ist. Beispielsweise können steigende Zinssätze sowohl als Folge vermehrter Kreditnachfrage bei konstantem Kreditangebot im Verlauf eines Konjunkturaufschwungs oder bei steigendem Zinsniveau im Ausland als auch als Folge von Zinssatzerhöhungen der Zentralbank auftreten. Wählt man die Geldmenge als Indikator und interpretiert ihre Expansion als Zeichen für einen Konjunkturaufschwung und damit für kontraktive Maßnahmen, so kann dies dann eine Fehlinterpretation sein, wenn die Geldmengenzunahme durch die Erwartung steigender Zinssätze herbeigeführt wird. Dies gilt besonders dann, wenn die Geldmenge unter Einschluß geldnaher verzinslicher Forderungen ohne Kursrisiko definiert wird (wie die Geldmenge M_2 der Bundesbank[113]). Eine an monetären Indikatoren orientierte Kreditpolitik läuft somit Gefahr von Fehldiagnosen und damit von prozyklischen Maßnahmen.

(d) Die Wirkungen von Geldmengenänderungen und anderen kreditpolitischen Maßnahmen unterliegen unstabilen zeitlichen Verzögerungen. Eine Untersuchung für die Vereinigten Staaten ergab, daß sie von 5 bis 24 Monaten reichen können. Dies macht eine diskretionäre Kreditpolitik sinnlos, da sie in unbekanntem Maße antizyklisch wie prozyklisch wirken kann. Angesichts des beherrschenden Einflusses der Geldmenge gemäß den Hypothesen (a) und (b) wird eine Verstetigung des Konjunkturablaufs am besten dadurch gefördert, daß man die Geldmenge mit einer konstanten jährlichen Rate wachsen läßt. Diese Rate sollte der langfristigen Wachstumsrate der Produktionskapazität angepaßt werden und zwischen 2 und 5 v.H. pro Jahr betragen.

Die Diskussion über diese Hypothesen und Argumente ist seit Jahren im

---

[112] MILTON FRIEDMAN (geb. 1912), amerikanischer Nationalökonom.
[113] Vgl. VRW³, S. 213–215.

Gange. Bei ihrer Übertragung von den Vereinigten Staaten etwa auf die Bundesrepublik ist zu beachten, daß jedes Geld- und Kreditsystem institutionelle Besonderheiten hat. Beobachtungen beispielsweise über das Verhalten der Geschäftsbanken, über Zusammenhänge zwischen der zeitlichen Entwicklung von Geldmenge und Sozialprodukt oder über Wirkungsverzögerungen in den Vereinigten Staaten dürfen nicht ohne weiteres als auch für die Bundesrepublik gültig unterstellt werden. Dies gilt auch für die aus dem monetaristischen Konzept folgenden wirtschaftspolitischen Empfehlungen. Die Kritik an diesem Konzept stützt sich unter anderem auf Hypothesen und Argumente wie

— Die Geldmenge hängt von der Geldnachfrage ab, die ihrerseits eine Funktion des Sozialprodukts und der Zinserwartungen ist. Die Zentralbank kann die Geldmenge nicht direkt, etwa über Offenmarktoperationen, sondern höchstens indirekt über die Zinssätze beeinflussen. Dies gilt besonders dann, wenn es hohe Bestände an geldnahen Forderungen gibt. Deren Inhaber können sie jederzeit monetisieren und dadurch Versuche der Zentralbank neutralisieren, die Geldmenge zu verringern. Außerdem können die Wirtschaftssubjekte auf solche Versuche mit einer Erhöhung der Transaktionshäufigkeit des Geldes reagieren.

— Änderungen der Geldmenge haben keinen unmittelbaren Einfluß auf die Nachfrage nach Gütern und damit auch nicht auf die Preisentwicklung. Diese ergibt sich aus der Produktivitätsentwicklung und der Lohnpolitik der Gewerkschaften einerseits und der Preispolitik der Unternehmen andererseits.

— Der Konjunkturverlauf wird nicht allein durch kreditpolitische Maßnahmen beeinflußt und kann daher auch nicht allein durch den Verzicht auf diese verstetigt werden. Unkontrollierbare Störungen gehen insbesondere von außenwirtschaftlichen Transaktionen aus. Dieser Einwand wird von den Monetaristen akzeptiert und mit dem Vorschlag beantwortet, die außenwirtschaftliche Absicherung durch den Übergang zu frei schwankenden Währungskursen vorzunehmen. Gegeneinwand ist, daß dadurch neue Probleme entstehen.

Die hiermit angesprochenen Probleme sind derzeit weitgehend ungelöst. Die Diskussion ist jedoch im Gegensatz zu früheren geldtheoretischen Kontroversen von unmittelbarer Bedeutung für die wirtschaftspolitische Praxis; und es wird in zunehmendem Maße versucht, Thesen und Gegenthesen durch empirische Untersuchungen zu stützen. Die neueste Entwicklung ist dadurch gekennzeichnet, daß man vermehrt monetäre Variable in gesamtwirtschaftliche ökonometrische Modelle einbaut und durch Simulationen und Tests versucht, insbesondere den Transmissionsmechanismus vom Einsatz kreditpolitischer Instrumentvariabler zu den gesamtwirtschaftlichen Zielvariablen zu klären.

Fragen, Diskussionsthemen und Übungsaufgaben zum vierten Kapitel

(01) Am 15. April 1971 galten folgende Paritätskurse: 3,66 DM/US-Dollar, 2,40 US-Dollar/Pfund Sterling, 18 dänische Kronen/Pfund Sterling, 7,14286 norwegische Kronen/US-Dollar. Beantworten Sie zur Illustration der Tatsache, daß das Fehlen einer allgemeinen Recheneinheit Rechenarbeit verursacht, die Frage, ob man damals für eine D-Mark mehr dänische oder mehr norwegische Kronen bekam.

(02) Erläutern Sie am Beispiel dreier Devisenkurse, wie Arbitrage funktioniert.

(03) Erläutern Sie die Transformationsfunktionen des Finanzsektors.

(04) Stellen Sie aus den S. 190, Anm. 26 genannten Gesetzen die Vorschriften für Vermögensanlage und Kreditgewährung zusammen und erläutern Sie ihre ökonomische Bedeutung.

(05) Warum kann die Bilanzierung von Forderungen etwas mit der Zinsentwicklung zu tun haben (S. 207)? Vgl. dazu VRW^3, S. 40.

(06) Diskutieren Sie die Aussage:

„… nicht die einzelne Bank, wohl aber die Gesamtheit der im Abrechnungsverkehr miteinander verbundenen Geld- und Kreditinstitute ist zu jenem ‚Schöpfungsakt' befähigt, durch den im Verlauf einer Intensivierung der wirtschaftlichen Aktivität der Gesamtwirtschaft ‚zusätzlicher Kredit', richtiger: zusätzliches Buchgeld entsteht." (G. SCHMÖLDERS [4.47], S. 83.)

(07) Wenden Sie die Mindestreservesätze aus Konto 4.15 (S. 219) auf die Bankbilanz von Konto 4.6 (S. 214) an und berechnen Sie das Mindestreserve-Soll in v.H. der Bilanzsumme (es sei nur ein Stichtag maßgebend). Hätte die Bank ihr Soll erfüllt? Klären Sie die Angelegenheit durch Heranziehung eines Monatsberichts der Bundesbank.

(08) Stellen Sie anhand statistischer Angaben in den Monatsberichten der Deutschen Bundesbank fest, ob die Geschäftsbanken der Bundesrepublik dazu neigen, am 31. Dezember jeden Jahres durchschnittlich höhere Überschußreserven zu halten als an anderen Tagen.

(09) Was haben die Banken in der Bundesrepublik in den letzten Jahren getan, um den bargeldlosen Zahlungsverkehr zu fördern?

(10) Kann eine Zunahme der Interbankverschuldung den Kreditspielraum
(a) einer Geschäftsbank,
(b) eines Geschäftsbankensystems
erhöhen?

(11) Kann man sagen, der Geldhaltungskoeffizient k (vgl. S. 60 f.) gebe an, welchen Teil des Volkseinkommens die Wirtschaftssubjekte insgesamt in Form von Kasse zu halten wünschten (so ROSE, Kompendium … [I.20], Bd 1, S. 203)?

(12) Was halten Sie von der Hypothese, daß in einer (einzel- oder gesamtwirtschaftlichen) Geldangebotsfunktion der Zinssatz als Erklärungsvariable auftreten müsse, und zwar so, daß das Geldangebot mit steigendem Zinssatz zunimmt?

(13) In einer geschlossenen Volkswirtschaft mit den vier Sektoren Unternehmen, Staat, Arbeiterhaushalte und Beamtenhaushalte finden folgende mit Geld abzuwickelnde Transaktionen statt: Die Unternehmen zahlen einmal monatlich 80 (etwa: Mrd. GE) Löhne an die Arbeiterhaushalte und 20 Steuern an den Staat. Der Staat zahlt einmal monatlich 20 Einkommen an die Beamten. Die Beamten kaufen sukzessive monatlich für 20, die Arbeiter für 80 Konsumgüter von den Unternehmen.
(a) Wie hoch ist die durchschnittliche Geldhaltung der vier Sektoren?
(b) Welche Geldmenge ist zur Abwicklung des Einkommenskreislaufs erforderlich?
(c) Wie hoch ist die Transaktionshäufigkeit des Geldes?
(d) Wie lange wird eine Geldeinheit im Durchschnitt zwischen zwei Einsätzen im Einkommenskreislauf gehalten?

(14) Wie groß ist gemäß Gleichung (4.6) S. 231 die Elastizität der Geldhaltung in bezug auf
(a) den Umsatz,
(b) den Zinssatz?

(15) Wie wirkt sich vermutlich eine allgemeine Einführung von Scheckkarten auf die Geldhaltung zu Transaktionszwecken aus?

(16) Welche im zweiten und dritten Kapitel erörterten gesamtwirtschaftlichen Verhaltenshypothesen sind in Bild 4.4 (S. 237) dargestellt?

(17) Warum liegt der Zinssatz für Wechseldiskontkredite auch nach Aufhebung der Zinsbindung immer unter dem Zinssatz für Kontokorrentkredite, aber immer über dem Bundesbank-Diskontsatz (vgl. Bild 4.6, S. 244)?

(18) Sind die Abgabesätze für Geldmarktpapiere gleich der Rendite der in ihnen angelegten Mittel?

(19) Wenn die Bundesbank wie Anfang Juni 1971 unverzinsliche Schatzanweisungen mit

einer Laufzeit von 12 Monaten zum Abgabesatz von 5 7/8 v. H. verkauft: Wie hoch ist die Rendite einer solchen Anlage?

(20) Die Bundesbank hat den Geschäftsbanken gelegentlich erlaubt, ihre reservepflichtigen Auslandsverbindlichkeiten rechnerisch um ihre Auslandsguthaben zu vermindern. Hindert oder fördert das den Geldexport durch die Geschäftsbanken?

(21) Wie müßte die Bundesbank ihre Swapsatz-Politik gestalten, um auch dann einen Anreiz für Geldexporte durch die Geschäftsbanken zu schaffen, wenn die Zinssätze im Inland höher sind als im Ausland?

(22) Angenommen, es gebe in einer geschlossenen Volkswirtschaft nur eine Bank (WICK-SELLS Idealbank, vgl. S. 256). Gibt es für die Geldschöpfung dieser Bank eine Grenze analog zu der durch Gleichung (4.2) S. 224 gegebenen Grenze?

(23) Angenommen, die Zentralbank betreibt kontraktive Offenmarktpolitik mit Nichtbanken (vgl. Kontensystem 4.23 − 4.25, S. 252), wobei diese die Papiere bar bezahlen. Bleibt dann eine Liquiditätswirkung auf die Geschäftsbanken aus?

(24) Warum ist das Interesse einer Bank an der Hereinnahme einer Einlage um so geringer, je größer der Mindestreservesatz für diese zusätzliche Verbindlichkeit ist?

(25) Gemäß § 1 Abs. 2(e) der AMR sind Kreditinstitute, die zu mehr als 90 v. H. ihres Geschäftsvolumens langfristige Kredite gewähren, von der Pflicht zur Haltung von Mindestreserven ausgenommen. Einige dieser Institute klagten dagegen vor dem Bundesverwaltungsgericht (und verloren den Prozeß 1973). Welches Interesse können solche Institute daran haben, Mindestreserven halten zu müssen?

(26) Von Vertretern der Geschäftsbanken wird immer wieder gefordert, die Mindestreserven zu verzinsen.

(a) Schätzen Sie den Erlösausfall der Geschäftsbanken in der Bundesrepublik 1972 auf Grund der Mindestreservepflicht und erläutern Sie auch die Problematik Ihres Verfahrens.

(b) Welche Argumente könnte die Bundesbank für die Beibehaltung der Zinslosigkeit geltend machen?

(27) Die Deutsche Bundesbank gibt in jedem Geschäftsbericht die qualitativen Anforderungen an Kreditpapiere bekannt, bei deren Erfüllung diese als bundesbankfähig gelten. Ist die Gestaltung dieser Anforderungen ein kreditpolitisches Instrument, oder könnte sie es sein?

(28) Nennen Sie die wichtigsten Gründe dafür, daß Kreditpolitik nur begrenzt wirksam sein kann.

(29) Was spricht dagegen, auf eine diskretionäre Kreditpolitik zu verzichten?

Literatur zum vierten Kapitel

Allgemeines:

In diesem Anhang werden nur Titel genannt, die sich nur oder überwiegend mit Fragen des nationalen Geld- und Kreditwesens befassen. Die zunächst aufgeführten zusammenfassenden Darstellungen und Sammelwerke behandeln jeweils mehrere Gebiete aus dem Gesamtbereich Geld und Kredit. Anschließend wird Spezialliteratur zu den sechs Teilen dieses Kapitels genannt.

Eine Übersicht zum Thema nach dem Stand von 1962 samt einer Literaturliste mit 129 Titeln gibt

[4.01] H. G. JOHNSON: Monetary Theory and Policy. AER, Vol. 52, 1962, S. 335 − 384. Wieder abgedruckt in: Surveys [I.17], Vol. I; THORN [4.06].

Der Aufsatz ist auch zusammen mit einem Artikel über neuere Entwicklungen der Geldtheorie enthalten in

[4.02] H. G. JOHNSON: Essays in Monetary Economics. 1967, 2. Aufl. London 1969. XVI, 332 S.
Deutsch: Beiträge zur Geldtheorie und Geldpolitik. Berlin 1969. 342 S.

Heutige Probleme der Geldtheorie behandeln, wobei der erstgenannte Titel mehr für Fortgeschrittene geeignet ist,

[4.03] E.M. CLAASSEN: Probleme der Geldtheorie. Berlin u.a. 1970. VII, 320 S.
[4.04] H.-J. JARCHOW: Theorie und Politik des Geldes. I. Geldtheorie. 1973, 2. Aufl. Göttingen 1974. 320 S. – II. Geldmarkt, Bundesbank und geldpolitisches Instrumentarium. 1974. 212 S.
[4.05] O. ISSING: Einführung in die Geldtheorie. Heidelberg 1974. VIII, 164 S.

Eine Nennung auch nur der bekannteren englischsprachigen Lehrbücher würde zuviel Platz beanspruchen. PRAGER [4.08] zählt S. X f. allein 24 amerikanische „leading textbooks" auf. Einige Sammelwerke sind

[4.06] R. S. THORN (Hg.): Monetary Theory und Policy. Major Contributions to Contemporary Thought. New York 1966. XI, 672 S.

Der Band enthält 26 Artikel in sechs durch kurze Zusammenfassungen eingeleiteten Abteilungen, darunter Geldnachfrage, Geldangebot, Zinstheorie und Geldpolitik sowie eine ebenso gegliederte Bibliographie. Das gleiche Verfahren befolgen

[4.07] S. MITTRA (Hg.): Money and Banking. Theory, Analysis, and Policy. A Textbook of Readings. New York 1970. XIX, 624 S.

Enthält 101 kurze Lesestücke in 29 Kapiteln über eine Vielzahl von Themen mit Schwergewicht in der Geld- und Kreditpolitik.

[4.08] J. PRAGER (Hg.): Monetary Economics. Controversies in Theory and Policy. New York 1971. XVI, 432 S.

Hier werden 57 kurze Lesestücke geboten, die in 10 Gebiete eingeteilt sind, darunter Gelddefinition, Banktheorie, Geldpolitik, Inflation und Internationale Währungspolitik. Viele Beiträge sind ebenso wie die von MITTRA [4.07] auch für Anfänger geeignet, zumal sie ebenfalls durch kurze Darstellungen der jeweiligen Probleme eingeleitet werden.

[4.09] W.E. GIBSON, G.G. KAUFMAN (Hg.): Monetary Economics: Readings on Current Issues. New York u.a. 1971. XIV, 509 S.

Enthält 37, in sechs Gruppen eingeteilte Aufsätze aus Zeitschriften und Sammelwerken. Anspruchsvoller als MITTRA [4.07] und PRAGER [4.08], gibt die Sammlung einen hervorragenden Überblick über den derzeitigen Stand der Forschung auf dem Gebiet Geld und Kredit. Den Versuch einer Zusammenfassung von Lehrtext und Lesestücken bieten

[4.10] J.T.BOORMAN,T.M.HAVRILESKY: Money Supply, Money Demand and Macroeconomic Models. Boston 1972. XIII, 513 S.

Die neueste deutschsprachige Sammlung ist

[4.11] K. BRUNNER, H.G. MONISSEN, M.J.M. NEUMANN (Hg.): Geldtheorie. Köln 1974. 407 S.

Zu den Teilen I und II:

Eine elementare Darstellung von Geldfunktionen und Kreditmärkten, auf die sich einige Ausführungen in den Teilen I und II dieses Kapitels stützen, enthält Teil A des Buches

[4.12] T. SCITOVSKY: Money and the Balance of Payments. Chicago 1969. IX, 188 S.

Eine gründliche Diskussion der Geldfunktionen unter Heranziehung der umfangreichen Literatur gibt

[4.13] R. Schilcher: Geldfunktionen und Buchgeldschöpfung. Ein Beitrag zur Geldtheorie. 1958, 2. Aufl. Berlin 1973. 219 S.

Eine Untersuchung über die europäischen Hyperinflationen ist

[4.14] P. Cagan: The Monetary Dynamics of Hyperinflation. In: M. Friedman: Studies in the Quantity Theory of Money. Chicago 1956, S. 25–117.

Eine systematische modelltheoretische Untersuchung der Funktionsweise von Finanzsektor und Kreditmärkten enthält

[4.15] J.G. Gurley, E.S. Shaw: Money in a Theory of Finance. Washington 1960. XIV, 371 S.

Zu Teil III:

Finanzsektor und Kreditmärkte der Bundesrepublik werden vor allem von der Bundesbank laufend statistisch erfaßt und im Hinblick auf die konjunkturelle Entwicklung und die Eingriffe wirtschaftspolitischer Instanzen analysiert. Heranzuziehen sind die BBk-Monats- und Geschäftsberichte sowie die Statistischen Beihefte zu den Monatsberichten, Reihe 1: Bankenstatistik und Reihe 2: Wertpapierstatistik. Für die Angaben im Text wurden benutzt

[4.16] Statistische Beihefte zu den Monatsberichten der Deutschen Bundesbank, Reihe 1: Bankenstatistik nach Bankengruppen, April 1974.

[4.17] Statistische Beihefte zu den Monatsberichten der Deutschen Bundesbank, Reihe 2: Wertpapierstatistik, April 1974.

Einführende Lehrbücher über viele Aspekte des Geld- und Kreditwesens in der Bundesrepublik sind neben Büschgen [4.27]

[4.18] C. Köhler: Geldwirtschaft. Erster Band: Geldversorgung und Kreditpolitik. Berlin 1970. XX, 373 S.

[4.19] H.-D. Deppe: Betriebswirtschaftliche Grundlagen der Geldwirtschaft. Bd 1: Einführung und Zahlungsverkehr. Stuttgart 1973. XVI, 480 S.

Untersuchungen des Finanzsektors und der Kreditmärkte der Bundesrepublik sind

[4.20] E. Brehmer: Struktur und Funktionsweise des Geldmarktes der Bundesrepublik Deutschland seit 1948. Zugleich eine theoretische Grundlegung für Geldmärkte im allgemeinen. 1956, 2. Aufl. Tübingen 1964. V, 194 S.

[4.21] H. Lipfert: Der Geldmarkt. 1962, 7. Aufl. Frankfurt 1970. 100 S.

[4.22] W. Stützel: Banken, Kapital und Kredit in der zweiten Hälfte des zwanzigsten Jahrhunderts. In: Strukturwandlungen einer wachsenden Wirtschaft. Hg. von F. Neumark. Berlin 1964, S. 527–575.

[4.23] M. Overhaus: Die Entwicklung des Kapitalmarktes in der Bundesrepublik Deutschland seit 1958. Tübingen 1969. V, 98 S.

[4.24] H.E. Büschgen: Der deutsche Geldmarkt. Wien 1969. 69 S.

[4.25] U. Schirmer: Der Einfluß paramonetärer Institutionen auf die Vermögensbildung, das Kreditangebot und die Geldpolitik. Berlin 1971. 239 S.

Nachschlagewerke besonders für institutionelle Einzelheiten des Geld- und Kreditwesens in der Bundesrepublik sind in VRW³, S. 230 genannt.

Zu Teil IV:

Die Erforschung des Verhaltens von Geschäftsbanken ist Gegenstand der *Bankbetriebslehre*, bei der mehr als in anderen Wirtschaftszweiglehren neben betriebswirtschaftlichen auch volkswirtschaftliche Gesichtspunkte zu berücksichtigen sind. Neuere Lehrbücher sind

[4.26] K. F. HAGENMÜLLER: Der Bankbetrieb. Bd I: Strukturlehre, Kapitalbeschaffung der Kreditinstitute. Bd II: Aktivgeschäfte und Dienstleistungsgeschäfte. Bd III: Rechnungswesen, Bankpolitik. 1964, 3. Aufl. Wiesbaden 1970. 306, 366, 506 S.
[4.27] H. E. BÜSCHGEN: Bankbetriebslehre. Wiesbaden 1972. 653 S.

Einzeluntersuchungen des Geschäftsbankensektors der Bundesrepublik sind

[4.28] W. STÜTZEL: Bankpolitik heute und morgen. Ein Gutachten. Frankfurt 1964. 108 S.
[4.29] Bericht der Bundesregierung über die Untersuchung der Wettbewerbsverschiebungen im Kreditgewerbe und eine Einlagensicherung. Bundestagsdrucksache V/3500 vom 18. November 1968. X, 257 S.
[4.30] L. MÜLHAUPT: Strukturwandlungen im westdeutschen Bankwesen. Wiesbaden 1971. XV, 427 S.
[4.31] Neuere Geschäftsentwicklung der Bankengruppen. BBk-Monatsbericht Mai 1974, S. 24−50.

Das Problem der Geldschöpfungskapazität eines Bankensystems wird häufig behandelt, so bei SCHNEIDER [I.23], S. 24−67; KÖHLER [4.18], S. 110−131; SCHILCHER [4.13], S. 103−202. Eine neuere Darstellung unter einzelwirtschaftlichen Gesichtspunkten enthält

[4.32] H.-D. DEPPE: Bankbetriebliches Wachstum. Funktionalzusammenhänge und Operations Research in Kreditinstituten. Stuttgart 1969. XV, 294 S.

Zur Liquiditätsanalyse der Bundesbank und zum Geldmengenproblem vgl.

[4.33] Erläuterungen zur Liquiditätsanalyse der Bundesbank. BBk-Monatsbericht Juli 1970, S. 28−37; sowie BBk-Monatsbericht Juli 1974, S. 14−23.
[4.34] H. SCHLESINGER: Gesamtwirtschaftliche Finanzierungsrechnung und monetäre Analyse. In: G. BOMBACH (Hg.): Studien zur Geldtheorie und monetäre Ökonometrie. Berlin 1972, S. 199−220.
[4.35] H. MATTFELDT: Das Geldmengenproblem. Empirische Untersuchungen in der Bundesrepublik. Berlin 1973. 224 S.

Empirische Untersuchungen über das Geldangebot sind

[4.36] U. WESTPHAL: Theoretische und empirische Untersuchungen zur Geldnachfrage und zum Geldangebot. Tübingen 1970. V, 145 S.
[4.37] W. SALOMO: Geldangebot und Zentralbankpolitik. Eine Studie zur Theorie des Geldangebots. Tübingen 1971. IV, 152 S.
[4.38] J. SIEBKE, M. WILLMS: Das Geldangebot in der Bundesrepublik Deutschland. Eine empirische Analyse für die Periode von 1958 bis 1968. Zeitschrift für die gesamte Staatswissenschaft, 126. Bd 1970, S. 55−74.

Zu Teil V:

Elementare Darstellungen der Theorie der Geldnachfrage finden sich als Teil des KEYNESschen Modells in vielen Lehrbüchern, vgl. dazu die Angaben S. 115. Für darüber hinausgehende Darstellungen, in denen auch in die Theorie der Vermögensanlage unter Unsicherheit eingeführt wird, vgl. CLAASSEN [4.03], S. 120−169; JARCHOW [4.04], Bd I, S. 57−113. Eine Einführung in Theorien der Geldnachfrage mit einer Diskussion empirischer Überprüfungsversuche ist

[4.39] D. E. W. LAIDLER: The Demand for Money: Theories and Evidence. Scranton 1969. XIII, 128 S.

Die Anwendung des Lagerhaltungsmodells auf die Geldhaltung wurde in den folgenden beiden Aufsätzen vorgenommen und wird danach häufig als „BAUMOL-TOBIN-Ansatz" bezeichnet:

[4.40] W.J. Baumol: The Transactions Demand for Cash: An Inventory Theoretic Approach. QJE, Vol. 66, 1952, S. 545—556. Wieder abgedruckt in: Thorn [4.06].

[4.41] J. Tobin: The Interest-Elasticity of Transactions Demand for Cash. REStat, Vol. 38, 1956, S. 241—247.

Eine zusammenfassende Darstellung des Ansatzes unter Betonung einzelwirtschaftlicher Fragestellungen, die aber auch eine Übersicht über gesamtwirtschaftliche Anwendungen enthält, ist

[4.42] D. Orr: Cash Management and the Demand for Money. New York u.a. 1970. XII, 212 S.

Neuere empirische Untersuchungen über die Geldnachfrage sind (vgl. auch Westphal [4.36]):

[4.43] M. Friedman: The Demand for Money. Some Theoretical and Empirical Results. JPE, Vol. 67, 1959, S. 327—351. Wieder abgedruckt in: Thorn [4.06].

[4.44] A. Woll: Die Theorie der Geldnachfrage: Analytische Ansätze und statistische Ergebnisse für die Bundesrepublik Deutschland. Zeitschrift für die gesamte Staatswissenschaft, 125. Bd 1969, S. 56—81.

[4.45] V. Bergen: Theoretische und empirische Untersuchungen zur längerfristigen Geldnachfrage in der Bundesrepublik Deutschland (1950—1967). Tübingen 1970. X, 259 S.

[4.46] K.W. Roskamp, G.S. Laumas: The Demand for Monetary Assets in the West German Economy: Evidence from Short-Run Data. Zeitschrift für die gesamte Staatswissenschaft, 126. Bd 1970, S. 468–483.

Zu Teil VI:

Allgemeines. Zusammenfassende Darstellungen der Geld- und Kreditpolitik geben

[4.47] G. Schmölders: Geldpolitik. 1962, 2. Aufl. Tübingen u.a. 1968. XI, 437 S.

[4.48] F.M. Tamagna: Processes and Instruments of Monetary Policy: A Comparative Analysis. In: Commission on Money and Credit: Monetary Management. Englewood Cliffs 1963, S. 1—174. (Übersicht über das kreditpolitische Instrumentarium in 15 Ländern.)

[4.49] R.H. Strotz: Empirical Evidence on the Impact of Monetary Variables on Aggregate Expenditure. In: G. Horwich (Hg.): Monetary Process and Policy. A Symposium. Homewood 1967, S. 295–315.

[4.50] K. Wieners: Geldpolitik und Wirtschaftswachstum. Die Wirkungen der restriktiven Geldpolitik auf das Wirtschaftswachstum und seine Komponenten. Freiburg 1969. 228 S.

[4.51] G. Fisher, D. Sheppard: Effects of Monetary Policy on the United States Economy. A Survey of Econometric Evidence. Paris 1972. 128 S.

Die Schrift referiert die Ergebnisse ökonometrischer Forschungen in den Vereinigten Staaten über den Einfluß monetärer Variabler auf Komponenten der gesamtwirtschaftlichen Endnachfrage und enthält eine Literaturliste mit 153 Titeln. Eine internationale Übersicht bietet

[4.52] K. Holbik (Hg.): Monetary Policy in Twelve Industrial Countries. Federal Reserve Bank of Boston 1973. XXVII, 587 S.

In mehreren Ländern gab es nach dem zweiten Weltkrieg (wie schon früher) umfassende Untersuchungen des Geld- und Kreditwesens und seiner Institutionen, aus denen auch die jeweiligen theoretischen Erkenntnisse und wirtschaftspolitischen Möglichkeiten hervorgehen. Zusammenfassungen der bekanntesten, jeweils vielbändigen Untersuchungen sind für Großbritannien der *Radcliffe-Report:*

[4.53] *Committee on the Working of the Monetary System:* Report. Presented to Parliament by the Chancellor of the Exchequer by Command of Her Majesty. Cmnd. 827. London 1959. VIII, 374 S.

für die Vereinigten Staaten:

[4.54] *Commission on Money and Credit:* Money and Credit. Their Influence on Jobs, Prices, and Growth. Englewood Cliffs 1961. XIV, 285 S.

Sammelwerke von Aufsätzen zur Geld- und Kreditpolitik sind

[4.55] E. Dürr (Hg.): Geld- und Bankpolitik. Köln u.a. 1969. 498 S.
[4.56] K. Brunner (Hg.): Targets and Indicators of Monetary Policy. San Francisco 1969. XIII, 335 S.

Das Problem der Wirkungsverzögerungen kreditpolitischer Maßnahmen wird, obwohl von großer praktischer Bedeutung, erst seit Ende der fünfziger Jahre systematisch erforscht. Einen wesentlichen Anstoß dazu gab Friedman, der Aussagen dazu vor Ausschüssen des US-Kongresses und in mehreren Publikationen machte. Eine Zusammenfassung seiner Ansichten ist

[4.57] M. Friedman: The Lag in Effect of Monetary Policy. JPE, Vol. 69, 1961, S. 447–466.

Das Ergebnis der ersten systematischen Untersuchung für die Vereinigten Staaten ist

[4.58] J. Kareken, R.M. Solow: Lags in Monetary Policy. In: Commission on Money and Credit: Stabilization Policies. Englewood Cliffs 1963, S. 14 – 96.

Eine zusammenfassende Darstellung der neuen Quantitätstheorie mit einigen wichtigen Texten ihrer Anhänger und Kritiker enthält

[4.59] P. Kalmbach (Hg.): Der neue Monetarismus. München 1973. 303 S.

Bundesrepublik. Einzelheiten über die Geld- und Kreditpolitik der Bundesbank sind ihren Monats- und Geschäftsberichten zu entnehmen. Die institutionellen Regelungen sind im Gesetz über die Deutsche Bundesbank in der jeweils geltenden Fassung sowie in den Loseblattsammlungen

[4.60] Allgemeine Geschäftsbedingungen der Deutschen Bundesbank
[4.61] Mitteilungen der Deutschen Bundesbank. Frankfurt am Main (1973 im 26. Jg.)

enthalten. Der jährlich im Mai für das abgelaufene Jahr erscheinende Geschäftsbericht der Bank enthält eine Übersicht über die jeweils gültigen kreditpolitischen Regelungen. Einzelheiten werden auch bei Hagenmüller [4.26], Bd I, S. 252 – 279 mitgeteilt. Erläuterungen und Kommentare zu den jeweiligen Maßnahmen der Geld- und Kreditpolitik finden sich außerdem in den Jahres- und Sondergutachten des Sachverständigenrates, in den Publikationen der Wirtschaftsforschungsinstitute und in der Wirtschaftspresse. Ein Kommentar zum Gesetz über die Deutsche Bundesbank ist

[4.62] J.v. Spindler, W. Becker, O.-E. Starke: Die Deutsche Bundesbank. Grundzüge des Notenbankwesens und Kommentar zum Gesetz über die Deutsche Bundesbank. Für Wissenschaft und Praxis. 1957, 4. Aufl. Stuttgart u.a. 1973. XXIII, 631 S.

Untersuchungen verschiedener Aspekte der Institution Bundesbank sind

[4.63] O. Lampe: Die Unabhängigkeit der Deutschen Bundesbank. Eine verfassungsrechtliche und verwaltungsrechtliche Untersuchung. München 1971. VI, 112 S.
[4.64] R. Pohl: Geldtheoretische Analysen der Deutschen Bundesbank als Elemente einer Strategie der Überredung. Ein Beitrag zur Theorie und Praxis nationalökonomischer Sprachkritik. Berlin 1971. 102 S.

[4.65] D. Duwendag (Hg.): Macht und Ohnmacht der Bundesbank. Frankfurt 1973. 230 S.

Ihr Instrumentarium hat die Bundesbank selbst beschrieben in

[4.66] Die währungspolitischen Institutionen und Instrumente in der Bundesrepublik Deutschland. (Sonderdruck des Kapitels „Bundesrepublik Deutschland" der von der EWG hg. Studie „Die Währungspolitik in den Ländern der Europäischen Wirtschaftsgemeinschaft — Institutionen und Instrumente —". Frankfurt o. J. (1972). 89 S.

Die Geld- und Kreditpolitik in der Bundesrepublik behandeln

[4.67] H. Müller: Die Politik der deutschen Zentralbank 1948—1967. Eine Analyse der Ziele und Mittel. Tübingen 1969. V, 99 S.
[4.68] W. Neubauer: Strategien, Techniken und Wirkungen der Geld- und Kreditpolitik. Eine theoretische und empirische Untersuchung für die Bundesrepublik Deutschland. Göttingen 1972. 337 S.
[4.69] H. Schlesinger, H. Bockelmann: Monetary Policy in the Federal Republic of Germany. In: Holbik [4.52], S. 161–213.

Zum Problem der Wirkungsverzögerung kreditpolitischer Maßnahmen in der Bundesrepublik vgl. neben den S. 262 f. erwähnten Angaben der Bundesbank

[4.70] H. Müller: Die Bedeutung der time lags für die Wirksamkeit der Geld- und Kreditpolitik in der Bundesrepublik Deutschland. WA, Bd 100, 1968, S. 272—287.
[4.71] E. Dürr: Time Lags der Geldpolitik. Systematik der Zusammenhänge, Ursachen und Verkürzungsmöglichkeiten. Kredit und Kapital, 3. Jg. 1970, S. 129—148.

Zu der in Abschnitt VI.7 behandelten Frage der Grenzen der Geld- und Kreditpolitik in der Bundesrepublik sowie über Reformvorschläge, soweit sie sich nicht auf die Reform des internationalen Währungssystems beziehen, vgl.

[4.72] H. Irmler: Möglichkeiten und Grenzen der Kreditpolitik. Tübingen 1971. 21 S.
[4.73] E. Dürr: Reform der Geldpolitik statt Konzertierter Aktion. In: E. Hoppmann [6.48], S. 139—177.
[4.74] S. Bredemeier: Erfahrungen mit der Kreditplafondierung. Berlin 1972. 191 S.
[4.75] A. Oberhauser: Geldpolitik als Liquiditätspolitik. Ein Vorschlag zur Neugestaltung des geldpolitischen Instrumentariums. Kredit und Kapital, 5. Jg. 1972, S. 373—406.
[4.76] C. Köhler (Hg.): Geldpolitik — kontrovers. Köln 1973. 174 S.

Fünftes Kapitel

Wirtschaftssysteme

In diesem Kapitel werden zunächst einige zentrale ökonomische Probleme genannt, die aus der allgemeinen und angesichts stets wachsender Bedürfnisse prinzipiell nicht abschaffbaren Güterknappheit entstehen und in jeder Gesellschaft gelöst werden müssen. Die Lösungen konstituieren das jeweilige Wirtschaftssystem. Sodann werden die beiden in den entwickelten Ländern heute vorherrschenden Systeme, das marktwirtschaftlich-kapitalistische und das zentralgeleitet-sozialistische, in ihren Grundzügen diskutiert, und es wird eine Übersicht über die Hauptpunkte der Kritik an beiden Systemen gegeben. Damit soll für den, der in den ständigen Prozeß der Änderung der Systeme eingreifen will oder sich sonst für ihn interessiert, eine Hilfestellung geboten und die Teilnahme an der systemkritischen Diskussion erleichtert werden. Es wird dabei auch versucht, die den Aussagen über Merkmale von Wirtschaftssystemen zugrundeliegenden Werturteile offenzulegen und das Problem der Abwägung zwischen Vor- und Nachteilen zu zeigen.

I. Grundprobleme und Beurteilung von Wirtschaftssystemen

1. Ökonomische Grundprobleme der Gesellschaft. In einer arbeitsteiligen Volkswirtschaft sind zu jedem Zeitpunkt politische Entscheidungen über eine Reihe ökonomischer Grundprobleme in Kraft, die jeden Einwohner des Landes berühren. Die wichtigsten dieser Probleme lassen sich in drei Fragen zusammenfassen:

1. Wer bestimmt auf Grund welchen Mandats und in Verfolgung welcher Ziele darüber, welche Güter zu welcher Zeit an welchen Orten in welchen Mengen mit welchen Verfahren produziert werden?

2. Wie werden die Produktions-, Angebots- und Nachfrageentscheidungen in bezug auf die Vielzahl einzelner Güter koordiniert?

3. Nach welchen Kriterien werden die Güter auf unterschiedliche Verwendungszwecke und auf Personen verteilt?

Man kann diese Probleme zusammenfassend als das *Produktions-*, das *Koordinierungs-* und das *Verteilungsproblem* bezeichnen. Die beiden erstgenannten enthalten die Frage, in welchen Produktionszweigen die knappen Produktionsfaktoren in welchen Mengen eingesetzt werden sollen, das Problem der *Allokation der Ressourcen.* Alle drei Probleme lassen sich in Teilprobleme gliedern, für die jeweils mehrere Lösungen, entweder in der Praxis einzelner Länder oder als Vorschlag, existieren. So kann die Bestimmung über Art, Mengen, Standorte und Verfahren der Güterproduktion einzelnen Personen (etwa Unternehmer-Kapitalisten), Ausschüssen, die von Personengruppen (Arbeiterkollektiven, Genossenschaften, Aktionären) einzusetzen sind, oder einem zentralen Planbüro übertragen werden. Zum Produktionsproblem gehören auch die Frage nach der Art und Wirksamkeit von Leistungsanreizen; nach der Art und Weise, in der Produktion gemäß dem ökonomischen Prinzip belohnt und Verschwendung bestraft wird; und das Problem der Verlagerung von Produktionskosten bestimmter Güter von Produzenten und Nachfragern auf Unbeteiligte. Ein wichtiger Aspekt des Koordinierungsproblems ist die Frage, auf welche Weise Informationen über die Bedürfnisse von Millionen Menschen mit unterschiedlichen Einkommen, Präferenzen und Interessenlagen an die Produzenten gelangen sollen. Zum Verteilungsproblem gehören Entscheidungen darüber, welche Teile des Sozialprodukts investiert und welche den öffentlichen Haushalten zur Produktion öffentlicher Dienstleistungen zur Verfügung gestellt werden sollen; welcher Teil der Konsumgüterproduktion nach welchen Kriterien an nichtarbeitsfähige Personen verteilt und wie die unterschiedlichen Arten von Arbeitsleistungen entlohnt werden sollen.

Die Existenz dieser Probleme folgt aus der Tatsache, daß ökonomische Güter im Vergleich zu den mit ihnen erfüllbaren Bedürfnissen knapp sind. Da die Mehrproduktion vieler Güter mit einer Zunahme der Bedürfnisse einhergeht und mit neuen Gütern neue Bedürfnisse entstehen, kann die allgemeine Knappheitssituation auch mit einer noch so großen Produktionszunahme auch langfristig nicht beseitigt werden. Von den Entscheidungen über die genannten Fragen hängt es ab, wie die Interessenlage der sozioökonomischen Gruppen einer Volkswirtschaft ist; wer wieviel Macht über andere ausübt; wie Einkommen, Freizeit und Mitbestimmungsrechte verteilt sind; welches Ausmaß Beschäftigungsschwankungen annehmen und wie stark das Sozialprodukt wächst.

2. Systematik und Vergleich von Wirtschaftssystemen.

Die Art und Weise, in der in einer Volkswirtschaft über die genannten ökonomischen Grundprobleme zu einer bestimmten Zeit entschieden ist, konstituiert ihr *Wirtschaftssystem*. Jedes solche System ist das Ergebnis historischer Entwicklung, das heißt menschlicher Entscheidungen, und ändert sich in Einzelheiten ständig. Angesichts vieler Probleme mit meist mehreren Lösungsmöglichkeiten erscheint es nicht sinnvoll, eine möglichst vollständige Systematik denkbarer Wirtschaftssysteme aufzustellen. Stattdessen wird hier wie üblich davon ausgegangen, daß die beiden erstgenannten Probleme besonders wichtig sind und daß jeweils zwei Verfahren zu ihrer Lösung als Einteilungsmerkmale dienen. Beim Produktionsproblem bestehen diese Verfahren darin, Privateigentum an Produktionsmitteln als eine der denkbaren Vorkehrungen, das Mandat über Produktionsentscheidungen zu verleihen, zuzulassen oder nicht zuzulassen. Die beiden Verfahren beim Koordinierungsproblem sind[1]:
1. *Einzelplanung* (oder *dezentralisierte Planung*): Alle Wirtschaftssubjekte stellen selbständig Pläne auf, die von keiner übergeordneten Stelle koordiniert werden. Sie richten sich dabei an Preisen aus, die

---

[1] Vgl. zur Eigentumsverfassung und zum Koordinierungsproblem auch die einführenden Bemerkungen in VRW[3], S. 19–21.

1.1 sich entweder auf Märkten mit jeweils vielen Anbietern und Nachfragern bilden, zwischen denen *polypolistische Konkurrenz* herrscht, oder

1.2 von Wirtschaftssubjekten oder Gruppen autonom festgesetzt werden oder sich aus Verhandlungen ergeben;

2. *Zentralplanung:* Die Pläne werden von einer zentralen Behörde, die auch die Preise festsetzt, als Teile eines Gesamtplans aufgestellt und koordiniert. Sie sind für die Wirtschaftssubjekte vollzugsverbindlich.

Demnach ergibt sich folgendes Schema zur Einteilung von Wirtschaftssystemen, in das die hier benutzten Bezeichnungen eingetragen sind:

Tabelle 5.1 – *Systematik von Wirtschaftssystemen anhand zweier Merkmale*

Eigentums-verfassung	Koordination der Wirtschaftspläne durch		
	Preisbildung		eine zentrale Behörde
	auf polypolistischen Märkten	mittels autonomer Festsetzungen oder Verhandlungen	
Privateigentum an Produktionsmitteln	marktwirtschaftlich-kapitalistische Systeme		zentralgeleitet-kapitalistisches System Staatskapitalismus
	Konkurrenz-kapitalismus	Monopol-kapitalismus	
Kein Privateigentum an Produktionsmitteln	marktwirtschaftlich-sozialistische Systeme		zentralgeleitet-sozialistisches System Staatssozialismus
	Konkurrenz-sozialismus	Monopol-sozialismus	

Alle bisher realisierten Systeme sind Mischsysteme und lassen sich daher nur nach ihren Hauptmerkmalen in dieses Schema „reiner" Systeme einordnen. Gemäß einer verbreiteten Ansicht herrschte in den am weitesten entwickelten Ländern etwa seit Beginn des 19. Jahrhunderts bis zum ersten Weltkrieg (1914) eher Preisbildung auf polypolistischen Märkten vor, während in den heutigen westlichen Ländern viele wichtige Preise durch Großunternehmen, auf Grund von Verhandlungen oder Absprachen oder auf Grund staatlicher Vorschriften festgesetzt werden, ohne daß alle Anbieter etwa Monopole wären. Züge eines zentralgeleitet-kapitalistischen Systems gab es während beider Weltkriege in vielen westlichen Ländern, im Deutschen Reich auch in der Zwischenkriegszeit. Das zentralgeleitet-sozialistische System erlebte seine Blütezeit von 1929–1965 in der Sowjetunion, es ist seitdem durch den Einbau marktwirtschaftlicher Elemente reformiert worden. Die Konstruktion eines marktwirtschaftlich-sozialistischen Systems ist beispielsweise in Jugoslawien versucht worden.

Die Benennung von Wirtschaftssystemen ist insofern problematisch, als sie nur pauschal geschehen kann und die dabei üblichen Bezeichnungen stark werthaltig sind (vgl. S. 16). Ein Wirtschaftssystem ist „kapitalistisch", wenn Privateigentum an Produktionsmitteln besteht, im anderen Fall ist es „sozialistisch". Die Werthaltigkeit dieser Bezeichnungen und der dazugehörigen Substantive zeigt sich beispielsweise daran, daß viele Menschen mit „Kapitalismus" die Vorstellung

„Ausbeutung der Arbeiter", andere mit „Sozialismus" die Vorstellung „Unfreiheit" verbinden. Wie pauschal die Bezeichnungen sind, zeigt sich daran, daß etwa das Wirtschaftssystem der Bundesrepublik von heute ebenso wie das der deutschen Staaten vor 150 Jahren „Kapitalismus" genannt wird ungeachtet der seither eingetretenen bedeutenden Änderungen. Man kann diesen Änderungen durch Bezeichnungen wie „Früh"- und „Spätkapitalismus" Rechnung tragen, aber „Spätkapitalismus" suggeriert die Erwartung, das System stehe kurz vor seinem Ende. Diese Erwartung kann man hegen, sollte sie aber vielleicht nicht schon in der Wortwahl ausdrücken (vgl. die S. 15 vertretene Haltung zum Bezeichnungsproblem). Auch die Bezeichnung „Marktwirtschaft" ist strittig. Manche Autoren reservieren sie für ein System, in dem Wirtschaftspläne überwiegend durch unter Konkurrenzbedingungen entstehende und von keinem Anbieter und Nachfrager beeinflußbare Preise koordiniert werden und lehnen sie daher für die heutigen westlichen Länder als unzutreffend ab.[2] Mit der Beibehaltung der Bezeichnung „Marktwirtschaft" werde nur versucht, die für dieses System geltend gemachten Vorzüge auch für das heutige System zu beanspruchen. Das Bezeichnungsproblem ist in Tabelle 5.1 nicht gelöst, die üblichen werthaltigen Bezeichnungen sind beibehalten, und der Wandel des marktwirtschaftlich-kapitalistischen Systems ist durch die Verwendung von „Konkurrenz-" und „Monopolkapitalismus" angedeutet.[3] Der Kürze halber wird im Text auch von „kapitalistischen" und „sozialistischen" Ländern gesprochen. Wenn vom „marktwirtschaftlichen System" die Rede ist, so ist damit immer das marktwirtschaftlich-kapitalistische System gemeint.

Wirtschaftssysteme werden miteinander verglichen und beurteilt, um beispielsweise Ansatzpunkte für Kritik an einem System oder für die Entscheidung darüber zu finden, wo man leben möchte. Dabei wird ein System im Ergebnis häufig pauschal als „besser" oder einem anderen „überlegen" bezeichnet. Die Systemvergleichen zugrundeliegenden Werturteile kann man wie folgt systematisch offenlegen. Zunächst sind einzelne Merkmale in beiden Systemen miteinander zu vergleichen und, beispielsweise mit Hilfe eines Punktsystems, mehr oder weniger positiv oder negativ zu bewerten. Angesichts der fast unbegrenzten Beliebigkeit von Werturteilen kann es dabei vorkommen, daß dasselbe Merkmal von einem Beurteiler positiv, von einem anderen negativ bewertet wird. Zu einem Gesamturteil sind dann alle Einzelbewertungen heranzuziehen. Dabei zeigt sich in der Regel, daß ein System A nicht in allen Merkmalen einem System B als über- oder unterlegen angesehen wird. Die Einzelbewertungen müssen dann mit Hilfe eines Wägungsschemas zusammengefaßt werden. Ein solches Schema läßt in der Regel erkennen, daß nicht alle Merkmale als gleich wichtig betrachtet werden. Es beruht seinerseits auf Werturteilen, in denen sich ebenso wie in der Bewertung der Merkmale die soziale Herkunft und/oder die Interessenlage des Beurteilers spiegeln können. Jeder Systemvergleich läuft damit auf ein Abwägungsproblem hinaus, und jedes Gesamturteil über Wirtschaftssysteme basiert auf Sätzen von Werturteilen. Gesamt- wie Einzelurteile über Wirtschaftssysteme können

---

[2] Etwa PAPANDREOU [5.23], S. 3.
[3] ELLIOTT [5.04] zählt S. 353f. 21 englischsprachige Bezeichnungen für den heutigen Kapitalismus auf.

daher nicht objektiv (oder wissenschaftlich) in dem Sinne sein, daß mehrere Beobachter unabhängig voneinander zu gleichen Ergebnissen kommen müßten.

Bei einem Systemvergleich muß zunächst entschieden werden, ob man die Idealbilder (oder *Konzeptionen*) von Systemen, also die Vorstellungen davon, wie sie funktionieren sollten, oder die (tatsächlich realisierten) Systeme selbst miteinander vergleichen will. Es ist jedenfalls unzulässig, ein Idealbild eines Systems A mit den Realitäten eines Systems B zu vergleichen, wie dies von Verteidigern der beiden Hauptsysteme gelegentlich getan wird. Einige Probleme von Systemvergleichen sind:

− Es ist prinzipiell unmöglich, ein Wirtschaftssystem vollständig zu beschreiben, also alle möglicherweise für einen Vergleich wichtigen Merkmale zu nennen. Die Nennung einiger Merkmale und die Nichtnennung anderer bedeutet aber, daß auch hinter der jeweiligen Auswahl Werturteile stehen. Dies gilt damit auch für die folgenden Erörterungen.

− Behauptungen über ein System sind von Tatsachen zu unterscheiden, oder anders ausgedrückt, Systeme sind nicht nach den mit ihnen angestrebten Zielen, sondern nach ihrer Praxis zu beurteilen. Wird beispielsweise von einem System behauptet, in ihm gebe es keine unfreiwillige Arbeitslosigkeit, so ist zu prüfen, ob dies tatsächlich der Fall ist und ob nicht verdeckte Arbeitslosigkeit in Form bezahlter, aber unterbeschäftigter Arbeitskräfte besteht. Zu einer gründlichen Analyse gehört hierbei ferner die Untersuchung der Frage, inwieweit die Beseitigung der Arbeitslosigkeit durch Mindererreichung anderer Ziele, etwa des Ziels der Produktivitätssteigerung, erkauft wird.

− Konkrete Volkswirtschaften haben zu verschiedenen Zeiten unterschiedliche Hauptprobleme. Ein wesentlicher Aspekt des Produktionsproblems war in der Sowjetunion zumindest während der ersten 50 Jahre ihres Bestehens die Industrialisierung, während heute in den dichtbesiedelten Industrieländern Westeuropas der Aspekt der Industrialisierungsfolgen immer mehr in den Vordergrund tritt.

− Das Wirtschaftssystem ist in jedem Land Teil des Gesellschaftssystems und eng mit diesem verflochten. Mit den Entscheidungen über die ökonomischen Grundprobleme sollen *gesellschaftliche Endziele* erreicht und damit Werturteile verwirklicht werden, die über den wirtschaftlichen Bereich hinausgehen (*metaökonomische Ziele*). Aus dieser Verflechtung (oder *Systeminterdependenz*) ist zu folgern, daß sich Systemvergleiche nicht auf Lösungen − wie immer abgegrenzter − ökonomischer Probleme im engeren Sinne beschränken dürfen. Gemäß einem weithin akzeptierten Werturteil sind ökonomische Probleme sogar eher zweitrangig. Als wichtiger gelten beispielsweise Fragen der gesellschaftlichen Organisation wie die Frage der Machtverteilung, die dem einzelnen Bürger gewährleisteten Möglichkeiten zur Lebensgestaltung und die ihm auferlegten Risiken, die Tendenz zur Ausdehnung der Verwaltungstätigkeit oder die Frage nach den Verfahren zur Besetzung leitender Positionen. Unvermeidbar wird damit bei einem Systemvergleich der Kompetenzbereich von Wirtschaftswissenschaftlern überschritten. Sie sind folglich gehalten, diesen Bereich zu erweitern, zumal es keine aus der Natur der Sache heraus abgrenzbare Bereiche der Sozialwissenschaft gibt. Anderenfalls wären nur Systemvergleiche möglich, die in wesentlichen Punkten unvollständig sind und damit auch bewußt von Anhängern des einen oder anderen

Systems dazu eingesetzt werden könnten, sich auf die positiv bewerteten Aspekte eines Systems zu beschränken.[4]

Die Existenz gesellschaftlicher Endziele (auch *letzte Ziele* oder *Leitbilder* genannt) macht es bei einem Systemvergleich notwendig, diese Ziele zu ermitteln und zu untersuchen, inwieweit das jeweilige Wirtschaftssystem geeignet ist, die Erreichung dieser Ziele zu fördern. Endziele sind Bestandteile eines Systems grundlegender Werturteile (oder *Grundnormen*) und damit einer *Weltanschauung* (oder *Ideologie*[5]), mit der ein Menschenbild erläutert, bestehende oder angestrebte soziale Zustände gerechtfertigt und Motive für systemkonformes Verhalten bereitgestellt werden sollen. Endziele sind pauschal formuliert, und es überrascht wenig, daß Freiheit, (sozialer) Friede, Gerechtigkeit, (soziale) Sicherheit und Wohlstand, die als Endziele des marktwirtschaftlich-kapitalistischen Systems genannt werden[6], wörtlich auch für den Sozialismus in Anspruch genommen werden: Der Sozialismus „hat seine Überlegenheit als Gesellschaftsordnung des Friedens, der Freiheit, der Gerechtigkeit, des Wohlstands und der sozialen Sicherheit in der Praxis bewiesen."[7] Historisch verständlich ist insbesondere „Freiheit" so positiv werthaltig, daß im Liberalismus, der weltanschaulichen Grundlage des marktwirtschaftlich-kapitalistischen Systems, „freie Betätigung (des Individuums) in allen menschlichen Lebensbereichen"[8] ebenso ein Endziel ist wie im Kommunismus, von dem ENGELS schrieb, in ihm werde „so viel von allen Lebensbedürfnissen produziert …, daß jedes Mitglied der Gesellschaft dadurch in den Stand gesetzt wird, alle seine Kräfte und Anlagen in vollständiger Freiheit zu entwickeln und zu betätigen."[9] Da in den heute existierenden Systemen tatsächlich erhebliche Unterschiede in den Möglichkeiten des einzelnen Bürgers bestehen, sein Leben zu gestalten, muß das Pauschalziel „Freiheit" in eine Reihe individueller Freiheiten und Rechte aufgelöst werden. Dazu kann man den Katalog der Freiheiten und Rechte heranziehen, die in Europa in einem jahrhundertelangen Prozeß von dem aufkommenden Bürgertum gegen die adelige und geistliche Führungsschicht des feudalistischen Gesellschaftssystems durchgesetzt wurden.[10] Zu

---

[4] So hält beispielsweise LANGE [5.83], S. 109, einen Vergleich der Effizienz von staatlichen Angestellten als Betriebsleiter in einem sozialistischen System mit der von leitenden Angestellten kapitalistischer Unternehmen für wichtig, befaßt sich aber mit dem Argument nicht mit ihm, er gehöre in den Bereich der Soziologie und nicht der ökonomischen Theorie.

[5] Die Bezeichnung „Ideologie" wird überwiegend negativ werthaltig gebraucht und hier vermieden. In Diskussionen wird der gegnerische Standpunkt häufig als „ideologisch" denunziert, während die eigene Position, obwohl genau so auf einem, nur eben anderen, Werturteilssystem beruhend, als ideologiefrei und womöglich als „sachlich gerechtfertigt", auf „Sachentscheidungen" beruhend oder zu solchen führend, gesehen wird. Vgl. auch VRW³, S. 80, Aufgabe (11).

[6] GIERSCH [6.02], S. 68; ORTLIEB, DÖRGE [6.06], Bd I, S. 51.

[7] Autorenkollektiv [5.61], S. 23.

[8] SCHACHTSCHABEL [5.12], S. 54.

[9] F. ENGELS: Grundsätze des Kommunismus, 1847. In: MEW, Bd 4, S. 370.

[10] Sie werden daher und wohl auch, weil sie zunächst überwiegend nur von Angehörigen des Bürgertums in Anspruch genommen werden konnten, häufig „bürgerliche Freiheiten" genannt. Synonyme sind heute auch „Grundfreiheiten", „Grundrechte" und „Menschenrechte". Zusammenstellungen enthalten die „Allgemeine Erklärung der Menschenrechte" der Vereinten Nationen von 1948 (deutscher Text in: Vereinte Nationen. Zeitschrift für die Vereinten Nationen und ihre Sondergebiete. Bonn, 16. Jg. 1968, Heft 1, S. 1f.), die Konvention der Mitgliedstaaten des Europarates zum Schutze der Menschenrechte und

den wichtigsten zählen in diesem Zusammenhang die Gleichheit vor dem Gesetz, das Recht auf ordnungsgemäßes öffentliches Gerichtsverfahren, auf Mitwirkung bei der politischen Willensbildung und auf politisches Asyl, das Verbot der Diskriminierung auf Grund persönlicher Merkmale (wie Geschlecht, Rasse, Herkunft), die Freiheit der Religionsausübung und des religiösen Unterrichts, die Versammlungs- und Vereinigungsfreiheit, die Freiheit der Meinungsäußerung und der Beschaffung und Verbreitung von Informationen, die Freiheit der Wahl des Wohnortes innerhalb des Landes und des Betretens und Verlassens des Landes (Freizügigkeit), das Recht auf Ausbildung, Arbeit, soziale Sicherheit und Eigentum, die Freiheit der Berufswahl. Alle diese Freiheiten und Rechte sind auslegungsbedürftig und zum Teil durch Gesetze beschränkt, so daß jeweils im einzelnen geprüft werden muß, inwieweit sie verwirklicht sind.

3. Systemkritik. Jede Konzeption eines Wirtschaftssystems beruht einerseits auf gewissen Annahmen, insbesondere in bezug auf Ziele und Verhaltensweisen der Wirtschaftssubjekte, andererseits sollen mit ihm ökonomische und metaökonomische Ziele verwirklicht werden. Hierauf gründen sich Erwartungen darüber, wie das System funktionieren wird und inwieweit demgemäß die angestrebten Ziele realisiert werden. Wirtschaftssysteme sind jedoch außerordentlich komplexe Gebilde, deren Funktionsweise auch nicht annähernd vorhersehbar ist. Es muß unter diesen Umständen zu Erscheinungen kommen, die zumindest von einzelnen Gruppen der Bevölkerung als unerwünscht betrachtet werden. Aufgabe der *Systemkritik* ist es, solche Erscheinungen zu beschreiben, ihre Ursachen zu erforschen, Vorschläge zu ihrer Beseitigung und Prognosen über deren Folgen zu machen.

Systemkritik kann an mehreren Punkten ansetzen, zwischen denen Zusammenhänge bestehen. Es kann gezeigt werden,

- daß bei der Beurteilung des Systems stillschweigend von nicht erfüllten Voraussetzungen ausgegangen wird;
- daß das System nicht stabil ist, weil die in ihm angelegten Ziele und Verhaltensweisen dazu tendieren, es in seinen Grundzügen zu ändern;
- daß das System die mit ihm angestrebten ökonomischen und/oder metaökonomischen Ziele nicht erreicht.

Beispiele zum ersten Punkt sind im marktwirtschaftlichen System die Voraussetzung, daß Wettbewerb zwischen gleich oder annähernd gleich starken Anbietern und Nachfragern stattfindet und daß Verträge zwischen gleich starken Partnern geschlossen werden; im Sozialismus die Voraussetzung, daß vergesellschaftetes („Volks"-)Eigentum von jedermann pfleglich behandelt wird; in allen Systemen die Verlagerung von Produktionskosten auf Unbeteiligte und der Abschluß von Verträgen zu Lasten Dritter. Kritik zum zweiten Punkt bedeutet, Erscheinungen

---

Grundfreiheiten von 1950 (Text in BGBl. 1952 II, S. 685 und 953) mit mehreren späteren Zusatzprotokollen und die beiden Pakte der Vereinten Nationen über staatsbürgerliche und politische Rechte und über wirtschaftliche, soziale und kulturelle Rechte von 1966 (deutsche Texte in: Vereinte Nationen, 15. Jg. 1967, Heft 6, S. 193–200). Wichtig für den ökonomischen Bereich ist auch die Europäische Sozialcharta, die 1961 von der Bundesrepublik unterzeichnet wurde und der sie (mit Ausnahme einiger Bestimmungen) mit Gesetz vom 19.9.1964 (BGBl. II, S. 1261) zustimmte.

zu prognostizieren, die vom Gesichtspunkt der Systemerhaltung unerwünscht sind. Beispiele hierzu sind die Vorhersage einer Konzentrationstendenz für das marktwirtschaftliche System im 19. Jahrhundert und in neuerer Zeit die *Konvergenztheorie*, gemäß der die beiden Hauptsysteme im Zeitablauf einander ähnlicher werden. Beim dritten Punkt geht die Kritik an einem System von einem Idealmodell desselben Systems aus, deckt also Unterschiede zwischen Zielen und Praxis auf. Dazu kann beispielsweise untersucht werden, inwieweit bürgerliche Freiheiten und Rechte, die in den Verfassungen vieler Länder garantiert und zu deren Gewährleistung überdies alle Mitgliedsländer der Vereinten Nationen verpflichtet sind,

– gesetzlich oder tatsächlich eingeschränkt sind;

– von wem praktisch in Anspruch genommen werden können.

Beispielsweise ist das Recht zum Verlassen des Landes eingeschränkt, wenn Devisen nicht beliebig gekauft werden können, sondern nur auf Antrag bei Vorliegen besonderer Gründe zugeteilt werden, wie dies in vielen Ländern der Fall war und ist. Wer eine schwere und eintönige Arbeit zu verrichten hat, seine Freizeit gänzlich zur Erholung benötigt und überdies mangels Ausbildung nicht imstande ist, seine Gedanken beispielsweise über politische Angelegenheiten mündlich oder schriftlich auszudrücken, für den sind die Freiheit der Meinungsäußerung und das Recht auf Mitwirkung bei der politischen Willensbildung leer: Er kann keinen Gebrauch von ihnen machen, seine Interessen nicht selbständig vertreten und muß akzeptieren, was andere aus diesen Freiheiten machen.

Systemkritik kann auch als das Bestreben gedeutet werden, soziale Probleme zu diagnostizieren. Ein soziales Problem kann allgemein dann als vorhanden angesehen werden, wenn eine Bevölkerungsgruppe mit einzelnen Aspekten ihrer wirtschaftlichen oder gesellschaftlichen Situation unzufrieden ist und Schritte unternimmt, die Situation zu ändern. Da dies die Interessen anderer Gruppen berührt, entsteht dann ein sozialer Konflikt. Praktisch sieht das so aus, daß sich Wortführer der Gruppe finden, die die Solidarisierung der Gruppenmitglieder betreiben, sich um ihre Organisation bemühen und Instrumente zur Ausübung von Druck auf andere Gruppen entwickeln. Bei dieser Sicht wird es ausdrücklich nicht den Werturteilen eines Beobachters überlassen zu entscheiden, ob in einer Gesellschaft soziale Probleme vorliegen. Sie erklärt beispielsweise, warum Gesellschaftsformen mit extremer Ungleichheit in der Macht-, Besitz- und Einkommensverteilung, wie es sie zu allen Zeiten gegeben hat, nicht allein schon wegen dieser Ungleichheit durch soziale Konflikte gekennzeichnet sind. Wenn den Mitgliedern der – in der Sicht des Beobachters – benachteiligten Bevölkerungsgruppen die Ungleichheit als traditionell richtig und unabänderlich erscheint, liegt kein soziales Problem vor. Solche Probleme entstehen erst, wenn sich durch neue Ideen die Werturteilssysteme ändern, Ansichten über die Unabänderlichkeit sozialer Organisationsformen abgebaut und Erwartungen über die Verbesserung der sozialen Lage geweckt werden. Daraus folgt auch, daß die Diagnose sozialer Probleme ihrerseits auf diese einwirkt, sie sogar erst schaffen kann. Macht ein Beobachter einer Bevölkerungsgruppe, die gemäß seinen Werturteilen benachteiligt ist, seine Diagnose nur nachdrücklich genug klar, so kann es vorkommen, daß die Angehörigen der Gruppe die Werturteile des Beobachters übernehmen, „sich ihrer Lage bewußt werden" und Schritte zu ihrer Änderung unternehmen.

In solchen Fällen schafft die Diagnose den sozialen Konflikt; sogar wissenschaftliche Analysen wirken als politische Kampfmaßnahmen. Sie können auch bewußt zu diesem Zweck erstellt werden.

Voraussetzung für die Austragung sozialer Konflikte ist allerdings, daß die Inhaber der Machtpositionen in der betreffenden Gesellschaft solche Aktivitäten zulassen. Ist das nicht der Fall, dann herrscht in dieser Gesellschaft das soziale Problem schlechthin: Die Diktatur einer kleinen Gruppe von Machtinhabern. Eine solche Gruppe kann selbst die Diskussion sozialer Probleme und Interessenkonflikte nur in begrenztem Rahmen zulassen und muß Systemkritik und reformerische Aktivitäten, die ihre Stellung gefährden können, unterdrücken.

In jeder Gesellschaft kann es wenige oder viele soziale Konflikte geben, und sie kann je nach Werturteilssystem und Interessenlage dem einen als erhaltenswert, dem anderen als grundlegend änderungsbedürftig erscheinen. Diese Sicht erklärt auch, warum soziale Konflikte in den hochindustrialisierten Ländern trotz einer gegenüber dem 19. Jahrhundert immens gesteigerten Güterversorgung nicht abnehmen. Da einerseits nach wie vor beträchtliche Ungleichheiten in der Macht-, Besitz- und Einkommensverteilung bestehen, anderseits sich die Organisationsmöglichkeiten und der Bildungsstand der relativ benachteiligten Bevölkerungsgruppen verbessert haben, bleibt die Spanne zwischen Erwartungen und Realisierung bestehen oder kann sich vergrößern.

Änderungen sozialer Situationen gehen nur langsam vor sich. Hindernisse sind hier vor allem niedriger Bildungsstand und Zeitmangel der Angehörigen benachteiligter Bevölkerungsgruppen. Reformen oder auch schon ihre Diskussion setzen in der Regel einen Prozeß der Bewußtwerdung und der Änderung von Wertsystemen in Gang. In dieser Phase vergrößert sich daher die Spanne zwischen den — von vielen Menschen erstmals — für möglich gehaltenen Änderungen der sozialen Lage und der — ebenfalls von vielen Menschen erstmals — als benachteiligt erkannten tatsächlichen Lage. Das führt dazu, daß sich soziale Konflikte in dieser Phase häufig verschärfen und damit einen für manche Reformer überraschenden Effekt auslösen.

An Systemkritik sind gewisse Anforderungen zu stellen. Je besser sie erfüllt werden, um so ernster ist die Kritik zu nehmen und um so größer ist die Chance, daß sie eine Änderung des kritisierten Zustandes herbeiführt. Zu fordern ist:
— *Bei jeder Kritik ist mitzuteilen, wie die Alternative aussehen soll.*
Diese Forderung mag als zu weitgehend erscheinen. Sie hilft aber, Kritik in Fällen als unberechtigt aufzudecken, in denen auch der Kritiker keine vertretbare Alternative zeigen kann. Wenn etwa kritisiert wird, daß die chemischen Fabriken eines Landes wegen des im kapitalistischen wie im sozialistischen System gleichermaßen bestehenden Drucks zur Kostensenkung Luft und Wasser verschmutzen, so kann die Alternative nicht darin bestehen, die Fabriken zu schließen. Die Anforderung besteht darin, das Abwägungsproblem zwischen den Vor- und Nachteilen des kritisierten Zustandes und den Vor- und Nachteilen des vorgeschlagenen alternativen Zustandes zusammen mit den jeweils damit verbundenen Werturteilen offenzulegen. Insbesondere muß dazu mitgeteilt werden, wessen Interessen durch die Änderung gefördert und wessen Interessen beeinträchtigt werden. Insgesamt ist dies eine schwierige Aufgabe, da die Folgen des Übergangs zu einem neuen Zustand nie voll überschaubar sind. Dies gilt um so mehr, und die Folgen sind

um so unsicherer, je einschneidender die vorgeschlagene Änderung ist. Systemkritiker, die den Übergang zu einem anderen Wirtschaftssystem vorschlagen, verweigern daher häufig die Antwort auf die Frage, wie das neue System im einzelnen, insbesondere in bezug auf die institutionellen Details, aussehen und funktionieren soll.[11] Als Argument dafür wird mit Recht geltend gemacht, historisch habe sich der Übergang zu neuen Systemen bisher nie auf der Grundlage fertig vorliegender Entwürfe neuer Systeme vollzogen. Hiergegen muß im Sinne der obigen Anforderung erstens eingewandt werden, daß Menschen auch lernen können, Entwürfe neuer Systeme herzustellen und den Übergang danach zu vollziehen, zumal inzwischen Erfahrungen mit einer Reihe unterschiedlicher Systeme und Übergängen zwischen ihnen vorliegen. Zweitens bedeutet die Ablehnung der Antwort, daß die Führer in das neue System eine Blankovollmacht für alle Handlungen und Maßnahmen fordern, die sie zur Einrichtung des neuen Systems für notwendig halten. Die damit einhergehende Aussicht auf totale Unsicherheit dürfte einer der Hauptgründe dafür sein, daß die Zahl der Systemkritiker und ihrer Anhänger um so kleiner ist, je weiter ihre Änderungsvorschläge gehen.

Eine zweite Anforderung an Systemkritik ist:
− *Die Verwirklichung der Alternative darf nicht den „Neuen Menschen" erfordern.*

Es ist leicht, sich Sozialmodelle auszudenken, in denen die edelsten je erdachten Ziele verwirklicht sind, weil sich die darin lebenden Menschen entsprechend verhalten. Sozialutopien haben eine lange Geschichte, sind aber für praktische Zwecke wertlos, wenn sie nur mit radikal geänderten menschlichen Verhaltensweisen zu realisieren sind. Selbstverständlich ändern Menschen ihre Ansichten und ihr Verhalten, aber selten abrupt und sicher nicht in jeder beliebigen Weise. Der Optimismus, mit dem beispielsweise in den frühen Tagen der Sowjetunion darangegangen wurde, den „Sowjetmenschen" zu schaffen, hat inzwischen der Einsicht Platz gemacht, daß gewisse menschliche Verhaltensweisen nicht oder jedenfalls nicht in absehbarer Zeit zu ändern sind. Das Bewußtsein von Menschen wird entweder nicht voll von ihrem gesellschaftlichen Sein bestimmt, oder die Einflüsse des Seins auf das Bewußtsein sind nicht voll vorhersehbar. Daraus folgt, daß man mit Menschen nicht alles machen kann und daß man auch in einem zentral geplanten Wirtschaftssystem nicht nur auf Naturgesetze und technische Grenzen, sondern auch auf gewisse menschliche Verhaltensweisen, also ökonomische Gesetze etwa im Sinne des S. 5 Gesagten, Rücksicht nehmen muß. Allerdings ist häufig schwierig zu entscheiden, was als utopisch und was als realisierbar anzusehen ist, zumal die Unterscheidung zwischen kurzfristig und langfristig Erreichbarem hierbei eine große Rolle spielt. Als 1891 die Einkommensteuer in Preußen mit Sätzen von 0,6 bis 5 v. H. eingeführt wurde (was als unerhörter Eingriff galt), war nicht abzusehen, daß es 80 Jahre später in der Bundesrepublik einen Spitzensatz von 53 v. H. geben würde (der zwischenzeitlich noch höher

---

[11] Sie können sich dabei auf ENGELS berufen: „Wir sind *Evolutionisten*, wir haben nicht die Absicht, der Menschheit endgültige Gesetze zu diktieren. Vorgefaßte Meinungen in bezug auf die Organisation der zukünftigen Gesellschaft im einzelnen? Davon werden Sie bei uns keine Spur finden." F. ENGELS: Interview mit dem Korrespondenten der Zeitung „Le Figaro", 1893. In: MEW, Bd 22, S. 542. Hervorhebung des Originals.

lag). 1860 waren Arbeitnehmerorganisationen in den deutschen Ländern noch verboten, ein Jahrhundert später nehmen sie im wirtschaftlichen Leben der Bundesrepublik bedeutende Machtpositionen ein. Allerdings erfordert die allmähliche Heraufsetzung von Steuersätzen und die Schaffung einflußreicher Gewerkschaften wohl noch keine grundlegenden Änderungen menschlicher Verhaltensweisen. Diese wären jedoch sicher erforderlich, wenn Menschen sich ständig solidarisch (oder altruistisch) statt gemäß dem Konkurrenzprinzip (oder egoistisch) verhalten, auf die Ausübung von Macht über andere verzichten oder sich einer vollständigen Bevormundung in bezug auf ihr ökonomisches Verhalten unterwerfen sollten.

Die zweite Anforderung ändert allerdings nichts an der Tatsache, daß soziale Utopien wichtige Funktionen haben. Sie ermöglichen es den Wortführern benachteiligter Gruppen, die Solidarisierung der Gruppe zu betreiben und bieten Entlastung von einer als undurchschaubar oder ungerecht empfundenen Realität.

Systemkritik ist S. 14 als Teil der Beraterfunktion von Wirtschaftswissenschaftlern genannt. Sie ist meist mit der Absicht verbunden, die kritisierten Sachverhalte zu ändern und beruht daher auf der Erkenntnis, daß Wirtschafts- und Gesellschaftssysteme historisch entstanden sind und aus diesem Grund geändert werden können. Soweit Kritik Erfolg hat, kann sie mit der Milderung oder Beseitigung sozialer Konflikte das System im Detail ändern und es im ganzen stabilisieren. Hierin liegt eine frustrierende Erfahrung marxistischer Kritiker in kapitalistischen Ländern, die mit ihrer Detailkritik deren Systeme entgegen ihrer Absicht stabilisieren helfen und damit ebenso unabsichtlich die Rolle von Hofnarren spielen. Beim Systemvergleich sollte auch beachtet werden, daß sich die Inhaber der Machtpositionen mancher Länder bisher nicht in der Lage sahen, Systemkritiker mit entsprechend anderen Absichten bei sich zu dulden, obwohl diese eine so außerordentlich wichtige Funktion ausüben.

Abschließend kann gefragt werden, wann eine Maßnahme „systemkonform", „systemändernd" oder „systemüberwindend" ist, obwohl es sich dabei lediglich um ein Problem der Wortwahl handelt. Die Antwort richtet sich zunächst danach, ob die Maßnahme in dem betreffenden Mischsystem den Bereich des privaten Produktionsmittelbesitzes ausdehnt oder verkleinert, und ob sie mehr oder weniger zentrale Koordination wirtschaftlicher Entscheidungen bedeutet. Die Teilprivatisierung der Volkswagenwerk AG in der Bundesrepublik 1961 war daher ebenso eine graduell systemändernde Maßnahme wie es in entgegengesetzter Richtung die Bildung eines staatlichen Energiekonzerns durch den Bund sein wird. Anderseits ändert die Übernahme eines in Konkurs gegangenen Unternehmens durch die in ihm beschäftigten Arbeitnehmer das System nicht, da dann Privateigentum lediglich umverteilt wird. Ein solcher Vorgang wäre systemkonform.[12] Das Koordinierungsproblem wird berührt, wenn das Ausmaß geändert wird, in dem öffentliche Stellen mit direkten quantitativen Anordnungen in Produktions-, Investitions- oder Preisentscheidungen eingreifen. Die Frage kann jedoch nicht auf die beiden Hauptmerkmale nach Tabelle 5.1 beschränkt werden. Eine kapitalistische Marktwirtschaft um die Mitte des 20. Jahrhunderts mit einem

---

[12] Vgl. die Beschreibung eines solchen Falles bei F. Fabian (Hg.): Arbeiter übernehmen ihren Betrieb oder Der Erfolg des Modells Süßmuth. Reinbek 1972. 120 S.

umfassenden staatlichen System der sozialen Sicherung und einer gesetzlichen Verpflichtung der Regierung, für Vollbeschäftigung zu sorgen, unterscheidet sich von ihrer Vorgängerin vor hundert Jahren ohne diese Vorkehrungen so wesentlich, daß man auch in dieser Beziehung von Systemänderung sprechen muß. Damit wäre auch eine Maßnahme wie die Einführung der Lohnfortzahlung an Arbeiter im Krankheitsfall, mit der 1970 in der Bundesrepublik die Arbeiter mit den Angestellten in dieser Hinsicht gleichgestellt wurden, ebenso systemändernd wie eine dauerhafte Erhöhung oder Senkung der Anteile des Staatsverbrauchs und der öffentlichen Investitionen am Sozialprodukt. Schließlich gehören zur graduellen Systemänderung auch Vorgänge wie Unternehmenszusammenschlüsse, mit denen sich unter anderem die in Tabelle 5.1 angedeutete Transformation des marktwirtschaftlich-kapitalistischen Systems vollzieht. Neben graduellen sind allerdings auch einschneidende Änderungen denkbar, wie die generelle Abschaffung des Privateigentums an Produktionsmitteln in einem kapitalistischen Land oder seine Einführung in einem sozialistischen Land. Solche Maßnahmen könnte man als „systemüberwindend" bezeichnen.

II. Das marktwirtschaftlich-kapitalistische System

1. Das statische Modell der Marktwirtschaft. Das System der kapitalistischen Marktwirtschaft einiger westeuropäischer Länder wurde etwa seit der Mitte des 18. Jahrhunderts zum Gegenstand wissenschaftlicher Analysen gemacht. Diese fanden ihren ersten Höhepunkt in ADAM SMITHS „Untersuchung über Natur und Ursachen des Reichtums der Nationen" aus dem Jahre 1776.[13] Die Vorstellungen, die sich SMITH und die nachfolgenden nationalökonomischen Klassiker von der Funktionsweise des Wirtschaftssystems ihrer Zeit machten, wurden später zum marktwirtschaftlichen Modell zusammengefaßt, von dem sich zwei Varianten unterscheiden lassen:
1. Ein statisches Modell, in dem unter extremen Annahmen insbesondere über die Eigenschaften von Märkten die Bedingungen für ein gesamtwirtschaftliches Mikrogleichgewicht (vgl. S. 33) beschrieben werden;
2. Ein dynamisches Modell, in dem die Marktwirtschaft unter wirklichkeitsnäheren Annahmen als ein durch ständige Ungleichgewichte gekennzeichnetes System mit Wachstumstendenz analysiert wird.
Es sei daran erinnert, daß man gemäß der hier vertretenen Auffassung die Realität nur in Modellen erfassen kann (vgl. S. 24) und daß es daher nicht möglich ist, etwa „die Modelle beiseitezulassen" und „die Marktwirtschaft" so zu beschreiben oder zu analysieren, „wie sie wirklich ist".
Einige Grundzüge des statischen Modells der Marktwirtschaft sind schon bei der Erörterung des Beschäftigungsproblems im zweiten Kapitel (S. 85—95) vorgeführt worden. Es läßt sich zusammenfassend so beschreiben. Teilnehmer am Wirtschaftsprozeß sind Wirtschaftssubjekte mit unterschiedlichen Funktionen, und zwar Unternehmer, Eigentümer dauerhafter Produktionsmittel einschließlich Boden, Kreditgeber und Arbeiter (wobei auf einzelne Teilnehmer mehr als eine

---

[13] SMITH [2.32].

Funktion entfallen kann). Jeder von ihnen kann selbständig darüber entscheiden, an welcher Stelle des Produktionsprozesses er zu welchen Bedingungen Faktorleistungen anbieten, als Unternehmer tätig sein oder Kredite gewähren will. Ziel aller Teilnehmer ist es, ein möglichst hohes Einkommen zu erhalten. Die Eigentümer von Produktionsfaktoren setzen deren Leistungen daher ebenso wie Kreditgeber ihre Kredite dort ein, wo sie den höchsten Ertrag zugesichert erhalten oder erwarten lassen, und Unternehmer betätigen sich da, wo die höchsten Gewinne zu erwarten sind.

Funktion der Unternehmer ist es, Produktionsprozesse zu organisieren und zu leiten. Jeder Unternehmer verfügt über dauerhafte Produktionsmittel, die ihm entweder als unbelastetes Privateigentum selbst gehören oder die er sich mittels Aufnahme von Krediten beschafft hat. Er stellt Menschen ein, die nicht über Produktionsmittel verfügen und daher darauf angewiesen sind, ihren Lebensunterhalt als unselbständig Beschäftigte durch Verkauf ihrer Arbeitsleistungen zu verdienen, wobei sie die Anweisungen des Unternehmers auszuführen haben. Der Unternehmer entscheidet über Art, Qualität und Menge der hergestellten Güter sowie über die Kombination der dabei einzusetzenden Produktivleistungen und damit über die anzuwendenden technischen Verfahren. Er organisiert die Produktion gemäß dem ökonomischen Prinzip, versucht also, die jeweils geplante Produktmenge mit möglichst geringem Einsatz an Produktivleistungen, gemessen an deren Kosten, herstellen zu lassen. Er produziert gemäß einer Produktionsfunktion, die durch fallende Ertragszuwächse aller Produktivleistungen gekennzeichnet ist, strebt nach Gewinnmaximierung und verhält sich daher gemäß den S. 86 f. geschilderten Prinzipien. Die Entscheidungsbefugnis des Unternehmers wird als *Produktionsfreiheit* bezeichnet. Er entscheidet auch über Art und Umfang der Investition und macht dann von der *Investitionsfreiheit* Gebrauch. Die Möglichkeit, sich in einem beliebigen Wirtschaftszweig genehmigungsfrei als Unternehmer zu betätigen und eine solche Tätigkeit auch wieder aufzugeben, heißt *Gewerbefreiheit* (oder *Unternehmerfreiheit*). Einer ihrer Teile ist die *Handelsfreiheit*, die sich auch auf Handelsbeziehungen mit Ausländern erstreckt.

Jeder Unternehmer steht mit seiner Umwelt an drei Stellen in Beziehung: Auf dem Beschaffungsmarkt für die von ihm benötigten Vorleistungen, dauerhaften Produktionsmittel und Arbeitsleistungen, auf dem Kreditmarkt und auf dem Absatzmarkt für seine Erzeugnisse. Auf allen Märkten herrscht *vollkommener Wettbewerb*. Für diesen gelten drei Bedingungen:

1. Jedes Gut wird von einer größeren Zahl von Unternehmen hergestellt und angeboten und von einer größeren Zahl von Käufern nachgefragt;
2. Die Angebots- und Nachfragesituation auf dem Markt für jedes Gut ist jedem Beteiligten gut bekannt (es besteht *Markttransparenz*);
3. Jedes Gut ist soweit gleichartig (oder *homogen*), daß es jedem Nachfrager gleichgültig ist, von welchem der vielen Anbieter er das Gut kauft, und es bestehen auch aus anderen Gründen, wie zum Beispiel wegen des Standorts, keine Präferenzen von Nachfragern für bestimmte Anbieter und umgekehrt.

Unter diesen Bedingungen kann es für jedes Gut nur einen einheitlichen Marktpreis geben, der von keinem Anbieter oder Nachfrager beeinflußt werden kann. Würde etwa ein Anbieter einen höheren als den Marktpreis fordern, so würde er keine Nachfrager mehr finden. Auch diese handeln nach dem ökonomischen

Prinzip und versuchen beispielsweise als Konsumenten, den für Konsumgüter vorgesehenen Teil ihres verfügbaren Einkommens so auszugeben, daß sie jeweils die niedrigsten Preise für jedes Gut zahlen. Würde ein Anbieter anderseits seinen Preis senken, so würden sich sofort alle Nachfrager ihm zuwenden, und seine Produktionskapazität würde nicht ausreichen, die Mehrnachfrage zu befriedigen. Die gleiche Situation liegt auf den Beschaffungsmärkten jedes Produzenten vor. Insbesondere herrscht auch auf den Märkten für Arbeitsleistungen unterschiedlicher Qualifikation die eben beschriebene Konkurrenzsituation. Dies folgt aus der *Freiheit der Arbeitsplatzwahl* und der *Freiheit der Berufswahl*. Kein Unternehmer und kein abhängig Beschäftigter hat daher einzeln Einfluß auf Lohnsätze als Marktpreise für unterschiedliche Arten von Arbeitsleistungen. Generell gilt für alle Märkte das Prinzip der *Wettbewerbsfreiheit:* Jeder Inhaber von Sachgütern, Dienstleistungen und Forderungen kann diese in Konkurrenz mit anderen Anbietern dort anbieten, wo er den höchsten Ertrag zu erzielen erhofft, und jeder Nachfrager kann dort nachfragen, wo er den niedrigsten Preis zu zahlen erwartet. Märkte sind damit eine soziale Institution zum Ausgleich der in bezug auf die Preishöhe grundsätzlich entgegengerichteten Interessen von Anbietern und Nachfragern. Jeder Teilnehmer ist dabei gleichberechtigt, niemand kann Macht über andere ausüben, und es gibt keine übergeordnete Instanz, die für den Ausgleich sorgen und dabei ihre Interessen geltend machen könnte.

Der private Haushalt bestimmt im Modell der Marktwirtschaft seine Konsumgüterkäufe im Rahmen seines verfügbaren Einkommens gemäß seinen Präferenzen. Ist er Anbieter von Arbeitsleistungen, so richtet er sich danach, wie hoch er die mit dem Einkommen aus einer zusätzlichen Arbeitsstunde verfügbar werdenden Konsumgüter gegenüber der damit verlorengegangenen Freizeit einschätzt. Die Präferenzen der Konsumenten sind gegeben, sie werden von ihren Bedürfnissen und ihren Ansichten über angemessene Lebensführung bestimmt. Jeder Konsument ist jedoch frei in seinen Entscheidungen über Art und Menge der zu erwerbenden Konsumgüter. Seine monetäre Nachfrage wird lediglich durch sein Einkommen, Möglichkeiten zur Verringerung seines Nettovermögens und die Notwendigkeit der Vorsorge für die Zukunft beschränkt: Es herrscht Konsumentensouveränität. Diese bedeutet nicht nur freie Wahlmöglichkeit zwischen den angebotenen Konsumgütern (*freie Konsumwahl*). Sie bedeutet auch, daß sich die Produzenten von Konsumgütern nach den Wünschen der Konsumenten richten, wie sie in deren monetärer Nachfrage zum Ausdruck kommen, und daß es keinen Einfluß der Produzenten auf die Präferenzen der Konsumenten gibt. Da die Produktion von Vorleistungen und dauerhaften Produktionsmitteln ihrerseits von der Produktion von Konsumgütern abhängt, ist die Nachfrage nach Produktionsgütern *abgeleitete Nachfrage*. Obwohl jeder Unternehmer nur produziert, um ein möglichst hohes Einkommen zu erzielen und nicht etwa, um die Bevölkerung mit Gütern zu versorgen, richtet sich also letztlich die gesamte Güterproduktion einschließlich der Entscheidungen über Höhe und Verteilung der Investitionen auf Wirtschaftszweige nach den Wünschen der Konsumenten. Die Unternehmer sind gemäß dieser Sicht lediglich als Beauftragte der Konsumenten tätig. Darin liegt die Rechtfertigung für das ihnen übertragene Privileg, über Güterproduktion und Investition entscheiden und Anweisungen an Arbeitnehmer geben zu dürfen: Diese Entscheidungen werden über die monetäre Nachfrage von den Konsumenten bestimmt und daher in deren Interesse getroffen.

Es gibt in der Marktwirtschaft keine zentrale Planung und Lenkung der Produktion. Sie ist also anarchisch, das heißt herrschaftsfrei. Sie ist jedoch weder planlos noch chaotisch: Steuerungsinstrument für die Produktion jedes einzelnen Gutes und den Einsatz aller Vor- und Faktorleistungen ist das *Preissystem*. Nach den Preisen richten sich sowohl die Unternehmer bei ihren Entscheidungen über die Produktion und damit über ihre Nachfrage nach Produktivleistungen und ihr Angebot an Erzeugnissen, als auch die abhängigen Erwerbspersonen bei ihren Entscheidungen über ihr Angebot an Arbeitsleistungen und die Haushalte bei ihrer Nachfrage nach Konsumgütern. Obwohl kein einzelner Anbieter oder Nachfrager den Preis irgendeines Gutes beeinflussen kann, bleiben Preise nicht konstant. So kann es vorkommen, daß sich die Präferenzen von Nachfragern für ein Gut ändern; beispielsweise kann die Nachfrage zunehmen. Ist die Produktion kurzfristig nicht ausdehnbar, und gibt es keine Lagerbestände, so muß der Preis des Gutes steigen. Dies ist ein Signal für die Produzenten, mehr zu produzieren: Der Wert des Grenzprodukts jeder Produktivleistung bei der Herstellung dieses Gutes ist gestiegen, während die Preise der Produktivleistungen zunächst konstant bleiben. Es können jetzt also zusätzliche Gewinne durch Ausdehnung der Produktion erzielt werden. Diese wird solange betrieben, bis der Wert des Grenzprodukts jeder Produktivleistung erneut gleich deren Preis geworden ist. dies kommt auf zwei Wegen zustande. Erstens sinkt bei vermehrtem Einsatz von Produktivleistungen deren physisches Grenzprodukt. Zweitens führt die Mehrproduktion auch zu Mehrnachfrage nach Produktivleistungen, die deren Preise steigern muß. Die Anbieter der Produktivleistungen reagieren hierauf mit vermehrtem Angebot, das entweder auf vermehrter Produktion oder darauf beruht, daß Produktionsfaktoren aus ihren bisherigen Verwendungen abgezogen werden. Im Ergebnis hat die Nachfragesteigerung also eine Umverteilung der Produktionsfaktoren (oder Reallokation der Ressourcen) bewirkt. Die Produktionsstruktur hat sich der geänderten Nachfragestruktur angepaßt. An dieser Überlegung ändert sich nichts, wenn die Nachfragesteigerung in der Ausgangssituation zunächst aus Lagerbeständen befriedigt wird. Die Lager werden dann kleiner als geplant, und die Produktionssteigerung ergibt sich aus dem Bestreben, die Lager wieder auf die als angemessen angesehene Höhe zu bringen.

Entsprechende Reaktionen ergeben sich bei einem Rückgang der Nachfrage. Die Produktion sinkt, die Nachfrage nach Produktivleistungen geht daraufhin ebenfalls zurück, und diese werden für die Verwendung in anderen Produktionsprozessen frei. In beiden Fällen ist eine wichtige Voraussetzung für die Wirksamkeit des Preissystems bei der Zuweisung von Produktionsfaktoren zu Produktionszweigen, daß eine hinreichende *Mobilität* der Produktionsfaktoren besteht und daß es keine Schranken für ihren zusätzlichen Einsatz in irgendeinem Produktionszweig und damit für die Produktionssteigerung gibt.

Das Steuerungsinstrument „Preissystem" ist deswegen so wirkungsvoll, weil es eine einheitliche Bewertung sämtlicher ökonomischer Güter in Geldeinheiten je Mengeneinheit erlaubt und damit bei jeder ökonomischen Aktivität anzeigt, ob es lohnt, sie auszudehnen, konstant zu halten oder einzuschränken. Dabei ist das Marginalprinzip anzuwenden: Es lohnt solange, eine ökonomische Aktivität auszudehnen, wie der daraus resultierende zusätzliche Erlös oder Nutzen größer ist als die zusätzlichen Aufwendungen; und es lohnt, sie einzuschränken, solange die dadurch wegfallenden Aufwendungen größer sind als die wegfallenden Erträge. Das Einkommensmaximum ist erreicht, wenn der Grenzerlös gleich dem Grenzaufwand ist. Dies ist die zentrale Erkenntnis der Marginalanalyse (vgl. S. 30f.).

Zusammen und gleichzeitig mit der Produktions- und Investitionssteuerung erfüllt das Preissystem eine zweite Hauptfunktion: Mit den Marktpreisen bilden sich Einkommen. Wer als Produktionsmittelbesitzer dem Produktionsprozeß die Nutzungen von Realkapital oder Boden, als Arbeiter Arbeitsleistungen und als Kreditgeber Kredite zur Verfügung stellt, erhält ein Einkommen, dessen Höhe sich als mathematisches Produkt aus dem Preis für die Einheit der Faktorleistung oder des Kredites mal eingesetzter Menge ergibt. Unternehmern bleibt ein *Residualeinkommen* als Differenz zwischen Gesamtaufwendungen und -erträgen, das jedoch nur als Folge von Marktunvollkommenheiten existieren kann und unter dem Druck der Konkurrenz zu verschwinden tendiert. Im Gleichgewicht erhält jeder Produktionsfaktor den Wert des Grenzprodukts der zuletzt eingesetzten Mengeneinheit als Entlohnung, also ebensoviel, wie die Produktion durch diesen Einsatz zunimmt. Damit ergibt sich die *personelle Einkommensverteilung* im Modell der Marktwirtschaft aus der Gesamtheit der Produktions-, Angebots- und Nachfrageentscheidungen und wird durch vier Faktoren bestimmt:

1. Die Preise je Einheit der unterschiedlichen Faktorleistungen;
2. Die Ausstattung jeder Person mit Faktorleistungen nach Art und Menge;
3. Die Marktkenntnis und Mobilität, mit der jeder Anbieter von Faktorleistungen diese dort einsetzt, wo sie den höchsten Ertrag erzielen;
4. Marktunvollkommenheiten, die Unternehmergewinne zulassen.

In der Theorie des allgemeinen Gleichgewichts wird an einem statischen Modell gezeigt, unter welchen Bedingungen die Anwendung des Maximierungsprinzips in allen ökonomischen Aktivitäten einer Marktwirtschaft zu einer Gleichgewichtssituation führt, die wie folgt gekennzeichnet ist: Die Produktionsfaktoren sind so auf die Produktionszweige und Unternehmen verteilt, daß durch eine Änderung dieser Verteilung niemand besser mit Gütern versorgt werden kann, ohne daß gleichzeitig ein anderer schlechter versorgt wird. Die Ausstattung von Personen mit Produktionsfaktoren wird dabei als gegeben betrachtet. Eine solche Situation nennt man in der *Wohlfahrtstheorie* eine *effiziente Allokation der Ressourcen* oder ein *Pareto-Optimum*.[14] Auf die Erläuterung dieser Bedingungen wird hier verzichtet[15], weil die zugrundeliegende Analyse in einigen zentralen Punkten die Realität verfehlt. Es wird in ihr nicht nur angenommen, daß vollkommener Wettbewerb mit perfekter Information und Voraussicht herrscht und alle Güter beliebig teilbar und substituierbar sind, sondern daß auch die Präferenzen der Konsumenten voneinander und von Einflüssen der Produzenten unabhängig sind und daß es keine Unterschiede zwischen privaten und sozialen

---

[14] Der italienische Nationalökonom und Soziologe VILFREDO PARETO (1848 – 1923) beschrieb sie als erster in seinem Hauptwerk, das 1909 in französischer Sprache unter dem Titel „Le manuel d' economie politique" erschien.
[15] Sie sind beispielsweise bei K.E. BOULDING: Welfare Economics, in: A Survey [I.16], Vol. II, S. 11 – 23; GIERSCH [6.02], S. 106 – 125 und ELLIOTT [5.04], S. 66 – 72 dargestellt.

Kosten und Erträgen gibt. Da das Modell zudem statisch ist, kann es den Ablauf des Wirtschaftsprozesses, der durch Wachstum und Strukturwandel, technischen Fortschritt, Änderungen der Betriebsgrößen und Auftreten neuer Güter gekennzeichnet ist, nicht erklären und daher zur Beurteilung vieler Aspekte des Vergleichs von Wirtschaftssystemen nichts beitragen. Im folgenden wird insbesondere von der für die wohlfahrtstheoretischen Folgerungen grundlegenden Annahme abgegangen, es herrsche in nennenswertem Umfang vollkommener Wettbewerb. In der Realität ist die Markttransparenz allein deshalb beschränkt, weil die Beschaffung von Informationen Aufwendungen verursacht; in vielen Fällen unterscheiden sich die Güter eines Anbieters mehr oder weniger stark von denen anderer Anbieter, sind also nicht homogen; Präferenzen ergeben sich zwangsläufig schon aus der Standortverteilung; und da Anbieter praktisch immer unterschiedliche Marktanteile und damit unterschiedliche Produktionskapazitäten haben, ergibt sich für die größeren unter ihnen meist ein Spielraum für eine eigene Preispolitik. Bei der weiteren Schilderung des Systems der Marktwirtschaft wird diese Annahme daher fallengelassen und stattdessen in einem realistischeren Modell von Märkten ausgegangen, die auf Grund der eben geschilderten Sachverhalte ,,unvollkommen" sind.

2. Entwicklung und Wandel der Marktwirtschaft. Es wurde oben gezeigt, wie Änderungen des Konsumentenverhaltens zu Änderungen der Produktionsstruktur und damit der Allokation der Ressourcen führen. Die Konsumenten sind in der Marktwirtschaft mit unvollkommenem Wettbewerb zwar nicht einflußlos, jedoch ein eher passives Element. Aktiv sind die Produzenten. Jeder Unternehmer produziert und bietet in Konkurrenz mit anderen Produzenten gleicher oder ähnlicher Güter an und versucht ständig, seine Stellung am Markt zu verbessern. Seine Wettbewerbsposition ist um so besser, je größer sein Marktanteil und je höher seine Gewinne sind. Höhere Gewinne lassen ihn etwa vorkommende Nachfragerückgänge leichter überstehen und erleichtern außerdem die Finanzierung einer etwa notwendig werdenden Ausweitung der Produktion.

Unternehmern stehen mehrere Strategien zur Verfügung, mit denen sie ihre Wettbewerbsposition verbessern können. Zwei wichtige Strategien sind Kostensenkung und Schaffung neuer Märkte.

Kostensenkung erhöht bei zunächst gleichbleibenden Verkaufspreisen unmittelbar den Gewinn und erweitert damit den Aktionsspielraum des Unternehmers. Er kann Schulden tilgen und dadurch seine Abhängigkeit von Kreditgebern verringern. Er kann mehr oder mit einem höheren Selbstfinanzierungsgrad investieren, um so seine Produktionskapazität zu erweitern und durch verstärkte Aktivität am Markt (Preissenkung, Verkürzung von Lieferfristen, Zugeständnisse bei Zahlungsbedingungen, vermehrten Werbeeinsatz) seinen Marktanteil zu erhöhen. Das Streben nach Kostensenkung kann sich auf alle drei in einen Produktionsprozeß eingehenden Arten von Produktivleistungen beziehen.[16] Kostensenkung bei Vorleistungen kann mittels Einführung neuer Produktionsverfahren erreicht werden, durch die beispielsweise der Energieeinsatz je Produktmengeneinheit verrin-

---

[16] Vgl. VRW³, S. 2.

gert wird. Sie kann in der Erschließung neuer, billigerer Rohstoffquellen oder in der Ersetzung teurer werdender durch billigere Vorleistungen bestehen. Beispiele hierfür sind die Substitution von Stahl und Holz durch Kunststoffe und die Ersetzung fossiler Brennstoffe bei der Elektrizitätserzeugung durch den Einsatz von Kernenergie. Kostensenkung bei der Nutzung dauerhafter Produktionsmittel kann bedeuten, daß der technische Fortschritt Maschinen zur Verfügung stellt, die wegen längerer Nutzungsdauer oder größerer Kapazität je Einheit der Nutzungsdauer billiger zu produzieren gestatten (kapitalsparender technischer Fortschritt). Kostensenkung bei der menschlichen Arbeitsleistung schließlich hat bisher die größte Bedeutung gehabt. Sie vollzieht sich ganz überwiegend dadurch, daß die teurer werdenden Arbeitsleistungen durch vermehrten Einsatz dauerhafter Produktionsmittel ersetzt werden (arbeitsparender technischer Fortschritt). Steigende Lohnsätze bilden damit einen Anreiz zum Investieren. Eine weitere Möglichkeit zur Kostensenkung beim Arbeitseinsatz besteht darin, Produktionsprozesse in weniger entwickelte Gebiete des eigenen Landes oder des Auslandes zu verlagern, in denen das Lohnniveau niedriger ist.

Die Schaffung neuer Märkte schließlich ist dasjenige Element, das den Wirtschaftsprozeß der Marktwirtschaft am sichtbarsten vorantreibt und umgestaltet. Sie kann sich dadurch vollziehen, daß

— für vorhandene Güter neue Käufer gewonnen werden;
— bestehende Güter in bezug auf Qualität, Aufmachung, Verpackung geändert werden;
— neue Güter auf den Markt gebracht werden.

Gewinnt ein Anbieter neue Käufer für ein vorhandenes Gut, so kann dies auf Kosten der Marktanteile konkurrierender Anbieter geschehen. Die Aktivität des betrachteten Anbieters kann jedoch auch neue Käufer hinzugewinnen, den Gesamtmarkt also vergrößern. Die Änderung bestehender Güter, die Produktdifferenzierung, zielt darauf ab, neue Bedürfnisse bei Nachfragern zu schaffen, den Grad der Substituierbarkeit zwischen Gütern herabzusetzen und die Markttransparenz zu verringern (vgl. S. 181). Die Grenze zwischen Produktdifferenzierung und Schaffung neuer Güter ist allerdings schwer zu bestimmen, da im Einzelfall nur willkürlich festzulegen ist, ob ein Gut „neu" ist.

Die Schaffung neuer Märkte einschließlich der Produktdifferenzierung hat im Laufe der Geschichte des marktwirtschaftlichen Systems ständig an Bedeutung gewonnen. Erstens steht mit steigendem Konsumenteneinkommen immer mehr Kaufkraft zur Verfügung, die zu einem sinkenden Teil für den Kauf lebensnotwendiger Güter festgelegt ist. Ein größer werdender Rest ist beliebig verwendbar und läßt sich deshalb leichter in neue Verwendungszwecke umlenken, so daß es lohnt, hierfür immer mehr Forschungs- und Entwicklungsaufwand zu leisten. Neue Bedürfnisse und damit neue Märkte lassen sich jedoch nur schaffen, wenn die potentiellen neuen Käufer über die Existenz des betreffendes Gutes informiert werden. Jeder Anbieter, der seine Marktsituation durch Schaffung neuer Märkte verbessern will, muß daher *Werbung* treiben. Werbung ist damit angesichts der Bedeutung, die die Schaffung neuer Märkte für das marktwirtschaftliche System hat, ein systemnotwendiges Element.

Sobald ein Anbieter seine Kosten gesenkt hat, steigen seine Gewinne. Häufig tritt dies auch als Folge der Schaffung eines neuen Marktes ein. Diese Situation ist jedoch nicht von Dauer, da in Kürze Konkurrenten auftreten, die sich die neue Situation ebenfalls zunutze machen. Wenn es sich um Kostensenkung handelt, so werden die billigeren Rohstoffquellen ebenso von konkurrierenden Anbietern genutzt wie neue arbeit- oder kapitalsparende Produktionsverfahren. Produktdifferenzierung wird auch von anderen Anbietern unternommen, und neue Güter werden nachgeahmt. Diese Aktivitäten erhöhen das Angebot auf den betreffenden Märkten solange, bis die Preise auf ein Niveau gesenkt werden, das Gewinne nur noch in Höhe der überall üblichen Rendite erlaubt. Aus diesen Verhaltensweisen folgt zweierlei:

— Unterschiedlich hohe Gewinne, bezogen auf die eingesetzten Mittel, also unterschiedlich hohe Renditen, sind ein Indikator für den Einsatz von Produktionsfaktoren;

— Das Streben nach möglichst hohen Gewinnen bewirkt eine Tendenz zum Ausgleich der Renditen.

Da die Bemühungen der Unternehmer, den Druck der Konkurrenz wenigstens zeitweise zu mildern, mit der Realisierung des technischen Fortschritts und daher mit Investitionen verbunden sind, diese aber zu wachsendem Angebot und damit wachsendem Sozialprodukt führen, ist die Tendenz zum wirtschaftlichen Wachstum dem System der Marktwirtschaft inhärent.

Das System sieht negative Folgen für jeden vor, der seinen Anforderungen nicht gewachsen ist. Wer sich als Unternehmer nicht unablässig mit Erfolg um Kostensenkung und Schaffung neuer Märkte bemüht, macht entweder Konkurs oder gibt auf, weil er keine oder nur noch unzureichende Gewinne erzielt. Die von ihm bis dahin eingesetzten Produktionsfaktoren werden für eine Verwendung in anderen Produktionsprozessen frei; er selbst versucht sich entweder an anderer Stelle als Unternehmer oder nimmt eine unselbständige Beschäftigung an. Wer in diesem System als Arbeitnehmer tätig ist, muß sich ständig bemühen, die ihm gegebenen Anweisungen im Produktionsprozeß möglichst zielgerecht auszuführen. Er steht in bezug auf seinen Arbeitsplatz wie auch in bezug auf andere Arbeitsplätze, die mit höheren Einkommen und präferierten Tätigkeitsmerkmalen ausgestattet sind, in Konkurrenz mit anderen Arbeitnehmern. Ist er den Anforderungen, die an seinem Arbeitsplatz an ihn gestellt werden, nicht gewachsen, so wird er entlassen oder an einen Arbeitsplatz mit geringeren Anforderungen und damit regelmäßig auch niedrigerem Einkommen versetzt. Nach einer Entlassung muß er auf eigene Kosten einen neuen Arbeitsplatz suchen und dabei unter Umständen Wohnort oder Beruf wechseln.

Es zeigt sich also, daß das *Konkurrenzprinzip* eines der tragenden Elemente des marktwirtschaftlichen Systems ist. Den Teilnehmern am Wettbewerb muß die Möglichkeit eingeräumt werden, Initiative zu entwickeln, auf andere Menschen einzuwirken und Gestaltungsmöglichkeiten auszunutzen. Diese Einsicht schlug sich in dem ebenfalls für das marktwirtschaftliche System grundlegenden Prinzip der *Vertragsfreiheit* nieder. Danach ist jedermann berechtigt, zur Förderung seiner Interessen Verträge zu schließen und auf deren Grundlage Transaktionen im Wirtschaftsverkehr abzuwickeln. Jedem Vertragspartner steht es dabei frei zu versuchen, möglichst günstige Bedingungen durchzusetzen.

Das Konkurrenzprinzip bedeutet, daß im marktwirtschaftlichen System jedermann sein eigenes Wohl zu fördern sucht, also egoistisch und nicht altruistisch handelt.[17] Es wurde schon vor den nationalökonomischen Klassikern entdeckt, daß ein solches Verhalten nicht notwendig zu einem unerträglichen Kampf aller gegen alle führen muß, wenn das Ziel der Einkommenserhöhung durch die Produktion von Gütern zu erreichen versucht wird, gewisse Spielregeln eingehalten werden und institutionelle Vorkehrungen getroffen sind.[18] Konkret ausgedrückt: Jeder Produzent, ob er nun Bäcker, Automobilhersteller, Friseur oder Arzt ist, mag das egoistische Ziel „Einkommensmaximierung" anstreben, wenn er es nur dadurch zu erreichen sucht, daß er seine Waren oder Dienste unter Beachtung der gesetzlichen Vorschriften in Konkurrenz mit anderen Anbietern in möglichst hoher Qualität möglichst billig anbietet. Die Basisannahme des marktwirtschaftlichen Systems läßt sich demnach so formulieren: Aus der Verfolgung des Selbstinteresses durch alle Wirtschaftssubjekte unter dem Konkurrenzprinzip bei Vertragsfreiheit und Privateigentum an Produktionsmitteln einschließlich Land ergeben sich insgesamt akzeptable Lebensbedingungen wenn nicht für alle, so doch für die überwiegende Mehrheit der Menschen.

Es kann keinem Zweifel unterliegen, daß sich diese Basisannahme in bezug auf das ursprüngliche kapitalistisch-marktwirtschaftliche System, also den Konkurrenzkapitalismus unter den institutionellen Bedingungen des 19. Jahrhunderts, als falsch erwiesen hat. Die im Laufe der Industrialisierung aufgetretenen und zum Teil auf diese zurückzuführenden sozialen Probleme und die mit ihnen wachsende Systemkritik haben dies hinreichend gezeigt. Zwei Wege standen angesichts dieser Probleme offen:
1. Ständige Reform des Systems durch sukzessive Lösung sozialer Probleme, so wie sie auftauchen, unter Beibehaltung seiner tragenden Prinzipien;
2. Abschaffung des Systems durch Beseitigung tragender Prinzipien und Übergang zu anderen Systemen mit anderen Prinzipien, weil beispielsweise ständige Reformen in kleinen Schritten nicht für möglich oder für unbefriedigend gehalten werden.
Beide Wege sind beschritten worden. In den westlichen entwickelten Ländern ist das marktwirtschaftlich-kapitalistische System in vielen Einzelheiten reformiert, aber in bezug auf die beiden wichtigsten Merkmale, die Eigentumsverfassung und das Verfahren zur Koordinierung von Wirtschaftsplänen, nicht abgeschafft worden. In der Sowjetunion wurden nach dem ersten Weltkrieg, in weiteren Ländern nach dem zweiten Weltkrieg andere Systeme etabliert.

Ständige Reformen als Antwort auf das Auftreten sozialer Probleme und auf Systemkritik haben das marktwirtschaftlich-kapitalistische System in wesentlichen Punkten geändert. Dabei sind ständig auch neue Probleme entstanden, was die Verallgemeinerung nahelegt, daß prinzipiell jede Problemlösung im sozialen Bereich schon wegen der allgemeinen Interdependenz neue Probleme schafft und daß es daher keine Annäherung an problemärmere oder gar an Idealzustände ohne Probleme gibt. Einige wichtige Kennzeichen, in denen sich das System heute von seiner Gestalt im 19. Jahrhundert unterscheidet, sind:

---

[17] Streng genommen ist dies eine Leeraussage, da man das eigene Wohl auch durch altruistisches Handeln fördern kann.
[18] Eine der bekanntesten Publikationen ist in diesem Zusammenhang B. MANDEVILLE: The Fable of the Bees, or Private Vices, Publick Benefits. 1714, newly ed. by I. PRIMER, New York 1962. 268 S. Die tragende Idee ist im Untertitel ausgedrückt.

- *Unternehmenskonzentration:* Die Existenz von Großunternehmen, die auf vielen Märkten in Konkurrenz mit nur wenigen anderen Anbietern stehen;
- *Wettbewerb:* Die Möglichkeit für die meisten Anbieter, Preispolitik zu betreiben und entsprechend der Rückgang der Bereiche, in denen noch Marktpreise herrschen, die von den Anbietern nicht beeinflußt werden können. Neben dem direkten Preiswettbewerb spielt der Wettbewerb durch Variationen des Werbeeinsatzes, Produkt- und Qualitätsdifferenzierung eine wichtige Rolle;
- *Arbeitsmarkt:* Tariflohnsätze werden durch Verhandlungen zwischen Gewerkschaften und Arbeitgeberverbänden gebildet. Marktlohnsätze bilden sich nur noch als variierende Aufschläge auf die Tariflöhne;
- *Staat:* Er greift über konjunktursteuernde wirtschaftspolitische Instanzen, Produktions- und Absatzregelungen für Wirtschaftszweige, die Produktion von Dienstleistungen und die Gewährleistung sozialer Sicherheit in erheblich stärkerem Maße als früher in den Wirtschaftsablauf ein. Neben traditionellen Aufgaben wie Bau von Verkehrswegen, kommunaler Versorgung und Betrieb von Eisenbahnen und Post finanziert, organisiert oder übernimmt er zunehmend Aufgaben wie Großforschung, Raumfahrt, Energieversorgung durch Atomkraftwerke, die nicht im Interesse privater Unternehmen liegen oder ihre Möglichkeiten übersteigen;
- *Verbände:* Neben Gewerkschaften haben sich andere Interessenorganisationen aller Art gebildet, die in Konkurrenz gegeneinander und durch Einflußnahme auf staatliche Aktivitäten versuchen, die Interessen ihrer Mitglieder durch Gestaltung der Rahmenbedingungen für Märkte zu fördern;
- *Privateigentum an Produktionsmitteln:* Die Eigentümer von Produktionsmitteln treffen heute in großem Umfang nicht mehr selbst Entscheidungen über Produktion und Investition, sondern haben besonders in mittleren und großen Unternehmen diese Befugnis, wenngleich freiwillig und grundsätzlich befristet, delegiert;
- *Ziele:* Die Einsichten in die Funktionsweise und die Möglichkeiten des Wirtschaftssystems sind gewachsen und Werturteile haben sich gewandelt: Eine gleichmäßigere Einkommens- und Vermögensverteilung, mehr soziale Sicherheit und der Abbau von Machtpositionen werden von der Mehrheit der Bevölkerung für wünschenswert gehalten.

Neben diesen und anderen Wandlungen sind außer den Hauptmerkmalen des Systems — vgl. Tabelle 5.1 — jedoch auch Charakteristika des Systems erhalten geblieben, die von seinen Anhängern als Vorzüge geltend gemacht werden. Dazu gehören vor allem:
- Das System ist auf zwei Ebenen außerordentlich wandlungs- und anpassungsfähig. Auf der gesellschaftlich-politischen Ebene hat es zum Abbau privilegierter Positionen, zur Hebung des allgemeinen Bildungsstandes und zur vermehrten Förderung benachteiligter Bevölkerungsschichten geführt. Auf der wirtschaftlichen Ebene erlaubt das System der dezentralisierten Entscheidungsbefugnis die rasche Anpassung an den ständigen Wandel, der für den Wirtschaftsprozeß kennzeichnend ist (vgl. Punkte 11 und 12, S. 18). Entscheidungen müssen auf Grund von Informationen getroffen werden, und in keinem anderen als in einem Marktpreissystem können so viele Informationen so rasch, so vollständig und mit so geringen Aufwendungen genutzt werden, als wenn einzelne unabhängige, keiner

übergeordneten Instanz verantwortliche Unternehmer Produktions- und Investitionsentscheidungen treffen;
— Das System ist auf Wachstum angelegt. Unter seiner Herrschaft hat sich die Industrialisierung der west- und mitteleuropäischen Länder, der Vereinigten Staaten, Kanadas und einiger anderer Länder vollzogen, die zu einer historisch einmaligen Zunahme der Güterversorgung für den überwiegenden Teil der Bevölkerung führte. Auch nach dem zweiten Weltkrieg hat das System das rasche Wachstum in Ländern wie Japan und der Bundesrepublik, aber auch in Entwicklungsländern wie Taiwan, Südkorea, Mexiko und Brasilien ermöglicht. (Allerdings führt rasches Wachstum auch zu ungleichmäßiger Einkommens- und Vermögensverteilung.) Der wichtigste Wachstum erzeugende Leistungsanreiz ist dabei die Möglichkeit, Privateigentum an Produktionsmitteln zu erwerben oder zu mehren;
— Das System ermöglicht jedem Anbieter von Faktorleistungen, diese dort einzusetzen, wo sie den höchsten Ertrag zugesichert erhalten oder erwarten lassen und stellt dadurch sicher, daß sie am effizientesten eingesetzt werden. Jedermann soll seine ökonomischen Angelegenheiten selbst regeln dürfen, da unterstellt wird, daß er am besten beurteilen kann, was für ihn vorteilhaft ist;
— Wirtschaftliche und politische Macht sind voneinander getrennt, und wirtschaftliche Macht ist verteilt. Diese kann daher beispielsweise auch dem einzelnen abhängig Beschäftigten gegenüber nur begrenzt ausgeübt werden, da dieser die Möglichkeit hat, den Arbeitsplatz zu wechseln und sich dadurch für unzumutbar gehaltenen Arbeitsbedingungen zu entziehen. Außerdem besteht die Möglichkeit, Gegenmachtpositionen aufzubauen;
— Das System ermöglicht freie Konsumwahl aus einem — auch wegen des freien Außenhandels — breiten und auch im Detail stets präsenten Konsumgüterangebot.

In den folgenden Abschnitten werden einige soziale Probleme diskutiert, die im Laufe der Entwicklung des marktwirtschaftlichen Systems ins Bewußtsein traten und zum Teil durch Umgestaltungen des Systems gelöst wurden, zum Teil ungelöst fortbestehen. Das im zweiten Kapitel behandelte Beschäftigungsproblem wird jedoch nicht erneut aufgegriffen. Es kann insoweit als gelöst gelten, als die Verhinderung von Massenarbeitslosigkeit heute ein vorrangiges und erreichbares wirtschaftspolitisches Ziel ist. Die heute auftretende Arbeitslosigkeit wird S. 389—392 näher erörtert.

3. Ausbeutung und Privateigentum an Produktionsmitteln. Einer der zentralen Einwände gegen das kapitalistische System lautet, in ihm werde die Arbeiterklasse durch die Kapitalisten ausgebeutet. Dem Einwand liegt das MARXsche Zweiklassen-Modell zugrunde (vgl. S. 97). Die Arbeiter arbeiten täglich länger, als es für die Herstellung der ihnen zufließenden Konsumgüter nötig wäre (vgl. S. 100); oder, anders ausgedrückt, es wird nicht das gesamte Sozialprodukt in Form von Konsumgütern an die unselbständig Beschäftigten verteilt. Der Sachverhalt läßt sich mittels einer Marginalanalyse wie folgt anschaulich darstellen. Angenommen, in einem Unternehmen der Bundesrepublik werde ein Arbeiter zusätzlich eingestellt, und das Bruttosozialprodukt der Bundesrepublik steige dadurch innerhalb einer bestimmten Zahl von Tagen um 1000 DM mehr, als es sonst gestiegen wäre. Es sei ferner angenommen, daß die durch die Mehrproduktion erforderlichen erhöhten Abschreibungen ebenso wie die zusätzlichen direkten und indirekten Steuern, Löhne, Gewinne und sonstigen dadurch beeinflußten Größen im selben Verhältnis zu der Mehrproduktion stehen wie dies im Durchschnitt des Jahres 1972 in der Bundesrepublik in bezug auf das Sozialprodukt der Fall war. Da beispielsweise die Abschreibungen 1972 in der Bundesrepublik rund 11,3 v. H. des Bruttosozialprodukts zu Marktpreisen ausmachten[19], wird hier angenommen, daß die Mehrproduktion im Wert von 1 000 DM Mehrabschreibungen von 113 DM erfordert, und so weiter. Konto 5.1 zeigt, welche Änderungen die Mehrproduktion in den einzelnen Größen hervorruft. 113 DM sind erforderlich, um den durch die Mehrproduktion entstandenen zusätzlichen Verschleiß an dauerhaften Produktionsmitteln durch Reinvestition auszugleichen. Die Gebietskörperschaften ziehen 122 DM indirekte Steuern (abzüglich Subventionen), 48 DM Steuern auf das zusätzliche Bruttoeinkommen aus Unternehmertätigkeit und Vermögen („Bruttogewinn") und 59 DM Lohnsteuer, zusammen 229 DM an sich und finanzieren damit zusätzliche öffentliche Konsum- und Inve-

Konto 5.1: Aufteilung einer Mehrproduktion im Wert von 1 000 DM in der Bundesrepublik 1972

Abschreibungen			+113	
Indirekte Steuern abzüglich Subventionen			+122	
Volkseinkommen +765	Bruttogewinn +235	Steuern auf Gewinn	+ 48	Verkaufswert der zusätzlich erzeugten Güter abzüglich lich Import +1000
		Nettogewinn	+187	
	Bruttolohn +530	Beiträge zur Sozialversicherung	+119	
		Lohnsteuer	+ 59	
		Nettolohn	+352	

stitionsausgaben. Das Nettoeinkommen aus Unternehmertätigkeit und Vermögen („Nettogewinn") von 187 DM wird zum kleineren Teil für Konsumausgaben der Gewinnempfängerhaushalte, zum größeren Teil zur Finanzierung von Investitionen verwendet. Die zusätzlichen Beiträge zur Sozialversicherung belaufen sich auf 119 DM, sie werden im wesentlichen zur gleichen Zeit an Sozialrentner, Pensionäre, Empfänger von Krankengeld und dergleichen ausgeschüttet und von diesen zu Konsumausgaben verwendet. Dem betrachteten Arbeiter verbleiben 352 DM, also gut ein Drittel des durch seine Beschäftigung zusätzlich geschaffenen Sozialprodukts, als für Konsumgüterkäufe und Sparen verfügbares Einkommen. Hiervon sind gegebenenfalls noch nichtarbeitende Angehörige zu unterhalten.

Die Tatsache, daß die Arbeiter insgesamt mehr erzeugen als sie selbst verbrau-

---

[19] Alle Zahlenangaben hierzu nach: Statistisches Bundesamt: Fachserie N — Volkswirtschaftliche Gesamtrechnungen, Reihe 1 Konten und Standardtabellen 1972, Stuttgart 1973. Vorläufige Angaben.

chen, ist unbestreitbar und nicht auf das kapitalistische System beschränkt. In jedem Wirtschaftssystem werden Teile des Sozialprodukts für die folgenden Zwecke verwendet:
1. Konsum- und Investitionsausgaben der öffentlichen Haushalte;
2. Versorgung von Personen, die
    2.1 noch nicht arbeiten können (Kinder und in Ausbildung stehende Jugendliche werden jedoch zum größten Teil aus dem verfügbaren Einkommen ihrer Angehörigen versorgt);
    2.2 zeitweilig nicht arbeiten können (wegen Krankheit, Unfall, Arbeitslosigkeit, Mutterschaft);
    2.3 nicht mehr arbeiten können (wegen Invalidität, nach Erreichen der Altersgrenze, als Hinterbliebene);
3. Aufrechterhaltung und Erweiterung des Produktionsapparats (Re- und Nettoinvestition), wenn wirtschaftliches Wachstum angestrebt wird.

Das monetäre Äquivalent zu 1. sind in Konto 5.1 die Steuern, zu 2. die Beiträge zur Sozialversicherung, zu 3. die Abschreibungen und die aus den verfügbaren Einkommen aller Sektoren gesparten Beträge.

Untersucht man die Frage, was sich bei einer Aufhebung des Privateigentums an Produktionsmitteln, also beim Übergang zu einem sozialistischen System, an einer Darstellung wie der von Konto 5.1 ändern würde, ergibt sich folgendes. Abschreibungen, irgendwelche Formen der Besteuerung zwecks Beschaffung von Mitteln für die öffentlichen Haushalte sowie Beiträge zur Sozialversicherung würden, vielleicht unter anderen Namen, bestehen bleiben. „Mehrarbeit überhaupt, als Arbeit über das Maß der gegebnen Bedürfnisse hinaus, muß immer bleiben" schrieb Marx[20] und nannte an anderer Stelle sieben Verwendungszwecke für das Sozialprodukt („gesellschaftliche Gesamtprodukt") einer nachkapitalistischen Gesellschaft, die mit den hier genannten Zwecken übereinstimmen und sie lediglich weiter aufgliedern.[21]

Da sich somit an der Tatsache, daß nicht das gesamte Sozialprodukt in Form von Konsumgütern an die Arbeiter verteilt wird, auch im Sozialismus nichts ändert, könnte man meinen, im Sozialismus würden die Arbeiter eben durch den Staat ausgebeutet. Marx löste das Problem definitorisch, indem er schrieb, die Beseitigung der kapitalistischen Produktionsform erlaube, den Arbeitstag auf die „notwendige Arbeit" (vgl. S. 100) zu beschränken. Diese würde jedoch zunehmen, und zwar aus zwei Gründen: Erstens würden die Ansprüche der Arbeiter wachsen, und zweitens „würde ein Teil der jetzigen Mehrarbeit zur notwendigen Arbeit zählen", nämlich die zur Erstellung der Re- und Nettoinvestition nötige Arbeit.[22] An anderer Stelle schreibt er: „... was dem Produzenten in seiner Eigenschaft als Privatindividuum entgeht, (kommt) ihm direkt oder indirekt in seiner Eigenschaft als Gesellschaftsmitglied zugut."[23] Diese Sicht ist zweifellos richtig, gilt allerdings auch — mit einer gleich zu erörternden Einschränkung — für jedes

[20] Marx [2.37], 3. Bd (= MEW, Bd 25), S. 827. Vgl. auch ebenda, S. 884f.
[21] K. Marx: Randglossen zum Programm der deutschen Arbeiterpartei (= Kritik des Gothaer Programms), 1875. In: MEW, Bd 19, S. 19.
[22] Sinngemäß wiedergegeben nach Marx [2.37], 1. Bd (= MEW, Bd 23), S. 552.
[23] K. Marx: Randglossen ..., in: MEW, Bd 19, S. 19. „Produzenten" sind bei Marx die Arbeiter.

kapitalistische System. Auch in der Bundesrepublik beispielsweise kommt der den unselbständig Beschäftigten direkt vorenthaltene Teil des Sozialprodukts ihnen indirekt in Gestalt von Investitionen, durch die neue Arbeitsplätze geschaffen und die Erzeugungskapazität ausgedehnt wird, ebenso zugute wie in Gestalt der öffentlichen Dienstleistungen. Die Gewerkschaften als Interessenvertreter der Arbeitnehmer bestreiten daher auch prinzipiell weder die Berechtigung von Steuern auf den Arbeitslohn noch von Unternehmensgewinnen. Sie gehen jedoch von einem marginalen Interessengegensatz gegenüber Arbeitgebern und Staat aus und treten daher für Lohnerhöhungen und Steuersenkungen ein.

Bei dieser Sachlage kann die Abschaffung des Privateigentums an Produktionsmitteln bis auf die definitorische Beseitigung der Ausbeutung die materielle Lage der Arbeiter nicht verbessern.[24] Ein quantitativer Unterschied könnte unter sonst gleichen Umständen nur aus der Verwendung des Nettogewinns herrühren. Gewinne als Differenz zwischen Erträgen und Aufwendungen fallen auch in einer sozialistischen Wirtschaft an, werden dort aber, soweit sie nicht als Prämien an die Beschäftigten ausgeschüttet werden, wie Steuern zur Finanzierung von Investitionen oder staatlichen Konsumausgaben verwendet. Im kapitalistischen System geschieht das gleiche, soweit ein Teil der Gewinne nicht ausgeschüttet wird und ein weiterer Teil öffentlichen Haushalten zufließt. Dieser Teil betrug in der Bundesrepublik 1972 im Zahlenbeispiel der Tabelle 5.1 − dort nicht ausgewiesen − 20 DM. Der Rest von 167 DM floß Privatpersonen zur freien Verfügung zu. Rund ein Viertel dieses Restes bestand aus Vermögenseinkommen, von denen rund die Hälfte an Haushalte von unselbständig Beschäftigten und Sozialrentnern floß[25], hauptsächlich in Form von Zinsgutschriften auf Sparguthaben und festverzinsliche Wertpapiere, Dividenden auf Aktien und Einkünften aus Vermietung und Verpachtung. Somit blieben 146 DM oder 14,6 v.H. des Sozialprodukts für die Haushalte der Selbständigen übrig. Ein nicht bekannter Teil hiervon wurde für den privaten Konsum der Selbständigen und der nicht abhängig beschäftigten Bezieher von Besitzeinkommen (Kapitalrentner) und ihrer Familienangehörigen verwendet. Der Rest wurde gespart und diente damit ex post ebenfalls der Investitionsfinanzierung. Nach dem Übergang zu einem sozialistischen System würde es keine Selbständigen und Kapitalrentner mehr geben. Die betroffenen Personen müßten jedoch weiterhin mit Konsumgütern versorgt werden, wenn auch sicher in geringerem Umfang, da sie im kapitalistischen System überwiegend höhere Einkommen bezogen hatten. Unter dem quantitativen Aspekt der Verteilung von Konsumgütern würde der Übergang zum Sozialismus also lediglich dazu führen, daß eine relativ kleine Personengruppe einen kleineren Anteil an Konsumgütern erhalten würde. Von einer Abschaffung der Vermögenseinkommen würden jedoch auch die Arbeitnehmer und Sozialrentner betroffen, die solche Einkommen unter dem gegenwärtigen System in dem genannten Umfang beziehen. Würde anderseits die Abschaffung des Privateigentums mit dem Übergang zu einer zen-

---

[24] Vielleicht hat MARX später eingesehen, daß es sich um ein Scheinproblem handelt? 1875 schreibt er in den „Randglossen ...", es sei „überhaupt fehlerhaft, von der sog. *Verteilung* Wesens zu machen und den Hauptakzent auf sie zu legen." (MEW, Bd 19, S. 22. Hervorhebung des Originals.)

[25] Vgl. Tabelle 5.2, S. 304.

tralgeleiteten Wirtschaft verbunden, müßte auch das Personal des dann erforderlichen umfangreichen Lenkungs-, Verwaltungs- und Kontrollapparates mit Konsumgütern versorgt werden. Ob in diesem Fall netto eine Verbesserung der Konsumgüterversorgung für diejenigen möglich ist, die im alten System Arbeiter waren und es im neuen bleiben, ist selbst dann fraglich, wenn die Höhe des Sozialprodukts durch den Systemwechsel nicht berührt wird.

Es bleibt zu fragen, wie angesichts dieser Gegeneinwände das Problem des Privateigentums an Produktionsmitteln zu beurteilen ist, von dem immerhin MARX und ENGELS als von dem „Grundwiderspruch" des Kapitalismus gesprochen haben, „aus dem alle Widersprüche entspringen, in denen die heutige Gesellschaft sich bewegt"[26]: Die Produktion hat gesellschaftlichen Charakter, geschieht also arbeitsteilig im Zusammenwirken vieler Menschen, während die Aneignung privat bleibt, das Produktionsergebnis also in das Privateigentum des einzelnen Unternehmers oder Kapitalisten übergeht. Dieses „Mehrwertgesetz" gilt auch heute als das „ökonomische Grundgesetz des Kapitalismus."[27] „Ausbeutung" ist dabei zunächst eine einzelwirtschaftliche Sicht: Der unselbständig Beschäftigte sieht in der Tat, daß die Summe der Löhne und Gehälter zuzüglich der Abschreibungen und Aufwendungen für Vorleistungen in seinem Unternehmen in der Regel kleiner als die Summe der Verkaufserlöse aus den produzierten Gütern ist. Er sieht ferner, daß Gewinne auch Personen wie etwa Aktionären zufließen, die für die Erzielung des Ergebnisses nicht einen Finger gerührt haben, während er von der Verfügung über einen Teil der von ihm mitproduzierten Güter ausgeschlossen bleibt. Da der Hinweis, das sei immer so gewesen, als Begründung prinzipiell nicht ausreicht, kann eine Rechtfertigung dieser sozialen Konstruktion verlangt werden. Dazu kann man die Funktionen des Privateigentums an Produktionsmitteln untersuchen und zeigen, welche Probleme nach seiner Abschaffung zu lösen sind. Zwei solche Funktionen lassen sich unterscheiden:

— Produktionsmittel ermöglichen oder erleichtern Produktionsprozesse und sind knapp. Werden sie in solchen Prozessen eingesetzt, erzielen sie Preise und verschaffen damit ihrem Eigentümer ein Einkommen.
— Der Eigentümer kann diesen Einsatz selbst leiten — er ist dann der für den frühen Kapitalismus typische Unternehmer-Kapitalist —, oder er kann den Einsatz durch Beauftragte, etwa durch Vorstände von Kapitalgesellschaften, leiten lassen, wie das heute überwiegend, gemessen an dem in solchen Unternehmen erzeugten Teil des Sozialprodukts, der Fall ist. Mit der Verfügungsberechtigung über Produktionsmittel ist die Entscheidungsbefugnis über Produktion und Investition sowie Anweisungsbefugnis im Produktionsprozeß verbunden.

Das Eigentum an Produktionsmitteln ist jedoch so verteilt, daß diese Funktionen nur von einer relativ kleinen Personengruppe in nennenswertem Umfang ausgeübt werden. Kleinaktionäre beziehen weder hohe Besitzeinkommen noch haben sie Entscheidungs- oder Anweisungsbefugnis. Wer allerdings solches Eigentum von einer Mindesthöhe an besitzt und damit ein entsprechendes Einkommen aus

---

[26] F. ENGELS: Die Entwicklung des Sozialismus von der Utopie zur Wissenschaft, 1880. In: MEW, Bd 19, S. 227.
[27] Autorenkollektiv [5.61]. S. 238.

Unternehmertätigkeit und/oder Vermögen bezieht, gilt als Inhaber einer privilegierten Position. Sie ist durch die Unabhängigkeit von Anweisungen anderer Menschen sowie durch die Möglichkeit der Ausübung von Macht über Menschen gekennzeichnet, die mit der Entscheidungsbefugnis über Produktion und Investition verbunden ist. Es besteht daher ein starker Anreiz, diese Privilegien durch den Erwerb von Produktionsmitteln zu erlangen oder sie durch die Vergrößerung des vorhandenen Bestandes zu mehren. Dies geschieht dadurch, daß Produktionsmittel im Produktionsprozeß eingesetzt, Gewinne erzielt und auf deren Basis weitere Produktionsmittel angeschafft werden. Diese Tätigkeit findet jedoch unter Konkurrenz statt und unterliegt daher dem ständigen Risiko, daß im Rahmen der unter 2. genannten Befugnisse Fehlentscheidungen getroffen werden. Fehlentscheidungen führen in unterschiedlichem Grade zu Gewinnrückgängen und damit – gemäß der Bewertung zum Ertragswert – zu Wertminderungen der Produktionsmittel; sie können bis zu deren Verlust und damit zum Entzug des mit ihnen verliehenen Mandats führen (vgl. die Formulierung des Produktionsproblems, S. 276). Fehlentscheidungen sind grundsätzlich, allein wegen der Unsicherheit über die Zukunft, nicht vermeidbar. Schon im Interesse der für sie nicht verantwortlichen, aber von ihnen betroffenen Dritten muß daher jedes Wirtschaftssystem Strafen für Fehlentscheidungen vorsehen, um ihre Zahl und Tragweite möglichst klein zu halten. Im kapitalistischen Wirtschaftssystem besteht diese Strafe in der Wertminderung oder dem Entzug der Produktionsmittel und der damit verbundenen Privilegien. Umgekehrt wird derjenige belohnt, der Fehlentscheidungen weitgehend vermeidet, also einen möglichst hohen Prozentsatz system- und situationskonformer Entscheidungen trifft. Bei dieser Sicht ist das Rechtsinstitut „Privateigentum an Produktionsmitteln" also eine – wie sich historisch gezeigt hat, sehr wirksame – Vorkehrung, bei Entscheidungen über Produktion und Investition ein systemkonformes Verhalten dadurch zu erzwingen, daß systemkonforme Entscheidungen belohnt, Fehlentscheidungen bestraft werden. Was dabei als systemkonform zu gelten hat, ergibt sich aus der allgemeinen Funktionsweise des marktwirtschaftlichen Systems, wie sie oben beschrieben wurde.

Einige Systemkritiker sehen in der Übertragung der Entscheidungsbefugnis über so wichtige, die gesamte Bevölkerung berührende Angelegenheiten wie Produktion und Investition an eine relativ kleine Personengruppe ein negatives Merkmal des Systems, weil

– die Gesellschaft damit in Verfügungsberechtigte und Nichtverfügungsberechtigte gespalten, also zu einer Klassengesellschaft wird;
– die Übertragung des Mandats nicht im Wege allgemeiner Wahlen, sondern über die historisch vorgegebene Verteilung des Privateigentums an Produktionsmitteln erfolgt;
– die Mandatsträger mit dem Streben nach maximalem Einkommen für sich oder ihre Auftraggeber das falsche Ziel verfolgen. Sie sollten stattdessen dafür sorgen, daß „gesellschaftliche" Bedürfnisse gedeckt werden;
– die Belohnung für systemkonformes Verhalten in manchen Fällen extrem hoch ist und damit in keinem noch zu rechtfertigenden Verhältnis zur Einkommenshöhe der Bevölkerungsmehrheit steht.

Auch wenn man sich dieser Kritik nicht anschließt, bleiben Unvollkommenheiten

des Verfahrens zu erwähnen, das Mandat über Produktions- und Investitionsentscheidungen mit Hilfe des Privateigentums an Produktionsmitteln zu verleihen. Diese liegen vor,
— wenn Anbieter keinem Konkurrenzdruck ausgesetzt sind. Sie haben dann eine Monopol- oder monopolähnliche Stellung inne und sind keinem oder nur einem geringen Risiko ausgesetzt. Sie können dies dadurch weiter senken, daß sie auf kurzfristige Gewinnmaximierung verzichten und damit den Anreiz für potentielle Konkurrenten mindern, in ihre Märkte einzudringen. Die Existenz solcher Anbieter verletzt die Prinzipien der Marktwirtschaft in zweierlei Weise. Erstens ist die Allokation der Ressourcen nicht optimal, da solche Anbieter ihr Angebot nicht bis zu dem Punkt auszudehnen brauchen, an dem die Grenzkosten gleich dem Preis sind. Sie können weniger anbieten und zusätzliche Gewinne erzielen. Zweitens ist das aus ihrer Tätigkeit fließende Einkommen nicht oder nicht in gleichem Maße wie unter Konkurrenzbedingungen risikobedroht und damit von seiner Funktion her nicht gerechtfertigt. Es wird mit Hilfe der *Wettbewerbpolitik* versucht, solche Positionen nicht entstehen zu lassen und bestehende zu beseitigen;
— wenn Produzenten nach existenzbedrohenden Fehlentscheidungen mit öffentlichen Stützungsmaßnahmen rechnen können. Solche Maßnahmen werden vor allem bei Großunternehmen dann mindestens erwogen, wenn Massenentlassungen von Arbeitnehmern drohen. Ein systemkonformer Eingriff würde hier so aussehen, daß die für die Fehlentscheidungen verantwortlichen leitenden Personen abgelöst und den Eigentümern das Eigentum entzogen wird, während mit begrenzten Überbrückungshilfen die Weiterexistenz des Unternehmens unter neuer Leitung und Eigentumsregelung und damit die Arbeitsplätze sichergestellt werden.

Es kann keinem Zweifel unterliegen, daß die genannten Unvollkommenheiten in den heutigen kapitalistischen Ländern in nennenswertem Umfang vorliegen. Insoweit sind also Voraussetzungen des marktwirtschaftlichen Systems nicht erfüllt.

4. Einkommens- und Vermögensverteilung. Ein weiterer wichtiger Bereich der Kritik am marktwirtschaftlich-kapitalistischen System bezieht sich auf die Verteilung der Einkommen und Vermögen. Die Verteilung von Einkommen wird in diesem System üblicherweise unter drei Aspekten gesehen:
1. Die Verteilung des Einkommens nach der Art seiner Entstehung (oder seiner Quelle). Gemäß einer groben Gliederung[28] lassen sich hierbei Einkommen aus unselbständiger Arbeit, aus Unternehmertätigkeit und aus Vermögen unterscheiden. Dies nennt man die *funktionelle Einkommensverteilung*. Bezieht man die staatliche Umverteilung des Einkommens in die Betrachtung mit ein, tritt als vierte Einkommensart das Übertragungseinkommen hinzu.
2. Die Verteilung auf soziale (oder sozioökonomische) Gruppen. Solche Gruppen sind Arbeitnehmer, Unternehmer (oder Selbständige, einschließlich der freiberuflich Tätigen), Kapitalrentner und Sozialrentner. Sie können weiter unterteilt werden, etwa die Arbeitnehmer in Arbeiter, Angestellte, Beamte und Lehr-

---

[28] Vgl. auch VRW³, S. 113.

linge; die Unternehmer nach dem Wirtschaftszweig, in dem sie tätig sind. Dies kann man als *Gruppenverteilung des Einkommens* bezeichnen.

3. Die Verteilung nach der Einkommenshöhe oder die *personelle Einkommensverteilung* unabhängig von der Einkommensart und der Gruppenzugehörigkeit des Einkommenbeziehers. Erhebungseinheit können hierbei Personen oder Haushalte sein. Haushalte sind die wichtigere Erhebungseinheit, weil sie als ökonomische Entscheidungseinheiten gelten und weil in der Regel alle Mitglieder eines Haushalts den gleichen Lebensstandard unabhängig davon haben, ob sie ein Einkommen beziehen und welcher Art und wie hoch es gegebenenfalls ist.

Soziale Probleme können nur aus der Verteilung gemäß den unter 2. und 3. genannten Aspekten entstehen. Die funktionelle Verteilung ist statistisch wesentlich leichter zu erfassen als die beiden anderen Verteilungen, könnte aber nur dann als Indikator für die Gruppenverteilung und damit für aus ihr entstehende soziale Probleme dienen, wenn jedem Einkommensbezieher oder Haushalt nur Einkommen genau einer Art zufließen würde. Das ist beispielsweise in der Bundesrepublik nicht der Fall. Klein- und Kleinstvermögen sind breit gestreut, so daß Arbeitnehmer und Sozialrentner auch Einkommen aus Vermögen beziehen (vgl. die Angabe S. 300); Unternehmern gehören die Produktionsmittel ihrer Unternehmen ganz oder teilweise, so daß sie sowohl Einkommen aus Unternehmertätigkeit als auch aus Vermögen beziehen; und Bezieher von Vermögenseinkommen erhalten auch Sozialrenten oder üben nebenbei eine unselbständige Tätigkeit aus. Dieser Sachverhalt kann als *Querverteilung* bezeichnet werden. Sie wirkt sich statistisch noch stärker aus, wenn Erhebungseinheit nicht der Einkommensbezieher, sondern der private Haushalt ist, da es in vielen Mehrpersonenhaushalten zwei oder mehr Einkommensbezieher mit unterschiedlichen Einkommensarten gibt. Definiert man für jeden Haushalt einen Haushaltsvorstand und klassifiziert alle Haushalte nach der Haupteinkommensquelle dieses Vorstandes, so ergab sich für das verfügbare Einkommen in der Bundesrepublik 1972 die folgende Querverteilung:

Tabelle 5.2 – *Querverteilung in der Bundesrepublik Deutschland 1972*
Mrd. DM

Einkommensart	Einkommensbezieher (Haushalte)				
	Selb-ständige	Ange-stellte[a]	Arbeiter	(Sozial-) Rentner	insgesamt
Nettolöhne und -gehälter	1,7	138,9	144,2	1,2	286,0
Entnommene Gewinne	98,0	–	–	–	98,0
Vermögenseinkommen	14,4	6,8	5,2	3,1	29,5
Übertragungs- (Sozial-) einkommen	1,7	6,6	14,8	89,1	112,2
Verfügbares Einkommen insgesamt	115,8	152,3	164,2	93,4	527,7
Je Haushalt in DM/Monat	4 492	2 056	1 784	1 120	1 894

[a]Einschließlich Beamte und Richter.
Quelle: Deutsches Institut für Wirtschaftsforschung, Wochenbericht 49/73, S. 450, 452.

Danach wurden staatliche Übertragungen in nennenswerten Beträgen auch an Arbeitnehmerhaushalte geleistet (zusammen 21,4 Mrd. DM gleich 19,1 v. H. dieser Einkommensart und 6,8 v. H. des gesamten verfügbaren Einkommens dieser Gruppe), und rund die Hälfte aller Vermögenseinkommen (51,2 v. H.) flossen an Arbeitnehmer- und Sozialrentnerhaushalte. Allerdings ist die Einkommenssituation der Selbständigen in der Tabelle insofern unvollständig dargestellt, als die nichtentnommenen Gewinne, die ihnen zum größten Teil zuzurechnen sind, fehlen. Auch das Durchschnittseinkommen dieser Gruppe ist daher mit 4492 DM/Monat zu niedrig ausgewiesen.

Aus der Tabelle kann geschlossen werden, daß von der Entwicklung der gesamtwirtschaftlichen Lohnquote als Maß für die funktionelle Einkommensverteilung[29] nur in erster Annäherung auf die Entwicklung der Gruppenverteilung geschlossen werden kann. Sinkt beispielsweise diese Quote, so muß dies nicht unbedingt eine relative Verschlechterung der Situation der Arbeitnehmer bedeuten, da die ihnen zufließenden Vermögenseinkommen gestiegen sein können. Allerdings ist der konjunkturreagibelste Teil der Einkommen aus Unternehmertätigkeit und Vermögen der Gewinn, der nur den Selbständigen zufließt, so daß funktionale und Gruppenverteilung insoweit übereinstimmen.

Die in Tabelle 5.2 benutzte Einteilung der Haushalte ist ein erster Ansatzpunkt für eine Analyse der Sozialstruktur der Bundesrepublik. Stellt man sich die Bevölkerung als in Gruppen mit gegensätzlichen Interessen gegliedert vor, so muß diese Einteilung weiter verfeinert werden. So haben Beamte und unkündbare Angestellte in bezug auf wirtschaftspolitische Maßnahmen, die den Beschäftigungsstand und die Preisentwicklung berühren, eine andere Interessenlage als Industriearbeiter; landwirtschaftliche Arbeitgeber und Arbeitnehmer sind gleichermaßen an Agrarsubventionen und anderen Stützungsmaßnahmen interessiert; und es können etwa bei Arbeitnehmern, die nennenswert am Gewinn ihres Unternehmens beteiligt sind, auch Interessengegensätze innerhalb der Personen einer Gruppe vorliegen. Schon diese Beispiele zeigen, daß das einfache Bild einer Zweiklassengesellschaft (vgl. S. 97), das für eine aggregierte Analyse der Verhältnisse um die Mitte des 19. Jahrhunderts in den damals am weitesten entwickelten Ländern eine vertretbare Annäherung gewesen sein mag, für heutige Industrieländer nicht ausreicht. Auch eine differenziertere Gruppengliederung verschleiert jedoch noch einen wichtigen Verteilungsaspekt, auf den die Angabe der Durchschnittseinkommen in Tabelle 5.2 hinweist. Als „Selbständige" zählen in der Statistik sowohl der Kioskinhaber und der Handwerksmeister mit wenigen Gesellen als auch der Inhaber eines Familienkonzerns und der Großgrundbesitzer. „Angestellt" ist die Schreibkraft im Büro mit einem Einkommen unterhalb des Facharbeiterlohns ebenso wie der Vorstandsvorsitzende einer Aktiengesellschaft mit einem Jahreseinkommen von mehreren hunderttausend DM. Der Aspekt der personellen Verteilung ist es daher vor allem, der soziale Probleme aufwirft und seit jeher im Mittelpunkt der Kritik an der Einkommensverteilung im Kapitalismus steht.

Die ungleiche personelle Verteilung der Erwerbs- und Vermögenseinkommen hat in einer Marktwirtschaft zwei Ursachen:

---

[29] Für Einzelheiten der Berechnung und Bereinigung vgl. VRW[3], S. 269−271.

— aus Angebot an und Nachfrage nach den einzelnen Faktorleistungen —
Arbeitsleistungen unterschiedlicher Art und Qualifikation, Nutzung von Boden und dauerhaften Produktionsmitteln, sowie Gewährung von Krediten –
ergeben sich unterschiedlich hohe Preise für die Einheit der Faktorleistung;
— der Faktorbesitz ist ungleichmäßig auf Personen verteilt. Dies gilt besonders
für die dauerhaften Produktionsmittel, aber auch für angeborene oder erworbene, im Produktionsprozeß verwertbare Begabungen und Fähigkeiten.
Die personelle Einkommensverteilung ist damit ein soziales Dauerproblem der
kapitalistischen Marktwirtschaft. Sie wurde als solches schon von den nationalökonomischen Klassikern empfunden und führte zu der Forderung nach einer
„gerechten" Einkommensverteilung. Wie diese zu definieren ist, läßt sich ohne
Rückgriff auf Werturteile nicht sagen und kann daher nicht wissenschaftlich bestimmt werden. Die Forderung ist jedoch stets so verstanden worden, daß eine
gleichmäßigere Verteilung als die jeweils existierende als „gerechter" angesehen
wurde. Nun hat die bisherige Entwicklung der Marktwirtschaft aus mehreren
Gründen von sich aus zu einer gleichmäßigeren Verteilung geführt, wenn auch
widerstreitende Kräfte am Werk waren. Die wichtigsten Entwicklungen waren:
— Soweit auf einem Markt Wettbewerb herrscht, tendiert dieser dazu, die
Gewinne auf die gesamtwirtschaftliche durchschnittliche Rendite zu drücken oder
zu heben (vgl. S. 294). Er sorgt jedoch nicht für eine Vereinheitlichung der absoluten Gewinne und Vermögenseinkommen, da deren Höhe vom Umfang des Produktionsmittelbesitzes je Person abhängt. Wettbewerbsbeschränkungen führen in
der Regel zu einer ungleichmäßigeren Einkommensverteilung, da die Möglichkeiten zur Wettbewerbsbeschränkung mit der Größe von Unternehmen wachsen,
die ihrerseits in der Regel Bestandteile von Großvermögen sind.
— Mit dem Wachstum des Sozialprodukts ist die durchschnittliche Arbeitsproduktivität stark gestiegen. Die damit einhergehende Beseitigung von Arbeitsplätzen hätte zu einer wachsenden „industriellen Reservearmee" (vgl. S. 102) führen
können. Tatsächlich hat die Ausstattung der Volkswirtschaft mit Realkapital langfristig wesentlich stärker zugenommen als das Arbeitsangebot. Arbeitsleistungen
sind dabei relativ knapper geworden, woraus sich eine Tendenz zur stärkeren
Hebung der Arbeitseinkommen im Vergleich zum Vermögenseinkommen ergibt.[30]
— Die vermehrte Ausstattung mit Realkapital und der technische Fortschritt
erfordern ständige Erhöhungen des Ausbildungsstandes der Arbeitnehmer. Ausbildung kann als eine Investition gesehen werden (vgl. S. 53), die zur Bildung
von Arbeitsvermögen führt, das eine Rendite abwirft. Auch dies führt zu einer
relativ stärkeren Steigerung der Arbeitnehmereinkommen.
— In vielen Ländern sind im Laufe der Zeit gesetzliche Mindestlöhne vorgeschrieben worden, und es werden Familien- und Kinderzuschläge gezahlt.
— Die Bildung und zunehmende Verhandlungsstärke von Gewerkschaften bei
Tarifverhandlungen mit Arbeitgeberorganisationen hat ebenfalls zu einer gleichmäßigeren Einkommensverteilung geführt. Dies gilt besonders, seitdem Vollbeschäftigung wirtschaftspolitisches Hauptziel ist.

---

[30] Vgl. SR-Gutachten 1972/73, Ziffer 450 für eine numerische Schätzung des Einflusses,
den dieser Effekt 1959—1972 in der Bundesrepublik auf die Verteilung hatte.

– Unselbständig Beschäftigte beziehen auch Vermögenseinkommen.

– Die Einkommensverteilung vor Steuerabzug differiert erheblich von der Verteilung des verfügbaren Einkommens, weil die Einkommensteuer in einem weiten Bereich progressiv ist (vgl. S. 139f.). Die staatliche Umverteilung bewirkt daher eine gleichmäßigere Einkommensverteilung.

Betrachtet man anderseits die Vermögensverteilung, so ist diese wohl nicht wesentlich gleichmäßiger geworden, und eine entsprechende Entwicklung ist bei den gegenwärtigen Verhältnissen und Institutionen wie dem Erbrecht auch nicht zu erwarten. Allerdings ist dabei zu berücksichtigen, daß Vermögen für eine kleine Personengruppe eine Form der Alterssicherung darstellt. Das Vermögen eines Wirtschaftssubjekts kann aus drei Gründen zunehmen: Durch Sparen aus laufendem Einkommen, durch Wertsteigerungen vorhandenen Vermögens und durch staatliche und private Umverteilungsmaßnahmen. Die beiden erstgenannten Faktoren tendieren dazu, größere Vermögen stärker wachsen zu lassen als mittlere und kleine Vermögen, so daß die Vermögensverteilung ungleichmäßiger wird, während der Nettoeffekt des dritten Faktors ungewiß ist. Je größer das Vermögen im Besitz einer Person ist, um so höher ist in der Regel auch das daraus fließende Einkommen, und um so kleiner ist der davon für Konsumausgaben verwendete Anteil, auch wenn diese absolut hoch sind. Entsprechend ist der Anteil der Ersparnis um so höher, die ihrerseits Vermögenszuwachs bedeutet und so das Vermögen kumulativ wachsen läßt. Hinzu kommt, daß die Rendite von mittleren und Großvermögen meist höher als die von kleineren Vermögen ist, die in der Hauptsache aus Forderungen gegen den Finanzsektor bestehen. Wertsteigerungen begünstigen bei steigendem Preisniveau Sachvermögen und benachteiligen das in nominell feststehenden Forderungen angelegte Vermögen. Da ersteres stärker konzentriert ist, resultiert auch hieraus eine ungleichmäßiger werdende Verteilung. Allerdings mag dieser Effekt in der Bundesrepublik dadurch gemildert werden, daß Grund- und Hauseigentum, das hier breit gestreut ist, besonders starke Wertsteigerungen erfahren hat.[31]

Wie sich die staatliche Umverteilung des Vermögens auswirkt, muß von Fall zu Fall festgestellt werden. Beispielsweise erhielten Unternehmen in der Bundesrepublik 1972 Vermögensübertragungen vom Staat in Höhe von netto 7,43 Mrd. DM.[32] Dabei handelte es sich im wesentlichen um Investitionszuschüsse, Kriegsfolge-Entschädigungen und Stillegungsprämien. Die privaten Haushalte leisteten Vermögensübertragungen an den Staat in Höhe von 1,43 Mrd. DM, hauptsächlich Erbschaft- und Schenkungsteuer, und empfingen Übertragungen in Höhe von 7,36 Mrd. DM, überwiegend als Spar- und Wohnungsbauprämien sowie Kapitalentschädigungen im Rahmen der Kriegsfolgegesetzgebung. Wie sich alle diese Maßnahmen beispielsweise in einem Jahr auf den Grad der Ungleichheit der Vermögensverteilung auswirken, scheint bisher noch nicht untersucht worden zu sein. Ebensowenig dürfte feststehen, ob etwa die bisherigen Maßnahmen zur Förderung der Vermögensbildung breiter Schichten in der Bundesrepublik aus-

---

[31] Vgl. VRW[3], S. 78.

[32] Diese Angaben nach: Statistisches Bundesamt: Fachserie N Volkswirtschaftliche Gesamtrechnungen, Reihe 1 – Konten und Standardtabellen 1972. Stuttgart u.a. 1973, S. 75.

reichen oder überhaupt geeignet sind, die Vermögensverteilung innerhalb einer überschaubaren Zeit in nennenswertem Maße gleichmäßiger zu machen. Anderseits dürfte gelten, daß das marktwirtschaftlich-kapitalistische System bei einer wesentlich gleichmäßigeren Vermögensverteilung als jetzt genauso gut oder schlecht funktionieren würde: Großunternehmen im Besitz vieler Kleinaktionäre verhalten sich nicht anders als Unternehmen im Besitz von Einzelpersonen. Eine breite Streuung des Vermögens könnte jedoch bei vielen unselbständig Beschäftigten das Vermögenseinkommen zu einem beachtenswerten Teil ihres Gesamteinkommens werden lassen und damit zur Erhöhung ihrer Unabhängigkeit und Mobilität beitragen. Denkbar, wenn auch ohne drastische Erhöhung der Erbschaft- und Schenkungsteuer oder andere direkte Eingriffe in die bestehende Verteilung – im Unterschied zur Verteilung des laufenden Vermögenszuwachses – nicht in absehbarer Zeit realisierbar erscheint demnach eine Vermögensverteilung ohne Großvermögen, die kein soziales Problem mehr darstellt.

Wird die Ungleichheit der Einkommens- und Vermögensverteilung als unvereinbar mit den durch das Wirtschaftssystem zu verwirklichenden Endzielen, insbesondere dem der Gerechtigkeit, empfunden, entsteht das Bedürfnis nach ihrer Änderung. Das systemüberwindende Verfahren wäre die Abschaffung des Privateigentums an Produktionsmitteln. Privates Vermögen und Vermögenseinkommen samt ihrer ungleichmäßigen Verteilung gäbe es nicht mehr, und das Problem der Einkommensverteilung wäre auf die Arbeitseinkommen reduziert. Soll die kapitalistische Marktwirtschaft lediglich reformiert werden, so braucht man konkrete Vorstellungen darüber, wie die angestrebte Verteilung aussehen soll, eine Theorie über die Wirkung entsprechender Maßnahmen sowie eine Theorie darüber, wie sich die Wirtschaftssubjekte verhalten, wenn die angestrebte Verteilung verwirklicht ist. Schließlich wäre die vielleicht erreichbare optimale Verteilung gegen die mögliche Mindererreichung anderer Ziele abzuwägen. Dieser Gesichtspunkt des Zielkonflikts möge hier an zwei Beispielen erläutert werden: Dem möglichen Konflikt zwischen hoher gesamtwirtschaftlicher Lohnquote und Wachstum und dem Konflikt zwischen Einkommensgleichheit und Leistungsanreiz.

Es gehört zu den erklärten Zielen der Gewerkschaften beispielsweise in der Bundesrepublik, eine „gerechte Einkommens- und Vermögensverteilung"[33] herbeizuführen. Als Mittel dazu wird die gewerkschaftliche Lohnpolitik aufgefaßt, die in der Durchsetzung von Erhöhungen der Nominallohnsätze besteht. Gemäß einer vielfach bestätigten Hypothese erhöht diese Politik in bestimmten konjunkturellen Situationen die gesamtwirtschaftliche Lohnquote, während sie diese in anderen Situationen nicht beeinflußt oder ihren Rückgang nicht verhindert. Numerische Angaben über die Höhe der angestrebten Lohnquote, die ja nicht 100 v. H. erreichen kann, sind bisher nicht gemacht worden. Stattdessen wird marginal argumentiert: Der Verweis auf die gegenüber einem Vorjahreszeitraum stärker als die Löhne gestiegenen Gewinne gehört zu den Standardargumenten bei Lohnverhandlungen. Geht man davon aus, daß die gesamtwirtschaftliche

---

[33] Vgl. Grundsatzprogramm des Deutschen Gewerkschaftsbundes, beschlossen auf dem Außerordentlichen Bundeskongreß des Deutschen Gewerkschaftsbundes am 21. und 22. November 1963 in Düsseldorf. Köln-Deutz o. J., S. 6.

Lohnquote infolge der Tätigkeit der Gewerkschaften ständig höher ist als sie es ohne diese Tätigkeit wäre, so gilt folgendes. Eine höhere Lohnquote bedeutet einen niedrigeren Anteil der Einkommen aus Unternehmertätigkeit und Vermögen am Volkseinkommen. Obwohl dies bei wachsendem Sozialprodukt nicht einen absoluten Gewinnrückgang bedeuten muß, verschlechtert sich doch damit die relative Gewinnposition bei vielen Unternehmen. Gemäß der Hypothese S. 56 führt dies zu einem Rückgang der Investitionen. Gelingt es den Gewerkschaften, den Lohnanteil ständig hoch und damit die Investitionen niedrig zu halten, so ergibt sich ein ständig geringeres wirtschaftliches Wachstum. Da auch Wachstum zu den Zielen der Gewerkschaften gehört[34], liegt somit ein Zielkonflikt vor. Er wird noch dadurch verschärft, daß ein stärkeres Wachstum bei niedrigerer Lohnquote von einem bestimmten Zeitpunkt an zu einer absolut höheren Lohnsumme führen muß, als sie bei geringerem Wachstum zu erzielen wäre. Soweit also die Hypothese über den gegenläufigen Zusammenhang zwischen Lohnquote und Wachstum zutrifft, liegt ein Konflikt zwischen dem kurz- und dem langfristigen Interesse der Arbeitnehmer vor. Die Beobachtung zeigt, daß sich die Gewerkschaften für das kurzfristige Interesse entscheiden. Dafür gibt es mehrere Gründe: Die Befriedigung kurzfristiger Interessen erscheint vielen Gewerkschaftsmitgliedern attraktiver; Gewerkschaftsführer stehen unter Erfolgszwang; und ein negativer Einfluß der gewerkschaftlichen Lohnpolitik auf das Wachstum ist nicht mit Sicherheit vorhanden, da Unternehmen ihre Gewinnsituation durch Überwälzung von Lohnerhöhungen erhalten und außerdem mit arbeitsparenden Investitionen auf diese reagieren können. Dieses Argument führt auf die Alternativhypothese, daß die gewerkschaftliche Lohnpolitik das wirtschaftliche Wachstum anregt.

Im zweiten Beispiel führt der Konflikt zwischen dem Ziel, gemäß dem Gleichheitsprinzip jedermann ein gleich hohes Einkommen zu gewähren, und der Notwendigkeit, Leistungsanreize bestehen zu lassen, allgemein zur Ablehnung einer völlig gleichmäßigen Verteilung etwa der Arbeitseinkommen mit dem Argument, daß damit ein wichtiger Leistungsanreiz beseitigt und die dann eintretenden Produktionsausfälle nicht tragbar seien. Dahinter steht das dem System der Marktwirtschaft zugrundeliegende Bild vom Menschen als einem Einkommensmaximierer, der Arbeit als Mittel zu dem Zweck betrachtet, möglichst viel konsumieren und/oder Vermögen bilden zu können. Über das Ausmaß der Einkommensdifferenzierung, mit der ein optimaler Kompromiß zwischen dem Ideal einer möglichst gleichmäßigen Verteilung einerseits und der Erhaltung genügender Leistungsanreize andererseits erzielt wird, kann vorerst nur spekuliert werden. Das Problem hat erhebliche praktische Bedeutung, und zwar bei der Steuerpolitik. Wird hier ein wachsender Staatsanteil am Sozialprodukt angestrebt und demgemäß die Steuerbelastung erhöht, entsteht das Problem, welche marginale Besteuerung der höheren und mittleren Einkommen gerade noch ohne Verminderung von Leistungsanreizen hingenommen wird. Über die Wirkung steigender marginaler Steuersätze auf die Leistungsbereitschaft gibt es keine auch nur einigermaßen verläßlichen Erkenntnisse, auch wenn beispielsweise von Ländern wie Schweden oder Dänemark behauptet wird, die Steuerbelastung habe dort das allgemein für zumutbar gehaltene Ausmaß überschritten.

---

[34] Ebenda.

Die Frage nach dem „gerechten" Lohn wurde in älteren Theorien vor allem unter dem Aspekt gesehen, daß Arbeit Unlust verursache und nach deren Grad entlohnt werden müsse. Dieser Gesichtspunkt mag auch heute für viele unselbständig Beschäftigte zutreffen, bietet jedoch kaum Anhaltspunkte für die Festsetzung von Lohnsätzen, da der Grad der Arbeitsunlust weder meßbar noch interpersonell vergleichbar ist. Wer mehr oder bessere Arbeit leistet, soll ein höheres Einkommen erhalten. Damit werden aber Begabte, Leistungsfähige, Gesunde begünstigt, obwohl sie diese Eigenschaften nicht durch Leistung erworben haben. Ähnliches gilt für bessere Ausbildung, die weitgehend eine Frage der sozialen Herkunft ist. Das System neigt dazu, den Knappheitsgrad mancher Leistungen sehr hoch zu entlohnen und gewährt daher Spitzeneinkommen an Vorstandsmitglieder von Kapitalgesellschaften, manche Künstler und Angehörige freier Berufe. Es gewährt auch hohe Einkommen per Zufall: Wer als Unternehmer in einem expandierenden Wirtschaftszweig tätig ist, kann lange Zeit hohe Gewinne erzielen, bevor sie durch den Wettbewerb geschmälert werden. Hinzu kommt, daß Arbeit auch Freude machen und als Möglichkeit zur *Selbstverwirklichung* benutzt werden kann (unter der man den Versuch verstehen kann, ein subjektiv sinnvoll erscheinendes Leben zu führen). Dies trifft vielfach für Inhaber solcher Arbeitsplätze zu, die mit schöpferischer Tätigkeit, Ausübung von Anweisungsbefugnis gegenüber anderen Menschen oder Möglichkeiten zu ihrer Beeinflussung verbunden sind.[35] Solche Tätigkeiten werden überwiegend höher bezahlt als die Unlust verursachenden Arbeiten. Wer dies mit seinen Werturteilen als unvereinbar ansieht und auch den Ausgleich über die Steuerprogresssion für unzureichend hält, muß dieses Merkmal des marktwirtschaftlich-kapitalistischen Systems negativ bewerten und abwägen, ob er deswegen das System insgesamt verwerfen oder dieses Merkmal als Teil des Preises betrachten will, der für Vorzüge des Systems zu zahlen ist.

5. Soziale Sicherung. Mit dem Beginn der Industrialisierung entstand eines der zentralen sozialen Probleme des kapitalistischen Systems: Es gab keine hinreichenden Vorkehrungen, abhängig Beschäftigte bei Krankheit, Invalidität, Arbeitslosigkeit und im Alter mit einem Einkommen zu versorgen. Traten diese Fälle ein, waren die Betroffenen auf das Einkommen von Haushaltsangehörigen, die Mildtätigkeit von Verwandten, die Armenpflege der Kirchen und unzulängliche öffentliche Einrichtungen wie Armenhäuser angewiesen. Das Problem ver-

---

[35] Ansatzweise wird in neuester Zeit versucht, auch Arbeitsplätze, die nicht in dieser Weise privilegiert sind, attraktiver zu machen. Die Idee wird unter der Bezeichnung „Humanisierung der Arbeitswelt" diskutiert und geht auf den Gedanken zurück, daß jeder Mensch die Möglichkeit haben solle, seine Persönlichkeit nicht nur in der Freizeit, sondern auch bei der Arbeit zu entfalten. Umgangssprachlich ausgedrückt: Arbeit soll nicht nur (wie bisher schon) Künstlern, Politikern, Professoren, Chefredakteuren, Schriftstellern und leitenden Angestellten, sondern möglichst auch (ungelernten) Arbeitern Spaß machen. Maßnahmen sind verbesserte Bedingungen am Arbeitsplatz (Verringerung von Lärm- und Schmutzbelästigung, verbesserte Unfallverhütung, mehr Pausen) und im Betrieb (verbesserte Gesundheitsvorsorge, mehr Informationen über betriebliche Vorgänge und die Situation des Unternehmens), Herabsetzung der Monotonie durch Arbeitsplatzwechsel innerhalb des Betriebes und Ausdehnung des Tätigkeitsbereiches, schließlich vermehrte Möglichkeiten zur Weiterbildung und mehr Mitbestimmung.

schärfte sich mit dem Anwachsen der Industriearbeiterschaft im Laufe des 19. Jahrhunderts und führte zu der Einsicht, daß es Aufgabe des Staates sei, grundsätzlich jedem Bürger ein Einkommen zu gewähren, wenn er ohne eigenes Verschulden nicht in der Lage war zu arbeiten. Manche Risiken wie Arbeitslosigkeit sind privatwirtschaftlich unversicherbar, bei anderen kann von Personen mit niedrigen Einkommen nicht erwartet werden, daß sie sich gegen sie versichern. Es sind dann öffentliche Einrichtungen zu schaffen, die den abhängig Beschäftigten mit niedrigen Einkommen diese Risiken abnehmen. Hieraus entstanden nach und nach die Einrichtungen der sozialen Sicherung, die eines der bemerkenswertesten Kennzeichen der Entwicklung des kapitalistischen Systems bilden.

Als Belastungen, die von Einrichtungen der sozialen Sicherung auszugleichen sind, werden heute angesehen
— Verlust oder Minderung der Erwerbsfähigkeit. Sie kann vorübergehend oder dauerhaft sein und insbesondere auf Alter, Krankheit, Unfall, Kriegsbeschädigung oder Mutterschaft bei Frauen beruhen;
— Wegfall oder Beeinträchtigung der ökonomischen Grundlage infolge Tod des Ernährers, Krieg und Kriegsfolgen oder individueller Notfälle;
— Arbeitslosigkeit;
— Wirtschaftliche Belastung durch Kinder, Wohnraummiete.
Mittel für die soziale Sicherung können nach unterschiedlichen Prinzipien aufgebracht werden, woraus auch unterschiedliche Umverteilungseffekte resultieren. Die beiden Hauptprinzipien sind
1. Das *Versicherungsprinzip:* Die einem bestimmten Risiko, etwa dem der Arbeitslosigkeit, unterliegenden Personen entrichten unter gesetzlichem Zwang Beiträge zu einem Fonds, der an die von dem Risiko Betroffenen Zahlungen leistet.
2. Das *Zuschußprinzip:* Die Empfänger erhalten Übertragungen aus dem allgemeinen Steueraufkommen, das in Sonderfällen durch Sondersteuern ergänzt werden kann.
Nach dem Versicherungsprinzip arbeiten in der Bundesrepublik die Renten-, die Arbeitslosen-, die Kranken- und die gesetzliche Unfallversicherung, wobei bei den beiden erstgenannten eine Zuschußpflicht des Bundes im Falle von Defiziten besteht. Die Mittel für die anderen Einrichtungen der sozialen Sicherung werden aus dem allgemeinen Steueraufkommen getragen.

Die Sozialversicherung wurde im Deutschen Reich als gesetzliche Pflichtversicherung in den achtziger Jahren des 19. Jahrhunderts eingerichtet. Sie wurde damit früher eingeführt und ist heute in der Bundesrepublik weiter ausgebaut als in den meisten anderen Ländern. Ihre Zweige sind
— *Rentenversicherung*, unterteilt für Arbeitnehmer in die Rentenversicherung der Arbeiter, der Angestellten und die für Bergleute eingerichtete knappschaftliche Rentenversicherung; für Selbständige in die Rentenversicherung der Handwerker, die Alterssicherung für Landwirte und für freie Berufe (zum Beispiel für selbständig tätige Lehrer, Musiker, Pfleger, Hebammen, Artisten). Leistungen werden bei Berufs- und Erwerbsunfähigkeit, nach Erreichen der Altersgrenze und an Hinterbliebene gewährt. Bemessungsgrundlage für die Leistungen sind neben der individuellen Beschäftigungsdauer und dem dabei erzielten Einkommen die generelle Einkommensentwicklung während der letzten drei Jahre vor Eintritt

des Versicherungsfalles. Da auch die bestehenden Renten von Zeit zu Zeit angepaßt werden, ist damit (seit 1957) das Prinzip der *dynamischen Rente* verwirklicht,
gemäß dem die Früchte des wirtschaftlichen Wachstums auch denen zukommen
sollen, die nicht mehr erwerbstätig sind. Die Mittel der Rentenversicherungen
werden aus Beiträgen aufgebracht, die zur Zeit 18 v. H. des Bruttoarbeitslohns
betragen und je zur Hälfte von Arbeitgebern und Arbeitnehmern aufgebracht
werden. Beamte zahlen keine solchen Beiträge, ihre Alters- und Hinterbliebenen-
bezüge werden wie ihre Besoldung aus den laufenden Einnahmen ihrer Diensther-
ren bestritten. 1972 entfielen von den gesamten Leistungen der Sozialversicherung
in Höhe von 209 Mrd. DM allein 87 Mrd. DM gleich 42 v. H. auf Zahlungen
im Rahmen der Rentenversicherungen.[36]
– *Arbeitslosenversicherung.* Sie wird von der Bundesanstalt für Arbeit in Nürn-
berg verwaltet. Bei den Arbeitsämtern gemeldete ledige Arbeitslose erhalten zur
Zeit im Rahmen von Höchstgrenzen rund 62 v. H. ihres Nettolohns als *Arbeitslosengeld*, Verheiratete beziehen Familienzuschläge. Voraussetzung für den Bezug
ist insbesondere, daß der Arbeitslose in der Lage ist und seine Bereitschaft bekun-
det, eine Beschäftigung unter üblichen Bedingungen auszuüben. Die Dauer der
Zahlung richtet sich nach der vorausgegangenen Beschäftigungszeit, während der
Beiträge zur Arbeitslosenversicherung entrichtet wurden, und beträgt höchstens
ein Jahr. Danach wird zeitlich unbegrenzt *Arbeitslosenhilfe* gewährt, die bei Ledigen in der Regel 52 v. H. des Nettolohns beträgt.

Arbeitslosengeld und -hilfe sind heute ein eher untergeordneter Teil eines
Komplexes von Maßnahmen, mit denen ein höchstmöglicher Beschäftigungsstand
gesichert werden soll. Grundlage ist das *Arbeitsförderungsgesetz* vom 25. 6. 1969
(BGBl. I, S. 582). Gefördert werden die berufliche Ausbildung, Weiterbildung
und Umschulung sowie die Rehabilitation behinderter Personen; es wird unent-
geltlich Berufsberatung und Arbeitsvermittlung gewährt; und es werden
Zuschüsse zu Bewerbungs- und Umzugskosten sowie Trennungsbeihilfen ge-
zahlt. Alles dies erhöht die Mobilität des Produktionsfaktors Arbeit. Bestehende
Arbeitsplätze werden durch Zahlungen von Kurzarbeitergeld, Schlechtwettergeld
(an Bauarbeiter) sowie durch Förderung des Winterbaus gesichert, neue durch
Zuschüsse an Unternehmen bei Einstellung älterer Arbeitnehmer geschaffen. Die
Leistungen der Bundesanstalt für Arbeit werden durch Beiträge der Arbeitnehmer
und Arbeitgeber in Höhe von je 0,85 v. H. des Bruttoarbeitsentgelts finanziert.
Das Sinken des Anteils der Zahlungen für Arbeitslosengeld und -hilfe an den
gesamten Ausgaben der Bundesanstalt für Arbeit hat dazu geführt, daß die
Arbeitslosenversicherung zumindest im Konjunkturaufschwung heute in der
Bundesrepublik nicht mehr als automatischer Stabilisator (vgl. S. 150) wirkt. So
standen im Hochkonjunkturjahr 1970 (vgl. Bild 3.2, S. 124) den Beitragseinnah-
men der Arbeitslosenversicherung von 3,1 Mrd. DM zwar nur Ausgaben für Arbeitslosengeld und -hilfe von 703 Mill. DM gegenüber, aber die Gesamtausgaben
für die vorstehend genannten Maßnahmen erreichten 3,9 Mrd. DM, so daß ein
Defizit entstand. Die antizyklische Wirkung im Konjunkturabschwung ist jedoch
dadurch sichergestellt, daß der Bund die dann wachsenden Defizite durch Zuschüsse decken muß.

[36] Zahlenangaben in diesem Abschnitt nach Stat. Jb. BRD 1973, S. 388 ff. sowie
Sozialbericht 1973 [5.44], soweit nichts anderes angegeben.

– *Krankenversicherung.* Eine gesetzliche Krankenversicherung für gewerbliche Arbeiter wurde im Deutschen Reich 1883 eingeführt (mit Vorläufern 1854 und 1876) und bildet damit den ältesten Zweig der Sozialversicherung. Sie wurde 1971 von 1801 Orts-, Land-, Innungs- und Betriebskrankenkassen sowie Ersatzkassen wahrgenommen. Ihre Leistungen umfassen auch Mutterschaftshilfe. Sie werden durch Zwangsbeiträge der Arbeitnehmer unterhalb bestimmter Einkommensgrenzen und Arbeitgeber in Höhe von derzeit 4,6 v.H. des Bruttolohns finanziert.

– *Unfallversicherung.* Die gesetzliche Unfallversicherung besteht seit 1884. Sie bezieht sich auf Unfälle während und im Zusammenhang mit der Erwerbstätigkeit als unselbständig Beschäftigter und gleichgestellter Personen und erstreckt sich auch auf Berufskrankheiten. Die Leistungen umfassen Heilbehandlung sowie Renten an Erwerbsunfähige oder -geminderte und an Hinterbliebene. Die Mittel werden durch Zahlungen der Arbeitgeber aufgebracht.

Maßnahmen der sozialen Sicherung gemäß dem Zuschußprinzip sind

– *Kindergeld, Wohngeld.* Die Gewährung von Kindergeld beruht auf der Vorstellung, daß die Aufzucht von Kindern im Interesse aller erfolgt, allein schon weil die Kinder von heute das Sozialprodukt von morgen erarbeiten, aus dem ein Teil zur Altersversorgung der heute Arbeitenden abgezweigt werden muß. Die wirtschaftliche Belastung durch Kinderaufzucht soll daher durch die Umverteilungsmaßnahme „Kindergeld" zu Lasten der Kinderlosen zum Teil ausgeglichen werden. Unterhaltsverpflichtungen gegenüber Kindern werden außerdem in vielfältiger anderer Weise bei anderen Sozialleistungen und bei der Einkommensteuer berücksichtigt. Die Leistungen nach dem Kindergeldgesetz trägt der Bund, sie betrugen 1972 rund 3,3 Mrd. DM.

Wohngeld wird als Zuschuß zur Miete oder anderen mit der Wohnung zusammenhängenden Lasten gewährt, wenn bestimmte Einkommensgrenzen und Wohnungsgrößen nicht überschritten werden und die Miete oder Belastung als tragbar angesehene Grenzen übersteigt. Die Berechnungsvorschriften sind kompliziert und erfordern eine weitgehende Offenlegung der persönlichen Verhältnisse der Antragsteller. Bemerkenswert an dieser Sozialleistung ist, daß Mieter und Vermieter zu Lasten der Steuerzahler höhere Mieten vereinbaren können. Allgemein gilt, daß an den Kauf bestimmter Güter gebundene Zuschüsse bei nicht völlig elastischem Angebot deren Preise erhöhen und damit sowohl sich selbst kumulieren als auch unbeabsichtigt die Anbieter subventionieren. Darüber hinaus bewirkt die Zahlung von Wohngeld, daß der Mietenindex und damit der Preisindex für die Lebenshaltung stärker steigt, als es ohne Wohngeld der Fall wäre. 1972 wurden 1,2 Mrd. DM an 1,3 Mill. Berechtigte mit einem Durchschnittsbetrag von 77 DM je Monat gezahlt. Die Mittel werden überwiegend je zur Hälfte von Bund und Ländern bereitgestellt.

– *Kriegsfolgenentschädigung.* Kriege und ihre Folgen belasten oder begünstigen den Einzelnen außerordentlich unterschiedlich, so daß zum Ausgleich Umverteilungsmaßnahmen erforderlich werden. 1949 wurde dazu das Gesetz zur Milderung dringender sozialer Notstände *(Soforthilfegesetz)* erlassen, dem 1952 das *Gesetz über den Lastenausgleich* (BGBl. I, S. 446), das seither durch 23 Novellen und über 50 Rechtsverordnungen geändert und ergänzt wurde, sowie weitere Gesetze folgten. Der Lastenausgleich soll in bezug auf die Erhebung von

Lastenausgleichsabgaben und die Erfüllung der Hauptentschädigungsansprüche bis 1979 abgeschlossen werden, seine endgültige Abwicklung wird sich bis ins 21. Jahrhundert erstrecken. Die Leistungen umfassen Haupt-, Hausrats- und Altsparerentschädigungen, Währungsausgleich, Entschädigungsrenten, Unterhaltshilfe und Eingliederungsbeihilfen. Sie beliefen sich bis Ende 1972 auf insgesamt 80 Mrd. DM, weitere 30 Mrd. DM (geschätzt) sollen noch umverteilt werden. Die Mittel werden durch Sondersteuern (Vermögens-, Hypothekengewinn- und Kreditabgabe) sowie durch Zuschüsse des Bundes und der Länder aufgebracht.

Ein weiterer Zweig ist die Kriegsopferversorgung. Grundlage ist das *Bundesversorgungsgesetz* von 1950, das durch mehrere Gesetze geändert und ergänzt wurde. Leistungen werden an Militärdienstbeschädigte und deren Hinterbliebene gewährt. Die Zahl der Versorgungsberechtigten erreichte 1952 mit 4,4 Mill. ihren Höchststand und ist bis Ende 1972 kontinuierlich auf 2,4 Mill. zurückgegangen. Die Leistungen betrugen 1972 insgesamt 8,6 Mrd. DM, sie werden überwiegend vom Bund getragen.

– *Sozialhilfe*. Sie wird in Notfällen geleistet, die nicht aus eigener Kraft behoben werden können und in denen keine Ansprüche an andere Zweige der Sozialen Sicherung bestehen oder in denen deren Leistungen nicht ausreichen. Grundlage ist das inzwischen zweimal geänderte *Bundessozialhilfegesetz* von 1961 (Fassung von 1969 in BGBl. I S. 1688). In der Hauptsache wird Hilfe zum Lebensunterhalt, Tuberkulose-, andere Kranken- und Blindenhilfe sowie Eingliederungshilfe für Behinderte und Pflegehilfe gewährt. 1972 wurden 4,8 Mrd. DM an rund 1,6 Mill. Empfänger, überwiegend von den Gemeinden, geleistet. Diese seit 1963 annähernd konstante Zahl[37] kann als grober Indikator für das Ausmaß der Armut in der Bundesrepublik angesehen werden. Dabei ist allerdings zu berücksichtigen, daß nicht ständig dieselben Personen Sozialhilfe empfangen: Nur etwa ein Viertel erhalten über längere Zeit hinweg Leistungen.

Soweit über die Sozialhilfe ein Einkommen gewährt oder ein als zu niedrig angesehenes Einkommen aufgestockt wird, geben die entsprechenden Beträge die Ansichten des Gesetzgebers über das Mindesteinkommen wieder, über das jedes Mitglied der Gesellschaft verfügen sollte.

Sozialhilfe wird nur subsidiär geleistet, eigenes Einkommen oder Vermögen darf – mit Ausnahmeregelungen – weder bei dem Hilfesuchenden noch bei seinem Ehepartner oder, wenn es sich um einen unverheirateten Minderjährigen handelt, den Eltern in ausreichendem Maß vorhanden sein. Im Gegensatz zu früheren Anschauungen, nach denen Arme ihre Notlage grundsätzlich selbst verschuldet hatten, wird Sozialhilfe im Prinzip unabhängig von einem Urteil über die Ursachen der Notlage gewährt. Jedoch ist vorgesehen, daß in bestimmten Fällen Leistungen zurückzuzahlen sind, etwa wenn die Voraussetzungen für die Gewährung der Sozialhilfe vorsätzlich oder grobfahrlässig herbeigeführt wurden. Außerdem sollen die Träger der Sozialhilfe den Hilfesuchenden veranlassen, sich um Arbeit zu bemühen. Weigert er sich, zumutbare Arbeit zu leisten, so entfällt

---

[37] Die Zahl enthält Doppelzählungen, soweit Personen mehrere Arten von Hilfe empfingen. Anderseits sind in ihr Nichtseßhafte, Empfänger von Pauschalhilfen, Teilnehmer an Gruppenverschickungen sowie Empfänger einmaliger Hilfen zum Lebensunterhalt nicht enthalten.

der Anspruch auf Hilfe, oder diese kann auf das „zum Lebensunterhalt Unerläßliche" eingeschränkt werden. (Bis 1974 war bei beharrlicher Arbeitsverweigerung durch Gerichtsbeschluß Unterbringung in einer abgeschlossenen Anstalt vorgesehen. Damit war in der Bundesrepublik eine Pflicht zur Arbeit konstituiert, wenn auch nur für einkommens- und vermögenslose Personen.)

Der vorstehende Überblick zeigt das System der sozialen Sicherung in der Bundesrepublik nur in den gröbsten Umrissen. Er läßt nicht ahnen, wie detailliert und damit kompliziert die Vorschriften einer kaum übersehbaren Zahl von Gesetzen, Rechtsverordnungen und Durchführungsbestimmungen sind. Entsprechend hoch sind die Verwaltungsaufwendungen und damit der Einsatz an Produktionsfaktoren. Dies ist als Preis für das Bestreben anzusehen, möglichst weitgehend dem Einzelfall gerecht zu werden und Pauschalregelungen zu vermeiden. Es wird seit Jahren daran gearbeitet, sämtliche gesetzlichen Regelungen zum Komplex der sozialen Sicherheit in einem *Sozialgesetzbuch* zusammenzufassen.[38]

Das Problem der sozialen Sicherung kann heute in Ländern wie der Bundesrepublik im Prinzip als gelöst betrachtet werden. Als nicht abschaffbares und politisch immer wieder neu zu lösendes Problem bleibt zu entscheiden,

- auf welchen Teil ihres Einkommens die Erwerbstätigen gemäß dem Versicherungsprinzip zwangsweise zugunsten der zeitweilig oder ständig Nichterwerbstätigen verzichten sollen;
- welchen Umfang die Umverteilung gemäß dem Zuschußprinzip annehmen soll;
- wie hoch die Renten in den Rentenversicherungen, die Sätze der Sozialhilfe, die Versorgung der Kriegsbeschädigten, die Ausbildungsbeihilfe für Studenten jeweils individuell in Beziehung zu den am Arbeitsmarkt erzielbaren Einkommen sein sollen.

6. Benachteiligungen Dritter bei Produktion unter Wettbewerb.
Bei der Beschreibung des Unternehmerverhaltens war Kostensenkung als wichtiges Mittel zum Überleben im Konkurrenzkampf genannt worden. Kostensenkung verschafft Vorteile gegenüber Konkurrenten und beeinträchtigt damit deren Interessen, was als gewollte Folge des Wettbewerbs anzusehen ist. Kostensenkung kann jedoch gleichzeitig auch Dritte benachteiligen, und zwar so stark, daß daraus soziale Probleme entstehen können. Dies soll an drei Problemkreisen gezeigt werden.

Wer als Unternehmer etwa im vorigen Jahrhundert Kinderarbeit in seinem Betrieb einführte, verschaffte sich gegenüber seinen Konkurrenten Kostenvorteile und erzielte damit zusätzliche Gewinne. Der daraus resultierende Vorteil konnte so groß werden, daß die Konkurrenten gezwungen waren, ebenfalls Kinder einzustellen, um im Wettbewerb nicht zu unterliegen. Andere Beispiele für Benachteiligungen solcher Art waren Verlängerung der Arbeitszeit, Verschärfung der Arbeitsdisziplin, Entlohnung in Waren statt in Geld, und Ausweichen vor der Fabrikinspektion zwecks Beibehaltung unzumutbarer Arbeitsbedingungen.[39]

---

[38] Der Allgemeine Teil des Sozialgesetzbuches wurde vom Bundestag in erster Lesung am 20. September 1973 beraten.

[39] Diese Beispiele nach G. Briefs: Art. Gewerkschaften (I) Theorie, In: HdSW, 4. Bd, S. 547. Briefs sieht in solchen Verschlechterungen der Lage der Arbeiter unter Wett-

Nun läßt sich vorstellen, daß gerade der Wettbewerb solche Benachteiligungen auch mildert oder beseitigt. Wenn Knappheit an Arbeitskräften herrscht, hat derjenige Arbeitgeber einen Vorteil, der bessere Arbeitsbedingungen bieten kann. Wenn hieraus jedoch eine allgemeine Verbesserung der Lage der Arbeiter entstehen soll, muß diese Situation angesichts unvollkommener Mobilität der Arbeiter und mangelnder Transparenz des Arbeitsmarktes lange andauern, und das war im 19. Jahrhundert nur selten der Fall. Außerdem werden Kinderarbeit und eine Tendenz zur Verlängerung der Arbeitszeit durch Arbeitskräftemangel eher verstärkt. Benachteiligungen der genannten Art können daher nur durch institutionelle Änderungen beseitigt werden, mit denen der Rahmen neu abgegrenzt wird, innerhalb dessen sich die Produktionstätigkeit unter Wettbewerb zu vollziehen hat. Solche Regelungen waren und sind das Verbot der Kinderarbeit, die Herabsetzung der täglichen, wöchentlichen und jährlichen Arbeitszeit, Einführung von Mindest-Kündigungsfristen, gesetzliche Vorschriften über Unfallverhütung und Mutterschutz sowie das Verbot der Naturalentlohnung.

Ein zweiter Problemkreis ist auch heute noch akut. Kostensenkung wirkt sich in besonders krasser Weise zu Lasten Dritter aus, wenn unselbständig Beschäftigte im Zuge von Rationalisierungsmaßnahmen entlassen werden. Im weiteren Sinne sind hierzu auch Entlassungen bei der Aufgabe von Unternehmen zu rechnen, die in einer Wettbewerbswirtschaft als normaler, weil für ihr Funktionieren unerläßlicher Vorgang zu werten ist. Im Konkursrecht sind Lohnforderungen von Arbeitnehmern zwar zusammen mit einigen Forderungen anderer Gläubiger bevorrechtigt, und seit Juli 1974 werden in der Bundesrepublik als Sozialleistung rückständige Löhne und Gehälter bei Konkursen erstattet, aber eine Entschädigung für den Verlust des Arbeitsplatzes ist nicht vorgesehen. Es gilt als selbstverständlich, daß entlassene Arbeitnehmer auf eigene Kosten einen neuen Arbeitsplatz zu suchen haben. Dahinter steht die Hypothese, daß der Arbeitnehmer seine Arbeitskraft jederzeit an anderer Stelle zu gleichen Bedingungen wieder einsetzen kann. Es liegt auf der Hand, daß der Arbeitsmarkt in vielen Fällen so unvollkommen ist, daß sich für die Betroffenen erhebliche Probleme ergeben können. Die Arbeitsuche kann längere Zeit in Anspruch nehmen, oder bei älteren Arbeitnehmern vergeblich sein; vielleicht kann am neuen Arbeitsplatz nur ein niedrigeres Einkommen erzielt werden; oder es müssen Wohnort oder Beruf gewechselt werden. In allen solchen Fällen tragen Arbeitnehmer Lasten auf Grund von Entwicklungen, auf die sie keinen Einfluß hatten und für die sie daher nicht verantwortlich sind. Soweit Umsetzungen von Arbeitnehmern im Zuge des bei wirtschaftlichem Wachstum unvermeidlichen Strukturwandels erfolgen, werden diese Arbeitnehmer durch das Wachstum zunächst benachteiligt, das der Mehrheit der Bevölkerung und damit langfristig auch ihnen selbst zugute kommt. Das

---

bewerbsdruck ihre Verelendung und spricht in bezug auf die Arbeitgeber vom Vordringen des submarginalen Ethos: Auch wer als Arbeitgeber aus humanitären Gründen die Lage seiner Arbeiter nicht derart verschlechtern möchte, wird durch den Konkurrenzdruck dazu gezwungen. Dem steht nicht entgegen, daß einzelne Unternehmer mit starker Marktstellung freiwillige Sozialleistungen gewähren konnten. Vgl. auch MARX [2.37], 1. Bd (= MEW, Bd 23), S. 286, Anm. 114, wonach 1863 in England in einem Fall 26 Töpfereien um „gewaltsame Einmischung des Staates" nachsuchten, weil ihnen die Konkurrenz mit anderen Kapitalisten keine freiwillige Beschränkung der Arbeitszeit der Kinder erlaube.

Problem wird gemildert, wenn es eine Arbeitslosenversicherungspflicht gibt und wenn eine Vollbeschäftigung herrscht, bei der die Zahl der freien Stellen ständig mindestens so groß ist wie die Zahl der Arbeitslosen. Es wird zusätzlich gemildert, wenn Arbeitgeber Reisebeihilfen, Abfindungen, Umzugskosten- und Umschulungszuschüsse zahlen[40] und wenn bei der Stillegung größerer Betriebe Sozialpläne ausgeführt werden.

Der dritte Problemkreis bezieht sich auf Vorgänge, die besonders mit der industriellen Produktion schon immer verbunden waren, aber erst seit den sechziger Jahren dieses Jahrhunderts in das öffentliche Bewußtsein getreten sind. Bei der Produktion vieler Güter entstehen Abfälle, beispielsweise Abwässer. Werden diese ungereinigt in einen Fluß geleitet, so erwachsen dem betreffenden Unternehmen aus der Abwasserbeseitigung keine Kosten. Bezieht eine flußabwärts gelegene Gemeinde ihr Trinkwasser aus diesem Fluß, so entstehen ihr jedoch zusätzliche Kosten für die Wasserreinigung. Ein solcher Sachverhalt kann als klassisches Beispiel für den Unterschied zwischen privaten und sozialen Kosten der Produktionstätigkeit, oder Kostensenkung zu Lasten Dritter, dienen. Das Unternehmen registriert keine Kosten der Abwasserbeseitigung und hat daher eine bessere Wettbewerbsposition, als wenn es solche Kosten tragen müßte. Dafür müssen an anderer Stelle der Volkswirtschaft Aufwendungen gemacht werden, oder es wird die Lebenssituation anderer Menschen beeinträchtigt, so daß die gesamten („sozialen") Kosten der Produktionstätigkeit des betrachteten Unternehmens höher sind als die „privaten", von ihm getragenen Kosten.

Die verschiedenen Formen des Problems in heutigen hochindustrialisierten Ländern sind bekannt. Flüsse werden zum Abtransport, Seen und Meere zur Ablagerung von Abwässern und anderen Abfallstoffen benutzt. Das verschlechtert die Qualität des Wassers für andere Verwendungszwecke wie Trinkwasser und beeinträchtigt den Fischfang. Luft wird durch gas- und staubförmige Abfälle verschmutzt. Das beeinträchtigt das Wohlbefinden der Bevölkerung, kann zu Gesundheitsschäden führen, verursacht zusätzliche Reinigungskosten und beschädigt Bauten und Kunstwerke. Bei der Produktion pflanzlicher Nahrungsmittel werden zur Ertragssteigerung Dünge- und Schädlingsbekämpfungsmittel, bei der Fleischproduktion Antibiotika verwendet, deren Rückstände die Gesundheit der Konsumenten schädigen können.

Auch bei Problemen dieser Art ist nicht zu erwarten, daß sie ohne eigens darauf zugeschnittene Vorkehrungen auf Grund von Reaktionen aus privatwirtschaftlichen Motiven heraus gelöst werden. Es mag vorkommen, daß eine chemische Fabrik auf Druck der sie umgebenden Bevölkerung oder in Vorwegnahme solchen Druckes Umweltschutzmaßnahmen trifft. Aber auch wenn eine Unternehmensleitung aus sozialer Verantwortung heraus von sich aus der Ansicht ist, sie sollte die bisher Dritten angelasteten Kosten selbst übernehmen, so führt doch jedes individuelle Vorgehen in dieser Hinsicht zu einer Verschlechterung der Wettbewerbssituation. Es gilt hier also dasselbe wie für den humanitären Arbeit-

---

[40] Vgl. die Regelungen hierzu in dem „Abkommen zum Schutze der Arbeitnehmer vor Folgen der Rationalisierung", das 1968 zwischen der Industriegewerkschaft Metall und dem Arbeitgeberverband Gesamtmetall geschlossen wurde, in: G. FRIEDRICHS, H. HEISLER, B. RÖPER: Vor- und Nachteile von Rationalisierungsschutzabkommen aus der Sicht der Sozialpartner. Dortmund 1968. 80 S.

geber des 19. Jahrhunderts (vgl. S. 315, Anm. 39). Mithin gilt hier eine Umkehrung von Satz 3.1 (S. 137), die lautet

Satz 5.1: *Gesamtwirtschaftlich richtige Erkenntnisse können keine Richtschnur für einzelwirtschaftliches Handeln bilden.*

Das Problem muß daher ebenfalls institutionell gelöst werden. Es gibt im wesentlichen drei Arten von Maßnahmen, mit denen unerwünschte Verhaltensweisen im allgemeinen und umweltverschmutzende Produktionsverfahren im besonderen bekämpft werden können:

– Die jeweils erwünschte Verhaltensweise wird durch eine Subvention gefördert;
– Die jeweils unerwünschte Verhaltensweise wird mit einer Abgabe (oder mit einer höheren Abgabe als die erwünschte Verhaltensweise) belegt;
– Die jeweils unerwünschte Verhaltensweise wird mit Sanktionen wie Bußgeldern oder Strafverfolgung bedroht.

Subventionen können in Form von Zuschüssen, Abschreibungsvergünstigungen, Zinsverbilligungen und Steuererlassen für Investitionen gewährt werden, mit denen die Abgabe von Schadstoffen an die Umwelt verringert wird. In Einzelfällen kann es notwendig sein, direkte Zuschüsse für die Beseitigung von Abfällen zu zahlen. Ein Beispiel sind Zuschüsse zu den Kosten der Beseitigung von Altöl, die zur Zeit auf Grund des Gesetzes über Maßnahmen zur Sicherung der Altölbeseitigung von 1968 (BGBl. I, S. 1419) an Unternehmen gewährt werden, die von anderen übernommene Altöle beseitigen. Altöl fällt beim Ölwechsel bei Maschinen aller Art unter anderem in Zehntausenden von Autoreparaturwerkstätten, Tankstellen und auf Binnenschiffen an, und ohne den ökonomischen Anreiz der Zuschüsse wäre die Gefahr noch viel größer als sie es trotz Strafandrohungen für Umweltverschmutzer ist, daß Altöl an unzähligen Stellen in die Kanalisation, Gewässer oder in die sonstige freie Natur geschüttet wird.[41] Eine Form der Subventionierung besteht auch darin, daß die Beseitigung von Schad- und Abfallstoffen als öffentliche Aufgabe betrachtet und kostenlos oder nicht kostendeckend von öffentlichen Haushalten besorgt wird. Subventionen werden jedoch allgemein nicht als geeignetes Mittel zur Bekämpfung der Umweltverschmutzung angesehen. Sie erhöhen den öffentlichen Finanzbedarf und verlagern die Kosten auf die Gesamtheit der Steuerzahler, ohne daß diesen der Zusammenhang zwischen den zu zahlenden Steuern und den dafür erbrachten Leistungen deutlich wird. Außerdem lassen Subventionen keinen Anreiz zur Einschränkung der umweltschädigenden Produktion entstehen.

Belegt man die Emission von Schadstoffen mit Steuern oder Gebühren, entsteht ein unmittelbarer Anreiz für die Produzenten, solche Emissionen zu verringern. Dies kann durch Übergang auf umweltfreundlichere Produktionsverfahren, Verwendung anderer Rohstoffe, Einstellung der betreffenden Produktion oder auch dadurch geschehen, daß die Schadstoffe einbehalten und selbst unschädlich gemacht oder aber wieder in den Produktionsprozeß eingeführt werden. Soweit

---

[41] Nach einer Schätzung der Bundesregierung fielen 1966 etwa 366 000 t Altöle an, von denen der größte Teil wieder verwendet, schadlos beseitigt oder von Raffinerien aufgearbeitet wurde. Der Verbleib von etwa 39 000 t gleich 11 v. H. blieb ungeklärt. Vgl. Bundestags-Drucksache V/2830 vom 5. April 1968, S. 1.

die Produktion nicht eingestellt wird oder andere Verfahren entwickelt werden, wird mit dieser Methode das *Verursacherprinzip* angewandt. Die Höhe der Steuer- oder Gebührensätze kann so bemessen und auch im Zeitablauf geändert werden, daß der als optimal betrachtete Grad an Umweltverschmutzung nicht überschritten wird. Bei dieser Methode ändert sich die Wettbewerbssituation zwischen Anbietern, die gleiche oder ähnliche Güter mit gleichen oder ähnlichen Verfahren produzieren, nur wenig. Gelingt es den Anbietern, die erhöhten Kosten ganz oder teilweise in ihren Preisen weiterzugeben, so ändert sich die Preisstruktur. Damit verschlechtert sich erstens ihre Wettbewerbsposition auf In- und Auslandsmärkten gegenüber ausländischen Konkurrenten, denen keine Umweltschutzmaßnahmen auferlegt sind. Dagegen lassen sich Maßnahmen der Außenwirtschaftspolitik treffen. Zweitens werden die privatisierten Kosten von den Käufern der Produkte mitgetragen, was als einer der Zwecke der Maßnahmen angesehen werden muß. Die Nachfrager können sich dem entziehen, indem sie auf Substitute ausweichen. Damit geht die umweltbelastende Produktion und damit die Umweltbelastung selbst zurück. Drittens entsteht aus der geschilderten Entwicklung ein Anreiz für die Produzenten, sich auf weniger belastende Produktionsverfahren umzustellen.

Das dritte Verfahren erfordert die Festlegung von Höchstmengen an Schadstoffen, die je Zeit- oder Mengeneinheit an Luft oder Wasser abgegeben oder in Nahrungs- und Genußmitteln enthalten sein dürfen. Zu seiner Durchsetzung ist wie bei den anderen Verfahren ein Überwachungs- und Kontrollapparat notwendig.

Als generelle Lehre aus den besprochenen Problemkreisen ist festzuhalten: Produktion unter Wettbewerb kann nicht nur zu der erwünschten Benachteiligung von Konkurrenten, sondern auch zu Benachteiligungen Dritter führen. Sofern daraus soziale Probleme entstehen, sind sie durch Neufestsetzung des rechtlichen und institutionellen Rahmens, innerhalb dessen sich der Wettbewerb abspielt, zu lösen. Die Marktwirtschaft ist in diesem Sinne also ständig reformbedürftig. Daß sie dazu auch fähig ist, hat sich in bezug auf das Umweltproblem in Einzelfällen schon lange vor der gegenwärtigen Diskussion gezeigt. 1865 trat in Preußen das Allgemeine Berggesetz in Kraft, dessen §§ 6 und 137 den Bergwerksbesitzer zu Entschädigungsleistungen verpflichteten und damit das Verursacherprinzip anwandten.[42] Ein Paradebeispiel für die Anwendung dieses Gesetzes sowie bergbehördlicher Vorschriften bildet das rheinische Braunkohlenrevier, in dem die durch den Tagebau zerstörte Landschaft seit Jahrzehnten systematisch rekultiviert wird.

7. Unternehmenskonzentration und Wettbewerbsbeschränkung. Die bisher erörterten sozialen Probleme des marktwirtschaftlich-kapitalistischen Systems haben zu politischen Lösungen oder Lösungsversuchen geführt, die das System weitgehend geändert haben. Daneben gibt es jedoch noch einen zweiten Komplex von Ursachen für die Änderung des Systems. Auch wenn die Arbeitnehmer individuelle Eigentümer der Produktionsmittel wären, die Verteilung von

---

[42] H. Ebel, H. Weller: Allgemeines Berggesetz (AGB) vom 24. Juni 1865 (GS. S. 705). 1944, 2. Aufl. Berlin 1963, S. 67f., 257f., 357, 867f.

Einkommen und Vermögen nur einen tolerierbaren Grad von Ungleichheit aufwiese, keine Probleme der sozialen Sicherheit und keine Unterschiede zwischen privaten und sozialen Kosten der Produktion bestünden, würde sich ein auf Konkurrenz und dem Streben nach Einkommensmaximierung aufgebautes System aus sich heraus wandeln, da zwischen beiden Prinzipien ein Widerspruch besteht. Sieht man den Systemwandel insgesamt als Folge menschlicher Handlungen, dann bewirken also sowohl die Kritiker als auch die Akteure des Systems seine Wandlungen.

Die Instabilität eines marktwirtschaftlichen Systems auf Grund der Unvereinbarkeit von Wettbewerb und Streben nach Einkommensmaximierung läßt sich wie folgt zeigen. Wettbewerb ist kein unternehmerisches Ziel, sondern lediglich eins von mehreren Mitteln, das Ziel der Einkommensmaximierung zu erreichen. Ein Unternehmer kann sich dem Problem des Wettbewerbs grundsätzlich auf drei Arten stellen:

- Er kann durch Wettbewerbshandlungen versuchen, Vorteile am Markt zu erringen und entsprechend seine Konkurrenten zu benachteiligen oder auszuschalten;
- Er kann durch Absprachen oder auf andere Weise den Wettbewerb beschränken;
- Er kann allein oder durch Einflußnahme über einen Verband versuchen, die Rahmenbedingungen des marktwirtschaftlichen Prozesses für sich günstiger zu gestalten.

Alle drei Verfahren bewirken, daß Märkte mit polypolistischem Wettbewerb im Laufe der Entwicklung der Marktwirtschaft an Bedeutung verloren haben und heute nur noch eine untergeordnete Rolle spielen. In bezug auf das erstgenannte Verfahren ist diese Entwicklung wie folgt mit einer Zunahme der Unternehmenskonzentration einhergegangen.

Die Ausschaltung von Konkurrenten vollzieht sich im Prozeß der Kostensenkung, der Produktdifferenzierung und der Einführung neuer Güter. Auf kaum einem wie immer abgegrenzten Gütermarkt ist zu erwarten, daß eine Anzahl gleich starker Anbieter auftritt, die unter gleichen Bedingungen produzieren. Die Marktanteile werden in der Regel ebenso differieren wie die Kostensituationen. Die Anbieter lassen sich dann nach der Höhe ihres Gewinns je Einheit der abgesetzten Menge zu jedem Zeitpunkt wie folgt ordnen:

Bild 5.1 — *Kosten- und Gewinnsituationen auf einem Markt konkurrierender Anbieter*

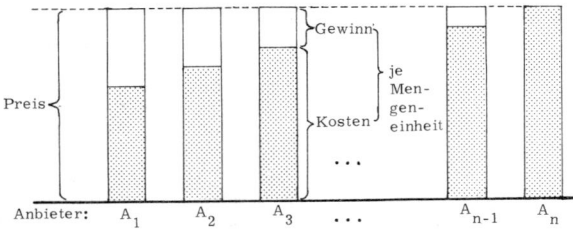

Danach erzielt Anbieter A den höchsten Gewinn je Mengeneinheit, B einen etwas niedrigeren Stückgewinn, und so fort. Alle diese Gewinne beruhen auf Unterschieden der Kostensituation, sie heißen *Differentialgewinne* (oder *intramargi-*

nale Gewinne).[43] Anbieter A_n ist der *Grenzproduzent.* Er deckt nur noch seine Kosten und wird vermutlich bei einem Nachfrage- oder Preisrückgang als erster ausscheiden. Nun war die unterschiedliche Gewinnhöhe als Indikator für die Investitionstätigkeit und damit für die Lenkung von Ressourcen in die Verwendungszwecke mit der höchsten Rendite genannt worden. Unterstellt man Parallelität von Rendite und Stückgewinn, dann haben die Anbieter A_1, A_2, A_3, ... in Bild 5.1 in dieser Reihenfolge die beste Wettbewerbsposition und damit den relativ größten Anreiz, ihre Produktionskapazitäten zu erweitern und ihr Angebot zu erhöhen. Sie sind auch am ehesten in der Lage, Kostensteigerungen zu tragen. Ein erhöhtes Angebot kann bei konstanter Nachfrage nur zu niedrigerem Preis abgesetzt werden. Das muß Grenzanbieter zum Ausscheiden aus dem Markt zwingen. Ihre Produktionsanlagen werden stillgelegt oder von verbleibenden Anbietern übernommen. Damit ergibt sich eine Tendenz zur *Unternehmenskonzentration,* die schon von MARX diagnostiziert wurde und heute unverändert zu beobachten ist. Sie wird durch viele weitere Faktoren begünstigt. Je größer ein Unternehmen ist, um so besseren Zugang hat es in der Regel zum Kapitalmarkt, und um so bessere Konditionen kann es bei der Kreditnahme bei Banken aushandeln. Je größer es ist, um so größere Beträge kann es für Forschung und Entwicklung mit dem Ziel einsetzen, neue Produkte auf den Markt zu bringen und dadurch seine Wettbewerbsfähigkeit zu erhöhen. Bei vielen Gütern zeigen sich Kostenvorteile bei Massenproduktion, woraus sich ebenfalls eine Benachteiligung kleiner Anbieter ergibt.

Der Prozeß der Unternehmenskonzentration endet in der Regel nicht damit, daß auf jedem Markt nur noch ein Anbieter und damit ein Monopol übrigbleibt. Längerfristig bleibt auf vielen Märkten jeweils eine kleine und damit für jeden Beteiligten überschaubare Zahl von Anbietern bestehen, die ihre Produkte differenziert und damit bei den Käufern Präferenzen geschaffen haben. Dies ist die Marktform des *Oligopols.* Auch auf solchen Märkten herrscht Wettbewerb, der sich im Laufe der Entwicklung des marktwirtschaftlichen Systems auch intensivieren kann. Gründe dafür sind die Möglichkeit, durch Einführung neuer Güter und Produktdifferenzierung neue Märkte zu schaffen und damit Teile des wachsenden frei verfügbaren Teils des Konsumenteneinkommens an sich zu ziehen (vgl. S. 293); die Erhöhung der Markttransparenz auf der Nachfrageseite infolge der Verstädterung und des Fortschritts der Nachrichtentechnik; und die relative Senkung der Transportkosten, die das Eindringen in räumlich entfernte Märkte erleichtert und nach dem zweiten Weltkrieg die Ausweitung des internationalen Handels begünstigt hat. Dabei treten neben den im statischen marktwirtschaftlichen Modell ausschließlich betrachteten direkten Preiswettbewerb andere Formen, die sich in Variationen des Werbeeinsatzes, der Qualität, der Verpackung und anderen Produktmerkmalen äußern. Solche Formen des Wettbewerbs herrschen heute auf vielen Konsumgütermärkten in Ländern mit hochentwickelter Marktwirtschaft vor.

Wettbewerb ist in der Marktwirtschaft jedoch ein Mittel zur Einkommensma-

---

[43] Daß dies die normale Situation auf Gütermärkten ist, wurde bei seiner Kritik am klassischen System besonders betont von H.-J. RÜSTOW: Theorie der Vollbeschäftigung in der freien Marktwirtschaft. Tübingen 1951, S. 13−21.

ximierung, das in vielen Fällen dem Mittel der Wettbewerbsbeschränkung unterlegen ist. Diese liegt beispielsweise vor, wenn Anbieter oder Nachfrager
— sich unter Aufgabe ihrer rechtlichen Selbständigkeit zusammenschließen und so ihren Marktanteil vergrößern;
— Absprachen über die Aufteilung von Märkten oder von Forschung und Entwicklung treffen oder durch Spezialisierung auf bestimmte Produkte Vorformen marktbeherrschender Positionen schaffen.

Wettbewerbsbeschränkungen resultieren heute auch aus vielfältigen Formen der Kooperation. Eine weitere Möglichkeit sind personelle Verflechtungen, bei denen beispielsweise Aktiengesellschaften gegenseitig leitende Angestellte in ihre Aufsichtsräte entsenden. Eine besondere Rolle spielen hierbei Banken, wenn sie wie in der Bundesrepublik das Prinzip der Universalbank (vgl. S. 198) so auffassen, daß es den Geschäftszweig „Beteiligungen an Industrieunternehmen" einschließt. Auch aus diesem Grund sitzen dann Bankenvertreter in vielen Aufsichtsräten, wobei es vorkommt, daß derselbe Bankvertreter Mitglied in Aufsichtsräten von Gesellschaften ist (oder sogar den Vorsitz führt), die in einer Konkurrenzsituation zueinander stehen. Das Problem wird durch das Institut des *Depotstimmrechts* verschärft, gemäß dem die Banken das Stimmrecht in Hauptversammlungen auch für Aktionäre ausüben, wenn auch mit deren Zustimmung, deren Aktien sie verwahren. Obwohl Bankenvertreter möglicherweise eine höhere Qualität der Unternehmensberatung aufbringen als etwa Rechtsanwälte als Vertreter von Kleinaktionärsvereinigungen, Politiker, Arbeitnehmer oder Gewerkschaftsvertreter, kann dieses System zu Wettbewerbsbeschränkungen führen, und es bedeutet Machtkonzentration in den Händen der leitenden Personen des Bankgewerbes.

Im Baugewerbe kommt es immer wieder zu Absprachen, bei Ausschreibungen besonders öffentlicher Bauvorhaben einem vorher ausgewählten Anbieter dadurch den Auftrag zukommen zu lassen, daß die anderen Anbieter nicht ernstgemeinte höhere Preise verlangen. Der Austausch von Informationen über abgeschlossene Geschäfte, etwa durch Einrichtung von Preismeldestellen, erhöht die Markttransparenz auf der Anbieterseite und kann Preissenkungen verhindern. Brauereien binden Gastwirte durch Ausschließlichkeitsverträge an den Verkauf nur einer Biersorte. Bis 1973 war in der Bundesrepublik die vertikale Preisbindung für Markenartikel zulässig, mit der der Preiswettbewerb zwischen Einzelhandelsunternehmen und damit deren Dispositionsfreiheit beschränkt wurde.

Viele Möglichkeiten der Wettbewerbsbeschränkung beruhen auf dem für die Marktwirtschaft konstituierenden Prinzip der Vertragsfreiheit, gemäß dem jedermann das Recht hat, zur Förderung seiner wirtschaftlichen Interessen Verträge zu schließen und Rechtsschutz für sie in Anspruch zu nehmen, soweit dem nicht Gesetze entgegenstehen. Damit kann die Wettbewerbsfreiheit als tragendes Prinzip der Marktwirtschaft durch ein anderes tragendes Prinzip, die Vertragsfreiheit, außer Kraft gesetzt werden. Daß dies auch rechtlich zulässig sei, wurde beispielsweise im Deutschen Reich in einer deshalb berühmt gewordenen Entscheidung des Reichsgerichts im Jahre 1897[44] bestätigt. In den Vereinigten Staaten ging man den umgekehrten Weg: Erstmals wurden dort 1890 Wettbewerbsbeschränkungen

---

[44] Urteil vom 4.2.1897, in: Entscheidungen des Reichsgerichts in Civilsachen. 38. Bd, Leipzig 1897, S. 155ff.

durch Gesetz verboten. Erst später wurden auch in Deutschland Wettbewerbsbeschränkungen durch Gesetz verboten. Erst später wurden auch in Deutschland Wettbewerbsbeschränkungen für illegal erklärt, die Vertragsfreiheit in dieser Hinsicht also eingeschränkt. Das entsprechende Prinzip lautet Satz 5.2: „*Vertragsfreiheit darf nicht zu dem Zwecke gewährt werden, um Verträge zu schließen, welche die Vertragsfreiheit beschränken oder beseitigen.*"[45]

Dabei muß entschieden werden, ob der Abschluß solcher Verträge zu verbieten ist oder ob die weniger strenge Bedingung genügt, Rechtsschutz für sie zu verweigern. Hinter Satz 5.2 steht die Erkenntnis, daß marktwirtschaftliche Gegenkräfte gegen Wettbewerbsbeschränkungen im allgemeinen zu schwach sind, um den Wettbewerb langfristig sicherzustellen. Solche Gegenkräfte ergeben sich erstens daraus, daß es für einzelne Teilnehmer an einer wettbewerbsbeschränkenden Absprache vorteilhaft sein kann, sich nicht an diese zu halten. Solche Absprachen sind daher ständig von innen bedroht. Zweitens besteht eine Bedrohung von außen, da Anbieter anderer Güter von der Aussicht auf höhere Gewinne veranlaßt werden können, die Produktion des betreffenden Gutes oder enger Substitute aufzunehmen. Diese *potentielle Konkurrenz* kann die Gruppe der Wettbewerbsbeschränker daher veranlassen, die Vorteile der Situation kurzfristig nicht voll auszuschöpfen, um geringere Vorteile länger genießen zu können.

Das dritte S.320 genannte Verfahren besteht vorwiegend in der Einflußnahme auf Gesetzgebung und wirtschaftspolitische Instanzen mit dem Ziel, marktwirtschaftliche Rahmenbedingungen zugunsten der einen Verband bildenden Unternehmen zu ändern. Paradebeispiel ist hier die Landwirtschaft, die in praktisch keinem entwickelten Land mehr unter Wettbewerbsbedingungen produziert und anbietet. Andere Beispiele sind Maßnahmen der Importbeschränkung, Steuerermäßigungen, Subventionen und direkte staatliche Eingriffe in Produktions-, Investitions- und Preisentscheidungen.

Wettbewerbsbeschränkungen setzen generell die machtbeschränkende Funktion des Wettbewerbs außer Kraft und beeinträchtigen das Funktionieren der Marktwirtschaft wie folgt:

— Wenn Anbieter selbständig Preispolitik betreiben können, brauchen sie nicht in derselben Weise wie bei polypolistischer Konkurrenz auf Änderungen der Nachfrage zu reagieren. Beispielsweise kann auf eine Nachfrageerhöhung mit Preiserhöhung ohne Produktionssteigerung reagiert werden. Die Entscheidung über den Einsatz von Produktionsfaktoren liegt dann systemwidrig ganz oder zum Teil dort, wo sie nicht hingehört, nämlich beim Produzenten und nicht beim Konsumenten. Außerdem wird die für das Funktionieren der Marktwirtschaft wesentliche Beweglichkeit der Preise beeinträchtigt;

— Im Extremfall des Monopols entfällt die Freiheit der Nachfrager, aus mehreren Angeboten das für sie günstigste auswählen zu können;

— Anbieter erzielen durch Angebotsbeschränkung, Nachfrager durch Druck auf von ihnen abhängige Lieferanten höhere Gewinne als unter unbeschränktem Wettbewerb, so daß sich die Einkommensverteilung zuungunsten der jeweiligen Marktpartner ändert;

---

[45] EUCKEN [5.32], S. 278. Hervorhebung des Originals.

– Soweit der Wettbewerb einen Druck zur Kostensenkung, Produktverbesserung und Schaffung neuer Produkte ausübt, fällt dieser weg;
– Das unternehmerische Risiko wird gemindert, so daß die Stellung der betreffenden Unternehmer noch mehr privilegiert wird und kein nennenswerter Rechtfertigungsgrund für die Verleihung der Entscheidungsbefugnis über Produktion und Investition mit Hilfe des Privateigentums an Produktionsmitteln mehr besteht.

Es kann keinem Zweifel unterliegen, daß Wettbewerbsbeschränkungen in den entwickelten westlichen Ländern heute in so bedeutendem Ausmaß vorliegen, daß einige der für das Modell der Marktwirtschaft mit unbeschränkter Konkurrenz in Anspruch genommenen Vorzüge nicht mehr geltend gemacht werden können. Es wird also Einkommen mit Mitteln erzielt oder erhöht, die nach den Prinzipien der Marktwirtschaft nicht zulässig sind. Gleichwohl besteht die Wirtschaft nicht aus lauter Monopolen. Wettbewerb wird nach wie vor ausgeübt und hat sich, auch wegen der Öffnung vieler Märkte nach außen, vielfach noch intensiviert. Ob man in dieser Entwicklung ein soziales Problem sieht, hängt dann von anderen Aspekten ab wie beispielsweise der Tatsache, daß die Unternehmenskonzentration ungeachtet staatlicher Gegenmaßnahmen weiter zunimmt. Eine kleiner werdende Zahl von Personen erhält dann immer mehr Entscheidungsbefugnis, ohne ihr Mandat mit einer nennenswerten Risikobedrohtheit des Privateigentums oder mit der Bestellung durch allgemeine Wahlen legitimieren zu können. Dies ist für manche Systemkritiker ein entscheidender Gesichtspunkt. Setzen sie sich durch, dann wird sich erweisen, daß die eingangs behauptete Instabilität des marktwirtschaftlichen Systems darin lag, daß seine Akteure, soweit sie unter Konkurrenzdruck oder aus anderen Gründen wie Zwängen der technischen Entwicklung Unternehmenskonzentration betrieben haben, seine eigenen Totengräber waren. Anzeichen dafür sind in der Bundesrepublik sichtbar. Die zur Zeit diskutierten Regelungen zur Mitbestimmung und Vermögensumverteilung bedeuten, wenigstens der Absicht nach, einen Teilentzug der Entscheidungsbefugnis und eine entschädigungslose Teilenteignung des Privateigentums an Produktionsmitteln, und beide Maßnahmen betreffen die im Konzentrationsprozeß am weitesten vorangeschrittenen Unternehmen.

8. Machtverteilung. Aus der jeweiligen Organisation des marktwirtschaftlichen Systems ergibt sich eine bestimmte *Machtverteilung*. Wer Macht (oder *Herrschaft*) ausübt (oder eine *Machtposition* innehat), kann seinen Willen gegenüber dem anderer Menschen durchsetzen, diese also zu einem Verhalten im Sinne der eigenen Ziele veranlassen. Folgende Aspekte von Machtpositionen lassen sich unterscheiden[46]:
– Die Grundlage der Machtposition, wie etwa ein Arbeitsvertrag, Befehlsgewalt auf Grund von Gesetzen, wissenschaftliches Ansehen, Informationsvorsprung;
– Die Mittel der Machtausübung, wie Versprechungen, Anweisungen oder Befehle mit der Drohung von Sanktionen, Überredungskunst;

---

[46] Vgl. J. HARSANYI: The Dimension and Measurement of Social Power. In: ROTHSCHILD [5.51], S. 77.

— Das Ausmaß der Machtposition, gemessen erstens an dem Grad der Wahrscheinlichkeit, mit dem die Mittel der Machtausübung die beabsichtigte Wirkung erzielen, zweitens an der Zahl der Menschen, die von ihnen erreicht werden.

Unterstellt man, daß es zu den sozialen Grundbedürfnissen von Menschen gehört, von anderen Menschen beachtet, anerkannt und respektiert zu werden, so bietet die Ausübung von Macht eine sehr sinnfällige, für alle Beteiligten klare und dauerhafte Möglichkeit, dieses Bedürfnis zu befriedigen. Sie ist damit eine wichtige Möglichkeit zur Selbstverwirklichung, die vielen Menschen offensteht und zudem häufig auch zum ökonomischen Vorteil genutzt werden kann. Es kann daher als eine außerordentlich gut gesicherte Hypothese gelten, daß die Ausübung von Macht von sehr vielen Menschen angestrebt wird; daß versucht wird, vorhandene Machtpositionen zu sichern und auszubauen; und daß sich für frei werdende oder neu entstehende Machtpositionen immer Interessenten finden. Die Hypothese wird durch Beobachtungen zu allen Zeiten und aus allen Bereichen des menschlichen Lebens gestützt, und sie gilt unabhängig von der Wirtschafts- und Gesellschaftsordnung.

Inhaber von Machtpositionen sind die Vertreter der staatlichen Organe. Im wirtschaftlichen Bereich erstrecken sich ihre Befugnisse auf die Möglichkeit, wirtschaftspolitische Maßnahmen zu treffen. Dabei ist zu unterscheiden zwischen Maßnahmen, die wie Änderungen des Währungskurses oder des Diskontsatzes bestimmte Reaktionen ohne Beeinträchtigung der Entscheidungsfreiheit von Wirtschaftssubjekten lediglich induzieren, und Maßnahmen wie Änderungen von Steuer- oder Mindestreservesätzen, deren Befolgung erzwungen werden kann. Einzelheiten über das wirtschaftspolitische Instrumentarium der Bundesrepublik werden unten (S. 405 ff.) mitgeteilt. In diesem Abschnitt ist zu klären, welche Arten wirtschaftlicher Macht es im privaten Bereich der Marktwirtschaft gibt und wie sie verteilt ist.

Macht wird in der Privatwirtschaft in zwei Bereichen ausgeübt: In der Produktion und auf Märkten. Im Produktionsbereich unterwirft sich der unselbständig Beschäftigte mit dem Abschluß des Arbeitsvertrages der Anweisungsbefugnis des Arbeitgebers. Dieser übt Macht also dadurch aus, daß er anderen Menschen Anweisungen gibt und über legale Möglichkeiten verfügt, ihre Befolgung durchzusetzen. MARX entwickelte hieraus unter Heranziehung weiterer Aspekte das Bild der Zweiklassengesellschaft (vgl. S. 97), mit dem auch eine bestimmte Vorstellung über die Machtverteilung in der Gesellschaft verbunden ist. Das Bild der Zweiklassengesellschaft hat sich bis heute als höchst wirkungsvoll erwiesen. Es kommt zunächst dem Bedürfnis entgegen, komplizierte Zusammenhänge zu vereinfachen und damit durchschaubar zu machen (vgl. das Modell des Zweiländerfalls, S. 158). Teilt man Sachverhalte in zwei Kategorien (oder nimmt man eine *Dichotomie* vor), so hat dies im politisch-gesellschaftlichen Bereich darüber hinaus den Vorteil, daß man sich mit einer Seite identifizieren und die andere bekämpfen, also das Freund-Feind-Schema anwenden kann. Dies kommt dem weiteren Bedürfnis entgegen, sich mit Menschen solidarisch fühlen und zusammenarbeiten zu können, die gemeinsame Ziele gegenüber einer anders eingestellten Umwelt verfolgen. Die Gefahren solcher Vereinfachungen liegen im wissenschaftlichen wie im politischen Bereich darin, die tatsächlichen Verhältnisse so weitgehend zu verfehlen, daß falsche Urteile gefällt oder falsche Entscheidungen getroffen werden. Beispielsweise ist im Produktionsbereich die tatsächliche Situation nicht dadurch gekennzeichnet, daß eine kleine Gruppe von Menschen alle Macht ausübt, während die Mehrheit nur zu gehorchen hat. Erstens ist Macht auch innerhalb der Gruppe der Unternehmer ungleich verteilt, was sich allein schon aus der unterschiedlichen Unternehmensgröße erklärt. Auch Einzelhändler, handwerkliche Unternehmer und kleine Landwirte gehören zur Gruppe der Unternehmer, können aber über wenige Arbeitnehmer auch nur wenig Macht ausüben. Zweitens kann Macht delegiert werden, und sie muß in komplexeren Organisationen, wie sie schon Unternehmen mittlerer Größe darstellen, auf nachgeordnete Personen aufgeteilt werden, da die zahllos und unübersehbar gewordenen Entscheidungen nicht mehr von einer Person oder wenigen Personen getroffen werden können. Damit entstehen *Machthierarchien*, die man sich als pyramidenförmige Gebilde vorstellen kann. An der Spitze stehen wenige Personen, die nur Anweisungen geben, aber keine empfangen, und die Basis bilden viele Personen, die nur Anweisungen empfangen, aber keine geben. Dazwischen gibt es eine Schicht von Personen, die in unterschiedlichem Umfang Anweisungen sowohl geben als auch empfangen.

Solche Organisationsformen gibt es in vielen Bereichen der Gesellschaft. Sie sind offensichtlich in hohem Maße funktionsfähig und stabil.[47] Werden sie aufgelöst, so entstehen in aller Regel neue Organisationen mit demselben Bauprinzip, so daß lediglich Personen als Funktionsträger ausgewechselt werden. Für den wirtschaftlichen Bereich sind sie in Gestalt der Unternehmung typisch. Ein Grund für ihre Stabilität ist hier, daß nicht nur die Spitze, sondern auch die nachgeordneten Anweisungsberechtigten an ihrer Aufrechterhaltung interessiert sind. Obwohl unselbständig beschäftigt, übt jeder Angehörige der Zwischenschicht selbst Macht aus, hat also mehr zu verlieren als einen unselbständigen Arbeitsplatz. Zudem besteht für viele Angehörige dieser Schicht die Chance des Aufstiegs in Positionen mit vermehrter Anweisungsbefugnis.

Ein weiterer Stabilisationsfaktor kann darin bestehen, daß im wirtschaftlichen Bereich bisher keine Organisationsformen als funktionsfähig bekannt und ausprobiert sind, in denen jeder Angehörige der Organisation gleichberechtigt mit allen anderen Angehörigen ständig über alle Entscheidungen mitbestimmt. Dem entspricht im politischen Bereich die Idee der *direkten Demokratie*, die von dem Prinzip ausgeht, daß jedermann in allen ihn betreffenden Angelegenheiten ständig im Rahmen von Abstimmungsverfahren gleichrangig mitbestimmungsberechtigt sein müsse und daß damit die Herrschaft von Menschen über Menschen aufhebbar sei. Überlegung und Erfahrung zeigen jedoch, daß es kein funktionsfähiges Verfahren zur Verwirklichung dieses Prinzips gibt. Die Leitung eines Unternehmens erfordert in jedem Wirtschaftssystem eine hochqualifizierte und -spezialisierte Arbeitsleistung, die schon in mittelgroßen Unternehmen für mehrere Personen tagesfüllend ist. Sie erfordert ständig eine Vielzahl von Entscheidungen auf Grund

---

[47] Da hierarchische Ordnungen auch bei Tieren zu beobachten sind, kann angenommen werden, daß sie dort eine biologisch notwendige, das heißt für das Weiterbestehen der Art erforderliche, Funktion erfüllen. Allerdings wird hier allein daraus nicht der Schluß gezogen, daß solche Ordnungen auch die bestmögliche Art und Weise sind, in der Menschen ihre Beziehungen zueinander regeln können.

von Detailkenntnissen und Informationen, die nicht neben der Tätigkeit in der Produktion erworben und verarbeitet werden können. Mangel an Sachkunde und Informationen muß daher bei vielen Mitarbeitern zu Desinteresse an der ständigen Mitwirkung bei allen Entscheidungen führen, zumal der gesamte private Lebensbereich als Konkurrent um Zeit und Interesse hinzutritt. Dies gilt auch dann noch, wenn der Einwand wegfallen sollte, die Inhaber der Machtpositionen in den bisherigen kapitalistischen und sozialistischen Systemen hätten, um ihre Positionen nicht zu gefährden, die Mehrheit der Menschen bisher daran gehindert, die für die Mitwirkung an allen Entscheidungen nötigen Kenntnisse und Fähigkeiten zu erwerben. Damit bleibt nur das Verfahren übrig, die Entscheidungsbefugnis durch Wahlen zu delegieren und die Gesamtheit der Mitarbeiter allenfalls gelegentlich über wichtige Fragen entscheiden zu lassen. Das Prinzip der direkten Demokratie fällt damit der Arbeitsteilung zum Opfer, die Machthierarchie im Unternehmen bleibt bestehen. Die damit verbundenen Probleme werden allerdings möglicherweise entschärft, wenn sich Inhaber leitender Positionen wie im politischen Bereich regelmäßigen Wahlen durch ihre Untergebenen stellen müssen.

Möglicherweise ist es also letztlich die Einsicht in die Aussichtslosigkeit des Versuchs, Machthierarchien in Unternehmen abzuschaffen, die solche Strukturen stabilisiert. Werden sie als unvermeidlich angesehen, können sie kein soziales Problem darstellen, und ihre Beseitigung kann kein sinnvolles Ziel sein. Gleichwohl kann Unzufriedenheit mit den Verfahren entstehen, auf Grund derer die Funktionsträger in solchen Hierarchien bestellt werden. Im politischen Bereich hat solche Unzufriedenheit zur allgemeinen Ablösung früherer Staatsformen durch Republiken geführt. Im wirtschaftlichen Bereich ist das Mandat zur Bestellung von Funktionsträgern im kapitalistischen System an das Privateigentum an Produktionsmitteln geknüpft. Die betreffenden Personen werden gemäß den Anforderungen des Systems ausgewählt und bei Nichtbewährung abberufen. Geschieht dies nicht, so bedroht der marktwirtschaftliche Sanktionsmechanismus die Existenz des Unternehmens. Es besteht daher ein systemimmanenter Zwang, bei der Auswahl der Funktionsträger in Unternehmen möglichst nicht von den Kriterien abzuweichen, die ein Überleben im Wettbewerb versprechen. Anhänger des Prinzips, daß Machtpositionen in einer Gesellschaft nur mit ausdrücklicher Zustimmung der Machtunterworfenen vergeben werden sollen, halten dies nicht für eine ausreichende Legitimierung. Sie streben daher Mitbestimmung der Arbeitnehmer zunächst in allen größeren Unternehmen an. Das bedeutet die teilweise Aufhebung der Funktion des Privateigentums, Entscheidungsbefugnis über Produktion und Investition zu verleihen. Je nach der praktischen Handhabung kann sich dabei die Tendenz ergeben, die Verleihung der Machtpositionen zu zentralisieren und sie mit der Ausübung der politischen Macht zu vereinigen.

Der oben genannte zweite Bereich der Machtausübung sind Märkte. Als Inhaber einer Machtposition kann hier definiert werden, wer Preise der von ihm angebotenen oder nachgefragten Güter oder Bedingungen, unter denen Transaktionen stattfinden, beeinflussen kann. Solche Machtpositionen werden dazu benutzt, den Erreichungsgrad des Ziels Einkommensmaximierung zu verbessern. Marktmacht und ihre Verteilung beeinflußt damit die Einkommensverteilung und wegen des in Abschnitt II.4 geschilderten Zusammenhangs langfristig auch die Vermögensverteilung. Marktmacht wird durch zwei Arten von Gegenkräften begrenzt: Auf derselben Marktseite durch Konkurrenz anderer Anbieter oder Nachfrager gleicher oder ähnlicher Güter, auf der anderen Marktseite durch *Gegenmacht*.[48] Beispiele für diese sind Gewerkschaften als Gegenmacht zu Unternehmen als Nachfrager auf dem Arbeitsmarkt, Einzelhandelsketten als Gegenmacht zu Herstellern von Konsumgütern, landwirtschaftliche Produktions- und Absatzgenossenschaften als Gegenmacht zu industriellen Nachfragern nach landwirtschaftlichen Erzeugnissen. Allerdings gibt es keine gesicherte Hypothese darüber, daß zu jeder Machtposition eine Gegenmachtposition entsteht, daß also eine systemimmanente Tendenz zur Beschränkung von Machtpositionen existiert.

Die Ausnutzung von Marktmacht beschränkt sich nicht auf die Festsetzung von Preisen. Zur Preispolitik im weiteren Sinne gehört auch die Gestaltung der Bedingungen, unter denen wirtschaftliche Transaktionen abgewickelt werden. Bei ihrer Festlegung haben die Transaktionspartner gemäß dem Prinzip der Vertragsfreiheit weitgehenden Spielraum. Dies gilt beispielsweise für Lieferungs- und Zahlungsbedingungen wie auch für den rechtlichen Rahmen, der Vereinbarungen über Haftungsregelungen, Eigentumsübergang, Beweislast, Rücktrittsrechte und Gerichtsstand einschließt. Die Möglichkeiten, solche Vereinbarungen gemäß dem jeweiligen Interesse zu gestalten, sind besonders auf Konsumgütermärkten ungleich verteilt. Bekanntes Beispiel sind die Allgemeinen Geschäftsbedingungen, die von Unternehmen wie Banken, Versicherungen, Maklern, Speditionen, Reparaturwerkstätten sowie im Einzelhandel mit dauerhaften Konsumgütern dem Geschäftsverkehr zugrunde gelegt werden. Solche einheitlichen Geschäftsbedingungen dienen einerseits der schnellen Abwicklung, da sie jeweils gesonderte Vereinbarungen überflüssig machen. Anderseits schöpfen sie den allgemeinen rechtlichen Rahmen weitgehend im Interesse des Verkäufers aus und nutzen damit dessen Informationsvorsprung, während der Käufer als juristischer Laie noch nicht einmal die Tragweite des Risikos abzuschätzen vermag, das er mit seiner Unterschrift übernimmt. Hier treffen überwiegend ungleich starke Transaktionspartner zusammen (vgl. Punkt 3 des Denkansatzes, S. 18), und es gilt vielfach noch heute, was im vorigen Jahrhundert treffend so beschrieben wurde: In der Regel „steht ein Stärkerer einem Schwächeren, d. h. ... ein Reicher einem Armen, ein Sachverständiger einem Laien, Einer, der warten kann, Einem, der Eile hat, ein Kluger einem Dummen gegenüber ...".[49] Immerhin beginnt sich in der Rechtsprechung der Bundesrepublik eine Umwertung in Richtung auf eine stärkere Berücksichtigung von Konsumenteninteressen durchzusetzen.

Macht äußert sich schließlich in der Möglichkeit, Wirtschaftspolitik und Gesetzgebung zu beeinflussen und dadurch den Rahmen für Marktprozesse zu ändern. Dies geschieht in der Hauptsache über die Tätigkeit von Wirtschaftsverbänden, personelle Verflechtungen oder finanzielle Zuwendungen (vgl. S. 383). Nach den bisherigen Erfahrungen muß man wohl davon ausgehen, daß Macht

---

[48] Vgl. J. K. GALBRAITH: American Capitalism. The Concept of Countervailing Power. Boston 1952. XI, 217 S. – Deutsch: Der amerikanische Kapitalismus im Gleichgewicht der Wirtschaftskräfte. Stuttgart u. a. 1956. 208 S.

[49] G. SCHMOLLER: Die Natur des Arbeitsvertrags und der Contractbruch. In: Über Bestrafung des Arbeitsvertragsbruches. Gutachten auf Veranlassung des Vereins für Socialpolitik abgegeben von F. KNAUER u. a. Leipzig 1874, S. 93.

von Menschen über Menschen nicht abgeschafft werden kann. Wer vorgibt, sein Ziel sei, gerade dies zu erreichen, unterliegt prinzipiell dem Verdacht, er wolle für sich und seine Anhänger zunächst einmal Machtpositionen erringen und für eine zeitlich nicht begrenzte Übergangszeit behalten. Eine Teillösung des Problems der Macht und ihrer Verteilung könnte so aussehen, daß

- Machtpositionen nur auf Zeit, in beschränktem Umfang und unter Mitwirkung aller Machtunterworfenen verliehen werden (Prinzip der Machtbeschränkung und Machtlegitimierung);
- jedermann die Möglichkeit haben muß, in Machtpositionen einzurücken (Prinzip der Aufstiegschance);
- nicht nur eine einzige Machthierarchie errichtet werden darf, sondern daß es mehrere konkurrierende Hierarchien geben muß, die zudem nicht für alle Lebensbereiche zuständig sein dürfen (Prinzip der Machtstreuung und der machtfreien Bereiche).

Vorformen zur Lösung des Problems bestehen darin, der eingangs erwähnten natürlichen Tendenz der Inhaber von Machtpositionen, diese auszuweiten, Widerstand zu leisten, Machtinhaber ständig kritisch zu überwachen und Rechenschaft von ihnen über die Art und Weise zu verlangen, in der sie ihre Macht ausüben.

9. Staatliche versus private Güterproduktion. In jeder marktwirtschaftlich organisierten Volkswirtschaft muß ein Minimum an Aufgaben von Gesetzgebungsorganen und öffentlichen Haushalten, also vom Staat, wahrgenommen werden. Diese Aktivität erstreckt sich in bezug auf den Wirtschaftsprozeß im wesentlichen auf drei Bereiche:

- Der Staat legt den rechtlichen Rahmen fest, innerhalb dessen sich der Wirtschaftsprozeß abspielt, und sorgt für seine Beachtung;
- Er sorgt für den wirtschaftlich-institutionellen Rahmen durch Regulierung des Geldwesens und der Finanzverfassung;
- Er produziert Güter oder veranlaßt ihre Produktion, für die keine Preise gefordert werden können, und erhebt dazu Steuern.

Im Laufe der Entwicklung des Systems haben die öffentlichen Haushalte zur Lösung sozialer Probleme und als Reaktion auf Systemkritik eine Reihe weiterer Aufgaben übernommen. Die wichtigsten sind heute[50]

- Der Staat sorgt für die soziale Sicherung, übernimmt also eine *Umverteilungsaufgabe* (vgl. S. 310−315);
- Er greift durch Maßnahmen der Konjunkturpolitik in den Wirtschaftsablauf ein, um gesamtwirtschaftliche Ziele zu erreichen, übernimmt also eine *Stabilisierungsaufgabe;*
- Er produziert Güter oder veranlaßt ihre Produktion, die der Bevölkerung unentgeltlich oder zu öffentlich kontrollierten Preisen zur Verfügung gestellt werden sollen und übernimmt damit eine *Allokationsaufgabe;*
- Er greift in vielfältiger Weise in die private Produktionstätigkeit ein und beeinflußt damit auch die Allokation in diesem Bereich.

---

[50] Vgl. die Gliederung der ökonomischen Aufgaben des Staates unter anderem Aspekt in VRW³, S. 109. Die obige Benennung der Aufgabenbereiche sinngemäß nach MUSGRAVE [5.53], S. 5.

Daneben sind die zuerst genannten Minimalaufgaben erweitert worden, beispielsweise durch eine gegenüber früher wesentlich weitergehende und detailliertere Gestaltung des rechtlichen Rahmens.

Die in beiden Aufzählungen genannte Aufgabe der Güterproduktion berührt sowohl das Produktions- als auch das Verteilungsproblem (vgl. S. 276). Bei ihrer Lösung ist davon auszugehen, daß es Dienstleistungen gibt, von deren Genuß niemand ausgeschlossen werden kann und die daher zwangsläufig als freie Güter zur Verfügung gestellt werden müssen. Man kann sie *natürliche* (oder *geborene*) *Kollektivgüter* nennen. Klassisches Beispiel des für diese Güter geltenden *Prinzips der Nichtausschließbarkeit* ist die Landesverteidigung: Jeder Einwohner genießt den Schutz durch die Streitkräfte, auch wenn er nicht willens ist, freiwillig Beiträge zu ihrem Unterhalt zu zahlen. Außerdem ist das Gut unteilbar. Die Herstellung solcher Güter muß daher durch Zwangsabgaben finanziert werden. Das bedeutet im Prinzip nicht, daß sie auch durch öffentliche Haushalte hergestellt werden müssen. Leuchttürme können auch von privaten Unternehmern betrieben und Hochwasserdämme von ihnen errichtet werden. Sie müssen jedoch durch Zwangsabgaben finanziert werden. Zwar kann in vielen Fällen angenommen werden, daß der Nutzen eines Kollektivgutes von seinen Konsumenten so hoch eingeschätzt wird, daß eine privatwirtschaftlich rentable Produktion möglich wäre, wenn es einen Markt für dieses Gut gäbe. Obwohl es also im Interesse aller Konsumenten läge, das Gut zu produzieren, unterbleibt dies wegen seiner Unteilbarkeit und Nichtausschließbarkeit. Die mit Satz 5.1 (S. 318) ausgesprochene Erkenntnis gilt also auch hier.

Für alle anderen Güter gilt demgegenüber das *Ausschlußprinzip:* Es kann sichergestellt werden, wenn auch in manchen Fällen nur durch besondere kostenverursachende Vorkehrungen, daß nur solche Nachfrager in den Besitz oder Genuß dieser Güter gelangen, die den geforderten Preis zahlen. Diese Güter heißen *Individualgüter.* Sie könnten sämtlich von privaten Unternehmen angeboten werden, sofern die weitere Voraussetzung vorliegt, daß bei den gegebenen Produktions- und Nachfragebedingungen eine rentable Produktion möglich ist. Dennoch werden Güter heute in großem Umfang von öffentlichen Haushalten oder Unternehmen in öffentlichem Besitz hergestellt. Tabelle 5.3 zeigt, welche Möglichkeiten es unter dem Aspekt der Verteilung von Produktionsfaktoren auf den privaten und öffentlichen Bereich in einem marktwirtschaftlich-kapitalistischen System von heute gibt, die Produktionstätigkeit zu organisieren (S. 331). Zur Illustration sind in die Fächer Institutionen eingetragen, die in der Bundesrepublik für die jeweilige Kombination von Herstellereigenschaft und Angebotsverhalten typisch sind oder sein könnten.

Güter wie Trinkwasser, Elektrizität und Gas für Haushaltszwecke sowie Eisenbahntransportleistungen und die Nutzung von Telefonnetzen werden in den westlichen Ländern heute überwiegend durch öffentliche oder öffentlich kontrollierte Unternehmen hergestellt und angeboten. Diesen Gütern ist gemeinsam, daß sie über Leitungen verteilt werden. Da es offenbar eine Verschwendung von Ressourcen wäre, in einer Stadt jeweils mehrere Elektrizitäts- und Gasleitungsnetze oder zwischen Städten mehrere Eisenbahnlinien zu bauen, nur um Konkurrenz zwischen mehreren Anbietern zu ermöglichen, kann es für solche Güter jeweils nur einen Anbieter geben, der dann über ein *Leitungsmonopol* verfügt.

Gehören die so verteilten Güter zu den Gütern des täglichen Bedarfs, für die es praktisch keine Substitute gibt, so könnten die jeweiligen Anbieter hohe, durch keine Konkurrenz bedrohte Gewinne erzielen. Dies kann durch öffentliche Kontrolle der Anbieter oder eben dadurch verhindert werden, daß die betreffenden Güter von öffentlichen Unternehmen angeboten werden. Die historische Entwicklung ist hier unterschiedlich verlaufen: In vielen Ländern sind Elektrizitäts-, Gas- und Wasserwerke, Eisenbahnen, Post und Luftverkehrsunternehmen in öffentlichem Besitz, aber es gibt auch private Eisenbahnen und Telefonnetze.

Tabelle 5.3 – *Möglichkeiten der Verteilung der Produktionstätigkeit auf den privaten und öffentlichen Bereich*

Hersteller	Angebot erfolgt		
	als freies Gut	teilweise oder voll kostendeckend	in der Absicht, Gewinne zu erzielen
Öffentliche Haushalte	Schulen	Paßausgabestellen	–
Öffentliche Unternehmen	Verkehrsunternehmen mit Nulltarif	öffentliche Verkehrsunternehmen	Sparkassen
Private Unternehmen	Private Rundfunksender	Technische Überwachungsvereine	Mehrheit der privaten Unternehmen

Straßen, für deren Benutzung man dem Ausschlußprinzip Geltung verschaffen kann, werden im Auftrag öffentlicher Haushalte gebaut und überwiegend, wenn auch mit wichtigen Ausnahmen in Ländern wie den Vereinigten Staaten und Italien, von diesen finanziert und zur unentgeltlichen Benutzung zur Verfügung gestellt. Straßennutzung ist damit ein *gewolltes* (oder *gekorenes*) *Kollektivgut*. Gründe dafür sind die hohen Kosten der Erhebung von Gebühren und das Bestreben, die Transportkosten für Straßenverkehrsunternehmen niedrig zu halten. Bei vielen Straßen wäre auch das privatwirtschaftliche Risiko zu hoch.

Die Produktionsweise vieler Güter ist das Ergebnis historischer Entwicklung und aus dieser heraus am besten zu verstehen. Ausbildung ist heute in der Bundesrepublik unentgeltlich, wird von öffentlichen Haushalten angeboten und Konsumenten im Alter von 6 bis 14 Jahren auf Grund einer gesetzlichen Schulpflicht zwangsweise verabreicht. Keine dieser Regelungen erscheint auf den ersten Blick zwingend: Weder gilt das Prinzip der Nichtausschließbarkeit, noch könnten Ausbildungs-Dienstleistungen nicht auch von privaten Unternehmen unter Konkurrenzbedingungen angeboten werden, noch müßte es eine Schulpflicht geben. Ausbildung gibt die Chance auf ein um so höheres Einkommen, je besser sie ist, und eine Investitionsrechnung zeigt, daß der Erwerb einer Ausbildung ökonomisch vorteilhaft ist. Würden alle Eltern entsprechend dieser Erkenntnis im Interesse ihrer Kinder handeln, wäre eine Schulpflicht unnötig. Dies ist jedoch nicht zu erwarten, und es war erst recht nicht zu der Zeit zu erwarten, als die allgemeine Schulpflicht eingeführt wurde, beispielsweise 1717 in Preußen. Unter den damaligen Verhältnissen hätten große Teile der Bevölkerung von freier Schulausbildung für ihre Kinder keinen Gebrauch gemacht (und machten auch nach Einführung der Schulpflicht keinen Gebrauch von ihr). Die Einführung der Schulpflicht bedeutet dann, daß der Gesetzgeber das *paternalistische Prinzip* anwendet: „Ich weiß besser, was Dir nützt, als Du selbst". Während die Anwendung dieses Prinzips auf den Schulbesuch bis zum Alter von etwa 14 bis 16 Jahren wohl nirgends strittig ist, wird es auf die darauf folgenden Ausbildungsstufen nicht mehr angewendet. Das hat zur Folge, daß das Angebot weitergehender Ausbildung überwiegend von Kindern solcher Bevölkerungsschichten in Anspruch genommen wird, die erstens besser ausgebildet sind und daher das Prinzip der Ausbildungsinvestition und des Erwerbs von Arbeitsvermögen verstehen und die zweitens über die Mittel für diese Art von Investition verfügen. Tragen alle Steuerzahler die Aufwendungen für freie weitergehende Ausbildung, so werden die Bezieher höherer Einkommen begünstigt, deren Kinder dieses Angebot überwiegend beanspruchen. Unabhängig davon ist die Frage, ob das Angebot weitergehender Ausbildung von privaten Institutionen oder von öffentlichen Haushalten produziert werden soll. Beide Verfahren sind heute gebräuchlich.

Teilweise andere Gesichtspunkte gelten bei der Frage, ob die Versorgung mit Arzt- und Krankenhausleistungen sowie Medikamenten frei, öffentlich kostendeckend oder privatwirtschaftlich unter Konkurrenzbedingungen vorgenommen werden soll. Ein öffentlicher, aus allgemeinen Steuern finanzierter Gesundheitsdienst beruht auf der Idee, daß jedermann unverschuldet krank werden kann und daß die Gemeinschaft der Steuerzahler die damit einhergehende Beeinträchtigung seiner ökonomischen Position kompensieren soll. Dieses System enthält einen Umverteilungseffekt zugunsten der Bezieher niedriger Einkommen. Zu seinen Nachteilen gehört, daß die Zahl der Behandlungsfälle von Krankheiten und Unfällen stark steigt, wenn die Behandlungskosten für den Patienten praktisch gleich null sind. Das verteuert den Gesundheitsdienst erheblich und führt wie häufig bei der unentgeltlichen Verteilung von Gütern zu Warteschlangen, kann aber auch zur Früherkennung von Krankheiten beitragen.

Eine Durchsicht der Haushaltspläne der öffentlichen Haushalte etwa in der Bundesrepublik zeigt schließlich, daß sich diese in vielfältiger Weise als Produzenten betätigen, ohne daß dies durch mehr als den historischen Zufall zu erklären wäre.

Kritik an der Verteilung von Produktionsfaktoren auf die Herstellung von Kollektivgütern einerseits und Individualgütern andererseits wird mit der Behauptung geübt,

— der Anteil der natürlichen und gewollten Kollektivgüter an der gesamten Güterproduktion sei zu klein. Mit steigendem Realeinkommen verschöben sich die Bedürfnisse immer mehr in Richtung auf Güter wie Ausbildung, Krankenversorgung, Umweltschutz, und diese Güter seien als Kollektivgüter herzustellen und anzubieten;

— es seien weitere Güter als Kollektivgüter anzubieten, beispielsweise Transportleistungen von Nahverkehrsunternehmen.

Beide Argumente verlangen politische Entscheidungen über die Allokation von Ressourcen mit Umverteilungseffekt. Sind sie zu einem bestimmten Zeitpunkt nicht im Sinne eines Kritikers getroffen, kann daraus noch nicht auf eine der

Marktwirtschaft innewohnende Tendenz zur Unterversorgung mit Kollektivgütern geschlossen werden. Das Problem liegt gesamtwirtschaftlich in der Entscheidung über den Teil des Sozialprodukts, der über Steuern oder eine wachsende Staatsverschuldung der privaten Verfügung entzogen und von öffentlichen Haushalten verwendet werden soll. Im Detail muß dabei beispielsweise in bezug auf die Dienstleistung „Ausbildung" entschieden werden, welcher Anteil der Schulabgänger eines jeden Jahrgangs studieren soll und wie hoch demnach angesichts der zu erwartenden Bevölkerungsentwicklung die Kapazitäten der Hochschulen zu bemessen sind. Eine Gegenposition zu einer weiteren Ausdehnung des Kollektivgüteranteils besagt, daß eine Zunahme der Steuerbelastung besonders der mittleren und höheren Einkommen die Leistungsbereitschaft gefährdet; daß Güter in der Regel nicht bis zur Sättigungsgrenze unentgeltlich zur Verfügung gestellt werden können, so daß auf andere Weise als über den Preis rationiert werden muß[51]; und daß der Zusammenhang zwischen hohen Steuern und reichlicher Kollektivgüterversorgung den meisten Steuerzahlern nicht klar wird. Das letztgenannte Argument läßt sich auch so ausdrücken: Bei einem hohen Anteil des Staates am Sozialprodukt kumulieren sich die Umverteilungseffekte der staatlichen Maßnahmen in nicht mehr durchschaubarer Weise. Sie verfälschen damit ein System, das auf dem Prinzip von Leistung und Gegenleistung aufgebaut ist. Kritiker einer weiteren Ausdehnung der Staatstätigkeit schlagen daher vor, zu diesem Prinzip zurückzukehren. Der Vorschlag stützt sich auf das Argument, daß die Marktwirtschaft dort mindestens zufriedenstellend funktioniert, wo es um die Versorgung mit Gütern geht, die gewinnbringend unter Konkurrenzbedingungen durch private Unternehmen hergestellt werden.

10. Staatliche Einflüsse auf die private Güterproduktion. Neben der Entscheidung darüber, welche Güter privat und welche von öffentlichen Unternehmen und Haushalten hergestellt und angeboten werden sollen, sind zu jedem Zeitpunkt staatliche Maßnahmen in Kraft, mit denen die Zusammensetzung des privat hergestellten Gütersortiments und damit die Faktorallokation beeinflußt wird. Es lassen sich drei Zielsetzungen für solche Maßnahmen unterscheiden.
1. Es sollen Produktionsfaktoren in solche Produktionsrichtungen oder Regionen gelenkt werden, in denen sie angesichts der gegebenen Renditeerwartungen sonst nicht oder nicht in dem erwünschten Ausmaß eingesetzt würden.
Beispiele für solche Produktionsrichtungen sind in der Bundesrepublik der Wohnungs- und Schiffsbau, Forschungs- und Entwicklungstätigkeit in bezug auf Kernkraftwerke, neue Verkehrssysteme und Datenverarbeitungsanlagen. Geförderte Regionen sind die Grenzgebiete zur DDR und andere weniger entwickelte Gebiete. Maßnahmen sind in der Hauptsache steuerliche Erleichterungen, etwa durch Gewährung von Sonderabschreibungen, Zinssubventionen, direkte Zuschüsse zu Investitionsaufwendungen sowie Infrastrukturmaßnahmen wie Straßenbau zwecks Standortverbesserung. Auch werden Investitionskredite zu erleichterten Bedingungen durch staatliche Sonderkreditinstitute vergeben.
2. Es sollen Produktionsfaktoren in Produktionsrichtungen festgehalten werden,

---

[51] Vgl. VRW[3], S. 15.

aus denen sie sonst angesichts von Nachfrageverschiebungen oder wegen starker ausländischer Konkurrenz abwandern würden.

Hauptbeispiel ist hier die Landwirtschaft, die ohne Schutzmaßnahmen in der Bundesrepublik bis auf geringe Reste verschwinden würde, da die meisten landwirtschaftlichen Produkte fast immer zu Preisen eingeführt werden könnten, die eine auch nur kostendeckende Produktion im Inland nicht ermöglichen würden. Die politische Entscheidung lautet jedoch, angesichts jederzeit möglicher internationaler politischer Krisen einen bestimmten Selbstversorgungsgrad an Nahrungsmitteln aufrechtzuerhalten. Ungeachtet dieser Entscheidung war es nach dem Ende des zweiten Weltkrieges nötig, einen Teil der in der Landwirtschaft tätigen Produktionsfaktoren abzuziehen. Die Schutzmaßnahmen ermöglichen es, diesen Abzug allmählich vor sich gehen zu lassen und verfolgten damit auch das Ziel, die mit dem Abzug von Produktionsfaktoren verbundenen sozialen Probleme zu mildern. Solche Probleme bestehen für die betroffenen Unternehmer darin, daß der Nachfragerückgang nach ihren Erzeugnissen ihre Produktionsanlagen entwertet. Sie verfügen dann neben Lagerbeständen nur noch über den Schrottwert ihrer Anlagen, der geringer sein kann als die Abbruchkosten, und den Boden, behalten aber ihre Schulden. Die betroffenen Arbeitnehmer müssen neue Arbeitsplätze suchen. Betroffene Wirtschaftszweige waren in der Bundesrepublik neben der Landwirtschaft unter anderen die Mühlen, die Zigarrenhersteller, die Binnenschiffahrt und der Kohlenbergbau, bei dem wie bei der Landwirtschaft das Erhaltungsargument eine Rolle spielt. Hilfen wurden in Form von Stillegungsprämien für Unternehmer und Sozialprogrammen für Arbeitnehmer gewährt.

Schließlich kann folgende Zielsetzung vorliegen:

3. Es soll der Einsatz von Produktionsfaktoren in bestimmten Produktionsrichtungen oder Regionen beschränkt oder verhindert oder ihr Abzug erzwungen werden.

Dahinter können unterschiedliche weitere Ziele stehen. Beispielsweise kann versucht werden, die Erschöpfung von Rohstofflagern hinauszuzögern: In den Vereinigten Staaten gab es eine Förderbeschränkung für Erdöl. Die Produktion gewisser Güter kann aus Gründen des Umweltschutzes (vgl. S. 317—319) oder auch dann verboten oder beschränkt werden, wenn sie für Konsumenten schädlich sind oder ihre Verbreitung aus anderen Gründen unerwünscht ist: Nicht jedes Unternehmen, das dazu in der Lage ist, darf beliebig Heroin oder Kriegswaffen herstellen und verkaufen. Es kann unerwünscht sein, Ballungsräume sich weiter vergrößern zu lassen. In der gegenwärtigen Diskussion in der Bundesrepublik wird schließlich das Ziel genannt, Produktionsfaktoren aus Produktionsrichtungen abzuziehen, die nicht den — zu definierenden — „gesellschaftlichen Bedürfnissen" entsprechen und sie dort einzusetzen, wo das der Fall ist. Als Maßnahmen sind in Kraft oder kommen in Frage:

- Selektive Besteuerung der betreffenden Produkte oder komplementärer Güter (eine Erhöhung der Mineralölsteuer verringert ceteris paribus Bestand und Benutzung von Kraftfahrzeugen);
- Produktionsauflagen technischer Art; besonders bei Maßnahmen des Umweltschutzes;
- Einführung eines Genehmigungsverfahrens für Investitionen, mit dem diese bis hin zu Investitionsverboten quantitativ beschränkt werden können;

— Kontrolle der Investitionen über die Kontrolle ihrer Finanzierung. Hierzu müßte die Kreditgewährung durch sämtliche Institute des Finanzsektors, also beispielsweise auch der Versicherungsunternehmen, zentral gesteuert werden. Als Mittel dazu wird die Verstaatlichung der privaten Banken gefordert. Sie wäre durch Einrichtung einer Kontrolle der Kreditgewährung seitens der bereits in öffentlichem oder Gemeinbesitz befindlichen Kreditinstitute wie der Sparkassen und Genossenschaftsbanken sowie der sonstigen Institute des Finanzsektors zu ergänzen. Durch begleitende und Folgemaßnahmen wäre außerdem sicherzustellen, daß die betroffenen Unternehmen der Kreditkontrolle nicht durch Selbstfinanzierung oder Kreditnahme bei anderen Produktionsunternehmen, am Kapitalmarkt oder im Ausland ausweichen können;

— Verstaatlichung der Unternehmen der betreffenden Produktionszweige.

Alle genannten Eingriffe führen zu Änderungen in der Zusammensetzung des privaten Konsumgüterangebots, die sich auf zwei Arten verwirklichen lassen. Bei Vollbeschäftigung und konstantem Sozialprodukt kann eine Produktionsrichtung nur zu Lasten anderer Richtungen ausgedehnt werden, und die Einschränkung der Produktion eines Gutes erfordert Entlassungen und Stillegung von Produktionsanlagen. Bei wachsendem Sozialprodukt kann eine Strukturänderung schon durch unterschiedliche Wachstumsraten der einzelnen Wirtschaftszweige erreicht werden. Wenn nicht gerade Produktionsrichtungen verboten oder unter ihr bisheriges absolutes Niveau gedrückt werden sollen, kann die gewünschte Strukturänderung in einer wachsenden Wirtschaft somit längerfristig allein durch eine Lenkung der Investitionen erreicht werden. Manche Probleme treten dann nicht auf, wie etwa der Zwang zu Entlassungen und Stillegungen.

Investitionslenkende Maßnahmen führen wie jeder andere staatliche Eingriff regelmäßig auch zu Nebenwirkungen, die unerwünscht sein können. Die Investitionsförderung der fünfziger Jahre hat in der Bundesrepublik so gut wie sicher die Ungleichmäßigkeit der Vermögensverteilung erhöht. Dies muß gegen das rasche wirtschaftliche Wachstum und die geringen Preissteigerungen jener Zeit abgewogen werden. Die seit 1957 im Rahmen der Europäischen Gemeinschaften betriebene Agrarpolitik ist eine Fundgrube von Beispielen dafür, daß massive Eingriffe in das marktwirtschaftliche System ständig neue Eingriffe nach sich ziehen, die Falschen begünstigen und benachteiligen, einen immensen Gesetz- und Verordnungs-, Verwaltungs- und Überwachungsaufwand erfordern sowie eine spezielle Wirtschaftskriminalität entstehen lassen. Werden Investitionsbeschränkungen administrativer Art eingeführt, so könnte das als entscheidender Schritt in Richtung auf eine radikale Änderung des Wirtschaftssystems verstanden werden und Kapitalflucht auslösen. Auch wenn dies nicht eintritt, kann nicht erwartet werden, daß die Investitionsneigung insgesamt ungeändert bleibt, wenn beispielsweise zunächst eine Anzeige- und Genehmigungspflicht von Investitionen eingeführt oder auch nur ernsthaft diskutiert wird. Die Präferenzen der Wirtschaftspolitiker, die eine Investitionslenkung der genannten Art einführen, mögen so beschaffen sein, daß sie die erwähnten und andere Nebenwirkungen mitsamt den daraufhin erforderlichen zusätzlichen Eingriffen um der Erreichung ihrer Ziele willen in Kauf nehmen. Davor ist jedoch das Problem zu lösen, wer mit welchen Kompetenzen und nach welchen Kriterien über Art und Ausmaß der Investitionslenkung entscheiden soll. Die Berufung auf nicht näher spezifizierte

„gesellschaftliche Bedürfnisse" hilft nicht weiter, da sie das Problem nur verbal erledigt und damit verschleiert. Die Gesellschaft ist kein Subjekt: Nur einzelne Menschen haben Bedürfnisse, auch in bezug auf Kollektivgüter. Jede investitionslenkende Maßnahme bevorteilt einzelne Gruppen und benachteiligt andere und ist damit das Ergebnis einer Interessenabwägung durch die verantwortlichen Politiker. Eben dies wird durch den Verweis auf „gesellschaftliche Bedürfnisse" verschleiert. Der Gebrauch dieses Begriffs gehört damit zu der Reihe verbaler Herrschaftstechniken, mit denen Machtausübung, auch angestrebte oder zu schaffende, gerechtfertigt werden soll. Sie bedeutet in diesem Fall einen Eingriff in die private Planung in bezug auf Produktion, Arbeitsplatzwahl und Einkommensverwendung und damit eine erweiterte Anwendung des paternalistischen Prinzips.

11. Private Einflüsse auf die Güterproduktion. Die Schöpfer des klassischen Marktmodells gingen den damaligen Verhältnissen entsprechend davon aus, daß es eine für jeden Konsumenten überschaubare, nach heutigen Maßstäben geringe Zahl von Konsumgütern gab, über die sich die Konsumenten ohne größere Aufwendungen jederzeit hinreichend informieren konnten. Die Zahl der Anbieter auf den Wochenmärkten der Städte und in ihren Läden und Handwerksbetrieben war begrenzt, und die Qualität von Nahrungsmitteln, Bekleidung und Einrichtungsgegenständen, die damals praktisch das gesamte Konsumgüterangebot ausmachten, war für jedermann überschaubar. Unter solchen Bedingungen war eine wirksame Kontrolle der Produzenten durch die Konsumenten in etwa möglich: Die Idee der Konsumentensouveränität hatte realen Gehalt.

Dagegen ist die heutige Realität vom Modell des Konsumenten, der über ausreichende und zuverlässige Informationen über die für ihn relevanten Konsumgüter verfügt und auf Grund dieser Kenntnisse sein Realeinkommen maximiert, weit entfernt. Die Zahl der Konsumgüter hat, auch als Folge der Produktdifferenzierung, immens zugenommen; und sie bestehen heute zum größeren Teil aus industriell hergestellten oder bearbeiteten Gütern, deren Qualität nur von Fachleuten beurteilt werden kann. Damit wird die Beschaffung zuverlässiger Informationen über Zehntausende in Frage kommender Konsumgüter so zeitraubend und kostspielig, daß sie unterbleiben muß. Hinzu kommt, daß die meisten Konsumenten während ihrer Erziehung und Ausbildung nicht daran gewöhnt wurden, das Güterangebot kritisch zu betrachten, Werbung mit Mißtrauen zu begegnen und Preise zu vergleichen. Anders wären unterschiedliche Benzinpreise auf engstem Raum ebensowenig zu erklären wie die Tatsache, daß selbst auf Wochenmärkten für Partien desselben Gutes, die in geringer räumlicher Entfernung voneinander angeboten werden, unterschiedliche Preise verlangt und gezahlt werden. Wenn sich aber Konsumenten in bezug auf die meisten Güter auf die von Produzenten gebotenen Informationen stützen müssen, und wenn, wie S. 293 dargelegt, Werbung für neue Güter ein konstituierendes Element der Marktwirtschaft ist, dann bestimmen nicht mehr allein die Konsumenten über die Produktion. Neben die im vorigen Abschnitt genannten Einflüsse des Staates treten auch noch die Einflüsse der Produzenten. Einerseits erweitert Produktdifferenzierung und Schaffung neuer Güter die Möglichkeiten zur Individualisierung des Konsums, was den Bedürfnissen vieler Konsumenten entgegenkommt. Andererseits bietet sich damit den Produzenten ein Gestaltungsbereich, den sie zur Förderung ihrer Interessen zu Lasten der Interessen der Konsumenten ausnutzen können. Das systemkritische Argument lautet demnach: Da Ziel der privatwirtschaftlichen Konsumgüterproduktion die Erzielung von Einkommen ist, werden auch Konsumgüter hergestellt und angeboten, die in einigen Aspekten nicht oder nicht voll den Interessen der Konsumenten entsprechen. Solche Aspekte sind:

— Es gibt überflüssige Konsumgüter, deren Produktion daher eine Verschwendung von Produktionsfaktoren bedeutet;
— Es gibt Konsumgüter, deren Gebrauch oder Verbrauch den Konsumenten gesundheitlich schädigt oder gefährdet;
— Konsumgüter werden absichtlich in schlechterer Qualität und/oder mit geringerer Lebensdauer hergestellt, als dies technisch bei geringen zusätzlichen Aufwendungen möglich wäre.

Die Behauptung, es gebe überflüssige Konsumgüter, kann bedeuten, daß jedermann Konsumgüter nennen kann, für die er keinen Bedarf hat und die er daher für unnütz hält, ob es sich nun um Puppen mit eingebautem Sprechapparat, Sportautomobile, elektrische Zahnbürsten oder Zigaretten handelt. Dem steht entgegen, daß eine monetäre Nachfrage nach diesen Gütern in solcher Höhe existiert, daß sie gewinnbringend produziert werden können. Die Behauptung von der Überflüssigkeit solcher Güter wird daher durch zwei weitere Argumente gestützt. Erstens wird gesagt, daß manche Güter nur wegen der ungleichen Einkommensverteilung abgesetzt und daher produziert werden können: Die gegenwärtige Einkommensverteilung führt dazu, daß Produktionsfaktoren für die Herstellung von *Luxusgütern* eingesetzt werden. Das Argument trifft sicher insoweit zu, als bei einer wesentlich gleichmäßigeren Einkommens- und Vermögensverteilung keine hinreichende Nachfrage nach vielen solchen Gütern existieren würde. Zweitens wird gesagt, die Bedürfnisse nach vielen Gütern seien erst durch Werbung geschaffen, daher „künstlich" und keine „eigentlichen" oder „wahren" Bedürfnisse.

Das Argument ist offensichtlich paternalistisch, es unterstellt den unmündigen und unkritischen Verbraucher, der sich durch Werbung verführen läßt, gegen seine Interessen zu handeln, aber es enthält einen wahren Kern. Da sich Markttransparenz nicht von allein einstellt, muß es ein Verfahren zur Information der Konsumenten in einer Wirtschaft geben, die durch die Tendenz zur Produktdifferenzierung und zur Schaffung neuer Güter sowie durch technischen Fortschritt gekennzeichnet ist. Die Aufgabe der Information wird von den Produzenten wahrgenommen, weil sich ihnen damit die Möglichkeit bietet, ihre Interessen gegenüber denen der Konsumenten durchzusetzen. Zur Gestaltung der Werbung kann daher die Hypothese aufgestellt werden,

— daß Werbeaussagen prinzipiell zugunsten der als positiv betrachteten Aspekte des Produkts verzerrt sind, hauptsächlich durch Übertreibung, Weglassung und Hinzufügung;
— daß sie in vielen Fällen Präferenzen schaffen und damit den Substitutionswettbewerb schwächen, ohne daß dies durch technische Eigenschaften der betreffenden Produkte begründet wäre;
— daß sie unbewußte Motive von Konsumenten ausnutzen.

Außerdem vergrößert Werbung bei vielen Menschen die Spanne zwischen Wünschen und Realisierung in der Konsumgüterversorgung. Das vergrößert den Grad der Unzufriedenheit, kann aber auch als Leistungsanreiz wirken. Anderseits neutralisieren sich vermutlich zunehmend viele Werbeaussagen gegenseitig, und da es Informationen über das Konsumgüterangebot geben muß, wäre erst noch zu prüfen, welches andere Verfahren der privatwirtschaftlich betriebenen Werbung, auch unter dem Gesichtspunkt der Kosten, überlegen ist. Das Argument, Werbung in dem heute betriebenen Ausmaß bedeute zum größten Teil eine Verschwendung volkswirtschaftlicher Ressourcen, verliert durch zwei Einwände an Gewicht. Erstens entspricht dem nominellen Werbeaufwand insofern kein vergleichbarer realer Aufwand, als Belegungsraum in Druckerzeugnissen und Sendezeiten bei Rundfunk und Fernsehen Knappheitspreise haben, die den realen Aufwand an Produktivleistungen auch nicht annähernd wiedergeben. Zweitens bildet die Werbung besonders in Zeitungen und Zeitschriften eine wesentliche Einnahmequelle der Verlage und hält damit das Preisniveau dieser Erzeugnisse niedrig. Schließlich kann das Bedürfnis nach objektiver Unterrichtung über die Eigenschaften von Konsumgütern so groß werden, daß es seinerseits privatwirtschaftlich, etwa durch Testzeitschriften, befriedigt werden kann.

Der Gegeneinwand gegen das paternalistische Argument lautet also: Wenn Produktion unter Wettbewerb mit dem Ziel der Einkommensmaximierung dazu führt, daß die Bevölkerung gut mit Konsumgütern versorgt wird, dann soll man die Bevölkerung auch darüber entscheiden lassen, welche Güter in welchen Mengen und Qualitäten hergestellt werden sollen. Das Mittel, mit dem in einer Marktwirtschaft darüber entschieden wird, ist die von jedem Konsumenten ausgeübte monetäre Nachfrage. Wer deren ungleichmäßige Verteilung beanstandet, kann das Konsumgütersortiment dadurch von Luxusgütern zu bereinigen versuchen, daß er die Einkommens- und Vermögensverteilung gleichmäßiger gestaltet. Außerdem sind die Konsumenten über die Beeinflussungstechniken von Anbietern möglichst schon in den allgemeinbildenden Schulen aufzuklären. Solange das Bedürfnis nach objektiver Unterrichtung über die Eigenschaften von Konsumgütern nicht so stark ist, daß es seinerseits marktwirtschaftlich befriedigt werden kann, sind entsprechende Untersuchungen und ihre Verbreitung zu subventionieren.

In einer weiteren Bedeutung besagt die obige Behauptung, daß es Güter gibt, bei denen auch ein anderweitig gut informierter Konsument nicht wissen kann, ob er sie braucht. Naheliegendes Beispiel hierzu sind Diagnose- und Therapieleistungen von Ärzten: Der Konsument kann in der Regel nicht beurteilen, ob und in welcher Qualität er solche Dienste benötigt. Hängt das Einkommen frei praktizierender Ärzte direkt auch davon ab, wie häufig ihre Apparate zur Erstellung von Diagnosen benutzt werden, so wird eine Tendenz zur überflüssigen Produktion solcher Leistungen bestehen. Das gegenwärtige System der strikten Trennung von Arztpraxen und Krankenhausversorgung in der Bundesrepublik begünstigt dies auch dadurch, daß bei Krankenhauseinweisungen die gesamte Diagnose neu erhoben wird. Dadurch werden einerseits Diagnosefehler verringert, anderseits überflüssige Leistungen produziert. Das Problem könnte durch Einrichtung von Belegkrankenhäusern gemildert werden, wie es sie in anderen Ländern gibt. Hängt das Einkommen von Chirurgen direkt von der Zahl der Eingriffe ab, so können überflüssige Eingriffe nicht ausgeschlossen werden. Eine andere Art überflüssiger

Güter im medizinischen Bereich liegt vor, wenn Hersteller von Arzneimitteln beliebig Produktdifferenzierung zwecks Senkung der Markttransparenz betreiben können, indem sie Substanzen mit bekannter Wirkung unter immer neuen Bezeichnungen und Aufmachungen in den Handel bringen, ohne eine Notwendigkeit dafür nachweisen zu müssen.[52] Erst 1972 einigten sich die etwa 560 im Bundesverband der Pharmazeutischen Industrie zusammengeschlossenen Arzneimittelhersteller (von insgesamt 1 100 bis 1 200) unter dem Eindruck öffentlicher Kritik darauf, jedem Präparat die folgenden Mindestangaben beizufügen: Therapeutisch wirksame Bestandteile und deren Wirkungen, Indikationen und etwaige Kontraindikationen, mögliche unerwünschte Nebenwirkungen mit den zu ihrer Erkennung und Behebung geeigneten Maßnahmen, Dosierung, Verpackungsgrößen. Nach wie vor fehlen jedoch vielfach Angaben über Haltbarkeitsfristen.

In den Grenzbereich von Gütern, die möglicherweise objektiv überflüssig sind, subjektiv aber als nützlich empfunden werden, gehören wahrscheinlich viele Kosmetika. Ihre Herstellung unterliegt in der Bundesrepublik keiner Aufsicht oder Lizenzpflicht, und die Produzenten brauchen nicht nachzuweisen, daß ihre Präparate die ihnen zugeschriebenen Wirkungen haben.[53] Auf diesem Gebiet sind irreführende Werbeaussagen besonders häufig.

Standardbeispiel für gesundheitsschädigende Konsumgüter sind Tabakwaren, aber auch einige Rauschgifte sowie unzureichend gesicherte Elektrogeräte. Bei Medikamenten können sich Mißstände dadurch zeigen, daß Prüfungen auf schädliche Wirkungen und Nebenwirkungen zwecks Kostensenkung und schnellerer Marktausnutzung nicht sorgfältig genug vorgenommen werden. Es ist daher seit langem anerkannt, daß die Prüfung und Einführung von Medikamenten öffentlich kontrolliert werden muß. In der Gruppe der gesundheitsschädigenden Güter gibt es jedoch auch viele Grenzfälle. Alkoholische Getränke schaden vermutlich nur bei übermäßigem Genuß, und jeder Benutzer eines Kraftfahrzeugs ist prinzipiell in mehrfacher Hinsicht gefährdet. Welches Ausmaß an Rückständen der bei der Produktion pflanzlicher Nahrungsmittel verwendeten Dünge- und Schädlingsbekämpfungsmittel und bei der Fleischproduktion benutzter Antibiotika schädlich ist, kann auch von Fachleuten derzeit nicht mit genügender Sicherheit gesagt werden. Vermutlich läßt sich dem Problem der schädlichen oder gefährlichen Konsumgüter am besten mit einem abgestuften Paternalismus des Gesetzgebers begegnen. Rauschgifte werden verboten, sofern ihr Konsum die zukünftige Handlungsfreiheit des Konsumenten beeinträchtigt oder ihn arbeitsunfähig macht, so daß er den Steuerzahlern zur Last fällt. Bei weniger gefährlichen Gütern überläßt man es dem Konsumenten, das Risiko abzuwägen. Hierfür

---

[52] Nach Angaben des Bundesverbandes der Pharmazeutischen Industrie wurden in der Bundesrepublik 1972 mindestens 24 000 Arzneispezialitäten angeboten (dagegen in Frankreich 8 200, in den Niederlanden 4 000). Allerdings entfallen auf 2 000 Präparate 94 v. H. des Arzneimittelumsatzes der Apotheken. Vgl. Ifo-Schnelldienst Nr. 47 vom 22. 11. 1972, S. 13; Bundesverband der Pharmazeutischen Industrie (Hg.): pharma aktuell, Nr. 29 vom 6. 6. 1974, S. 1.

[53] Gemäß der noch geltenden Fassung des Arzneimittelgesetzes von 1961 wird auch für alle neu in den Handel gebrachten Arzneimittel kein Nachweis der therapeutischen Wirksamkeit verlangt. Sie sind nur beim Bundesgesundheitsamt zu registrieren. Auch gibt es keine umfassende staatliche Qualitätskontrolle für Medikamente.

339

spricht auch, daß sich nicht jeder Grad von Paternalismus durchsetzen läßt: Der Versuch, den Konsum alkoholischer Getränke in den Vereinigten Staaten zu verbieten, scheiterte, die 1920 für das gesamte Land eingeführte *Prohibition* wurde 1933 aufgehoben. Risikoabwägung erfordert jedoch Informationen, und als Beispiel für einen ersten Schritt dazu kann die in den Vereinigten Staaten und einigen anderen Ländern bestehende Vorschrift angesehen werden, daß Zigarettenpackungen einen Hinweis auf die gesundheitlichen Gefahren des Rauchens tragen müssen. Offensichtlich ist in dieser Hinsicht noch viel zu tun, und die Ansichten über das zulässige Maß an Paternalismus ändern sich ständig, wie man an der derzeitigen Diskussion in der Bundesrepublik über den Zwang zum Anlegen von Sicherheitsgurten in Kraftfahrzeugen erkennen kann.

Die Frage der Qualität und Lebensdauer von Konsumgütern ist unmittelbar mit dem Grad des Wettbewerbs auf den betreffenden Märkten verknüpft. Gibt es für ein Produkt wie Glühbirnen nur einen Anbieter, oder existiert zwischen mehreren Anbietern eine Absprache, so besteht ein Produzenteninteresse daran, die Lebensdauer eher niedrig zu halten. Existiert dagegen Wettbewerb, so ist für jeden Konkurrenten der Versuch vorteilhaft, seinen Marktanteil mit Hilfe der besonderen Langlebigkeit seines Produkts bei vergleichsweise nur wenig höherem Preis zu erhöhen. Subtilere Methoden der Beeinträchtigung von Konsumenteninteressen liegen auf diesem Gebiet vor, wenn absichtlich nicht alle Einzelteile komplizierter technischer Konsumgüter mit annähernd gleicher Lebensdauer konstruiert werden.

III. Sozialistische Systeme

1. Grundzüge der Zentralplanwirtschaft. Die Funktionsweise einer zentral geplanten und geleiteten Volkswirtschaft kann man sich zunächst am einfachsten vorstellen, wenn man sie in Analogie zu einer sehr großen Unternehmung sieht, die aus vielen Produktionsstätten (oder Betrieben) besteht. Eine zentrale Instanz, die hier als das Zentrale Planbüro bezeichnet und mit ZPB abgekürzt sei, stellt im Rahmen eines Gesamtplans vollzugsverbindliche Pläne für die einzelnen Betriebe auf. Die Anweisungsbefugnis des ZPB gründet sich darauf, daß es kein Privateigentum an Produktionsmitteln gibt, diese also vergesellschaftet sind, und daß die politische Führung eine zentrale Planung des Wirtschaftsprozesses für das geeignetste Verfahren zur Erreichung ihrer Ziele hält. Entsprechend ist es keiner Privatperson erlaubt, selbständig eine Produktionstätigkeit zu beginnen und dazu andere Personen anzustellen. Private Haushalte planen die Verwendung ihres Einkommens jedoch selbständig. Mit der zentralen Produktionsplanung soll eine Reihe von Zielen erreicht werden, unter denen es eine Rangordnung gibt. In allen bisher existierenden Zentralplanwirtschaften war und ist das vorrangige Ziel ein möglichst rasches Wachstum des Sozialprodukts: „... im Sozialismus (besteht) objektiv ein einheitliches volkswirtschaftliches Ziel ... (der) maximale Zuwachs an bedarfsgerecht strukturiertem Nationaleinkommen ..."[54]

---

[54] Stichwort Planungssystem, sozialistisches, in: Ökonomisches Lexikon [5.66], Bd L-Z, S. 376.

Einige wesentliche Elemente der Zentralplanung seien hier anhand der folgenden Gliederung vorgeführt:
- Organisation des Planungs- und Lenkungsapparates,
- Aufstellung der Pläne,
- Inhalt der Pläne,
- Durchführung und Kontrolle der Pläne.
Dabei wird versucht, die Darstellung auf Allgemeingültiges zu beschränken. Empirische Grundlage sind die Sowjetunion, in der zuerst eine zentrale Wirtschaftsplanung eingeführt wurde und in der daher die meisten Erfahrungen mit diesem System vorliegen, und die Deutsche Demokratische Republik (im folgenden mit DDR abgekürzt). In bezug auf beide Länder wird das System der Zentralplanung so beschrieben, wie es sich heute nach den Reformen der sechziger Jahre darstellt. Einige Fachausdrücke der Zentralplanung in diesen Ländern sind durch Kursivdruck oder Anführungszeichen hervorgehoben.

Ein wesentliches Merkmal der Zentralplanwirtschaft ist die Einheit von politischer und wirtschaftlicher Führung. Oberstes Leitungsorgan für den Wirtschaftsprozeß ist daher die politische Führungsspitze. Sie beschließt über die Rangordnung der Einzelziele, die bei der Aufstellung der Pläne einzuhalten sind. Dazu gehören beispielsweise Angaben über die wichtigsten Entwicklungs- und Investitionsprojekte, den Anteil der Produktion von Kollektivgütern einschließlich der Landesverteidigung, und das Verhältnis der Konsumgüter- zur Investitionsgüterproduktion. Der nachgeordnete wirtschaftliche Planungs- und Lenkungsapparat ist in jedem Land in Einzelheiten anders aufgebaut. Allgemein läßt er sich als dreistufig verstehen:
- Die Direktiven der Führungsspitze werden in einem untergliederten und mit Nebenkommissionen versehenen ZPB in Handlungsanweisungen umgesetzt,
- die in einer mehrstufigen, nach Sachbereichen und regional aufgeteilten mittleren Ebene von Planungs- und Verwaltungsinstitutionen (Industrieministerien, Unternehmensvereinigungen, Banken, Kombinate, regionale Räte und Komitees) weiterverarbeitet und
- an die Produktionsstätten weitergeleitet werden.
Die mittlere Ebene wurde beispielsweise in der Sowjetunion 1969 von 57 Ministerien angeführt, zu denen neben den auch in westlichen Ländern vorhandenen vor allem Ministerien für Industriezweige (etwa Automobil-, Radio-, Baumaterialienindustrie) zählten.[55] Den Anweisungen fließt ein Strom von Informationen entgegen, der auf allen Stufen des Planungsapparates ausgewertet wird. Die Informationen werden außerdem in der Zentralen Statistischen Verwaltung gesammelt und aufbereitet und dienen als Grundlage für den Vergleich zwischen Plan und Erfüllung und die Aufstellung der folgenden Pläne. Ein Beispiel für den Planungs- und Lenkungsapparat eines sozialistischen Landes zeigt Bild 5.2, das einen Eindruck von der Vielzahl der Institutionen und damit von der Kompliziertheit der Koordinierungsprobleme vermitteln mag.

Die Beschlüsse der politischen Führungsspitze verkörpern sich in Plänen mit unterschiedlicher Geltungsdauer. Am weitesten in die Zukunft greift der *langfri-*

---

[55] Die Ministerien sind in Art. 77 und 78 der Verfassung der Sowjetunion aufgezählt. Vgl. H. ROGGEMANN: Die Sowjetverfassung. Berlin 1971, S. 19f.

Bild 5.2 – *Der wirtschaftliche Planungs- und Lenkungsapparat der DDR*
Stand 1970

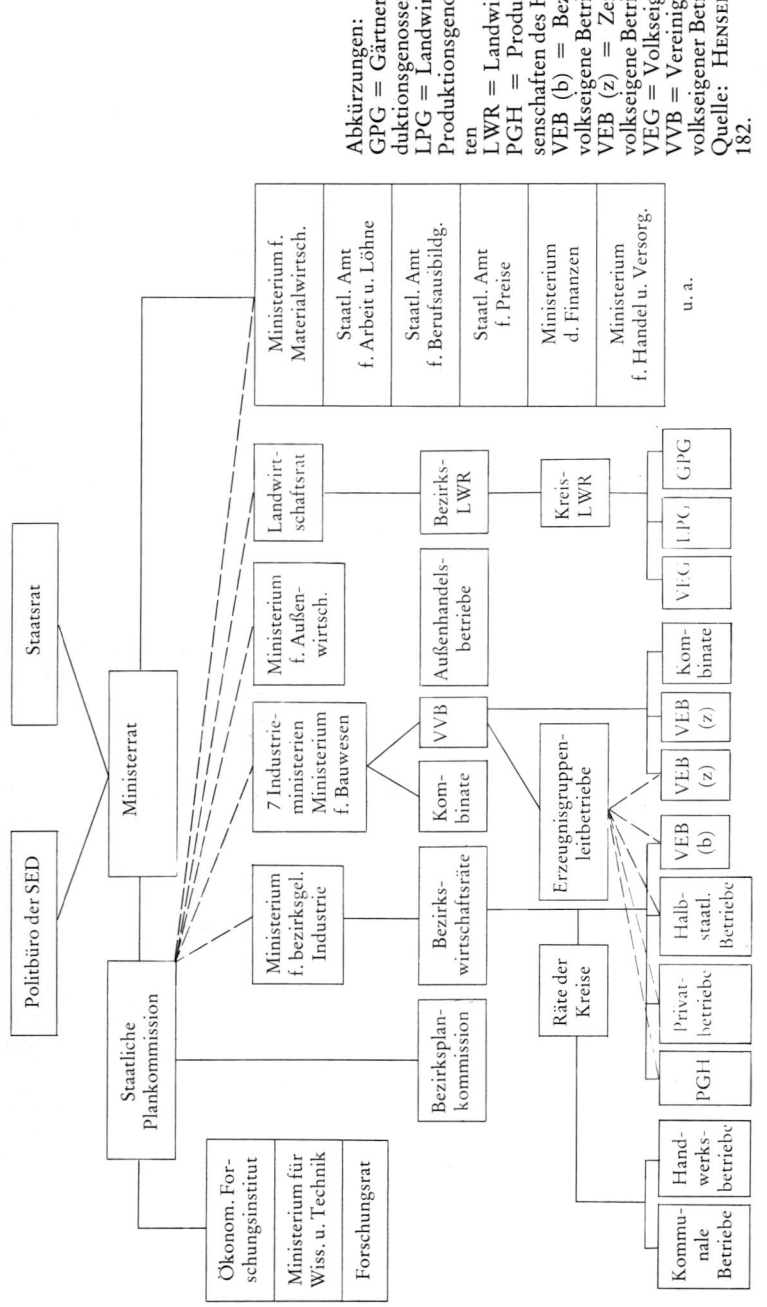

Abkürzungen:
GPG = Gärtnerische Produktionsgenossenschaften
LPG = Landwirtschaftl. Produktionsgenossenschaften
LWR = Landwirtschaftsräte
PGH = Produktionsgenossenschaften des Handwerks
VEB (b) = Bezirksgeleitete volkseigene Betriebe
VEB (z) = Zentralgeleitete volkseigene Betriebe
VEG = Volkseigene Güter
VVB = Vereinigungen volkseigener Betriebe

Quelle: HENSEL [5.03], S. 182.

stige Perspektivplan, der sich über fünfzehn bis zwanzig Jahre erstreckt. Ein solcher Plan wurde in der Sowjetunion zuletzt Anfang der sechziger Jahre für die Zeit bis 1980 aufgestellt. Er zeichnet in groben Umrissen die weitere Entwicklung der Volkswirtschaft vor und stellt mehr eine allgemeine Absichtserklärung und Richtlinie für die kürzerfristigen Pläne dar. Zu diesen gehören die *mittelfristigen Perspektivpläne* und die *Jahrespläne*. Die erstgenannten erstreckten sich bisher jeweils auf fünf Jahre, eine Ausnahme bildete der sowjetische Siebenjahresplan 1959–1965. In der DDR gilt der derzeitige Plan für die Jahre 1971–1975, während in der Sowjetunion für den gleichen Zeitraum der 9. Fünfjahresplan in Kraft ist. Diese Pläne konkretisieren die im Langfristplan gesetzten Ziele, vor allem in bezug auf die Wachstumsraten der Produktion in den einzelnen Wirtschaftszweigen sowie Standorte und Kapazitäten der größeren Investitionsprojekte, und bilden die Grundlage für die Jahrespläne. Diese sind das eigentliche Instrument der zentralen Wirtschaftslenkung und heißen daher auch *Operativpläne*. Sie geben die Planziele für die einzelnen Produktionsstätten an und sind vollzugsverbindlich. Häufig werden ihre Angaben noch in Vierteljahres- und Monatswerte unterteilt.

Ein Jahresplan wird in mehreren Schritten wie folgt aufgestellt. Auf Grund der Direktiven der Führungsspitze und unter Heranziehung statistischer Angaben über das abgelaufene Jahr erarbeitet das ZPB zunächst vorläufig detaillierte Planziele für die Produktion der wichtigsten einzelnen Güter und Gütergruppen sowie die Investition in den einzelnen Wirtschaftszweigen. Dabei werden auch der Bedarf an Arbeitskräften und die vorhandenen und zu schaffenden Kapazitäten des Produktionsapparats berücksichtigt. Im zweiten Schritt werden die Einzelpläne an die zuständigen Fachministerien und sonstige nachgeordneten Organe weitergeleitet. Diese erarbeiten Beurteilungen der sie betreffenden Ziele und unterteilen den Plan weiter in Einzelpläne für die ihnen unterstehenden Betriebe. Diese begutachten die ihnen zugewiesenen, immer noch vorläufigen Einzelpläne und erklären ihr Einverständnis, können sie aber auch im Lichte ihrer Erfahrungen, lokalen Detailkenntnisse und Interessen ändern oder eigene Pläne aufstellen. In der Regel weichen die Vorstellungen der Ministerien über Produktionsziele und Einsatz von Produktivleistungen in diesem Stadium erheblich von denen der Betriebe ab. Im Anschluß daran wandern die akzeptierten, kommentierten und modifizierten Einzelpläne über die Ministerien zurück zum ZPB, das unter Verwertung der so gewonnenen zusätzlichen Informationen in einem Prozeß der Koordination mit den nachgeordneten Organen den endgültigen Plan aufstellt. Ist dieser von den politischen Instanzen genehmigt, geht er wieder über die Ministerien, bei denen er disaggregiert wird, an die einzelnen Betriebe, liegt dort am Jahresende vor und ist während des folgenden Jahres zu erfüllen. Wichtig an diesem Verfahren ist, daß sowohl die mittleren Instanzen des Lenkungsapparates als auch die ausführenden Betriebe Einfluß auf die endgültigen Planziele ausüben können. Damit wird versucht, zu große Diskrepanzen zwischen Planzielen und den Möglichkeiten ihrer Erfüllung zu verhindern, die sonst auf Grund der prinzipiell zu kleinen und verzerrten Informationsbasis des ZPB entstehen könnten. Außerdem wird dadurch bei den nachgeordneten Instanzen das Gefühl der Mitverantwortung für den Plan und seine Erfüllung gestärkt.

In bezug auf den Inhalt der Pläne ist zunächst eine Grundsatzentscheidung darüber zu treffen, ob sich die Planung auf die in physischen Einheiten gemessenen Mengen der einzelnen Güter beziehen soll oder ob Preise eingeführt und damit unterschiedliche Güter addierbar gemacht und die Planziele in den entsprechenden Werten vorgegeben werden sollen.

Der erste Fall bedeutet eine naturalwirtschaftliche Zentralplanung. Bei ihrer konsequenten Durchführung würde nicht nur in bezug auf die Lieferbeziehungen der Betriebe untereinander, sondern auch bei der Verteilung der Konsumgüter an die Bevölkerung auf Geld verzichtet. Statt Löhne an die Beschäftigten zu zahlen und Transferzahlungen an die Nichterwerbstätigen zu leisten, würden Bezugsscheine für die einzelnen Konsumgüter ausgegeben, die bei Verteilungsstellen einzulösen sind. Wahrscheinlich würde sich daneben ein Realtausch mit Konsumgütern entwickeln, der die Versorgung der einzelnen Haushalte in eine bessere Übereinstimmung mit ihren Präferenzen bringt. Ein solches naturalwirtschaftlich-zentralgeleitetes System hat es in diesem Jahrhundert auf Dauer in bezug auf eine Volkswirtschaft bisher nicht gegeben, wenngleich die Klassiker des Sozialismus sich diesen als geldloses Produktions- und Verteilungssystem vorgestellt zu haben scheinen.[56] Einzelne Züge eines solchen Systems sind lediglich in Kriegszeiten in manchen Ländern verwirklicht worden. Der Versuch, es nach der Oktoberrevolution 1917 in Rußland einzuführen, scheiterte unter den damaligen Umständen. Die heute existierenden zentralgeleiteten Volkswirtschaften sind durch den gleichzeitigen Gebrauch von Mengenplanung in bezug auf eine Reihe wichtiger Produktionsgüter, die Vorgabe von Preisen und die Aufstellung von Finanzplänen gekennzeichnet.

Der Inhalt der Jahrespläne ist demnach folgender. Zunächst sind in ihnen die grundlegenden Entscheidungen über die Realverteilung des Sozialprodukts getroffen. Das betrifft die Investitionen in den einzelnen Wirtschaftszweigen und demgemäß die Produktmengen der Betriebe der Investitionsgüterindustrie, sowie den staatlichen und den privaten Verbrauch und damit die Produktmengen der entsprechenden Betriebe. Der zentrale Produktionsplan besteht somit aus einer Vielzahl von Einzelplänen für die Produktion und Verwendung von Gütern und Gütergruppen. Dabei sind Einzelpläne um so detaillierter, je wichtiger das betreffende Gut für den gesamten Produktionsprozeß ist. Für Produktionsgüter erster Priorität wie Kohle, Stahl, Erdöl, Nichteisenmetalle, Chemierohstoffe, Energie, auch „volkswirtschaftlich strukturbestimmende Erzeugnisse" genannt, werden dabei einzeln *Materialbilanzen* aufgestellt. In diesen wird das geplante Aufkommen aus Produktion, Einfuhr und Lagerentnahme der geplanten Verwendung in der Produktion, zum Export und zur Lagerbildung gegenübergestellt. Salden in solchen Bilanzen sind ein Gradmesser für die Knappheit der betreffenden Güter. Für alle anderen Güter werden Preise festgesetzt, was die Zusammenfassung zu Güterbündeln erlaubt, deren Werte als Planziele vorgeschrieben werden. Abgesehen von neuen Gütern werden die Werte der einzelnen Variablen nicht Jahr für Jahr gänzlich neu, sondern als Änderungen vergangener Werte bestimmt. Die zentrale Planung macht damit vom *Prinzip des rekurrenten Anschlusses* Gebrauch.

Der Produktionsplan wird ergänzt durch Pläne für den Einsatz der Arbeits-

---

[56] Vgl. etwa F. ENGELS: Grundsätze des Kommunismus, a.a.O., S. 374.

kräfte, die Realisierung des technischen Fortschritts (Einführung neuer und Produktionseinstellung veralteter Güter, Einführung neuer Produktionsverfahren einschließlich Mechanisierung und Automatisierung, Verbesserung der Ablauforganisation), den Außenhandel. Außerdem werden im Rahmen einer monetären Planung Produktpreise und Lohnsätze festgesetzt, das verfügbare Einkommen mit dem Wert des Konsumgüterangebots abgestimmt, Finanzpläne für die Betriebe und Haushaltspläne für die Gebietskörperschaften und sonstigen öffentlichen Organe aufgestellt.

Maßgebend für die Steuerung des Wirtschaftsablaufs in den Betrieben sind *Kennziffern* und *Normative*. Beide geben die während der Planperiode im einzelnen zu erreichenden Ziele an. Wichtige Kennziffern beziehen sich auf Produktmengen, Absatz im In- und Ausland, Aufwendungen für Forschung und Entwicklung, Investitionen, Gesamtkosten, Nettogewinn und seine Verwendung. Normative regeln die Gewinnabführung an den Staat, die Bildung von Fonds, die Ausschüttung von Leistungsprämien.

Preise werden überwiegend zentral festgesetzt und den Betrieben vorgeschrieben, in Einzelfällen können diese sie auch selbst festsetzen, etwa bei neuen Gütern. Die Preissetzung ist eines der Hauptprobleme der Zentralplanwirtschaft. Es wird zur Zeit etwa in der DDR wie folgt gelöst, wobei Industriepreise, landwirtschaftliche Preise und Einzelhandelspreise zu unterscheiden sind.

Die Industriepreise unterteilen sich in *Betriebspreise*, zu denen die Betriebe an die Großhandelsorganisationen liefern, und *Industrieabgabepreise*, die in vielen Fällen um eine Umsatzsteuer („Produktionsabgabe") höher sind und für Lieferungen an Betriebe außerhalb der herstellenden Industrie berechnet werden. Die Betriebspreise werden auf Grund der durchschnittlichen Kosten („gesellschaftlich notwendige Selbstkosten") des jeweiligen Wirtschaftszweiges, bestehend aus Abschreibungen, Material- und Lohnkosten, zuzüglich eines prozentualen Gewinnzuschlages festgesetzt. Aus dem sich ergebenden Gewinn ist eine Verzinsung des eingesetzten Realkapitals (in der DDR „Produktionsfondsabgabe", Satz im allgemeinen 6 v.H. des Wertes der dauerhaften Produktionsmittel und Lagerbestände) an den Staatshaushalt abzuführen. Der verbleibende „Nettogewinn" unterliegt einer weiteren „Nettogewinnabführung" an den Staat, der Rest dient teils der Finanzierung von Investitionen, teils geht er in betriebliche Prämienfonds. Ein Problem dieser Preisbildung besteht darin, daß die Stückkosten im einzelnen Betrieb vom technischen Stand und Auslastungsgrad der dauerhaften Produktionsmittel, der Organisation des Arbeitsablaufs, dem Ausbildungsstand und Leistungswillen der Arbeiter und anderen Faktoren abhängen, die von Betrieb zu Betrieb differieren. Werden der Preisbildung Durchschnittswerte des Wirtschaftszweiges („normale objektive Produktionsbedingungen") zugrundegelegt, dann werden einige Betriebe bevorteilt, andere benachteiligt, zumal auch häufig lokale Besonderheiten vorliegen. Betriebe mit überdurchschnittlichen Kosten können daher Subventionen („Preisstützungen") erhalten.

Die landwirtschaftlichen Preise werden ebenfalls zentral festgesetzt, wobei regionale Besonderheiten berücksichtigt werden. Die Preise gelten für das Ablieferungs-Soll an den einzelnen Produkten, das den landwirtschaftlichen Betrieben auferlegt wird. Daneben wird ein zusätzlicher Produktionsanreiz dadurch geboten, daß Ablieferungen über das Soll hinaus mit höheren Preisen bezahlt werden.

In der Sowjetunion ist es den Kolchosbauern außerdem erlaubt, die auf den zur individuellen Nutzung zugelassenen Flächen erzeugten Produkte beispielsweise auf Wochenmärkten frei zu verkaufen. Hier ist also ein marktwirtschaftliches Element bestehen geblieben.

Die Konsumgüterpreise im Einzelhandel werden so festgesetzt, daß
- der Gesamtwert der in der Planperiode an die Konsumenten abzusetzenden Konsumgüter gleich der Gesamtsumme der Löhne und Transfereinkommen der Bevölkerung ist, wobei sowohl Einfuhren und Änderungen der Lagerbestände als auch eine positive oder negative Ersparnis zu berücksichtigen sind;
- die geplanten Angebotsmengen der einzelnen Konsumgüter abgesetzt werden. Dabei kann berücksichtigt werden, daß lebensnotwendige Güter niedrige Preise haben sollen und eventuell zu subventionieren sind, während als Luxusgüter betrachtete teuer sein sollen;
- die Differenz zwischen dem Gesamtverkaufswert der Konsumgüterproduktion und ihrem zu Einstandspreisen des Einzelhandels zuzüglich dessen Aufwendungen berechneten Wert, die als allgemeine Umsatzsteuer ("Produktions- und Dienstleistungsabgabe") an den Staat abgeführt wird, die geplante Höhe erreicht.

Die Kaufkraftabschöpfung, mit der sichergestellt werden muß, daß nur ein Teil des Sozialprodukts in Gestalt individueller Konsumgüter an die Bevölkerung verteilt wird, kann jedoch auch ganz oder teilweise im Produktionsbereich vorgenommen werden, indem man den Betrieben Steuern auferlegt.

Die Lohnsätze werden nach einer Reihe von Kriterien so festgesetzt, daß von ihnen Anreizwirkungen für mehr und bessere Arbeitsleistungen ausgehen. Grundlage sind technische Arbeitsnormen für die einzelnen Verrichtungen, die für Arbeiter oder Arbeitergruppen mit Hilfe von Arbeitsstudien ermittelt und von Zeit zu Zeit entsprechend dem technischen und organisatorischen Fortschritt gemäß dem Prinzip "Neue Technik — neue Normen" neu festgesetzt werden. Mit diesen Normen wird versucht, den MARXschen "gesellschaftlich notwendigen Arbeitsaufwand" zu erfassen. Das Prinzip der "persönlichen materiellen Interessiertheit" des Werktätigen im Sozialismus wird dadurch verwirklicht, daß die Lohnsätze nach Quantität und Qualität der Arbeitsleistung differenziert sind, daß Zuschläge für Nacht- und Feiertagsarbeit, Überstunden- und Schichtarbeit, gefährliche und schmutzige Arbeit sowie Prämien für Erfüllung und Übererfüllung von Planvorgaben, beispielhafte Arbeitsleistungen und Rationalisierungsmaßnahmen gezahlt werden. Damit soll auch das Interesse an Erhöhungen der beruflichen Qualifikation und an der Übernahme von mehr Verantwortung, aber auch an der Anwendung technisch fortschrittlicher Produktionsverfahren gefördert werden: Höherer Lohn ist durch höhere Leistungen für die Gesellschaft zu erarbeiten. Die Lohnsätze werden außerdem nach Wirtschaftszweigen mit dem Ziel differenziert, das Arbeitsangebot in den Schlüsselindustrien sicherzustellen.

Für die Praxis der Zentralplanwirtschaft ist die Frage wesentlich, wie detailliert die in Kennziffern und Normativen verkörperten Anweisungen an den einzelnen Betrieb sein sollen und wieviel Entscheidungsbefugnis dieser demnach haben soll. Die Alternative ist:
- Es wird mit verbindlichen Anweisungen gearbeitet, die sich auf zahlreiche

einfache Variable wie Herstellung und Lieferung einzelner Güter beziehen;
— Die Planerfüllung wird an wenigen komplexen Variablen wie dem Gewinn gemessen, der sich aus den Erlösen für mehrere Produkte und den Aufwendungen für Produktivleistungen ergibt, die ihrerseits von der Betriebsleitung beeinflußbar sind.

Die Reformen der sechziger Jahre verfolgten die Tendenz, den mittleren und unteren Planungsinstanzen sowie den Betrieben mehr Entscheidungsmöglichkeiten zu übertragen. Das bedeutet in erster Linie Herabsetzung der Zahl der Plankennziffern, die der einzelne Betrieb zu erfüllen hat. Deren Zahl wurde beispielsweise in der Sowjetunion 1965 von etwa drei Dutzend auf unter zehn herabgesetzt. Das Verfahren kann soweit gehen, nur noch Produktionsziele für einige wesentliche Produktionsgüter vorzuschreiben, die Ausarbeitung der Jahrespläne den Betrieben zu überlassen und bezüglich ihrer Erfüllung auf ein System „ökonomischer Hebel" zu vertrauen. Diese bestehen in einer solchen Festsetzung der für die Betriebe und ihre Mitarbeiter relevanten Daten, insbesondere der Preise, Lohnsätze, Zinssätze, Steuersätze, Prämien, daß aus der Verfolgung des Selbstinteresses durch Betriebsleitung und Mitarbeiter eine optimale Planerfüllung resultiert. Prinzip ist: „Was der Gesellschaft nützt, muß auch für die Betriebe, Kollektive und einzelnen Werktätigen von Vorteil sein".[57] Für die Betriebsleitung gilt dementsprechend: „In der Erwirtschaftung eines maximalen Nettogewinns besteht die ökonomische Hauptzielfunktion eines Kombinates oder Betriebes der volkseigenen Industrie."[58] Diese Handhabung erlaubt es, flexibler auf unerwartete, im Plan nicht vorgesehene Ereignisse zu reagieren und stellt einen Anreiz zur Übererfüllung des Plans und zur Kostensenkung dar, wenn das Einkommen aller Betriebsangehörigen durch gewinnabhängige Prämien erhöht wird. Dies ist insofern vorgesehen, als der Plan einen Gewinn vorsieht, von dem ein Teil an den Staat abzuliefern ist und ein Teil der Finanzierung von Investitionen dient, während der Rest in einen Prämienfonds geht, aber auch für freiwillige betriebliche Sozialleistungen verwendet werden kann. Wird anderseits ein zu niedriger oder kein Gewinn erzielt, so entsteht eine Gewinnabführungsschuld gegenüber dem Staat, die zu verzinsen und aus späteren Gewinnen zu tilgen ist.

Die wesentlichen Punkte, in denen sich eine Zentralplanwirtschaft demnach im Prinzip von einer kapitalistischen Marktwirtschaft unterscheidet oder unterscheiden könnte, sind die folgenden.

— Die gesamtwirtschaftliche Investitionsquote ergibt sich nicht aus den Investitionsentscheidungen vieler einzelner Unternehmer, die ihrerseits von den Verhältnissen auf den Kreditmärkten und damit auch von den Sparentscheidungen privater Haushalte mit beeinflußt werden, sondern wird vom ZPB festgelegt. Sie hat eine obere Grenze lediglich in der Notwendigkeit, die Versorgung der Bevölkerung mit Konsumgütern nicht unter ein zumutbares Minimum sinken zu lassen, sowie kurzfristig in der Kapazität der Investitionsgüterindustrie und/ oder den Importmöglichkeiten. Darüber hinaus wird auch zentral festgelegt, mit

---

[57] Ökonomisches Lexikon [5.66], Bd A − K, S. 912. Dort als „aus dem Wesen der sozialistischen Gesellschaft entspringende(r) Grundsatz" bezeichnet. Vgl. dazu in Abschnitt III.3 dieses Kapitels die Vorstellungen der Schöpfer des Sozialismus über die Arbeitsmotivation des sozialistischen Menschen.
[58] Lexikon der Wirtschaft [5.67], Industrie, S. 563.

welcher Rangordnung in den einzelnen Wirtschaftszweigen investiert werden soll. Mit diesen Argumenten ist oft betont worden, daß man eine Volkswirtschaft mit einer Zentralplanwirtschaft am schnellsten industrialisieren könne.[59]

— In bezug auf die Konsumgüterversorgung herrscht nicht wie in den kapitalistischen Marktwirtschaften von heute eine gemeinsame Souveränität privater Konsumenten und Produzenten, die durch staatliche Eingriffe am Rande beeinträchtigt ist, sondern es überwiegen die Präferenzen des ZPB. Es bestimmt, welche Konsumgüter in welchen Mengen hergestellt werden sollen und bemüht sich im Rahmen seiner Möglichkeiten um eine hohe Qualität dieser Güter. Das zugrundeliegende Werturteil ist, daß das ZPB weiß, welches Konsumgütersortiment den Interessen der Konsumenten am besten dient und wie es dazu auf Individual- und Kollektivgüter aufzuteilen ist. Vorteile einer solchen Regelung können darin liegen, daß die Versorgung mit öffentlichen Gütern wie Gesundheitsfürsorge und Ausbildung besser ist als in Marktwirtschaften, in denen der Gesetzgeber zu wenig Produktionsfaktoren in solche Verwendungszwecke umlenkt. Die Produktion schädlicher Güter wie Tabakwaren kann stark eingeschränkt oder eingestellt werden, Vorteile der Massenproduktion können durch Verringerung der Produktdifferenzierung wahrgenommen und Aufwendungen für Verpackung, Werbung und Verkauf auf ein Minimum gesenkt werden. Bei freier Konsumwahl üben die Konsumenten jedoch Einfluß auf die Produktionsplanung aus, wenn sie Güter nicht in den vorgesehenen Mengen kaufen.

— Die Einkommensverteilung ergibt sich nicht wie in der kapitalistischen Marktwirtschaft überwiegend aus der Vermögensverteilung, Tarif- und individuellen Verhandlungen. Sie ist damit kein automatisches Nebenprodukt des Preisbildungsprozesses auf Faktor- und Produktmärkten, die durch eine staatliche Umverteilung korrigiert wird. Sie kann ebenfalls zentral geplant und damit wesentlich gleichmäßiger gestaltet werden, als sie sich in Marktwirtschaften ergibt, in denen eine kleine Zahl von Spitzeneinkommen aus Unternehmertätigkeit und Vermögen Millionenbeträge je Jahr erreicht.[60] Eine völlig oder auch nur annähernd gleichmäßige Einkommensverteilung ist allerdings bisher nirgendwo verwirklicht worden, da sie den Verzicht auf Einkommensunterschiede als Mittel des Leistungsanreizes bedeuten würde.

— Das ZPB kann bei der Planung sämtlicher Produktionsprozesse von vornherein vorsehen, daß der Unterschied zwischen einzelwirtschaftlichen und sozialen Produktionskosten möglichst klein gehalten wird. Bei jeder Produktionsanlage kann schon bei der Planung sichergestellt werden, daß Luft und Wasser nicht verschmutzt werden; und sämtliche Gemeinden können zur Errichtung von Kläranlagen für ihre Abwässer veranlaßt werden.

— Im Rahmen längerfristiger Planung können Bodenschätze langsamer genutzt werden, als dies unter privatwirtschaftlichen Zielsetzungen geschehen würde, so

---

[59] Möglicherweise liegt ein Element der Konvergenz der Wirtschaftssysteme (vgl. S. 283) darin, daß manche technischen und wissenschaftlichen Großprojekte auch in entwickelten kapitalistischen Ländern heute nicht mehr allein auf Grund privater Initiative unternommen werden können, da sie entweder wie die Weltraumfahrt nicht rentabel oder wie die Entwicklung neuer Techniken zur Nutzung der Atomenergie wirtschaftlich zu risikoreich sind.

[60] Vgl. einige Angaben hierzu über die Bundesrepublik in VRW³, S. 274.

daß mehr Zeit für die Entwicklung von Substituten zur Verfügung steht. Das Land kann gleichmäßiger entwickelt werden, wenn für Industrien und die nachfolgenden Siedlungen Standorte gewählt werden, die privatwirtschaftlich unrentabel wären.

— In einer Zentralplanwirtschaft muß es nicht zu Konjunkturschwankungen kommen, und es muß keine Arbeitslosigkeit über das unvermeidliche Maß an Fluktuationsarbeitslosigkeit hinaus geben.

— Ein- und Ausfuhr von Waren und Dienstleistungen darf nicht wie in der Marktwirtschaft der Planung einzelner Unternehmen überlassen, sondern muß zentral geplant werden. Auch internationale Kapitalbewegungen werden nur von der Zentrale getätigt. Der private Reiseverkehr muß genehmigungspflichtig sein, da er anderenfalls zu unkontrollierbaren Devisenabflüssen führen könnte.

Einige der aufgeführten Punkte sind nur Möglichkeiten des zentralgeleitet-sozialistischen Systems. Auch in diesem System zeigen sich immanente Zwänge, die verhindern können, daß seine Möglichkeiten ausgeschöpft werden. Darüber hinaus zeigt die Zentralplanwirtschaft eine Reihe von Mängeln, die speziell ihrem Planungs- und Lenkungssystem eigen sind. Einige der wichtigsten werden im folgenden Abschnitt diskutiert.

2. Probleme zentraler Wirtschaftsplanung.

Ein so neues und in einem großen Land vor seiner Errichtung in der Sowjetunion noch nie ausprobiertes System wie die zentrale Wirtschaftsplanung konnte nicht von Anfang an zufriedenstellend funktionieren. Das System wurde und wird daher so gut wie ständig reformiert. Hierbei lassen sich in der Sowjetunion mehrere Stadien erkennen, die man gewöhnlich wie folgt unterscheidet:

1. Der Kriegskommunismus (1917—1920) während des Bürgerkrieges und der Abwehr ausländischer Truppen, gekennzeichnet durch allgemeine Arbeitspflicht, zentrale Produktionsanweisungen an Industriebetriebe, Ablieferungspflicht von Agrarprodukten, Verbot des privaten Handels, Zuteilung von Konsumgütern durch Bezugsscheine, Hyperinflation;
2. Die Neue Ökonomische Politik (russische Abkürzung NEP, 1921—1928), mit der durch Wiederzulassung des privaten Handels, Ersetzung der Ablieferungspflicht von Agrarprodukten durch eine Naturalsteuer, Erlaubnis der privaten Betätigung von Handwerkern und anderen Kleinproduzenten mit Erfolg versucht wurde, die wirtschaftliche Aktivität zu beleben;
3. Die umfassende Zentralplanung (1928—1965). Sie beginnt mit der Kollektivierung der Landwirtschaft (1930—31) und ist im industriellen Bereich durch Vollsozialisierung, detaillierte Planziele im Rahmen von Fünfjahresplänen und entsprechend geringe Entscheidungsspielräume der Betriebe gekennzeichnet. Hauptziel war die rasche Industrialisierung ohne Hilfe von außen, Planungsprinzip die möglichst vollständige zentrale Lenkung des gesamtwirtschaftlichen Produktionsprozesses;
4. Das Neue System der Planung und ökonomischen Stimulierung (ab 1965, in der DDR das Neue ökonomische System der Planung und Leitung, ab 1963), mit dem zur branchenorientierten (anstelle einer 1957 eingeführten regional gegliederten) Zentralplanung in der Industrie zurückgekehrt, eine Abgabe auf die eingesetzten Produktionsmittel eingeführt, der Entscheidungsspielraum der

Betriebe erweitert, das Prinzip der materiellen Interessiertheit ausgebaut und (ab 1967) das Preissystem reformiert wurde. Es wird jetzt anerkannt, daß die Interessen der Betriebe von denen der zentralen Planbehörde abweichen können und versucht, sie durch Vorgabe neuer Kennziffern wie des Gewinns kompatibel zu machen.

Es können hier nur einige der wichtigsten Probleme der Zentralplanung kurz erörtert werden. Manche wurden durch Reformen zu lösen versucht, wobei besonders auf die seit Beginn der sechziger Jahre diskutierten und eingeleiteten Reformen eingegangen wird. Sie sind insofern am interessantesten, als die Sowjetunion nunmehr einen Entwicklungsstand erreicht hat, bei dem sich die Priorität von Zielen ändert — beispielsweise in Richtung auf eine bessere Konsumgüterversorgung — und Probleme auftauchen, die denen entwickelter kapitalistischer Marktwirtschaften ähneln. Dies gilt erst recht für die DDR, die das System der Zentralplanwirtschaft nach dem zweiten Weltkrieg auf einem von Anfang an viel höheren Entwicklungsstand der Produktivkräfte übernahm. Zu diesen Problemen gehören beispielsweise die Knappheit an Arbeitskräften, die wachsende Rolle des technischen Fortschritts und das Umweltproblem. Anlaß der Reformen war die Erkenntnis, daß sich das bis dahin praktizierte Planungs- und Lenkungssystem immer mehr als Hindernis für ein weiteres rasches wirtschaftliches Wachstum erwies. Ein wesentliches Ergebnis der Reformen ist, daß das Prinzip der materiellen Interessiertheit nunmehr ohne Einschränkung akzeptiert und versucht wird, es in den Dienst der gesamtwirtschaftlichen Ziele zu stellen. Das Prinzip war in der Sowjetunion in der Periode der Neuen Ökonomischen Politik offen akzeptiert, schien aber später mit dem Bild des „Sowjetmenschen" nicht vereinbar: Dieser hatte nicht zuerst im eigenen, sondern im Interesse der Planerfüllung zu handeln. Da dennoch Sowjetbürger egoistisch handelten, wurde dies mit dem Vorhandensein von Überresten des kapitalistischen Bewußtseins erklärt, die durch Umerziehung zu beseitigen seien. Die nunmehrige Anerkennung des Prinzips dürfte die Resignation vor der Aufgabe einschließen, einen „Neuen Menschen" zu schaffen. Ein tragendes Prinzip der kapitalistischen Marktwirtschaft wird damit wieder im Sozialismus akzeptiert.

Ein volkswirtschaftlicher Gesamtplan, der, wie eben beschrieben, aus einer großen Zahl von Einzelplänen besteht, muß einer Reihe von Anforderungen genügen. Es ist vor allem sicherzustellen, daß

— alle Produktionsfaktoren eingesetzt sind, also weder Arbeitslosigkeit herrscht noch dauerhafte Produktionsmittel ungenutzt bleiben;

— alle Produktionsfaktoren effizient eingesetzt sind, so daß im Idealfall durch den Abzug der Einheit eines Produktionsfaktors aus einem Produktionsprozeß und ihren Einsatz in einem anderen Prozeß keine Produktionszunahme erreicht werden kann;

— alle Einzelpläne miteinander vereinbar sind, und zwar in bezug auf Produktions- und Einsatzmengen, geforderte und erzielte Qualitäten, zeitliche und regionale Übereinstimmung.

Von diesen Problemen hat sich in der Praxis das letztgenannte als das alles beherrschende Problem des ZPB erwiesen. Angesichts der arbeitsteiligen Produktionsweise sind die Einzelpläne so zu koordinieren (oder konsistent zu machen), daß jeder Betrieb die Vorleistungen von anderen Betrieben so rechtzeitig und in den benötigten Mengen und Qualitäten erhält, daß er sie mit Hilfe der ihm zugewiesenen Faktorleistungen (Nutzung dauerhafter Produktionsmittel und Arbeitsleistungen) in die vorgesehenen Güter transformieren und damit seine Lieferverpflichtungen an andere Betriebe erfüllen kann. Die Kompliziertheit dieser Koordinierungsaufgabe kann kaum überschätzt werden, wenn es sich um eine Volkswirtschaft mit Hunderttausenden von Produktionsstätten und, wie beispielsweise in der Sowjetunion 1971, ein Produktionsprogramm mit ungefähr 10 Millionen Positionen handelt.[61] Wie man sich anhand einer Input-Output-Tabelle klarmachen kann, sind die Produktionsniveaus sämtlicher Güter in einer arbeitsteiligen und daher eng verflochtenen Wirtschaft gegenseitig abhängig.[62] Wird daher im Plan das Produktionsziel auch nur für ein Gut geändert, so führt das zu Änderungen der Produktionsziele aller anderen Güter. Solche Änderungen lassen sich im Prinzip mit Hilfe von disaggregierten Modellen der interindustriellen Lieferverflechtung (oder *Input-Output-Modellen*) errechnen. Obwohl in der Sowjetunion schon in den zwanziger Jahren mit solchen Modellen experimentiert wurde, spielen sie bis heute keine bedeutende Rolle. Das liegt zum Teil daran, daß sowohl solche Modelle als auch automatische Datenverarbeitungsanlagen in der Sowjetunion aus politischen Gründen zeitweilig nicht zugelassen waren. Der Hauptgrund ist jedoch, daß bei solchen Modellen selbst angesichts der heutigen Rechenmöglichkeiten mit einem viel zu hohen Aggregationsgrad gearbeitet werden muß, als daß sie von großem Nutzen für die Praxis der Zentralplanung sein könnten. Die Aggregation bewirkt, daß mit fiktiven homogenen Gütern gerechnet wird, hinter denen in Wirklichkeit heterogene Güterbündel stehen. Ändern diese ihre Zusammensetzung, so ändert sich auch die Zusammensetzung der zu ihrer Herstellung erforderlichen Produktivleistungen, ohne daß dies im Modell erfaßt werden kann. Aber selbst eine noch so umfassende Planung kann Lieferverzögerungen und -ausfälle, die beispielsweise auf Grund von Witterungseinflüssen, Unglücksfällen und dergleichen auftreten, nicht vorhersehen. Damit bleibt das ständige Problem, die aus der Untererfüllung von Einzelplänen resultierenden Engpässe und Störungen möglichst klein zu halten und möglichst schnell auszugleichen. Einer der Wege hierzu besteht darin, die Produktion einiger Güter als weniger wichtig zu betrachten und ungeplante Verknappungen von Vor- und Faktorleistungen durch Minderzuteilungen an die entsprechenden Betriebe auszugleichen. Da nachrangige Güter bisher immer Konsumgüter waren (gemäß dem als „Gesetz der vorrangigen Entwicklung der Produktion von Produktionsmitteln" bezeichneten Ziel), ist die Konsumgüterversorgung der Zentralplanwirtschaft durch ständig wiederkehrende Engpässe gekennzeichnet. Bei den Betrieben führen die immer wieder auftretenden Planungsfehler und Plan-Untererfüllungen insbesondere zu Stockungen in der Versorgung mit Vorleistungen. Da dies die Planerfüllung der betroffenen Betriebe ihrerseits bedroht, besteht eine Tendenz besonders bei größeren Betrieben, ihre Abhängigkeit von Lieferanten zu verringern. Sie äußert sich in dem Bestreben, die Fertigung einzelner Vorleistungen selbst zu übernehmen, und vor allem in einer Verstärkung der Lagerhaltung an

---

[61] E. GORBUNOV, L. TIMONINA: Chosjajstvennaja reforma v SSSR: Dinamika, problemy, perspektivy. Planovoje Chosjajstvo, Nr. 5, 1971, S. 63.
[62] Vgl. VRW³, S. 188−195.

Vorprodukten. Mit solchen Lagern lassen sich Lieferverzögerungen und -ausfälle am einfachsten überbrücken. Gesamtwirtschaftlich wird dadurch jedoch der Produktionsapparat ständig größer gehalten, als dies bei reibungslosem Ablauf des gesamtwirtschaftlichen Produktionsprozesses nötig wäre. Als zweites kam bis zu den Reformen ein Denkfehler der Planer hinzu: Zu erfüllendes Planziel war die Bruttoproduktion unabhängig davon, wieviel an andere Betriebe geliefert oder im Fertigwarenlager des herstellenden Betriebes festgehalten wurde. Im Gegensatz zur Marktwirtschaft, in der nur der Absatz wichtig ist, fehlte hier also ein besonderer Anreiz, die hergestellten Waren auch weiterzugeben. Das Problem nahm beispielsweise in der Sowjetunion solche Ausmaße an, daß es ein erklärtes Ziel der Reformen wurde, die Lagerhaltung zu verringern. Mittel dazu sind nunmehr die Erhebung einer Abgabe auch auf das in Lagerbeständen gebundene Realkapital sowie die generelle Änderung des Planziels „Bruttoproduktion" in „Absatz".

Grundlage für die Aufstellung des Plans sind Informationen, die das ZPB sowohl über den tatsächlichen Wirtschaftsablauf in abgelaufenen Perioden als auch über die Vorstellungen der Betriebe über den zu erstellenden Plan erhält. Die Ex-post-Informationen der Betriebe laufen über die Zwischeninstanzen des Planungsapparates und werden von der Zentralen Statistischen Verwaltung, zum Teil auch von der Staatsbank, die mit den meisten Betrieben Geschäftsbeziehungen unterhält, gesammelt und aufbereitet. Dabei entstehen die folgenden Probleme.

Alle Informationen durchlaufen einen Instanzenweg hin und zurück. Dies verhindert schnelle Reaktionen der Betriebsleitung auf unvorhergesehene Ereignisse, wenn sie ihre Kompetenz nicht überschreiten will. In der Zentralplanwirtschaft existiert hier also eine zusätzliche Reaktionsverzögerung gegenüber der Marktwirtschaft, in der jede Unternehmensleitung selbstverantwortlich handeln kann. Auch wenn es sich nicht um Reaktionen auf Ereignisse außerhalb des Plans handelt, sind die Informationen, auf Grund derer das ZPB seinen Plan aufstellt, wegen des Instanzenweges und der Bearbeitungszeit grundsätzlich älter als die Informationen, auf Grund derer ein kapitalistisches Unternehmen seinen Wirtschaftsplan aufstellen kann. Sie sind in vieler Hinsicht auch weit unvollständiger, da sie mit Hilfe standardisierter Fragebögen erhoben werden müssen, mit denen nicht alle lokalen, bereichs- und betriebsspezifischen Details abgefragt werden können, zumal die Aufwendungen für das Berichts- und Abrechnungswesen zu minimieren sind.[63] Sie können in bezug auf die Nachfrage allerdings besser sein als die Informationen des kapitalistischen Unternehmens. Hauptproblem ist jedoch, daß die Informationen, die das ZPB erreichen, prinzipiell verzerrt sind. Die statistischen Angaben, die ein Betrieb über seine wirtschaftliche Tätigkeit an die vorgesetzte Instanz gibt, bestimmen das Urteil darüber, wie weit er seine Planziele erreicht hat und damit über den Umfang der zu entrichtenden Abgaben, die Höhe der Prämien, etwaige Sanktionen und die Planziele der nächsten Periode.

---

[63] FEDORENKO, BUNITSCH, SCHATALIN [5.63], S. 66, schreiben dazu: „Gegenwärtig werden die von den Betrieben an übergeordnete Organe übergebenen Informationen zum großen Teil nicht oder sehr selten ausgewertet. Außerdem erhalten die übergeordneten Organe einen Teil wichtiger Informationen nicht, die jedoch für Entscheidungen unerläßlich wären."

Es muß unter diesen Umständen die Tendenz bestehen, grundsätzlich bessere Ergebnisse zu melden als dies ein neutraler Statistiker tun würde. Der Systemfehler liegt mithin darin, daß ein Informationsstrom zwei entgegengesetzten Interessen dienen soll: Die Betriebsleitung ist als Produzent der Statistik daran interessiert, ihre Leistung möglichst vorteilhaft darzustellen, während die Planbehörde zu einem möglichst objektiven Urteil über denselben Sachverhalt kommen will. Das Problem wird lediglich durch den Interessenkonflikt gemildert, in dem sich die Betriebsleitung ihrerseits befindet. Je bessere Ergebnisse gemeldet werden, um so eher werden die Planziele in der nächsten Periode heraufgesetzt. Generell besteht jedoch die Tendenz, zu niedrige Kapazitäten nach oben zu melden oder, anders ausgedrückt, „weiche", das heißt leicht erfüllbare, Pläne zu erhalten. Die Mitte der dreißiger Jahre in der Sowjetunion begonnene und immer wieder neu initiierte Bestarbeiterbewegung kann als Versuch der Planbehörden gesehen werden, Betriebe wenigstens partiell zur Offenlegung verschleierter Produktionsmöglichkeiten zu zwingen.

Das Informationsproblem berührt schließlich auch den optimalen Einsatz von Investitionen: Wenn Betriebe um knappe Investitionsmittel konkurrieren, muß das ZPB die Mittel auch auf der Grundlage von Informationen zuteilen, die von den Betrieben selbst stammen.

Die Situation in bezug auf das Informationsproblem ist mit der eines marktwirtschaftlichen Unternehmens in bezug auf den steuerlichen Jahresabschluß zu vergleichen: Er wird unter dem Gesichtspunkt aufgestellt, die zu zahlenden Steuern zu minimieren. Die von demselben Unternehmen zusätzlich an die statistischen Ämter zu liefernden Angaben über Produktion, Umsatz, Einsatz von Produktionsfaktoren bleiben dagegen folgenlos und werden allenfalls durch betriebsinterne Erhebungsfehler, Nachlässigkeit beim Ausfüllen der Fragebögen oder niedrige Qualifikation des Ausfüllers, jedoch nicht systematisch in einer Richtung verzerrt. Analog zur steuerlichen Betriebsprüfung im kapitalistischen System muß es daher eine allgemeine Betriebsprüfung im sozialistischen System geben, mit der nicht nur die Richtigkeit der für die Abgaben an den Staatshaushalt, sondern auch der für die Beurteilung der Planerfüllung maßgebenden Angaben laufend zu überprüfen ist.

Der effiziente Einsatz dauerhafter Produktionsmittel wurde in der Sowjetunion lange durch die Ansicht behindert, daß nur die gesellschaftlich notwendige Arbeit Werte schaffen könne und daher zum Bezug eines Einkommens berechtige. Eine Verzinsung des eingesetzten Kapitals wurde als Kennzeichen des kapitalistischen Wirtschaftssystems angesehen, das es im Sozialismus nicht geben dürfe. Welchen Sinn sollte es außerdem haben, das Volk, dem doch alle Produktionsmittel gehören, an sich selbst Zinsen zahlen zu lassen? Dabei wird übersehen, daß der Preis für jeden Produktionsfaktor unabhängig vom Wirtschaftssystem mehr als eine Funktion hat (vgl. S. 290 f.). Er bedeutet nicht nur Einkommen für den Eigentümer des Faktors — auf diese Funktion könnte im Sozialismus mit dem eben genannten Argument in der Tat verzichtet werden —, sondern er hat auch eine Allokationsfunktion. Mit dieser zeigt er an, an welcher Stelle des Produktionsprozesses der betreffende Faktor am meisten zur Erhöhung des Sozialprodukts beiträgt. Die Vernachlässigung dieser Funktion beim Produktionsfaktor Realkapital geht auf MARX zurück: Da dauerhafte Produktionsmittel „konstantes Kapital" sind, also mit ihrem Wert ungeändert in die Endprodukte eingehen (vgl. S. 98), ist es gleichgültig, an welcher Stelle des Produktionsprozesses sie eingesetzt werden, da der von ihnen verursachte Wertzuwachs überall gleich groß ist. Entsprechend wurde seit Beginn der dreißiger Jahre den Betrieben in der Sowjetunion das Anlage- und der größte Teil des Umlaufvermögens unentgeltlich zur Verfügung gestellt.[64] Dies änderte jedoch nichts daran, daß dauerhafte Produktionsmittel äußerst knapp waren, noch dazu in der Periode der forcierten Industrialisierung, und daß man immer ein Verfahren braucht, sie so auf die verschiedenen Verwendungszwecke zu verteilen, daß erstens nur die relativ effizientesten Einsatzstellen berücksichtigt werden und zweitens Anforderungen einerseits und Produktions- und Importmöglichkeiten anderseits übereinstimmen. Dies ist so offenkundig, daß auch lange vor den Reformen der sechziger Jahre bei Investitionsprojekten mit kalkulatorischen Zinsen gerechnet wurde. Allerdings geschah dies häufig versteckt und unter Verwendung anderer Bezeichnungen. Seitdem wird der Zins in seinen beiden Funktionen auch offiziell eingesetzt: Wie erwähnt, ist er als Abgabe in Höhe eines bestimmten Prozentsatzes auf den Wert des durchschnittlichen Bestandes an Realkapital an den Staatshaushalt abzuführen und erfüllt so die Einkommensverteilungsfunktion; und er geht als Aufwendung für den Einsatz des Produktionsfaktors Realkapital in die Kostenrechnung der Betriebe ein, so daß dieser Faktor gemäß seiner Knappheit eingesetzt werden kann. Die einheitliche Anwendung des Kriteriums, daß unter mehreren Investitionsprojekten dasjenige mit dem höchsten Kapitalwert am rentabelsten ist (vgl. S. 55f.), wird in den sozialistischen Ländern derzeit allerdings dadurch behindert, daß bei manchen zentral angeordneten Investitionsprojekten andere Erwägungen Vorrang haben, und daß die Kalkulationszinssätze nach Branchen differenziert sind.

Ein weiteres Effizienzkriterium einer Volkswirtschaft besteht in dem Ausmaß, in dem die Produkte in bezug auf Eigenschaften und Qualität den Wünschen der Abnehmer entsprechen. In der Praxis dominiert im System der Zentralplanung das Interesse der Betriebe an der Planerfüllung gegenüber dem Interesse der Abnehmer. Dies zeigt sich besonders kraß, wenn Produktionsziele in physischen Mengeneinheiten vorgeschrieben werden. Lautet das Produktionsziel beispielsweise ,,x Tonnen Nägel je Planperiode", so wird der Hersteller versuchen, so wenig wie möglich verschiedene Nägelsorten und vor allem nur große Nägel zu produzieren, weil er bei diesem Verfahren sein Produktionsziel am leichtesten erfüllen kann. Wiederum macht sich das Aggregationsproblem der Zentralplanung bemerkbar. Die meisten Bruttoproduktionsziele können nicht bis ins letzte Detail spezifiziert vorgegeben werden, weil eine solche Planung die Informationsmöglichkeiten des ZPB überfordern würde. Die Ziele werden daher überwiegend als in Werten oder Mengeneinheiten gemessene Güteraggregate vorgeschrieben. Das führt dazu, daß die Betriebe aus dem gegebenen Aggregat bevorzugt die Güter produzieren, mit denen der Plan am schnellsten und unter Minimierung des Einsatzes an Produktivleistungen zu erfüllen oder überzuerfüllen ist. Es führt

---

[64] Für Einzelheiten vgl. G. GROSSMAN: Scarce Capital and Soviet Doctrine. QJE, Vol. 67, 1953, S. 311 – 343, der die Geschichte des Problems bis zum Beginn der Reformdiskussion Anfang der fünfziger Jahre schildert.

ebenfalls dazu, die Qualität der Produkte zu vernachlässigen. In der Periode der umfassenden Zentralplanung in der Sowjetunion, in der viele Planziele als Bruttoproduktionswerte oder -mengen vorgeschrieben wurden, nahm das Problem derart überhand, daß für dieses Verhalten der Betriebe die Bezeichnung „Tonnenideologie" geprägt wurde. Es behinderte bei Produktionsgütern die Planerfüllung der Empfängerbetriebe und damit des Gesamtplans, und es führte zu einem im großen und ganzen wenig differenzierten und qualitativ schlechten Konsumgüterangebot. Dies ist besonders für die Sowjetunion von Anbeginn typisch, wie sich aus unzähligen Hinweisen in der sowjetischen Presse entnehmen läßt. Diese Art der Kritik gilt nicht als Systemkritik und wird daher, auch als Mittel der Information und als notwendiges Ventil, zugelassen. Das Qualitätsproblem macht sich besonders bei dauerhaften Konsumgütern bemerkbar und wird daher bei steigendem Lebensstandard mit deren relativer Zunahme noch dringender werden. Schließlich spielt es eine überragende Rolle im Außenhandel, bei dem es angesichts starker Konkurrenz auf dem Weltmarkt vor allem darauf ankommt, sich auf die Bedürfnisse der Abnehmer einzustellen. Auch aus diesem Grund hat die Sowjetunion einen ihrem Industrialisierungsgrad entsprechenden Anteil am Welthandel mit industriellen Fertigwaren bis heute nicht erreichen können. Es war eines der Reformziele in den sechziger Jahren, diesen Problemen durch Abkehr von der Vorgabe von Bruttoproduktionszielen beizukommen, die inzwischen als „berüchtigt" gekennzeichnet werden.[65]

Kern des Effizienzproblems sind jedoch die Preise. Frei bewegliche, von keinem einzelnen Anbieter oder Nachfrager beeinflußbare Preise sind ein wirksames Instrument zur Verteilung von Produktionsfaktoren auf Wirtschaftszweige gemäß den Wünschen der Nachfrager und damit letztlich der Konsumenten (vgl. S. 289–291). In der Zentralplanwirtschaft haben Preise nicht diese Funktion, schon weil die Befriedigung von Konsumentenwünschen bisher kein vorrangiges Ziel ist. Sie reflektieren daher auch nicht die von den Wirtschaftsplänen der Nachfrager mitbestimmte Knappheit. Preise werden im Prinzip auf Grund des für die Herstellung der betreffenden Güter „gesellschaftlich notwendigen Arbeitsaufwandes" festgesetzt. Dieser besteht dem Wert nach aus den gezahlten Löhnen (als Entgelt für verbrauchte „lebendige Arbeit") und den Aufwendungen für Materialverbrauch und Abschreibungen („vergegenständlichte Arbeit", vgl. S. 98f.). Die Höhe des gesamten Aufwandes war nach MARX bei den jeweilig gegebenen Produktionsbedingungen gleich dem durchschnittlich erforderlichen Aufwand, gemessen in Arbeitszeit.[66] Dies galt jedoch für das kapitalistische System, und MARX hatte hieran keinen Zweifel gelassen: „Die Konkurrenz führt das Gesetz durch, nach welchem der Wert eines Produktes durch die zu seiner Herstellung notwendige Arbeitszeit bestimmt wird."[67] Wertbestimmend ist nicht die Zeit, „in welcher eine Sache produziert wurde, sondern das Minimum von Zeit, in welchem sie produziert werden kann, und dieses Minimum wird durch die Konkurrenz festgestellt."[68] Im Sozialismus aber fehlt die kapitali-

---

[65] FEDORENKO, BUNITSCH, SCHATALIN [5.63], S. 44.
[66] MARX [2.37], 1. Bd (= MEW, Bd 23), S. 53.
[67] K. MARX: Das Elend der Philosophie. Antwort auf Proudhons „Philosophie des Elends", 1847. In: MEW, Bd 4, S. 94. Im Original ohne Hervorhebung.
[68] Ebenda, S. 95. Hervorhebung des Originals.

stische Konkurrenz, und, so muß man schließen, gibt es in ihm „folglich kein Mittel, das zur Produktion einer Ware erforderliche Arbeitsminimum zu konstatieren …"[69] Es wird zwar versucht, durch „sozialistischen Wettbewerb" und Einsatz „ökonomischer Hebel" Kosten zu senken, aber es kann bezweifelt werden, ob diese Mittel annähernd so erfolgreich sind wie die Konkurrenz unter marktwirtschaftlich-kapitalistischen Bedingungen. Die bisherigen Erfahrungen sprechen dagegen. Internationale Vergleiche haben immer wieder gezeigt, daß in den kapitalistischen Ländern die Arbeitsproduktivität in den meisten Produktionsrichtungen zum Teil erheblich höher ist. Hauptursache hierfür kann nur das Prinzip der Preisbildung auf Grund der Gesamtkosten in den sozialistischen Ländern sein, in denen der von einer Marktpreisbildung unter Konkurrenz ausgehende Druck zur Kostensenkung fehlt. Besteht zudem wie in kleineren sozialistischen Ländern eine Tendenz zur Konzentration der Herstellung von Gütern auf jeweils einen Betrieb, so kann der Aufwand nicht mehr als Durchschnitt ermittelt werden, und die Kosten des einen Herstellers bestimmen den Preis. Seit den Reformen besteht zwar das Motiv für jeden Betriebsleiter, die Spanne zwischen Erlösen und Kosten und damit seine gewinnabhängigen Prämien zu erhöhen, aber eine auskömmliche Spanne kann bei jedem Kostenniveau bestehen, wenn nur die Abgabepreise entsprechend hoch sind. Der Betriebsleiter hat daher wenig Interesse daran, Kostensteigerungen zu vermeiden, und er hat sogar ein Interesse an einer Kostensteigerung, wenn die Gewinnspanne als prozentualer Aufschlag auf die Kosten festgesetzt wird.

Die Tendenz zu Kostensteigerungen ist allerdings noch größer bei nur verwaltenden Institutionen, die keine Gewinne erwirtschaften sollen oder können, weil beispielsweise ihre Dienstleistungen keine Preise haben. Ihre Leiter haben keine meßbare Variable zu maximieren und sind geneigt, ihre Bedeutung und ihren Einfluß in Konkurrenz mit anderen solchen Leitern nach der Höhe der von ihnen zu verwaltenden Budgets oder nach der Zahl und Stellung ihrer Untergebenen zu bewerten. Für Kostensteigerungen verwaltender Institutionen gibt es daher keine Grenze, eine Erscheinung, die in allen Ländern zu beobachten und offensichtlich vom Wirtschaftssystem unabhängig ist. Allerdings zeigt sie sich in sozialistischen Ländern entsprechend der dort systembedingt erheblich umfangreicheren Verwaltungstätigkeit besonders kraß. Sie veranlaßte zu Beginn der Reformdebatte das Akademiemitglied V. M. GLUŠKOV 1962 zu der inzwischen viel zitierten Berechnung, daß bei Beibehaltung des damaligen Planungs- und Lenkungsapparates dessen Arbeit bis 1980 um das 36fache zunehmen und dann die gesamte arbeitsfähige Bevölkerung der Sowjetunion beanspruchen würde.[70]

Mangel an Konkurrenz und Streben nach Planerfüllung erschweren zusammen auch die Durchsetzung des technischen Fortschritts und hemmen damit die Steigerung der Produktivität aller Produktivleistungen. Knappheit an Arbeitskräften ist heute ein wesentliches Kennzeichen hochentwickelter Industrieländer. Stagniert deren Zahl, dann kann wirtschaftliches Wachstum nur noch durch Erhöhung der Produktion je Erwerbstätigen, also durch Steigerung der Arbeitspro-

---

[69] Ebenda.
[70] Literaturnaja gazeta vom 25. 9. 1962, S. 1, mitgeteilt in: New Directions … [5.74], S. 44; FEIWEL [5.75], S. 654.

duktivität, erzielt werden. Technischer Fortschritt und Rationalisierung spielen dabei eine beherrschende Rolle. Da die Sowjetunion und erst recht die DDR dieses Stadium seit den sechziger Jahren erreicht haben, wird seit den Reformen größter Nachdruck auf Kostensenkung, besonders durch Verringerung des Material- und Energieverbrauchs, effizienteren Einsatz von Investitionsgütern und andere Realisierungen technischer Fortschritte gelegt. Die damit verbundenen Umstellungen auf neue Verfahren stören jedoch den Betriebsablauf, führen zu zeitweiliger Untererfüllung von Plänen und damit zu Einkommenseinbußen. Hinzu kommt eine allgemeine Risiko- und Verantwortungsscheu, die in der Periode der umfassenden Zentralplanung am ausgeprägtesten war. Es wird versucht, diese Erscheinungen durch ein ausgedehntes Prämiensystem für betriebliche Verbesserungsvorschläge zu kompensieren.

Das als „Gesetz der planmäßigen Entwicklung der Volkswirtschaft" bezeichnete Ziel aufeinander abgestimmter Wachstumsraten in allen Wirtschaftsbereichen läßt sich in der Praxis der Zentralplanwirtschaft nicht ständig verwirklichen. Eine den heutigen Konjunkturschwankungen in den westlichen entwickelten Ländern vergleichbare Erscheinung ist damit auch in den sozialistischen Ländern zu beobachten. Das kann Gründe außerhalb des Systems haben, wie Mißernten in der Landwirtschaft. Systemimmanente Gründe sind Änderungen in den großen Linien der Wirtschaftspolitik, größere organisatorische Änderungen wie Umbauten des Planungs- und Lenkungsapparates und der von ihm verwendeten Verfahren, innenpolitische Unruhen, zu große Diskrepanzen zwischen Planzielen und Erfüllung und nicht zuletzt Fehler in der Planung. Ein Vergleich der Konjunkturschwankungen in den OECD-Ländern mit Schwankungen der wirtschaftlichen Aktivität in den RGW-Ländern während der elf Jahre 1950—1960 zeigte im allgemeinen größere Schwankungen in den Zentralplanwirtschaften, wobei die Sowjetunion in bezug auf ihre Industrieproduktion und ihre gesamte Produktion, nicht jedoch in bezug auf die Landwirtschaft und das Baugewerbe, die geringsten Schwankungen aufwies.[71] Damit schwankt auch das individuelle Einkommen der Werktätigen, da dieses heute zu einem nennenswerten Anteil aus Leistungsprämien besteht (vgl. die Angabe S. 358), die aus dem Betriebsgewinn gezahlt werden und mit diesem wegfallen.

Das Problem des Unterschiedes zwischen einzel- und gesamtwirtschaftlichen Kosten brauchte in einer Zentralplanwirtschaft nicht zu entstehen, wenn das Verursacherprinzip schon bei der Planung berücksichtigt würde. Es kann hier nicht eingewendet werden, in einem sozialistischen System sei dieser Unterschied belanglos, da alle Produktionskosten letztlich vom Volk getragen würden und es daher gleichgültig sei, wo sie anfielen. Für die Anwendung des Verursacherprinzips auch in diesem System spricht allein schon, daß es im allgemeinen sehr viel weniger aufwendig ist, Umweltbelastungen erst gar nicht entstehen zu lassen,

---

[71] G. J. STALLER: Fluctuations in Economic Activity: Planned und Free-Market Economies, 1950—60. AER, Vol. 54, 1964, S. 385—395. Vgl. dazu auch die Darstellung der Wachstumszyklen des Nationaleinkommens der DDR bei F. HALLER: Die wirtschaftliche Entwicklung der BRD und der DDR 1950—1970. Methode und Ergebnisse eines Vergleichs der beiden volkswirtschaftlichen Rechnungssysteme. Bremen 1974. VII, 97 S.; sowie die Beiträge zum Abschnitt „Economic Fluctuations Under Socialism" in: BRONFENBRENNER [3.12].

als sie oder ihre Folgen zu beseitigen. Die Belastung der Betriebe mit den gesamten Kosten der Produktionstätigkeit war und ist jedoch noch heute keine systematische Politik der sozialistischen Länder, wenn auch die Bedeutung des Umweltproblems zunehmend erkannt wird.[72] Einer solchen Politik stand und steht die außerordentliche Bedeutung entgegen, die dem Wachstumsziel beigemessen wird. Werden in nennenswertem Umfang vom Zentralplan her Produktionsfaktoren zur Verhinderung von Umweltverschmutzung eingesetzt, wird die Erreichung des Ziels beeinträchtigt. Erst recht kann kein Betriebsleiter Interesse daran haben, von sich aus Umweltverschmutzung zu vermeiden. Er steht unter dem Zwang zur Planerfüllung, zu dem auch Kostensenkung gehört, ist an Prämien persönlich interessiert und befindet sich daher in dieser Beziehung in keiner anderen Lage als der Unternehmensleiter im kapitalistischen System. Schließlich zeigt sich an vielen Beispielen in der Sowjetunion, daß die mit der Errichtung von Großbauwerken wie Kraftwerken, Dämmen, Fabriken verbundene Steigerung des Ansehens und Einkommens der verantwortlichen leitenden Personen, die in erster Linie weder umweltbewußt noch Ökonomen sind, ein wichtiger erklärender Faktor für die Vernachlässigung des Umweltproblems ist. Er macht sich im öffentlichen Bereich kapitalistischer Länder ebenfalls bemerkbar.

Die personelle Einkommensverteilung ist in den sozialistischen Ländern durch die Notwendigkeit gekennzeichnet, Lohnunterschiede als Mittel des Leistungsanreizes beizubehalten. Statt des von MARX in der Tat erst für die kommunistische Endstufe der Gesellschaftsentwicklung anvisierten Prinzips „Jedem nach seinen Bedürfnissen", das in einer Gesellschaft gleichberechtigter Menschen wohl gleichen Lohn für alle bedeuten muß, gilt das LENINsche Prinzip „Jedem nach seiner Leistung". Es wird seit den Reformen der sechziger Jahre stärker betont, da die Quellen des extensiven Wachstums zu versiegen beginnen und daher mehr Wert auf Steigerung von Effizienz und Produktivität gelegt werden muß. Seitdem haben auch die Bedeutung der materiellen Anreize und die Ungleichheit der Einkommensverteilung zugenommen. Die Einkommen sind differenziert nach Wirtschaftszweigen und Berufen, nach Regionen, nach Schwere und Anstrengung der Arbeit. Hinzu kommen in jeweils unterschiedlichem Maße Prämien für Erfüllung und Übererfüllung von Plänen und Normen. Man unterstellt heute in den sozialistischen Ländern, daß Leistungsprämien zwischen 25 v.H. und 50 v.H. des Grundlohns ausmachen müssen, um einen wirksamen Leistungsanreiz zu bilden.[73] Die tatsächlich gezahlten Sätze liegen jedoch, besonders beim leitenden Personal, zum Teil erheblich höher. Wie in den kapitalistischen Ländern gibt es für eine relativ kleine Zahl von Menschen Sondereinkommen aus künstlerischer und wissenschaftlicher Betätigung, politischer und wirtschaftlicher Führungstätigkeit, als Buchantiemen, Belohnung für Erfindungen und aus Lotteriegewinnen. Hinzu kommt das Einkommen aus der privaten Bewirtschaftung von Land,

---

[72] „Die DDR hat einen der angespanntesten Wasserhaushalte aller Industrieländer. Das Wasser einiger Flüsse wird bereits bis zu fünfmal genutzt. Unter diesen Bedingungen gewinnt die Reinhaltung der Gewässer immer mehr an Bedeutung." D. NOACK: Die Informationstätigkeit der SZS über sozialistische Landeskultur und Umweltschutz. Statistische Praxis, 28. Jg. 1973, S. 551.
[73] Diese und die folgenden Angaben nach J. WILCZYNSKI: Differentiation of Income under Modern Socialism. In: Jahrbuch der Wirtschaft Osteuropas, Bd 3, 1972, S. 467–486.

das vor allem außerhalb der Sowjetunion neuerdings eine erhebliche Rolle spielt, besonders in Polen. Mit wachsendem Volkseinkommen nimmt auch die private Ersparnis und damit das Vermögenseinkommen aus Sparguthaben und Staatsschuldverschreibungen zu.

3. Sozialistische Ziele und ihre Verwirklichung.

Da es ein ideal funktionierendes Wirtschaftssystem nicht geben kann, stellen Mängel in zentralgeleiteten Volkswirtschaften wie die im vorigen Abschnitt genannten keinen entscheidenden Einwand gegen dieses System dar. Auch kapitalistische Marktwirtschaften funktionieren nur mangelhaft, wie in Teil II gezeigt wurde. Jedoch bleibt die viel wichtigere Frage bestehen, ob mit der Abschaffung des marktwirtschaftlich-kapitalistischen Systems wenigstens jene grundlegenden Mängel dieses Systems verschwunden sind, denen die marxistische Kritik vor allem galt und deren Beseitigung daher das sozialistische Hauptziel sein müßte. Dazu liegt es nahe, zum Vergleich die Vorstellungen der Klassiker des Marxismus, vor allem die von Marx selbst, über das von ihnen angestrebte System heranzuziehen. Allerdings ist dieses Verfahren aus zwei Gründen nicht sehr aufschlußreich. Erstens haben Marx und seine Anhänger wenig über die zukünftige sozialistische Gesellschaft gesagt, und zweitens hat sich der Übergang vom Kapitalismus zum Sozialismus nicht so vollzogen, wie sich dies Marx vorstellte.

Marx und seine unmittelbaren Mitstreiter und Nachfolger befaßten sich fast ausschließlich mit Kritik an Wirtschaftssystem und Volkswirtschaftslehre ihrer Zeit und sahen es nicht als ihre Aufgabe an, Theorien über die Funktionsweise einer zentralgeleiteten Wirtschaft aufzustellen. Immerhin hinterließen sie Hinweise auf Ziele, die im sozialistischen System der Zukunft verwirklicht werden sollten. Eins der Hauptziele ist die Aufhebung der *Entfremdung*, unter der die Arbeiter im kapitalistischen System gemäß der Marxschen Analyse leiden. Die wesentlichen Aspekte dieser Entfremdung sind die folgenden. In einer arbeitsteiligen Wirtschaft wirkt der einzelne Arbeiter nur noch in eng begrenzter Weise am Produktionsprozeß mit und kann nicht mehr wie etwa bei handwerklicher Einzelfertigung das Gefühl haben, Hersteller individueller Güter zu sein. Das Prinzip ist in einer von Marx nicht voraussehbaren Weise bei der modernen Fließbandmontage auf die Spitze getrieben, bei der dem einzelnen Arbeiter nur noch wenige gleichbleibende Hantierungen übrigbleiben. (Das andere Extrem wäre der Künstler, der nur individuell erkennbare Produkte herstellt oder Leistungen anbietet.) Nimmt man wie Marx an, daß Hauptbedingung für ein befriedigendes Leben oder die *Selbstverwirklichung* des Menschen die Möglichkeit zu schöpferischer, selbstbestimmter Arbeit ist, so beraubt die Mitwirkung im arbeitsteiligen Produktionsprozeß den Arbeiter dieser Möglichkeit und entfremdet ihn damit seiner eigentlichen Bestimmung. Arbeit ist nicht mehr Selbstzweck, sondern wird gezwungenermaßen um eines anderen Zweckes willen geleistet, nämlich um konsumieren zu können: Der Arbeiter wird zum „Lohnsklaven". Hinzu kommt, daß im kapitalistischen System die arbeitsteilig, also sozial hergestellten Produkte in das Privateigentum des Kapitalisten übergehen, dem Arbeiter also auch unter diesem Gesichtspunkt entfremdet werden (der „Grundwiderspruch", vgl. S. 301). Das System dehumanisiert auch die menschlichen Beziehungen: Es entfremdet den Arbeiter vom Kapitalisten, da dieser Verfügungsbefugnis über die Arbeitsleistung erhält; den Arbeiter vom Arbeiter, dem er in Konkurrenz um Arbeitsplätze und Aufstiegsmöglichkeiten gegenübersteht; den Kapitalisten vom Kapitalisten, dem er als Marktkonkurrent gegenübertritt. Schließlich wirkt sich Entfremdung bei den Betroffenen in einem Gefühl der Einflußlosigkeit gegenüber sozialen Erscheinungen und ihrer Undurchschaubarkeit, der Abhängigkeit von Anweisungsbefugten, fehlender Befriedigung über geleistete Arbeit und mangelndem Interesse an intellektueller und sozialer Aktivität aus.

Es kann hier offenbleiben, ob und in welchem Ausmaß die geschilderte Situation von der Mehrheit der abhängig Beschäftigten wirklich so empfunden wird. Es muß auch für möglich gehalten werden, daß eine solche Sicht lediglich von Intellektuellen am Schreibtisch erdacht und weiter verbreitet wurde und wird, die sich in die Situation von Arbeitern nicht hineinversetzen können. In jedem Fall ist diese Sicht hervorragend geeignet, sich zum Interessenvertreter der Entfremdeten zu ernennen und das selbstverliehene Mandat zu rechtfertigen.

Entfremdung ist mit ihren Begleiterscheinungen nach marxistischer Ansicht in der nachkapitalistischen Gesellschaft aufgehoben. Diese entwickelt sich ihrerseits von einer niedrigeren Phase, dem Sozialismus, zu einer höheren, dem Kommunismus. Im Sozialismus, der den unter dem Kapitalismus entwickelten Produktionsapparat und eine ausgebildete Industriearbeiterschaft übernimmt und daher von Anfang an durch hohes Produktionsniveau und Realeinkommen gekennzeichnet ist, wird nicht mehr anarchisch unter der Herrschaft blinder Marktkräfte und unter dem Profitstreben von Kapitalisten produziert. Stattdessen bilden sich freie Zusammenschlüsse von Arbeitern, die gemeinsam Produktionsentscheidungen treffen, sich dabei aber nach einem zentralen Plan richten. Dies bedeutet die Beseitigung der Ausbeutung, die Freisetzung zusätzlicher Arbeitsenergie und Kreativität sowie allgemein eine immense Steigerung der Güterproduktion. Trotzdem bleiben Güter im Sozialismus noch knapp, so daß sie gemäß dem Prinzip „Jeder nach seinen Fähigkeiten, jedem nach seiner Leistung" verteilt werden müssen.[74] Damit bleiben auch Einkommensunterschiede noch bestehen, da sie als Leistungsanreiz und Mittel zur Lenkung von Arbeitskräften in bestimmte Produktionszweige zunächst noch notwendig sind. Es können also nicht alle Merkmale der kapitalistischen Wirtschaft mit einem Schlag abgeschafft werden. Erst mit dem Übergang zum kommunistischen Endstadium der Gesellschaft wird die Güterknappheit aufgehoben. Mit dem Sprung vom „Reich der Notwendigkeit", in dem Knappheit herrscht, in das „Reich der Freiheit", in dem es Überfluß an Gütern gibt, wird es möglich, das Verteilungsprinzip „Jeder nach seinen Fähigkeiten, jedem nach seinen Bedürfnissen" einzuführen. Damit werden der Zusammenhang zwischen dem, wie immer gemessen, Beitrag zur Produktion und der Entlohnung sowie das Prinzip des Leistungsanreizes beseitigt. Der Gegensatz zwischen geistiger und körperlicher Arbeit wird aufgehoben, Kooperation tritt an die Stelle der Konkurrenz, und die Menschen betrachten in der neuen, ihrer wahren Natur entsprechenden kommunistischen Gesellschaftsordnung Arbeit und nicht mehr Konsum als erste Quelle ihrer Bedürfnisbefriedigung. Der Staat, der in der von Klassengegensätzen geprägten kapitalistischen Gesellschaft das

---

[74] Das Prinzip wurde in Art. 12 der Verfassung der Sowjetunion übernommen. Vgl. ROGGEMANN, a. a. O., S. 5.

Instrument der ausbeutenden Klasse zur Unterdrückung der ausgebeuteten Klasse ist, stirbt zusammen mit den damit verbundenen Zwängen ab. Auch die Arbeitsteilung verschwindet, da „die Gesellschaft die allgemeine Produktion regelt und mir eben dadurch möglich macht, heute dies, morgen jenes zu tun, morgens zu jagen, nachmittags zu fischen, abends Viehzucht zu treiben, nach dem Essen zu kritisieren, wie ich gerade Lust habe, ohne je Jäger, Fischer, Hirt oder Kritiker zu werden."[75]

Die hier in groben Zügen wiedergegebenen Vorstellungen über die nachkapitalistische Gesellschaft[76] beziehen sich im wesentlichen auf die in ihr zu verwirklichenden Ziele, während Angaben über die dazu einzusetzenden Mittel mit Ausnahme der Abschaffung des Privateigentums an Produktionsmitteln und der Einführung einer zentralen Produktionsplanung ebenso wie Diskussionen möglicher Konflikte in dieser Gesellschaft so gut wie völlig fehlen. Mittel zur Erreichung von Zielen können jedoch mehr oder weniger gut geeignet wie auch ungeeignet sein, sie sind häufig von Zielen nicht zu trennen, und eine konfliktfreie Gesellschaft dürfte weder realistisch noch attraktiv sein. So sind MARX und seine Nachfolger nicht auf die Frage eingegangen, ob nicht eine „gesellschaftlich-planmäßige Regelung der Produktion nach den Bedürfnissen der Gesamtheit wie jedes einzelnen"[77] Konflikte entstehen lassen kann und wer auf welche Weise die „Bedürfnisse der Gesamtheit" feststellt (konkret: Wie die Bestimmung der Produktion durch Arbeiter-Assoziationen mit einer zentralen Produktionsplanung zu vereinbaren ist); durch welche Organe das Proletariat seine Herrschaft ausüben soll; auf welche Weise die Inhaber von Machtpositionen an deren Mißbrauch gehindert und durch welche Entwicklung sie veranlaßt werden sollen, diese allmählich aufzugeben und die Positionen selbst zu beseitigen. Wie die Arbeitsteilung abgeschafft werden soll, ist angesichts der ständig komplizierter werdenden Technik nicht zu sehen. Im übrigen muß Arbeitsteilung keineswegs so negativ beurteilt werden, wie dies MARX tat. Sie macht viele Menschen auf ihrem jeweiligen Gebiet zu Experten, stattet sie daher mit Autorität gegenüber Nichtfachleuten aus, macht sie an ihrem Arbeitsplatz schwer ersetzbar und gewährt ihnen somit ein Stück Selbstverwirklichung. Zur Vorstellung der kommunistischen Überflußgesellschaft schließlich gilt, daß dieses Ziel angesichts der wachsenden Einsicht in die Begrenztheit der Ressourcen auf der Erde wohl endgültig als nicht mehr erreichbar angesehen werden muß, selbst wenn es nur für die gegenwärtig vorhandene Zahl von Menschen angestrebt wird.[78] Um so größeres Gewicht gewinnt dagegen das Ziel, die vorhandenen Ressourcen möglichst effizient zu nutzen.

Der zweite oben genannte Grund ist, daß sich MARX' Erwartungen in einem für sein Verständnis des historischen Ablaufs zentralen Punkt nicht bewahrheitet haben. Er hielt es für sicher, daß der Übergang von einem System zum nächsten nur erfolgen könne, wenn das verschwindende System seinen höchsten Entwicklungsgrad erreicht habe, da nur dann die in ihm angelegten Widersprüche so beherrschend geworden seien, daß sie den Übergang erzwängen. In seinen Wor-

---

[75] K. MARX, F. ENGELS: Die deutsche Ideologie, 1845–46. In: MEW, Bd 3, S. 33.
[76] Sie finden sich vor allem in K. MARX: Randglossen ..., in: MEW, Bd 19; sowie F. ENGELS: Die Entwicklung des Sozialismus ..., in: MEW, Bd 19.
[77] F. ENGELS: Die Entwicklung des Sozialismus ..., in: MEW, Bd 19, S. 223.
[78] Vgl. GERSTER [5.36], S. 466f.

ten: „Eine Gesellschaftsformation geht nie unter, bevor alle Produktivkräfte entwickelt sind, für die sie weit genug ist, und neue höhere Produktionsverhältnisse
treten nie an die Stelle, bevor die materiellen Existenzbedingungen derselben im
Schoß der alten Gesellschaft selbst ausgebrütet worden sind."[79] Eine eigenständige
sozialistische Revolution unter MARXschen Bedingungen hat es bisher jedoch
in keinem hochentwickelten kapitalistischen Land gegeben. Stattdessen gelang
sie der Mehrheitsfraktion der Russischen Sozialdemokratischen Arbeiterpartei
unter LENIN 1917 in einem unentwickelten Agrarland. In diesem Land wurde
zunächst die nach marxistischer Ansicht historische Aufgabe des kapitalistischen
Systems — Aufbau eines kapitalintensiven Produktionsapparats, technische Entwicklung, Überführung eines Großteils der Bevölkerung in Städte und Bildung
einer Industriearbeiterschaft, Intensivierung der Arbeitsteilung — nachgeholt.
Man kann daher argumentieren, daß die eigentlichen Ziele des Sozialismus solange
zurückzutreten hatten, bis diese Nachholaufgabe erfüllt war. Ob dies jetzt in
der Sowjetunion, nach über einem halben Jahrhundert Sowjetmacht, der Fall
ist, muß als offen gelten. Immerhin beschloß der 21. Parteitag der Kommunistischen Partei der Sowjetunion 1959, der Sozialismus habe in der Sowjetunion
vollständig und endgültig gesiegt, und die Sowjetunion könne nunmehr zur
Errichtung der materiell-technischen Basis der kommunistischen Gesellschaft
übergehen. In dem 1961 vom 22. Parteitag verkündeten neuen Parteiprogramm
heißt es, die heutige Generation der Sowjetmenschen werde im Kommunismus
leben. In diesem werde das Prinzip „Jeder nach seinen Fähigkeiten, jedem nach
seinen Bedürfnissen" herrschen. Es werde gesellschaftliche Selbstverwaltung bestehen, und Arbeit zum Wohl der Gesellschaft werde zum ersten Lebensbedürfnis
für alle werden. Im Jahrzehnt 1961 bis 1970 werde die Sowjetunion die Vereinigten
Staaten in der Produktion je Kopf der Bevölkerung überflügeln, und als Ergebnis
des Jahrzehnts 1971 bis 1980 werde die materiell-technische Basis des Kommunismus errichtet, die der gesamten Bevölkerung einen Überfluß an materiellen und
kulturellen Gütern sichert.[80]
   Hält man demnach die Nachholaufgabe für abgeschlossen und betrachtet den
heutigen Zustand der Sowjetunion, dann ist in bezug auf die Endziele des Sozialismus[81] vor allem zweierlei zu kritisieren: Wesentliche Aspekte der Entfremdung

---

[79] K. MARX: Zur Kritik der Politischen Ökonomie, 1859. In: MEW, Bd 13, S. 9. Ähnlich
K. MARX: Das Elend der Philosophie ..., a.a.O., S. 181. Vgl. auch F. ENGELS: Grundsätze
des Kommunismus, a.a.O., S. 374.
[80] Vgl. B. MEISSNER: Das Parteiprogramm der KPdSU 1903 bis 1961. Köln 1962, S.
186, 188, 244.
[81] Angesichts der eben zitierten Äußerungen mit solcher Autorität muß angemerkt werden, daß es für die Ermittlung sozialistischer Ziele weder unfair noch sinnlos ist, die zum
Teil weit über hundert Jahre alten Texte von MARX und ENGELS heranzuziehen. Die wesentlichen Ideen dieser Autoren sind samt der Sprache, in die sie gekleidet wurden, in den
sozialistischen Ländern so lebendig wie je. Dies gilt auch für ihre Beurteilung des kapitalistischen Wirtschaftssystems. So schrieb W. ULBRICHT 1967: „Das ‚Kapital' enthält eben nicht
nur die Analyse eines spezifischen Entwicklungsstadiums des Kapitalismus, sondern die
Analyse der für den gesamten Kapitalismus gültigen grundlegenden Prozesse und Gesetze,
des Wesens des Kapitalismus. Die von Marx gegebene Analyse entspricht deshalb dem
gegenwärtigen Kapitalismus in vieler Beziehung noch mehr als dem Kapitalismus, wie er
vor 100 Jahren existierte." Zitiert nach R. SIEBER, H. RICHTER: Die Herausbildung der
marxistischen politischen Ökonomie. Berlin 1969, S. 15.

sind erhalten geblieben oder haben sich verstärkt, und die Hierarchie der zentral geplanten Wirtschaft bildet mit dem hierarchischen politisch-gesellschaftlichen Aufbau eine Einheit, die vor allem durch ihre Machtkonzentration gekennzeichnet ist.

Einer der Gründe für den erstgenannten Punkt ist offenbar, daß die Arbeitsteilung in einer entwickelten Volkswirtschaft nicht wesentlich verringert werden kann, wenn die Arbeitsproduktivität nicht erheblich zurückgehen soll. Die Arbeitsteilung nimmt auch heute noch eher zu, wenn auch in einigen Ländern wie den Vereinigten Staaten, Schweden und der Bundesrepublik erste Versuche gemacht werden, Extreme zu mildern und dem einzelnen Arbeiter wieder ein breiteres Tätigkeitsfeld zuzuweisen. Auf jeden Fall ist Arbeitsteilung vom Wirtschaftssystem unabhängig, und soweit sie Entfremdung hervorruft, muß sich diese auch in einer sozialistischen industrialisierten Wirtschaft zeigen. MARX beging hier den Fehler, eine für den Prozeß der wirtschaftlichen Entwicklung typische und damit systemunabhängige Erscheinung dem kapitalistischen System anzulasten. Ein Aspekt der Entfremdung ist beseitigt, da die fertigen Produkte in der sozialistischen Wirtschaft nicht mehr in Privateigentum übergehen, bevor sie verkauft werden. Andere Aspekte haben sich gegenüber den Verhältnissen in vielen heutigen kapitalistischen Ländern jedoch eher verstärkt. Dies betrifft die Weisungsgebundenheit des Arbeiters gegenüber Vorgesetzten, auf deren Bestellung er keinen Einfluß hat; die Abhängigkeit von einer überwältigenden, einheitlichen Hierarchie von Befehlsgebern und -übermittlern; den Zwang, technische Arbeitsnormen zu erfüllen, die den Arbeiter in vielen Fällen zum Anhängsel von Maschinen degradieren; die Konkurrenzsituation gegenüber anderen Arbeitern oder Arbeitergruppen, die durch Veranstaltungen eines sozialistischen Wettbewerbs verschärft wird; sowie die Vorherrschaft der Präferenzen der zentralen Planbehörde in bezug auf Umfang und Zusammensetzung des Konsumgütersortiments. Hieran zeigt sich besonders deutlich, daß die Abschaffung des Privateigentums an Produktionsmitteln, von dem sich MARX und viele seiner Anhänger so viel versprachen, diese Probleme nicht löst. Das Bewußtsein, daß die Produktionsmittel nunmehr „dem Volk", „der Gesellschaft" oder auch „der Arbeiterklasse" gehören, scheint sich als Motiv für systemkonformes Verhalten nur schwach auszuwirken, während der Wegfall der Leistungsanreiz-Funktion des Privateigentums an Produktionsmitteln neue Probleme schafft. Sieht man schließlich im Fehlen eines Einflusses der Arbeiter auf die Realverteilung des Sozialprodukts auf den privaten Verbrauch einerseits und sonstige Zwecke andererseits den Kern des Ausbeutungsproblems (vgl. S. 302), so haben sich im zentralgeplant-sozialistischen gegenüber dem kapitalistischen System lediglich Identität und Bezeichnung der ausbeutenden Gruppe geändert.

Der zweite Punkt der Kritik betrifft die hierarchische Ordnung der Gesellschaft, das LENINsche „Prinzip des demokratischen Zentralismus". Vergleicht man diese Tatsache mit dem Anspruch, im Sozialismus werde der einzelne Mensch von einer Vielzahl von Zwängen des kapitalistischen Systems befreit, so muß hierin die zentrale Diskrepanz zwischen Anspruch und Realität gesehen werden. In den bisher verwirklichten sozialistischen Systemen bedeutet die Einheit des hierarchischen Wirtschafts- und Gesellschaftssystems, daß es eine Kontrolle der herrschenden Gruppe weder durch Wahlen noch durch eine unabhängige Presse oder die Möglichkeit gibt, Systemkritik über Rundfunk und Fernsehen, Druckschriften, Vorträge oder auf andere Weise zu verbreiten. Es gibt keine organisierte politische Opposition, die das Führungspersonal für eine Ablösung der herrschenden Gruppe bereithalten würde. Kein Prozeß ist ersichtlich, der zum Absterben des Staates führen könnte. Entsprechend sieht sich der einzelne Bürger einer Machtkonzentration gegenüber, wie sie kein noch so großer Konzern in einem kapitalistischen System gegenüber irgendeinem Arbeitnehmer ausüben könnte. Es gibt keine Vielzahl privater Arbeitgeber mehr, zwischen denen der Arbeitnehmer ohne Zwang zur Rechtfertigung wechseln kann, wenn ihm etwa die Arbeitsbedingungen nicht mehr zusagen. Stattdessen gibt es nur den Staat als alleinigen Arbeitgeber, der von den Arbeitnehmern die Führung eines Arbeitsbuches verlangt, in das Ausbildung, Qualifikation und sämtliche beruflichen Tätigkeiten einzutragen sind. Es gibt keine unabhängigen Gewerkschaften, die über Löhne und Arbeitsbedingungen unter Streikdrohung verhandeln könnten. Der Staat ist alleiniger Zeitungs-, Zeitschriften- und Buchverleger, er betreibt sämtliche Rundfunk- und Fernsehsender, auf die er unmittelbaren Einfluß ausübt; er unterhält eine Zensurbehörde, stört den Empfang von Sendungen ausländischer Rundfunksender und erteilt sämtliche Ein- und Ausreisegenehmigungen. Der Staat ist aber auch der Sozialversicherer und (mit wenigen Ausnahmen) der alleinige Vermieter; er ist Arbeitgeber des Arztes und Inhaber aller Kreditinstitute; und er hat über spezielle Organe Zugang zu sämtlichen Akten, die über den einzelnen Bürger geführt werden. Es liegt auf der Hand, daß die bloße Existenz eines solchen Systems einen erheblich stärkeren Druck auf jeden Bürger ausübt, sich systemkonform zu verhalten, als das in Systemen ohne eine solche Machtkonzentration der Fall ist. Entsprechend gibt es kaum selbständige kritische politische Aktivität, Kritik wird nur an Details und nur an Personen in untergeordneten Positionen, nicht jedoch an zentralen Merkmalen des Systems oder Personen der Führungsspitze geduldet. Reformen werden daher lange hinausgezögert und erst dann in kleinen Schritten vorgenommen, wenn Mißstände nicht mehr zu übersehen sind.

Der Widerspruch zwischen den Endzielen des Sozialismus und ihrer Nichtverwirklichung in den bisherigen, von ihren Führungsgruppen sozialistisch genannten Systemen ist so eklatant, daß ein Definitionsproblem entsteht: Soll ein System erst dann als sozialistisch gelten, wenn die sozialistischen Endziele in ihm verwirklicht sind, oder schon dann, wenn gewisse Zwischenziele erreicht sind, insbesondere die Abschaffung des Privateigentums an Produktionsmitteln und die Zentralplanung der Güterproduktion? Da Sozialisten in dieser Frage gespalten sind[82], könnte man sie nach der von ihnen bevorzugten Definition als *Zwischenziel-Sozialisten* und als *Endziel-Sozialisten* unterscheiden. Für einen Endziel-Sozialisten ist nur wichtig, daß die ökonomische und politische Gleichheit aller Bürger erreicht wird; daß nicht mehr in einem hierarchischen System Menschen mit Hilfe von Leistungsanreizen zu Verhaltensweisen veranlaßt werden, auf Grund derer sich das Einkommen anderer erhöht; daß jedermann möglichst viele und möglichst weitgehende individuelle Freiheiten gewährt werden.

---

[82] Vgl. zur Polemik gegen diese Spaltung B. SHIROWOW: Die Legende vom „guten" und „schlechten" Sozialismus. Berlin 1973. 89 S.

Soweit die Existenz von Privateigentum an Produktionsmitteln oder die Einrichtung freier Märkte diesen Zielen dienen, erscheinen sie dem Endziel-Sozialisten ohne weiteres akzeptabel. Als typisch für diese Haltung kann die Meinung von KAUTSKY[83] gelten. Er schließt sich zunächst der Unterscheidung zwischen Demokratie und Sozialismus, den er mit der Vergesellschaftung der Produktionsmittel und der Produktion gleichsetzt, an und fährt dann fort:

„Genau genommen ist jedoch nicht der Sozialismus unser Endziel, sondern dieses besteht in der Aufhebung ‚jeder Art der Ausbeutung und Unterdrückung, richte sie sich gegen eine Klasse, eine Partei, ein Geschlecht, eine Rasse.' (Erfurter Programm.) ... Würde uns nachgewiesen, ... daß etwa die Befreiung des Proletariats und der Menschheit überhaupt auf der Grundlage des Privateigentums an Produktionsmitteln allein oder am zweckmäßigsten zu erreichen sei, wie noch Proudhon annahm, dann müßten wir den Sozialismus über Bord werfen, ohne unser Endziel im geringsten aufzugeben, ja wir müßten es tun, gerade im Interesse dieses Endzieles."[84]

Im Gegensatz dazu ist der Zwischenziel-Sozialist auf Vergesellschaftung der Produktionsmittel und Zentralplanung festgelegt, da nun einmal MARX und ENGELS dies für die Hauptkennzeichen des Sozialismus hielten. Außerdem entsteht dabei eine Anzahl von Machtpositionen, deren Einnahme ihm individuell erstrebenswert erscheinen kann.

Es ist zu fragen, ob die geschilderte Entwicklung allein aus den speziellen historischen Umständen der Errichtung eines sozialistischen Systems in einem unentwickelten Land ohne bürgerlich-demokratische Traditionen wie Rußland nach dem ersten Weltkrieg zu erklären ist, oder ob und inwieweit sie zentralgeleitet-sozialistischen Systemen immanent und daher auch zu erwarten ist, wenn dieses System in einem jetzt kapitalistischen Land eingeführt wird. Angesichts politischer Kräfte in den meisten kapitalistischen Ländern, die für die Einführung sozialistischer Systeme arbeiten, ist dies eine höchst wichtige Frage.

In bezug auf die Sowjetunion ist zunächst hervorzuheben, daß die in den zwanziger Jahren beschlossene Industrialisierung des Landes zum vorrangigen wirtschaftspolitischen Ziel erwählt wurde. Die führende Gruppe war entschlossen, dieses Ziel möglichst schnell zu verwirklichen und sah sich nicht in der Lage, die dazu erforderlichen Maßnahmen, in erster Linie die Machtkonzentration, den massiven Konsumverzicht, die Kollektivierung der Landwirtschaft und die Umsetzung eines großen Teils der Landbevölkerung in die Städte, öffentlich diskutieren zu lassen. Eine solche Diskussion hätte der Bevölkerung wahrscheinlich die immensen Opfer einer schnellen Industrialisierung nachdrücklich bewußt gemacht und zu Widerständen geführt. Aber auch beim jetzigen Stand der Industrialisierung sind nur wenige Anzeichen für eine Liberalisierung zu erkennen. Das Zögern, dem einzelnen Bürger mehr Freiheiten zuzugestehen, mag im wesentlichen zwei Gründe haben. Erstens würde die Macht der herrschenden Gruppe geschwächt und es könnten sich Entwicklungen anbahnen, die nicht mehr von oben zu kontrollieren sind. Zweitens ist das Werturteilsystem ungebrochen,

---

[83] KARL KAUTSKY (1854–1938), Redakteur und sozialistischer Theoretiker und Historiker.
[84] K. KAUTSKY: Die Diktatur des Proletariats. Wien 1919, S. 4. Das im Zitat genannte Erfurter Programm ist das der Sozialdemokratischen Arbeiterpartei von 1891; J.P. PROUDHON (1809–1865) war französischer Sozialist.

das als Grundlage und Rechtfertigung der Wirtschafts- und Gesellschaftsordnung dient. Seine wesentlichen Züge sind:
- Die Bevölkerung gliedert sich hauptsächlich in die Klassen der Arbeiter, der Genossenschaftsbauern und der Intelligenz. Es gibt jedoch keinen Klassenkampf, da keine Klasse eine andere ausbeutet, die Klassen sind einander freundschaftlich verbunden;
- Führende Klasse ist die Arbeiterklasse, deren organisierte Avantgarde die Kommunistische Partei ist. Diese kennt die Entwicklungsgesetze der Gesellschaft[85];
- Die Führungsgruppe der Kommunistischen Partei verwirklicht in allen ihren Entscheidungen die Interessen des Volkes;
- Die sozialistische Demokratie wird zunehmend durch die Übereinstimmung der individuellen mit den gesellschaftlichen Interessen gekennzeichnet.

Dieses Werturteilssystem wirkt sich in nicht zu übertreffender Weise machterhaltend für die Führungsspitze aus. Dem Argument, sie handle stets im Interesse „des Volkes", kann schlechterdings nichts entgegengesetzt werden, wenn die Vorstellung einer in Gruppen mit unterschiedlichen Interessen gegliederten Gesellschaft als nur für den Kapitalismus zutreffend abgelehnt wird. Die Idee, staatsbürgerliche und politische Rechte als Abwehrrechte gegen den Staat, das heißt gegen Inhaber von Machtpositionen zwecks Beschränkung von deren Macht zu verleihen, ist mit dieser Konzeption des Sozialismus nicht vereinbar. Die Forderung von ENGELS: „... die erste Bedingung aller Freiheit: daß alle Beamte für alle ihre Amtshandlungen jedem Bürger gegenüber vor den gewöhnlichen Gerichten und nach gemeinem Recht verantwortlich sind"[86], kann in diesem System keinen Platz haben, weshalb es konsequenterweise keine Verwaltungs- und Verfassungsgerichtsbarkeit gibt. „Sozialistische Demokratie hat nichts gemein mit bürgerlicher ‚Gewaltenteilung' oder mit ‚Teilung und Kontrolle der Macht'."[87] Schon von der Konzeption her ist daher in einem solchen System auch kein Platz für Opposition und Systemkritik. Wer gegen Anordnungen der Führungsspitze opponiert, ist ein „Volksfeind"; wer Systemkritik übt, will die Errungenschaften der Revolution rückgängig machen und ist ein „Konterrevolutionär" – der schwerste Vorwurf, der neben Sabotage seit Bestehen des Sowjetstaates gegen eine Person erhoben werden kann. Es ist lediglich auf die praktischen Schwierigkeiten einer lückenlosen Überwachung aller politischen Aktivitäten, das wachsende Selbstbewußtsein einer unentbehrlichen breiten mittleren Führungsschicht und auf das Vorpreschen von Einzelgängern zurückzuführen, daß seit Beginn der sechziger Jahre selbst in der Sowjetunion erste Zweifel an diesem System von Rechtfertigungsbehauptungen geäußert werden können.

Es mag sein, daß MARX und manche seiner Nachfolger die Idee von der Herrschaft des Proletariats nicht so interpretiert haben, wie sie heute in den sozialisti-

---

[85] „Die Arbeiterklasse zeichnet sich von allen anderen Klassen weiter dadurch aus, daß sie als einzigste Klasse über eine in sich geschlossene, wissenschaftliche Lehre verfügt, die sie in die Lage versetzt, sowohl die Gesetzmäßigkeiten der gesellschaftlichen Entwicklung konsequent aufzudecken als auch prognostisch vorauszusehen." R. SIEBER, H. RICHTER, a.a.O., S. 23.
[86] F. ENGELS: Brief an Bebel, 1875. In: MEW, Bd 19, S. 6.
[87] W. ULBRICHT in: Neues Deutschland, 23. Jg. Nr. 287 vom 16.10.1968, S. 4.

schen Ländern verwirklicht ist. Ihr Fehler — immer gemessen an den Zielen des Sozialismus — war dann, daß sie in bezug auf die neue zu errichtende Ordnung nicht politisch, das heißt nicht unter der Frage der Machtpositionen und der Machtverteilung, dachten. Dies gilt auch heute für viele Anhänger des Sozialismus in kapitalistischen Ländern, die sich keine Gedanken darüber machen, durch welche Institutionen und Gegenkräfte die Macht der neuen Herrscher beschränkt werden soll. Anderseits können alle Einwände gegen die heute verwirklichten sozialistischen Systeme mit dem unwiderlegbaren Argument beantwortet werden, daß die Errichtung des angestrebten Systems eben noch mehr Zeit erfordert. Da angesichts des abzusehenden Scheiterns der Zeitangaben des Parteiprogramms von 1961 (vgl. S. 362) niemand bereit sein wird, erneut auch nur ungefähre Zeitangaben zu machen, impliziert das Argument die Bereitschaft, auf unabsehbare Zeit mit Mängeln zu leben, die es in diesem Ausmaß in anderen Systemen nicht gibt.

4. Andere sozialistische Systeme. Wer als Endziel-Sozialist von der sowjetischen Entwicklung enttäuscht ist, muß das Zurückbleiben der Realität hinter seinen Zielen auf Fehlentwicklungen zurückführen. Hierfür kommen in Betracht:
— Sozialistische Prinzipien wurden nicht konsequent angewandt;
— Sozialistische Prinzipien erwiesen sich als Fehlschlag.
Prominenter Vertreter der erstgenannten Ansicht ist heute MANDEL.[88] Er diagnostiziert als Hauptwiderspruch des Sowjetsystems den Widerspruch zwischen der nichtkapitalistischen Produktionsweise und den bürgerlichen (also nichtsozialistischen) Verteilungsnormen.[89] Diese bestehen darin, daß Arbeitseinkommen, auch wegen der Privilegien von „Bürokraten", ungleich verteilt sind, was wie im kapitalistischen System als Leistungsanreiz dienen soll. Weitere Widersprüche bestehen in der nichtproportionalen Entwicklung von Industrie und Landwirtschaft, in dem hohen Entwicklungsstand der Produktivkräfte und der niedrigen Konsumgüterversorgung sowie in den „bürokratischen" Lenkungsmethoden. MANDELs Vorstellungen laufen dagegen auf eine konsequente Verwirklichung der von MARX und ENGELS entwickelten sozialistischen Prinzipien hinaus.[90] Auch bei ihm ist der Sozialismus eine Gesellschaft im Überfluß, der zum Teil dadurch zustandekommt, daß Menschen freiwillig auf Mehrkonsum verzichten, so in bezug auf Nahrungsmittel aus Gesundheitsgründen. Grundlage des Überflusses ist in den industrialisierten Ländern die ständige Vollausnutzung der Produktivkräfte, die Abschaffung von Luxusausgaben und die Freisetzung der schöpferischen Energie der Arbeiter. Im Endzustand sind Geld, jegliche Routinearbeit und Arbeitsteilung abgeschafft, eine Zwanzig- oder Vierundzwanzigstundenwoche läßt jedermann Zeit, aktiv an der Verwaltung von Gesellschaft und Wirtschaft teilzunehmen, und Solidarität und Nächstenliebe sind die Haupttriebfedern menschlichen Handelns. Dies bedingt wohl einen Neuen Menschen und bedeutet damit eine Abkehr von den Ideen der Schöpfer des Sozialismus, nach denen allein das Wirtschafts- und Gesellschaftssystem geändert werden muß, um den Menschen sich gemäß seiner wahren Natur entfalten zu lassen.

---

[88] ERNEST MANDEL, geboren 1923, Universitätsdozent in Belgien.
[89] Vgl. MANDEL [5.80], Kapitel XV. Dort auch eine Fülle von Beispielen systembedingter Funktionsstörungen der sowjetischen Volkswirtschaft.
[90] Ebenda, Kapitel XVI und vor allem XVII.

Die zweite oben genannte Deutung basiert ebenfalls auf der Beobachtung der Mängel des sowjetischen Systems. Sie regte schon während der zwanziger und dreißiger Jahre viele Sozialisten zu dem Versuch an, andere sozialistische Systeme zu konstruieren. Das bekannteste dabei entwickelte Modell ist das des *Marktsozialismus* (auch *Konkurrenz-* oder *dezentralisierter Sozialismus* genannt). Es wurde vor allem von LANGE[91] in den dreißiger Jahren ausgearbeitet und wird heute vor allem von ŠIK[92] vertreten. Seine Hauptzüge sind:

— Das Privateigentum an Produktionsmitteln ist abgeschafft, Gewinne und Besitzeinkommen fließen daher nicht auf Grund individueller Besitztitel Einzelpersonen zu. Insofern ist das System sozialistisch. Die Produktionsmittel müssen jedoch nicht oder nicht alle verstaatlicht sein, sie können Personengruppen wie Genossenschaften und Gewerkschaften, aber auch der Gesamtheit der Mitarbeiter einzelner Unternehmen gehören. Es besteht freie Arbeitsplatzwahl. Die personelle Einkommensverteilung ist, da es nur Arbeits- und Transfereinkommen gibt, wesentlich gleichmäßiger als im Kapitalismus.

— Produktions- und Investitionsentscheidungen werden selbständig von den Unternehmen, Konsumentscheidungen von den privaten Haushalten getroffen. Die Koordination geschieht über Märkte, auf denen sich die Preise frei bilden. Hierin liegt der Hauptunterschied zur Zentralplanwirtschaft. Gemäß einem anderen Konzept werden Verkaufspreise vorgeschrieben und die Betriebe verpflichtet, ihre Produktion soweit auszudehnen, bis die Grenzkosten den Preisen gleich sind.

— Die mittel- und längerfristige Entwicklung der Volkswirtschaft wird in einem Gesamtplan vorgezeichnet, der jedoch keine vollzugsverbindlichen Einzelanweisungen an Unternehmen enthält. Er gibt Informationen über die beabsichtigte Entwicklung, die mit Hilfe global wirkender Maßnahmen wie der Zins-, Steuer- und Außenhandelspolitik so gelenkt wird, daß die Befolgung der Maßnahmen den Unternehmen und Haushalten individuell vorteilhaft erscheint. Insbesondere sollen damit die als notwendig angesehene Investitionsquote sichergestellt und der technische Fortschritt gefördert werden. Außerdem soll so die Übereinstimmung der Einzelinteressen mit einem von den Gesamtplanern zu vertretenden „Gesamtinteresse" erreicht werden.

Einige Züge dieses Systems sind bisher in Jugoslawien, vorübergehend auch in der Tschechoslowakei verwirklicht worden. Im folgenden werden einige Probleme kurz erörtert, die sich vermutlich in einem solchen System ergeben oder sich in der Praxis gezeigt haben.

Die Abschaffung des Privateigentums an Produktionsmitteln bedeutet, daß die Unternehmensleitungen nicht mehr von Kapitaleignern bestellt und kontrolliert werden, soweit die Kapitaleigner diese Funktion nicht selbst wahrnehmen. Damit besteht in diesem System die Möglichkeit, alle Produktions-, Investitions- und sonstigen unternehmerischen und betrieblichen Entscheidungen durch die Gesamtheit der Mitarbeiter des Unternehmens treffen zu lassen, also die „freie Assoziation der Produzenten" zu verwirklichen. In der Praxis hat sich allerdings

---

[91] OSKAR LANGE (1904—1965), polnischer Nationalökonom.

[92] OTA ŠIK, geboren 1919, stellvertretender tschechoslowakischer Ministerpräsident bis 1968, jetzt Universitätsprofessor in der Schweiz.

gezeigt, daß die Arbeitsteilung zwischen führender und ausführender Tätigkeit auch unter diesen Umständen Hierarchien im Unternehmen schafft (vgl. S. 326). Vertretern des Modells bleibt damit nur die Hoffnung, daß schon die Möglichkeit gelegentlicher Mitentscheidung über wichtige Fragen der Unternehmenspolitik die Entfremdung mildert.

Wenn die Mitarbeiter eines Unternehmens über Fragen wie Lohnhöhe, Gewinnverwendung und Investitionspolitik entscheiden und damit ihre Interessen durchsetzen können, zeigen sich einige charakteristische Unterschiede sowohl zum marktwirtschaftlich-kapitalistischen als auch zum zentralgeleitet-sozialistischen System. Im kapitalistischen Unternehmen wird nach dem Gesichtspunkt der Rentabilität über Investitionen beschlossen, die in der Regel zum Teil durch einbehaltene Gewinne finanziert werden. Entscheiden alle Mitarbeiter über die Gewinnverwendung, so können sich ihr kurzfristiges Interesse an einer Einkommenserhöhung durch Ausschüttung des Gewinns und die Scheu vor dem Risiko der Investition durchsetzen. Besonders bei langfristigen Investitionen könnte der einzelne Arbeiter nicht mehr sicher sein, noch im gleichen Unternehmen zu arbeiten und so die Früchte seines Einkommensverzichts zugunsten der Investition in Gestalt höherer Gewinnausschüttungen zu ernten. In der Ausdrucksweise der Investitionsrechnung bedeutet dies, daß der Arbeiter einen höheren Kalkulationszinssatz als der Unternehmer im kapitalistischen System anwendet und daher unter sonst gleichen Umständen weniger Investitionen als rentabel betrachtet. Die mit der geringeren oder fehlenden Investition längerfristig einhergehende Angebotsbeschränkung kann zusätzlich attraktiv werden, wenn das Unternehmen alleiniger Anbieter seiner Produkte ist und daher seine Preise heraufsetzen kann, oder wenn entsprechende Absprachen mit anderen Anbietern möglich sind. Hinzu kommt das Interesse der jeweils vorhandenen Mitarbeiter, den Gewinn nicht mit neuen Mitarbeitern zu teilen, die bei einer Ausdehnung der Produktion eingestellt werden müßten. Dies kann zu erheblichen Lohnunterschieden zwischen Betrieben prosperierender und stagnierender Wirtschaftszweige führen, wobei die Möglichkeit der laufenden Gewinnausschüttung die Mitarbeiter von Unternehmen mit kapitalintensiven Produktionsverfahren zusätzlich begünstigt. Es muß also damit gerechnet werden, daß sich die kapitalistische Monopolisierungstendenz auch im Marktsozialismus zeigt, und daß es darüber hinaus noch eine Tendenz zur Unterinvestition gibt. In Jugoslawien wurde versucht, der letztgenannten Tendenz durch Herabsetzung der Zinsen für die von staatlichen Banken gewährten Kredite zu begegnen.

Ein Ausweg aus diesem Problem bestünde darin, den Arbeitern verzinsliche Eigentumstitel an den durch ihren Einkommensverzicht ermöglichten Investitionen zu übertragen. Ihr Interesse an Investitionen würde steigen, ihr Kalkulationszinssatz sinken, und ihr Anspruch auf Zinserträge aus den Investitionen, die sie durch Einkommensverzicht mitfinanziert haben, bliebe auch beim Ausscheiden aus der Unternehmung oder dem Arbeitsleben erhalten. Ferner bestünde Interesse an der Ausdehnung der Produktion und der Einstellung neuer Arbeiter, da diese die zusätzlichen Erträge mit erwirtschaften helfen, ohne daran beteiligt zu sein. Auch das Risiko der Entwertung des Produktivvermögens bei Konkurs wäre individualisiert und damit das Interesse an der Leistungsfähigkeit des Unternehmens bei allen Mitarbeitern erhöht. Dies steht im Gegensatz zur Konstruktion der Produktionsmittel als gesellschaftseigen – jedenfalls scheint der Gedanke einer gesamtschuldnerischen Entschädigungspflicht der Mitarbeiter eines volkseigenen Betriebes gegenüber dem Volk, wenn dieser nachhaltig Verluste macht, bisher nicht erwogen worden zu sein. Mit dieser Variante des Systems wäre allerdings die Grenze zum Kapitalismus überschritten, da sie sich lediglich durch eine sehr breite Streuung des Privateigentums an Produktionsmitteln von den Verhältnissen in den heutigen westlichen Ländern unterscheiden würde.

Die gesamtwirtschaftlichen Lenkungsprobleme einer sozialistischen Marktwirtschaft ähneln denen der kapitalistischen. Da es keine Ex-ante-Abstimmung zwischen Investition und Ersparnis gibt, kann es zu Konjunkturschwankungen kommen, denen mit Hilfe einer Globalsteuerung entgegenzuwirken wäre. Weder Inflation noch Arbeitslosigkeit kann ausgeschlossen werden, wie sich am Beispiel Jugoslawiens gezeigt hat. Insgesamt steht der Nachweis also noch aus, daß es im Marktsozialismus gelingen könnte, die Vorteile von Marktwirtschaft und Sozialismus zu vereinen und/oder die Nachteile beider Systeme zu vermeiden.

Fragen, Diskussionsthemen und Übungsaufgaben zum fünften Kapitel

(01) Sammeln Sie aus der Tagespresse und anderen laufenden Quellen Belege dafür, daß „Ideologie" und „ideologisch" fast immer herabsetzend gebraucht werden.

(02) Vorstellungen von einer Gesellschaft, die durch solidarisches Verhalten statt von Konkurrenzdruck geprägt und daher konfliktarm ist, werden oft als eskapistisch und unpolitisch zurückgewiesen. Diskutieren Sie diesen Standpunkt.

(03) Zeigen sie, daß unter den Annahmen des klassischen marktwirtschaftlichen Modells jeder Produktionsfaktor eine Entlohnung in Höhe seines Beitrags zum Produktionsergebnis enthält. (Hinweis: Gehen Sie von einer Situation aus, bei der dies an einer Stelle nicht der Fall ist.) Müßte die daraus resultierende Einkommensverteilung nicht „gerecht" sein?

(04) Diskutieren Sie die Funktionen eines Systems von Wettbewerbspreisen unter dem Informations- und Lenkungsaspekt und stellen Sie fest, inwiefern diese Funktionen beeinträchtigt werden, wenn Anbieter Preise autonom festsetzen können.

(05) Begründen Sie, warum das Prinzip der Einzelplanung relativ schwer zu verstehen ist, aber in der Praxis recht gut funktioniert, während für das Prinzip der Zentralplanung eher das Umgekehrte gilt.

(06) Die Angaben des Kontos 5.1 (S. 298) entsprechen den durchschnittlichen Verhältnissen in der Bundesrepublik 1972. Das Bruttosozialprodukt zu Marktpreisen betrug 830 Mrd. DM, und es waren im Jahresdurchschnitt 22,277 Mill. Personen abhängig beschäftigt. Wenn man von 220 Arbeitstagen je Jahr ausgeht: Wie lange mußte ein unselbständig Beschäftigter arbeiten um 1 000 DM Bruttosozialprodukt zu erzeugen

(07) Nach MARX sind (gemäß der Darstellung in SILLS [I.42], Bd 12, S. 548) die Kapitalisten als Eigentümer der Produktionsmittel in einer so überlegenen Position, daß sie die Löhne am Existenzminimum halten können. Ist das richtig, auch im Lichte von Anm. 48 S. 101?

(08) Das Problem des Privateigentums an Produktionsmitteln läßt sich an einem konkreten Beispiel vielleicht so formulieren: Warum sollen die Wohnhäuser in einem Land im Eigentum einer Bevölkerungsgruppe stehen, während der Rest der Bevölkerung Miete an die Eigentümer zahlt? Stellen Sie Argumente hierzu unter folgenden Fragestellungen zusammen:
(a) Welches sind die Vor- und Nachteile der geschilderten Situation?
(b) Welches sind die Alternativen zu der geschilderten Situation mit ihren Vor- und Nachteilen?

(09) „Das Aufkommen aus der Steuer vom Arbeitseinkommen wird (in der DDR) im Interesse der Werktätigen verwendet. In kapitalistischen Staaten hingegen ist die

Besteuerung des Arbeitseinkommens eine Form der zusätzlichen Ausbeutung der Werktätigen" (Ök. Lexikon [5.66], Bd L−Z, S. 756.) Nehmen Sie hierzu Stellung.

(10) Für die Anwendung des Verursacherprinzips bei Umweltbelastung spricht allein schon, daß die gesamten (sozialen) Kosten vieler Produktionstätigkeiten durch seine Anwendung gesenkt werden können. Warum?

(11) Wer Mannheim auf der Bundesstraße 36 in Richtung Schwetzingen verläßt, fährt (Ende 1973) auf einer Strecke von 3,3 Kilometern an 14 Tankstellen vorbei. Solche Häufungen sind für die Ausfallstraßen vieler Städte typisch. Kann man sagen, daß der Wettbewerb in diesem Fall Überkapazitäten schafft, also fehlerhaft funktioniert?

(12) B. MOLITOR sagt (in „Wirtschaftswoche" Nr. 41/1973, S. 63) sinngemäß, eine auf alle Sektoren ausgeweitete qualifizierte Mitbestimmung durch Arbeitnehmer im Aufsichtsrat könne der staatlichen Wettbewerbspolitik bei der vorbeugenden Fusionskontrolle „als eine Art Vorposten dienen". Wie schätzen Sie die Interessenlage solcher Arbeitnehmervertreter in bezug auf die Unternehmenskonzentration ein?

(13) Läßt sich das Verfahren, bei wissenschaftlichen Analysen Schlußfolgerungen allein durch die Wortwahl nahezulegen (vgl. S. 15), als Gebrauch von Macht deuten (vgl. S. 324)? Auf Grund welchen Werturteils ist ein solches Verfahren als Machtmißbrauch zu kennzeichnen?

(14) Eine bekannte Karikatur zeigte Arbeiter beim Betreten eines Werkes, an dessen Eingang ein Schild mit der Aufschrift „Achtung! Sie verlassen den demokratischen Sektor der Bundesrepublik" stand. Diskutieren Sie das damit aufgeworfene Problem.

(15) Nennen Sie Beispiele dafür, daß Bedingungen, unter denen ökonomische Transaktionen stattfinden, zugunsten eines Transaktionspartners gestaltet sind.

(16) Welche Produktionsrichtungen, die heute in der Bundesrepublik von öffentlichen Haushalten oder Unternehmen wahrgenommen werden, würden Sie aus welchen Gründen lieber in privater Hand sehen, und umgekehrt?

(17) Angesichts der Preissteigerungen für Rohöl 1973/74 entsteht sicher die Notwendigkeit, verstärkt nach weiteren Lagerstätten zu suchen und sie in Betrieb zu nehmen. Diskutieren Sie Vor- und Nachteile der Aufbringung der dafür erforderlichen erheblichen Mittel
(a) über steigende Gewinne der Mineralölgesellschaften;
(b) nach einer Verstaatlichung dieser Gesellschaften.

(18) Stellen Sie eine Reihe von Hypothesen über die Folgen einer staatlich verordneten Investitionsbeschränkung in einem Wirtschaftszweig auf. Berücksichtigen Sie dabei auch außenwirtschaftliche Folgen.

(19) Sorgt der Wettbewerb bei schädlichen Konsumgütern nicht dafür, daß diese vom Markt verschwinden? Welches Argument spricht dagegen, die Eliminierung schädlicher Konsumgüter nicht dem Wettbewerb zu überlassen, und welches ist das Paradebeispiel hierzu auf dem Arzneimittelmarkt?

(20) Diskutieren Sie, inwiefern Individualisierung des Konsums (über Produktdifferenzierung und neue Güter, besonders sinnfällig in bezug auf Kleidung, Wohnungseinrichtung) unter dem heutigen „westlichen" Werturteilssystem vielleicht ein Stück Selbstverwirklichung ermöglicht. Wie weit geht Ihr eigener Paternalismus in bezug auf überflüssige Konsumgüter?

(21) Manche Vertreter von Produzenteninteressen neigen dazu, vermehrte staatliche Vorkehrungen zum Konsumentenschutz als „Schritt in den Sozialismus" zu bezeichnen. Wie könnte ein Gegenargument lauten?

(22) Was könnte man als „objektive Widersprüche" eines marktwirtschaftlich-kapitalistischen Systems bezeichnen, und in welchem Sinne sind sie „objektiv"?

(23) Mit dem Privateigentum an Produktionsmitteln fallen in einem sozialistischen System auch dessen Funktionen weg (vgl. S. 301, 363). Welche Probleme ergeben sich hieraus?

(24) Welche Berechnungen und Überlegungen müßte ein Zentralplaner bei der Entscheidung darüber anstellen, ob ein bestimmtes Gut x exportiert werden soll, um mit dem Erlös ein Gut y zu importieren und seine Fertigung im Inland einzustellen?

(25) Wenn für das Recht, eine Rohstofflagerstätte auszubeuten, im sozialistischen System keine Abgabe erhoben wird: Wird dann die Ausbeutung weniger weit getrieben als im kapitalistischen System, in dem solche Abgaben zu entrichten sind? Vgl. dazu GOLDMAN [5.79], S. 46−52.

Literatur zum fünften Kapitel

Allgemeines und Teil I:

Die nachstehend genannten Monographien behandeln den Vergleich von Wirtschaftssystemen zusammenfassend und führen auch in methodische Probleme ein:

[5.01] W. N. LOUCKS, W. G. WHITNEY: Comparative Economic Systems. 1938, 8. Aufl. New York u.a. 1969. XIII, 582 S. (9. Aufl. für 1974 angekündigt.)
[5.02] G. GROSSMAN: Economic Systems. Englewood Cliffs 1967. VIII, 120 S.
[5.03] K. P. HENSEL: Grundformen der Wirtschaftsordnung. Marktwirtschaft − Zentralverwaltungswirtschaft. München 1972. 190 S.
[5.04] J. E. ELLIOTT: Comparative Economic Systems. Englewood Cliffs 1973. XV, 540 S.

Ebenfalls breit gestreut ist die Auswahl der Aufsätze in den Sammlungen

[5.05] M. BORNSTEIN (Hg): Comparative Economic Systems. Models and Cases. 1965, 2. Aufl. Homewood 1969. X, 452 S. (3. Aufl. für 1974 angekündigt.)
[5.06] J. S. PRYBYLA (Hg.): Comparative Economic Systems. New York 1969. XX, 551 S.

Immer noch lesenswert und fast schon ein „Klassiker" des Systemvergleichs ist

[5.07] J. A. SCHUMPETER: Capitalism, Socialism, and Democracy. New York u.a. 1942. XIV, 411 S.
Deutsch: Kapitalismus, Sozialismus und Demokratie. 1946, 3. Aufl. München 1972. 498 S.

Für 1974 angekündigt ist

[5.08] G. HEDTKAMP: Wirtschaftssysteme. Theorie und Vergleich.

Versuche, von dem früher üblicheren Studium von „-ismen" zu einem strenger methodischen Vorgehen zu gelangen, bieten die Sammlungen

[5.09] E. BOETTCHER (Hg.): Beiträge zum Vergleich der Wirtschaftssysteme. Berlin 1970. 320 S.
[5.10] A. ECKSTEIN (Hg): Comparison of Economic Systems. Theoretical and Methodological Approaches. Berkeley u.a. 1971. 366 S.

Ein Nachschlagewerk, in dem in alphabetisch geordneten und mit Literaturangaben versehenen Artikeln jeweils die Verhältnisse im marktwirtschaftlich-kapitalistischen System denen im zentralgeleitet-sozialistischen gegenübergestellt werden, ist

[5.11] C. D. KERNIG (Hg.): Sowjetsystem und demokratische Gesellschaft. Eine vergleichende Enzyklopädie. 6 Bde. Freiburg u.a. 1966–1972.

Zu den weltanschaulichen Grundlagen von Wirtschaftssystemen vgl.

[5.12] H. G. SCHACHTSCHABEL: Wirtschaftspolitische Konzeptionen. Stuttgart u.a. 1967. 208 S.

Einige Grundprobleme der Organisation von Wirtschafts- und Gesellschaftssystemen behandeln

[5.13] R. A. DAHL, Ch. E. LINDBLOM: Politics, Economics and Welfare. New York 1953. XXVI, 557 S.
[5.14] P. BERNHOLZ: Grundlagen der Politischen Ökonomie. Erster Band. Tübingen 1972. XI, 260 S.

Erster Einstieg: HENSEL [5.03] oder GROSSMAN [5.02]. Elementar, aber umfassend ist ELLIOTT [5.04].

Zu Teil II:

Literatur zum Modell der Marktwirtschaft siehe S. 117. Einige Ideen der Klassiker wurden von

[5.15] J. A. SCHUMPETER: Theorie der wirtschaftlichen Entwicklung. Eine Untersuchung über Unternehmergewinn, Kapital, Kredit, Zins und den Konjunkturzyklus. 1911, 5. Aufl. Berlin 1952. XXVI, 369 S.

weiterentwickelt, der vor allem die Rolle des Unternehmers betonte. Die Sammlungen BORNSTEIN [5.05] und vor allem PRYBYLA [5.06] enthalten als Fallstudien Beschreibungen der Wirtschaftssysteme einiger heutiger westlicher Industrieländer, PRYBYLA [5.06] nennt dazu auch Literatur. Eine etwas ältere Sammlung solcher Beschreibungen von insgesamt 15 Ländern ist

[5.16] R. FREI (Hg.): Wirtschaftssysteme des Westens. Vol. I: Belgique, Denmark, Great Britain, Japan, Niederlande, Österreich, Spanien, Sweden. Basel u.a. 1957. 247 S. – Vol. II: Canada, Deutschland (BR), Finland, Italy, Norway, Portugal, Schweiz. Basel u.a. 1959. IX, 221 S.

Speziell mit der Bundesrepublik befassen sich

[5.17] H. LAMPERT: Die Wirtschafts- und Sozialordnung der Bundesrepublik Deutschland. 1965, 4. Aufl. München u.a. 1973. 266 S.

sowie die Sammlung mit 26 Beiträgen

[5.18] D. CASSEL, G. GUTMANN, H. J. THIEME (Hg.): 25 Jahre Marktwirtschaft in der Bundesrepublik Deutschland. Konzeption und Wirklichkeit. Stuttgart 1972. VIII, 417 S.

Die Kritik am marktwirtschaftlich-kapitalistischen System beginnt mit den Schriften der Frühsozialisten Ende des 18. bis zur Mitte des 19. Jahrhunderts, unter denen der Engländer ROBERT OWEN und die Franzosen C.-H. de SAINT SIMON und CHARLES FOURIER die bekanntesten sind. (MARX und ENGELS nannten sie „utopische" Sozialisten, um ihr eigenes Lehrgebäude, das sie als „wissenschaftlichen Sozialismus" bezeichneten, von ihren Ideen abzugrenzen.) Vgl.

[5.19] Th. RAMM (Hg.): Der Frühsozialismus. Quellentexte. 1956, 2. Aufl. Stuttgart 1968. XXXII, 480 S.

Im weiteren Verlauf des 19. Jahrhunderts wurde die Kritik von den Schriften von KARL MARX und FRIEDRICH ENGELS getragen, vgl. dazu MEW. Die heutige Kritik wird in den Vereinigten Staaten unter der Bezeichnung „Radikale politische Ökonomie" geführt. Eine Übersicht nach dem Stand von 1970 mit einigen Literaturangaben gibt

[5.20] M. BRONFENBRENNER: Radical Economics in America: A 1970 Survey. JELit, Vol. 8, 1970, S. 747–766.

Neuere repräsentative Werke hierzu sind

[5.21] H. SHERMAN: Radical Political Economy. Capitalism and Socialism from a Marxist-Humanist Perspective. New York u.a. 1972. XV, 431 S.

[5.22] E. K. HUNT, H. J. SHERMAN: Economics. An Introduction to Traditional and Radical Views. New York u.a. 1972. XXII, 647 S. Deutsch: Ökonomie. Aus traditioneller und radikaler Sicht. 2 Bde. Frankfurt 1974. 156 und 277 S. (Gekürzte Ausgabe.)

[5.23] A. G. PAPANDREOU: Paternalistic Capitalism. Minneapolis 1972. VIII, 190 S. Deutsch: Kritik des amerikanischen Kapitalismus. Frankfurt u.a. 1973. X, 174 S.

sowie die Sammlungen mit 77 beziehungsweise 69 kurzen Lesestücken

[5.24] D. MERMELSTEIN (Hg.): Economics: Mainstream Readings and Radical Critiques. 1970, 2. Aufl. (mit überwiegend neuer Auswahl) New York 1973. XVIII, 462 S.
[5.25] R. C. EDWARDS, M. REICH, Th. E. WEISSKOPF (Hg.): The Capitalist System. A Radical Analysis of American Society. Englewood Cliffs 1972. XI, 543 S.

Speziellen Bezug auf die Bundesrepublik nehmen

[5.26] U. JAEGGI: Kapital und Arbeit in der Bundesrepublik. Elemente einer gesamtgesellschaftlichen Analyse (1. Aufl. 1969 unter dem Titel: Macht und Herrschaft in der Bundesrepublik.) Frankfurt 1973. 405 S.
[5.27] J. HUFFSCHMID: Die Politik des Kapitals. Konzentration und Wirtschaftspolitik in der Bundesrepublik. Frankfurt 1969. 183 S.
[5.28] E. MANDEL: Der Spätkapitalismus. Versuch einer marxistischen Erklärung. Frankfurt 1972. 541 S.

Die heutige offizielle sozialistische Kapitalismuskritik ist zusammenfassend dargestellt in

[5.29] Institut für Weltwirtschaft und internationale Beziehungen der Akademie der Wissenschaften der UdSSR: Politische Ökonomie des heutigen Monopolkapitalismus. Berlin 1972. 898 S.

In bezug auf die DDR vgl.

[5.30] M. WIRTH: Kapitalismustheorie in der DDR. Entstehung und Entwicklung der Theorie des staatsmonopolistischen Kapitalismus. Frankfurt 1972. 215 S.

Auf den Wandel des marktwirtschaftlich-kapitalistischen Systems hat besonders aufmerksam gemacht

[5.31] J. K. GALBRAITH: The New Industrial State. Boston 1967. XIV, 427 S. Deutsch: Die moderne Industriegesellschaft. München u. a. 1968. 464 S.

Zur Verteidigung einer liberalen Wirtschaftsordnung, bei der die Kritik am marktwirtschaftlichen System zum Teil verarbeitet ist, und damit zur Antikritik der heutigen Kritik an Kapitalismus und „bürgerlicher" Volkswirtschaftslehre vgl.

[5.32] W. EUCKEN: Grundsätze der Wirtschaftspolitik. Bern u. a. 1952. XIX, 396 S.
[5.33] A. LINDBECK: The Political Economy of the New Left: An Outsider's View. New York u. a. 1971. XXI, 102 S. Deutsch: Die politische Ökonomie der Neuen Linken. Betrachtungen eines Außenseiters. Göttingen 1973. 87 S.

Diesem Buch wurde in QJE Vol. 86, 1972, S. 632–683, ein Symposium gewidmet.

[5.34] Ch. WATRIN: Fragen an die Kritiker von Wettbewerbsgesellschaften. In: A. RAUSCHER (Hg.): Kapitalismuskritik im Widerstreit. Köln 1973, S. 33–63.
[5.35] E. TUCHTFELDT (Hg.): Soziale Marktwirtschaft im Wandel. Freiburg 1973. 256 S.

An Literatur zu Einzelproblemen der Kapitalismuskritik gemäß der Gliederung des Textes vgl.

[5.36] R. GERSTER: Ausbeutung, Ausbeutung, Ausbeutung. Agonie eines wirtschaftswissenschaftlichen Begriffs. Zürich 1973. XIII, 531 S.
[5.37] E. STREISSLER: Privates Produktiveigentum – Stand und Entwicklungstrends der Auffassungen in kapitalistischen Ländern. In: Eigentum – Wirtschaft – Fortschritt. Köln 1970, S. 76–133.
[5.38] J. ISRAEL: Der Begriff Entfremdung. Makrosoziologische Untersuchung von Marx bis zur Soziologie der Gegenwart. Reinbek 1972. 433 S.

Zu Fragen der Einkommens- und Vermögensverteilung vgl. neben den Angaben für die Bundesrepublik in VRW³, S. 74–79 und S. 269–275:

[5.39] W. KRELLE: Verteilungstheorie. Tübingen 1962. XI, 299 S.

[5.40] E. SCHEELE: Die makroökonomische Theorie der Einkommensverteilung. Jahrbuch für Sozialwissenschaft, Bd 13, 1962, S. 333–358; Bd 14, 1963, S. 141–235.

[5.41] J. MARCHAL, B. DUCROS (Hg.): The Distribution of National Income. London u.a. 1968. XXX, 733 S.

[5.42] H.G. JOHNSON: The Theory of Income Distribution. London 1973. 292 S.

Das System der sozialen Sicherung in der Bundesrepublik wird zusammenfassend beschrieben in

[5.43] D. SCHEWE, K. NORDHORN: Übersicht über die soziale Sicherung. Hg. Bundesminister für Arbeit und Sozialordnung, 8. Aufl. Bonn 1970. 294 S. (Stand: Juni 1970.)

Die jeweils neuesten Angaben über Stand und Weiterentwicklung des Systems enthält der jährliche Sozialbericht, vgl.

[5.44] Der Bundesminister für Arbeit und Sozialordnung (Hg.): Sozialbericht 1973. Bonn 1973. XII, 389 S.

[5.45] E. LIEFMANN-KEIL: Ökonomische Theorie der Sozialpolitik. Berlin u.a. 1961. XIV, 424 S.

[5.46] V. von BETHUSY-HUC: Das Sozialleistungssystem der Bundesrepublik Deutschland. Tübingen 1965. VIII, 290 S.

[5.47] Sozialenquete: Soziale Sicherung in der Bundesrepublik Deutschland. Bericht der Sozialenquete-Kommission, erstattet von W. BOGS u.a. Stuttgart u.a. ohne Jahr (1966). 354 S. und (Anlagenband) 194 S.

Zu Sozialkosten- und Umweltproblemen vgl. B. FRITSCH in GÄFGEN [6.10], die Berichte von W. KAPP, B. FRITSCH, H. JÜRGENSEN und E. LAUSCHMANN in BEKKERATH u.a. [1.13], sowie

[5.48] B.S. FREY: Umweltökonomie. Göttingen 1972. 142 S.

[5.49] H. SIEBERT: Das produzierte Chaos. Ökonomie und Umwelt. Stuttgart u.a. 1973. 184 S.

Zu Problemen der Unternehmenskonzentration, Wettbewerbsbeschränkung und Machtverteilung vgl.

[5.50] H. ARNDT (Hg.): Die Konzentration in der Wirtschaft. On Economic Concentration. 1960. 2., völlig neu bearbeitete Aufl. Berlin 1971. 2 Bde. XVIII, 966 S. und VI, 736 S.

[5.51] K.W. ROTHSCHILD (Hg): Power in Economics. Selected Readings. Harmondsworth 1971. 366 S.

[5.52] H.K. SCHNEIDER, Ch. WATRIN (Hg.): Macht und ökonomisches Gesetz. 2 Halbbände. Berlin 1973. XII, 1468 S.

Eines der führenden Lehrbücher über Probleme der staatlichen Aktivität in der Marktwirtschaft ist:

[5.53] R.A. MUSGRAVE: The Theory of Public Finance. A Study in Public Economy. New York u.a. 1959. XVII, 628 S. Mehrfach nachgedruckt. Deutsch: Finanztheorie. 1966, 2. Aufl. Tübingen 1969. XX, 537 S.

Zur Frage privater versus öffentlicher Güterproduktion vgl.

[5.54] M. OLSON: The Logic of Collective Action. Public Goods and the Theory of Groups. Cambridge, Mass. 1965. X, 176 S. Deutsch: Die Logik des kollektiven Handelns. Kollektivgüter und die Theorie der Gruppen. Tübingen 1968. XIV, 181 S.

Die Rolle des Konsumenten in der Marktwirtschaft behandeln

[5.55] P. MEYER-DOHM: Sozialökonomische Aspekte der Konsumfreiheit. Untersuchungen zur Stellung des Konsumenten in der marktwirtschaftlichen Ordnung. Freiburg 1965. 419 S.
[5.56] G. SCHERHORN: Gesucht: der mündige Verbraucher. Grundlagen eines verbraucherpolitischen Bildungs- und Informationssystems. Düsseldorf 1973. 119 S.

Zu Teil III:

Theoretische Erörterungen über die Zentralplanwirtschaft begannen mit einem Streit darüber, ob eine Wirtschaftsrechnung in einem solchen System angesichts fehlender Märkte und damit Marktpreise möglich sei. Vgl. dazu ELLIOTT [5.04], S. 232−244. Für Ansätze zu einer Theorie der Zentralplanwirtschaft vgl.

[5.57] B.N. WARD: The Socialist Economy. A Study of Organizational Alternatives. New York 1967. IX, 272 S.
[5.58] H. BUCK: Technik der Wirtschaftslenkung in kommunistischen Staaten. 2 Bde. Coburg 1969. XII, 1041 S.
[5.59] P. KNIRSCH: Strukturen und Formen zentraler Wirtschaftsplanung. Berlin 1969. 310 S.
[5.60] K.G. ZINN: Sozialistische Planwirtschaftstheorie. Grundlagen und aktuelle Probleme der Arbeitswertlehre. Stuttgart u.a. 1971. 246 S.

Die nachstehenden Titel in deutscher Sprache über das ökonomische System des Sozialismus im allgemeinen und zentrale Wirtschaftsplanung im besonderen stammen von Autoren aus sozialistischen Ländern. Dabei ist zu berücksichtigen, daß ständige Revisionen im Detail und Uminterpretationen verbal unverrückbar erscheinender Prinzipien solche Werke schnell veralten lassen können. Dies gilt schon jetzt für alle vor den Reformen der sechziger Jahre erschienenen Titel.

[5.61] (Autorenkollektiv): Politische Ökonomie des Sozialismus und ihre Anwendung in der DDR. Berlin 1969. 903 S. Dazu gibt es ein Tafelwerk, hg. von der Parteihochschule „Karl Marx" beim ZK der SED, Berlin 1970.
[5.62] A. ANČIŠKIN, N. SOLOVEV: Die Wirtschaftsprojektion der Sowjetunion. Struktur und Methodik der globalen, sektoralen und regionalen Planung. Berlin 1971. 116 S.
[5.63] N.P. FEDORENKO, P.G. BUNITSCH, S.S. SCHATALIN: Effektivität in der sozialistischen Wirtschaft. Berlin 1972. 270 S.
[5.64] H. FISZEL: Einführung in die Theorie der Planwirtschaft. Tübingen 1973. VI, 303 S.
[5.65] M.S. BOR: Volkswirtschaftsplanung. Grundlagen. Berlin 1973. 252 S.

Sehr nützlich für die Unterrichtung über Detailprobleme der Zentralplanung sind Nachschlagewerke. Ihr Wert liegt darin, daß sie keine privaten Definitionen, Meinungen und Werturteile, sondern den jeweiligen offiziellen Diskussionsstand wiedergeben. Vgl. etwa aus der DDR:

[5.66] Ökonomisches Lexikon. 2., neu bearb. Aufl. Berlin 1970/71. 2 Bde. 1200 und 1248 S.
[5.67] Lexikon der Wirtschaft. 13 Bde. Berlin 1970ff.
[5.68] W. EHLERT u.a. (Hg.): Wörterbuch der Ökonomie. Sozialismus. 1967, 3. Aufl. Berlin 1973. 1082 S.

Zusammenfassende Darstellungen westlicher Autoren der beiden hier vorwiegend behandelten sozialistischen Länder sind

[5.69] A. NOVE: The Soviet Economy. An Introduction. 1961, 3. Aufl. London 1968. 373 S.

Deutsch: Die sowjetische Wirtschaft. Wiesbaden ohne Jahr. 376 S. (nach der 1. englischen Auflage).

[5.70] N. Spulber: The Soviet Economy. Structure, Principles, Problems. 1962, 2. Aufl. New York 1969. XIV, 329 S.

[5.71] R. Damus: Entscheidungsstrukturen und Funktionsprobleme in der DDR-Wirtschaft. Frankfurt 1973. 231 S.

Ein Sammelwerk mit 20 Aufsätzen nach dem Stand der ersten Hälfte der sechziger Jahre ist

[5.72] W. Markert (Hg.): Osteuropa – Handbuch. Sowjetunion: Das Wirtschaftssystem. Köln u. a. 1965. XVII, 587 S.

Den aus naheliegenden Gründen besonders interessanten Vergleich Bundesrepublik – DDR unternimmt

[5.73] M. Schnitzer: East and West Germany: A Comparative Economic Analysis. New York u. a. 1972. XXIII, 446 S.

Kritik an der Zentralplanwirtschaft ist am besten in der Literatur über die Reformen in den RGW-Ländern nachzulesen. Zusammenfassende Darstellungen und Sammlungen sind

[5.74] New Directions in the Soviet Economy. Studies Prepared for the Subcommittee on Foreign Economic Policy of the Joint Economic Committee, Congress of the United States. Washington 1966. XIII, 1093 S.

[5.75] G. R. Feiwel: The Soviet Quest for Economic Efficiency. Issues, Controversies, and Reforms. New York u. a. 1972. XXIV, 790 S.

[5.76] H.-H. Höhmann, M. C. Kaser, K. C. Thalheim (Hg.): Die Wirtschaftsordnungen Osteuropas im Wandel. Ergebnisse und Probleme der Wirtschaftsreformen. Bd I: Länderberichte: Ausmaß und Bedeutung der institutionellen Veränderungen. Bd II: Analysen wirtschaftlicher Teilordnungen: Funktionswandel der Systemelemente. Freiburg 1972. 334 und 429 S.

Bd II enthält eine Bibliographie mit 713 Titeln in westeuropäischen Sprachen über Theorie und Praxis der Wirtschaftsreformen, besonders in der Sowjetunion. Vgl. ferner

[5.77] G.-J. Krol: Die Wirtschaftsreform in der DDR und ihre Ursachen. Erfahrungen mit der administrativen Steuerungskonzeption. Tübingen 1972. IX, 220 S.

[5.78] L. Bress, K. P. Hensel u. a.: Wirtschaftssysteme des Sozialismus im Experiment. Plan oder Markt. Frankfurt 1973. 394 S.

Eine systematische und umfassende Behandlung von Umweltproblemen in der Sowjetunion findet sich in

[5.79] M. I. Goldman: The Spoils of Progress: Environmental Pollution in the Soviet Union. Cambridge, Mass. u. a. 1972. XI, 372 S.

Zur Kritik an den bisherigen sozialistischen Systemen auf der Basis weitergehender Vorstellungen über den Sozialismus vgl.

[5.80] E. Mandel: Traité d'Economie Marxiste. Paris 1962. Deutsch: Marxistische Wirtschaftstheorie. 1968, Ausgabe Frankfurt 1972. 2 Bde. 926 S.

[5.81] U. Bermbach, F. Nuscheler (Hg.): Sozialistischer Pluralismus. Texte zur Theorie und Praxis sozialistischer Gesellschaften. Hamburg 1973. 448 S.

Solche weitergehenden Vorstellungen werden ihrerseits kritisiert in

[5.82] H. Schimmelbusch: Kritik an Commutopia. Zu einer wirtschaftspolitischen Konzeption der Neuen Linken. Tübingen 1971. 98 S.

Zur Theorie des Markt-(Konkurrenz-)Sozialismus und seiner Anwendungen vgl.

[5.83] O. LANGE: On the Economic Theory of Socialism. In: B.E. LIPPINCOTT (Hg.): On the Economic Theory of Socialism. By O. LANGE and F.E. TAYLOR. 1939, Nachdruck New York 1970. VII, 143 S.

[5.84] P. DOBIAS: Das jugoslawische Wirtschaftssystem. Entwicklung und Wirkungsweise. Tübingen 1969. VII, 151 S.

[5.85] D.D. MILENKOVITCH: Plan and Market in Yugoslav Economic Thought. New Haven u.a. 1971. X, 323 S.

[5.86] R. BIĆANIĆ: Economic Policy in Socialist Yugoslavia. Cambridge 1973. VIII, 254 S.

[5.87] O. ŠIK: Argumente für den Dritten Weg. Hamburg 1973. 212 S.

Sechstes Kapitel

Ziele und Probleme der Wirtschaftspolitik

Lernziel von Teil I dieses Kapitels ist es, eine kritische Sicht der wichtigsten heute verfolgten gesamtwirtschaftlichen Ziele zu gewinnen. Basisannahme ist, daß in bezug auf den Konjunkturverlauf und auf jede wirtschaftspolitische Maßnahme unterschiedliche Interessenlagen sozioökonomischer Gruppen bestehen und daß daher die Berufung auf das „Gemeinwohl" eine Leeraussage ist. Es werden die vier Ziele des Stabilitätsgesetzes der Bundesrepublik (Vollbeschäftigung, Preisstabilität, Wirtschaftswachstum und außenwirtschaftliches Gleichgewicht) im einzelnen erörtert sowie Zielkonflikte behandelt. Teil II gibt einen Überblick über die Kompetenzen und Instrumente der zentralen wirtschaftspolitischen Instanzen der Bundesrepublik (außer der im vierten Kapitel behandelten Bundesbank) und führt in einige aktuelle Probleme der Wirtschaftspolitik ein.

I. Gesamtwirtschaftliche Ziele in der heutigen Marktwirtschaft

1. Werturteile und Interessenkonflikte in bezug auf den Konjunkturverlauf. Wie im dritten Kapitel gezeigt wurde, bedeuten Konjunkturschwankungen Änderungen vieler ökonomischer Variabler und berühren damit die ökonomische Situation aller Wirtschaftssubjekte. Diese Änderungen werden von den beteiligten und betroffenen Wirtschaftssubjekten bewertet. Sie werden als gut oder schlecht empfunden und rufen daher den Wunsch wach, den Wirtschaftsablauf so zu beeinflussen, daß negativ bewertete Erscheinungen verhindert oder gemildert und positive verstärkt werden. Daher gilt

Satz 6.1: *Jede Bewegung gesamtwirtschaftlicher Variabler wirkt sich auf Wirtschaftssubjekte oder Gruppen unterschiedlich aus und wird daher auch unterschiedlich bewertet.*

Während beispielsweise eine allgemeine Preissteigerung die Gläubiger nominell feststehender Forderungen benachteiligt, begünstigt sie die Schuldner dieser Forderungen. Entsprechend unterschiedliche Wirkungen zeigt eine Preissteigerung auf die Realeinkommen verschiedener Gruppen. Bezieher fester Einkommen erleiden eine Senkung ihres Realeinkommens, während Gruppen, bei denen steigende Preise unmittelbar steigende Nominaleinkommen bedeuten, so Unternehmen als Anbieter der teurer werdenden Güter, davon verschont bleiben. Unterschiedliche Bewertungen bestehen auch in bezug auf Arbeitslosigkeit: Während ihre Einschätzung durch die Betroffenen klar ist, kann sie von Arbeitgebern, wenn sie sich in Grenzen hält und insbesondere die Nachfrage nach den Erzeugnissen der betreffenden Anbieter nicht wesentlich beeinträchtigt, als positiv empfunden werden, da sie das Arbeitsangebot vergrößert, Lohnforderungen dämpft, die Disziplin am Arbeitsplatz verbessert, Fehlzeiten am Arbeitsplatz und Krankmeldungen senkt.[1] Ein starker Konjunkturrückgang mit Arbeitslosigkeit und Preissenkungen verringert im allgemeinen auch das Realeinkommen der Bezieher von Einkommen aus Unternehmertätigkeit, da deren Nominaleinkommen in einer solchen Situation stärker zu fallen pflegen als die Preise. Jedoch sind in der Depression die Bezieher fester Einkommen — Beamte, unkündbare Angestellte, Sozialrentner — wie auch die Gläubiger risikoarmer nominell feststehender Forderungen begünstigt. Selbst wenn im Verlauf eines Konjunkturaufschwungs die Güterpreise zunächst stabil bleiben, treten Interessenkonflikte auf. Da es nicht vorkommen kann, daß alle Einkommen in dieser Situation gleichmäßig steigen, gibt es auch hierbei relativ bevorzugte und relativ benachteiligte Gruppen. Da die meisten Menschen ihre relative Einkommensposition höher bewerten als ihre absolute — anders wäre es nicht zu erklären, wieso die Schärfe von Interessenkonflikten in bezug auf die Einkommensverteilung langfristig nicht nachläßt, obwohl sich das absolute reale Volkseinkommen je Einwohner etwa in der Bundesrepublik von 1950 bis 1972 auf das 3,7fache erhöht hat — wird auch diese Situation unterschiedlich bewertet. Schließlich wird selbst ein langfristiges stetiges Wachstum des Sozialprodukts nicht einhellig als positiv angesehen. Da eine solche Entwicklung mit erheblichen Strukturänderungen einhergeht, gibt es dabei Wirtschaftszweige, die relativ oder absolut schrumpfen. Damit sind Einkommensverluste, Vermögensentwertung und der Zwang zum Wechsel des Arbeitsplatzes verbunden, die von den Betroffenen negativ bewertet werden.

Nun ist es nicht so, daß die Interessenlage eines Wirtschaftssubjekts oder einer Gruppe gleichartiger Wirtschaftssubjekte gegenüber einem gegebenen Konjunkturablauf stets eindeutig wäre. Viele Wirtschaftssubjekte üben gleichzeitig mehrere ökonomische Aktivitäten aus und können daher von dem gegebenen Ablauf in widerstreitender Weise betroffen werden. Als Beispiel für viele möge der Unternehmer dienen, der festverzinsliche Wertpapiere hält. Als Unternehmer muß er an einem allgemein freundlichen Konjunkturklima mit leichten Preissteigerungen interessiert sein, sofern die Preise für seine Erzeugnisse schneller steigen als seine Kosten. Die gleiche Entwicklung beeinträchtigt jedoch den Realwert seines Geldvermögens, und die Frage ist jeweils nur individuell zu beantworten, bei welcher Kombination von Preissteigerungsrate, Kostensteigerungsrate und Anteil der Wertpapiererträge am Gesamteinkommen sich dieser Unternehmer am besten steht. Interessant könnte die Situation von Arbeitnehmern werden, bei denen die Vermögensumverteilungspolitik Erfolg hat. Solange diese Arbeitnehmer praktisch keinen Anteil am Produktivvermögen haben, müssen sie die Situation der Hochkonjunktur bevorzugen und können dabei Preissteigerungen in Kauf nehmen, wenn nur ihre Gewerkschaften dafür sorgen, daß die Realeinkommen durch Steigerungen der Nominallohnsätze laufend angepaßt werden. Geht diese Gruppe jedoch mit wachsendem Einkommen und angesichts staatlicher Förderungsmaßnahmen in nennenswertem Umfang dazu über, Geldvermögen in Form nominell feststehender Forderungen zu bilden, so muß sich ihre

---

[1] Vgl. zur Kritik an dieser Interessenlage SR-Gutachten 1967/68, Ziffer 234.

Interessenlage langfristig ändern. Das Interesse an der Hochkonjunktur bleibt in bezug auf den hohen Beschäftigungsgrad bestehen, während Preissteigerungen nunmehr verstärkt als nachteilig empfunden werden.

Die Sicht, soziale Prozesse als Ausdruck von Konflikten zu deuten, ist jedoch einseitig. Mindestens ebenso wichtig ist Zusammenarbeit zwischen Menschen zur Erreichung gemeinsamer Ziele. Damit kann freiwillige Unterordnung unter den Willen anderer verbunden sein, die solche Ziele festlegen und Anweisungen zu ihrer Erreichung geben. Ohne ein Minimum an Zusammenarbeit und Übereinstimmung in den Zielen funktioniert kein Unternehmen und keine Verwaltung, und auch Gruppen können ihre Interessen nur auf dieser Grundlage verfolgen. Ohne mehrheitliche Übereinstimmung über bestimmte Grundnormen ist auch kein friedliches Zusammenleben in einem Staat möglich. Dies ist bei den folgenden Erörterungen über Interessenkonflikte und bei der Kritik am Konzept des Gemeinwohls zu beachten. In bezug auf den Konjunkturverlauf gilt außerdem, daß sich viele Wirtschaftssubjekte, besonders private Haushalte, über ihre Interessenlage gegenüber wechselnden Konjunktursituationen nicht im klaren sind, weil sie sie aus Unkenntnis oder mangels Interesse nicht durchrechnen. Schließlich gibt es Haushalte, die bereit sind, ihre Interessen den für wichtiger gehaltenen Interessen anderer Gruppen unterzuordnen.

2. Interessenkonflikte in bezug auf wirtschaftspolitische Maßnahmen.

Wenn jede Konjunktursituation von verschiedenen Gruppen unterschiedlich bewertet wird, dann gilt dies auch für wirtschaftspolitische Eingriffe. Das läuft für den Wirtschaftspolitiker wie für die betroffenen Wirtschaftssubjekte auf die Erkenntnis hinaus:

Satz 6.2: *Jede wirtschaftspolitische Maßnahme begünstigt mindestens eine Gruppe und benachteiligt mindestens eine andere Gruppe.*

Dies gilt zumindest für die direkte und kurzfristige Wirkung wirtschaftspolitischer Maßnahmen. Als Maß für den Umfang der Begünstigung oder Benachteiligung kann die Entwicklung des Realeinkommens der betreffenden Gruppe im Vergleich zu anderen Gruppen dienen. Es entsteht somit bei jeder wirtschaftspolitischen Maßnahme das Problem für den Wirtschaftspolitiker, die Interessen der betroffenen Gruppen gegeneinander abzuwägen.

Das Problem tritt mit unterschiedlicher Schärfe auf. Handelt es sich darum, eine Massenarbeitslosigkeit zu beseitigen, so werden die entsprechenden Maßnahmen von der überwiegenden Mehrheit der Bevölkerung positiv bewertet, so daß die Interessenabwägung leichtfällt. Ähnliches mag für die Bekämpfung einer starken Inflation gelten, die mit erheblichen Störungen der außenwirtschaftlichen Beziehungen einhergeht. Solche Extremfälle sind jedoch unter heutigen Bedingungen zumindest in westlichen Industrieländern nicht die Regel. In diesen sind laufend Maßnahmen zu treffen, die die ökonomische Situation bedeutender Gruppen marginal ändern und häufig nicht nach bloßen Mehrheitsgesichtspunkten entschieden werden können. Beispielsweise zeigt eine auch nur oberflächliche Analyse einer D-Mark-Aufwertung, daß eine große Zahl unterschiedlicher und sich zum Teil überschneidender Gruppen davon betroffen wird. Die Exporteure der Bundesrepublik werden benachteiligt und die Importeure begünstigt, wobei zu den Begünstigten auch die privaten Haushalte zählen, die Ausgaben im Aus-

landsreiseverkehr leisten. Der DM-Wert der auf ausländische Währungen lauten-
den Auslandsforderungen und -verbindlichkeiten sinkt um den Devisen-Abwer-
tungssatz[2], woraus sich für Inländer mit einer positiven Nettoauslandsposition
in Auslandswährungen ein Nachteil, für solche mit einer negativen solchen Position ein Vorteil ergibt. Aufwertungsverluste der Deutschen Bundesbank werden
dadurch getilgt, daß die Bank ihre Gewinnabführung an den Bund verringert
oder einstellt, so daß unter sonst gleichen Umständen mehr Steuern zu zahlen
sind. Die Steuerzahler tragen außerdem die Last zusätzlicher Subventionen an
die Landwirtschaft. Selbst bei Beschränkung auf diese wenigen Gesichtspunkte
ist die Frage nach den Nettowirkungen der Aufwertung für ein gegebenes Wirtschaftssubjekt nicht leicht zu beantworten, zumal sie je nach der individuellen
Situation verschieden ausfällt: Die Kombination realeinkommenssenkender Wirkungen — höhere Steuern oder Ausfall möglicher Steuersenkungen sowie sinkende DM-Erträge aus Auslandsforderungen — mit realeinkommenserhöhenden
— erhöhte Kaufkraft von Ausgaben im Auslandsreiseverkehr, sinkende Preise
einiger Importgüter, Verringerung des DM-Aufwandes für die Bedienung von
Schulden in Auslandswährung — fällt im Prinzip bei jedem Wirtschaftssubjekt
anders aus. Dabei sind die individuellen Einflüsse der mit der Aufwertung angestrebten Wirkungen, wie Dämpfung des Preisauftriebs durch Umlenkung eines
Teils der bis zur Aufwertung exportierter Güter auf Inlandsmärkte und Verstärkung des Wettbewerbs auf diesen Märkten durch Verbilligung der Importe, noch
nicht berücksichtigt, da sie einzel- wie gesamtwirtschaftlich kaum quantifizierbar
sind.

Wegen der allgemeinen ökonomischen Interdependenz lassen sich im allgemeinen also nur wenige direkte und kurzfristige Wirkungen einer wirtschaftspolitischen Maßnahme auf das relative Realeinkommensniveau der betroffenen Gruppen einigermaßen abschätzen. Neben- und langfristige Wirkungen sind beim
gegenwärtigen Stand der Wirtschaftswissenschaft nicht quantifizierbar. Sie können sogar eine zunächst als vorteilhaft oder nachteilig bewertete Wirkung überkompensieren. Möglicherweise erleichtert es jedoch gerade diese Unbestimmbar-
keit der Netto-Gesamtwirkung jeder Maßnahme, Wirtschaftspolitik unter den
Bedingungen einer parlamentarischen Demokratie zu treiben. Wäre es möglich,
die Effekte jeder Maßnahme auf das Realeinkommen aller Beteiligten genau anzugeben, würden sich die Interessenkonflikte möglicherweise in nicht absehbarer
Weise verschärfen.

Jede wirtschaftspolitische Maßnahme ist als zielbewußtes Handeln identifi-
zierbarer Institutionen unter den Bedingungen westlicher Demokratien kritisier-
bar und im Prinzip beeinflußbar. Diese Möglichkeit hat entscheidend zur Entstehung organisierter Gruppen aller Art beigetragen, die sich etwa als
Wirtschaftsverbände darum bemühen, wirtschaftspolitische Instanzen in ihrem
Sinne zu beeinflussen. Ihr allgemeines Ziel ist es, den Gesetz- oder Verordnungs-
geber zu veranlassen, den rechtlich-institutionellen Rahmen in einer ihren jeweiligen Interessen entsprechenden Weise zu ändern, oder, falls eine beabsichtigte
Änderung ihren Interessen zuwiderläuft, diese zu verhindern oder zu entschärfen.
Außerdem wird versucht, wirtschaftspolitische Maßnahmen innerhalb des gege-

---

[2] Zur Berechnung von Auf- und Abwertungssätzen vgl. VRW[3], S. 253–255.

benen Rahmens zu initiieren oder beabsichtigte Maßnahmen zu beeinflussen. Da wirtschaftspolitische Maßnahmen einzelwirtschaftlich zu den Daten gehören, läuft die Tätigkeit der Verbände in allen Fällen darauf hinaus, den Datenrahmen ihrer Mitglieder günstiger zu gestalten. Anders ausgedrückt: Es wird versucht, die Zielerreichung durch Maßnahmen außerhalb des Marktes (vgl. S. 323) zu verbessern. Die Mittel dazu sind vielfältig. Zu ihnen gehören direkte Einflußnahme auf Parlamentsabgeordnete, die mit der Unterstützung von Kandidaturen und finanzieller Hilfe im Wahlkampf beginnen kann; Einfluß auf die Besetzung von Parlamentsausschüssen und die Personalpolitik öffentlicher Stellen; Ausnutzung von Informationsvorsprüngen durch Abgabe von Sachverständigenurteilen bei der Beratung von Gesetzentwürfen, in die unweigerlich auch die Zielvorstellungen des Verbandes einfließen; Beeinflussung der Öffentlichkeit durch eigene Presseorgane, öffentliche Stellungnahmen von Verbandsmitgliedern oder Anzeigenkampagnen. Besonders diese Form des Verbandseinflusses ist für Politiker wichtig, die prinzipiell ständig im Wahlkampf stehen und die Wirkung ihrer Maßnahmen auf die Zahl ihrer Wählerstimmen berücksichtigen müssen. Über das Ausmaß, in dem Interessenverbände die Wirtschaftspolitik eines Landes bestimmen, kann nur durch Einzeluntersuchungen Aufschluß gewonnen werden. Insbesondere können Pauschalurteile der Art, Wirtschaftspolitik würde nur im Interesse der Verbände und damit der hinter ihnen stehenden „Kapitalisten" (oder „des Kapitals") betrieben, schon deswegen nicht den Tatsachen entsprechen, weil in bezug auf die meisten Maßnahmen kein einheitliches Interesse aller Verbände vorliegt, und weil es auch einflußreiche Verbände von Arbeitnehmern gibt. Dieser Sachverhalt bedeutet auch, daß sich die Einflüsse von Verbänden teilweise oder ganz neutralisieren können, so daß das fertige Gesetz oder die beschlossene Maßnahme einen Interessenausgleich verkörpern. Empirische Beispiele zeigen darüber hinaus, daß selbst gegen überwiegend gleichgerichtete Interessen vieler Verbände oder gegen die Opposition besonders einflußreicher Verbände wirtschaftspolitische Maßnahmen getroffen werden. So wurde in der Bundesrepublik 1961 die D-Mark gegen den fast einhelligen Widerstand „der Wirtschaft" aufgewertet (wenn auch nur um 5 v. H.), 1957 das Gesetz gegen Wettbewerbsbeschränkungen erlassen (wenn auch in vielfältig entschärfter Form), 1968 eine Ergänzungsabgabe und 1973 eine Stabilitätsabgabe als Zuschlag zur Einkommensteuer oberhalb bestimmter Einkommensgrenzen eingeführt. Die Aufhebung der vertikalen Preisbindung 1973 wurde von der Markenartikelindustrie als gegen ihre Interessen gerichtet bekämpft (obwohl sie den Herstellern in einer Periode verstärkter Inflation häufigere Preiserhöhungen erleichtert), und die 1973 eingeführte Fusionskontrolle beschneidet die Möglichkeiten zunehmender Marktbeherrschung und weiterer Machtzusammenballung (womit sie langfristig im Interesse des privaten Unternehmertums liegt, da die anderenfalls entstehenden nationalen Konzerne viel leichter sozialisiert werden könnten). Anderseits lassen sich auch viele Beispiele für den Erfolg von Interessengruppen bei der Beeinflussung des Gesetzgebers finden.

Wirtschaftspolitische Maßnahmen können die wirtschaftliche Situation von Wirtschaftssubjekten so stark beeinträchtigen, daß die Frage der rechtlichen Zulässigkeit solcher Maßnahmen auftaucht. Ein inländischer Anbieter mit hoher Exportquote, der bei dem herrschenden Währungskurs auf dem Auslandsmarkt gerade noch konkurrenzfähig ist, kann durch eine Aufwertung zur Aufgabe seines Unternehmens gezwungen werden. Sein Schaden kann durch Berechnung der Summe der Barwerte der weggefallenen zukünftigen Nettoerträge geschätzt und in einem Betrag angegeben werden. Ökonomisch kommt die Aufwertung in diesem Fall einer entschädigungslosen Enteignung gleich, die nach Artikel 14 des Grundgesetzes nicht zulässig ist. In ähnlicher Weise lassen sich Einkommensminderungen bei vielen wirtschaftspolitischen Maßnahmen individuell berechnen und kapitalisiert als Vermögensschäden darstellen. Der einfachste derartige Fall liegt schon bei einer Erhöhung von Einkommensteuersätzen vor. Eine Erhöhung der Mindestreservesätze zwingt die Geschäftsbanken, bis dahin verzinslich angelegte Aktiva in unverzinsliche Zentralbankguthaben umzuwandeln und mindert so unmittelbar ihre Gewinne.

Das Bundesverfassungsgericht hat die Kompetenz des Gesetzgebers und der Bundesregierung bei den bisher getroffenen und angefochtenen Maßnahmen nicht eingeschränkt. Insbesondere hat es mehrfach entschieden, daß die Erhebung oder Erhöhung von Steuern keine Enteignung im Sinne des Grundgesetzes sei. Als 1970 die Erhebung eines Konjunkturzuschlags zu den Einkommensteuer-Vorauszahlungen und zur Lohnsteuer mit den drei Argumenten angefochten wurde, der Gleichheitsgrundsatz sei verletzt (weil der Zuschlag nur zu monatlichen Steuerzahlungen ab 100 DM erhoben wurde), dem Bund fehle die Kompetenz zur Erhebung eines solchen Zuschlags (weil er rückzahlbar und daher keine Steuer sei), und er sei kein geeignetes Mittel zur Nachfragedämpfung (weil die privaten Verbrauchsausgaben der betroffenen Steuerzahler nicht in der angenommenen Weise von ihrem verfügbaren Einkommen abhingen), wurde die Klage voll abgewiesen. Die Verletzung des Gleichheitsgrundsatzes sei zeitlich begrenzt, unerheblich und zudem durch das Sozialprinzip gerechtfertigt, und die Kompetenz leite sich aus dem Stabilitätsgesetz und nicht aus dem Steuerrecht her. Zu dem wirtschaftstheoretischen dritten Argument meinte das Gericht, einer Maßnahme, durch die Kaufkraft im geschätzten Umfang von 5,2 Mrd. DM stillgelegt werde, könne die Eignung zur Dämpfung der Gesamtnachfrage nicht prinzipiell abgesprochen werden.[3]

Auch eine Klage gegen die seit 1968 ebenfalls nur auf höhere Einkommen erhobene Ergänzungsabgabe zur Einkommen- und Körperschaftsteuer wurde abgewiesen. Eine Verfassungsklage gegen die 1973 eingeführte Stabilitätsabgabe ist zur Zeit anhängig. Sollte im Rahmen vermögenspolitischer Maßnahmen eine Abgabe zwecks Umverteilung des Vermögenszuwachses erhoben werden, ist auch dagegen eine Verfassungsklage zu erwarten.

Da nicht nur erfolgreiche Maßnahmen, sondern auch ihre Unterlassung oder ihr Mißerfolg Nachteile verursachen, haben Steuerzahler auch versucht, eine Minderung ihrer Einkommensteuerschuld mit dem Argument zu erreichen, die Inflation mindere den Realwert von Kapitalerträgen und nominell feststehenden Forderungen und verstoße damit gegen die Eigentumsgarantie des Grundgesetzes. Das Problem hat mit der wesentlichen Erhöhung der Preissteigerungsraten in der Bundesrepublik seit 1972 an Schärfe gewonnen und befindet sich in der Diskussion.

---

[3] Vgl. Entscheidungen des Bundesverfassungsgerichts, 29. Bd 1971, S. 402 ff.

3. Gemeinwohl, Endziele und ökonomische Ziele. Gemäß Satz 6.2 ist mit jeder wirtschaftspolitischen Maßnahme ein *Abwägungsproblem* für die jeweilige Instanz verbunden. Da eine Offenlegung der Abwägung das Eingeständnis der Instanz bedeutet, daß sie bewußt die Interessen einer Gruppe zugunsten der Interessen anderer schädigt, besteht eine Tendenz, das Abwägungsproblem zu verschleiern. Eines der beliebtesten Mittel hierzu ist die Berufung auf das *Gemeinwohl*, dessen Förderung jede wirtschaftspolitische (und darüber hinaus auch jede andere) Maßnahme öffentlicher Stellen zu dienen habe. Synonyme sind das (volkswirtschaftliche) „Gesamtinteresse" oder der „gesellschaftliche Gesamtnutzen", und in der Wohlfahrtstheorie wird von der „Maximierung einer gesamtwirtschaftlichen Wohlfahrtsfunktion" gesprochen. Mit solchen Redeweisen wird das Aggregat „Gesellschaft" zu einem Subjekt personifiziert, dem man analog etwa zu einem privaten Haushalt ein womöglich objektiv erkennbares und maximierbares Ziel unterstellt, und das darüber hinaus auch noch handeln kann, um dieses Ziel zu erreichen. Daß eine von Teilinteressen freie und daher allgemein akzeptable Definition des Gemeinwohls nicht gelingen kann, wird klar, wenn man alle Möglichkeiten für die Wirkung einer Maßnahme durchdenkt. Diese sind:

1. Die Maßnahme verbessert die Situation aller Wirtschaftssubjekte, gemessen etwa an ihrem Realeinkommen, um den gleichen relativen Betrag. Dies widerspricht den Interessen derjenigen, die eine gleichmäßigere Einkommensverteilung anstreben und von jeder Maßnahme verlangen, daß sie diesem Ziel zu dienen habe. Lediglich in dem unrealistischen Fall, daß die Einkommensverteilung vor und nach der Maßnahme von jedermann gebilligt wird, würde diese das Gemeinwohl erhöhen.

2. Die Maßnahme erhöht alle Realeinkommen um den gleichen absoluten Betrag, oder sie erhöht nur einige Realeinkommen und läßt die übrigen ungeändert. Beides ändert die relative Einkommensposition aller Wirtschaftssubjekte und läuft damit entweder den Interessen derjenigen zuwider, die an deren Aufrechterhaltung interessiert sind, oder den Interessen derjenigen, die diese ändern wollen.

3. Die Maßnahme erhöht einige Realeinkommen und senkt andere.

Ganz abgesehen von Meß-, Bewertungs- und Abwägungsproblemen wird hier der Fall, daß jede wirtschaftspolitische Maßnahme die Interessen mindestens einer Gruppe relativ oder absolut beeinträchtigt, als der einzig realistische angesehen. Damit kann es kein „Gesamtinteresse" als Summe von Einzelinteressen geben, da diese divergieren. Die Berufung auf das Gemeinwohl entspricht jedoch den Harmonievorstellungen älterer Gesellschaftstheorien und hat den Vorteil, anstelle der schwierig zu bewältigenden Vielzahl von Zielen und des Abwägungsproblems zwischen ihnen ein einleuchtendes einheitliches Ziel zu bieten. Sie hat sich als wohlklingende Fiktion mit Beschwichtigungsfunktion möglicherweise vor allem deshalb so lange gehalten, weil sie eine *Leeraussage ist*. Man kann daher aus ihr allein in keinem konkreten Fall eine Handlungsanweisung ableiten, anderseits sich zur Rechtfertigung praktisch jeder Maßnahme auf sie berufen. Dies wird nicht nur beispielsweise der Regierung in der Bundesrepublik dadurch ermöglicht, daß jedes ihrer Mitglieder gemäß Art. 64 und 56 des Grundgesetzes darauf vereidigt wird, seine Kraft „dem Wohle des deutschen Volkes (zu) widmen" und „seinen Nutzen (zu) mehren", und daß in vielen Gesetzen vom Gemeinwohl die Rede ist. Auch Verbände wie die Gewerkschaften haben sich die Förderung des Gemeinwohls zum Ziel gesetzt.[4] Der bloß deklaratorische Charakter dieses Ziels wird daher beispielsweise dann deutlich, wenn sich die Bundesregierung und die Gewerkschaft Öffentliche Dienste, Transport und Verkehr als Kontrahenten bei Lohntarifverhandlungen gegenüberstehen. Schließlich stützt sich auch die Rechtsprechung häufig auf diesen Begriff. So berief sich das Reichsgericht in seiner Entscheidung von 1897 (vgl. S. 322) zuungunsten der Gewerbefreiheit auf das Gemeinwohl: Kartelle seien eine der Gesamtheit dienende Maßnahme gegen den ruinösen Wettbewerb. Das Bundesarbeitsgericht urteilte 1971, Arbeitskämpfe müßten unter dem obersten Gebot der Verhältnismäßigkeit stehen, wobei die wirtschaftlichen Gegebenheiten zu berücksichtigen seien und das Gemeinwohl nicht offensichtlich verletzt werden dürfe[5] — ein Paradebeispiel für den untauglichen Versuch, eine Leeraussage durch Heranziehung weiterer Leeraussagen mit Gehalt zu füllen.

Da auch die S. 281 genannten Endziele Freiheit, Friede, Gerechtigkeit, Sicherheit und Wohlstand keine Handlungsanweisungen enthalten[6], bleibt die Frage nach der Definition der wirtschaftspolitischen Ziele bestehen. Da jede Entscheidung für oder gegen eine wirtschaftspolitische Maßnahme ein Werturteil impliziert — die Benachteiligung der einen Gruppe wird im Interesse der begünstigten in Kauf genommen — muß gefragt werden, nach welchen Gesichtspunkten sich Wirtschaftspolitiker dabei richten sollen oder tatsächlich richten. Die Frage ist je nach der historischen Situation und der Gesellschaftsordnung anders zu beantworten. Beispielsweise ist zu erwarten, daß eine Regierung, die sich in regelmäßigen Abständen Wahlen stellen muß, auch in wirtschaftspolitischer Hinsicht mehr Rücksicht auf herrschende Vorstellungen und wichtige Gruppen nehmen muß als eine andere, die nicht regulär abgelöst werden kann. Ein Extrem dieser Ansicht findet sich in Gestalt der Theorie, eine durch Wahlen potentiell ablösbare Regierung versuche ihre Maßnahmen so zu treffen, daß die Zahl der Wählerstimmen möglichst groß wird, die auf die sie stützenden Parteien entfällt.[7] Damit wird unentscheidbar, ob die herrschende Gruppe an der Macht bleiben will, um das Gemeinwohl zu fördern, oder ob sie das Gemeinwohl fördert, um an der Macht zu bleiben. In jedem Fall muß im ökonomischen Bereich ein Katalog von Zielen so aufgestellt werden, daß mit ihrer Erreichung den Interessen möglichst großer Gruppen gedient wird. In den wichtigsten westlichen Ländern werden heute im wesentlichen folgende gesamtwirtschaftliche Ziele angestrebt, wobei unterschiedliche Rangordnungen gelten[8]:

1. Vollbeschäftigung;
2. Preisstabilität;

---

[4] Grundsatzprogramm des Deutschen Gewerkschaftsbundes, a.a.O., S. 5.
[5] Bundesarbeitsgericht, Großer Senat, Beschluß vom 21.4.1971.
[6] Vgl. jedoch die Diskussion über „Sieben Grundziele der Gesellschaftsgestaltung" in DAHL, LINDBLOM [5.13], S. 28–54, deutsch unter diesem Titel in GÄFGEN [6.10], S. 211–234.
[7] DOWNS [6.12].
[8] Eine umfassende Untersuchung ist KIRSCHEN [6.07]. Die obige Aufzählung ist hieran angelehnt.

3. Wirtschaftswachstum;
4. Außenwirtschaftliches Gleichgewicht;
5. Optimaler Einsatz der Produktionsfaktoren im privaten Bereich. Maßnahmen hierzu sind einerseits Förderung des Wettbewerbs, der Mobilität der Produktionsfaktoren und der nationalen und internationalen Arbeitsteilung, anderseits Maßnahmen, mit denen Produktionsfaktoren in bestimmte Produktionsrichtungen oder Regionen umgelenkt, dort festgehalten oder aus ihnen entfernt werden sollen (vgl. S. 333–336);
6. Optimale Befriedigung von Kollektivbedürfnissen. Dazu gehört die Produktion und kostenlose Bereitstellung von Dienstleistungen aus verschiedenen Bereichen (vgl. S. 329–333) zusammen mit den dazu erforderlichen Investitionen wie Bau von Straßen, Schul- und Verwaltungsgebäuden;
7. Soziale Sicherung durch Umverteilung von Einkommen und Vermögen (vgl. S. 310–315), wobei auch eine gleichmäßigere Verteilung angestrebt wird;
8. Förderung der Konsumenteninteressen. Hierzu gehören Produktionsverbote und Maßnahmen zur Zurückdrängung für schädlich gehaltener Konsumgüter ebenso wie Bereitstellung von Informationen über Konsumgüter (vgl. S. 338–340);
9. Sicherstellung der Versorgung, in der Bundesrepublik beispielsweise durch Unterhaltung der Einfuhr- und Vorratsstellen und durch Vorschriften über Lagerhaltung von Mineralöl und seiner Produkte;
10. Umweltschutz. Maßnahmen sind hier generell Vorschriften, mit denen die Verschmutzung von Luft, Wasser und Land mit Abfällen aller Art eingeschränkt oder verhindert werden soll (vgl. S. 317–319);
11. Änderung der Bevölkerungsgröße oder -struktur. Maßnahmen beziehen sich auf die Beeinflussung der Geburtenzahl, der Ein- und Auswanderung und der Zahl der ausländischen Arbeitskräfte.

Zur genauen Definition eines Ziels gehört zweierlei. Erstens muß die Zielvariable genannt werden, die nach Möglichkeit eine leicht zu beobachtende und auch tatsächlich von einer unabhängigen Institution beobachtete Variable sein soll. Zweitens ist der Wert oder Bereich anzugeben, bei dem oder innerhalb dessen das Ziel als erreicht gelten soll. Im folgenden werden nur die unter Nr. 1 bis 4 genannten Ziele erörtert. Als Beispiel wird in der Hauptsache die Bundesrepublik Deutschland herangezogen, da hier der Gesetzgeber die Regierung 1963 indirekt, 1967 direkt auf diese Ziele verpflichtet hat. Nach § 2 des *Gesetzes über die Bildung eines Sachverständigenrates zur Begutachtung der gesamtwirtschaftlichen Entwicklung* vom 14. August 1963 (BGBl. I, S. 685) soll der Rat „die jeweilige gesamtwirtschaftliche Lage und deren absehbare Entwicklung darstellen“ und dabei „untersuchen, wie im Rahmen der marktwirtschaftlichen Ordnung gleichzeitig Stabilität des Preisniveaus, hoher Beschäftigungsstand und außenwirtschaftliches Gleichgewicht bei stetigem und angemessenem Wachstum gewährleistet werden können.“ Dieser indirekten Festlegung der Ziele folgte in § 1 des Stabilitätsgesetzes die zentrale konjunkturpolitische Handlungsanweisung:

„Bund und Länder haben bei ihren wirtschafts- und finanzpolitischen Maßnahmen die Erfordernisse des gesamtwirtschaftlichen Gleichgewichts zu beachten. Die Maßnahmen sind so zu treffen, daß sie im Rahmen der marktwirtschaftlichen Ordnung gleichzeitig zur Stabilität des Preisniveaus, zu einem hohen Beschäftigungsstand und außenwirtschaftlichem Gleichgewicht bei stetigem und angemessenem Wirtschaftswachstum beitragen."

Zudem gibt die Bundesregierung die Werte der Zielvariablen seit 1968 numerisch an, bei denen sie die jeweiligen Ziele als erreicht ansieht oder die sie für unvermeidlich hält.[9]

4. Vollbeschäftigung. Das Ziel der Vollbeschäftigung bezieht sich auf den Produktionsfaktor Arbeit. Es enstand als politische Forderung im Anschluß an die Weltwirtschaftskrise von 1929−1933, während der es zu außerordentlich hoher Arbeitslosigkeit in den westlichen Industrieländern kam. Tabelle 6.1 enthält Angaben für acht Länder, die allerdings wegen unterschiedlicher Definitionen und Erhebungsverfahren von Land zu Land kaum vergleichbar sind. Die Arbeitslosigkeit sank in den Vereinigten Staaten auch in den folgenden Jahren nicht unter 14 v. H. und stieg im Verlauf einer erneuten Depression 1938 wieder auf 19,1 v. H.[10] Im Deutschen Reich wurde der Höhepunkt der Arbeitslosigkeit Ende Januar 1933 mit 6013612 bei den Arbeitsämtern gemeldeten arbeitslosen Personen bei 11487211 beschäftigten Arbeitnehmern gemessen.[11] Das entspricht einer Arbeitslosenquote von 34,4 v. H., die 1972 in der Bundesrepublik 7,77 Mill. Arbeitslose statt der tatsächlich registrierten 246000 bedeutet hätte. Die Folgen der Massenarbeitslosigkeit waren politische Umbrüche, Mißtrauen in das marktwirtschaftlich-kapitalistische System, die Erkenntnis der Notwendigkeit staatlicher Eingriffe in den Wirtschaftsablauf und auch eine Krise der Volkswirtschaftslehre. Seitdem wird es international fast unbestritten als wirtschaftspolitische Hauptaufgabe jeder Regierung angesehen, für Vollbeschäftigung zu sorgen. Seit den vierziger Jahren wird das Ziel daher auch in vielen offiziellen Dokumenten genannt.[12]

Tabelle 6.1 – *Arbeitslosigkeit in acht Industrieländern 1930–1934*
jahresdurchschnittliche Arbeitslosenquoten

	1930	1931	1932	1933	1934
Deutsches Reich	15,7	23,9	30,5	26,5	15,1
Frankreich	1,6	3,1	5,6	5,6	7,2
Großbritannien	12,0	12,8	13,3	10,8	9,5
Italien	3,3	5,0	5,6	5,6	.
Niederlande	4,3	9,6	12,8	14,3	14,3
Schweiz	1,2.	2,6	4,2	4,9	4,6
Kanada	13,4	14,8	17,0	14,5	10,9
Vereinigte Staaten	15,5	20,5	24,6	22,0	24,6

Quelle: Deutsches Reich berechnet nach E. WAGEMANN (Hg.): Konjunkturstatistisches Handbuch 1936. Berlin 1935, S. 12, 16. Andere Länder nach WiSta 1932, S. 242; 1933, S. 212; 1934, S. 318; 1936, S. 45.

---

[9] Vgl. zur ersten Einführung VRW[3], S. 121−125.
[10] GORDON [6.16], S. 47.
[11] Statistisches Reichsamt (Hg.): Statistisches Jahrbuch für das Deutsche Reich, 55 Jg. 1936, S. 323, 335.
[12] Vgl. VRW[3], S. 25 f. für einige Belege.

Auch Arbeitslosigkeit geringeren Ausmaßes, wie sie heute auftritt, bedeutet, daß Produktionsmöglichkeiten und damit eine höhere Güterversorgung nicht wahrgenommen werden, sofern die komplementären Produktivleistungen zur Verfügung stehen. Arbeitslosigkeit oder die Furcht vor ihr erzeugt Widerstand gegen die Realisierung arbeitsparenden technischen Fortschritts und behindert damit das wirtschaftliche Wachstum. Vor allem aber bedeutet sie eine erhebliche Benachteiligung der Betroffenen, die durch Leistungen der sozialen Sicherung (vgl. S. 312) nicht voll ausgeglichen wird.

Die zu jedem Zeitpunkt vorhandene Arbeitslosigkeit läßt sich nach ihren Ursachen wie folgt unterteilen:

— *Konjunkturelle Arbeitslosigkeit.* Sie wird durch gleichzeitige Nachfragedefizite auf vielen Märkten verursacht, wie sie im Laufe konjunktureller Abschwünge und Depressionen auftreten. Sie zeigt sich daher in vielen oder allen Wirtschaftszweigen und kann durch allgemeine konjunkturbelebende Maßnahmen bekämpft werden. Im Gegensatz dazu erfordern die nachstehend genannten Arten der Arbeitslosigkeit jeweils gezielte Einzelmaßnahmen.

— *Saisonale Arbeitslosigkeit.* Ursachen hierfür sind im Jahresablauf wiederkehrende Schwankungen beispielsweise der Witterung, infolge derer die Bautätigkeit und damit die Beschäftigung im Winter zurückgeht. Während der sommerlichen Urlaubzeit geht die Nachfrage nach Arbeitskräften zurück, da dann die Produktionstätigkeit in manchen Betrieben ruht, die daher während dieser Zeit auch keine Arbeitslosen einstellen. Die Saisonarbeitslosigkeit im Baugewerbe kann durch technische Maßnahmen zur Förderung des Bauens im Winter gemildert werden.

— *Strukturelle Arbeitslosigkeit.* Sie kann partiell sein und betrifft dann einzelne Wirtschaftszweige, Berufe und Regionen. Läßt die Nachfrage nach den Erzeugnissen eines Wirtschaftszweiges dauerhaft nach, beispielsweise wie beim Kohlenbergbau infolge des Vordringens von Substituten, und kann die Beschäftigungswirkung nicht durch einen Einstellungsstopp und/oder schnelleres Ausscheiden älterer Arbeitnehmer aus dem Arbeitsleben aufgefangen werden, so entsteht strukturelle Arbeitslosigkeit in diesem Wirtschaftszweig. Häufig geht damit auch der Verlust von Arbeitsplätzen für bestimmte Berufe einher, so in dem genannten Beispiele für Bergarbeiter. Ausmaß und Dauer der strukturellen Arbeitslosigkeit hängen mit von der regionalen und interindustriellen Mobilität der Arbeitnehmer ab. Gegenmaßnahmen sind einerseits Subventionen an die Unternehmen des betroffenen Wirtschaftszweiges, um den Anpassungsprozeß zu verzögern, anderseits Umschulungshilfen für Arbeitnehmer. Strukturelle Arbeitslosigkeit kann auch bei starkem arbeitsparendem technischem Fortschritt in einer Branche entstehen, wenn dessen Einfluß nicht oder nicht hinreichend durch Nachfragesteigerungen kompensiert wird.[13] Man nennt sie dann auch *technologische Arbeitslosigkeit.* Häufig ist die Arbeitslosigkeit in einigen Regionen eines Landes ständig höher als in anderen. Nach einer Statistik des Sachverständigenrates war beispielsweise die Arbeitslosenquote in ausgewählten Randbezirken Bayerns und Nieder-

---

[13] Vgl. VRW[3], S. 277f. Dies wurde früher als „Freisetzung des Arbeiters durch die Maschine" bezeichnet, führte zur Hypothese über die industrielle Reservearmee bei MARX (vgl. S. 102) und veranlaßte Arbeiter gelegentlich zur Zerstörung von Maschinen.

sachsens von 1964 bis 1972 vier- bis fünfmal so hoch wie im Bundesdurchschnitt, während sie in den Ballungsräumen ebenso systematisch darunter lag.[14] Als Gegenmaßnahmen sind hier in der Bundesrepublik regional gezielte Investitionsförderungsmaßnahmen getroffen worden.

Neben solchen Formen partieller gibt es auch eine generelle strukturelle Arbeitslosigkeit, die durch den Mangel an komplementären Produktionsfaktoren gekennzeichnet ist. Sie entstand beispielsweise Anfang der fünfziger Jahre in der Bundesrepublik infolge der Zuwanderung von Erwerbspersonen aus der DDR und den Ostgebieten. In Großbritannien stellte die Regierung Anfang 1974 eine Energieverknappung fest und setzte die Zahl der Arbeitstage je Woche in vielen Wirtschaftszweigen zeitweilig auf drei herab. Solche Arbeitslosigkeit ist auch für Entwicklungsländer typisch, denen es an Realkapital fehlt. Sie nimmt dort häufig die Form *verborgener* (oder *latenter*) *Arbeitslosigkeit* an: Ein Teil der in der Landwirtschaft Tätigen wird nicht als arbeitslos registriert, könnte aber ohne Verringerung der landwirtschaftlichen Produktion abgezogen werden.

– *Friktionsarbeitslosigkeit.* Die bisher genannten Ursachen der Arbeitslosigkeit können als gesamt- oder teilwirtschaftliche bezeichnet werden. Daneben gibt es einzelwirtschaftliche Ursachen: Personen sind vorübergehend arbeitslos, wenn sie nach Abschluß ihrer Ausbildung oder ihres Wehrdienstes ihre erste Stelle suchen; wenn sie freiwillig ihren Arbeitsplatz aufgegeben haben, um beispielsweise den Wohnort zu wechseln; wenn sie entlassen worden sind, weil ihr Unternehmen Konkurs machte oder die Produktion einschränkte; oder während sie Umschulungslehrgänge besuchen. Allein aus diesen Gründen der zeitlichen und räumlichen Anpassung muß es in einer großen und räumlich ausgedehnten Volkswirtschaft wie in der Bundesrepublik immer Arbeitlose geben, und diese unvermeidliche Art von Arbeitslosigkeit ist als normal anzusehen. Man nennt sie auch *Fluktuations-* (oder *Reibungs-*) *Arbeitslosigkeit.* Hinzu kommt eine Art scheinbarer Arbeitslosigkeit, die beispielsweise in der Bundesrepublik darauf beruht, daß als arbeitsuchend gemeldete Personen, die mindestens 59 Jahre alt sind, nach einjähriger Arbeitslosigkeit vorzeitig Altersrente beanspruchen können. Andere lassen sich Arbeitslosengeld so lange wie möglich auszahlen und verlassen dann den Arbeitsmarkt. Da diese Art von Arbeitslosigkeit nicht zu beseitigen ist, nennt man sie *Bodensatz-Arbeitslosigkeit.* Zu ihr zählen auch die aus Gesundheits-, Alters- und anderen Gründen schwerverwendbaren Arbeitslosen.

Das Problem der Definition des Ziels Vollbeschäftigung besteht in der Festlegung der Zahl der Arbeitslosen, die als normal und unvermeidlich anzusehen ist. Sie sollte nur die Friktions- einschließlich der Bodensatzarbeitslosigkeit umfassen, da die anderen Arten der Arbeitslosigkeit, vielleicht mit Ausnahme von Teilen der saisonalen und kurzfristig der technologischen Arbeitslosigkeit, durch wirtschaftspolitische Maßnahmen beseitigt werden können. Die Zahl der Arbeitslosen wird gewöhnlich zu Zahlen in Beziehung gesetzt, die die Beschäftigten enthalten, woraus sich verschiedene Definitionen einer *Arbeitslosenquote* ergeben. Diese ist in der Bundesrepublik definiert als

$$\text{Arbeitslosenquote} = \frac{\text{Zahl der Arbeitslosen}}{\text{Zahl der abhängigen Erwerbspersonen}}.$$

[14] SR-Gutachten 1972/73, Ziffer 158.

Abhängige Erwerbspersonen sind zu jedem Zeitpunkt die abhängig Beschäftigten zuzüglich der Arbeitslosen, die ihrerseits als die bei den Arbeitsämtern als arbeitslos registrierten Personen definiert sind. Die Quote kann auch für Berufe und Regionen angegeben werden. Das Ziel der Vollbeschäftigung ist *operationalisiert*, das heißt meßbar definiert, wenn die zuständige wirtschaftspolitische Instanz angibt, innerhalb welcher Grenzen sich diese Quote im Jahresdurchschnitt bewegen soll. In seiner maßgebenden Untersuchung des Arbeitslosenproblems schlug Beveridge 1944 für diese Quote für Großbritannien den Wert von 3 v.H. der erwerbstätigen Bevölkerung vor. Je 1 v.H. sollten dabei auf saisonale, Friktions- und strukturelle Arbeitslosigkeit infolge Schwankungen der Exportnachfrage entfallen.[15] Die Bundesregierung hat das Ziel seit 1968 gemäß ihren Jahreswirtschaftsberichten als erfüllt angesehen, wenn die Arbeitslosenquote bei normalem Winterwetter zwischen 0,7 und 1,2 v.H. lag. Für 1974 wurde als Sollwert eine Begrenzung auf 2 v.H. festgelegt.[16] In anderen Ländern werden im allgemeinen andere Sätze genannt, was mit der Verwendung anderer Definitionen zusammenhängen kann. Beispielsweise wird in den Vereinigten Staaten Vollbeschäftigung dann als gegeben angesehen, wenn die Arbeitslosenquote, deren Nenner gemäß der dortigen Definition die gesamte Erwerbsbevölkerung einschließlich der Selbständigen enthält, unter 4 v.H. liegt.[17] Solche Unterschiede beruhen vielfach auf unterschiedlichen Erhebungsverfahren und erschweren dann den internationalen Vergleich. So gilt etwa in den Vereinigten Staaten als arbeitslos, wer bei monatlichen Stichprobenbefragungen von Haushalten angibt, er habe während der Referenzwoche nicht wenigstens eine Stunde außerhalb seiner Wohnung gegen Bezahlung gearbeitet. Außerdem zählen Personen dazu, die krankheitshalber oder deswegen keine Arbeit suchen, weil sie nicht hoffen, in ihrem Beruf oder an ihrem Wohnort Arbeit zu finden.[18] Solche Definitionen erschweren in vielen Fällen die Entscheidung darüber, ob jemand als arbeitsuchend oder nicht zur Erwerbsbevölkerung zählend erfaßt werden soll. Die Arbeitslosenquote in den Vereinigten Staaten ist damit mit der in der Bundesrepublik nicht vergleichbar.

Die Arbeitslosenquote ist ein grobes Maß mit beschränkter Aussagekraft. Wer in der Bundesrepublik die Registrierung unterläßt, weil er auf eigene Faust Arbeit

---

[15] W. H. Beveridge: Full Employment in a Free Society. New York 1945, S. 127f.

[16] Jahreswirtschaftsbericht 1974 der Bundesregierung, Ziffer 5.

[17] Programs for Action in the Sixties: Goals for Americans. Comprising The Report of the President's Commission on National Goals and Chapters Submitted for the Consideration of the Commission. Ohne Ort 1960, S. 10. – Economic Report of the President, Transmitted to the Congress January 1969. Together with The Annual Report of the Council of Economic Advisers. Washington 1969, S. 64. – Heller [1.16], S. 54–56.

[18] Zur Arbeitslosenstatistik in den Vereinigten Staaten vgl. A. Rees: The Measurement of Unemployment. In: Studies in Unemployment [6.14], S. 17 – 35; sowie Doody [6.36], S. 15. Die Angabe des Befragten über seine negative Einschätzung der Chance, in seinem Beruf oder Wohnort Arbeit zu finden, muß von ihm vorgebracht werden; sie wird nicht erfragt. Würde sie erfragt, so glaubt man, daß viele der Befragten auch wahrheitswidrig die Angabe als Rechtfertigung für ihre Arbeitslosigkeit benutzen würden. Vgl. Rees, a.a.O., S. 20, 35. Hieraus kann man schließen, daß die Kenntnis der Erhebungstechniken einer Statistik seitens der Befragten deren Ergebnisse ändern würde – eine auch in anderen Hinsichten zu beobachtende (vgl. etwa S. 284) Besonderheit der Sozialwissenschaften gegenüber den Naturwissenschaften.

sucht oder weil er vielleicht nur halbtags arbeiten möchte und sie daher oder aus anderen Gründen, etwa wegen verbreiteter Arbeitslosigkeit, für zwecklos hält, wird statistisch nicht erfaßt. Die Arbeitslosigkeit wird dann unterschätzt. Soll jemand als arbeitslos gelten, und wenn ja wie lange, der ihm angebotene Stellen ablehnt, weil sie vielleicht seinen Ansichten über seine Qualifikation oder seinem gewünschten Wohnort nicht entsprechen? In der Rezession von 1967 und wieder 1974 zeigte sich, daß die Arbeitslosenquote das Ausmaß des Beschäftigungsrückgangs vor allem deswegen nicht voll wiedergab, weil in ihr weder Kurzarbeit noch der Rückgang der Beschäftigung von Ausländern erfaßt werden, wenn diese in ihre Heimatländer zurückkehren. Besonders diese Erscheinung dürfte auch in Zukunft eine wichtige Rolle spielen. Sie bedeutet ebenso wie die Nichtregistrierung als Arbeitsloser, daß die Zahl im Nenner der Quote, je nach Definition also die abhängigen Erwerbspersonen oder die Erwerbsbevölkerung, in einer Rezession zurückgeht. Anderseits wird in der Quote Überstunden- und Schwarzarbeit nicht erfaßt. Insgesamt gilt, daß mit einer Änderung der Arbeitslosenquote jeweils eine überproportionale Änderung des Beschäftigungsvolumens in entgegengesetzter Richtung einhergeht: Sinkt die Quote, so gehen Kurzarbeit und versteckte Arbeitslosigkeit zurück, Überstundenarbeit nimmt zu, bisher nicht Erwerbstätige und Ausländer nehmen Arbeit an;[19] und umgekehrt.

Schließlich sind bei einer Analyse des Arbeitsmarkts die offenen Stellen zu berücksichtigen. Obwohl deren Zahl mit Vorbehalten zu interpretieren ist – sie gibt nicht die gesamte Nachfrage nach Arbeitskräften an, kann aber anderseits vorsorglich gestellte Anforderungen bei den Arbeitsämtern enthalten, weil die Meldung offener Stellen kostenfrei ist und auch nicht zur Einstellung daraufhin vermittelter Arbeitskräfte verpflichtet – bildet sie ebenfalls einen Indikator für die Situation auf dem Arbeitsmarkt. Schon BEVERIDGE schlug vor, Vollbeschäftigung so zu definieren, daß die Zahl der offenen Stellen die Zahl der Arbeitslosen übersteigen solle.[20] Ein aus der Zahl der offenen Stellen und der Zahl der Arbeitslosen gebildeter Quotient läge dann über eins. Anderseits kann das Ziel der Vollbeschäftigung auch dann nicht als befriedigend erfüllt angesehen werden, wenn die Zahl der offenen Stellen die Zahl der Arbeitslosen wesentlich übersteigt. Diese für die Hochkonjunktur typische Situation eines Nachfrageüberschusses auf dem Arbeitsmarkt (häufig sprachlogisch nicht einwandfrei als „Überbeschäftigung" bezeichnet) geht meist mit verstärkten Preissteigerungen einher und kennzeichnet damit eine das Ziel der Preisstabilität gefährdende Situation. Außerdem führt sie in der Bundesrepublik zu verstärkter Anwerbung ausländischer Arbeitskräfte und schafft damit längerfristig neue Probleme.

5. Preisstabilität. Auch die Vorstellung, daß Preisstabilität (genauer: Preisniveaustabilität) ein anzustrebendes Ziel sei, entstand in der Zwischenkriegszeit. In der ersten Hälfte der zwanziger Jahre ließen Regierungen und Zentralbanken mehrerer Länder Hyperinflationen zu, die den Realwert großer Teile des Geldvermögens vernichteten, mit massiven Vermögensumverteilungen zugunsten der Sachwertbesitzer einhergingen, schließlich die wirtschaftliche Aktivität lähmten

---

[19] Vgl. SR-Gutachten 1967/68, Ziffer 249.
[20] W. H. BEVERIDGE, a. a. O., S. 18.

und durch Währungsreformen beseitigt werden mußten. Die folgenden Zahlen lassen das Ausmaß einer solchen Inflation erkennen. Während der Einzelhandelspreis für Butter 1913/14 im Deutschen Reich bei 2,70 Mark je kg lag[21], betrug er 1922 im Januar 92 Mark, im Juli 204 Mark, im Dezember 3000 Mark. Auf dem Höhepunkt der Hyperinflation kosteten am 26. November 1923 in Berlin 1 kg Kartoffeln 84 Mrd. Mark, 1 Ei 320 Mrd. Mark, 1 Liter Vollmilch 280 Mrd. Mark. Der tarifliche Wochenlohn von Maurern und Zimmerern betrug im November 1923 im Reichsdurchschnitt 19,61 Bill. Mark. Die damalige Reichsindexziffer für die Lebenshaltungskosten mit der Basis 1913/14 = 100 erreichte am 26. November 1923 ihren Höchststand mit $1,535 \cdot 10^{14}$. Der Papiergeldumlauf einschließlich Notgeld betrug Ende November 1923 rund $520 \cdot 10^{18}$ (520 Trillionen) Mark. Ähnliche Katastrophen ereigneten sich in weiteren europäischen Ländern (vgl. S. 185 f.).

Nur wenige Jahre später zeigte sich die entgegengesetzte Erscheinung. Im Verlauf der Weltwirtschaftskrise sanken die Preise im Deutschen Reich, gemessen an der damaligen Indexziffer der Großhandelspreise (1913 = 100) von 137,2 im Jahresdurchschnitt 1929 um 32 v.H. auf 93,3 im Jahre 1933; gemessen an der Reichsindexziffer der Lebenshaltungskosten (1913/14 = 100) von 154,0 (1929) um 23 v.H. auf 118,0 (1933).[22]

Preisstabilität mußte nach solchen Erfahrungen als erstrebenswertes Ziel gelten. Als wirtschaftspolitisches Ziel kann sie nicht bedeuten, daß alle, beliebig herausgegriffene oder auch bestimmte als wichtig angesehene Preise im Zeitablauf konstant bleiben sollen. Eine solche Preiskonstanz wäre in einer wachsenden Marktwirtschaft weder erreichbar noch wünschenswert, da sie die Preise ihrer Lenkungsfunktion berauben würde. Das Ziel kann nur so interpretiert werden, daß der Durchschnitt der zeitlichen Änderungen einer größeren Anzahl von Preisen bei null liegen soll, so daß ein Preisindex im Zeitablauf konstant bleibt.

Das Problem gewinnt einen weiteren Aspekt, wenn man den reziproken Wert des relevanten Preisindex als Maß für den *Geldwert* oder die *Kaufkraft* des Geldes ansieht. *Geldwertstabilität* kann dann auf zwei Arten interpretiert werden: Als innere und als äußere Geldwertstabilität. Der Binnenwert des Geldes hängt von der zeitlichen Entwicklung der Inlandspreise, der Außenwert von der Entwicklung der Preise ausländischer Güter und der Währungskurse ab. Zur Messung des Binnenwertes kommen im wesentlichen zwei Arten von Indizes in Betracht:
— Preisindizes für das Sozialprodukt oder seine Komponenten,
— Preisindizes für die Lebenshaltung.
Hauptprobleme solcher Indizes[23] liegen darin, daß Geld von verschiedenen Bevölkerungsgruppen zu unterschiedlichen Zwecken verwendet wird, und daß sich die *Preisstruktur* ständig ändert.

Die Bundesregierung entschied sich bei der erstmaligen Quantifizierung der

---

[21] Diese und die folgenden Angaben zur Inflation aus WiSta, 3. Jg. 1923, S. 46, 148, 726; 4. Jg. 1924, S. 1, 12, 25.

[22] E. WAGEMANN (Hg.): Konjunkturstatistisches Handbuch 1936. Berlin 1935, S. 99, 107.

[23] Vgl. VRW³, S. 124 über den Preisindex des Sozialprodukts, S. 289—292 über Preisindizes für die Lebenshaltung.

vier Ziele des Stabilitätsgesetzes, das Ziel der Preisstabilität anhand des Preisindex für das Sozialprodukt und als Punktziel zu definieren. In den „Erläuterungen zur Projektion der allgemeinen Wirtschaftsentwicklung bis zum Jahre 1971" vom 12. Mai 1967 heißt es[24], das Ziel entspräche „einer Differenz der Zunahme des nominalen Bruttosozialprodukts zum Wachstum des realen Bruttosozialprodukts von 1 v. H." Da sich das Ziel so nicht realisieren ließ, ging die Bundesregierung ab 1970 dazu über, Bereiche für die als unvermeidbar angesehenen Preissteigerungsraten anzugeben. Ebenfalls seit 1970 wurde die Preisentwicklung für den privaten Verbrauch in die Definition einbezogen, und seit 1971 ist daneben nicht mehr vom Preisindex des Sozialprodukts, sondern vom Preisniveau der Inlandsnachfrage die Rede. Damit wurde die Entwicklung der Exportpreise aus der Definition ausgeschlossen. Schließlich wurde das Ziel relativiert: Im Jahreswirtschaftsbericht 1971 wurde eine durchschnittliche Zuwachsrate des Preisniveaus der Inlandsnachfrage von 2,5 v. H. bis 2 v. H., im Jahreswirtschaftsbericht 1972 eine solche von 3 v. H. bis 3,5 v. H. als unvermeidbar angesehen. Dies sind jeweils Durchschnittswerte für Projektions-Jahrfünfte. Die Projektionen für das jeweilige erste Jahr dieser Jahrfünfte mußten stärker relativiert werden: Angestrebt wurde jeweils eine Reduzierung der Preissteigerungsrate des Vorjahres, und zwar 1971 auf 3 v. H., 1972 auf 4,5 v. H., 1973 auf 5,5 v. H. bis 6 v. H.[25] Für 1974 wurde angestrebt, den Anstieg der Verbraucherpreise im Jahresdurchschnitt zwischen 8 v. H. und 9 v. H. zu halten.[26]

Tabelle 6.2 – *Preissteigerungsraten in ausgewählten Ländern, 1951–1973* durchschnittliche Änderungen von Preisindizes für Konsumgüter gegenüber dem Vorjahr in v. H.

Land	1951–1955	1956–1960	1961–1965	1966–1970	1971–1973
Bundesrepublik Deutschland	2,0	1,8	2,8	2,6	5,9
Frankreich	5,6	5,8	3,9	4,3	6,3
Großbritannien	5,6	2,8	3,4	4,6	8,6
Italien	4,3	2,0	4,8	3,0	7,1
Niederlande	3,1	3,0	3,7	4,9	7,8
Schweiz	1,6	1,1	3,2	3,6	6,5
Japan	6,6	1,7	6,2	5,5	7,4
Kanada	2,6	1,9	1,6	3,8	5,1
Vereinigte Staaten	2,2	1,9	1,2	4,2	4,6
Durchschnitt	3,7	2,4	3,4	4,1	6,6

Quelle: Stat. Jb. BRD, mehrere Jahrgänge.

Ständige Preissteigerungen und damit Verletzungen des Ziels Preisstabilität sind seit dem Ende des zweiten Weltkrieges in praktisch allen westlichen Ländern zu beobachten. Tabelle 6.2 zeigt dies für neun wichtige Länder und macht deut-

[24] Veröffentlicht als Anlage 1 zum Jahreswirtschaftsbericht 1968 der Bundesregierung vom 25. Januar 1968. Deutscher Bundestag, Drucksache V/2511, S. 23.
[25] Jahreswirtschaftsbericht 1971, Ziffer 50; 1972, Ziffer 36; 1973, Ziffer 5.
[26] Jahreswirtschaftsbericht 1974, Ziffer 5.

lich, daß sich die Geldentwertung seit der zweiten Hälfte der sechziger Jahre und erst recht seit Beginn der siebziger Jahre beschleunigt.

Welche Folgen treten ein, wenn das Ziel der Preisstabilität nicht in Gestalt einer Hyperinflation, sondern dergestalt nicht erreicht wird, daß das Preisniveau ständig um jährliche Sätze wie die von Tabelle 6.2 steigt? Die wichtigsten sind:

— Die Einkommen der sozioökonomischen Gruppen werden mit unterschiedlichen Verzögerungen an Preissteigerungen angepaßt oder nehmen diese in unterschiedlichem Maße vorweg. Damit ändert die Inflation die Verteilung des Realeinkommens.

Benachteiligte Gruppe sind vor allem die Bezieher von Einkommen aus Vermögen, soweit es sich dabei um festverzinsliche Forderungen handelt. Verzögert angepaßt werden in der Bundesrepublik vor allem die Übertragungseinkommen der Sozialrentner, aber auch Gebührensätze freiberuflich tätiger Ärzte und Rechtsanwälte. Relativ und absolut bevorzugt werden durch die Inflation in erster Linie die Empfänger von Einkommen aus Unternehmertätigkeit derjenigen Unternehmen, deren Preise am schnellsten steigen; in zweiter Linie die Arbeitnehmer der Wirtschaftszweige, deren Preise überdurchschnittlich zunehmen, sofern die Gewerkschaften Anpassungen der Nominallöhne durchsetzen.

— Der reale Wert nominell feststehender Forderungen sinkt. Außerdem steigt bei gefestigten Erwartungen auf eine Fortdauer der Inflation die Nachfrage nach Gegenständen des Sachvermögens. Die Inflation ändert daher die Vermögensverteilung.

Wer 1962 in der Bundesrepublik 10 000 DM auf ein Sparkonto einzahlte, erhielt für diesen Betrag 1972 angesichts einer Steigerung des Preisindex für die Lebenshaltung aller privater Haushalte im selben Zeitraum von 100 auf 137,9 nur noch 72,5 v.H. des Warenkorbes von 1962.

Eine weitere Vermögensumverteilung ergibt sich aus der mit einer ständigen Inflation einhergehenden allgemeinen Zinssteigerung. Diese tritt ein, wenn sich Kreditanbieter und -nachfrager auf die Inflation einstellen. Die Nachfrager kalkulieren die Wertminderung des Kreditbetrages ein und sind bereit, höhere Zinssätze zu bieten; die Anbieter tun dasselbe und verlangen einen Ausgleich für die Geldentwertung. Außerdem vermindert sich das Angebot festverzinslicher Kredite wegen des allgemeinen Bestrebens, in sachwertgesicherte Anlagen überzuwechseln. Mit der Zinssteigerung sinken die Kurse festverzinslicher Wertpapiere (vgl. S. 62—64), so daß deren Inhaber Verluste erleiden, wenn sie Papiere vor ihrer Tilgung verkaufen. Dieser Effekt betrifft die Inhaber festverzinslicher Papiere, soweit diese vor einer nachhaltigen inflationsbedingten Zinssteigerung gekauf wurden. Bleiben Inflationsrate und damit Zins konstant, tritt er nicht auf.

— Das Steueraufkommen steigt stärker als bei Preisstabilität.

Dieser Effekt macht sich besonders bei der Einkommensteuer bemerkbar und zeigt sich auf zweierlei Art: Da mit den Preisen auch die meisten Einkommen steigen, wird die steuermindernde Wirkung von Freigrenzen und Freibeträgen immer geringer, und es wachsen immer mehr Einkommen von der unteren Proportionalzone in die erste Progressionszone hinein oder steigen in den Progressionszonen auf (vgl. S. 139—141). So stieg in der Bundesrepublik der Anteil der Lohnsteuer am Bruttoeinkommen aus unselbständiger Arbeit, wenn auch nicht nur wegen der Inflation, von 5,5 v.H. 1960 über 6,9 v.H. 1965 und 10,3 v.H. 1970 auf 12,8 v.H. 1973.

6. Wirtschaftswachstum. Wirtschaftliches Wachstum, definiert etwa als ständige Zunahme des realen Bruttosozialprodukts je Kopf der Bevölkerung, wird erst seit dem zweiten Weltkrieg als wirtschaftspolitisches Ziel genannt. Vermutlich haben die Probleme der Entwicklungsländer und der Systemwettbewerb zwischen West und Ost zur Entstehung dieser Zielvorstellung ebenso beigetragen wie die Wachstumstheorie, die als Erweiterung des KEYNESschen Systems während der gleichen Zeit in Wechselwirkung mit wirtschaftspolitischen Wachstumsproblemen entstand. Das Ziel wird im wesentlichen wie folgt begründet, das heißt auf Ziele zurückgeführt, die in der Hierarchie der Ziele näher bei den Endzielen liegen:
- Wirtschaftswachstum erhöht die Konsumgüterversorgung und damit die Wohlfahrt;
- Wachstum ermöglicht die Verringerung der wöchentlichen, jährlichen und Lebens-Arbeitszeit und gewährt damit mehr Freizeit und Freiheit der Lebensgestaltung;
- Soweit die Produktivitätszunahme nicht restlos in mehr Freizeit umgesetzt werden soll, ist Wachstum Voraussetzung für Vollbeschäftigung;
- Wachstum ermöglicht über entsprechende Strukturänderungen eine Ausdehnung der Kollektivgüterproduktion, ohne daß die Versorgung mit privaten Gütern eingeschränkt werden muß;
- Wachstum ermöglicht Entwicklungshilfe ohne Einschränkung der heimischen Güterversorgung;
- Wachstum entschärft den Verteilungskampf um Einkommen und Vermögen, da es eine marginale Umverteilung ermöglicht, ohne in absolute Besitzstände einzugreifen. Es stabilisiert infolgedessen das Wirtschaftssystem;
- Wachstum wird von allen Ländern angestrebt und muß daher auch vom eigenen Land als Ziel angenommen werden, da dieses sonst beim internationalen Lebensstandard-Vergleich zurückfallen und damit an Ansehen einbüßen würde. Das Argument ist besonders beim Vergleich der Wirtschaftssysteme wichtig: Das System mit den ständig höheren Wachstumsraten gilt als überlegen.

Diese Aufzählung enthält implizit auch die als nachteilig angesehenen Situationen, wenn das Ziel nicht angestrebt oder nicht erreicht wird.

Die Höhe der jährlichen Wachstumsraten hängt entscheidend von der Investitionstätigkeit ab. Da der größte Teil der Investition in einer kapitalistischen Marktwirtschaft auf Grund privater Einzelentscheidungen vorgenommen wird, muß sich eine Regierung bei der Quantifizierung des Ziels an Erfahrungssätzen ausrichten. Die Bundesregierung hat in ihren Fünfjahresprojektionen zunächst ein jährliches Wachstum des realen Bruttosozialprodukts von 4 v.H., später von 4 v.H. bis $4\frac{1}{2}$ v.H. als Ziel genannt. Das ist sowohl im internationalen als auch im Vergleich zu den Wachstumsraten in der Bundesrepublik während der fünfziger Jahre (vgl. S. 124) eine eher bescheidene Zahl. Für 1973 wurden 4 v.H. bis 5 v.H., für 1974 nur 2 v.H. angegeben. Die Forderung nach einem „stetigen" Wachstum (vgl. S. 388) bedeutet dabei, daß die Konjunkturschwankungen in

Gestalt variierender Wachstumsraten (vgl. S. 124) möglichst geglättet werden sollen. Mögliche andere Definitionen des Ziels, wie Wachstum des realen Bruttosozialprodukts je Kopf der Bevölkerung oder des Produktionsergebnisses je Beschäftigten, sind von der Bundesregierung bisher nicht genannt worden. Die zweitgenannte Definition hätte den Vorteil, daß verlängerte Ausbildungszeiten und Herabsetzung von Altersgrenzen die Zielerreichung nicht beeinträchtigen würden.

Das Wachstumsziel wird in neuester Zeit unter mehreren Aspekten kritisiert:
– Das reale Bruttosozialprodukt ist kein geeigneter Wohlfahrtsindikator;
– Wachstum kann nicht als dauerhaftes Ziel aller Nationen angestrebt werden, da die Ressourcen der Erde begrenzt sind.

Eine Steigerung der Wohlfahrt wird konventionell durch eine Zunahme des realen Konsums je Kopf der Bevölkerung gemessen. Dabei bemüht man sich, durch Unterstellung von Transaktionen auch Vorgänge wie Produktion für den Eigenbedarf und das Wohnen in eigenen Häusern zu erfassen, die für die Güterversorgung wichtig sind, aber nicht zu Transaktionen führen.[27] Weitere Probleme entstehen vor allem bei der Bewertung staatlicher Dienstleistungen zu konstanten Preisen und der Frage, zu welchen Teilen kostenlos dargebotene öffentliche Güter als Vorleistungen für den Produktionsprozeß oder als Endverbrauch anzusehen sind.[28] Das Verfahren stößt jedoch vor allem auf zwei grundlegende Einwände. Erstens ist Wohlfahrt eine subjektive Größe. Sie wird für jeden Haushalt durch die Spanne bestimmt, die zwischen den Erwartungen über eine gewünschte und der tatsächlichen Versorgung besteht. Die Wohlfahrt ist um so höher, je kleiner diese Spanne ist, und sie sollte durch diese Spanne gemessen werden. Solange dies nicht möglich scheint, muß zwar die tatsächliche Versorgung als Wohlfahrtsindikator herangezogen werden, aber man sollte den prinzipiellen Mangel dieses Ansatzes im Auge behalten. Zweitens kann die Spanne nur bei gegebenen Erwartungen, die man auch mit den Bedürfnissen gleichsetzen kann, durch Mehrproduktion verringert werden. Viele Produzenten und darüber hinaus eine eigene Industrie bemühen sich aber, die Spanne zu vergrößern, indem sie neue Bedürfnisse schaffen und bestehende vergrößern und so die Wohlfahrt verringern.

Zieht man das reale Bruttosozialprodukt je Kopf als Indikator heran, so sind zwei Ansätze zu unterscheiden. Hat es sich wie in der Bundesrepublik von 1950 bis 1972 verdreifacht, so läßt sich daraus zweifelsfrei schließen, daß auch die Konsumgüterversorgung mindestens der Mehrheit der Bevölkerung erheblich zugenommen haben muß. Die Schwächen des realen Bruttosozialprodukts als Wohlfahrtsindikator zeigen sich jedoch bei dem zweiten Ansatz, nämlich bei einer kurzfristigen und marginalen Betrachtung. Das Sozialprodukt kann beispielsweise dadurch steigen, daß jeweils ceteris paribus nur die Investition oder der Export zunimmt oder der Import abnimmt. Eine solche Änderung der Realverteilung mag nicht sehr realistisch erscheinen. Eine vermehrte Konsumgüterversorgung kommt jedoch möglicherweise nur einem Teil der Bevölkerung zugute. Dies pauschal als Wohlfahrtssteigerung anzusehen, erfordert ein Werturteil,

---

[27] Vgl. VRW³, S. 152f.
[28] Vgl. VRW³, S. 111.

das nicht von jedermann geteilt wird (vgl. S. 385). Widersprechende Werturteile gelten beispielsweise auch für Rüstungsgüter: Werden die Ausgaben für die Landesverteidigung erhöht, so sehen manche in der vermehrten Versorgung mit diesem Kollektivgut eine Verringerung der Kriegsgefahr, während andere diese eben dadurch erhöht sehen. Schließlich kann bezweifelt werden, daß eine Zunahme der Konsumgüterproduktion bei jeder beliebigen Zusammensetzung des Sortiments wohlfahrtssteigernd wirkt. Dies trifft sicher nicht für schädliche Konsumgüter zu (vgl. S. 339f.) und wird, wiederum auf Grund bestimmter Werturteile, in bezug auf solche Konsumgüter bezweifelt, die für überflüssig gehalten werden (vgl. S. 337–339).

Wie sehr die Entscheidung, alle produzierten Güter mit Ausnahme der Vorleistungen unterschiedslos als Bestandteile des Sozialprodukts anzusehen, ihrerseits auf Werturteilen beruht und die Eignung des Sozialprodukts als Wohlfahrtsindikator beeinträchtigt, zeigt sich jedoch vor allem an der Notwendigkeit, zunehmend Güter zwecks Beseitigung schädlicher Folgen der Güterproduktion zu produzieren. Dies betrifft erstens die Fälle, in denen private und soziale Kosten der Produktion nicht übereinstimmen. Hier muß ein Teil des Sozialprodukts aufgewendet werden, Abfälle zu beseitigen sowie Luft-, Wasser- und Bodenverschmutzung zu reduzieren.[29] Diese Notwendigkeit wäre erst gar nicht entstanden, wenn das Sozialprodukt (ebenso wie die Bevölkerungsdichte) nicht so hoch wäre: Eine Chemiefabrik am Rhein würde wohl die Selbstreinigungskraft des Flusses nicht überfordern, Dutzende tun es gewiß. Ein Problem also, das bei niedriger Bevölkerungsdichte und geringem Einkommen keine Rolle spielt, nimmt progressiv an Bedeutung zu. Zweitens werden Menschen durch psychische Belastungen, die mit Leistungszwang und Arbeitsteilung einhergehen, an ihrer Gesundheit geschädigt. Aufwendungen zur Kompensation solcher Schäden werden als Zunahme des Sozialprodukts registriert: Es steigt auch mit zunehmendem Verbrauch von Schlaf- und Schmerztabletten im besonderen und medizinischen Leistungen im allgemeinen. Im Extrem kann das Sozialprodukt also noch wachsen, während die Wohlfahrt zurückgeht.

Zur Beseitigung solcher Unzulänglichkeiten werden zwei Verfahren vorgeschlagen. Man kann erstens das Sozialprodukt als Wohlfahrtsindikator beibehalten, jedoch die Aufwendungen zur Beseitigung von Schäden abziehen, die durch seine Herstellung oder seinen teilweisen Verbrauch entstehen. Das zweite Verfahren besteht darin, die Wohlfahrt nicht mehr nur durch einen noch dazu unzulänglichen Indikator wie das Sozialprodukt, sondern durch einen Satz von Indikatoren zu messen. Der Einwand, für die Auswahl solcher Indikatoren und ihre Gewichtung gebe es kein objektives Verfahren, ist richtig, gilt aber auch für das Sozialprodukt. Man geht bei der Definition eines Satzes von *Wohlfahrtsindikatoren* (auch *Sozialindikatoren* oder gesellschaftliche Kennzahlen genannt) gewöhnlich so vor, daß man zunächst Bereiche definiert, die für die Wohlfahrt als wichtig gelten, wie Ernährung, Gesundheitszustand und medizinische Versorgung, Ausbil-

---

[29] Auf Grund von Erhebungen des Deutschen Industrie- und Handelstages wurden die jährlichen Aufwendungen der Industrie der Bundesrepublik allein für Luftreinhaltung 1969 bis 1971 auf 1,1 Mrd. DM geschätzt. Vgl. Ifo-Schnelldienst Nr. 28 vom 12.7.1972, S. 15.

dungswesen, Wohnverhältnisse, Arbeitsbedingungen. Sodann werden aus jedem Bereich Einzelindikatoren — im Bereich Arbeitsbedingungen beispielsweise die wöchentliche, jährliche und Lebens-Arbeitszeit, die Zahl der Arbeitsunfälle und Berufskrankheiten — erstellt. Solche Indikatoren-Sätze eignen sich auch zu Systemvergleichen, sofern die hinter ihnen stehenden Werturteile offengelegt sind (vgl. S. 279 f.). Bei diesen Verfahren kann beispielsweise auch die Freizeit als Wohlfahrtsindikator berücksichtigt werden, deren Vermehrung das Sozialprodukt ceteris paribus senkt und daher negativ in Erscheinung tritt, wenn man dieses als alleinigen Indikator heranzieht.

Der zweite S. 397 genannte Aspekt der Kritik läßt sich etwa durch Rechnungen verdeutlichen, nach denen der jährliche Je-Kopf-Verbrauch der Vereinigten Staaten an wichtigen Rohstoffen, übertragen auf die Weltbevölkerung, schon heute den bekannten und derzeit abbauwürdigen Gesamtbestand dieser Rohstoffe übersteigt. Das führt zu dem Werturteil, daß die Vereinigten Staaten und in geringerem Maße alle entwickelten Länder zu Lasten sowohl der weniger entwickelten Nationen als auch späterer Generationen einen unangemessen hohen Anteil der Welt-Ressourcen für sich verbrauchen (wobei allerdings die Frage entsteht, für wieviel zukünftige Generationen heute schon auf welche Weise vorgesorgt werden soll). Daraus ergibt sich die Forderung, die heute entwickelten Nationen sollten zumindest auf weiteres Wachstum verzichten und dafür den weniger entwickelten Ländern bei ihren Bemühungen um die Erhöhung ihrer Je-Kopf-Einkommen helfen, um so die Ungleichheit der Welt-Einkommensverteilung zu verringern. Dazu wäre eine um so sparsamere Verwendung von Rohstoffen nötig, je knapper diese sind, ferner Substitution durch reichlicher vorhandene Rohstoffe sowie ihre Wiedergewinnung aus Abfällen. Für die bei weitem wichtigste Voraussetzung zur Erreichung dieses Ziels, die Beendigung des Bevölkerungswachstums, zeichnen sich allerdings noch keine praktikablen Lösungen ab.

7. Außenwirtschaftliches Gleichgewicht. Das Ziel des außenwirtschaftlichen Gleichgewichts ist in einem System fixierter Währungskurse in einer Periode erreicht, wenn drei Bedingungen gleichzeitig erfüllt sind:
1. Die Devisenzu- und -abflüsse auf Grund autonomer, das heißt nicht durch die Situation der Zahlungsbilanz veranlaßter Transaktionen, gleichen sich aus, so daß die Zentralbank nicht oder nur geringfügig zu intervenieren braucht, um den Währungskurs innerhalb der Bandbreite zu halten.[30]

Dieser Ausgleich kann bei unterschiedlichen Zahlungsbilanzsituationen eintreten, so bei durch Kapitalexport ausgeglichener aktiver oder durch Kapitalimport ausgeglichener passiver Leistungsbilanz.[31] Er braucht allerdings nicht täglich stattzufinden: Die Definition des Gleichgewichts ist mit Interventionen der Zentralbank vereinbar, wenn diese sich ihrerseits über einen nicht zu langen Zeitraum, etwa ein Jahr, ausgleichen. Der Ausgleich hängt entscheidend davon ab, ob und welche Maßnahmen in Kraft sind, mit denen die zu Devisenbewegungen führenden Transaktionen beeinflußt werden. Beispiele in bezug auf den Handelsverkehr sind Zölle, Kontingente und Exportsubventionen, in bezug auf den Kapitalver-

---

[30] Vgl. VRW³, S. 255–259.
[31] Vgl. VRW³, Bild 6.2, S. 257.

kehr Verzinsungsverbote für Forderungen von Ausländern, steuerliche Begünstigungen des Kapitalexports und die Bereitschaft der Zentralbank zu Swapgeschäften. Da in jedem Land ständig ein Satz solcher Maßnahmen in Kraft ist – einen von Eingriffen freien Handels- und Zahlungsverkehr hat es bisher nicht gegeben – kann das Ziel nur unter Berücksichtigung solcher Maßnahmen definiert werden. Die zweite Bedingung lautet dann:

2. Bei gegebenem Stand der Eingriffe in den Handels- und Zahlungsverkehr mit dem Ausland gehen von außenwirtschaftlichen Transaktionen keine Einflüsse auf den heimischen Wirtschaftsprozeß aus, die den Einsatz wirtschaftspolitischer Maßnahmen erfordern.

Da von den außenwirtschaftlichen Transaktionen tatsächlich immer Einflüsse ausgehen, wird mit dieser Bedingung der Erfüllungsgrad anderer gesamtwirtschaftlicher Ziele angesprochen. Herrscht beispielsweise in einem Land Unterbeschäftigung und ein Defizit in der Leistungsbilanz, wobei Bedingung 1 erfüllt ist, so kann diese Situation in bezug auf Bedingung 2 auf zwei Arten interpretiert werden. Das Leistungsbilanzdefizit und die damit einhergehende zusätzliche Verschuldung gegenüber dem Ausland können akzeptiert und expansive Maßnahmen zur Wiederherstellung der Vollbeschäftigung in bezug auf die Investitionen oder die Staatsausgaben ergriffen werden. Es kann aber auch diagnostiziert werden, daß gerade das Defizit der Leistungsbilanz, beispielsweise entstanden durch einen Warenimportüberschuß, die Ursache der Unterbeschäftigung bildet. Dann läge gemäß Bedingung 2 ein Ungleichgewicht vor, das in diesem Fall etwa durch Maßnahmen der Warenexportförderung und der Importdrosselung beseitigt werden könnte. Entsprechend muß auch bei gleichzeitigem Vorliegen eines Exportüberschusses, Vollbeschäftigung und Preissteigerungen entschieden werden, ob wirtschaftspolitische Maßnahmen zur Reduzierung des Exportüberschusses oder anderer Komponenten des Bruttosozialprodukts eingesetzt werden sollen. Ein Exportüberschuß kann wegen der damit einhergehenden Vergrößerung der Nettoposition gegenüber dem Ausland erwünscht sein.[32] Bedingung 2 muß daher ergänzt werden durch

3. Die Relation der Salden der Teilbilanzen der Zahlungsbilanz zueinander entsprechen den sonstigen Zielen der Wirtschaftspolitik.

Als Nebenbedingung für die Erfüllung des Ziels kann man die Forderung ansehen, daß die zentrale Währungsbehörde über einen ausreichenden Bestand an Gold und/oder Devisen verfügen soll. Sie kann dann insbesondere durch Devisenverkäufe am Devisenmarkt intervenieren, um zufallsbedingte Kursschwankungen zu verhindern.

Die Bundesregierung hat sich bei ihrer operationalen Definition des Ziels auf Bedingung 3 beschränkt. Gemäß ihren in den Jahreswirtschaftsberichten von 1968 bis 1972 veröffentlichten mittelfristigen Projektionen gilt das Ziel als erreicht, wenn der Anteil des Außenbeitrags am Bruttosozialprodukt 1 v. H. (Jahreswirtschaftsbericht 1968), 1,5 v. H. (1969), 1,5 – 2 v. H. (1970 – 1972) beträgt. Für 1973 wurde ein Anteil von „rund $1 \frac{1}{2}$ %", für 1974 „etwa $1 \frac{1}{2}$ bis 2%" angestrebt. Das setzt voraus, daß die Handelspartner ihre damit einhergehenden Importüberschüsse gegenüber der Bundesrepublik ohne Gegenmaßnahmen hinnehmen. Die

---

[32] Vgl. VRW³, S. 260.

Relation zu Salden anderer Teilbilanzen wird durch die Erklärung hergestellt, daß der mit dem positiven Außenbeitrag einhergehende Netto-Devisenzufluß das Defizit in der Übertragungsbilanz decken solle. Dieses entsteht vor allem durch Entwicklungshilfe, Wiedergutmachungsleistungen, Überweisungen ausländischer Arbeitnehmer, Zahlungen für ausländische Truppen in der Bundesrepublik und an internationale Organisationen. Eine Änderung der Nettoposition gegenüber dem Ausland wird nicht angestrebt. Da bei dieser Definition des Ziels die Bedingungen 1 und 2 nicht genannt werden, kann es auch dann erfüllt bleiben, wenn von außenwirtschaftlichen Transaktionen erhebliche Störungen des heimischen Wirtschaftsablaufs ausgehen, etwa über Spekulationswellen oder importierte Preissteigerungen. Solche Fälle sind in der Bundesrepublik seit Beginn der sechziger Jahre häufig aufgetreten. Sie führten schließlich 1973 zur Freigabe des Währungskurses der D-Mark, der zur Zeit nur noch gegenüber den Währungen von sechs europäischen Ländern innerhalb einer vorgegebenen Bandbreite gehalten wird. Soweit der Kurs frei schwanken kann, fällt Bedingung 1 für das außenwirtschaftliche Gleichgewicht weg, die beiden anderen und damit auch die Definition der Bundesregierung bleiben gültig.

Ist das Ziel nicht erreicht, so liegt ein außenwirtschaftliches Ungleichgewicht vor, das in verschiedenen Formen auftreten kann. Bei fixiertem Währungskurs kann sich infolge ständiger Interventionen Devisenknappheit bei der Zentralbank zeigen, die zur Kreditaufnahme im Ausland, kontraktiven wirtschaftspolitischen Maßnahmen oder zur Abwertung der Währung zwingt. Ständige Überschüsse in der Leistungsbilanz können zu expansiven Maßnahmen oder zur Aufwertung zwingen. Leistungsbilanzdefizite bei Kapitalimport können die Auslandsverschuldung in unerwünschter Weise steigern, wie dies bei Kanada in den fünfziger Jahren der Fall war. In allen Fällen kann es vorkommen, daß die zur Behebung des Zahlungsbilanz-Ungleichgewichts eingesetzten Maßnahmen die Erreichung anderer Ziele erschweren oder unmöglich machen, so daß wirtschaftspolitische Zielkonflikte entstehen.

8. Wirtschaftspolitische Zielkonflikte. Herrscht in einer Volkswirtschaft Arbeitslosigkeit, so kann versucht werden, das Ziel der Vollbeschäftigung etwa durch Förderung der Investitionstätigkeit zu erreichen. Falls unausgenutzte Produktionskapazitäten zur Verfügung stehen und die expansive Wirkung der zusätzlichen Investitionen nicht durch Nachfragerückgänge an anderen Stellen der Volkswirtschaft kompensiert wird, erhöht sich daraufhin über einen Multiplikatorprozeß das reale Sozialprodukt. Dies führt gemäß der gesamtwirtschaftlichen Produktionsfunktion (vgl. S. 85) zu vermehrter Nachfrage nach Arbeitskräften und damit zur Verringerung der Arbeitslosigkeit. Steigendes Sozialprodukt induziert jedoch auch gemäß der Importfunktion (vgl. S. 153) steigende Importe. War etwa die Leistungsbilanz des Landes bei fixiertem Währungskurs in der Ausgangssituation ausgeglichen oder defizitär, so entsteht oder vergrößert sich nunmehr ein Defizit. Dies kann als Verletzung des Ziels „außenwirtschaftliches Gleichgewicht" interpretiert werden und macht deutlich, was unter einem *wirtschaftspolitischen Zielkonflikt* zu verstehen ist:

Def. 6.1: *Ein wirtschaftspolitischer Zielkonflikt liegt vor, wenn wirtschaftspolitische Maßnahmen, die den Erreichungsgrad eines Ziels verbessern sol-*

len, den Erreichungsgrad mindestens eines anderen Ziels verschlechtern.

In dem eben genannten Beispiel kann sich im Verlauf des Konjunktv aufschwungs bei weiter abnehmender Arbeitslosigkeit der Erreichungsgrad eines zweiten Ziels verschlechtern: Wenn die Produktionskapazitäten zunehmend voll ausgelastet sind, ergeben sich bei weiter zunehmender Nachfrage Preissteigerungen. Anderseits kann es auch Fälle geben, in denen expansive oder kontraktive Maßnahmen den Erreichungsgrad zweier Ziele verbessern. Tabelle 6.3 zeigt auch solche Fälle von *Zielharmonien:*

Tabelle 6.3 – *Zielkonflikte und Zielharmonien bei drei gesamtwirtschaftlichen Zielen*

Erreichungsgrade der Ziele Vollbeschäftigung und Preisstabilität	Erreichungsgrade des Ziels außenwirtschaftliches Gleichgewicht	
	Leistungsbilanzdefizit	Leistungsbilanzüberschuß
Arbeitslosigkeit	1.1 Konflikt: Expansive Maßnahmen vergrößern das Defizit	1.2 Harmonie: Expansive Maßnahmen verringern den Überschuß
Preissteigerungen	2.1 Harmonie: Kontraktive Maßnahmen verringern das Defizit	2.2 Konflikt: Kontraktive Maßnahmen vergrößern den Überschuß

In der Tabelle ist unterstellt, daß das Ziel des außenwirtschaftlichen Gleichgewichts bei ausgeglichener Leistungsbilanz erfüllt ist. Ihr liegen außerdem eine Reihe von Hypothesen und Annahmen zugrunde, so neben den oben genannten die, daß kontraktive Maßnahmen Preissteigerungen dämpfen und daß expansive Maßnahmen nicht den Export fördern. Weitere Konflikte neben denen der Fälle 1.1 und 2.2 können aus ihr nicht abgelesen werden, so auch nicht der Fall, daß kontraktive Maßnahmen im Fall 2.1 zwar sowohl Preissteigerungen dämpfen und ein Leistungsbilanzdefizit verringern, gleichzeitig aber das Ziel der Vollbeschäftigung gefährden können.

Da immer mehrere Ziele gleichzeitig angestrebt werden, ist die Situation des Zielkonflikts als normal zu bezeichnen. Bekannte Beispiele sind Großbritanniens „Stop-go policy" in den fünfziger und sechziger Jahren[33] oder der — erst später erkannte — Konflikt in der Bundesrepublik in den fünfziger Jahren zwischen dem Ziel raschen Wachstums und dem Ziel einer möglichst gleichmäßigen Vermögensverteilung (vgl. S. 307f.). Der vorrangige Zielkonflikt besteht in den westlichen Ländern heute zwischen Vollbeschäftigung und Preisstabilität. Man kann davon ausgehen, daß die Gewerkschaften bei Vollbeschäftigung eine starke Position bei Lohnverhandlungen haben. Sie brauchen Entlassungen nicht zu fürchten, und die Unternehmen können Lohnerhöhungen ohne Schwierigkeiten in ihren Verkaufspreisen überwälzen. Anderseits ergeben sich für viele Unternehmen in dieser Situation auch ohne Lohnsteigerungen Möglichkeiten zu Preissteigerungen, die wiederum die Gewerkschaften zwecks Erhaltung des Reallohns zu Lohnfor-

---

[33] Vgl. VRW³, S. 259, sowie über Zielkonflikte in der Bundesrepublik S. 124.

derungen veranlassen. Herrscht anderseits Arbeitslosigkeit, so zwingt dies die Gewerkschaften zur Zurückhaltung bei Lohnforderungen, wenn sie nicht weitere Arbeitsplätze gefährden wollen, während der Nachfragemangel den Unternehmen die Durchsetzung von Preissteigerungen erschwert. Aus solchen Überlegungen läßt sich die Hypothese gewinnen, daß es einen gegenläufigen Zusammenhang zwischen dem Grad der Unterbeschäftigung einerseits und dem Ausmaß der Lohnsatz- oder Preissteigerungen anderseits gibt. PHILLIPS hat 1958 als erster versucht, einen solchen Zusammenhang für die britische Volkswirtschaft statistisch nachzuweisen.[34] Man nennt die ihn darstellende Kurve PHILLIPS-*Kurve* und unterscheidet zwei Fassungen: Die ursprüngliche PHILLIPS-Kurve zeigt einen Zusammenhang zwischen Arbeitslosenquote und Lohnsteigerungsrate, die modifizierte PHILLIPS-Kurve zwischen Arbeitslosenquote und Preissteigerungsrate. Bild 6.1 zeigt als groben Ansatz zur Bestimmung von PHILLIPS-Kurven für die ᵀ undesrepublik eine Zusammenstellung der Lohnkosten je Produkteinheit (linkes Bild) und der jährlichen Änderung des Preisindex für das Sozialprodukt[35] (rechtes Bild) mit den jahresdurchschnittlichen Arbeitslosenquoten. Die Wahl der jährlichen Änderungen der Lohnkosten je Produkteinheit anstelle der jährlichen Lohnsteigerungsraten beruht auf der Überlegung, daß die Stückkosten der Unternehmen infolge von Erhöhungen der Nominallohnsätze zwar steigen, gleichzeitig aber infolge von Erhöhungen der Arbeitsproduktivität auch sinken. Die Variable „Lohnkosten je Produkteinheit" zeigt den Nettoeffekt beider Einflüsse (vgl. S. 421). Sie ist damit die für etwaige Entscheidungen der Unternehmen, Lohnerhöhungen in den Preisen weiterzugeben, maßgebende Variable. Die beiden Kurven sind von freier Hand eingezeichnet worden; man kann versuchen, Gleichungen für sie zu finden und deren Parameter zu bestimmen (vgl. S. 48). Wirtschaftspolitisch hätte man während der sechziger Jahre etwa folgende Schlüsse aus dem Verlauf der Kurven ziehen können:

— Es besteht ein Abwägungsproblem zwischen den Erreichungsgraden der Ziele Vollbeschäftigung und Preisstabilität. Mehr Preisstabilität ist nur bei höherer Arbeitslosenquote zu haben, und umgekehrt;

— Wird das Ziel der Preisstabilität als erfüllt angesehen, wenn der Preisindex des Bruttosozialprodukts um 1 v.H. steigt (vgl. S. 394), dann muß eine Arbeitslosigkeit von über 2 v.H., vielleicht 2,5 v.H., in Kauf genommen werden;

— Eine Arbeitslosigkeit zwischen 0,7 v.H. und 1,2 v.H. (vgl. S. 391) ist nur bei Preissteigerungsraten zwischen etwa 2,5 und 4,5 v.H. erreichbar.

Man kann bezweifeln, ob die bewußte Herbeiführung einer erhöhten Arbeitslosigkeit zwecks Preisstabilisierung in den sechziger Jahren politisch durchsetzbar gewesen wäre. Die Erfahrungen der Rezession 1966/67 sprechen dagegen. Arbeitslos werden zunächst vor allem ungelernte und ältere Arbeitnehmer, während Preisstabilität unter anderem Geldvermögensbesitzer begünstigt. Eine solche Verteilung der Lasten und Vorteile einer Stabilitätspolitik scheint vielen Politikern

---

[34] A. W. PHILLIPS: The Relation Between Unemployment and the Rate of Change of Money Wage Rates in the United Kingdom, 1861–1957. Economica, New Series Vol. 25, 1958, S. 283–299.
[35] Vgl. VRW³, S. 124, 324.

nicht akzeptabel. Die Brauchbarkeit der PHILLIPS-Kurve als Richtschnur für wirtschaftspolitische Entscheidungen ist damit fraglich. Dies gilt um so mehr für die neueste Zeit, als die beim internationalen Vergleich als sehr günstig anzusehende Situation der sechziger Jahre offenbar seit 1970 nicht mehr vorliegt. In beiden Teilen des Bildes zeigt sich, daß Vollbeschäftigung seitdem mit sehr viel höheren Preissteigerungsraten einhergeht. Diese Entwicklung zeigt die Grenzen des Konzepts der PHILLIPS-Kurve: Es wirken zu viele Variable auf Preisniveau und Beschäftigungsgrad ein, als daß man für längere Zeit einen stabilen Zusammenhang zwischen ihnen erwarten könnte. Außerdem zeigen historische Erfahrungen, daß Vollbeschäftigung auch bei Preissteigerungsraten von 2 v.H. oder weniger realisiert werden kann.

Bild 6.1 – *Ansätze für* PHILLIPS-*Kurven für die Bundesrepublik, 1960 bis 1972*

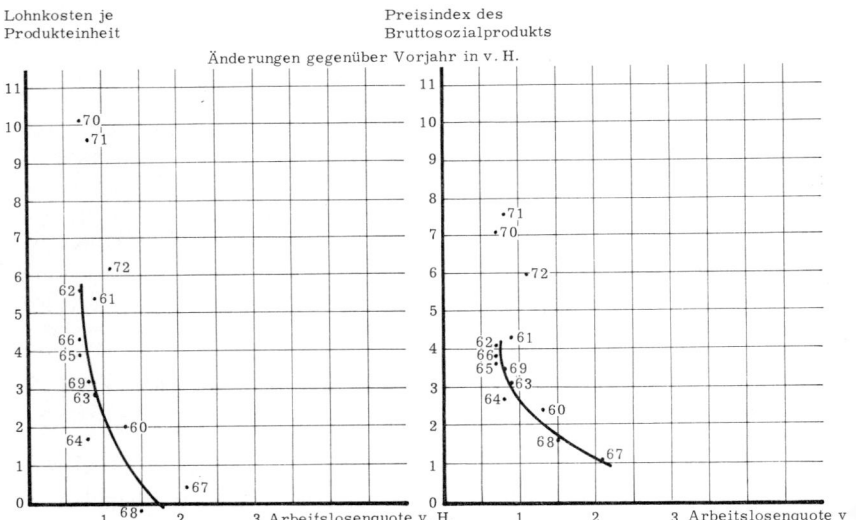

Quelle: Zahlenangaben nach SR-Gutachten 1972/73, S. 204, 211, 258. Dort Einzelheiten über die Berechnungsweise der Variablen.

Das generelle Problem des Wirtschaftspolitikers in bezug auf Konflikte oder die Abwägung zwischen Zielen läßt sich jedoch nicht auf zwei Ziele einengen. Es müssen immer mehrere Ziele zur gleichen Zeit verfolgt werden, und da der Zustand des wirtschaftspolitischen Gleichgewichts, in dem sich alle Zielvariablen innerhalb der angestrebten Bereiche befinden, kaum jemals eintritt[36], muß jeweils

---

[36] Am 25.9.1968 sagte der Parlamentarische Staatssekretär beim Bundesminister für Wirtschaft, K.D. ARNDT, im Bundestag: „Das gegenwärtige Bild der deutschen Wirtschaft zeigt ... gesamtwirtschaftliches Gleichgewicht" und wiederholte diese Aussage noch zweimal. (Verhandlungen des Deutschen Bundestages, 5. Wahlperiode, Stenographische Berichte Bd 67, S. 10039). Nach den damals über das erste Halbjahr 1968 vorliegenden Zahlen stiegen das reale Bruttosozialprodukt um 6,1 v.H. und der Preisindex für die Lebenshaltung

entschieden werden, welches Ziel vorrangig verfolgt wird. Eine generelle Lösung des Problems der Globalsteuerung ist jedoch nur zu erreichen, wenn ein verläßliches und hinreichend detailliertes Modell der Volkswirtschaft vorliegt, das die Zusammenhänge zwischen Instrument- und Zielvariablen enthält (vgl. Bild 1.3, S. 8). An solchen Modellen wird vor allem in den Vereinigten Staaten seit Anfang, in der Bundesrepublik seit Ende der fünfziger Jahre gearbeitet.

II. Ausgewählte Probleme der Wirtschaftspolitik in der Bundesrepublik

1. Wirtschaftspolitische Instanzen und ihre Instrumente. In den westlichen Industrieländern sind im allgemeinen drei Institutionen mit jeweils unterschiedlichen Kompetenzbereichen als *wirtschaftspolitische Instanzen* (oder *Träger der Wirtschaftspolitik*) tätig:
− die gesetzgebenden Körperschaften (oder der *Gesetzgeber*);
− die Regierung (bei föderalistischem Aufbau auch mehrere Regierungen);
− die Zentralbank.
Diese Instanzen einschließlich der von ihnen weisungsabhängigen Einrichtungen haben die Möglichkeit und das Recht, ökonomischen Variablen bestimmte Werte zu geben oder durch Maßnahmen anderer Art den Wirtschaftsablauf zu beeinflussen. Wirtschaftspolitik wird damit hier definitionsgemäß auf Handlungen staatlicher Instanzen beschränkt − weder Gewerkschaften noch Unternehmen treiben Wirtschaftspolitik, obwohl man bei ihnen von Lohn- und Preispolitik spricht und obwohl sie über Möglichkeiten verfügen, staatlichen Maßnahmen mit Erfolg entgegenzuwirken.[37]
Die Frage nach den Instrumenten der Wirtschaftspolitik wirft das Problem ihrer Systematik auf. Man kann die Instrumente und damit die wirtschaftspolitischen Maßnahmen beispielsweise danach einteilen,
− von welcher Instanz sie eingesetzt werden;
− ob sie in erster Linie den Wirtschaftsablauf, die Wirtschaftsstruktur oder die Wirtschaftsordnung beeinflussen sollen[38];
− welchen Bereich ökonomischer Variabler sie unmittelbar beeinflussen, etwa Kreditgewährung und Zinssätze, öffentliche Einnahmen und Ausgaben, außenwirtschaftliche Transaktionen;
− ob sie systemkonform sind oder nicht, wobei eine weitere Aufgliederung von

---

um 1,1 v.H., während die Arbeitslosenquote 1,5 v.H. betrug und der Außenbeitrag 3,1 v.H. des Bruttosozialprodukts ausmachte (saisonbereinigte Angaben, errechnet nach: Statistische Beihefte zu den Monatsberichten der Deutschen Bundesbank, Reihe 4 − Saisonbereinigte Wirtschaftszahlen, September 1968 und Oktober 1972). Diese Zahlen sind mit den Zielprojektionen der Bundesregierung zu vergleichen (S. 391, 394, 396, 400). Vgl. dazu auch die Angaben für das ganze Jahr 1968 in VRW³, S. 123.
[37] Im Gegensatz dazu beschränkt GIERSCH [6.02], S. 17f., Wirtschaftspolitik ausdrücklich nicht auf Maßnahmen staatlicher Instanzen. Gemäß dieser Definition betreibt jedes Wirtschaftssubjekt Wirtschaftspolitik, die Volkswirtschaftslehre wird zu einer Lehre von der Wirtschaftspolitik, und die Frage nach wirtschaftspolitischen im Gegensatz zu einzelwirtschaftlichen Zielen kann nicht gestellt werden.
[38] Vgl. VRW³, S. 28f., sowie ORTLIEB, DÖRGE [6.06], Bd. I, S. 41−45.

systemnotwendigen über systemneutrale zu systemzerstörenden Maßnahmen reicht[39] (vgl. S. 286f.).

Solche Einteilungen sind mehr oder weniger unbefriedigend, weil meist nicht alle Instrumente und Maßnahmen eindeutig zugeordnet werden können. Im folgenden wird die oben an erster Stelle aufgeführte institutionelle Gliederung benutzt, da sie die einfachste Zuordnung erlaubt. Es werden die gegenwärtigen Verhältnisse in der Bundesrepublik unter besonderer Berücksichtigung des Stabilitätsgesetzes und unter Beschränkung auf die zentrale Ebene beschrieben. Die Instrumente der Deutschen Bundesbank werden hier nicht mehr genannt, da sie im vierten Kapitel erörtert wurden.

Die gesetzgebenden Körperschaften, in der Bundesrepublik auf der zentralen Ebene also der Bundestag und, soweit es sich um zustimmungsbedürftige Gesetze handelt, der Bundesrat, haben die umfassendste Kompetenz für Eingriffe in den Wirtschaftsablauf. Von ihr leiten sich die Befugnisse einer Reihe weiterer Instanzen ab. Der Gesetzgeber kann damit jederzeit sowohl Befugnisse wieder an sich ziehen, die er an andere Instanzen verliehen hatte, sie ändern als auch neue Instanzen schaffen und ihnen wirtschaftspolitische Instrumente an die Hand geben.

Der Gesetzgeber beeinflußt den Wirtschaftsprozeß derzeit auf folgenden Gebieten:
– Er setzt die institutionellen und rechtlichen Rahmenbedingungen für den Ablauf des Wirtschaftsprozesses.

Die Rahmenbedingungen lassen sich unterteilen in solche, die primär den Produktionsbereich, und solche, die primär den Marktbereich betreffen. Zu den erstgenannten gehören das Arbeits-, Betriebsverfassungs- und Unternehmensrecht; Vorschriften über Unfall- und Krankheitsverhütung am Arbeitsplatz; alle zum Schutz von Nachfragern, insbesondere Konsumenten, erlassenen Vorschriften über Eigenschaften von Gütern gemäß der S. 339f. erörterten Problematik; sowie Vorschriften über Umweltschutz. Zum Marktbereich gehören Regelungen des Marktzutritts, wie Befähigungsnachweis, Bedürfnisprüfung, Vorschriften über Unternehmensgründungen und -löschungen, und des Marktverhaltens. Diese umfassen das Wettbewerbsrecht einschließlich der Vorschriften über unlauteren Wettbewerb sowie Regelungen des Zugabe- und Rabattwesens, des Ladenschlusses und die Preisauszeichnungspflicht. In einigen Wirtschaftszweigen wird die Einhaltung der Vorschriften durch besondere Aufsichtsämter überwacht. Zu ihnen gehören neben den S. 199 und 201 genannten Ämtern das Bundesgesundheitsamt, die Bundesanstalt für gewerbliche Wirtschaft und das Bundeskartellamt. Schließlich gehören Verstaatlichung und Privatisierung von Unternehmen in den Bereich der Änderung von Rahmenbedingungen.
– Er greift mit direkten Kontrollen in den Wirtschaftsablauf ein, indem er Preise oder Mengen festsetzt.

Hierzu gehören die Festsetzung von Mindestlöhnen, Mindest- oder Höchstpreisen etwa für landwirtschaftliche Produkte und die Festsetzung von Produktionsmengen, Export- und Importkontingenten.

---

[39] Vgl. K. C. THALHEIM: Zum Problem der Einheitlichkeit der Wirtschaftspolitik. In: K. MUHS (Hg.): Festgabe für Georg Jahn. Zur Vollendung seines 70. Lebensjahres am 28. Februar 1955. Berlin 1955, S. 583–586.

Die nachstehend genannten Instrumente beeinflussen unmittelbar den Konjunkturverlauf und sind vorwiegend im Stabilitätsgesetz geregelt. Danach stehen dem Gesetzgeber folgende Eingriffsmöglichkeiten zur Verfügung:

— Er beeinflußt im Rahmen der *Finanzpolitik* sowohl die Einnahmen des Bundes als auch seine Ausgaben, die im *Bundeshaushaltsplan* (oder *Bundesetat*) festgesetzt werden.

Die Ausgaben des Bundes für inländische Sachgüter und Dienste sind ein Teil der gesamtwirtschaftlichen Endnachfrage und beeinflussen damit unmittelbar den Konjunkturablauf und das wirtschaftliche Wachstum. Gemäß § 5 Absatz 1 des Stabilitätsgesetzes sind die Ausgaben des Bundes schon bei der Aufstellung des Etats nach Umfang und Zusammensetzung so zu bemessen, wie es zur Erreichung der Ziele des § 1 erforderlich ist. Damit wird eine *antizyklische Ausgabenpolitik* angestrebt (vgl. S. 151). So sollen bei einer „die volkswirtschaftliche Leistungsfähigkeit übersteigenden Nachfrageausweitung" (§ 5 Absatz 2), wenn also eine expansive Lücke (vgl. S. 132) bei ausgelasteten Produktionskapazitäten erwartet wird, Einnahmen zur Tilgung von Schulden bei der Bundesbank oder zur Bildung einer *Konjunkturausgleichsrücklage* verwendet werden. Bei dieser handelt es sich um ein unverzinsliches Guthaben bei der Bundesbank (§ 7). In beiden Fällen wird ein kontraktiver Nachfrageeffekt — durch Steuern entzogene Kaufkraft wird nicht in Nachfrage des Staates umgewandelt — und ein kontraktiver Liquiditätseffekt — dem privaten Sektor wird Zentralbankgeld entzogen — angestrebt. Für den Fall einer „die Ziele des § 1 gefährdenden Abschwächung der allgemeinen Wirtschaftstätigkeit" (§ 5 Absatz 3) ist dementsprechend, obwohl nicht ausdrücklich im Gesetz gesagt, ein Budgetdefizit zu veranschlagen. Mittel zu seiner Deckung sind zunächst der Konjunkturausgleichsrücklage zu entnehmen. Schließlich sind gemäß § 12 Subventionen so zu gewähren, „daß es den Zielen des § 1 nicht widerspricht."

Auf den Bund entfällt nur ein, wenn auch bedeutender, Teil der öffentlichen Einnahmen und Ausgaben. Da seine Maßnahmen durch entgegengerichtete Maßnahmen anderer öffentlicher Haushalte kompensiert werden können, verlangt das Stabilitätsgesetz folgerichtig in den §§ 13, 14 und 16, daß auch das ERP-Sondervermögen[40], Bundesbahn und Bundespost, die bundesunmittelbaren Körperschaften, Anstalten und Stiftungen des öffentlichen Rechts, die Länder und die Gemeinden und Gemeindeverbände in ihrer Haushaltswirtschaft den Zielen des § 1 Rechnung tragen sollen.

Gesetzgebungsverfahren sind öffentlich und dauern lange. Soweit Maßnahmen wegen unerwünschter vorwegnehmender Reaktionen von Wirtschaftssubjekten nicht öffentlich beraten werden können oder schnellere wirtschaftspolitische Reaktionen auf unerwünschte Entwicklungen erforderlich sind, als sie einer gesetzgebenden Körperschaft möglich sind, wird die Kompetenz zu wirtschaftspolitischen Maßnahmen zweckmäßigerweise anderen Instanzen übertragen. Allgemeine Grundlage hierfür ist in bezug auf die Bundesregierung Art. 80 des Grundgesetzes, nach dem die Bundesregierung, ein Bundesminister oder die Landesregierungen durch Gesetz ermächtigt werden können, *Rechtsverordnungen* zu erlassen. Inhalt, Zweck und Ausmaß der Ermächtigung sind im Gesetz zu bestimmen.

---

[40] Vgl. VRW³, S. 49.

Das Stabilitätsgesetz hat der Bundesregierung die folgenden Kompetenzen übertragen, die überwiegend durch Erlaß von Rechtsverordnungen auszuüben sind:
— Sie kann in den Vollzug eines in Kraft befindlichen Bundeshaushalts eingreifen (§ 6).

Dazu kann die Bundesregierung je nach der erwarteten Konjunkturentwicklung die Verfügung über bestimmte Mittel, den Beginn von Baumaßnahmen und das Eingehen von Verpflichtungen zu Lasten künftiger Rechnungsjahre von ihrer Einwilligung abhängig machen, also auch sperren; oder sie kann zusätzliche Ausgaben veranlassen und dazu zusätzliche Kredite aufnehmen oder Mittel aus der Konjunkturausgleichsrücklage entnehmen. Dies ermöglicht beispielsweise auch einen gezielten Einsatz solcher Ausgaben zugunsten bestimmter Wirtschaftszweige oder Regionen.

— Sie kann die Aufnahme von Krediten durch den Bund, die Länder, die Gemeinden und Gemeindeverbände, die öffentlichen Sondervermögen und die Zweckverbände nach Höhe, Art und Zeitpunkt beschränken (§§ 19 bis 25).

Diese Vorschrift bedeutet, daß der Gesetzgeber der in den §§ 13, 14 und 16 festgelegten allgemeinen Verpflichtung der anderen öffentlichen Haushalte von vornherein wenig Wirkung beigemessen und sich von einer konkreten quantitativen Maßnahme mehr versprochen hat.

— Sie kann die steuerlichen Abschreibungssätze ändern (§ 26).

Soll die wirtschaftliche Aktivität belebt werden, so kann ein Abzug von der Einkommen- oder Körperschaftsteuer in Höhe von bis zu 7,5 v. H. der Anschaffungs- oder Herstellungskosten von Investitionsgütern zugelassen werden. Im gegenteiligen Fall kann die Inanspruchnahme von Sonderabschreibungen und Abschreibungen in fallenden Jahresbeträgen (oder *degressiven Abschreibungen*) für höchstens ein Jahr ganz oder teilweise ausgeschlossen werden. Die Vorschrift beruht auf der Hypothese, daß die Investitionstätigkeit von der Höhe des Gewinns nach Steuerabzug beeinflußt wird (vgl. S. 55f.).

— Sie kann die Einkommen- einschließlich Lohn-, Kapitalertrag- und Körperschaftsteuerschuld für die Dauer höchstens eines Jahres bis zu 10 v. H. herauf- oder herabsetzen (§§ 26, 27).

Auch diese Vorschrift beruht auf der eben genannten Hypothese über den Einfluß der Nettogewinne auf die Investitionstätigkeit sowie auf der Hypothese über den Einfluß des verfügbaren Einkommens auf die Konsumgüternachfrage (vgl. S. 42ff.).

— Sie kann die Rentenversicherungen der Arbeiter und der Angestellten sowie die Bundesanstalt für Arbeit veranlassen, flüssige Mittel in Geldmarktpapieren oder in Mobilisierungs- und Liquiditätspapieren (vgl. S. 250) anzulegen (ursprünglich § 30 Stabilitätsgesetz, seit 1969 in die Reichsversicherungsordnung und in das Angestelltenversicherungsgesetz übernommen).

Eine solche Maßnahme verringert die Liquidität des Geschäftsbankensektors und beschränkt daher seine Geldschöpfungskapazität (vgl. S. 226).

— Sie kann den Wirtschaftsablauf dadurch zu beeinflussen suchen, daß sie Informationen gibt oder veranlaßt (§§ 2, 3, 9, 10, 12, 17, 18, 31).

Diese Vorschriften besagen im einzelnen, daß die Bundesregierung im Januar jeden Jahres einen *Jahreswirtschaftsbericht* vorzulegen hat (§ 2). Er muß eine Stellungnahme zu dem im November des Vorjahres vorgelegten SR-Gutachten enthalten sowie die für das laufende Jahr angestrebten wirtschaftspolitischen Ziele (*Jahresprojektion*) und die dafür vorgesehenen Maßnahmen angeben. Maßnahmen zur Erreichung der Ziele des § 1 sind zu begründen (§ 2 Absatz 2). Bei Gefährdung eines der Ziele stellt die Bundesregierung „Orientierungsdaten für ein gleichzeitiges aufeinander abgestimmtes Verhalten (konzertierte Aktion) der Gebietskörperschaften, Gewerkschaften und Unternehmensverbände" zur Verfügung und erläutert sie (§ 3). Der Haushaltswirtschaft des Bundes ist ein fünfjähriger, jährlich fortzuschreibender *Finanzplan* zugrundezulegen und dem Gesetzgeber vorzulegen (§ 9). Als eine Unterlage dazu stellen die Bundesminister für ihre Geschäftsbereiche mehrjährige Investitionsprogramme auf (§ 10). Alle zwei Jahre ist ein Bericht über Subventionen und Steuervergünstigungen vorzulegen (§ 12). Bund und Länder erteilen sich gegenseitig die für eine konjunkturgerechte Haushaltswirtschaft und Finanzplanung erforderlichen Auskünfte (§ 17). Gemäß § 18 wird ein *Konjunkturrat* für die öffentliche Hand aus Vertretern der Bundesregierung, der Länder und der Gemeinden gebildet, der über konjunkturpolitische Maßnahmen und die Kreditnahme der öffentlichen Haushalte berät. Schließlich kann die Bundesregierung den Sachverständigenrat mit der Erstattung von Sondergutachten beauftragen (§ 31).

Für eine so stark außenhandelsorientierte Volkswirtschaft wie die der Bundesrepublik, für die ein möglichst unbehinderter Zahlungs- und Kapitalverkehr mit dem Ausland angestrebt wird, ist die Gefahr unerwünschter Einflüsse außenwirtschaftlicher Transaktionen auf den Wirtschaftsprozeß besonders groß. Das Stabilitätsgesetz enthält zu diesem Bereich der *außenwirtschaftlichen Absicherung* keine Einzelheiten. Es schreibt der Bundesregierung in § 4 nur vor, „bei außenwirtschaftlichen Störungen des gesamtwirtschaftlichen Gleichgewichts, deren Abwehr durch binnenwirtschaftliche Maßnahmen nicht oder nur unter Beeinträchtigung der in § 1 genannten Ziele möglich ist", alle Möglichkeiten der internationalen Koordination zu nutzen und im übrigen die ihr zur Wahrung des außenwirtschaftlichen Gleichgewichts zur Verfügung stehenden Instrumente einzusetzen. Diese sind der Paritätskurs samt Festlegung der Interventionspunkte für Interventionen der Bundesbank am Devisenkassamarkt sowie die sich aus dem *Außenwirtschaftsgesetz* ergebenden Instrumente.

Der Paritätskurs hatte seine wesentliche Bedeutung im System des Internationalen Währungsfonds, zu dessen Grundlagen feste, nur innerhalb geringer Bandbreiten schwankende Währungskurse gehörten.[41] Seit 1973 ist die Bundesbank nur noch verpflichtet, den DM-Kurs in bezug auf einige europäische Währungen innerhalb von Bandbreiten zu halten. Der Währungskurs bleibt jedoch eine zentrale ökonomische Variable, die von allen Wirtschaftssubjekten bei Transaktionen mit Ausländern als Datum berücksichtigt werden muß. Von seinen Änderungen gehen erhebliche Einflüsse auf den Wirtschaftsprozeß aus. Die Bundesbank kann ihn durch Käufe oder Verkäufe von Devisen beeinflussen.

Das Außenwirtschaftsgesetz von 1961 (BGBl. I, S. 481) regelt die Eingriffsmöglichkeiten in wirtschaftliche Transaktionen zwischen In- und Ausländern.[42]

---

[41] Für einige technische Einzelheiten vgl. VRW³, S. 252.
[42] Das Gesetz wurde bis zum 23.2.1973: 13mal geändert. Für den im Oktober 1973

Es geht in § 1 von dem Grundsatz aus, daß der „Waren-, Dienstleistungs-, Kapital-, Zahlungs- und sonstige Wirtschaftsverkehr mit fremden Wirtschaftsgebieten sowie der Verkehr mit Auslandswerten und Gold zwischen Gebietsansässigen (Außenwirtschaftsverkehr)" genehmigungsfrei ist. Es kann jedoch durch Rechtsverordnungen, die von der Bundesregierung erlassen werden (§ 27), vorgeschrieben werden, daß Rechtsgeschäfte und Handlungen allgemein oder unter bestimmten Voraussetzungen einer Genehmigung bedürfen oder verboten sind (§ 2). Beschränkungen können beispielsweise verordnet werden, um die Erfüllung internationaler Vereinbarungen zu ermöglichen (§ 5), schädigende Einwirkungen aus fremden Wirtschaftsgebieten abzuwehren (§ 6) oder die Sicherheit der Bundesrepublik zu gewährleisten (§ 7). Die Ausfuhr kann beschränkt werden, um einer Gefährdung der inländischen Bedarfsdeckung vorzubeugen oder entgegenzuwirken (§ 8); die Einfuhr kann beschränkt werden, um dem „Schutzbedürfnis der Wirtschaft" oder einzelner Wirtschaftszweige Rechnung zu tragen (§ 10). Ebenfalls können Rechtsgeschäfte über Lohnveredelung (§ 15), Herstellungs- und Vertriebsrechte (§ 16), Filme (§ 17), See- und Binnenschiffahrt (§§ 18, 20), Luftfahrt (§ 19) und Schadenversicherungen (§ 21) beschränkt werden. Schließlich kann in die Kapitalausfuhr (§ 22), die Kapitaleinfuhr (§ 23) und Transaktionen mit Gold (§ 24) eingegriffen werden. Formell hat die Bundesregierung ungeachtet des in § 1 festgelegten Grundsatzes damit so gut wie unbeschränkte Eingriffsmöglichkeiten in außenwirtschaftliche Transaktionen. Als letzte Begründung werden dabei das „gesamtwirtschaftliche Interesse" (§ 8), die „außenwirtschaftlichen Belange der Allgemeinheit" (§ 9) und das „Interesse der Allgemeinheit" (§ 10) genannt. § 6a (über die Bardepotpflicht) spricht hinsichtlich der Ziele von einer Gefährdung des gesamtwirtschaftlichen Gleichgewichts, die §§ 22 bis 24 vom Gleichgewicht der Zahlungsbilanz und der Beeinträchtigung der Kaufkraft der Deutschen Mark. Die Verordnungsbefugnis der Bundesregierung wird so gehandhabt, daß eine 1961 erlassene *Außenwirtschaftsverordnung* (BGBl. I, S. 1381) jeweils durch Änderungsverordnungen, von denen es bis zum 14. 6. 1973: 27 gegeben hat, den jeweiligen Erfordernissen angepaßt wird. Die Verordnungen bedürfen mit einigen Ausnahmen nicht der Zustimmung durch den Bundesrat, müssen aber aufgehoben werden, wenn der Bundestag dies innerhalb von vier Monaten nach ihrer Verkündung verlangt (§ 27).

2. Das Koordinierungsproblem. Beim Einsatz wirtschaftspolitischer Instrumente entsteht ein *wirtschaftspolitisches Koordinierungsproblem*. Sofern wie in der Bundesrepublik relativ selbständige wirtschaftspolitische Instanzen nebeneinander existieren, müssen ihre Eingriffe koordiniert werden. Der Gesetzgeber hat das Problem gesehen und daher im Stabilitätsgesetz für die öffentlichen Haushalte wie eben beschrieben in den §§ 13, 14, 16 und 19 bis 25 Koordinierungsvorschriften erlassen. Er hat jedoch weder in diesem noch in einem anderen Gesetz die weitgehende Autonomie der Bundesbank (vgl. S. 239, Anmerkung 72) eingeschränkt und dadurch eine Quelle möglicher Konflikte zwischen Bundesregierung und Bundesbank bestehen lassen.

---

gültigen Text vgl.: Außenwirtschaftsrecht. Europäische Wirtschaftsgemeinschaft. Bundesrepublik Deutschland. Einführung, Fundstellen, Vorschriftentexte. 2. Ausgabe Frankfurt 1973. 172 S.

Allgemein können Meinungsverschiedenheiten zwischen wirtschaftspolitischen Instanzen folgende Ursachen haben:
- Unterschiedliche Beurteilung der jeweiligen ökonomischen Situation und der weiteren Entwicklung;
- Unterschiedliche Ansichten der Art und Werte oder Bereiche der Variablen, anhand derer die Erreichung von Zielen gemessen werden soll;
- Unterschiedliche Ansichten über die Rangordnung der wirtschaftspolitischen Ziele. Da die vier Hauptziele in jedem Zeitraum in unterschiedlichem Maße erfüllt sind, muß ständig neu beurteilt werden, welches Ziel bevorzugt angestrebt werden soll und welche Maßnahmen daher zu ergreifen sind. Der Sachverständigenrat hat dazu vorgeschlagen, „immer jenen Zielen die größte Aufmerksamkeit (zu widmen), die ... am wenigsten verwirklicht sind;"[43]
- Unterschiedliche Ansichten über die Wahl der Instrumente und/oder die Dosierung der Maßnahmen, mit denen ein nicht kontroverses Ziel erreicht werden soll;
- Meinungsverschiedenheiten über Art, Ausmaß und Tolerierbarkeit von Nebenwirkungen;
- Meinungsverschiedenheiten über das Ausmaß, bis zu dem ein Ziel zugunsten eines anderen als im Augenblick nicht erreichbar angesehen werden soll: Das Problem der Abwägung zwischen unterschiedlichen Graden der Nichterreichung mehrerer Ziele.

Diese vordergründigen Ursachen wären bei einer gründlichen Analyse daraufhin zu untersuchen, inwieweit sie auf unterschiedliche Theorien über den Wirtschaftsablauf, politische Rücksichten etwa auf einflußreiche Wirtschaftsverbände oder unterschiedliche Ansichten über kurzfristig/langfristig anzustrebende Ziele zurückgehen. Als Beispiel könnte das Verhältnis der Bundesbank zur Bundesregierung herangezogen werden, das schon mehrfach zu Konflikten geführt hat[44] und bei dem auch die Frage zu untersuchen wäre, wie die Stellung der Bundesbank als eine keiner parlamentarischen Kontrolle unterliegende und politisch nicht verantwortliche Instanz im gegenwärtigen politischen System der Bundesrepublik zu beurteilen ist.[45]

3. Konjunkturdiagnose. Wenn wirtschaftspolitische Instanzen die Konjunkturschwankungen des Sozialprodukts (vgl.S.120−125) dämpfen wollen, müssen sie vor jeder Maßnahme wissen, in welcher Phase des Konjunkturzyklus sich die Volkswirtschaft befindet. Das Problem der *Konjunkturdiagnose* besteht darin, aus der Vielzahl ökonomischer Variabler, deren Bewegungen im Zeitablauf mit den Konjunkturschwankungen zusammenhängen, einige für die Konjunkturdia-

---

[43] SR-Gutachten 1964/65, Vorwort Ziffer 3. So auch in späteren Gutachten.
[44] Zahl und Schärfe dieser Konflikte hat mit den Währungsunruhen seit Beginn der siebziger Jahre zugenommen. Vgl. die allgemeine Stellungnahme der Bundesbank dazu in: Bundesregierung und Bundesbank. BBk-Monatsbericht August 1972, S. 15−17; sowie den Hinweis auf entgegengesetzte finanz- und kreditpolitische Maßnahmen während der Rezession 1966/67 in: BBk-Geschäftsbericht 1967, S. 31. Seit der Kursfreigabe der D-Mark scheint die Festlegung des durch Interventionen der Bundesbank am Devisenmarkt anzustrebenden Kurses zwischen der Bundesregierung und der Bundesbank gelegentlich strittig zu sein.
[45] Vgl. hierzu LAMPE [4.63].

gnose besonders geeignete auszuwählen. Diese nennt man *Konjunkturindikatoren*. Der Konjunkturverlauf wird durch die Entwicklung des realen Bruttosozialprodukts definiert. In bezug hierauf lassen sich Konjunkturindikatoren wie folgt in drei Gruppen einteilen:

1. *Frühindikatoren* (auch *vorlaufende* oder *Vorausindikatoren* genannt), die dem Konjunkturverlauf vorauseilen, so daß ihre Wendepunkte (vgl. S. 122) jeweils zeitlich vor den Wendepunkten der Konjunktur liegen;
2. *Gleichlaufende* (oder *mitlaufende*) *Indikatoren,* deren Wendepunkte mit denen der Konjunktur zusammenfallen;
3. *Spät-* (oder *nachlaufende*) *Indikatoren,* die dem Konjunkturverlauf mit Verzögerung folgen, so daß ihre Wendepunkte jeweils später als die der gleichlaufenden Indikatoren eintreten.

Für die Konjunkturpolitik am wichtigsten sind die Frühindikatoren. Sie ermöglichen es im günstigsten Fall, Maßnahmen, die nach einem Wendepunkt wirken sollen, schon vor dessen Eintreten zu treffen und so ihre Wirkungsverzögerungen ganz oder teilweise aufzufangen. Soweit frühzeitig eingesetzte Maßnahmen schwächer dosiert werden können, lassen sie sich auch leichter politisch durchsetzen (obwohl anderseits ihre Notwendigkeit entsprechend schwieriger zu begründen ist). Typische Frühindikatoren sind *Auftragseingänge,* in denen sich die Güternachfrage niederschlägt und die nach einer Produktionsverzögerung (vgl. S. 131) zu Erhöhungen der Güterproduktion führen. Außerdem beeinflussen sie die Investitionsentscheidungen. Sie werden häufig in Auftragseingänge bei der Industrie insgesamt und bei einzelnen Industriegruppen unterteilt. Ein weiterer Frühindikator sind Baugenehmigungen im Hochbau.

In den Vereinigten Staaten werden als Frühindikatoren neben anderen auch der Saldo aus Unternehmensgründungen und -löschungen, Rohstoffpreise und Teilzahlungskredite verwendet.

Als stellvertretend für die Entwicklung des Bruttosozialprodukts, für das Monatszahlen nicht ermittelt werden, wählt man häufig die industrielle Nettoproduktion.[46] Weitere gleichlaufende Indikatoren sind Komponenten des Bruttosozialprodukts wie die Einzelhandelsumsätze, die Warenausfuhr und die kommerzielle Einfuhr von Gütern der gewerblichen Wirtschaft (also ohne Einfuhr der privaten und öffentlichen Haushalte und ohne Käufe von Dienstleistungen).

Spätindikatoren dienen weniger als Anlaß zum wirtschaftspolitischen Eingreifen als vielmehr der Kontrolle der jeweiligen Konjunkturdiagnose. Zu ihnen gehören die meisten Preise, wiedergegeben etwa durch den Index der Erzeugerpreise industrieller Produkte und die Preisindizes für die Lebenshaltung.[47] Auch die Zahlen der Beschäftigten und der Arbeitslosen hinken der Konjunkturentwicklung nach, da die Anwerbung von Arbeitnehmern im Aufschwung Zeit erfordert und bei Entlassungen Kündigungsfristen einzuhalten sind. Außerdem müssen sich die Erwartungen der Unternehmer über die Konjunkturentwicklung jeweils erst festigen, bevor sie mit Neueinstellungen oder Entlassungen reagieren, und Entlassungen werden vielfach dann nicht vorgenommen, wenn eine nur kurzfristige Abschwächung der wirtschaftlichen Aktivität erwartet wird. Zu den nach-

---

[46] Zur Berechnung des Index vgl. VRW³, S. 287–289.
[47] Vgl. VRW³, S. 295 und S. 289–294.

aufenden Indikatoren gehören auch Tariflohnsätze und Einkommen aus unselbständiger Arbeit, weil die Gewerkschaften bei Tarifabkommen an Kündigungsfristen gebunden sind.

Bild 6.2 zeigt jeweils einen typischen vor-, gleich- und nachlaufenden Indikator für die Bundesrepublik während der letzten vier Konjunkturzyklen. Es handelt sich um Zweimonatswerte, die saisonbereinigt und als prozentuale Abweichungen vom Trend dargestellt sind. Als Indikator für den Konjunkturverlauf
dient die Entwicklung der Industrieproduktion (durchgezogene Linie). Die senkrechten Punktstreifen zeigen die oberen und unteren Wendepunkte der Konjunktur, die bei dieser Darstellung nicht alle in dieselben Jahre fallen wie bei der
von Bild 3.2 (S. 124). Eine grobe Schätzung ergibt, daß die Wendepunkte des
Frühindikators Auftragseingang (mit Ausnahme des Wendepunktes 1961) 2 bis
3 Monate vor, die des Spätindikators Beschäftigung zwischen 2 und 12 Monate
nach den Konjunkturwendepunkten liegen.

Bild 6.2 — *Indikatoren der Industriekonjunktur[a] in der Bundesrepublik Deutschland,
1954—1973*
prozentuale Abweichungen saisonbereinigter Zweimonatswerte vom Trend[b]

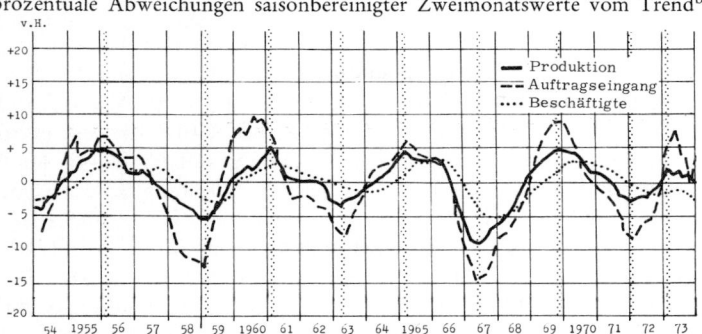

[a] Industrie ohne Bergbau, Nahrungs- und Genußmittelindustrien, Bauindustrie, öffentliche Energiewirtschaft.
[b] Trend ab Frühjahr 1971 durch Extrapolation geschätzt.
Quelle: Statistische Beihefte zu den Monatsberichten der Deutschen Bundesbank, Reihe
4 — Saisonbereinigte Wirtschaftszahlen, Oktober 1972, Tabellen 24 und 25; Juli 1974,
Tabellen 29 und 30.

Wenn eine Zeitreihe als Konjunkturindikator brauchbar sein soll, muß sie
gewisse Anforderungen erfüllen. Die wichtigsten sind etwa[48]:
— Sie soll als Monatswert erhoben werden. Schon Vierteljahreswerte würden
   die Diagnose zu stark verzögern;
— Die *Beobachtungsverzögerung* soll möglichst kurz sein, die Werte sollen also
   möglichst bald nach Ende des Erhebungszeitraums vorliegen;
— Die Unterschiede zwischen den jeweils ersten vorläufigen und den späteren
   endgültigen Werten des Indikators sollen gering sein;
— Sie soll in einer theoretisch begründeten, möglichst konstanten Beziehung
   zum Konjunkturverlauf stehen und daher möglichst wenig auf Grund uner-

---

[48] Vgl. auch SR-Gutachten 1970/71, Anhang VIII.

klärter Sondereinflüsse schwanken. Ein idealer Frühindikator würde bei spielsweise Wendepunkte jeweils eine konstante Zahl von Monaten vor der Wendepunkten etwa der industriellen Nettoproduktion zeigen und auch im Ausmaß der Schwankungen eine feste Relation zu den Konjunkturschwankungen einhalten;

— Sie soll einen möglichst breiten Ausschnitt der gesamtwirtschaftlichen Aktivität wiedergeben.

Ein erhebliches Problem bei der Verwendung von Zeitreihen als Konjunktur indikatoren besteht darin, daß jede Zeitreihe im Prinzip neben Einflüssen der Konjunktur auch noch drei weitere Arten von Einflüssen enthält: Einen Trend Saisoneinflüsse bei Berechnung für kürzere Zeiträume als ein Jahr, sowie Sondereinflüsse, deren Ursachen bekannt oder unbekannt sein können. Soll die Reihe allein den Konjunktureinfluß wiedergeben, muß sie rechnerisch von den sonstigen Einflüssen bereinigt werden. Die Verfahren zur Ausschaltung von Trends bestehen im Prinzip darin, daß man eine längerfristig gleichbleibende oder sich gleichmäßig ändernde durchschnittliche jährliche Änderung der Reihe berechnet und die tatsächlichen Werte um diese Änderungen korrigiert. Werden Zeitreihen für kürzere Zeiträume als ein Jahr berechnet, so machen sich bei dieser Feinbeobachtung der Konjunktur häufig *Saisonschwankungen* bemerkbar. Bekannte Beispiele sind Produktion und Beschäftigung im Baugewerbe, die während der Wintermonate zurückgehen; die Umsätze im Einzelhandel, die in der Vorweihnachtszeit überdurchschnittlich hoch sind; die Ausgaben für Auslandsreisen im Sommer und die Guthaben öffentlicher Haushalte bei der Zentralbank, die zu den Steuerzahlungsterminen stark anwachsen.[49] Da Saisonschwankungen zu Irrtümern bei der Konjunkturdiagnose führen können, versucht man sie auszuschalten, wofür es mehrere Verfahren gibt. Das gröbste besteht darin, alle Monatswerte als Abweichungen von den gleichen Monatswerten des Vorjahres anzugeben. Bei einem anspruchsvolleren Verfahren bildet man aus den Saisonschwankungen mehrerer Jahre, gegebenenfalls nach Ausschaltung eines Trends, durch Berechnung der monatlichen Abweichungen vom Jahresdurchschnitt ein typisches Schwankungsmuster, die *Saisonnormale*. Die *Saisonbereinigung* neu anfallender Beobachtungswerte wird dann dadurch vorgenommen, daß sie um die für ihren Monat gemäß der Saisonnormale typische Abweichung vom Jahresdurchschnitt korrigiert werden. Nach diesem Prinzip wurden mehrere Verfahren entwickelt, von denen auch die Bundesbank, die Wirtschaftsforschungsinstitute und seit 1972 auch das Statistische Bundesamt Gebrauch machen. Dabei werden auch die Einflüsse ausgeschaltet, die von Kalenderunregelmäßigkeiten (ungleiche Monatslängen, unterschiedliche Zahl der Feiertage je Monat) ausgehen.

Da bei einem einzelnen Indikator Schwankungen auf Grund von Sondereinflüssen nie auszuschließen sind, liegt es nahe, mehrere Indikatoren zu einem *Gesamtindikator* (oder *Globalindikator*) zusammenzufassen. Störeinflüsse auf einzelne Indikatoren wirken sich weniger stark auf einen Gesamtindikator aus und können sich auch ganz oder teilweise kompensieren, wenn sie bei mehreren Indikatoren gleichzeitig in entgegengesetzten Richtungen auftreten. In der Bundesrepublik werden zur Zeit drei Gesamtindikatoren berechnet und veröffent-

---

[49] Vgl. VRW³, S. 214.

licht, und zwar vom Sachverständigenrat zur Begutachtung der gesamtwirtschaftlichen Entwicklung, vom Institut für die Deutsche Wirtschaft und vom
Wirtschafts- und Sozialwissenschaftlichen Institut der Gewerkschaften.
Bisher war nur von Ex-post-Zahlen als Konjunkturindikatoren die Rede. Sie
haben den unvermeidlichen Nachteil, im Augenblick ihres Bekanntwerdens schon
veraltet zu sein. Da wirtschaftliches Handeln im Unternehmensbereich auf Plänen
beruht (vgl. Punkt 5 des Denkansatzes, S. 18), die zeitlich vor den beobachtbaren
Handlungen aufgestellt werden müssen, liegt es nahe, die für Produktions- und
Investitionsentscheidungen in Unternehmen Verantwortlichen direkt nach ihren
Plänen zu fragen. Hauptproblem ist hierbei, wie verläßlich die Schlüsse von den
Angaben in den Fragebögen auf die späteren Handlungen sind. Die bisherigen
Erfahrungen in rund 30 Ländern zeigen, daß es sich hierbei um ein brauchbares
Verfahren handelt, das zusammen mit der Verwendung von Ex-post-Zahlen die
Konjunkturdiagnose verbessert. In der Bundesrepublik hat das Ifo-Institut für
Wirtschaftsforschung[50] entsprechende Verfahren entwickelt, den *Ifo-Konjunk-
turtest* und den *Ifo-Investitionstest*, die seit 1972 durch Auswertungen von Kon-
sumentenbefragungen ergänzt werden. Beispielsweise werden beim Konjunktur-
test monatlich leitende Personen von rund 12000 Unternehmen aus Industrie,
Baugewerbe, Groß- und Einzelhandel befragt, welche Erwartungen sie für die
nächsten Monate in bezug auf bestimmte Produkte (insgesamt rund 480) hinsichtlich der Entwicklung von Produktion, Umsatz, Preisen und allgemeiner
Geschäftslage haben. Daneben wird nach ihrem Urteil über die augenblickliche
Situation gefragt, etwa in bezug auf die Größe der Auftrags- und der Lagerbestände. Die größtenteils qualitativen Angaben – „gestiegen, gleichgeblieben,
gefallen" oder „gut, befriedigend, schlecht" – werden dann gewichtet und zu Indizes zusammengefaßt. Ein Vorzug dieses Verfahrens ist auch die geringe Beobachtungsverzögerung von zwei Wochen.

4. Verzögerungen und Ankündigungseffekte wirtschaftspolitischer Maß-
nahmen. Die allgemeine Reaktionsverzögerung im Wirtschaftsprozeß (vgl. Punkt
13 des Denkansatzes, S. 19) läßt sich in bezug auf wirtschaftspolitische Maßnahmen in zwei Abschnitte einteilen:
1. Die Spanne zwischen dem Zeitpunkt, zu dem eine Maßnahme getroffen werden
müßte, um zur gewünschten Zeit zu wirken, und dem Zeitpunkt, zu dem
sie getroffen wird. Dies ist die Reaktionsverzögerung der wirtschaftspolitischen
Instanz. Man kann sie die *Instanz-* (oder *Innen*)*verzögerung* nennen;
2. Die Spanne zwischen dem Zeitpunkt des Einsatzes der Maßnahme und dem
Zeitpunkt, an dem die Zielvariable den angestrebten Wert oder Bereich erreicht.
Dies ist die *Wirkungs-* (oder *Außen*)*verzögerung*.
Für den Wirtschaftspolitiker besteht damit neben der Frage der Dosierung
seiner Maßnahmen das Problem des richtigen Zeitpunktes für ihren Einsatz. Das
Problem wurde in bezug auf geld- und kreditpolitische Maßnahmen S. 260 – 263
kurz behandelt. Bei seiner näheren Analyse lassen sich beide Zeitabschnitte wie
in Bild 6.3 dargestellt (S. 416) in insgesamt fünf Teilverzögerungen gliedern.
Entscheidungs- und Administrationsverzögerung der Instanz bezeichnet man

---

[50] Angaben über das Institut in VRW[3], S. 309f.

häufig als ihre *Handlungs-*(oder *Aktions*)*verzögerung.* Alle Verzögerungen sind je nach Instanz und Art der Maßnahme unterschiedlich lang. Eine extrem kurze Instanzverzögerung liegt beispielsweise vor, wenn die Regierung den Währungskurs ändert oder freigibt. Die Zeit von der Notwendigkeit des Eingreifens bis zur Maßnahme kann hier weniger als eine Woche, ja nur Stunden betragen. Ähnlich kurz ist die Instanzverzögerung bei Maßnahmen der Geld- und Kreditpolitik, wenn wie in der Bundesrepublik der Zentralbankrat autonom über solche Maßnahmen entscheiden kann. Extrem lange Verzögerungen zeigen sich beim Einsatz öffentlicher Einnahmen und Ausgaben. Beispielsweise begann die Aufstellung

Bild 6.3 – *Verzögerungen bei wirtschaftspolitischen Maßnahmen*

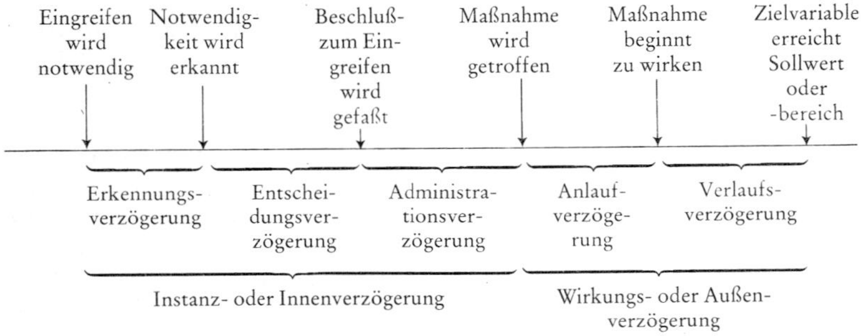

Eingreifen wird notwendig	Notwendig-keit wird erkannt	Beschluß-zum Ein-greifen wird gefaßt	Maßnahme wird getroffen	Maßnahme beginnt zu wirken	Zielvariable erreicht Sollwert oder -bereich
Erkennungs-verzögerung	Entschei-dungsver-zögerung	Administra-tionsver-zögerung	Anlauf-verzöge-rung	Verlaufs-verzögerung	
Instanz- oder Innenverzögerung			Wirkungs- oder Außen-verzögerung		

des Bundeshaushaltsplans der Bundesrepublik für das Jahr 1975 Ende 1973 mit der Verteilung der Anforderungsformulare an die einzelnen Ressorts.[51] Die Anforderungen werden gesammelt, in wiederholten Besprechungen des Bundesfinanzministeriums mit den Ressorts und im Kabinett beraten und schließlich bis Juli 1974 zu einer Vorlage an das Parlament zusammengefaßt. Dieses berät ab Herbst 1974 und verabschiedet das Haushaltsgesetz Anfang 1975. Die Dauer dieser Prozedur erschwert den Einsatz des Bundeshaushalts für Zwecke der Konjunktursteuerung.

Während daran gearbeitet werden kann, die Instanzverzögerung zu verkürzen, bleibt als eines der Hauptprobleme der Wirtschaftspolitik die Frage des Einsatzes wirtschaftspolitischer Maßnahmen zum richtigen Zeitpunkt. Obwohl der Satz 6.3: *Wirtschaftspolitische Maßnahmen dürfen nicht im Hinblick auf die gerade herrschende Situation, sondern müssen im Hinblick auf diejenige zukünftige Situation getroffen werden, in der die Maßnahmen infolge der Wirkungsverzögerung zu wirken beginnen,* auch von Politikern nicht bestritten werden dürfte, scheinen beispielsweise die Erfahrungen in der Bundesrepublik zu zeigen, daß die politischen Schwierigkeiten rechtzeitigen Eingreifens häufig groß sind und die Entscheidungsverzögerung verlängern.[52] Gründe dafür können sein:

---

[51] Vgl. die detaillierte Darstellung bei K.-H. Hansmeyer: Die Mittelfristige Finanzplanung – ein neues Instrument der Wirtschaftspolitik? In: E. Dürr (Hg.): Neue Wege der Wirtschaftspolitik. Berlin 1972, S. 133–136.
[52] Vgl. SR-Gutachten 1969/70, Ziffer 233–238. Dort werden mehrere Fälle aus den Jahren 1964 bis 1969 aufgezählt, in denen wirtschaftspolitische Instanzen der Bundesrepublik nach Ansicht des Rates zu spät oder gar nicht handelten, und Gründe dafür diskutiert.

– Die Wirkungsverzögerung wird in der Öffentlichkeit unterschätzt. Diese geht überwiegend von der falschen Hypothese aus, wirtschaftspolitische Maßnahmen wirkten sofort oder ganz kurzfristig. Soweit politisch auf die Öffentlichkeit Rücksicht genommen werden muß, kann daher nicht vorbeugend, sondern erst dann eingegriffen werden, wenn gleichlaufende Indikatoren bereits Fehlentwicklungen anzeigen;

– Die Interessengruppen, die Einfluß auf die Wirtschaftspolitik haben, stellen ihr kurzfristiges Interesse höher als ihr langfristiges, unter anderem auch wegen der Unsicherheit über die zukünftige Entwicklung und über die Wirkungen der in Betracht kommenden Maßnahmen;

– Unsicherheit besteht auch bei Politikern und ihren wirtschaftswissenschaftlichen Beratern und erschwert es ihnen, Maßnahmen zu einem Zeitpunkt zu treffen, zu dem eine Fehlentwicklung lediglich ein mehr oder weniger wahrscheinliches zukünftiges Ereignis ist;

– Schließlich kommt als statistischer Grund hinzu, daß jede Diagnose der jeweiligen Konjunktursituation, von der der in Bild 6.3 dargestellte Ablauf ausgeht, auf Angaben beruht, die mindestens ein bis zwei Monate alt und daher immer schon überholt sind (Beobachtungsverzögerung).[53] Insgesamt ergibt sich hieraus eine Tendenz, konjunktursteuernde Maßnahmen zu spät zu treffen. Bei Aufschwüngen wird zu spät gebremst, bei Abschwüngen werden restriktive Maßnahmen zu lange beibehalten. Konjunkturpolitik wirkt dann eher prozyklisch als antizyklisch (vgl. S. 151). Das Problem kann durch vermehrte Berücksichtigung von Frühindikatoren und Befragungen über Pläne gemildert werden.

Messungen der Wirkungsverzögerung haben sich bisher als äußerst schwierig erwiesen und keine verläßlichen Ergebnisse erbracht. Das liegt unter anderem daran, daß neben wirtschaftspolitischen Maßnahmen stets noch viele andere Einflüsse auf die Zielvariablen wirken. Es kann daher oft nicht entschieden werden, ob und in welchem Ausmaß die beobachtete Änderung der Zielvariablen auf die wirtschaftspolitische Maßnahme zurückgeht. Lediglich massiven Eingriffen wie Währungskursänderungen mit hohen Sätzen kann man mit größerer Wahrscheinlichkeit voraussehbare Wirkungen zurechnen. Wenn die Länge der Wirkungsverzögerung nicht bestimmt werden kann, erhöht sich die Gefahr prozyklischer Eingriffe. Eine Lösung dieses Problems kann nur durch Verwendung detaillierter gesamtwirtschaftlicher ökonometrischer Modelle versucht werden, in denen die allgemeine Interdependenz erfaßt wird.

Aus der mit Satz 6.2 (S. 381) ausgesprochenen Erkenntnis folgt die Hypothese, daß die von einer wirtschaftspolitischen Maßnahme betroffenen Wirtschaftssubjekte versuchen werden, sich auf diese einzustellen, um entweder Nachteile zu vermeiden oder Vorteile aus ihr zu ziehen. Soweit dies mit Erfolg nur vor dem Einsatz der Maßnahmen geschehen kann, reagieren Wirtschaftssubjekte häufig schon dann, wenn eine Maßnahme für möglich gehalten, öffentlich diskutiert oder von der zuständigen Instanz angekündigt wird. Solche Reaktionen nennt man *Ankündigungseffekte* wirtschaftspolitischer Maßnahmen. Beispiele bietet die Währungsspekulation. Würde eine Regierung in einem Währungssystem mit fi-

---

[53] Der Sachverständigenrat hat daher wiederholt Verbesserungen der Konjunkturstatistik gefordert. Vgl. SR-Gutachten 1967/68, Vorwort Ziffer 12.

xiertem Währungskurs und freiem Kapitalverkehr etwa eine Aufwertung ihrer Währung ankündigen, so würde sich unter den heutigen Bedingungen ein so starker Devisenzustrom ergeben, daß die Maßnahme selbst in Kürze folgen müßte. Solche Ankündigungen gibt es daher nur in seltenen Ausnahmefällen, und bestehende Absichten in dieser Richtung müssen zu Lasten der öffentlichen Glaubwürdigkeit der verantwortlichen Politiker bis zur letzten Stunde dementiert werden. Der Ankündigungseffekt wirkt bei Währungskursänderungen bereits auf Grund von Erwartungen überaus stark. Ankündigungseffekte im — vom Standpunkt der wirtschaftspolitischen Instanzen gesehen — positiven Sinne zeigen sich bei der Geld- und Kreditpolitik, wenn ein Kurswechsel von einer expansiven zu einer kontraktiven Politik oder umgekehrt erfolgt und die ersten Maßnahmen die Erwartung weiterer Eingriffe in der jeweils neuen Richtung entstehen lassen.

Beispiele für Versuche, negative Wirkungen erwarteter Maßnahmen zu vermeiden, sind folgende. Am 23. März 1964 gab die Bundesregierung bekannt, sie werde ein Gesetz über die Besteuerung der Erträge inländischer festverzinslicher Wertpapiere im Besitz von Ausländern vorlegen.[54] Diese Ankündigung ließ den Kapitalimport in bezug auf diese Wertpapiere in einen Kapitalexport umschlagen: Während Ausländer in den vier Monaten vor März 1964 netto Wertpapiere für 730 Mill. DM gekauft hatten, verkauften sie in den vier Monaten danach für 560 Mill. DM. Als Ende 1966 eine Einschränkung der finanzpolitischen Begünstigungen des Bausparens bevorstand, nahm die Zahl der Neuabschlüsse ungewöhnlich stark zu.[55] Ende 1969 wurden im Zusammenhang mit der Finanzreform ungewöhnlich hohe Vorauszahlungen auf die Gewerbesteuer geleistet.[56]

Angesichts der offensichtlichen Existenz von Ankündigungseffekten liegt es nahe, sie bei der Planung wirtschaftspolitischer Maßnahmen von vornherein zu berücksichtigen und damit als Teil der Maßnahmen bewußt einzusetzen. Dies kann offen geschehen; es ist bei allen Maßnahmen der gesetzgebenden Organe unvermeidlich, da diese öffentlich entscheiden. Es kann aber auch in verdeckter Weise dadurch geschehen, daß Sprecher wirtschaftspolitischer Instanzen öffentliche Äußerungen so abgeben, daß sie wie Sachaussagen aussehen, etwa wie Konjunkturdiagnosen. Da selten Zweifel darüber bestehen, wie die so diagnostizierte Situation zu bewerten ist und welcher Art die daraufhin zu ergreifenden Maßnahmen sind, haben auch solche Diagnosen Ankündigungseffekte.

Ein Element der Ankündigung enthalten schließlich auch Appelle wirtschaftspolitischer Sprecher an Gruppen wie Konsumenten, Investoren, preissetzende Unternehmen oder Gewerkschaften, sich in bestimmter Weise zu verhalten („moral suasion"). Soweit sie Wirkung haben, scheint diese jedoch häufig in die falsche Richtung zu gehen.

5. Schleichende Inflation. In der Zeit zwischen den beiden Weltkriegen (1918 — 1939) standen in den westlichen entwickelten Ländern auf dem Gebiet der Wirtschaftspolitik nacheinander drei Probleme im Vordergrund: Hyperinfla-

---

[54] Kurz Kuponsteuergesetz genannt. Angaben nach BBk-Monatsbericht Juni 1965, S. 3, 6f.
[55] Vgl. BBk-Geschäftsbericht 1966, S. 55.
[56] Vgl. BBk-Monatsbericht Oktober 1971, S. 11.

tion (wenn auch nur in einigen Ländern, vgl. S. 185f.), Arbeitslosigkeit während der Weltwirtschaftskrise und danach (vgl. S. 388), und der Zusammenbruch der internationalen Wirtschaftsbeziehungen. Nach dem zweiten Weltkrieg gab es in diesen Ländern keine Hyperinflationen, die Arbeitslosigkeit hielt sich in Grenzen, und der Welthandel weitete sich in einem bis dahin unbekannten Maße aus. Zu den bedeutendsten wirtschaftspolitischen Problemen von heute zählt die ständige Geldentwertung (oder *schleichende Inflation*). Nachdem Messung und Folgen der Geldentwertung S. 392−396 behandelt wurden, soll hier unter besonderer Berücksichtigung der Bundesrepublik die Frage nach ihren Ursachen und Möglichkeiten ihrer Bekämpfung kurz erörtert werden.

Unter Inflation wird im folgenden ein Prozeß anhaltender Preissteigerungen verstanden, gemessen an einem Preisindex für Konsumgüter. Hinter dieser Definition steht das Werturteil, daß die Interessen der Konsumenten Vorrang gegenüber denen anderer Gruppen haben und daß beispielsweise Änderungen der Preisstruktur weniger wichtig sind, solange sie sich nicht auf das Preisniveau der Konsumgüter auswirken.

Als Ursache für eine fortschreitende Geldentwertung kommen einzeln oder gemeinsam in Frage:
1. Ein anhaltender Nachfrageüberhang (vgl. S. 132) auf den Konsumgütermärkten. Dies nennt man eine *nachfrageinduzierte Inflation* (oder *Nachfrageinflation*).
2. Ständige Steigerungen der Stückkosten bei der Mehrzahl der Hersteller von Konsumgütern. Diese Situation tritt ein, wenn die Preise für einzelne Arten von Produktivleistungen stärker steigen als ihre Produktivität. Es liegt dann eine *kosteninduzierte Inflation* (oder *Angebotsinflation*) vor. Je nach der Herkunft der Kostensteigerungen lassen sich zwei Unterfälle unterscheiden:
2.1 Beruht die Inflation auf Lohnsteigerungen, liegt eine *lohninduzierte Inflation* vor;
2.2 Beruht sie auf Preissteigerungen von Importgütern, spricht man von *importierter Kosteninflation*.
Gelegentlich wird als dritte Inflationsursache eine Zunahme der Gewinne genannt. Anbieter würden dabei ihre Preise heraufsetzen, auch ohne daß dies durch Kostensteigerungen oder eine Zunahme der Nachfrage motiviert sei. Anlaß könne eine Verbesserung ihrer Marktstellung durch Ausscheiden von Konkurrenten oder Änderungen der Zielsetzung sein. Da es sich hierbei jedoch nicht um eine Dauerursache handeln kann, da anderenfalls der Gewinnanteil am Volkseinkommen ständig zunehmen müßte, wird dieser Fall hier nicht betrachtet. Es erscheint auch irreführend, eine Erhöhung der Geldmenge in demselben Sinne als direkte Inflationsursache zu nennen wie die oben genannten Ursachen. Eine gegebene, wie immer definierte Geldmenge kann je nach der Transaktionshäufigkeit zu ganz unterschiedlichen Zahlungsvolumina führen. Bezieht man die Transaktionshäufigkeit jedoch in die Definition ein, etwa als die während eines Zeitraums wirksame Geldmenge, erhält man eine mit der monetären Nachfrage nach allen Gütern und Forderungen identische Größe. Bei konstanter Transaktionshäufigkeit ist eine Zunahme der Geldmenge Begleiterscheinung jeder Inflation und insofern eine notwendige Bedingung für diese.

Ein Urteil über die Frage, ob in einem Land zu einer gegebenen Zeit eine nachfrage- oder eine kosteninduzierte Inflation vorliegt, läßt sich eindeutig nur in den Fällen geben, in denen eine Ursache vorherrscht. Demnach ließe sich eine Nachfrageinflation diagnostizieren, wenn während längerer Zeit einige oder alle Komponenten der Endnachfrage zunehmen, wobei die Importpreise und Tariflohnsätze konstant bleiben oder nach Ausschaltung der Produktivitätsänderungen wesentlich weniger steigen als die Preise der Endnachfragegüter. Steigen anderseits die Importpreise und/oder die Tariflohnsätze stärker als die jeweilige Produktivität der Importgüter und Arbeitskräfte, während die Endnachfrage mengenmäßig stagniert, liegt kosteninduzierte Inflation vor. Beide Extremfälle sind selten. In der überwiegenden Zahl aller Fälle steigen Endnachfrage und Tariflohnsätze gleichzeitig oder folgen so kurzfristig aufeinander, daß Erwartungen über ihre Steigerung in die Kalküle einbezogen werden. Es ist dann keine Unterscheidung zwischen nachfrage- und kosteninduzierter Inflation möglich, und Bezeichnungen wie ,,Lohn-Preis-Spirale" und ,,Preis-Lohn-Spirale" drücken nur noch die jeweilige Interessenlage der Beobachter des Inflationsprozesses aus.

Inflation läßt sich unter den heutigen Bedingungen am besten verstehen, wenn sie als Ergebnis von Konflikten zwischen Gewerkschaften und Unternehmen betrachtet wird, die beide versuchen, die Verteilung des zuwachsenden Sozialprodukts marginal zu ihren Gunsten zu ändern. Dazu kann man von einem definitorischen Zusammenhang zwischen Löhnen, Preisen, Arbeitsproduktivität und Einkommensverteilung wie folgt ausgehen. In einer geschlossenen Volkswirtschaft stellen die Unternehmen mit Hilfe von Arbeitsleistungen als einziger variabler Produktivleistung ein in physischen Mengeneinheiten (ME) meßbares Gut x für die Endnachfrage her, das zum Preis p verkauft wird, so daß sich das nominale Sozialprodukt $Y = px$ ergibt. In gleicher Höhe entsteht das Volkseinkommen, das sich aus Löhnen L und Gewinnen G zusammensetzt. Bezeichnet man die von den Lohnempfängern während eines Zeitraums geleistete Zahl von Arbeitsstunden mit a und den durchschnittlichen Stundenlohnsatz mit l, so ist die gesamte Lohnsumme $L = al$. Der Anteil der Löhne am Volkseinkommen (oder die *gesamtwirtschaftliche Lohnquote*) ist dann

$$\frac{L}{Y} = \frac{al}{px} . \tag{6.1}$$

Bezeichnet man ferner die je Arbeitsstunde der Lohnempfänger erzeugte Gütermenge, die *gesamtwirtschaftliche durchschnittliche Arbeitsproduktivität*[57], mit $\pi = x/a$, erhält man aus (6.1)

$$\frac{L}{Y} = \frac{1}{p\pi} . \tag{6.2}$$

Hieraus folgt beispielsweise definitorisch, daß die Lohnquote konstant bleibt, wenn der Reallohn (der Quotient l/p, vgl. S. 87) ebenso stark steigt wie die Arbeitsproduktivität, oder daß bei konstanter Arbeitsproduktivität die Lohnquote nur steigt, wenn die Lohnsätze stärker steigen als die Preise der Endnachfragegüter. Bildet man den reziproken Wert von π, der die in Arbeitsstunden gemes-

---

[57] Vgl. VRW³, S. 275–277.

senen Realkosten je Produktmengeneinheit angibt, und multipliziert ihn mit dem Stundenlohnsatz l, erhält man die durchschnittlichen Lohnkosten je ME (oder Lohnstückkosten, vgl. S. 403). Aus Gleichung (6.2) folgt dann auch, daß die Lohnquote konstant bleibt, wenn sich Lohnstückkosten und Preise in gleicher Weise ändern. Diese Folgerungen bleiben im Prinzip gültig, wenn statt einer geschlossenen Volkswirtschaft allgemeiner und wirklichkeitsnäher ein produzierendes System – ein Unternehmen, die Industrie eines Landes oder eine offene Volkswirtschaft – betrachtet wird, das neben Faktorleistungen auch Vorleistungen aus der Umwelt aufnimmt. Es müssen dann lediglich die Preis- und Produktivitätsentwicklung der Vorleistungen, gesamtwirtschaftlich also des Imports, mit berücksichtigt werden.

Der Prozeß der Inflation kann anhand der Zusammenhänge (6.1) und (6.2) erklärt werden, wenn Hypothesen darüber eingeführt werden, wie sich die Variablen im Zeitablauf entwickeln und wie die betroffenen Gruppen darauf reagieren. Es sei angenommen, eine Volkswirtschaft wie die der Bundesrepublik stehe nach einer Phase der Rezession am Beginn eines neuen Wachstumszyklus (vgl. S. 123). Die allgemeine Zunahme der Güternachfrage auf vielen Märkten führt zur Steigerung der Produktion, Kurzarbeit geht zurück und es werden zusätzliche Arbeitskräfte eingestellt, so daß die Arbeitslosigkeit sinkt. Die effektiv gezahlten Lohnsätze bleiben zunächst konstant oder steigen nur wenig. Die Erzeugerpreise steigen zunächst ebenfalls nur wenig. Da sich aber bei vielen Produzenten eine verbesserte Auslastung der dauerhaften Produktionsmittel zeigt und die gesamten Stückkosten daher sinken, nehmen vom Beginn des Aufschwungs an die Gewinne zu, so daß die gesamtwirtschaftliche Lohnquote sinkt. Dieser Effekt verstärkt sich im weiteren Verlauf des Aufschwungs, wenn immer mehr Anbieter in die Nähe ihrer Kapazitätsgrenzen geraten und ihre Preise heraufsetzen. In dieser Phase sind Preissteigerungen also in erster Linie nachfragebedingt. Sobald allerdings Anbieter solcher Wirtschaftszweige ihre Preise heraufsetzen, die für viele andere Produzenten Vorleistungen liefern, beginnt sich bei diesen auch ein Kostendruck bemerkbar zu machen. Dies kann schon eintreten, bevor Vollbeschäftigung erreicht ist. Diese Entwicklung wird jedoch von den Gewerkschaften nicht hingenommen. Sinkende Reallöhne und Rückgang des Lohnanteils am Volkseinkommen verletzen das gewerkschaftliche Hauptziel, die Einkommenssituation der Arbeitnehmer zu verbessern (vgl. S. 308). Gewerkschaften kündigen daher Tarifverträge zum nächstmöglichen Termin und versuchen, Lohnerhöhungen durchzusetzen. Eine für die Bundesrepublik neue Entwicklung zeigt sich dabei seit Herbst 1969: Starke Preis- und Gewinnsteigerungen können Arbeitnehmer dazu veranlassen, außerhalb noch laufender Tarifverträge und daher ohne Organisation durch vertragstreue Gewerkschaften Lohnforderungen zu erheben und für diese zu streiken („wilde Streiks"). Entscheidend für den Fortgang des Preissteigerungsprozesses ist nun die Höhe der durchgesetzten Lohnforderungen. Die Gewerkschaften tendieren dazu, eine solche Steigerung der Tariflöhne durchzusetzen, daß nicht nur etwa eingetretene Rückgänge der Reallöhne kompensiert, sondern ihre zukünftige Steigerung vorweggenommen wird. Das führt dazu, daß die Lohnsatzsteigerungen über der Zunahme der Arbeitsproduktivität zu liegen tendieren. Gemäß Gleichung (6.2) würde dies bei ungeänderten Preisen den Lohnanteil erhöhen und damit das gewerkschaftliche

Ziel verwirklichen. Gerade in dieser Situation aber können Lohnsatzsteigerungen mit Erfolg, das heißt unter Wahrung der Unternehmensziele, von den meisten Anbietern als Anlaß zu Preisheraufsetzungen benutzt (oder *überwälzt*) werden. Die Nachfrage- und Konkurrenzsituation begünstigt dies, zumal Lohnsteigerungen erhöhte Arbeitnehmereinkommen und damit Mehrnachfrage auf vielen Konsumgütermärkten bedeuten. Soweit erforderlich, können die Lohnsteigerungen gegenüber der Öffentlichkeit auch als Rechtfertigung für die Preissteigerungen herangezogen werden. Damit tritt verstärkt das Element des Kostendrucks in den Prozeß ein. Als weiteres Element macht sich dabei ein Strukturfaktor wie folgt bemerkbar. In den Gleichungen (6.1) und (6.2) kommt nicht zum Ausdruck, daß eine Zunahme der gesamtwirtschaftlichen Arbeitsproduktivität als Durchschnitt aus ganz unterschiedlichen Steigerungsraten in einzelnen Wirtschafts- oder Industriezweigen errechnet wird. Beispielsweise nahm die durchschnittliche Arbeitsproduktivität[58] in der Industrie der Bundesrepublik von 1965 bis 1972 um 40 v.H., zu, wobei sie in der Erdöl- und Erdgasgewinnung um 193 v.H., in der Ledererzeugenden Industrie um 107 v.H., in der Schuhindustrie um 12 v.H. und im Maschinenbau um 11 v.H. stieg. Nun besteht bei einer gewerkschaftlichen Organisation wie der in der Bundesrepublik mit 16 im Deutschen Gewerkschaftsbund zusammengeschlossenen und vier weiteren Gewerkschaften eine Konkurrenzsituation zwischen den einzelnen Gewerkschaften. Diese sorgt dafür, daß Erhöhungen der Tariflohnsätze in allen Wirtschaftszweigen im wesentlichen gleich groß sind, so daß das Verhältnis der Lohn- und Gehaltssätze in den einzelnen Wirtschaftszweigen zueinander, die *Lohn- und Gehaltsstruktur*, auch längerfristig relativ konstant ist.[59] Würden sich anderenfalls die Gewerkschaften bei ihren Lohnforderungen am jeweiligen Produktivitätszuwachs in den einzelnen Wirtschaftszweigen ausrichten, würde sich die Lohn- und Gehaltsstruktur schon in wenigen Jahren grundlegend ändern. Besteht nun die Tendenz, sich bei der Höhe der Lohnforderungen an der Situation der überdurchschnittlich wachsenden und prosperierenden Wirtschaftszweige auszurichten, so bildet dies einen zweiten Grund dafür, daß Tariflohnsätze im Konjunkturaufschwung stärker zunehmen als die während der Laufzeit der Tarifverträge zu erwartende Steigerung der gesamtwirtschaftlichen durchschnittlichen Arbeitsproduktivität. Der inflatorische Effekt wird verstärkt, wenn im Zuge der weiteren wirtschaftlichen Entwicklung der Anteil der Dienstleistungsbereiche zunimmt, in denen der Produktivitätszuwachs gering oder vielfach nicht meßbar ist. Auch die Arbeitnehmer dieser Bereiche erhalten Einkommenszuwächse in Höhe der Lohnsteigerungen in der Industrie, und diese führen ebenfalls zu Erhöhungen der Konsumgüternachfrage, denen aber ein niedrigerer oder kein Produktionszuwachs gegenübersteht. Wenn die Anbieter dieser Wirtschaftszweige ihre Gewinne auch nur aufrechterhalten wollen, müssen sie gemäß Gleichung 6.2 die Lohnsteigerungen voll im Preis weitergeben.

Mit der Annäherung an die Hochkonjunktur werden wirtschaftspolitische Bremsmaßnahmen ergriffen, mit denen in der Regel versucht wird, die Zuwachs-

---

[58] Nettoproduktion in Preisen von 1962 je Beschäftigten. Errechnet nach Angaben in: Deutsches Institut für Wirtschaftsforschung, Wochenbericht 8/74 vom 21.2.1974, S. 80.
[59] Für Angaben über die Bundesrepublik vgl. VRW², S. 271–273.

rate der gesamtwirtschaftlichen Inlandsnachfrage zu verringern. Da trotz fortgesetzter Investitionstätigkeit die Ausdehnung der Produktionskapazitäten nicht ausreicht, soll damit die expansive Lücke verkleinert und der Preisanstieg zunächst verlangsamt und dann zum Stillstand gebracht werden. Solange die Hochkonjunktur andauert, gehen die Gewerkschaften bei ihren Lohnforderungen jedoch von einem Nachholbedarf in bezug auf das Realeinkommen aus, zumal in dieser Situation der Lohnanteil am Volkseinkommen am niedrigsten zu sein pflegt. Beginnen die kontraktiven Maßnahmen zu wirken, so zeigt sich in der Regel, wenn auch mit Verzögerung, daß die Geldentwertungsrate nicht mehr weiter zunimmt. Im weiteren Verlauf des Abschwungs, in dem die Zahl der offenen Stellen stark zurückgeht und Arbeitslosigkeit und Kurzarbeit zunehmen, kann die Preissteigerungsrate wohl auch abnehmen, wird aber unter den heutigen Verhältnissen kaum auf null sinken. Die Gründe dafür liegen in den Marktformen, in denen sich das heutige kapitalistische System wesentlich vom Konkurrenzkapitalismus des 19. Jahrhunderts unterscheidet. Trifft eine zurückgehende Nachfrage auf einem Markt unter Konkurrenzbedingungen auf ein steigendes Angebot, so muß der Preis oder die Preissteigerungsrate fallen, wenn beide Bewegungen genügend stark sind. Konkurrenzbedingungen dieser Art liegen jedoch heute auf der Mehrzahl der wichtigen Märkte nicht mehr vor. Viele Anbieter müssen sich nicht an auf dem Markt unabhängig von ihrem Zutun entstehende Preise anpassen, sondern haben Spielraum für eine eigene Preispolitik. Bei nachlassender Nachfrage bei noch steigenden Kosten werden sie eher dazu neigen, die Preise zu halten und die Produktion einzuschränken.[60] Wird die Situation als vorübergehend angesehen, führt dies zu Kurzarbeit. Wird ein länger anhaltender Konjunkturrückgang erwartet, kommt es zu Entlassungen. Werden auch in dieser Situation noch Lohnerhöhungen durchgesetzt, so kann der verstärkte Kostendruck viele Unternehmen veranlassen, Preise heraufzusetzen und weitere Arbeitnehmer zu entlassen: Es herrscht Stagnation des realen Sozialprodukts bei gleichzeitiger Fortdauer der Inflation, die „Stagflation". Hierbei zeigt sich regelmäßig, daß Regierungen westlicher Industrieländer dem Vollbeschäftigungsziel Vorrang einräumen und zu Expansionsmaßnahmen übergehen, zumal die Fortsetzung der Deflationspolitik angesichts der beschriebenen Verhaltensweise der Unternehmen die Inflation nicht mit Sicherheit beseitigen, wohl aber die Arbeitslosigkeit weiter erhöhen würde. Anderseits ist es gerade die Gewißheit dieser Priorität des Vollbeschäftigungsziels, die es den Gewerkschaften erlaubt, auch im Konjunkturabschwung Lohnforderungen zu stellen und durchzusetzen, wenn diese gewöhnlich auch niedriger sind als in der Hochkonjunktur.

Angesichts des geschilderten Komplexes von Verhaltensweisen und Bedingungen hat sich die Inflation in den westlichen entwickelten Ländern bisher als unlösbares Problem erwiesen. Es nimmt zudem an Schärfe zu: Während in den fünfziger und sechziger Jahren bei der Bekämpfung der Inflation noch Teilerfolge erzielt werden konnten, zeigen sich seit Beginn der siebziger Jahre Geldentwertungsraten bis dahin unbekannten Ausmaßes. Es gibt wirtschaftspolitisch grundsätzlich zwei Wege, mit der Inflation fertigzuwerden, wenn man vom bloßen

---

[60] Vgl. auch die entsprechende Argumentation im Rahmen des KEYNESschen Modells, S. 107.

Kurieren an Symptomen, wie Lohn- und Preisstopps, und Änderungen des Wirtschaftssystems absieht:
1. Die Inflation wird von ihren Ursachen her bekämpft. Dabei treten in der Regel Konflikte mit anderen Zielen auf, oder es kann sich als notwendig erweisen, Rahmenbedingungen wie die Tarifautonomie zu ändern.
2. Die Inflation wird nicht bekämpft. Ihre Folgen werden durch staatliche Umverteilungsmaßnahmen gemildert, und es werden individuelle Anpassungsmaßnahmen zugelassen.

Eine Bekämpfung der Inflation von ihren Ursachen her müßte im Idealfall erreichen, daß die gesamtwirtschaftliche Endnachfrage nur insoweit wächst, wie auch das Angebot zunimmt, und daß Lohnerhöhungen den Produktivitätsfortschritt nicht übersteigen. Die Verwirklichung eben dieser Kombination hat sich jedoch bisher als unmöglich erwiesen, weil drei Voraussetzungen nicht vorliegen. Weder ist beim heutigen Stand von Konjunkturtheorie, -diagnose und -politik eine solche Feinsteuerung der gesamtwirtschaftlichen Endnachfrage möglich, noch können Unternehmen auf eine bestimmte Preispolitik oder Gewerkschaften auf die genannte *produktivitätsorientierte Lohnpolitik* festgelegt werden. Deren Grundgedanke besteht darin, die Zunahme der gesamtwirtschaftlichen durchschnittlichen Arbeitsproduktivität für einen zukünftigen Zeitraum zu schätzen und Lohnsatzerhöhungen im selben Ausmaß zu vereinbaren. Wirtschaftszweige oder Unternehmen mit unterdurchschnittlichem Produktivitätswachstum können dann zur Sicherung ihrer Gewinne ihre Preise entsprechend erhöhen, während Wirtschaftszweige oder Unternehmen mit überdurchschnittlicher Produktivitätszunahme ihre Preise zu senken hätten, so daß das Preisniveau im Idealfall konstant bleibt. Die produktivitätsorientierte Lohnpolitik scheitert jedoch aus zwei Gründen. Erstens hat sich die Hypothese bestätigt, daß der Preiswettbewerb nicht oder nicht in genügendem Ausmaß dafür sorgt, daß die Preise der Wirtschaftszweige oder Unternehmen mit überdurchschnittlicher Produktivitätszunahme sinken. Es handelt sich bei diesen in der Regel um überdurchschnittlich wachsende Unternehmen, die von ihrer Nachfragesituation keine Veranlassung haben, Preise zu senken. Da somit die Preiserhöhungen der anderen Unternehmen nicht kompensiert werden, enthält auch eine produktivitätsorientierte Lohnpolitik noch ein Element der Kosteninflation. Zweitens würde diese Lohnpolitik gemäß Gleichung (6.2) die Bereitschaft der Gewerkschaften voraussetzen, die bestehende Lohnquote zu akzeptieren. Dies widerspricht jedoch ihrem Ziel, den Anteil der Arbeitnehmer am Volkseinkommen zu erhöhen, und ist daher von ihnen stets abgelehnt worden. Wie in jeder Organisation steht auch bei den Gewerkschaften das leitende Personal den Mitgliedern gegenüber unter dem Zwang, Erfolge nachzuweisen und kann daher nicht auf ein so wichtiges Ziel verzichten. Relativ niedrige Lohnforderungen sind von den Gewerkschaften bisher nur dann gestellt worden, wenn ihnen das Arbeitsplatzrisiko zu hoch schien. Da dies nur in Zeiten erhöhter Arbeitslosigkeit vorkommt, die auch für die Regierung keine auf die Dauer tolerierbare Situation darstellt, muß die gewerkschaftliche Lohnpolitik als ständiges Element des Kostendrucks akzeptiert werden, wenn man an der Tarifautonomie festhalten will. Anders ausgedrückt: Vollbeschäftigung und Preisstabilität sind unter den Bedingungen der Tarifautonomie, selbständiger Preispolitik in weiten Bereichen und bei den gegenwärtigen Unternehmens- und Gewerkschaftszielen nicht auf Dauer gleichzeitig erreichbare gesamtwirtschaftliche Ziele.

Auch andere Versuche, Gewerkschaften und Arbeitgeberverbände im Sinne einer produktivitätsorientierten oder allgemeiner *kostenniveauneutralen Lohnpolitik* zu beeinflussen wie die *konzertierte Aktion* haben bisher nicht zu Ergebnissen geführt. Grundlage für diese ist § 3 StabG, nach dem die Bundesregierung bei Gefährdung eines der Ziele „Orientierungsdaten für ein gleichzeitiges aufeinander abgestimmtes Verhalten (konzertierte Aktion) der Gebietskörperschaften, Gewerkschaften und Unternehmensverbände zur Erreichung der Ziele des § 1" zur Verfügung zu stellen und auf Verlangen zu erläutern hat. Institutionell geschah dies bisher bei unregelmäßigen Zusammenkünften von Vertretern der genannten Gruppen (außer den Gebietskörperschaften) sowie der Bundesbank, der Bundesregierung und des Sachverständigenrates. Damit wird der richtige Gedanke ausgesprochen, daß die gleichzeitige Erreichung mehrerer Ziele eine so schwierige Aufgabe ist, daß sie nur unter voller Kooperation aller Beteiligten und nicht gegen den Widerstand auch nur einer wichtigen Gruppe zu lösen ist. Die Vorschrift enthält auch das Eingeständnis, daß die wirtschaftspolitischen Instanzen möglicherweise trotz der Möglichkeiten des StabG nicht in der Lage sind, ihre Instumentvariablen so einzusetzen, daß das erwünschte Verhalten aller Beteiligten im Rahmen marktmäßiger Anpassungsprozesse zustandekommt. Daß dem so ist, weil einzelne Gruppen mächtig genug sind, die Absichten der wirtschaftspolitischen Instanzen zu durchkreuzen, zeigt sich an Beispielen. So antworteten Gewerkschaftssprecher im Dezember 1972 auf den Hinweis der Regierung, bei zu hohen Tarifabschlüssen werde sie zur Kaufkraftabschöpfung einen Konjunkturzuschlag zur Einkommensteuer gemäß § 26 StabG (vgl. S. 408) einführen, dann werde man entsprechend höhere Löhne durchsetzen.[61] Sind die Gewerkschaften zu solchen Reaktionen in der Lage, bricht das Konzept der Globalsteuerung durch Regulierung der Komponenten der gesamtwirtschaftlichen Endnachfrage an einer wichtigen Stelle zusammen. Die konzertierte Aktion ist kein Ersatz für dieses Konzept, da auf den Zusammenkünften keine Beschlüsse gefaßt, sondern lediglich Informationen ausgetauscht werden. Da so wichtige professionelle Konjunkturdiagnostiker wie das Bundeswirtschaftsministerium und die Bundesbank ebenso wie die wirtschaftswissenschaftlichen Institute der Gewerkschaften und Arbeitgeber dabei ihre Informationsstände vergleichen, kann mancher Standpunkt relativiert und vielleicht auch das Gefühl für eine gemeinsame Verantwortung gestärkt und ein Interessenausgleich erleichtert werden. Die entscheidende Schwäche des Verfahrens liegt jedoch darin, daß mit ihm kein Verhalten erzwungen werden kann und die Besprechungspartner daher ihre Ziele ungehindert weiter verfolgen können. Da Preisstabilität weder für Arbeitgeber noch für Gewerkschaften ein vorrangiges Ziel darstellt — Unternehmen gehören ebenso wie die von Gewerkschaften vertretenen Arbeitnehmer zu den relativen Inflationsgewinnern — kann die konzertierte Aktion kein wirksames Instrument zur Inflationsbekämpfung sein.

---

[61] Eine Stabilitätsabgabe in Höhe von 10 v. H. der Einkommen- und Körperschaftsteuerschuld wurde 1973 eingeführt, jedoch nur auf Jahreseinkommen ab 24 000 DM bei Ledigen und 48 000 DM bei Verheirateten. Sie betraf damit überwiegend nicht die von den Gewerkschaften vertretene Bevölkerungsgruppe.

Die oben genannte Alternative der Inflationsbekämpfung besteht darin, das Ziel der Preisstabilität de facto nicht mehr zu verfolgen und stattdessen die Folgen der Inflation zu mildern. Dies kann durch staatliche Umverteilungs- und private Anpassungsmaßnahmen geschehen. Ein bedeutender Schritt dazu war in der Bundesrepublik beispielsweise die Einführung einer gleitenden Anpassung der Sozialrenten an die Arbeitnehmereinkommen (vgl. S. 312) 1957. Inzwischen wird auch über eine Anpassung der ohne gesetzliche Verpflichtung gezahlten Betriebsrenten diskutiert, nachdem Klagen anhängig gemacht wurden. Weitere Maßnahmen, die von Zeit zu Zeit getroffen und auch heute wieder erwogen werden, sind steuerlicher Art wie die Heraufsetzung des Betrages, von dem an die Einkommensteuerpflicht beginnt. Erstmals wird auch diskutiert, Zinsen auf Sparguthaben und andere Kapitaleinkünfte über die bisherigen Freibeträge hinaus von der Besteuerung freizustellen. Schließlich kann versucht werden, Geldvermögen sowie wiederkehrende Leistungen und Zahlungen dadurch vor inflationsbedingter Wertminderung zu schützen, daß ihr Wert an irgendeinen der − steigenden − Preisindizes oder auch an einzelne Güterpreise wie den Goldpreis oder den Maurerecklohn gebunden wird. Solche *Geldwertsicherungsklauseln* (oder *Indexklauseln*) sind nach dem gegenwärtigen Rechtsstand in der Bundesrepublik generell verboten. Es gilt auch hier das Nominalwertprinzip.[62] Die Bundesbank hat das Recht, auf Einzelantrag Ausnahmen zu gewähren; und sie hat beispielsweise in dem Jahrzehnt 1961 − 1970 insgesamt rund 175 000 solche Anträge genehmigt.[63]

Private Anpassungsmaßnahmen an eine als dauerhaft angesehene Inflation können in dem Versuch bestehen, Nominaleinkommenssteigerungen zwecks Kaufkrafterhaltung durchzusetzen. Kreditgeber werden höhere Zinssätze verlangen und auch erhalten. Damit kann die Wertminderung des Kreditbetrages ausgeglichen werden. Da jedoch die Zinsstruktur erhalten bleibt, bleiben die Inhaber niedrig verzinslicher Forderungen benachteiligt. Wenn wie in der Bundesrepublik 1973 Sparguthaben mit gesetzlicher Kündigungsfrist mit 5,5 v. H. und festverzinsliche Wertpapiere mit 9,9 bis 10,5 v. H. verzinst werden, während der Preisindex für die Lebenshaltung um 6,9 v. H. stieg, ergibt sich ein Umverteilungseffekt zu Lasten der Inhaber von Sparguthaben, die in der Mehrzahl Bezieher niedriger Einkommen sind. Eine weitere Art von Anpassungsmaßnahmen besteht in der Umschichtung bestehenden Vermögens in Anlagen mit Wertsteigerungstendenz.

Fragen, Diskussionsthemen und Übungsaufgaben zum sechsten Kapitel

(01) Durchmustern Sie für einen abgelaufenen Zeitraum die Maßnahmen wirtschaftspolitischer Instanzen in der Bundesrepublik und versuchen Sie für jede Maßnahme anzugeben, welchen Gruppen sie kurzfristig nützte oder schadete und welche Aktivität die betroffenen Gruppen im Zusammenhang mit der Maßnahme entfalteten.

(02) Bei der Beratung von Gesetzentwürfen werden oft Vertreter von Wirtschaftsverbänden gehört, die gegenüber den Mitgliedern der zuständigen Parlamentsausschüsse einen Informationsvorsprung haben. Auf welche Weise können Verbandsvertreter die Zielvorstellungen ihres Verbandes in ihre Stellungnahmen einfließen lassen?

---

[62] Vgl. VRW³, S. 40.
[63] Für Einzelheiten vgl. den Aufsatz: Geldwertsicherungsklauseln. Überblick zur Genehmigungspraxis der Deutschen Bundesbank. BBk-Monatsbericht April 1971, S. 25 − 29.

(03) In seiner S. 384 genannten Entscheidung sprach das Bundesverfassungsgericht von „dem Sozialprinzip". Wie könnte man ein solches Prinzip formulieren?

(04) Ist es möglich, beispielsweise als Politiker, nach dem größtmöglichen Glück (Zufriedenheit, Bedürfnisbefriedigung, ...) für die größtmögliche Zahl (von Menschen, Angehörigen eines Volkes, ...) zu streben?

(05) Kann eine staatliche Ordnung ohne Leerformeln wie die Berufung auf das „Gemeinwohl" auskommen? Was könnte an ihre Stelle als generelle Handlungsmaxime für wirtschaftspolitische Instanzen treten?

(06) Ist antizyklische Konjunkturpolitik in der Rezession oder in der Hochkonjunktur politisch leichter durchzusetzen, und warum?

(07) Kann man die Hypothese vertreten, daß unterschiedliche Arten der Arbeitslosigkeit (vgl. S. 389 ff.) auch unterschiedliche Wirkungen auf Lohn- und Preissteigerungsraten und damit auf die Lage der PHILLIPS-Kurve haben? Vgl. ZAHN [6.26], S. 167 ff.

(08) Wie müßte man vorgehen, um die gesamten Kurssenkungen festverzinslicher Wertpapiere in der Bundesrepublik 1972 – 1973 zu schätzen?

(09) Welche Voraussetzungen müssen vorliegen, damit wirtschaftliches Wachstum tatsächlich den Verteilungskampf um Einkommen und Vermögen entschärft (wie S. 396 referiert)?

(10) Stellen Sie eine Liste von Gütern zusammen, deren Konsum die Wohlfahrt nur deshalb erhöht, weil diese vorher
   (a) wegen der Höhe des Sozialprodukts,
   (b) wegen der hohen Bevölkerungsdichte
   zurückgegangen war.

(11) Im SR-Gutachten 1964/65 heißt es in Ziffer 20, die Grundbilanz gebe „für die Beurteilung des langfristigen außenwirtschaftlichen Gleichgewichts den Maßstab" ab. Kritisieren Sie diese Ansicht.

(12) 1974 sind in der Bundesrepublik alle vier wirtschaftspolitischen Hauptziele nicht erfüllt. Stellen Sie den Grad der Nichterfüllung fest und durchdenken Sie die Wirkungen einiger Maßnahmenkomplexe auf die Zielerreichungsgrade.

(13) Gemäß § 6 des Stabilitätsgesetzes sollen die im Falle einer Abschwächung der allgemeinen Wirtschaftstätigkeit zu leistenden zusätzlichen Ausgaben durch Entnahme aus der Konjunkturausgleichsrücklage oder zusätzliche Kredite, offenbar also nicht durch zusätzliche Steuern gedeckt werden. Welche Hypothese des Gesetzgebers liegt dem zugrunde?

(14) Wie berücksichtigt ein gewinnmaximierender Unternehmer eine Änderung der steuerlichen Abschreibungssätze in seinem Investitionskalkül?

(15) Stellen Sie die Hypothesen zusammen, auf denen das Stabilitätsgesetz basiert.

(16) Im BBk-Geschäftsbericht 1970 heißt es: „Die Bundesbank weist seit vielen Jahren darauf hin, daß eine Konjunkturbeurteilung auf der Basis des Lebenshaltungskostenindex ... in die Irre führen würde". Begründen Sie diese Ansicht.

(17) Der Auftragseingang bei der Stahlindustrie könnte ein besonders stark vorlaufender Konjunkturindikator sein. Warum? Nennen Sie andere Industriezweige, für die das ebenfalls gelten könnte.

(18) Erläutern Sie die Unterschiede zwischen den gewerkschaftlichen Zielen „Erhöhung des Anteils der Arbeitnehmereinkommen am Volkseinkommen" und „Erhöhung des Anteils der Arbeitnehmer am Volkseinkommen" und stellen Sie eine Hypothese darüber auf, welches Ziel wohl von Gewerkschaftsleitungen eher verfolgt wird.

(19) Gemäß Gleichung (6.2) S. 420 könnte der Produktivitätszuwachs auch dadurch verteilt werden, daß die Preise bei konstanten Löhnen sinken. Eine solche Politik ist sicher nicht durchsetzbar. Was spricht abgesehen davon aus, was gegen sie?

(20) § 607 des Bürgerlichen Gesetzbuches lautet: „Wer Geld oder andere vertretbare Sachen als Darlehen empfangen hat, ist verpflichtet, dem Darleiher das Empfangene in Sachen von gleicher Art, Güte und Menge zurückzuerstatten." Müßte diese Vorschrift nicht vollen Schutz des Gläubigers eines Gelddarlehens gegen dessen Wertminderung durch Inflation bedeuten?

(21) Versuchen Sie, die Konsequenzen eines vielleicht dreijährigen (a) Preisstopps, (b) Lohnstopps in der Bundesrepublik durchzudenken. Berücksichtigen Sie dabei auch Folgen für die Einkommensverteilung und die außenwirtschaftlichen Transaktionen.

Literatur zum sechsten Kapitel

Zu Teil I:

Einführungen in die Wirtschaftspolitik marktwirtschaftlich-kapitalistischer Länder bieten

[6.01] K.E. BOULDING: Principles of Economic Policy. Englewood Cliffs 1958. VIII, 440 S.

[6.02] H. GIERSCH: Allgemeine Wirtschaftspolitik. 1. Bd: Grundlagen. Wiesbaden 1961. 356 S.

[6.03] H. OHM: Allgemeine Volkswirtschaftspolitik. Bd I: Systematisch-theoretische Grundlagen. 1962, 4. Aufl. Berlin u.a. 1972. 179 S. Bd II: Der volkswirtschaftliche Gesamtorganismus als Objekt der Wirtschaftspolitik. 1967, 3. Aufl. Berlin 1974. 243 S.

Den Aspekt, daß Wirtschaftspolitik wegen der allgemeinen Interdependenz auf der Grundlage gesamtwirtschaftlicher ökonometrischer Entscheidungsmodelle betrieben werden müßte, stellen in den Vordergrund

[6.04] J. TINBERGEN: Economic Policy: Principles and Design. 1956, 4. Aufl. Amsterdam 1967. XXVIII, 276 S.
Deutsch: Wirtschaftspolitik. Freiburg 1968. 362 S.

[6.05] K.A. FOX, J.K. SENGUPTA, E. THORBECKE: The Theory of Quantitative Economic Policy With Applications to Economic Growth, Stabilization and Planning. 1966, 2. Aufl. Amsterdam u.a. 1973. XVIII, 620 S.

Sammelbände aus dem Gesamtbereich der Wirtschaftspolitik sind (vgl. auch Kompendium [I.20], Bd 2):

[6.06] H.-D. ORTLIEB, F.-W. DÖRGE (Hg.): Wirtschafts- und Sozialpolitik. Modellanalysen politischer Probleme. Opladen 1964. 296 S. Wirtschaftsordnung und Strukturpolitik: Modellanalysen — Bd. II. Lehrbuch zur Wirtschaftspolitik. Opladen 1968. 369 S.

[6.07] E.S. KIRSCHEN u.a.: Economic Policy in Our Time. Amsterdam 1964. Vol. I: General Theory. XI, 474 S. Vol. II: Country Studies. VIII, 224 S. Vol. III: Country Studies. VIII, 482 S.
Deutsch: International vergleichende Wirtschaftspolitik. Versuch einer empirischen Grundlegung. Berlin 1967. XXI, 518 S. (Übersetzung von Vol. I.)

[6.08] B.G. HICKMAN (Hg.): Quantitative Planning of Economic Policy. A Conference of the Social Science Research Council Committee on Economic Stability. Washington 1965. XIII, 279 S.

[6.09] W.L. SMITH, R.L. TEIGEN (Hg.): Readings in Money, National Income, and Stabilization Policy. 1965, 2. Aufl. Homewood 1970. XI, 647 S.

[6.10] G. GÄFGEN (Hg.): Grundlagen der Wirtschaftspolitik. Köln u.a. 1966. 512 S.

[6.11] Th. PÜTZ (Hg.): Wirtschaftspolitik. Grundlagen und Hauptgebiete. Bd I: Grundlagen der theoretischen Wirtschaftspolitik. Von Th. PÜTZ. 1971, 2. Aufl. Stuttgart 1974. 222 S. Bd II: Währungspolitik. Konjunktur- und Beschäftigungspolitik. Von E. DÜRR, G. NEUHAUSER (angekündigt). Bd III: Wachstumspolitik. Verteilungspolitik. Von J. WERNER, B. KÜLP. 1971. 236 S.

Die im Text genannte Hypothese über das Verhalten von Regierungen wurde entwickelt von

[6.12] A. DOWNS: An Economic Theory of Democracy. New York 1957. X, 310 S.
Deutsch: Ökonomische Theorie der Demokratie. Tübingen 1968. XIV, 303 S.

Zusammenfassend über Ziele

[6.13] E. TUCHTFELDT: Zielprobleme in der modernen Wirtschaftspolitik. Tübingen 1971. 50 S.

Erörterungen einzelner wirtschaftspolitischer Ziele sind enthalten in GIERSCH [6.02], S. 59–95; OHM [6.03], Bd I, S. 62–88; TINBERGEN [6.04], S. 50–65; Kompendium [I.20], Bd 2, S. 12–33; KIRSCHEN [6.07], deutsche Fassung von Bd I, S. 5–19, von dem eine Zusammenfassung in HICKMAN [6.08], S. 111–133 und ins Deutsche übersetzte Auszüge in GÄFGEN [6.10], S. 237–259 enthalten sind. Vgl. außerdem die Diskussion der vier Hauptziele im SR-Gutachten 1967/68, Ziffer 247–305; sowie bei STERN, MÜNCH, HANSMEYER [6.29], S. 117–140. Einzelne Ziele sind behandelt in

[6.14] Studies in Unemployment, prepared for the Special Committee on Unemployment Problems. United States Senate, pursuant to S. Res. 196, 86th Congress. 1960, Nachdruck New York 1968. VIII, 432 S.

[6.15] H. G. GEORGIADIS: Balance of Payments Equilibrium. A Theoretical and Empirical Study. Pittsburgh 1964. IX, 220 S.

[6.16] R. A. GORDON: The Goal of Full Employment. New York u. a. 1967. IX, 204 S.

Zur Kritik am Sozialprodukt als Wohlfahrtsindikator, am Wirtschaftswachstum als Ziel und zur Erörterung von Sozialindikatoren vgl.

[6.17] R. A. BAUER (Hg.): Social Indicators. Cambridge, Mass. u. a. 1966. XXI, 357 S.

[6.18] E. B. SHELDON, W. E. MOORE (Hg.): Indicators of Social Change. Concepts and Measurements. New York 1968. X, 822 S.

[6.19] E. J. MISHAN: Growth: The Price We Pay. London 1969. XIX, 193 S.

[6.20] M. MOSS (Hg.): The Measurement of Economic and Social Performance. New York 1973. X, 605 S.

Eine Bibliographie mit über 1000, davon 600 kommentierten, Titeln ist

[6.21] L. D. WILCOX u. a.: Social Indicators and Societal Monitoring. An Annotated Bibliography. Amsterdam u. a. 1972. XV, 464 S.

Über Zielkonflikte vgl.

[6.22] P. BAUMGARTEN, W. MÜCKL: Wirtschaftspolitische Zielkonflikte in der Bundesrepublik Deutschland. Eine theoretische und empirische Untersuchung. Tübingen 1969. IX, 193 S.

[6.23] W. KNIPS: Die Problematik wirtschaftspolitischer Zielkonflikte. Tübingen 1970. III, 164 S.

[6.24] M. E. STREIT: The Phillips Curve: Fact or Fancy? – The Example of West Germany. WA, Bd 108, 1972, S. 609–633.

[6.25] H. MANEVAL: Die Phillips-Kurve. Empirische, theoretische und wirtschaftspolitische Aspekte. Tübingen 1973. 243 S.

[6.26] P. ZAHN: Die Phillips-Relation für Deutschland. Eine lohn- und inflationstheoretische Untersuchung. Berlin u. a. 1973. 259 S.

Zu Teil II:

Eine systematische Darstellung der wirtschaftspolitischen Instanzen in der Bundesrepublik und ihrer Instrumente scheint es bisher nicht zu geben. Zur Frage der Systematik wirtschaftspolitischer Instrumente vgl. neben KIRSCHEN [6.07], wieder abgedruckt in: GÄFGEN [6.10]:

[6.27] E. TUCHTFELDT: Das Instrumentarium der Wirtschaftspolitik. Ein Beitrag zu seiner Systematik. Hamburger Jahrbuch für Wirtschafts- und Gesellschaftspolitik. 2. Jg. 1957, S. 52–64. Wieder abgedruckt in: GÄFGEN [6.10], S. 261–273.

[6.28] R. KRÜGER: Das wirtschaftspolitische Instrumentarium. Einteilungsmerkmale und Systematisierung. Berlin 1967. 141 S.

Zum Stabilitätsgesetz vgl.

[6.29] K. Stern, P. Münch, K.-H. Hansmeyer: Gesetz zur Förderung der Stabilität und des Wachstums der Wirtschaft. 1967, 2. Aufl. Stuttgart u.a. 1972. 392 S.

[6.30] A. Möller (Hg.): Gesetz zur Förderung der Stabilität und des Wachstums der Wirtschaft und Art. 109 Grundgesetz. Kommentar unter besonderer Berücksichtigung der Entstehungsgeschichte. 1968, 2. Aufl. Hannover 1969. 360 S.

[6.31] Institut „Finanzen und Steuern" e.V.: Probleme des Stabilitäts- und Wachstumsgesetzes. Bonn 1970. 52 S.

Die beiden Kommentare erörtern vor allem die rechtliche Gestaltung der Instrumente des Stabilitätsgesetzes. Zur Handhabung der Globalsteuerung und zum Koordinierungsproblem vgl.

[6.32] H.-J. Schmahl: Globalsteuerung der Wirtschaft. Die neue Konjunkturpolitik in der Bundesrepublik Deutschland. Hamburg 1970. 97 S.

[6.33] K.-E. Schöninger: Konjunkturstabilisierung als Koordinationsproblem zwischen den Trägern der Wirtschaftspolitik. Untersuchung über politische Probleme der Globalsteuerung in der Bundesrepublik Deutschland in den Jahren 1966 – 1970/71. Meisenheim 1972. 254 S.

Mit Konjunkturindikatoren wird in den Vereinigten Staaten seit dem Beginn dieses Jahrhunderts experimentiert. Seit dem Ende der dreißiger Jahre hat sich vor allem das National Bureau of Economic Research in New York dieser Aufgabe angenommen. Die bisherigen Ergebnisse sind beschrieben in

[6.34] G.H. Moore (Hg.): Business Cycles Indicators. Vol. I: Contributions to the Analysis of Current Business Conditions. XXXV, 757 S. Vol. II: Basic Data on Cyclical Indicators. XVII, 179 S. Princeton 1961.

[6.35] G.H. Moore, J. Shiskin: Indicators of Business Expansions and Contractions. New York u.a. 1967. XIII, 127 S.

Ein Lehrbuch mit eingehender Beschreibung von 35 Hauptindikatoren in den Vereinigten Staaten ist

[6.36] F.S. Doody: Introduction to the Use of Economic Indicators. New York 1965. 173 S.

Zu den in der Bundesrepublik verwendeten Saisonbereinigungsverfahren vgl.

[6.37] B. Nullau u.a.: Das „Berliner Verfahren". Ein Beitrag zur Zeitreihenanalyse. Berlin 1969. 101 S.

[6.38] Saisonbereinigung nach dem Census-Verfahren. BBk-Monatsbericht März 1970, S. 38–43.

[6.39] M. Nourney: Methode der Zeitreihenanalyse. WiSta 1973, S. 11 – 17.

Der Gesamtindikator des Sachverständigenrats wurde erstmals im SR-Gutachten 1970/71, Ziffer 142 – 145 und Anhang VIII vorgestellt. Vgl. außerdem SR-Gutachten 1971/72, Ziffer 192 – 194 und Anhang VI. Die beiden anderen im Text genannten Gesamtindikatoren sind

[6.40] M. Sturm: Ein Gesamtindikator zur Konjunkturdiagnose: Alternativvorschlag zum Sachverständigenratsindikator. Berichte des Deutschen Industrieinstituts, 5. Jg. Nr. 9, 1971. 41 S.

[6.41] H. Pütz, D.B. Simmert: Ein Gesamtindikator zur Konjunkturdiagnose: der WSI-Konjunkturindikator. WSI-Mitteilungen, 25. Jg. 1972, S. 18 – 27.

Zur Verwendung von Antworten auf Befragungen nach Plänen und Erwartungen bei der Konjunkturdiagnose vgl.

[6.42] The Quality and Economic Significance of Anticipations Data. Princeton 1960. XI, 466 S.

Zum Konjunktur- und Investitionstest des Ifo-Instituts vgl.

[6.43] W. STRIGEL: Die Konjunkturumfragen des Ifo-Instituts für Wirtschaftsforschung. Allgemeines Statistisches Archiv, 49. Bd 1965, S. 129–162.
[6.44] F.O. BONHOEFFER, W.R. STRECK: Der Investitionstest des Ifo-Instituts. Ein Überblick über Entwicklung und heutigen Stand. Ifo-Studien, 12. Jg. 1966, S. 43–107.
[6.45] W.H. STRIEGEL: Konjunkturindikatoren aus qualitativen Daten. Ifo-Studien, 18. Jg. 1972, S. 185–214.

Zur Frage der Verzögerungen wirtschaftspolitischer Maßnahmen vgl. neben FRIEDMAN [4.57], KAREKEN, SOLOW [4.58], MÜLLER [4.70] und DÜRR [4.71]:

[6.46] A. ANDO, E.C. BROWN: Lags in Fiscal Policy. In: Stabilization Policies. Englewood Cliffs 1963, S. 97–163.
[6.47] T. WINTER: Handlungs- und Wirkungsverzögerungen in der Wirtschaftspolitik. Versuch einer ökonomisch-politischen Analyse. Berlin 1971. 154 S.

Zur Konzertierten Aktion vgl.

[6.48] E. HOPPMANN (Hg.): Konzertierte Aktion. Kritische Beiträge zu einem Experiment. Frankfurt 1971. X, 381 S.
[6.49] J. KLAUS: Die Konzertierte Aktion als Instrument der Neuen Wirtschaftspolitik. In: E. DÜRR (Hg.): Neue Wege der Wirtschaftspolitik. Berlin 1972, S. 11–51.

Zum Inflationsproblem, zum Teil unter besonderer Berücksichtigung der Bundesrepublik, vgl.

[6.50] M. BRONFENBRENNER, F.D. HOLZMAN: Survey of Inflation Theory. AER, Vol. 53. 1963, S. 593–661. Wieder abgedruckt in: Surveys … [I.17], Vol. I.
[6.51] H. SCHERF: Untersuchungen zur Theorie der Inflation. Tübingen 1967. IV, 126 S.
[6.52] R.J. BALL, P. DOYLE (Hg.): Inflation: Selected Readings. Harmondsworth 1969. 392 S.
[6.53] OECD: Inflation. The Present Problem. Report by the Secretary General. Paris 1970. 114 S.
[6.54] R. HINSHAW (Hg.): Inflation as a Global Problem. Baltimore u.a. 1972. X, 163 S.

Anhang I

Zusätzliche Literaturhinweise

1. Einführungen in die Volkswirtschaftslehre, S. 432. — 2. Lehrbücher und Sammelwerke über die gesamte Volkswirtschaftslehre, S. 432. — 3. Lehrbücher und Sammelwerke über Makroökonomik, S. 434. — 4. Nachschlagewerke, S. 435. — 5. Bibliographische und andere Hilfsmittel, S. 436.

Es werden hier nur Werke genannt, in denen jeweils mehrere der in diesem Buch erörterten Themen behandelt werden. Auf einige Titel ist im Text Bezug genommen. Die Auswahl beschränkt sich auf deutsch- und englischsprachige Titel und ist notwendig subjektiv. Die Werke sind innerhalb der Abschnitte nach dem Jahr der Erstveröffentlichung geordnet.

1. Einführungen in die Volkswirtschaftslehre. Die nachstehenden Titel geben erste Überblicke über Gegenstand, Fragestellungen, Aufgaben und Methoden der Volkswirtschaftslehre. Sie sind für Studienanfänger und andere Interessenten gedacht, beschränken sich auf verbale Darstellungen und sind relativ kurz.

[I.01] J.R. HICKS: The Social Framework. An Introduction to Economics. 1942, 4. Aufl. Oxford 1971. XVI, 317 S.
Deutsch: Einführung in die Volkswirtschaftslehre. Reinbek 1962. 317 S.
[I.02] E. PREISER: Nationalökonomie heute. Eine Einführung in die Volkswirtschaftslehre. München 1959. 139 S.
[I.03] E. LIEFMANN-KEIL: Einführung in die politische Ökonomie. Private Planung — öffentliche Lenkung. Freiburg 1964. 267 S.
[I.04] B. KÜLP: Grundfragen der Wirtschaft. Eine Einführung in die Sozialökonomie. Köln 1967. 329 S.
[I.05] K. HÄUSER: Volkswirtschaftslehre. Frankfurt 1967. 308 S.
[I.06] K. BRANDT: Einführung in die Volkswirtschaftslehre. Eine Vorlesung zum Verständnis wirtschaftlicher Zusammenhänge. 1970. 2. Aufl. Freiburg 1971. 156 S.
[I.07] E. HEUSS: Grundelemente der Wirtschaftstheorie. Eine Einführung in das wirtschaftstheoretische Denken. Göttingen 1970. 223 S.
[I.08] B. GAHLEN u.a.: Volkswirtschaftslehre. Eine problemorientierte Einführung. München 1971. XI, 300 S.

2. Lehrbücher und Sammelwerke über die gesamte Volkswirtschaftslehre. Diese Titel behandeln im Prinzip die meisten Teilgebiete der Volkswirtschaftslehre (vgl. die Aufzählung in VRW³, S. 32), sind für Studienanfänger gedacht und führen soweit in das ökonomische Denkinstrumentarium ein, daß einfache Probleme gelöst werden können. Das am weitesten verbreitete, in viele Sprachen übersetzte Lehrbuch ist

[I.09] P. A. SAMUELSON: Economics. 1948, 9. Aufl. New York u.a. 1973. XXVII, 917 S.

Deutsch: Volkswirtschaftslehre. Eine Einführung. 5. Aufl. Köln 1972, 2 Bde, 461 S. und 627 S. (Nach der 8. amerikanischen Aufl. 1970.)

Zu der amerikanischen Ausgabe gibt es eine Reihe subsidiärer Schriften, so eine Sammlung ausgewählter Aufsätze, einen Studienführer, ein Handbuch für Lehrer, eine programmierte Einführung in die Grundlagen der Wirtschaftswissenschaft, sowie Schautafeln und Filme. Zu der Übersetzung ist ein Deutsches Beiheft, zusammengestellt von R. WAGENFÜHR und H. SCHRÖRS, 2. Aufl. Köln 1972, erschienen. Ebenfalls weit verbreitet ist

[I.10] R.G. LIPSEY: An Introduction to Positive Economics. 1963, 3. Aufl. London 1971. XX, 740 S.
Deutsch: Einführung in die positive Ökonomie. Köln 1971. 926 S.

Auch hierzu gibt es ein „Workbook". Für Anfänger sehr gut geeignet ist auch

[I.11] A.A. ALCHIAN, W.R. ALLEN: University Economics. Elements of Inquiry. 1964, 3. Aufl. Belmont 1972. XXVI, 857 S.

LIPSEY hat Fragen der Wirtschaftspolitik und der Finanzwissenschaft im Gegensatz zu SAMUELSON und ALCHIAN/ALLEN nur am Rande behandelt. Praktisch ganz auf die Behandlung der Wirtschaftstheorie beschränken sich

[I.12] A. WOLL: Allgemeine Volkswirtschaftslehre. 1969, 4. Aufl. München 1974. XXIII, 477 S.

Hierzu ergänzend die Aufgabensammlung

[I.13] A. WOLL, H.J. THIEME, D. CASSEL: Übungsbuch zur Allgemeinen Volkswirtschaftslehre, insbesondere zu Woll, Allgemeine Volkswirtschaftslehre. 1970 (in 2 Bden), 2. Aufl. München 1974. XII, 485 S.

An mittlere Semester wendet sich

[I.14] M. NEUMANN: Theoretische Volkswirtschaftslehre. I. Einführung und Theorie des Volkseinkommens. Heidelberg 1973. IX, 320 S.

während dieser Titel für das Grundstudium gedacht ist:

[I.15] E. HELMSTÄDTER: Wirtschaftstheorie. Bd 1: Einführung – Dispositionsgleichgewicht – Marktgleichgewicht. München 1974. XII, 239 S. (Bd 2 angekündigt.)

Neben den genannten und vielen anderen Monographien gibt es Versuche, Übersichten über den Stand der Volkswirtschaftslehre nach dem Prinzip der Arbeitsteilung durch mehrere Autoren erstellen zu lassen. Zu nennen sind

[I.16] A Survey of Contemporary Economics. 2 Bde.
Vol. I, ed. by H.S. ELLIS. Homewood 1948. XV, 490 S.
Vol. II, ed. by B.F. HALEY. Homewood 1952. XVI, 474 S.

Diese Bände enthalten zusammen 23 Übersichtsartikel, die jeweils von zwei Kritikern kommentiert sind. Sie wurden inzwischen mehrfach ungeändert nachgedruckt. Da diese Sammlung angesichts des rapiden Fortschritts der ökonomischen Theorie und Politik nach dem zweiten Weltkrieg zu veralten begann, wurden Ende der fünfziger Jahre einige Nationalökonomen mit Unterstützung der Rokkefeller Foundation beauftragt, Übersichtsartikel über neuere Entwicklungen auf einzelnen Gebieten der Wirtschaftstheorie zu schreiben. 13 solcher Artikel, alle mit reichhaltigen Literaturangaben, erschienen von 1959 bis 1965 in AER und EJ. Sie sind zusammengefaßt veröffentlicht in

[I.17] Surveys of Economic Theory. Prepared for the American Economic Association and the Royal Economic Society. London u.a. 1965–1968.
Vol. I, Surveys I – IV: Money, Interest, and Welfare. XI, 222 S.
Vol. II, Surveys V – VIII: Growth and Development. XI, 271 S.
Vol. III, Surveys IX – XIII: Resource Allocation. XI, 207 S.

Das Unternehmen wird fortgesetzt mit Übersichtsartikeln, die seit 1969 im EJ erscheinen:

[I.18] The Royal Economic Society, The Social Science Research Council: Surveys of Applied Economics. Vol. I, Surveys I – IV. London u.a. 1973. 268 S.

Deutschsprachige Sammelwerke, die jedoch mehr Lehrbuchcharakter tragen, sind

[I.19] K. Hax, Th. Wessels (Hg.): Handbuch der Wirtschaftswissenschaften. Bd 1: Betriebswirtschaft, Bd 2: Volkswirtschaft. 1958, 2. Aufl. 1966. 862 S. und 774 S.
[I.20] W. Ehrlicher, I. Esenwein-Rothe, H. Jürgensen, K. Rose (Hg.): Kompendium der Volkswirtschaftslehre. 2 Bde, Göttingen 1967. Bd 1, 4. Aufl. 1973, X, 574 S. Bd 2, 3. Aufl. 1972, VIII, 498 S.

Einen Gesamtüberblick über den Stand der Wirtschaftswissenschaft erhält man auch beim Studium der Sammelbände zu einzelnen Gebieten, von denen es je eine bekannte englisch- und deutschsprachige Reihe gibt:

[I.21] The Series of Republished Articles on Economics. Selected by a Committee of the American Economic Association. Readings in ... (folgt das Gebiet). Vol. I, 1942.

Die Serie umfaßt neben den unter [3.09] und [3.10] genannten Titeln solche über Fiscal Policy, Price Theory, Theory of Income Distribution, Theory of International Trade, Economics of Taxation. Die deutschsprachige Reihe ist

[I.22] G. Gäfgen (Hg.): Neue Wissenschaftliche Bibliothek. Wirtschaftswissenschaften. Bd 1 ff., 1965 ff.

Hiervon erschienen bisher etwa 20 Bände, darunter neben den oben unter [1.01], [1.34], [2.01], [3.11], [4.11], [4.55], [6.10] genannten solche über Preistheorie, Theorie der internationalen Wirtschaftsbeziehungen, moderne deutsche Wirtschaftsgeschichte, Finanztheorie, Finanzpolitik, Wachstum und Entwicklung. Solche Sammlungen haben den Vorzug, daß die in ihnen enthaltenen Artikel und Lesestücke bereits einen Ausleseprozeß durch den oder die Herausgeber durchlaufen haben, und daß sie in der Regel Einführungen in das betreffende Gebiet und umfangreiche Literaturangaben enthalten. Sie sind daher Fortgeschrittenen zu empfehlen.

3. Lehrbücher und Sammelwerke über Makroökonomik. Die nachstehenden Titel beschränken sich zumeist auf die Darstellung der gesamtwirtschaftlichen Theorie und behandeln wirtschaftspolitische Probleme mehr am Rande. Einige der englischsprachigen Titel wurden bei der Abfassung des vorliegenden Textes vielfach zu Rate gezogen.

[I.23] E. Schneider: Einführung in die Wirtschaftstheorie. III. Teil: Geld, Kredit, Volkseinkommen und Beschäftigung. 1952, 12. Aufl. Tübingen 1973. VIII, 409 S.
[I.24] J.P. McKenna: Aggregate Economic Analysis. 1955, 4. Aufl. New York u.a. 1972. 269 S.
[I.25] Th.F. Dernburg, D.M. McDougall: Macroeconomics. The Measurement, Analysis and Control of Aggregate Economic Activity. 1960, 4. Aufl. New York u.a. 1972. XIII, 490 S.

Deutsch: Lehrbuch der makroökonomischen Theorie. Die Messung, Analyse und Kontrolle der gesamtwirtschaftlichen Aktivität. 1972, 2. Aufl. Stuttgart 1974. XI, 330 S. (Nach der 3. amerikanischen Aufl. 1968.)

[I.26] G. ACKLEY: Macroeconomic Theory. New York 1961. XV, 597 S. (Mehrfach nachgedruckt.)

[I.27] F.S. BROOMAN: Macroeconomics. 1962, 4. Aufl. London 1970. 384 S.

[I.28] E. SHAPIRO: Macroeconomic Analysis. 1966, 2. Aufl. New York u.a. 1970. XVI, 591 S. (3. Aufl. für 1974 angekündigt.)

[I.29] R.G.D. ALLEN: Macro-Economic Theory − A Mathematical Treatment. London u.a. 1967. XII, 420 S.
Deutsch: Makroökonomische Theorie. Eine mathematische Analyse. Berlin 1972. XI, 469 S.

[I.30] D.C. ROWAN: Output, Inflation and Growth. An Introduction to Macro-Economics. London u.a. 1968. 528 S.

[I.31] M.K. EVANS: Macroeconomic Activity. Theory, Forecasting, and Control. New York u.a. 1969. XVIII, 627 S.

In diesem Buch wird mehr als in allen anderen hier genannten Titeln der empirische Bezug betont. Ein gesamtwirtschaftliches ökonometrisches Modell der Vereinigten Staaten dient dabei als Grundlage. Eine Betonung der Empirie findet sich auch in

[I.32] R. RICHTER, U. SCHLIEPER, W. FRIEDMANN: Makroökonomik. Eine Einführung. Berlin u.a. 1973. XIII, 653 S.

Die folgenden Sammelwerke enthalten wichtige Einzelaufsätze oder Lesestücke über makroökonomische Probleme, wobei auch wirtschaftspolitische Fragen behandelt werden:

[I.33] M.G. MUELLER: Readings in Macroeconomics. 1966, 2. Aufl. London u.a. 1971. XV, 475 S.

[I.34] J. LINDAUER (Hg.): Macroeconomic Readings. New York u.a. 1968. XIII, 411 S.

[I.35] N.F. KEISER: Readings in Macroeconomics. Theory, Evidence, and Policy. Englewood Cliffs 1970. XII, 595 S.

[I.36] S. MITTRA: Dimensions of Macroeconomics. A Book of Readings. New York 1971. XIII, 558 S.

4. Nachschlagewerke.

Beim Studium der Wirtschaftswissenschaft wird man von Anfang an auf unbekannte oder unklare Fachausdrücke, Sachverhalte, Institutionen, Rechtsvorschriften stoßen. Hier helfen Nachschlagewerke (Fach- oder Handwörterbücher, Lexika, Enzyklopädien), die das Material nach alphabetisch geordneten Stichwörtern gliedern und so eine schnelle Information erlauben. Sie lassen sich in zwei Gruppen einteilen. Zur ersten gehören Nachschlagewerke mit relativ kurzen Erläuterungen zu jedem Stichwort, meist ohne Verfasser- und Literaturangaben:

[I.37] F. BÜLOW, H. LANGEN: Wörterbuch der Wirtschaft. 1954, 6. Aufl. Stuttgart 1970. VII, 635 S.

[I.38] R. SELLIEN, H. SELLIEN (Hg.): Dr. Gablers Wirtschaftslexikon. 2 Bde. 1956, 8. Aufl. Wiesbaden 1971. 2392 und 2374 Spalten.

[I.39] D. GREENWALD u.a. (Hg.): The McGraw-Hill Dictionary of Modern Economics. A Handbook of Terms and Organizations. 1965, 2. Aufl. New York u.a. 1973. XII, 792 S.

[I.40] A. GILPIN: Dictionary of Economic Terms. 1966, 2. Aufl. London 1970. 276 S.

Zur zweiten Gruppe gehören Handwörterbücher und Enzyklopädien mit namentlich gezeichneten längeren Aufsätzen zu jedem Stichwort einschließlich Literaturangaben. Sie können besonders im weiteren Verlauf des Studiums oft mit Gewinn zu Rate gezogen werden:

[I.41] Handwörterbuch der Sozialwissenschaften. Hg. von E. v. BECKERATH u.a. 12 Bde und Registerband. Stuttgart u.a. 1956–1968. Insgesamt CXV, 9027 S. (In diesem Buch mit HdSW abgekürzt.)

Das führende englischsprachige Werk ist

[I.42] D.S. SILLS (Hg.): International Encyclopedia of the Social Sciences. New York u.a. 1968. 17 Bde. Insgesamt XXX, 9750 S.

Die vorgenannten Nachschlagewerke erstrecken sich über den Gesamtbereich der Wirtschaftswissenschaft, zum Teil auch über andere Sozialwissenschaften. Daneben gibt es Nachschlagewerke zu wirtschaftswissenschaftlichen Teilbereichen. Für Titel zum Teilbereich Geld und Kredit vgl. VRW³, S. 230. Andere werden erfaßt in

[I.43] W. GERLOFF, F. MEISEL (Hg.): Handbuch der Finanzwissenschaft. 3 Bde, 1926−1929. 2. Aufl., hg. von W. GERLOFF, F. NEUMARK, 4 Bde. Tübingen 1952−1965. Insgesamt XLVI, 2538 S.
[I.44] H. SEISCHAB, K. SCHWANTAG (Hg.): Handwörterbuch der Betriebswirtschaft. 1926−1929, 3. Aufl. Stuttgart 1956−1962. 4 Bde. Insgesamt 6990 Spalten.

mit zwei Ergänzungsbänden:

[I.45] E. GROCHLA (Hg.): Handwörterbuch der Organisation. Stuttgart 1969. 1886 Spalten.
[I.46] E. KOSIOL (Hg.): Handwörterbuch des Rechnungswesens. Stuttgart 1970. 2162 Spalten.

(Eine sechsbändige Neuauflage unter der Bezeichnung „Enzyklopädie der Betriebswirtschaftslehre" ist in Vorbereitung.)

5. Bibliographische und andere Hilfsmittel.
Wer Literatur zu einem bestimmten Thema sucht, kann neben den Sachkatalogen von Bibliotheken vor allem Bibliographien heranziehen. Ein allgemeiner Führer zu bibliographischen Quellen aller Art ist

[I.47] K. BORCHARDT: Vademecum für den Volkswirt. Führer zu volkswirtschaftlicher Literatur, Quellen und Materialien. Stuttgart 1973. 211 S.

Eine ähnliche Funktion erfüllt unter Beschränkung auf englischsprachige Titel, jedoch unter Einschluß von Monographien zu etwa 15 volkswirtschaftlichen Teilgebieten der Sammelband

[I.48] J. FLETCHER: The Use of Economics Literature. London 1971. X, 309 S.

Die bei weitem umfassendste Fachbibliographie besteht aus den fotokopierten Katalogkarten der größten wirtschafts- und sozialwissenschaftlichen Fachbibliothek des europäischen Kontinents:

[I.49] Bibliothek des Instituts für Weltwirtschaft Kiel: Kataloge. 1966−1968. 207 Bde.

Die drei wichtigsten Kataloge sind der Personenkatalog (30 Bde), der beispielsweise auch eine Auswahl von Rezensionen zu Monographien und Sammelbänden enthält, der Sachkatalog (83 Bde) und der Regionalkatalog (52 Bde). Erfaßt sind auch Zeitschriftenaufsätze und Beiträge in Sammelwerken. Weitere internationale Fachbibliographien sind

[I.50] Bibliographie der Wirtschaftswissenschaften (bis 1967: Bibliographie der Sozialwissenschaften). Internationale Dokumentation der Buch- und Zeitschriftenliteratur der Wirtschaftswissenschaften. Zusammengestellt in der Bibliothek des Instituts für Weltwirtschaft an der Universität Kiel. Göttingen 1905–1943, Neue Folge seit 1950.

[I.51] International Bibliography of the Social Sciences – International Bibliography of Economics. UNESCO, Paris 1955 ff. (1973 erschien Vol. 20.)

Nur englischsprachige, nach Sachgebieten und Verfassern gegliederte Aufsätze aus derzeit etwa 140 Zeitschriften sowie aus Sammelwerken erfaßt die Reihe

[I.52] Index of Economic Articles in Journals and Collective Volumes. Vol. I, 1961 bis Vol. X, Homewood 1971.

Band I enthält Aufsätze aus den Jahren 1886–1924, Band X aus dem Jahr 1968.

Die bisher genannten Bibliographien sind entweder vorerst abgeschlossen – wie [I.49] – oder erscheinen mit mehrjähriger Verzögerung. Angaben über neueste Literatur finden sich vor allem in den Zugangslisten von Bibliotheken und in den Rezensionsteilen der Fachzeitschriften. Vor allem aber hilft hier

[I.53] The Journal of Economic Literature (bis 1968: The Journal of Economic Abstracts). Menasha 1963 ff.

Hervorgegangen aus dem Rezensionsteil des AER, enthält die vierteljährlich erscheinende Zeitschrift Übersichtsartikel, Rezensionen, eine sachlich gegliederte Liste neuer Bücher mit Kurzkommentaren, eine nach Zeitschriften und eine nach Sachgebieten gegliederte Zusammenstellung des Inhalts von etwa 150 Fachzeitschriften sowie Zusammenfassungen ausgewählter Artikel.

Personen- und Institutionenverzeichnis

Institutionen sind gemäß der korrekten Bezeichnung eingeordnet, zum Beispiel der Bundestag unter „Deutscher Bundestag". Staaten sowie Länder der Bundesrepublik sind nicht aufgenommen.

Sachverzeichnis

Zusammengesetzte Bezeichnungen suche man unter dem ersten Substantiv, zum Beispiel „konzertierte Aktion" unter „Aktion, konzertierte". Die Vorbemerkungen und die Fragenanhänge zu den Kapiteln sind in diesem Verzeichnis nicht erfaßt. Von den in VRW³ erläuterten Fachwörtern sind hier nur einige wichtige aufgenommen.

Heidelberger Taschenbücher

Physik – Chemie – Technik

Hochschultext

Preisänderungen vorbehalten